시원스쿨 텝스 기본서

1 뉴텝스 공식 기출문제 & 기출변형문제 수록!

출제포인트 학습 후
기출문제로 확인

고득점 직행!

2 기본부터 실전까지 이 한 권으로 완전 끝!

기본기

문제 유형

문제풀이 전략

고득점 테크닉

실전 연습

3 완벽한 실전 마무리! 실전 모의고사 2회분 수록

TEPS
실전
모의고사

TEST 1

TEPS
실전
모의고사

TEST 2

시원스쿨 NEW TEPS

청해

시원스쿨 LAB

시원스쿨 텝스
청해

개정 5쇄 발행 2023년 9월 1일

지은이 시원스쿨어학연구소·이승혜
펴낸곳 (주)에스제이더블유인터내셔널
펴낸이 양홍걸 이시원

홈페이지 www.siwonschool.com
주소 서울시 영등포구 국회대로74길 12 시원스쿨
교재 구입 문의 02)2014-8151
고객센터 02)6409-0878

ISBN 979-11-6150-526-8 13740
Number 1-110201-02020400-06

머리말

뉴텝스 청해 가장 빠른 고득점 비결은 기출문제!

'뉴텝스 청해를 가장 빠르게 끝낼 수 있는 방법이 무엇일까', '어떻게 하면 가장 적은 비용으로 목표 점수를 달성할 수 있을까'에 대한 치열한 고민 끝에 해답을 찾았습니다. 바로 다음 5가지를 하면 됩니다. 시원스쿨 텝스 청해에서는 이 5가지를 완벽하게 연습할 수 있도록 구현하였습니다. 특히, 양질의 실전 문제 풀이를 위해 유닛별 기출 Check-up Test에 기출문제 일부를 수록하였습니다. 기출문제보다 퀄리티 좋은 실전문제가 과연 존재할까요? 학습한 출제포인트를 기출문제를 통해 확실히 익혀서 텝스 문제 적응력을 높일 수 있습니다.

1. 문제 유형 완벽 정리
2. 오답 유형 숙지
3. 빈출 어휘/표현 암기
4. 실전 전략 정리
5. 양질의 실전문제 풀이

시원스쿨 텝스 청해의 각 파트는 [기본기 확인] → [기출 유형 학습] → [고득점 테크닉 습득] → [실전 TEST]의 단계로 구성되어 있어, 확인부터 고난도 테크닉까지 완벽하게 대비할 수 있습니다.

시원스쿨 텝스 청해는 고득점에 특히 유리합니다. 실전에서 반드시 필요한 노트 테이킹 활용법을 자세히 안내하고, 이 기술이 몸에 배도록 충분히 훈련시키며, 실전에서 오답 합정에 빠지지 않도록 오답을 피하는 법을 명쾌히 정리해 알려 드립니다. 또한 뉴텝스의 빈출 어휘/표현과 paraphrasing이 정리된 부록도 온라인으로 무료로 제공합니다.

「시원스쿨 텝스 청해」를 파트너 삼아 최단 시간 안에 목표 점수를 달성하고, 여러분의 오랜 꿈을 성취하시기를 진심으로 바랍니다.

이승혜 · 시원스쿨어학연구소

목차

Part 1 & 2

Part 3

왜 「시원스쿨 텝스 청해」인가?

① 뉴텝스 기출문제로 확인하는 출제포인트

서울대 TEPS관리위원회 제공 공식 기출문제를 각 유닛의 <기출 Check-up TEST>에 실어, 학습한 출제포인트를 기출문제를 통해 확인하도록 하였습니다. 기출문제보다 더 좋은 문제는 없습니다. 기출문제로 확인한 출제포인트는 쉽게 잊혀지지 않으며, 텝스 출제원리도 확실히 이해할 수 있기 때문에 고득점에 절대적으로 유리합니다.

출제포인트 학습　　　　　　　　**기출문제 풀이**

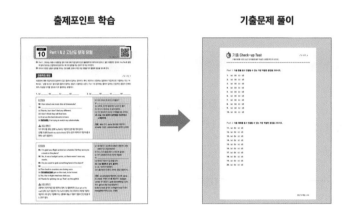

② 뉴텝스 분석 결과 완벽 반영

뉴텝스 기출문제 분석을 통해 자주 출제되는 문제 유형과 문장 구조, 어휘와 구문을 모든 문항에 적용하였습니다. 시험에 가장 많이 나오는 것들만 빠르게 공부하여 시간과 에너지 낭비 없이 목표 점수를 달성할 수 있습니다.

분석 과정 다음과 같은 심층 분석으로 모든 문항에 뉴텝스 출제 빈도 및 중요도를 반영

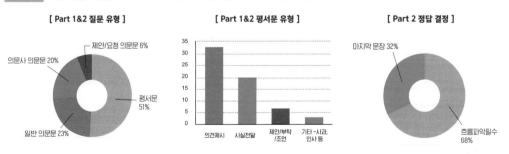

[Part 1&2 질문 유형]

제안/요청 의문문 6%
의문사 의문문 20%
평서문 51%
일반 의문문 23%

[Part 1&2 평서문 유형]

의견제시 / 사실전달 / 제안/부탁·조언 / 기타 -사과, 인사 등

[Part 2 정답 결정]

마지막 문장 32%
흐름파악필수 68%

③ 실제 시험 성우 100% 녹음

실제 정기 텝스 시험의 남녀 성우들이 100% 녹음하여 최고의 효과를 볼 수 있습니다. 텝스 청해는 문제지에 나오는 내용 없이 100% 듣기로만 이루어지기 때문에 실제 시험에서 나오는 똑같은 목소리, 똑같은 스피드의 음원으로 연습하는 것이 무엇보다 중요합니다.

④ 실전에서 바로 통하는 실전형 기본서

지나치게 기초적인 내용이나 워밍업 과정, 받아쓰기 연습 등을 배제하였습니다. 그 대신, 본서를 공부하고 나면 뉴텝스 유형이 머리속에 완벽히 정리가 되도록 파트별로 문제 및 대화/담화 유형, 오답 유형을 알기 쉽게 설명하였고, 실전에서 바로 적용 가능한 실전 전략을 상세히 소개하였으며, 배운 전략을 실전문제에 적용해 보는 연습을 되풀이하여 가능한 한 빨리 목표 점수를 달성할 수 있도록 하였습니다.

⑤ 뉴텝스 실전 모의고사 2회분 수록

최신 뉴텝스 시험과 난이도 및 유형 면에서 거의 유사한 실전 모의고사 2회분을 제공합니다. 이 역시 실제 시험 성우가 100% 녹음하였습니다. 도서 내 쿠폰을 이용해 텝스 청해 고득점 전문 이승혜 강사의 해설강의도 무료로 들을 수 있습니다.

⑥ 고득점 특급 자료

필수 구어체 표현 100개와 가장 자주 나오는 Part 3, 4 Paraphrasing을 정리하여 무료로 제공합니다. 시원스쿨랩 홈페이지(lab.siwonschool.com)에서 다운로드 할 수 있습니다. 휴대폰에 저장해두고 자투리 시간이 날 때마다 들여다보도록 합니다.

▹ 뉴텝스 필수 구어체 표현 100
▹ 뉴텝스 빈출 Paraphrasing 정리

이 책의 구성과 특징

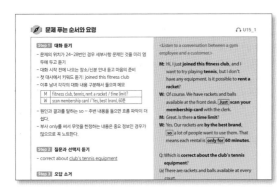

이대로만 따라하면 OK
문제풀이 순서와 요령

텝스 문제를 푸는 가장 효과적인 방법과 순서를 설명한 코너입니다. 여기에 안내된 대로 해야 들은 것을 놓치지 않고 오답에 속지 않습니다. 단서가 정답이 되는 과정을 따라가면서 올바른 문제 접근법을 체득하세요.

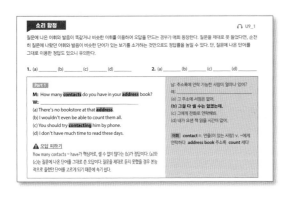

텝스 오답 스타일 미리 파악!
오답을 피하는 법

질문이나 대화/담화를 제대로 들어도 교묘한 오답들에 속기 쉽기 때문에 오답 유형을 확실히 정리해 두어야 합니다. 다행히 텝스 청해에 등장하는 오답들은 그 유형이 정해져 있는데, 이를 완벽하게 정리하여 헷갈리는 선택지들을 정확히 소거할 수 있게 도와줍니다.

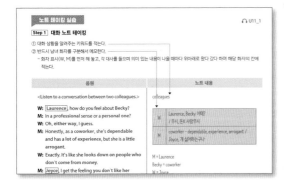

언제 뭘 메모해?
노트 테이킹 요령 코칭

모든 것을 듣기로만 해결해야 하는 데다가, 선택지들이 매우 헷갈리게 나오는 텝스의 특성상 반드시 노트 테이킹을 활용해야 합니다. 가장 효율적인 방법을 익히도록 차근차근 가이드해 줍니다.

못 들어도 흐름은 탈 수 있게!
빈출 담화 유형 흐름 정리

Part 4 빈출 담화 유형들의 내용 전개 방식을 한눈에 파악할 수 있도록 제시하여, 내용의 흐름을 예측하며 들을 수 있는 감각을 키워줍니다.

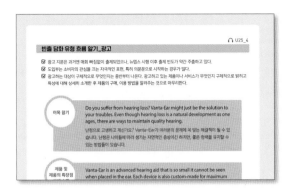

시험 응시 준비 완료!
뉴텝스 실전 모의고사 2회분 제공

뉴텝스 최근 시험 경향을 반영하여 실제 시험과 거의 같은 난이도의 실전 모의고사 2회분을 제공합니다. 도서의 쿠폰을 이용하여 해설강의를 무료로 수강할 수 있습니다.

속이 뻥 뚫리는 명쾌한 해설

정답이 되는 이유를 먼저 설명한 후, <오답 체크>를 통해 헷갈리는 오답 선택지들을 골라 정답이 되지 않는 이유를 따로 설명하여 문제를 완전히 이해할 수 있도록 하였습니다.

TEPS 완벽 가이드

TEPS(Test of English Proficiency developed by Seoul National University)는 서울대학교 언어교육원에서 개발하고, TEPS 관리위원회에서 주관하는 국가 공인 영어 시험입니다. 국가공무원 선발 및 국가 자격시험에서 영어 과목을 대체하고, 대학(원) (편)입학 및 졸업 기준으로 쓰이는 등 다양한 용도로 활용되고 있습니다.

영역	문제 유형	문항 수	제한시간	점수범위
청해	**Part 1** 문장을 듣고 이어질 대화로 가장 적절한 답 고르기 (문장 1회 청취 후 선택지 1회 청취)	10	40분	0~240점
	Part 2 짧은 대화를 듣고 이어질 대화로 가장 적절한 답 고르기 (대화 1회 청취 후 선택지 1회 청취)	10		
	Part 3 긴 대화를 듣고 질문에 가장 적절한 답 고르기 (대화 및 질문 1회 청취 후 선택지 1회 청취)	10		
	Part 4 담화를 듣고 질문에 가장 적절한 답 고르기 (1지문 1문항) (담화 및 질문 2회 청취 후 선택지 1회 청취)	6		
	NEW 신유형 **Part 5** 담화를 듣고 질문에 가장 적절한 답 고르기 (1지문 2문항) (담화 및 질문 2회 청취 후 선택지 1회 청취)	4		
어휘	**Part 1** 대화문의 빈칸에 가장 적절한 어휘 고르기	10	NEW 통합 25분	0~60점
	Part 2 단문의 빈칸에 가장 적절한 어휘 고르기	20		
문법	**Part 1** 대화문의 빈칸에 가장 적절한 답 고르기	10		0~60점
	Part 2 단문의 빈칸에 가장 적절한 답 고르기	15		
	Part 3 대화 및 문단에서 문법상 틀리거나 어색한 부분 고르기	5		
독해	**Part 1** 지문을 읽고 빈칸에 가장 적절한 답 고르기	10	40분	0~240점
	Part 2 지문을 읽고 문맥상 어색한 내용 고르기	2		
	Part 3 지문을 읽고 질문에 가장 적절한 답 고르기 (1지문 1문항)	13		
	NEW 신유형 **Part 4** 지문을 읽고 질문에 가장 적절한 답 고르기 (1지문 2문항)	10		
합계	14개 Parts	135	105분	0~600점

▶ 출처: https://www.teps.or.kr/Info/Teps#

▹ 서울대텝스관리위원회(www.teps.or.kr)에서 접수 일정을 확인하고 접수합니다.
▹ 접수 시 최근 6개월 이내 촬영한 jpg 형식의 사진이 필요하므로 미리 준비합니다.
▹ 텝스 응시료는 (2023년 8월 기준) 정기 접수 시 42,000원, 추가 접수 시 45,000원입니다.

시험 당일엔 뭘 챙겨야 하나요?

▹ 식사를 적당히 챙겨 먹습니다. 빈속은 집중력 저하의 주범이고 과식은 졸음을 유발합니다.
▹ 시험 준비물을 챙깁니다.
　－ 신분증 (주민등록증, 운전면허증, 기간만료 전 여권, 공무원증만 인정. 학생증 안됨. 단, 중고등학생은 학생증 인정－이름/사진/학교명 식별 가능해야 함.) 초등학생은 기간만료 전의 여권이나 청소년증(발급신청확인서)
　－ 컴퓨터용 사인펜과 화이트 (잉크나 화이트 심이 충분히 있는지 확인)
　－ 아날로그 시계 (전자시계는 안됨)
　－ 수험표 (필수 준비물은 아님. 수험번호만 적어가면 됨. 수험번호는 핸드폰 문자 메시지로도 전송됨.)
▹ 고사장을 반드시 확인합니다.

시험은 몇 시에 끝나나요?

오전 시험	오후 시험	시간	내용
9:30 – 9:40	2:30 – 2:40	10분	답안지 작성 오리엔테이션 (1차 신분 확인)
9:40 – 9:45	2:40 – 2:45	5분	수험자 휴식시간
9:45 – 9:55	2:45 – 2:55	10분	신분 확인 및 휴대폰 수거 (2차 신분 확인)
9:55 – 10:00	2:55 – 3:00	5분	최종 방송 테스트 / 문제지 배부
10:00 – 10:40	3:00 – 3:40	40분	청해 시험
10:40 – 11:05	3:40 – 4:05	25분	어휘/문법 시험
11:05 – 11:45	4:05 – 4:45	40분	독해 시험

성적 확인은 언제 어떻게 하나요?

▹ 시험일 이후 2주차 화요일 오후 5시에 텝스 홈페이지를 통해 발표됩니다.
▹ 성적 확인을 위해서는 성적 확인 비밀번호를 입력해야 하는데, 성적 확인 비밀번호는 가장 최근에 응시한 텝스 정기시험 답안지에 기재한 4자리 비밀번호입니다. 비밀번호를 분실한 경우 성적 확인 비밀번호 찾기를 통해 확인할 수 있습니다.

파트별 문제 맛보기

Part 1

- 총 10문항[1번-10번]으로, 문제지에 인쇄되어 나오는 내용 없이 100% 듣기로만 풀어야 합니다.
- 생활 영어 표현으로 구성되어 있으며, 다양한 주제나 상황에 대해 나옵니다.
- 음원 속도가 상당히 빠르고, 딱 한 번만 들려줍니다.

문제 번호는 남자 성우가 Number one과 같이 읽는다.

A-B에서 A의 말이 끝나고 선택지 (a)가 나오기까지 간격은 약 1.6초 이며 (a), (b), (c), (d) 선택지 사이의 간격은 약 1초이다.

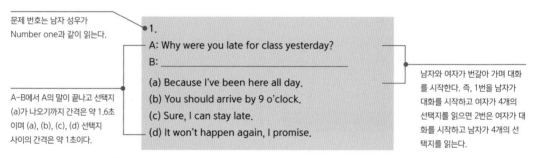

1.
A: Why were you late for class yesterday?
B: _____

(a) Because I've been here all day.
(b) You should arrive by 9 o'clock.
(c) Sure, I can stay late.
(d) It won't happen again, I promise.

남자와 여자가 번갈아 가며 대화를 시작한다. 즉, 1번을 남자가 대화를 시작하고 여자가 4개의 선택지를 읽으면 2번은 여자가 대화를 시작하고 남자가 4개의 선택지를 읽는다.

정답 1. (d)

Part 2

- Part 1과 마찬가지로 총 10문항[11번-20번]에, 100% 듣기 평가이며, 일상 생활에서 일어나는 대화가 나옵니다.
- 마지막 화자의 말만 듣고 정답을 고르면 십중팔구 실패하도록 교묘한 오답을 배치하기 때문에 첫 문장부터 맥락과 논리를 제대로 따라가야 합니다.

문제 번호는 남자 성우가 Number eleven과 같이 읽는다.

A-B-A-B에서 두 번째 A의 말이 끝나고 보기 (a)가 나오기까지 간격은 약 1.6초이며 (a), (b), (c), (d) 선택지 사이의 간격은 약 1초이다.

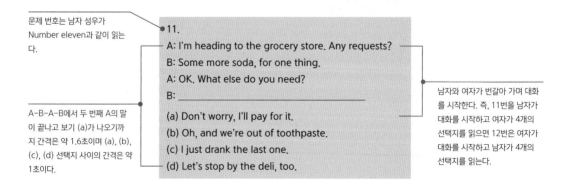

11.
A: I'm heading to the grocery store. Any requests?
B: Some more soda, for one thing.
A: OK. What else do you need?
B: _____

(a) Don't worry, I'll pay for it.
(b) Oh, and we're out of toothpaste.
(c) I just drank the last one.
(d) Let's stop by the deli, too.

남자와 여자가 번갈아 가며 대화를 시작한다. 즉, 11번을 남자가 대화를 시작하고 여자가 4개의 선택지를 읽으면 12번은 여자가 대화를 시작하고 남자가 4개의 선택지를 읽는다.

정답 11. (b)

Part 3

▸ 남녀가 주고받는 대화를 듣고 질문에 적절한 답을 찾는 형식이며, 역시 100% 듣기로만 진행됩니다.

▸ [주제 문제 3문항 - 세부사항 문제 5문항 - 추론문제 2문항]의 순서로 총 10문항[21번-30번]이 출제됩니다. 이를 미리 숙지하고 있으면 각 문제 유형에 맞는 전략을 적용해 대화를 들을 수 있어 유리합니다.

▸ 일상생활에서 만날 수 있는 다양한 주제에 대한 대화가 나오며, 녹음 속도가 매우 빠르지만 딱 한 번만 들려주기 때문에 집중력을 발휘해야 합니다.

문제 번호는 남자 성우가 Number twenty one과 같이 읽는다.

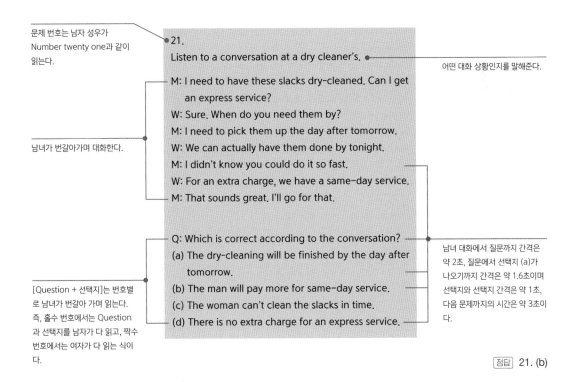

21.

Listen to a conversation at a dry cleaner's.

어떤 대화 상황인지를 말해준다.

M: I need to have these slacks dry-cleaned. Can I get an express service?
W: Sure. When do you need them by?
M: I need to pick them up the day after tomorrow.
W: We can actually have them done by tonight.
M: I didn't know you could do it so fast.
W: For an extra charge, we have a same-day service.
M: That sounds great. I'll go for that.

남녀가 번갈아가며 대화한다.

Q: Which is correct according to the conversation?
(a) The dry-cleaning will be finished by the day after tomorrow.
(b) The man will pay more for same-day service.
(c) The woman can't clean the slacks in time.
(d) There is no extra charge for an express service.

[Question + 선택지]는 번호별로 남녀가 번갈아 가며 읽는다. 즉, 홀수 번호에서는 Question과 선택지를 남자가 다 읽고, 짝수 번호에서는 여자가 다 읽는 식이다.

남녀 대화에서 질문까지 간격은 약 2초, 질문에서 선택지 (a)가 나오기까지 간격은 약 1.6초이며 선택지와 선택지 간격은 약 1초, 다음 문제까지의 시간은 약 3초이다.

정답 21. (b)

Part 4

▹ 4~6 문장 정도 길이의 담화를 듣고 질문에 적절한 답을 찾는 형식으로 담화와 질문은 두 번, 선택지는 한 번만 들려줍니다.

▹ [주제 문제 2문항 - 세부사항 문제 3문항 - 추론문제 1문항]의 순서로 총 6문항[31번-36번]이 출제됩니다.

▹ 주제는 역사, 문화, 건강, 의학, 유래, 언어, 환경, 과학, 사회, 경제, 문학, 예술, 교육 등 전 분야에 걸쳐 골고루 출제되고 있으며, 일부 담화들은 상당히 어려운 수준입니다.

문제 번호는 남자 성우가 Number thirty four와 같이 읽는다.

34.

Horror fans are over the moon this week for the upcoming release of Michael Mark's latest book. If you enjoy blood-chilling mysteries with unpredictable twists, then this collection will surely be to your taste. Don't go into it expecting to be impressed by skillful prose or sharp dialogue, as the writing itself has never been Mark's strong point. But, if you want a few good frights and a reason to keep the lights on at night, then look no further.

같은 담화를 남자와 여자가 각각 한 번씩 읽는다.

방송은 두 번 들려주며 처음에는 담화와 질문만, 두 번째에 다시 한번 담화와 질문을 들려준 후 선택지를 들려준다.

Q: Which is correct about the Michael Mark's book according to the review?
(a) It is likely to be enjoyed by enthusiasts of the genre.
(b) It is written in an elaborate and skillful manner.
(c) It has been delayed indefinitely by the publisher.
(d) It is not as scary as the author's previous releases.

[Question + 선택지]는 번호별로 남녀가 번갈아 가며 읽는다.

담화에서 질문까지 간격은 약 2초, 질문에서 선택지 (a)가 나오기까지 간격도 약 2초이다. 문제와 문제 사이, 즉 정답을 고르는 시간은 약 4초가 주어진다.

정답 34. (a)

Part 5

- Part 4보다 1.8배 정도 길어진 담화가 2개 나오며, 담화 1개당 2문항씩 총 4문항[37번- 40번]이 출제됩니다.
- 담화 두 개 중 하나는 학술 강연, 다른 하나는 기타 실용 담화(주로 공지)가 나옵니다.
- 문제는 [주제 문제], [세부사항 문제], [추론 문제] 세 개의 카테고리 중에서 2문제씩 조합되어 나옵니다.

37-38

남자 성우가 Numbers thirty seven and thirty eight이라고 읽는다.

As part of our modern American literature conference, the English Department will be hosting Professor Robert DeMott, a leading scholar in the field. His keynote lecture will be next Thursday evening at 7 p.m. in the Walter Rotunda. In his talk, Professor DeMott will discuss Ernest Hemingway's idealistic depiction of Spain and its culture. Even if you're not familiar with Hemingway's novels set in the country, the topic is fascinating. Professor DeMott will speak at length about the Spanish Civil War and the writer's involvement in it, and he'll also examine the cultural symbolism of bullfighting and how it differs today from how Hemingway wrote about it. I highly encourage you all to attend. You can also bring your friend in. Walter Rotunda has a maximum capacity of 300, but additional standing room will be available.

같은 담화를 남자와 여자가 각각 한 번씩 읽는다.

방송은 두 번 들려주는데, 처음에는 담화와 37, 38번의 질문만, 두 번째 다시 한번 담화를 들려주고 나서 37, 38번의 질문과 선택지들을 들려준다.

37. What is mainly being announced about Professor DeMott?
(a) He will teach a new class on American literature.
(b) He will be giving a lecture that anyone may attend.
(c) His latest book on Modernism is available for purchase.
(d) He was recently promoted to the head of the English Department.

38. What will be the central focus of Professor DeMott's lecture?
(a) Hemingway's travels in Europe
(b) The lasting effects of the Spanish Civil War
(c) The influence of bullfighting in literature
(d) Hemingway's ideas about Spain

Question과 선택지는 번호별로 남녀가 번갈아가며 읽는다. 즉, 홀수 번호에서는 Question과 선택지를 남자가 다 읽고, 짝수 번호에서는 여자가 다 읽는 식이다.

담화에서 질문까지 간격은 약 2초, 질문에서 선택지 (a)가 나오기까지 간격도 약 2초이다. 문제와 문제 사이, 즉 정답을 고르는 시간은 약 4초가 주어진다.

정답 37. (b) 38. (d)

15

초단기 학습 플랜

● 아래 캘린더의 학습 진도를 참조하여 30일간 매일 학습합니다.

● 만일 사정이 생겨 해당일의 학습을 하지 못했더라도 앞으로 돌아가지 말고 오늘에 해당하는 학습을 합니다.
그래야 끝까지 완주할 수 있습니다.

● 교재의 학습을 모두 마치면 뉴텝스 최신 경향이 반영된 <시원스쿨 텝스 청해 실전 모의고사>를 꼭 풀어보고, 시원스쿨랩
홈페이지(lab.siwonschool.com)에서 이승혜 강사의 명쾌한 해설강의를 들어보세요.

30일 완성

Day 1	Day 2	Day 3	Day 4	Day 5
Unit 1, 2	Unit 3, 4	Unit 5, 6	Unit 7, 8	Unit 9, 10

Day 6	Day 7	Day 8	Day 9	Day 10
Unit 1-10 복습 (Part 1 & 2 총복습)	Unit 11	Unit 12	Unit 13	Unit 14

Day 11	Day 12	Day 13	Day 14	Day 15
Unit 15	Unit 16	Unit 17	Unit 18	Unit 19

Day 16	Day 17	Day 18	Day 19	Day 20
Unit 11-19 복습 (Part 3 총복습)	Unit 20	Unit 21	Unit 22	Unit 23

Day 21	Day 22	Day 23	Day 24	Day 25
Unit 24	Unit 25	Unit 26	Unit 27	Unit 28

Day 26	Day 27	Day 28	Day 29	Day 30
Unit 29	Unit 30	Unit 20-30 복습 (Part 4 & 5 총복습)	TEST 1	TEST 2

● 교재를 끝까지 한 번 보고 나면 2회독에 도전합니다. 두 번 째 볼 때는 훨씬 빠르게 끝낼 수 있습니다.
텝스 청해는 천천히 1회 보는 것보다 빠르게 2회, 3회 보는 것이 훨씬 효과가 좋습니다.

● 복습을 할 때는 다음과 같이 합니다.

   √ 음원 다시 듣기
   √ 잘 안 외워져서 체크(∨) 표시해 놓은 어휘/구문 다시 외우기
   √ 틀린 문제 다시 풀기
   √ 스크립트 소리 내어 읽기

15일 완성

Day 1	Day 2	Day 3	Day 4	Day 5
Unit 1, 2	Unit 3, 4, 5	Unit 6, 7, 8	Unit 9, 10 (Part 1 & 2 총복습)	Unit 11, 12

Day 6	Day 7	Day 8	Day 9	Day 10
Unit 13, 14, 15	Unit 16, 17, 18	Unit 19, 20 (Part 3 총복습)	Unit 21, 22	Unit 23, 24

Day 11	Day 12	Day 13	Day 14	Day 15
Unit 25, 26	Unit 27, 28	Unit 29, 30 (Part 4 & 5 총복습)	TEST 1	TEST 2

시원스쿨 텝스
청해

Part 1 & 2

Part 1 & 2 문제 구성

파트	문항 수 (번호)	문제 유형	
Part 1	10문항 (1-10)	**한 문장을 듣고 이어질 대화로 가장 적절한 답 고르기** A가 말하는 한 문장을 듣고 B가 이어서 할 말로 적절한 것을 4개의 선택지 중에서 고르는 형태이다.	1. 문제지에 나와 있는 내용은 없다. 모두 듣기로만 풀어야 한다. 2. 문장 및 선택지는 단 1회만 들려준다.
Part 2	10문항 (11-20)	**짧은 대화를 듣고 이어질 대화로 가장 적절한 답 고르기** A-B-A의 짧은 대화를 듣고 B가 이어서 할 말로 적절한 것을 4개의 선택지 중에서 고르는 형태이다.	3. 문제와 문제 사이에 답을 고르는 시간으로 3초가 주어진다.

🎧 **Part 1**

A: Why were you late for class yesterday?

B: _____

(a) Because I've been here all day.
(b) You should arrive by 9 o'clock.
(c) Sure, I can stay late.
(d) It won't happen again, I promise.

🎧 **Part 2**

A: I'm heading to the grocery store. Any requests?
B: Some more soda, for one thing.
A: OK. What else do you need?
B: _____

(a) Don't worry, I'll pay for it.
(b) Oh, and we're out of toothpaste.
(c) I just drank the last one.
(d) Let's stop by the deli, too.

Part 1 & 2 문제의 특징

❶ 문제지에 적혀 있는 게 없다. 100% 듣기로만!

질문과 선택지가 문제지에 인쇄되어 있지 않아 100% 듣기로만 풀어야 하며, 딱! 한 번만 들려준다. 이는 수험자의 진정한 듣기 능력을 평가하겠다는 의도이다. 미리 문제를 보고 감을 잡는 요령이 통하지 않기 때문에 다른 시험보다 TEPS가 어렵게 느껴진다.

❷ 생생한 구어체 영어

일상 생활에서 자주 쓰이는 구어체 영어가 나온다. 예를 들어, 완벽한 문장으로 말하기보다는 필요한 말만 간단하게 하거나, 줄여서 약식으로 말하거나, 정식 의문문 대신 평서문 끝을 올려서 의문문으로 사용하는 경우 등이다. 또한 일상 생활에 잘 쓰이는 관용 표현들이 종종 나오는데, 이를 알아듣지 못하면 문제를 풀 수 없다.

- A single, preferably non-smoking.   싱글룸이요, 되도록 금연실로요.
- You ordered pizza?   피자 주문했어?
- Want me to give you a hand?   내가 도와줄까?
- I'm in the mood for a cup of tea.   차 한잔 마시고 싶네.
- Planning on staying home tonight?   오늘 저녁에 집에 있을 거니?

❸ 해석이 아니라 상황 파악이 관건!

듣고 해석할 수 있다고 해서 정답을 고를 수 있는 것이 아니라 대화의 맥락과 상황을 정확히 파악해야 풀 수 있다. 대충 이해하면 반드시 틀리도록 교묘한 오답을 배치하기 때문이다. 특히 Part 2의 경우는 마지막 문장 뿐만 아니라 첫 문장 부터 맥락과 논리를 제대로 따라가야 정답을 고를 수 있는 문제가 많이 나오고 있다.

A: I'm so sorry that I lost your pen you let me use yesterday.
B: The purple one? That's okay. Forget it.
A: But you liked it very much.

(a) Yeah, that's why I'm so upset.
(b) It's in my desk drawer.
(c) You don't have to lend it to me.
(d) Sure, but I have another just like it.

마지막 말만 듣고는 절대 풀 수가 없다. B가 빌려준 펜을 A가 잃어버린 상황에서 B는 자신에게 똑같은 펜이 하나 더 있으니 괜찮다고 한다. (a), (b)는 이러한 상황과 논리적으로 맞지 않아 오답이다. 흐름과 논리를 정확히 따라가지 못하면 정답을 제대로 고르기가 매우 힘들다.

❹ 정신없이 빠르다!

대본 읽는 속도가 매우 빠르며, 선택지 (a), (b), (c), (d)도 듣고 되새겨 볼 틈 없이 찰나에 지나간다. 문제와 문제 사이에 정답을 선택하는 데 3초의 시간이 주어지는데, 실제 시험에서 겪어보면 고수들도 어려워할 만큼 매우 숨가쁘다.

❺ 너무너무 헷갈리는 오답!

질문과 대화를 제대로 잘 들어도 순간적으로 착각하기 쉽도록 발음, 의미, 시제, 대상을 이용한 교묘한 오답들이 등장한다. 다행히 TEPS에 나오는 오답들은 그 유형이 몇 가지로 정해져 있다.

빅데이터로 본 Part 1 & 2

Part 1 & 2 질문 유형	Part 1 & 2 대화 내용
1. 평서문 2. 일반 의문문 (부정 의문문, 부가 의문문 포함) 3. 의문사 의문문 4. 제안/요청 의문문	– 의견 제시: 불평, 걱정, 칭찬 등의 의견 제시 – 사실 전달: 좋은 소식/나쁜 소식, 객관적 사실 전달 – 전화 용건 – 인사: 처음 만나 소개, 오래간만에 만나 인사, 아는 사람 　　　인 것 같아 신분 확인, 안부 전하기 – 제안, 요청, 충고

[Part 1&2 질문 유형]

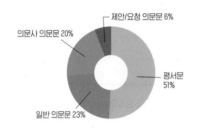

출제 현황

1. 평서문이 압도적으로 많이 나온다. 평서문은 궁금한 것을 묻는 질문이 아니기 때문에 반응을 예측하기가 쉽지 않아 난이도가 높다.

2. 평서문 다음으로 자주 나오는 것은 일반 의문문인데, be동사, have동사, do동사, 기타 조동사들이 골고루 나오며, 특히 한국 사람들이 어려워하는 부정 의문문이 자주 출제된다.

3. 의문사 자체가 힌트인 의문사 의문문보다 평서문과 일반 의문문의 출제 비중이 높다는 것은 영어 문장을 제대로 듣고 이해하는지를 측정하겠다는 뜻이다.

[Part 1&2 평서문 유형]

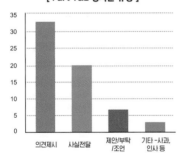

4. 평서문 중에서는 의견을 제시하는 유형이 가장 많이 나오고, 다음으로 사실을 전달하는 유형이 자주 나온다.

[Part 2 정답 결정]

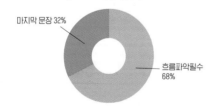

5. Part 2에서는 당연히 마지막 문장이 가장 결정적이다. 마지막 문장만 똑바로 들어도 정답을 고를 수 있는 문제들도 있긴 하지만 첫 문장부터 제대로 듣고 흐름을 파악해야 정답을 고를 수 있는 문제들이 2배 이상으로 많이 나온다.

Part 1 & 2 학습 전략

❶ 다양한 구어체 표현들을 맥락 속에서 익히기

모르는 표현은 100번을 들어도 그 의미를 알 수 없다. 따라서 Part 1&2에서 자주 쓰이는 표현들과 구어체 관용 표현들을 암기해 두어야 한다. 이때 단순히 정리된 자료를 무턱대고 암기하기보다는 화자들이 처한 상황과 맥락 속에서 그 쓰임을 이해하려고 노력해야 하며, 눈으로 보고 귀로 들으며 입으로 따라 읽는 반복 학습을 해야 체득이 된다. 가장 좋은 재료는 본 교재의 스크립트다. 잘 몰랐던(또는 안 들렸던) 구어체 표현에는 형광펜으로 표시해 두었다가 반드시 외우도록 한다.

❷ 핵심어를 정확히 듣는 훈련하기

핵심 내용을 전달해 주는 명사, 동사, 형용사, 부사, 의문사를 집중적으로 듣는 연습을 한다. 하지만, 내용어를 제대로 들어도 틀리도록 유도하는 오답이 있으니, 바로 시제를 살짝 바꾼 오답이다. 따라서, 문제를 풀 때는 내용어 중심으로 듣되, 시제로 오답을 유도하는 경우도 유의하도록 한다.

❸ 오답 STUDY의 생활화

대화문 이상으로 모든 선택지를 완벽하게 듣지 않으면 오답의 함정에 빠질 위험이 높다. 다행히 TEPS에 나오는 오답들은 그 유형이 몇 가지로 정해져 있기 때문에 이 유형들을 익혀 두면 큰 도움이 된다. 또한, 문제를 풀고 나면 복습 단계에서 어떤 오답들이 나왔는지 분석해 보고, 이 오답이 어떻게 바뀌면 정답이 될 것인지까지 생각해 보면 출제자의 의도를 예측하고 정확히 풀 수 있는 능력을 기를 수 있다.

❹ 다양한 간접 응답 연습

실제 대화에서도 하나의 질문에 대해 여러 가지 답변이 가능한 것처럼 Part 1&2의 정답이 되는 경우 또한 매우 다양하며, 오히려 누구나 예상 가능한 뻔한 응답이 정답이 되는 경우는 거의 없다. 간접적으로 돌려 답변하거나 미처 예상하지 못했던 답변이 나오는 경우가 대부분이다. 예를 들면, 상대방이 미안하다고 사과를 할 때 '괜찮아요(No problem)'와 같이 말하기 보다는, '다시는 용서 안 할 거예요(It won't be tolerated again)'와 같이 경고하는 경우, 혹은 '최소한 전화라도 했어야죠(You should've at least called me)'와 같이 질책하는 경우가 나오는 것이다. 평소 많은 훈련을 통해 다각도로 판단력을 키우도록 한다.

❺ TEPS 청해의 속도에 익숙해지기

TEPS 청해에서 고득점을 얻기 위해서는 빠른 읽기 속도와 문제 유형에 익숙해지는 것이 필요하다. 가장 좋은 방법은 본 교재의 진도를 나가는 것과는 별개로, 이미 학습한 UNIT의 스크립트를 소리 내어 읽는 것이다. 이때 그냥 생각없이 읽지 말고, 의미를 새기면서 읽되 녹음 속도와 완전히 똑같이 할 수 있을 때까지 연습해야 한다. 또한, TEPS 기본기 학습을 끝낸 이후에는 실제 시험 속도로 된 문제를 많이 풀어봐야 한다. 실제 텝스 시험의 성우가 시험 스피드대로 100% 녹음한 본 교재로 학습하면 반드시 원하는 결과를 이룰 수 있을 것이다.

UNIT 01 의문사 의문문 알아듣기

MP3 바로 듣기

☑ 구어체에 자주 쓰이는 의문사 의문문과 동사 관련 숙어를 많이 외워 두어 순간적으로 정확히 의미를 파악할 수 있도록 한다.
☑ 의문문에 대한 정형화된 답이 아닌 우회적이거나 예상을 벗어난, 자유로운 답변들이 나오므로 가능한 여러 상황을 연습한다.

What/Which 의문문 　🎧 U1_1

가장 자주 출제되는 의문사 의문문이다. What으로 물어볼 수 있는 내용은 매우 다양하기 때문에 구어에서 쓰이는 여러 표현들을 알아야 한다. 특히 의문사에 특정 표현이 붙어 의문사의 본래 의미와는 다른 뜻이 되는 질문들이 자주 나오므로, 듣자마자 파악할 수 있도록 연습해 두자.

- **What do you think of** the new director? 새로 오신 부장님에 대해 어떻게 생각해?
- **What's it like** living abroad? 해외에서 사는 건 어때?
- **What would you like** for dinner? 저녁으로 뭘 원해?
- **What are you up to** tonight? 오늘 저녁에 뭐해?
  ○ 참고로, What are you up to?는 안부 인사로 '어떻게 지내?'라는 뜻이며, 이때는 How have you been?, What's up?과 같아요.
- **What do[would] you say to** a picnic? 피크닉 (가는 게) 어때?
- **What do you say** we invite Professor Parker as a plenary speaker? Parker 교수님을 초청 연사로 모시면 어떨까요?
- **What about** going by train? 기차로 가는 게 어때?
  ○ 「What do you say to + (동)명사」, 「What do you say S+V」, 「What about + (동)명사」는 제안하는 표현

> ★꿀팁 What about ~?은 어떤 다른 사실에 대해 물을 때도 쓰인다.
> A: I think we're ready for the trip. 우리 여행 갈 준비가 다 된 것 같아.
> B: **What about** the weather? 날씨는 어떤데?

- **What brings you to** this part of town? 왜 이 마을에 왔죠? (직역: 뭐가 널 이 마을에 데려오니?)
- **What makes you** think so? 왜 그렇게 생각해? (직역: 뭐가 널 그렇게 생각하게 만들어?)
- **What was the reason for** Cathy leaving the company? Cathy가 이 회사를 그만두는 이유가 뭐였어요?
- **What for?** 뭐 때문에?, 왜?
- **What** are these flowers **for**? 이 꽃들은 다 뭔가요?
  ○ 「What is/are + 주어 for?」: 주어의 목적을 묻는 질문

> ★꿀팁 Part 2에서 What are friends for?라는 표현이 잘 나오는데, 이는 '친구 좋다는 게 뭐니?'라는 뜻이다.

- **What happened to** your leg? 다리가 왜 그래요?
- **What's wrong with** the one you've got? 갖고 있는 것에 뭐가 잘못됐어요?
- **What's the matter?** 무슨 일이에요?
  ○ '뭐가 잘못됐어?, ~에 무슨 일 있어?'의 의미로 문제점을 물을 때 자주 사용
- **What's the occasion?** 어쩐 일이에요?, 무슨 일이에요?

- **What if** I don't have proper ID? 적절한 신분증이 없으면 어쩌지?
  ○「What if + 절」: 만일 ~이면 어쩌지?

「What if + 절」은 무엇을 제안할 때도 쓰인다.
  A: **What if I pick you up** around 10 A.M.?　　오전 10시쯤에 내가 데리러 가는 거 어때?
  B: That would be great.　　그럼 좋지.

- **What kind[sort/type] of** service do you need? 어떤 종류의 서비스를 원하십니까?
- **What else** do you need? 다른 거 뭐 더 필요하세요?
- **Which tie** do you think **goes well** with my jacket? 어떤 타이가 제 자켓과 잘 어울리는 것 같나요?
  ○ 이때 do you think는 형식적인 말이므로 크게 신경 쓰지 말고 뒤에 나오는 본동사(goes well)에 집중하세요.
- **What's the point of** making an appointment? 약속을 해봐야 무슨 소용이야?
  ○「What's the point of + 동명사구」: ~ 하는 것이 무슨 소용 있어?

Guess what?은 굳이 해석하면 '있잖아, 이봐, 맞혀 봐' 등의 의미로 상대방의 주의를 끄는 표현이다. 좋은 소식이나 놀랄 만한 소식을 전할 때 대화가 시작되는 부분에 많이 쓰인다.

How 의문문

 🎧 U1_2

How 의문문 역시 매우 다양하게 쓰인다. 의견이나 안부, 상황 등을 묻는 내용이 가장 자주 등장하는데, 이때 시제를 꼼꼼히 들어 과거와 현재, 그리고 미래 시제 중에서 명확한 시점을 파악해야 시제 오답 함정에 빠지지 않을 수 있다.

- **How did you like** the first speaker? 첫 번째 연설자 어땠어?
- **How do you like** the concert so far? 지금까지 콘서트 어때요?
  ○ How do[did] you like ~?: ~은 어때[어땠어]?
- **How would you like to** have your hair done today? 오늘 머리 어떻게 해 드릴까요?
- **How would you like** your coffee? 커피는 어떻게 해 드릴까요?
  ○ How would you like ~?: ~을 어떻게 하길 원해요?
- **How have you been?** 어떻게 지내셨어요?
- **How are we doing on time?** 우리 일정 상 상황이 어떤가요?
- **How was** your blind date? 소개팅 어땠어요?
- **How did** the interview **go**? 인터뷰 어땠어요?
- **How is** the stock market these days? 요즘 주식 시장은 어때요?
- **How many more** do you need to assemble? 몇 개나 더 조립하셔야 하나요?
- **How much longer until** the buyers arrive? 구매자들이 도착하려면 얼마나 더 있어야 하나요?
- **How much will it cost** to get your computer repaired? 컴퓨터를 수리하시려면 얼마가 들까요?
- **How often** do you work out these days? 요즘 얼마나 자주 운동하세요?
- **How long** should I wait in line? 얼마나 오래 줄 서서 기다려야 하나요?
  ○「How + 형용사/부사」는 형용사/부사까지 함께 덩어리로 의미를 파악한다.

꿀팁 How many + 셀 수 있는 명사: 얼마나 많은 수의 ~ / How much + 셀 수 없는 명사: 얼마나 많은 양의 ~
  How many <u>hours</u> do you work a day?　　　　　　하루에 몇 시간 일하세요?
  How much <u>money</u> are we going to donate to the charity?　자선 단체에 얼마나 많은 돈을 기부할 예정인가요?

Who/When/Where 의문문 🎧 U1_3

가장 쉬운 유형으로, 본래 의미(Who: 누가 When: 언제 Where: 어디서) 그대로 이해하고 의문사와 함께 동사를 새겨 들으면 쉽게 파악할 수 있다. 하지만 Who, When, Where 자체를 놓쳐버리면 정답을 고를 수 없으므로 의문사가 무엇이었는지를 기억하는 것이 매우 중요하다. 특히, When과 Where는 발음이 유사하게 들리기도 하니 소리를 잘 구분해서 듣도록 한다.

- **Who** is the boy talking with the boss over there? 저쪽에 사장님과 이야기 중인 소년은 누구인가요?
- **Who** was the guy you were there with? 저기 같이 있었던 남자는 누구였어요?
- **When** is your appointment with Dr. Fiennes? Fiennes 박사님과의 진료 예약이 언제인가요?
- **When** do you think he'll be available? 그가 언제 시간이 날 것 같나요?
- **Where** were you last night? 어젯밤 어디 계셨어요?
- **Where** did you get that beautiful scarf? 저 예쁜 스카프는 어디서 사셨어요?

> ⭐꿀팁 「의문사 + did you say/do you think + S + V ~?」 의문문은 did you say/do you think 가 삽입된 문장으로, '~라고 하셨죠?/~인 것 같나요?'라고 해석하면 된다. did you say/do you think는 신경 쓰지 말고, 이어지는 S + V에서 주요 의미를 찾도록 한다.
>
> **Who** do you think will take the place of Cindy?　　누가 Cindy를 대체할 것 같나요?
> **When** do you think your new book will come out?　당신의 신간이 언제 나올 것 같나요?
> **Where** do you think they go?　　저 사람들은 어디 가는 것 같나요?

 Why 의문문 🎧 U1_4

Why 의문문은 단순히 이유를 묻기도 하지만 꾸지람을 하거나 몰랐던 사실에 대한 놀라움을 표현하는 뉘앙스로도 사용되므로 맥락을 파악하는 것이 특히 중요하다. 또한 Why don't you[we/I] ~?는 이유가 아닌 '~하는 게 어때요?' 라는 뜻으로, 제안/요청을 나타내는 표현임에 유의한다.

- **Why** did you have an argument with your boss? 사장님과 왜 논쟁을 했어요?
- **Why** do you suppose he resigned? 그가 사직한 이유가 무엇인 것 같으세요?
  - ◑ do you suppose(~라고 생각하세요?)는 삽입절로, 크게 중요하지 않아요. 뒤에 이어지는 내용이 핵심입니다.
- **Why** do we have to dress up? 왜 우리가 차려 입어야 하죠?
- Your cellphone is working well. **Why** do you want to purchase a new one?
  네 휴대전화 잘 되잖아. (도대체) 왜 새로 사고 싶은 거야?
  - ◑ '도대체 왜'의 의미로 꾸지람을 하는 뉘앙스
- You didn't apply for the university? **Why**? 대학에 지원하지 않았다고요? 왜요?
- Can you tell me **why** they moved out? 그들이 왜 이사 갔는지 말씀해 주실래요?
  - ◑ Do you know ~, Can you tell me ~, May I ask ~ 로 시작하는 간접 의문문도 자주 나오는 형태입니다.
- **Why** is Jack so upset today? Jack이 오늘 왜 그렇게 화가 나 있죠?

> ⭐꿀팁 Why don't you/we/I ~ 는 제안/요청의 의미로 굳어진 표현이다.
> **Why don't we** have a break?　　　　　쉬었다 할까요?
> **Why don't I** treat you to dinner tonight?　내가 오늘 저녁 살게.

기출 **Check-up Test**

기출문제를 포함한 실전 문제들을 풀며 학습한 내용을 확인해 보세요.

Part 1 다음 말을 듣고 연결될 수 있는 가장 적절한 응답을 고르시오.

1. (a) (b) (c) (d)

2. (a) (b) (c) (d)

3. (a) (b) (c) (d)

4. (a) (b) (c) (d)

5. (a) (b) (c) (d)

6. (a) (b) (c) (d)

7. (a) (b) (c) (d) 기출

8. (a) (b) (c) (d)

9. (a) (b) (c) (d)

10. (a) (b) (c) (d)

Part 2 다음 대화를 듣고 연결될 수 있는 가장 적절한 응답을 고르시오.

11. (a) (b) (c) (d)

12. (a) (b) (c) (d)

13. (a) (b) (c) (d) 기출

14. (a) (b) (c) (d)

15. (a) (b) (c) (d)

16. (a) (b) (c) (d)

17. (a) (b) (c) (d)

18. (a) (b) (c) (d)

19. (a) (b) (c) (d)

20. (a) (b) (c) (d) 기출

TIP 모든 단어를 다 알아야만 내용을 이해할 수 있는 것은 아닙니다. 생소한 표현이 나오는 경우 전후 내용에 비추어 그 뜻을 짐작해보고, 그래도 알 수 없다면 넘어가서 다음 내용에 충실하도록 합시다. 듣기에서 당황하면 심리적으로 위축되며 전체적 흐름을 놓치게 되기 때문에 청해 섹션에서는 마인드 컨트롤이 특히 중요합니다.

정답 및 해설 p.5

UNIT 02 일반 의문문과 평서문 알아듣기

MP3 바로 듣기

☑ 일반 의문문은 의문사가 없는 의문문으로 조동사, be동사, have동사 등으로 시작하는 의문문이다. not을 붙여 시작하는 부정 의문문, 끝에 꼬리말을 붙여 다시 한번 확인하는 부가 의문문도 이에 속한다.

☑ 평서문은 일반 문장 형태로, 사실이나 감정, 의견 등을 전달한다. 다양한 맥락을 단번에 이해할 수 있도록 판단력을 기르는 것이 중요하다.

조동사/be동사 의문문 🎧 U2_1

Can[Could], Will[Would], Should, Do[Does/Did], Have[Has] 등으로 시작하는 의문문을 말한다. Could, Would, Should 로 시작하는 의문문은 과거가 아닌 앞으로 일에 대한 제안, 요청, 의무의 뉘앙스를 갖고 있다. Have[Has] 의문문은 사실을 확인하는 내용으로, 동사 부분의 3~4 단어에서 의미를 확실히 파악해야 한다.

Could/Would

- **Could you** put me through to the Accounting Division? 회계 부서에 연결해 주시겠어요?
- **Could you please** validate my parking pass? 제 주차증을 승인해 주시겠어요?
- **Would you** give it another try? 다시 한번 해 보실래요?
- **Would you like** a hand with those boxes? 저 상자들 나르는 것을 도와드릴까요?
- **Would you like me to** look at it? 제가 봐 드릴까요?
  - ◐ Would you like me to부정사 ~?: me가 to부정사의 의미상의 주어로, 상대방에게 호의를 제공하는 내용
- ▶ put A through to B: A를 B로 (전화) 연결하다 validate 승인하다 give it a try 시도하다

Have

- **Have you been** working out? You look fit. 요즘 운동하세요? 몸이 좋아 보여요.
  - ◐ fit은 '맞다, 맞추다' 등의 동사 외에 형용사로 몸이 '건강한, 탄탄한'의 의미로 쓰입니다.
- **Have I done** something wrong, officer? 경찰관님, 제가 뭐 잘못 했나요?
  - ◐ 특정 직업이 나오는 경우는 화자의 신분을 통해 상황을 유추할 수 있으니 이를 잘 활용하세요.
- **Have you ever used** any of the services offered by the Career Services Center? 커리어 서비스 센터에서 제공하는 서비스를 이용해 본 적 있나요?

Be – Is/Are/Was/Were

- **Are** you on a diet or something? 다이어트 같은 것 하세요?
- **Are** you still having trouble with that MP3 player? 그 MP3 플레이어에 여전히 문제가 있나요?
- **Is** the rain supposed to stop in the afternoon? 비가 오후에 그칠 예정인가요?
  - ◐ be supposed to do(~ 할 예정이다)는 구어체에서 많이 쓰이는데, 과거 시제(was supposed to)로 쓰이면 '~ 할 예정이었는데 이상하네, 문제가 있나?'와 같은 뉘앙스를 띠는 경우가 많습니다.
- **Were** you able to get the television fixed? 텔레비전을 수리 받으실 수 있었나요?
- **Anything else** I need to remember? 기억해야 할 게 또 뭐가 있나요?

> 꿀팁 Is there/Are there ~ 로 시작하는 의문문에서 Is there/Are there가 생략되고 명사가 바로 등장하기도 한다.
> (Is there) Anything else I need to remember?

부정/부가 의문문

부정 의문문은 문장의 맨 앞에 오는 be동사나 조동사에 not을 붙여 만들며, 알고 있는 사실을 재확인하거나 다시 한번 강조할 때
쓴다. 하지만 상황에 따라서는 불만을 표현하는 뉘앙스나 이유를 묻는 의미가 되기도 한다. 부가 의문문은 평서문 뒤에 짧은 꼬리말을
붙여 만들며, 꼬리말은 평서문이 긍정이면 부정으로, 부정이면 긍정 형태로 만든다. 진짜 몰라서 묻기보다는, 알고 있지만
다시 확인하고 싶을 때나 확실하지만 상대방에게 동의를 구하려는 의도가 있을 때 사용한다.

강한 사실 확인

사실이나 의견을 강하게 확인할 때 not을 붙여서 부정 의문문 형태로 묻는다.

- **Aren't you** going to take over your parents' business one day? 언젠가는 부모님 사업을 물려받을 거죠?
- **Weren't you** in Mr. Coles' class? Coles 씨의 수업에 계셨었죠?
- **Isn't Jay** going to Greece for three weeks over the holidays? Jay는 휴가로 3주간 Greece에 가죠?
- **Don't you** think I deserve a higher salary? 제가 급여를 더 받을 자격이 된다고 생각하죠?
- **Can't you** squeeze me in this week? 이번 주에 저 좀 끼워 주시겠어요?
- **Didn't you** make it to the final interview this time? 이번엔 최종 면접까지 갔죠?

불만, 꾸지람, 이유 묻기

맥락에 따라 불만을 표현하거나, 상대를 꾸짖거나 'why'의 의미를 내포하는 경우도 있다.

- **Can't we** just watch movies at home? 그냥 집에서 영화 보면 안 돼? (속뜻: 나가기 싫어.)
- **Can't you** understand what I am talking about? 제 말 이해 안되세요? (속뜻: 답답하네.)
- **Didn't you** buy a computer just a month ago? 불과 한 달 전에 컴퓨터 사지 않았나요? (속뜻: 왜 또 사?)
- **Didn't you** learn French in school? 학교에서 프랑스어 안 배웠어요? (속뜻: 왜 이렇게 못해?)
- **Wasn't Joe** supposed to arrive an hour ago? Joe가 1시간 전에 올 예정 아니었어요? (속뜻: 왜 안 와?)

사실이나 의견 재확인

- You were supposed to be there at 7, **weren't you?** 거기 7시에 가기로 되어 있었잖아, 안 그래?
  ◑ Weren't you supposed to be there ~ 와 거의 같은 뜻이에요.
- Daniel is very picky about what he wears, **isn't he?** Daniel은 옷 입는 것에 매우 까다롭지, 안 그래?
- You aren't writing a report, **are you?** 보고서 안 쓰고 있지, 그렇지?
  ◑ 평서문이 부정이면 꼬리말은 긍정으로 표현해요.
- Jean hasn't said a word all evening, **has she?** Jean이 저녁 내내 한 마디도 안 했지, 그렇지?
- It seems too cold to wait for the bus outside, **doesn't it?** 밖에서 버스 기다리기 너무 추운 것 같아, 안 그래?

> ⭐ 꿀팁 우리말에서는 '~ 하지 않나요?'라고 물을 때 '네, 그렇지 않아요.'라고 답하지만 영어에서는 다르게 대답한다. 영어에서는 Yes
> 라고 답하면 이어지는 말도 Yes에 해당하는 긍정의 내용이 와야 한다. 부정/부가 의문문이 나왔을 때 무조건 긍정으로 해석하
> 면 헷갈리지 않는다.
> Samantha **didn't say a word**, did she? Samantha가 아무 말 안 했죠? ➔ 한 마디라도 했나요?
> ➔ Yes, she did. 네, 했어요.
> ➔ No, she didn't. 아뇨, 안 했어요.

평서문

「주어 + 동사외 어순으로 된 평서문은 의문문과 달리 문장 첫 부분에서 의미를 파악할 수 있는 단서를 잡기 어렵기 때문에 문장 전체를 제대로 이해해야 한다. 청해 Part 1, 2에서 가장 많이 나오는 유형이다.

인사

- Let me introduce each of them to you. 제가 각각의 분들을 소개해 드릴게요.
- Fancy bumping into you here! 여기서 만나다니 반갑다!
  - ❍ Fancy -ing! (놀라움과 반가움) ~하게 될 줄이야!
- It's been years since I talked to you! 너무 오랜만이에요!

제안/요청

- **I think you should** try to leave before the storm hits. 폭풍이 닥치기 전에 출발하는 것이 좋을 것 같아요.
- **We shouldn't** drive under the influence. 술 마시고 운전하시면 안됩니다.
- **You are kindly requested** not to smoke here. 여기서 담배 피우시면 안됩니다.
- **You'd better** do the daily report soon. 일일 보고서를 빨리 작성하시는 게 좋겠어요.
- **I wouldn't** go see the movie *Behind It* **if I were you**. 내가 너라면 *Behind It* 보러 가지 않을 것 같아.
- The battery is dead again. **Can you** jump-start my car? 배터리가 또 나갔어요. 제 차에 시동을 걸어 주시겠어요?
- **You can't** go in the pool without a lifeguard on duty. 근무 중인 구조요원이 없으면 수영장에 들어갈 수 없습니다.

▶ under the influence 과음한 상태에서 jump-start (차의 배터리가 다 됐을 때) 다른 차의 배터리에 연결시켜 시동을 걸다
  on duty 근무 중인

칭찬/감사/사과

- Your house is **spick and span**. 당신 집은 정말 깨끗하네요.
- This food is **out of this world**. 이 음식은 너무나 맛있네요.
- **I can't thank you enough** for letting me use your car. 네 차를 쓰게 해줘서 정말 고마워.
- **I can't tell you how sorry** I am. 정말 미안한 마음을 표현할 수가 없습니다.

▶ spick and span 아주 깔끔한, 말끔한 out of this world (이 세상의 것이 아닌 것처럼) 너무도 훌륭한

긍정적인 소식

- Jonathan got an offer from America's best law firm. Jonathan이 미국 최고 법률회사에서 (취업) 제안을 받았어요.
- I heard the exam has been moved back a week. 시험이 일주일 미뤄졌다고 들었어요.
  - ❍ 소식을 전할 때 'I heard ~' 표현으로 문장을 시작하는 경우가 많습니다.

부정적인 소식/문제점

- These directions to the lake are unintelligible to me. 호수로 가는 이 길 안내가 무슨 말인지 통 모르겠어.
- I swear I'll quit if my supervisor doesn't ease up on me. 내 상사가 내게 태도를 누그러뜨리지 않으면 정말 그만두겠어.
- Warren has decided to drop out of medical school. Warren이 의대를 그만두기로 결정했다.
- The university board turned down our request for additional funds. 대학 이사회가 우리의 추가 자금 요청을 거절했어요.

▶ unintelligible 이해할 수 없는 swear 맹세하다 ease up on ~에게 덜 혹독하게 대하다, 태도를 완화하다 drop out of ~을 그만두다
  turn down 거절하다

기출 Check-up Test

기출문제를 포함한 실전 문제들을 풀며 학습한 내용을 확인해 보세요.

🎧 U2_4

Part 1 다음 말을 듣고 연결될 수 있는 가장 적절한 응답을 고르시오.

1. (a) (b) (c) (d)

2. (a) (b) (c) (d)

3. (a) (b) (c) (d)

4. (a) (b) (c) (d)

5. (a) (b) (c) (d)

6. (a) (b) (c) (d)

7. (a) (b) (c) (d) 기출

8. (a) (b) (c) (d)

9. (a) (b) (c) (d)

10. (a) (b) (c) (d)

Part 2 다음 대화를 듣고 연결될 수 있는 가장 적절한 응답을 고르시오.

11. (a) (b) (c) (d) 기출

12. (a) (b) (c) (d)

13. (a) (b) (c) (d)

14. (a) (b) (c) (d)

15. (a) (b) (c) (d) 기출

16. (a) (b) (c) (d)

17. (a) (b) (c) (d)

18. (a) (b) (c) (d)

19. (a) (b) (c) (d)

20. (a) (b) (c) (d)

정답 및 해설 p.11

UNIT 02 일반 의문문과 평서문 알아듣기 **31**

UNIT 03 평서문 – 사실/정보 전달

- ☑ 평서문은 Part 1에서 6~8문제, Part 2에서 4~5문제가 출제되어 가장 빈도수가 높은 유형이다.
- ☑ 굉장히 다양한 상황이 언급되기 때문에 듣기 실력이 뒷받침되어야 내용을 제대로 이해할 수 있다. 「주어 + 동사와 이어지는 내용을 재빨리 듣고 내용을 요약해 이해하는 연습을 하도록 한다.
- ☑ 내용을 크게 사실이나 정보를 전달하는 내용, 또는 감정이나 의견을 표현하는 내용으로 나눈 후, 그 안에서 가능한 이야기를 세부적으로 정리하며 판단력을 길러보자.

평서문_사실/정보 전달

- 객관적인 사실을 전달하는 내용은 다양한 답변이 가능하기 때문에 듣기 실력이 특히 많이 요구된다.
- 크게 좋은 소식과 안 좋은 소식으로 나누어 오답을 소거하며 푼다. 좋은 소식에 대해서는 축하하거나 함께 기뻐하는 답변이 주로 나오고 안 좋은 소식에 대해서는 위로하거나 되묻는 답변이 주로 나온다.
- 문제점을 전달하는 내용이 등장하면 해결책을 제시하는 답변이 자주 정답으로 나온다.

객관적인 사실 전달   🎧 U3_1

Q. I'm calling about the marketing position you posted.
A1. OK, I'll put you through to our hiring manager.
A2. Sorry, it was filled last week.

게시하신 마케팅 직책에 대해 전화드립니다.
네, 채용 담당 매니저에게 연결해 드리겠습니다.
죄송합니다만, 지난주에 채용되었어요.

Q. I reserved a rental car for my trip to Amsterdam.
A1. I should hurry up and do that, too.
A2. Which agency did you pick?

Amsterdam 여행을 위해 렌터카를 예약했어.
나도 서둘러서 해야겠다.
어느 대리점으로 골랐어?

Q. Your new **bathroom tiles arrived** and are ready to be fitted.
A1. That was quicker than expected.
A2. Let's get on with it then.

새 화장실 타일이 도착해서 설치될 준비가 됐습니다.
생각했던 것보다 빨리 왔군요.
그럼 서둘러 합시다.

Q. I brought some of those magazines you asked for.
A1. Oh, please leave them on my desk.
A2. Which ones did you bring?

요청하신 잡지들 가져왔습니다.
아, 제 책상 위에 두세요.
가져온 게 어느 것인가요?

Q. I was selected to organize the family fun day in Byers Park.
A1. That's quite a big responsibility.
A2. Oh, I'm sure it'll be fun to plan.

내가 Byers Park에서 가족의 날 행사를 조직하도록 뽑혔어.
상당히 큰 책임인데.
아, 계획 세우는 게 재미있을 거야.

▶ post ~을 게시하다   put A through to B: A의 전화를 B에 연결시켜주다   get on with ~의 일을 해나가다   organize ~을 조직하다, 준비하다

Q. Billy **was granted** a construction permit for his house.
A1. I guess he can start building his extension.
A2. He must be over the moon.

Q. Your favorite basketball team **won by a landslide!**
A1. Yes, I can't believe they scored so many goals.
A2. I know! I almost felt sorry for the other side.

Q. The gym is **finally updating** its equipment.
A1. Good. A change is long overdue.
A2. I wonder what new machines they'll buy.

Billy가 집에 대한 건축 허가를 승인 받았어.
그가 증축을 시작할 수 있겠군.
하늘을 둥둥 떠다니는 기분이겠네.

네가 좋아하는 농구팀이 압도적으로 이겼네!
응, 그렇게 골을 많이 넣다니 믿기지 않아.
알아! 상대 팀한테 미안할 정도야.

체육관이 드디어 장비를 업데이트 해.
잘됐다. 오랫동안 기다려 온 변화야.
어떤 새 기계들을 살지 궁금하네.

안 좋은 소식/문제점   🎧 U3_3

Q. Your coursework has really **gone downhill** this semester.
A1. I admit that it hasn't been my best work.
A2. I know. I'll try to make more of an effort.

Q. Our washing machine is **making a terrible noise**.
A1. We'd better have it repaired.
A2. Maybe one of the parts needs to be replaced.

Q. These shoes are really **hurting my feet**.
A1. You might want to get a bigger size.
A2. You probably shouldn't wear them then.

Q. I heard the company is **implementing a pay freeze**.
A1. I think that's only a rumor.
A2. That's going to make a lot of people unhappy.

Q. I ordered soup with this dish, but the server brought me a salad.
A1. My apologies. I'll deal with that immediately.
A2. Oh, there must have been a mix-up.

자네 수업 활동이 이번 학기에 정말 내리막길이야.
제가 최선을 다 한 게 아니라는 건 인정해요.
저도 알아요. 더 노력하겠습니다.

우리 세탁기가 엄청난 소음을 내고 있어.
수리받는 게 좋겠다.
아마 부품들 중 하나가 교체되어야 할거야.

이 신발들 정말 발 아프다.
좀더 큰 사이즈로 하는 게 좋을 것 같아.
그렇다면 그거 신지 말아야 해.

회사가 임금 동결을 할 거라고 들었어.
그건 그냥 소문 같은데.
많은 사람들이 불행해지겠군.

이 요리와 함께 수프를 주문했는데 서빙 직원이 샐러드를 갖다 줬어요.
죄송합니다. 즉시 처리하겠습니다.
아, 혼동이 있었던 것이 틀림없네요.

▶ be granted ~을 승인받다 permit 허가 extension 증축 건물 over the moon 너무 황홀해서 하늘을 떠다니는 듯한
win by a landslide 압도적으로 승리하다 score 득점하다 long overdue 한참 전에 행해졌어야 할 go downhill 악화되다
admit 인정하다 make an effort 노력하다 implement ~을 시행하다 pay freeze 임금 동결 rumor 소문 My apologies. 죄송합니다.
deal with ~을 처리하다 mix-up (실수로 인한) 혼동

평서문_사실/정보

U3_4

1. (a) _____ (b) _____ (c) _____ (d) _____

Part 1

M: Louise, **there's a man here to see you** at the reception desk.

W: _____

(a) Yes, I already called him back.

(b) Thanks. Tell him I'm on my way.

(c) Sure, just leave it on my desk.

(d) No, I haven't met the receptionist.

🔓 손님이 오셨다는 사실을 전달하는 내용에 대해 전해줘서 고맙다고 인사하며 만나러 가겠다고 답하는 (b)가 정답이다. Yes, Sure, No는 사실을 확인하는 대답이기 때문에 어울리지 않으므로 모두 오답으로 소거한다.

남: Louise, 접수처에 당신을 만나러 온 남성 한 분이 계세요.

여: _____

(a) 네, 이미 그에게 다시 전화했어요.

(b) 고마워요. 가는 중이라고 그분께 말씀해주세요.

(c) 네, 그냥 제 책상 위에 올려 두세요.

(d) 아뇨, 접수 담당자를 만나지 못했어요.

어휘 reception desk 접수처 **call A back**: A에게 답신 전화를 하다 **on one's way** 가는 중인 **leave** ~을 놓다, 두다 **receptionist** 접수직원

Possible Answers

1. Oh, that must be the repair technician.

2. Please direct him to my office.

아, 틀림없이 그 분은 수리 기술자일 거예요.
제 사무실로 그 분을 모셔주세요.

---

2. (a) _____ (b) _____ (c) _____ (d) _____

Part 2

W: Are you sure you don't want to turn the air conditioning on?

M: Yeah. I'm fine. Let's save some electricity.

W: **It seems too hot** in here to get any work done.

M: _____

(a) It'll get cooler next week.

(b) I should be finished pretty soon.

(c) I'll be able to help you with it later.

(d) The remote control is over there.

🔓 덥다는 사실을 전달하지만 속뜻은 에어컨을 켜자고 제안하는 내용이다. 이에 대해 리모콘 위치를 이야기하며 간접적으로 수락의 의미를 전달하는 (d)가 정답이다.

여: 정말로 에어컨 안 켜고 싶어?

남: 응. 난 괜찮아. 전력 좀 아끼자.

여: 뭔가 일을 하기에 여기 안이 너무 더운 것 같아.

남: _____

(a) 다음 주에는 더 시원해질 거야.

(b) 난 곧 끝날 거야.

(c) 그건 나중에 도와줄 수 있을 것 같아.

(d) 리모콘이 저기에 있어.

어휘 **Are you sure ~?**: ~ 확실해요? **electricity** 전기, 전력 **get cool** 선선해지다 **pretty soon** 곧 **remote control** 리모콘 **over there** 저쪽에, 저기에

Possible Answers

1. Maybe I'll just open a window.

2. To be honest, I like this temperature.

내가 창문을 열면 될 거야.
솔직히 말하면, 나는 이 온도가 좋아.

---

3. (a) _____ (b) _____ (c) _____ (d) _____

Part 1

W: Guess what? **I received a football scholarship to Hartford College.**

M: _____

(a) I have a class this afternoon.

(b) I'm just glad they won!

(c) That's amazing! Good job!

(d) The team is playing today.

🔓 좋은 소식을 전달하는 내용은 대부분 (c)와 같이 축하하는 내용이 정답이 된다. (b)처럼 시작부분(I'm just glad)은 그럴 듯하지만 이어지는 내용이 어울리지 않는 오답에 주의해야 한다.

여: 있잖아, 내가 Hartford College 축구 장학금을 받았어.

남: _____

(a) 나 오늘 오후에 수업 있어.

(b) 그들이 이겼다니 기뻐!

(c) 대단해! 잘 했어!

(d) 그 팀이 오늘 경기해.

어휘 **Guess what?** 있잖아, 그거 알아? **scholarship** 장학금 **Good job!** 잘 했어!

Possible Answers

1. Your parents must be so proud!

2. I heard it's a great place to enroll.

부모님이 분명 자랑스러워 하실 거야!
거기 입학하기에 좋은 곳이라고 들었어.

---

4. (a) _____ (b) _____ (c) _____ (d) _____

Part 2

W: I have to tell you **some exciting news.**

M: Oh, really? What's going on?

W: Dave and I are **finally tying the knot.**

M: _____

(a) I'm afraid I'll be busy then.

(b) Did you get a good deal?

(c) I appreciate your advice.

(d) I'm so happy for you both.

🔓 tie the knot(결혼하다)라는 구어체 표현을 이해하지 못했다 하더라도 exciting news를 듣고 정답을 추측할 수 있어야 한다. 결혼 소식을 전하고 있으므로, 이에 대해 축하하는 (d)가 정답이다. 자신이 바쁠 것이라고 말하는 (a), 좋은 가격에 샀는지를 묻는 (b)는 엉뚱한 내용이고, (c)는 조언에 대한 감사 인사이므로 좋은 소식을 전하는 말 다음에 어울리지 않는다.

여: 내가 신나는 소식 하나 말해 줄게.

남: 아, 정말? 무슨 일인데?

여: Dave랑 내가 드디어 결혼을 해.

남: _____

(a) 아마 그때 바쁠 것 같아.

(b) 좋은 조건으로 산 거야?

(c) 충고 고마워.

(d) 너희 두 사람 잘돼서 너무 기뻐.

어휘 **What's going on?** 무슨 일인데? **tie the knot** 결혼을 하다 **get a good deal** 좋은 조건에 잘 사다 **appreciate** ~에 감사하다

Possible Answers

1. That's wonderful! Congratulations!

2. Great! It's about time, too!

정말 잘됐다! 축하해!
잘됐다! 그럴 때도 됐지!

5. (a) _____ (b) _____ (c) _____ (d) _____

Part 1

W: Oh, no! **The instruction manual** for this video game console **is written in Japanese!**

M: _____
(a) Just follow the instructions.
(b) Luckily for us, it's not in Japanese.
(c) Let's check online for a translated copy.
(d) It'll take 10 days to be shipped here.

🔓 설명서가 일본어로 적혀 있어 읽기 힘들다는 문제점을 말하고 있으므로 이에 대해 해결책을 제시하는 (c)가 정답이다. (a), (b)에서 앞서 나왔던 instruction, Japanese가 쓰인 것에 주의한다. 앞서 제시되는 말을 제대로 이해하지 못하면 들렸던 소리를 본능적으로 고르게 되어 있기 때문에 이 점에 유의해야 한다.

여: 이런! 이 비디오 게임기 사용 안내서가 일본어로 적혀 있어!
남: _____
(a) 그냥 설명서를 따라 해.
(b) 우리에게 다행스럽게도, 이건 일본어가 아냐.
(c) 온라인으로 번역본이 있는지 확인하자.
(d) 여기까지 배송 오는 데 10일은 걸릴거야.

어휘 **instruction manual** 사용 안내서 **game console** 게임기 **follow** ~을 따르다 **instructions** 지시 사항, 설명서 **luckily for** ~에게 다행스럽게 **translated copy** 번역본 **ship** ~을 배송하다

Possible Answers
1. Maybe we can call the manufacturer for help.
2. Do you know anyone who could read it?

아마 제조사에 도움을 청할 수 있을 거야.
그거 읽을 줄 아는 누군가를 알고 있어?

---

6. (a) _____ (b) _____ (c) _____ (d) _____

Part 2

W: I borrowed this CD from Simon a few weeks ago, but I haven't seen him lately. Can you give it to him if you're planning to see him?

M: Sure, I'll probably see him at our badminton club this afternoon. Is he okay? I saw him last week, and **he seemed down.**

W: Well, it's because **his mother has been ill** recently.

M: _____
(a) I already listened to it.
(b) I'm feeling a lot better now.
(c) I enjoy playing badminton, too.
(d) That explains it. What a pity.

🔓 Simon이 우울해 보인다며 그가 괜찮은지 묻자 여자가 Simon의 어머니가 편찮으시다고 답한다. 이에 대한 반응으로 어울리는 것은 '그렇구나. 안타깝다'라고 말하는 (d)이다. 좋지 않은 소식에 대한 반응으로 I'm sorry to hear that(그 소식을 들어 유감이다)이라고 하는 경우가 많다.

여: 나 몇 주 전에 Simon한테 이 CD 빌렸는데, 최근에 Simon을 보지 못했어. 그를 볼 계획이면 이것 좀 전해줄래?
남: 그래, 아마 오늘 오후에 배드민턴 클럽에서 만날 거야. 근데 걔 괜찮아? 지난 주에 봤을 때는 우울해 보이던데.
여: 그게, 최근 들어 어머니가 편찮으시거든.
남: _____
(a) 난 이미 그거 들었어.
(b) 지금은 기분이 훨씬 나아졌어.
(c) 나도 배드민턴 치는 걸 즐겨.
(d) 그래서 그런거구나. 애석한 일이네.

어휘 **lately** 최근에(= recently) **down** 우울한 **feel better** 기분이 나아지다 **That explains it.** 그래서 그렇구나. **What a pity.** 애석한 일이다.

Possible Answers
1. That's a shame. I hope she gets better.
2. Oh, I'm sorry to hear that.

유감이네. 어머니가 호전되시기를 바라.
아, 그 얘기를 들어서 유감이야.

기출 Check-up Test

🎧 U3_7

기출문제를 포함한 실전 문제들을 풀며 학습한 내용을 확인해 보세요.

Part 1 다음 말을 듣고 연결될 수 있는 가장 적절한 응답을 고르시오.

1. (a) (b) (c) (d)

2. (a) (b) (c) (d)

3. (a) (b) (c) (d)

4. (a) (b) (c) (d)

5. (a) (b) (c) (d)

6. (a) (b) (c) (d) 기출

7. (a) (b) (c) (d)

8. (a) (b) (c) (d)

9. (a) (b) (c) (d)

10. (a) (b) (c) (d)

Part 2 다음 대화를 듣고 연결될 수 있는 가장 적절한 응답을 고르시오.

11. (a) (b) (c) (d) 기출

12. (a) (b) (c) (d)

13. (a) (b) (c) (d)

14. (a) (b) (c) (d)

15. (a) (b) (c) (d)

16. (a) (b) (c) (d)

17. (a) (b) (c) (d)

18. (a) (b) (c) (d)

19. (a) (b) (c) (d)

20. (a) (b) (c) (d)

정답 및 해설 p.18

☑ Part 1, 2에서 사실 전달과 함께 기쁨, 감사, 걱정, 실망과 같은 감정을 표현하는 내용의 평서문이 출제된다. Part 2의 경우, 마지막 대사보다는 대화 시작 부분에서 감정을 전달하며 문제점을 이어가는 경우가 많다.

☑ Part 1, 2에서 대화의 마지막 문장이 의견을 전달하는 내용은 1~2문제 정도 출제된다.

평서문_감정 표현/의견 전달

● 감정 표현 역시 긍정적인 내용과 부정적인 내용으로 나누어 접근할 수 있다. 긍정적인 감정으로는 칭찬, 감사, 기쁨, 안부 등이 나오고, 부정적인 감정으로는 걱정, 불평, 경고, 꾸짖기 등이 나온다.

● 의견을 나타낼 때는 자신의 구체적인 생각을 전달하기도 하지만 제안/요청하는 내용이 더 자주 나온다.

긍정적 감정 – 칭찬/감사/기쁨   🎧 U4_1

Q. Great job arranging this company trip!	이번 회사 야유회 준비 정말 잘 하셨어요!
A1. I owe it all to you.	다 당신 덕분이에요.
A2. I couldn't have done it without you.	당신 없이는 할 수 없었을 거예요.
Q. That wine **really goes well with** the fish.	그 와인은 생선이랑 정말 잘 어울리네요.
A1. I chose it specially.	제가 특별히 골랐습니다.
A2. The recipe recommended it.	레시피에서 그걸 권하더군요.
Q. Our town's new train station is **impressive**.	우리 마을에 새로 생긴 기차역이 인상적이야.
A1. Yes, it's really well designed.	맞아, 디자인이 정말 잘 되었어.
A2. I know. I can't believe how large it is.	그러게. 믿을 수 없을 정도로 크지.
Q. You have excellent taste in movies.	영화 취향이 훌륭하시네요.
A1. I am pleased you enjoyed the film.	영화를 재미있게 보셨다니 기쁩니다.
A2. It's definitely a passion of mine.	제가 영화 엄청 좋아하죠.
Q. I really appreciate your offering to give me a ride.	저를 태워주신다고 해서 정말 감사합니다.
A1. It's my pleasure.	제가 좋아서 하는 건데요.
A2. Don't mention it.	별 말씀을요.
Q. Thanks for coming to my baseball game last night.	어제 저녁에 내가 하는 야구 경기에 와줘서 고마워.
A1. I wanted to give you my full support.	전적으로 응원해주고 싶었어.
A2. Sure, I wouldn't have missed it.	천만에, 난 경기를 놓치지 않았을 거야.

❶ Thank you와 같은 감사의 인사에 Sure라고 답하는 것은 You're welcome, Don't mention it과 동일한 의미를 지닙니다. 다만, 격식을 차리지 않는 친한 사이에서 쓰이지요.

▶ **owe A to B**: A를 B에게 빚지다, A는 B 덕분이다 **go well with** ~와 잘 어울리다 **taste** n. 취향 **definitely** 분명히 **passion** 열정(적으로 하는 일) **give A a ride**: A를 차로 태워주다 **support** n. 지지 v. 지지하다 **wouldn't have p.p.** ~하지 않았을 것이다

Q. I shouldn't have told Terry about our relationship.
A1. Yes, he feels pretty upset about it.
A2. Well, he would've found out eventually.

Terry한테 우리 관계에 대해 말하지 말 걸.
응, 꽤 기분 나빠 하는 것 같아.
글쎄, 결국에는 알게 됐을 거야.

Q. I'm worried that Angela took offence at my comments earlier.
A1. Oh, she knew you were only joking.
A2. She did look a little upset.

아까 내가 한 말에 Angela가 기분 상할까 봐 걱정돼.
아, 그냥 농담한 거라는 거 그녀도 알았어.
정말 마음 상해 보였어.

Q. What a shame your credit card got stolen while you were on vacation.
A1. I know. It really ruined my trip.
A2. Yes, and it's lucky I canceled it quickly.

휴가 중에 신용 카드를 도난당하다니 정말 안됐다.
그러게. 그 일로 여행을 완전 망쳤어.
맞아, 그래도 내가 빨리 카드를 취소해서 다행이야.

Q. I don't see how you can support cuts to overtime pay.
A1. The company needs to lower expenses.
A2. We are currently paying too much.

어떻게 당신은 초과근무 수당 삭감을 지지할 수가 있어요.
회사가 비용을 줄일 필요가 있어요.
우린 현재 너무 많이 지불하고 있어요.

Q. I'm wondering if you could cover my shift for me.
A1. When is it?
A2. Sure, I can do that.

내 교대근무를 대신해줄 수 있는지 알고 싶어.
언제인데?
물론이지, 내가 해줄 수 있어.

Q. We kindly request that you do not use the flash on your camera in here.
A1. I already turned mine off.
A2. Thanks for letting me know.

여기에서는 카메라 플래쉬를 사용하지 말아주세요.
이미 제 것은 껐습니다.
알려주셔서 감사합니다.

Q. Looks like we should find a new venue for the fundraiser.
A1. How about The Roxy Hotel?
A2. What's wrong with the one we booked?

모금 행사를 할 새 장소를 찾아야 할 것 같아요.
Roxy 호텔은 어때요?
우리가 예약한 장소에 무슨 문제 있나요?

Q. I'm in the mood for a comedy movie.
 (= I wouldn't mind a comedy movie.)
A1. There's a funny one starting at 2 P.M.
A2. I'd prefer to see an action one.

난 코미디 영화가 보고 싶네.
오후 2시에 시작하는 재미있는 게 하나 있어.
난 액션 영화 보고 싶은데.

▶ upset 기분이 상한 What a shame + 절: ~라니 정말 안됐다, 유감이다 ruin ~을 망치다 cut to ~에 대한 삭감 overtime pay 초과 근무 수당 shift 교대 근무 fundraiser 모금 행사 Looks like + 절: ~인 것 같다 be in the mood for ~을 하고[갖고/먹고/보고] 싶다

평서문_긍정적 감정　　　　　　　　　　　　　　　　🎧 U4_4

1. (a) _____ (b) _____ (c) _____ (d) _____

Part 1

W: What a lovely home-cooked meal! **Thanks for inviting** me over.

M: _____

(a) I'm happy you were able to make it.

(b) I'm free this coming Saturday.

(c) Eddie cooked some excellent food.

(d) I'm inviting several of our friends.

🔓 초대해줘서 고맙다는 감사 인사에 대해 와줘서 기쁘다고 답하는 (a)가 어울린다. (c)는 제시문의 home-cooked meal과 관련된 내용으로 혼동을 유발하는 것으로서 감사 인사에 대한 반응으로 적절하지 않다.

여: 가정식 훌륭하다! 집으로 나를 초대해줘서 고마워.

남: _____

(a) 네가 올 수 있어서 기뻐.

(b) 이번 토요일에 나 한가해.

(c) Eddie가 엄청 맛있는 음식을 만들었어.

(d) 내가 친구 몇 명을 초대할 거야.

어휘 **lovely** 훌륭한, 멋진 **home-cooked meal** 가정에서 요리한 식사 **invite A over**: A를 자기 집으로 초대하다 **make it** (장소에) 가다

Possible Answers

1. It was a pleasure having you here.
2. I'm glad you enjoyed yourself.

네가 와줘서 정말 좋았어.
네가 즐거웠다니 기뻐.

---

2. (a) _____ (b) _____ (c) _____ (d) _____

Part 2

M: Your new car looks great!

W: Thanks. But I actually bought it five years ago.

M: Oh, **I honestly thought it was brand new.**

W: _____

(a) I'd like to take it for a test drive.

(b) That's our best-selling brand these days.

(c) Well, I try to keep it in good condition.

(d) Probably in the next few years.

🔓 I honestly thought it was ~ 의 표현으로 차 상태가 훌륭한 것에 대한 놀라움을 나타내고 있다. 이에 대한 반응으로 차의 상태가 좋은 이유를 설명하는 (c)가 잘 어울린다. new car와 관련하여 test drive, best-selling brand 등의 연관 어휘를 등장시킨 오답에 속지 않도록 주의한다.

남: 네 새 차 정말 좋아 보인다!

여: 고마워. 그런데 사실 5년 전에 산 차야.

남: 아, 난 정말로 새 차인 줄 알았어.

여: _____

(a) 이걸 시운전해보고 싶어.

(b) 그게 요즘 저희의 가장 잘 나가는 브랜드입니다.

(c) 음, 난 차를 좋은 상태로 유지하려고 노력해.

(d) 아마 앞으로 몇 년 후에.

어휘 **honestly** (사실임을 강조하여) 정말로, 진짜로 **brand new** 완전 새 것인 **test drive** n. 시운전 v. 시운전하다 **best-selling** 가장 잘 팔리는 **in good condition** 상태가 좋은

Possible Answers

1. Maybe it's because I look after it.
2. No, it's older than it seems.

아마 내가 잘 관리하기 때문일 거야.
아냐, 보이는 것보다 오래됐어.

---

3. (a) _____ (b) _____ (c) _____ (d) _____

Part 1

W: **I feel terrible about** arriving late for our lunch date.

M: _____

(a) Yes, I'll try to be on time for it.

(b) I swear that I'll make it up to you.

(c) At least admit that you were late.

(d) It's fine. I knew you were busy with work.

🔓 지각한 상황을 인정하고 사과하는 말에 괜찮다며 현재 바쁜 상황을 이해한다고 말하는 (d)가 정답이다. (a)처럼 말하는 주체가 엉뚱하게 쓰인 오답에 유의해야 한다. (c)는 정황상 그럴 듯한 것 같지만 이미 지각에 대해 사과했는데 인정하라고 하는 것이 어울리지 않는다.

여: 우리의 점심 데이트에 늦어서 정말 마음이 안 좋아.

남: _____

(a) 응, 제 시간에 가보도록 할게.

(b) 맹세컨대, 꼭 보상할게.

(c) 적어도 늦었다는 건 인정해라.

(d) 괜찮아. 일 때문에 바빴던 거 알고 있었어.

어휘 **feel terrible** 안타깝다, 가슴이 아프다 **swear** 맹세하다 **make it up to** ~에게 (손해를) 보상하다 **at least** 적어도 **admit that**절: ~임을 인정하다

Possible Answers

1. Well, I almost decided to leave.

2. No problem, but try not to do it again.

음, 거의 그냥 가려고 했었어.

괜찮아, 하지만 또 그러진 마.

4. (a) _____ (b) _____ (c) _____ (d) _____

Part 2

M: I'm so stressed out. How will I ever figure out which university to go to?

W: Just do a lot of research. You'll find one you like.

M: I have been, **but none of them seem right for me.**

W: _____

(a) The application essay will be challenging.

(b) Now you can choose your major.

(c) Then you should apply to it.

(d) Maybe you're being too picky.

🔓 맞는 대학을 찾기 힘들다고 불평하는 말에 너무 까다롭게 고르는 것 같다고 의견을 말하는 (d)가 어울린다. 대학에 지원하는 상황을 이용한 연관어 (a) application essay, (b) major, (c) apply to 가 포함된 오답에 주의한다.

남: 너무 스트레스 받아. 어느 대학을 갈지 어떻게 알아내지?

여: 그냥 조사를 많이 해. 마음에 드는 대학을 찾을 거야.

남: 해오고 있었어, 그런데 그 어디도 나한테 맞는 것 같지 않아.

여: _____

(a) 지원 에세이가 꽤 힘들 거야.

(b) 이제 전공을 정하면 돼.

(c) 그럼 거기에 지원해야 해.

(d) 네가 너무 까다롭게 고르는 것 같네.

어휘 **stressed out** 스트레스를 많이 받은 **figure out** 알아내다 **do research** 조사하다 **application** 지원 **major** 전공 **apply to** ~에 지원하다 **picky** 까다롭게 구는

Possible Answers

1. At least narrow down your choices.

2. Then consider where you'd like to live, too.

적어도 선택 사항들을 줄여봐.

그럼 살고 싶은 곳도 생각해 봐.

5. (a) _____ (b) _____ (c) _____ (d) _____

Part 1

W: **Your mountain bike must've cost a fortune.**

M: _____

(a) You should ask them for a discount then.

(b) I found a good trail around here.

(c) It was worth everything I paid, though.

(d) Did it come with any extra items?

🔓 비싼 자전거를 산 것 같다는 의견을 전달하는 말에 많은 돈을 들인 가치가 있다고 답하는 (c)가 자연스럽다. (a)는 시제가 맞지 않고, (d)는 질문이 아닌 extra items 가 포함되었다고 설명해야 어울린다.

여: 네 산악 자전거 돈 많이 들었겠다.

남: _____

(a) 그럼 할인을 해 달라고 해야지.

(b) 이 근처에서 좋은 길을 발견했어.

(c) 그렇지만 돈 들인 가치가 있었어.

(d) 기타 용품들이 딸려 나왔니?

어휘 **must have p.p.** 틀림없이 ~했을 것이다 **cost a fortune** 돈이 많이 들다 **ask A for B**: A에게 B를 요청하다 **trail** 오솔길 **be worth + 명사**: ~할 만한 가치가 있다 **extra item** 추가 물품

Possible Answers

1. It wasn't cheap, that's for sure.

2. Well, I saved up for over a year.

분명히 싸진 않았지.

음, 일년이 넘게 돈을 모았어.

---

6. (a) _____ (b) _____ (c) _____ (d) _____

Part 2

M: Hi, Penny. Are you heading off somewhere?

W: Hi, Tommy. I'm just on my way to the library to study for a big test I have this week.

M: I'm on my way there, too. **Why don't you let me carry all these heavy textbooks for you?**

W: _____

(a) Thanks. Now I'll be able to understand it.

(b) No worries. Keep it as long as you want.

(c) Thank you. That would be a big help.

(d) No problem. It was my pleasure.

🔓 도와주겠다고 제안하는 말에 고마움을 표현하는 (c)가 정답이다. (a)도 감사 인사로 시작하지만 이어지는 내용이 적절히 연결되지 않고, (d)는 상대방으로부터 감사의 인사를 들었을 때 할 수 있는 말이므로 어울리지 않는다.

남: 안녕, Penny. 어디 가는 중이야?

여: 안녕, Tommy. 이번 주에 있는 중요한 시험 공부를 하러 도서관에 가는 길이야.

남: 나도 도서관 가는 길이야. 이 무거운 교재들을 내가 대신 들어줄까?

여: _____

(a) 고마워. 이제 이해할 수 있겠어.

(b) 걱정 마. 원하는 만큼 갖고 있어도 돼.

(c) 고마워. 큰 도움이 될 거야.

(d) 괜찮아. 내가 좋아서 한 건데.

어휘 **head off** ~로 향하다 **on one's way to** ~에 가는 중인 **carry** ~을 들다, 옮기다 **textbook** 교재, 교과서 **No worries.** 걱정 마. 괜찮아.

Possible Answers

1. What a gentleman you are, Tommy!

2. Great. My arms are getting sore.

Tommy, 넌 정말 신사야.

잘 됐다. 팔이 아프려고 해.

기출 Check-up Test

기출문제를 포함한 실전 문제들을 풀며 학습한 내용을 확인해 보세요.

Part 1 다음 말을 듣고 연결될 수 있는 가장 적절한 응답을 고르시오.

1. (a) (b) (c) (d)

2. (a) (b) (c) (d)

3. (a) (b) (c) (d)

4. (a) (b) (c) (d)

5. (a) (b) (c) (d)

6. (a) (b) (c) (d)

7. (a) (b) (c) (d)

8. (a) (b) (c) (d)

9. (a) (b) (c) (d) 기출

10. (a) (b) (c) (d)

Part 2 다음 대화를 듣고 연결될 수 있는 가장 적절한 응답을 고르시오.

11. (a) (b) (c) (d) 기출

12. (a) (b) (c) (d)

13. (a) (b) (c) (d)

14. (a) (b) (c) (d)

15. (a) (b) (c) (d)

16. (a) (b) (c) (d)

17. (a) (b) (c) (d)

18. (a) (b) (c) (d)

19. (a) (b) (c) (d)

20. (a) (b) (c) (d)

정답 및 해설 p.25

☑ Part 1에서는 What, Which, How 세 의문문이 돌아가며 1문제 정도 출제되고, Part 2에서는 2~3문제 정도 출제된다.
☑ 출제 빈도는 낮지만 빠른 속도로 지나가기 때문에 듣기가 만만치 않다. 핵심을 놓치지 않고 정확히 듣는 연습을 해 둬야 한다.

What 의문문
🎧 U5_1

● 의문사 What은 think, say, believe 등의 동사와 어울려 의견을 묻는 내용이 가장 자주 출제되고, What happened?, What's wrong?과 같이 문제점을 묻는 내용이 Part 2에서 자주 등장한다.
● 「What + 명사」의 형태로 어느 명사와 결합하느냐에 따라 의미가 다양해지므로, 첫 3~4 단어를 듣고 대상 직업, 계획, 이유, 목적, 시간 등의 구체적인 의미를 이해한다.

Q. What are you waiting here for?	여기서 뭘 기다리고 있어?
A1. My friend is picking me up.	친구가 나를 태워 갈 거야.
A2. I'm just admiring the view.	그냥 경치를 감상하고 있어.
Q. What would you like to do for dinner?	저녁식사 어떻게 할래?
A1. How about ordering some Chinese food?	중식 시켜 먹는 게 어때?
A2. I'd be happy to make something for us.	내가 뭘 좀 만들어 볼게.
Q. What is our new company slogan?	우리 회사의 새 슬로건이 뭐야?
A1. I'll let you know once I find out.	알게 되면 알려줄게.
A2. I didn't think it had changed.	바뀐 지 몰랐는데.
Q. What time are we going to the library?	우리 몇 시에 도서관에 갈 거야?
A1. As soon as it opens.	열자마자.
A2. I'm ready now.	나 지금 준비됐어.
Q. What's with the cast? Are you hurt badly?	웬 깁스야? 심하게 다쳤어?
A1. It's nothing serious. I sprained my wrist.	심각한 건 아냐. 손목을 삐었어.
A2. No, but it could've been a lot worse.	아니, 하지만 훨씬 심할 뻔 했어.
Q. What did the bank manager want to see you about?	은행 매니저가 무슨 일로 너를 보고 싶어했어?
A1. He thinks I should open a new account.	그는 내가 새 계좌를 개설해야 한다고 생각해.
A2. He found the bank card I had dropped.	내가 떨어트린 은행 카드를 발견했대.
Q. What did you get at the supermarket?	슈퍼마켓에서 뭐 샀어?
A1. Just some random groceries.	그냥 이런저런 식료품.
A2. Snacks for my party.	파티에 쓸 스낵.

▶ admire ~을 감탄하며 바라보다 view 경치 What's with ~? ~는 왜 그래? ~에 무슨 일 있어? sprain ~을 삐다 random 무작위의

- Which 뒤에 이어지는 단어와 함께 정보를 요청하거나 선택을 요구하는 문제가 출제되므로 Which 뒤의 명사까지 꼭 챙겨 듣도록 하고, 뒤에 'A or B'의 선택 사항이 제시될 경우 특히 더 집중해서 듣는다.

Q. Which one do you like better, the vanilla one **or** the chocolate one? **A1.** I'm fine with either. **A2.** Both taste great to me.	뭐가 더 좋아, 바닐라 혹은 초콜렛? 아무거나 좋아. 둘 다 아주 맛있어.
Q. Which way is it to the swimming pool? **A1.** Around this corner, I guess. **A2.** We just passed it.	수영장 가려면 어느 길로 가야 해요? 이쪽 모퉁이 근처인 것 같아요. 방금 지나쳤어요.
Q. Which of the four venues seems most spacious? **A1.** Well, the downtown one is big. **A2.** It's obviously the concert hall.	네 곳의 행사장들 중 어디가 가장 넓은 것 같아? 음, 시내에 있는 게 커. 당연히 콘서트 홀이지.

How 의문문 🎧 U5_3

- How ~ go? (진행 상황), How come ~? (이유), How ~ solve? (문제 해결 방법), How ~ feel (상대방의 의견/상태), How about ~? (제안)의 내용이 자주 출제된다.

Q. How are you coping with the high humidity? **A1.** I'm getting used to it. **A2.** It's starting to wear me down.	높은 습도를 어떻게 견디고 있어? 난 점점 익숙해지고 있어. 날 지치게 만들기 시작하네.
Q. How is your apartment search **going[coming along]**? **A1.** I'm struggling to find anything within my budget. **A2.** There are a few potential places downtown.	아파트 알아보는 거 어떻게 돼가? 내 예산 안에서 찾느라 애쓰고 있어. 시내에 몇 군데 가능한 곳이 있어.
Q. I'm finally making some progress on my report. **How far along** are you? **A1.** I'd say about halfway. **A2.** The first draft is almost finished.	드디어 내 보고서에 좀 진전이 있네. 너는 얼마나 남았어? 대략 반 정도 된 것 같아. 초안은 거의 다 됐어.
Q. How long does this warranty last? **A1.** It is good for three years. **A2.** Up to one year from the purchase date.	이 보증서가 얼마나 오래 가나요? 3년간 유효해요. 구매일로부터 1년까지요.
Q. How about grabb**ing** some lunch? **A1.** Sure. I just finished my work. **A2.** I brought a sandwich today.	점심을 좀 먹는 게 어때? 물론 좋지. 난 막 일이 끝났어. 난 오늘 샌드위치 싸왔어.

▶ venue (행사) 장소　spacious 넓은　cope with ~에 대처하다　wear A down: A를 약화시키다　come along 되어가다　struggle to do ~하느라 애쓰다　make progress 진전을 보이다　how far along 얼마나 (진척 상황)　halfway 중간쯤　good 유효한　grab lunch 점심 먹으러 가다

What 의문문

1. (a) _____ (b) _____ (c) _____ (d) _____

Part 1

W: **What if** the workers at my new job don't like me?

M: _____

(a) Well, some workers are more punctual than others.

(b) I'd rather complete this work before starting more.

(c) Don't worry. I'm sure you'll fit in well.

(d) Then ask your manager for a raise.

🔓 'What if ~?'는 텝스에서 주로 다음 두 가지 상황으로 나온다. ① 걱정: ~하면 어쩌지? ② 제안: ~하면 어떻겠어? 여기서는 '새 직장에서 나를 싫어하면 어쩌지?'라고 걱정하는 의미이므로, 이에 대해 위로하는 (c)가 정답이다.

여: 새 직장의 직원들이 날 싫어하면 어쩌지?

남: _____

(a) 음, 어떤 직원들은 다른 이들보다 더 시간을 잘 지키지.

(b) 나라면 더 시작하기 전에 이 일을 끝내겠어.

(c) 걱정 마. 너는 잘 어울릴 거야.

(d) 그럼 매니저에게 임금 인상을 요구해.

어휘 **What if ~?** 만일 ~라면 어쩌지? **punctual** 시간을 엄수하는 **would rather + 동사원형**: 차라리 ~하겠다 **fit in** 자연스럽게 어울리다 **ask A for B**: A에게 B를 요구하다 **raise** 임금 인상

Possible Answers

1. You never have difficulty making friends.
2. Just concentrate on doing your job well.

넌 친구 사귀는 걸 전혀 어려워하지 않잖아.
네 일을 잘 하는 것에만 집중해.

---

2. (a) _____ (b) _____ (c) _____ (d) _____

Part 2

W: Oh, is this box of chocolates for me?

M: Yes. I wanted to show you how grateful I am for all you've done for me.

W: But, **what** did I do to deserve this?

M: _____

(a) I just feel that our lives are going in different directions.

(b) It's not the first time I've let you down.

(c) I can't imagine being apart from you for so long.

(d) Thanks to your advice, I was able to pass my interview.

🔓 감사 인사를 받는 상황에서 What did I do ~?(내가 뭘 했지?)라고 구체적 행위를 묻자, 조언을 해준 덕분에 면접을 통과할 수 있었다고 말해주는 (d)가 정답이다.

여: 아, 이 초콜릿 박스 나 줄 거야?

남: 응. 날 위해 해준 일에 내가 얼마나 고마워하는지 보여주고 싶었어.

여: 그런데 내가 이걸 받을 만한 일을 뭘 했지?

남: _____

(a) 그냥 우리 인생이 다른 방향으로 흘러가는 것 같아.

(b) 내가 널 실망시킨 게 이번이 처음이 아니지.

(c) 너랑 그렇게 오래 떨어져 있는 건 상상이 안돼.

(d) 네 조언 덕분에 내가 면접을 통과할 수 있었어.

어휘 **grateful** 고마워하는 **deserve** ~을 받을 자격이 있다 **let A down**: A를 실망시키다 **apart from** ~와 떨어져 **thanks to** ~ 덕분에

Possible Answers

1. You've always been there for me at every step.
2. Without you, I'd have never turned my life around.

무슨 일이든 넌 늘 내 곁에 있어줬어.
네가 없었다면 내 인생을 절대 바꾸지 못했을 거야.

---

3. (a) _____ (b) _____ (c) _____ (d) _____

Part 1

M: **Which person** should I contact about the sales position?

W: _____

(a) Tell me about your strengths and weaknesses.

(b) Sorry, we've already held the interviews.

(c) I'm excited for you to join the team.

(d) Yes, right there should be fine.

🔓 영업직에 대해 문의하려면 누구에게(Which person) 연락해야 하냐고 묻는 질문에 대해 이미 채용이 끝났다고 간접적으로 말한 (b)가 정답이다. 참고로, already는 간접 응답에 자주 등장하는 표현이다. 예를 들면, '누구에게 초대장을 보내야해?'라는 질문에 '내가 이미 (already) 보냈어'와 같이 대답하는 유형이 시험에 자주 나온다.

남: 영업직에 대해 어느 분에게 연락해야 하죠?

여: _____

(a) 당신의 강점과 약점에 대해 말해보세요.

(b) 죄송해요, 저흰 이미 면접을 봤어요.

(c) 당신이 팀에 들어오게 되어 매우 기뻐요.

(d) 네, 바로 거기에 두면 좋겠어요.

어휘 contact ~에게 연락하다 strength 강점 weakness 약점 hold an interview 면접을 개최하다

Possible Answers

1. Oh, do you have any experience?

2. You'll see the contact number on the advertisement.

아, 경력이 있으세요?

광고에 연락처 번호가 나와 있을 겁니다.

---

4. (a) _____ (b) _____ (c) _____ (d) _____

Part 2

M: Do you mind giving me your thoughts on something?

W: Of course not. What's up?

M: **Which of these two diagrams** do you think is clearer?

W: _____

(a) I'm inclined to agree with you.

(b) Then you'd better make some changes.

(c) Let's clean it together later.

(d) I prefer the one on this page.

🔓 두 가지 중에 어떤 것이 나은지 선택을 요구한 질문에 the one(~인 것)으로 답한 (d)가 정답이다. Which 의문문에 the one 이 들어간 대답은 정답인 확률이 높다. 참고로, 선택을 하는 대신 '둘 다 좋아(both are good)', '둘 중 아무거나 괜찮아(Either one is okay)'라고 답하는 경우도 종종 나오니 알아 두자.

남: 뭔가에 대해 네 생각 좀 말해 줄래?

여: 물론이지. 뭔데?

남: 이 두 개 도표 중에 어떤 게 더 명확한 것 같아?

여: _____

(a) 나는 네 말에 동의하는 쪽이야.

(b) 그럼 약간 수정하는 게 좋겠네.

(c) 나중에 같이 청소하자.

(d) 나는 이 페이지에 있는 게 더 좋아.

어휘 mind -ing ~하는 것을 꺼려하다 give one's thoughts on ~에 대한 생각을 말해주다 diagram 도표 clear 명확한 be inclined to do 하고 싶다 make changes 수정하다 prefer ~을 선호하다

Possible Answers

1. I like both of them equally.

2. This one stands out more to me.

난 둘 다 똑같이 좋아.

내가 보기엔 이게 더 눈에 띄네.

5. (a) _____ (b) _____ (c) _____ (d) _____

Part 1

W: How do you like the meal so far?

M: _____

(a) I usually eat at home.

(b) I didn't have to travel far to get there.

(c) I think I can book a table for two.

(d) I wasn't expecting to enjoy it so much.

🔓 How do you like ~?는 상대의 의견을 묻는 질문이다. 지금까지 나온 식사가 어떠한지 의견을 묻는 질문에 대해 기대 이상으로 맛있다는 말을 돌려서 표현한 (d)가 정답이다.

여: 지금까지 식사는 어떠신가요?

남: _____

(a) 전 주로 집에서 먹어요.

(b) 전 그곳에 가기 위해 멀리 이동할 필요는 없었어요.

(c) 2인 테이블을 예약해 드릴 수 있습니다.

(d) 그렇게 맛있을 거라고는 기대하지 않았어요.

어휘　**How do you like ~?** ~은 어때요? (의견을 묻는 표현) **meal** 식사　**so far** 지금까지　**travel** 이동하다　**book a table** 테이블을 예약하다　**expect to do** ~할 것을 예상하다, 기대하다

Possible Answers

1. I haven't tasted anything this good before.
2. I'd like to compliment the chef.

이렇게 맛있는 건 전에 먹어본 적이 없어요.
주방장님을 칭찬하고 싶습니다.

---

6. (a) _____ (b) _____ (c) _____ (d) _____

Part 2

M: I can't believe you made those comments about my performance. That really hurt.

W: Really? But, I didn't mean to cause any offence.

M: How could you say those things to me?

W: _____

(a) Sorry, but I'm not ready to forgive you.

(b) That's right. I didn't mean anything by it.

(c) I apologize. I don't know what I was thinking.

(d) That's the last time I ask for your feedback.

🔓 How could you ~?는 '어떻게 네가 ~할 수 있니?'라는 뜻으로, 강한 못마땅함이나 놀라움을 표현한다. '어떻게 그런 말을 할 수 있니?'라고 비난하는 남자에게 사과하는 (c)가 가장 적절하다. (a)는 Sorry 뒤에 이어지는 내용이 여자가 아니라 남자가 할 말이다. 이렇게 바로 앞 순서의 화자가 해야 할 말이 오답 보기로 제시되는 것은 TEPS의 전형적인 오답 트릭이므로 주의해야 한다.

남: 내 공연에 대해 네가 그런 평을 하다니 믿기지 않아. 정말 상처가 됐어.

여: 정말? 하지만 기분 나쁘게 하려는 의도는 없었어.

남: 어떻게 내게 그런 말을 할 수가 있어?

여: _____

(a) 미안, 하지만 난 널 용서할 준비가 되어 있지 않아.

(b) 맞아. 난 별 뜻 없었어.

(c) 미안해. 내가 무슨 생각으로 그랬는지 모르겠다.

(d) 내가 네 의견을 구한 건 그게 마지막이잖아.

어휘　**make comments** 평을 하다　**hurt** 상처를 주다　**mean to do** ~할 의도이다　**cause** ~을 야기하다 **offence** 불쾌하게 하는 행위　**forgive** ~을 용서하다 **apologize** 사과하다　**ask for** ~을 요구하다　**feedback** 의견, 피드백

Possible Answers

1. I thought you knew I was only kidding.
2. Let me try my best to make it up to you.

내가 그저 농담하고 있었다는 걸 네가 아는 줄 알았어.
그 일을 만회하기 위해 최선을 다 할게.

기출 Check-up Test 🎧 U5_7

기출문제를 포함한 실전 문제들을 풀며 학습한 내용을 확인해 보세요.

Part 1 다음 말을 듣고 연결될 수 있는 가장 적절한 응답을 고르시오.

1. (a) (b) (c) (d)

2. (a) (b) (c) (d)

3. (a) (b) (c) (d)

4. (a) (b) (c) (d)

5. (a) (b) (c) (d)

6. (a) (b) (c) (d)

7. (a) (b) (c) (d) 기출

8. (a) (b) (c) (d)

9. (a) (b) (c) (d)

10. (a) (b) (c) (d)

Part 2 다음 대화를 듣고 연결될 수 있는 가장 적절한 응답을 고르시오.

11. (a) (b) (c) (d) 기출

12. (a) (b) (c) (d)

13. (a) (b) (c) (d)

14. (a) (b) (c) (d)

15. (a) (b) (c) (d)

16. (a) (b) (c) (d)

17. (a) (b) (c) (d)

18. (a) (b) (c) (d)

19. (a) (b) (c) (d)

20. (a) (b) (c) (d)

정답 및 해설 p.32

UNIT 06

When, Where, Who, Why 의문문

MP3 바로 듣기

☑ 가장 쉬운 의문문으로, When, Where, Who 모두 Part 1에서는 거의 출제되지 않고 Part 2에서도 출제 빈도가 낮아 0~1문제 정도 출제되지만, 대화를 시작할 때는 자주 나오는 편이다.

☑ Why 의문문은 다양한 상황에 대한 이해를 요구하며 의문사 의문문 중에서 난이도가 높은 편이다. Part 1, 2에서 각각 1~2문제 정도 출제된다.

When, Where, Who 의문문

🎧 U6_1

● When은 구체적 시간을 묻는 질문으로, 과거/미래 시제 혼동 오답이 자주 나오니 시제를 정확히 들어야 한다.
● Where는 위치/장소를 묻는 질문인데, 빠른 속도로 지나가면 When과 헷갈릴 수 있으니 소리를 주의 깊게 듣도록 한다.
● Who 의문문에 대한 대답으로는 이름보다는 신분/직책으로 표현하는 경우가 많다.
● 각 의문사에 대한 직접적인 대답(시간/장소/사람)보다는 간접적으로 '잘 모르겠다, 알아보겠다, 아직 정해지지 않았다' 등의 답변이 더 자주 등장한다.

Q. **When** are you going to get back to me about my job application?
A1. I'll call you soon.
A2. Sometime this week.

저의 취업 지원에 대해 언제 연락을 주실 거죠?
곧 전화 드리겠습니다.
이번 주 중에요.

Q. **When** do you think we could speak about the relocation proposal?
 ❍ do you think는 삽입절로, '당신이 생각하기에'라는 뜻이에요. think 자리에 believe, suppose도 잘 쓰입니다.
A1. Once I've checked the figures.
A2. I'll have some time after lunch.

위치 이전 제안에 대해 언제 얘기할 수 있을까요?
일단 제가 수치를 검토하고 나면요.
점심 식사 후에 시간이 좀 날 거예요.

Q. **Where** is the customer service desk?
A1. You walked right by it.
A2. There's one on each floor.

고객 서비스 데스크가 어디 있죠?
바로 옆에 지나치셨어요.
각 층에 하나씩 있어요.

Q. **Where** would you like to go shopping?
A1. Let's try the new mall on 13th Avenue.
A2. I'll leave it up to you.

어디로 쇼핑 가고 싶어?
13번가에 새로 생긴 몰에 가보자.
너한테 맡길게. (네가 정해.)

Q. **Who** is going to take Sam's place when he retires?
A1. Probably someone from the Epsom branch.
A2. There are a few candidates.

Sam이 퇴직하면 누가 그를 대신하려나?
아마 Epsom 지사에서 누군가 오겠지.
후보가 몇 명 있어.

Q. **Who** should we invite to the wedding reception?
A1. I'll get back to you later about it.
A2. Just close friends and family.

결혼식 피로연에 누구를 초대할까?
그 문제에 대해서 나중에 연락 줄게.
친한 친구들과 가족만.

▶ get back to ~에게 다시 연락하다　relocation 이전, 이사　proposal 제안　figures 수치, 숫자　leave A up to B: A를 B에 맡기다　candidate 후보자　reception 환영회, 파티

- Why 의문문은 이유를 묻는 질문으로, 몇 개 단어가 아닌 문장 전체를 듣고 상황을 이해해야 한다.
- Why didn't you ~?, Why weren't you ~?, Why doesn't she ~? 등과 같이 '왜 안 했는지, 왜 아닌지'를 묻는 부정 형태가 가장 많이 나오므로 not을 잘 챙겨 듣도록 하자.
- Why don't you[we] ~는 이유를 묻는 질문이 아니라 제안을 하는 의문문이므로, 답변은 승낙하거나 거절하는 내용이 잘 나온다.

Q. **Why** do you always bring a lunch to work?	왜 늘 직장에 점심을 싸오세요?
A1. I just find it more convenient.	그냥 그게 더 편해서요.
A2. I prefer to relax in the office.	전 사무실에서 여유롭게 있는 게 더 좋거든요.
Q. **Why** aren't you speaking to Diana?	왜 Diana와 얘기 안 해?
A1. She forgot about our plan to meet up.	만나기로 한 계획을 걔가 까먹었거든.
A2. Oh, everything's fine now.	아, 이젠 다 괜찮아.
Q. **Why** has the remodeling work in your hair salon been held up?	당신의 미용실에 리모델링 작업이 왜 지연되었죠?
A1. I miscalculated my budget.	제가 예산을 잘못 계산했어요.
A2. Some unforeseen circumstances came up.	어떤 예상치 못한 상황이 발생했어요.
Q. **Why** didn't you relocate to the headquarters?	왜 본사로 옮기지 않았어?
A1. Why bother? I like my current job.	번거롭게 뭐 하러? 난 지금 하는 일이 좋은걸.
A2. The salary offer wasn't good enough.	제시한 급여가 충분히 많지 않았어.
Q. **Why** weren't you at Robin's birthday party?	왜 Robin의 생일 파티에 안 왔어요?
A1. I had plans I couldn't cancel.	취소할 수 없는 계획이 있었어요.
A2. Sorry, it completely slipped my mind.	미안해요, 완전 깜빡했어요.
Q. **Why don't you** show Lucy how to order new supplies?	Lucy에게 새 용품들 주문하는 법을 설명해주지 그래요?
A1. She's at an orientation session right now.	그녀는 지금 오리엔테이션에 가 있어요.
A2. Just give me a moment to finish this.	이것만 좀 끝낼 시간을 주세요.
Q. **Why don't we** throw Jane a surprise party?	Jane에게 깜짝 파티를 해줄까?
A1. That's what I was planning.	그럴 계획이었어.
A2. Well, I don't know if she'll like it.	음, 걔가 좋아할지 모르겠네.

▶ relax 휴식을 취하다, 느긋하게 쉬다 be held up 지체되다 miscalculate ~을 잘못 계산하다 budget 예산 unforeseen 예측하지 못한, 뜻밖의 circumstances 상황 come up 발생하다 relocate to ~로 이전하다, 이동하다 headquarters 본사 Why bother? 뭐 하러 그래? salary offer 제시 급여 slip one's mind 깜빡 잊다 throw A a party: A에게 파티를 열어주다

When/Where 의문문

🎧 U6_3

1. (a) _____ (b) _____ (c) _____ (d) _____

Part 1

M: **When** will I need another appointment with Dr. Clark?

W: _____

(a) Until he starts to feel better.

(b) Not for another 4 weeks.

(c) I'm afraid Tuesday won't work for me.

(d) Can you squeeze me in at 2 tomorrow?

🔓 구체적 시점을 묻는 질문에 '앞으로 4주간은 아니다', 즉 '4주 후'라고 답한 (b)가 정답이다. 시간 표현을 이용한 (a), (c), (d)와 같은 혼동 보기들을 주의한다.

남: 언제 Clark 박사님과 또 예약을 잡아야 할까요?

여: _____

(a) 그가 나아지기 시작할 때까지요.

(b) 4주는 있어야 해요.

(c) 화요일은 제가 안 될 것 같은데요.

(d) 내일 2시에 저 좀 넣어 주시겠어요?

어휘 **appointment** 약속, (진료) 예약 **Not for another + 기간**: ~동안은 아닐 겁니다, ~는 있어야 해요 **work for** ~에게 효과가 있다 **squeeze A in**: A를 간신히 밀어 넣다

Possible Answers

1. That depends on whether your condition improves.
2. He'd like to see you again next Monday.

그건 당신의 상태가 좋아지는가에 달려 있어요.
박사님은 다음 월요일에 다시 보자고 하셔요.

---

2. (a) _____ (b) _____ (c) _____ (d) _____

Part 2

M: I'm looking to purchase a new mountain bike.

W: Didn't you buy a new bike in the past few months?

M: Yes, that's right. But it's not a good size for me. **Where** would you suggest I go to get a new bike?

W: _____

(a) There are lots of bike trails around here.

(b) How about getting a mountain bike?

(c) Gary would be the best person to ask.

(d) Check the tires for punctures.

🔓 구체적 장소를 묻는 질문에 관련 정보를 얻을 수 있는 Gary한테 물어보라고 답한 (c)가 정답이다. 질문에 대한 간접 응답으로 '~에게 물어봐/확인해봐'라고 말하는 「ask/check with + 사람」유형이 잘 나온다.

남: 새 산악 자전거를 사려고 해.

여: 지난 몇 달 안에 새 자전거 사지 않았어?

남: 응, 맞아. 하지만 그건 나한테 사이즈가 맞지 않아. 새 자전거 사려면 어디로 가는 게 좋을까?

여: _____

(a) 이 근처에 자전거 도로가 아주 많아.

(b) 산악 자전거를 하나 사는 게 어때?

(c) Gary한테 물어보는 게 제일 좋아.

(d) 타이어에 구멍 난 것 있나 살펴봐.

어휘 **look to do** ~할 예정이다, ~하기를 바라다 **bike** 자전거 **trail** 길, 오솔길 **check A for B**: B가 없는지 A를 확인하다 **puncture** 타이어 펑크

Possible Answers

1. There's a new place in Bracebridge.
2. I'd take a look at some Web sites first.

Bracebridge에 새로 생긴 데가 있어.
나 같으면 먼저 웹사이트들을 살펴보겠어.

---

3. (a) _____ (b) _____ (c) _____ (d) _____

Part 1

W: **Who**'s going to feed your cats while you're away on vacation?

M: _____

(a) Just one meal per day.

(b) It would be my pleasure.

(c) I'm still asking my friends.

(d) At 9 A.M. on Saturday.

🔓 구체적인 대상을 묻는 질문에 '아직 물어보는 중이다(정해지지 않았다)'라고 간접적으로 응답한 (c)가 정답이다. '모른다, 아직 정해지지 않았다'는 의문문 종류를 막론하고 자주 나오는 간접 응답 유형이다.

여: 네가 휴가 가 있는 동안 네 고양이들은 누가 돌볼 거야?

남: _____

(a) 하루에 한 끼만.

(b) 도움이 되어 기뻐.

(c) 아직도 친구들에게 물어보고 있어.

(d) 토요일 오전 9시에.

어휘 **feed** ~에게 먹이를 주다 **be away on vacation** 휴가로 떠나 있다 **meal** 식사 **per day** 하루에 **It would be my pleasure.** 도움이 되어 기뻐.

Possible Answers

1. My neighbor will check on them.

2. I'm dropping them off at my sister's.

이웃이 고양이들을 살펴봐 주기로 했어.
여동생네 집에 데려다 놓을 거야.

---

4. (a) _____ (b) _____ (c) _____ (d) _____

Part 2

M: Hey, have you seen Ronald anywhere today?

W: I think he said he's collecting someone from the train station.

M: Oh, yeah? **Who** is he picking up?

W: _____

(a) That would be a great help.

(b) He'll be back by then.

(c) One of his grandparents, I think.

(d) Let's take your car instead.

🔓 picking up이라는 행위의 대상자에 해당되는 구체적인 인물을 묻는 질문에 '조부모님 중 한 분'이라고 직접적으로 답하는 (c)가 정답이다.

남: 오늘 어디서든 Ronald 봤어?

여: 그가 기차역에서 누군가를 데려온다고 했던 것 같은데.

남: 그래? 누굴 데려오는데?

여: _____

(a) 그럼 아주 도움이 될 거야.

(b) 그때까진 돌아올 거야.

(c) 조부모님 중 한 분인 것 같아.

(d) 대신 네 차를 타고 가자.

어휘 **collect** ~을 데려 오다 **pick up** ~을 데려 오다 **be back** 돌아오다 **instead** 대신에

Possible Answers

1. He didn't tell me anything.

2. Somebody he knew back in college.

그는 내게 아무 말 안 해줬어.
예전에 그가 대학 다닐 때 알던 사람.

5. (a) _____ (b) _____ (c) _____ (d) _____

Part 1

M: **Why can't** we begin the product presentation now?

W: _____

(a) It's a very expensive present.

(b) Adam didn't get here yet.

(c) It'll last for a few weeks.

(d) Please get back soon.

🔓 Why 의문문에 not이 포함되어 있으면 '왜 ~가 아니지?'라는 뜻으로 문제점을 묻는 경우가 많다. 여기서도 제품 발표회를 시작하지 못하는 이유를 묻는데, 이에 대해 'Adam이 아직 안 와서'라고 그 이유를 말하는 (b)가 정답이다. not ~ yet은 진행상의 문제점이나 완료되지 못한 일의 이유를 묻는 질문에 대해 자주 나오는 정답 유형이다.

남: 왜 제품 발표를 지금 시작하지 못하는 거죠?

여: _____

(a) 그건 매우 비싼 선물이에요.

(b) Adam이 아직 여기 안 왔어요.

(c) 몇 주간 계속될 거예요.

(d) 곧 돌아와 주세요.

어휘　product presentation 제품 발표　last v. 지속되다　get back 돌아오다

Possible Answers

1. We're still waiting on equipment.

2. If you're ready, go right ahead.

아직 장비가 오기를 기다리고 있어요.

준비되셨으면 바로 시작하세요.

---

6. (a) _____ (b) _____ (c) _____ (d) _____

Part 2

W: You look a little down. What's the matter?

M: I had a falling out with Jessica this morning.

W: Sorry to hear that. **Why** did you and Jessica have words?

M: _____

(a) Because she never sees my point of view.

(b) We've been together for a few months.

(c) Because she's so easy to talk to about stuff.

(d) She told me that via e-mail.

🔓 언쟁을 한(have words) 이유를 묻는 질문에 의견 차이라고 답하는 (a)가 정답이다. (c)는 Because를 이용했으나 이어지는 내용이 언쟁을 한 일과는 전혀 반대인 상황이다.

여: 좀 우울해 보이네. 무슨 일이야?

남: 오늘 오전에 Jessica랑 사이가 틀어졌어.

여: 안됐구나. 너랑 Jessica가 왜 말다툼을 했어?

남: _____

(a) 걔가 내 견해를 전혀 이해를 못해서.

(b) 우린 몇 달간 사귀었지.

(c) 이런저런 일에 대해 그녀에게 얘기하기가 참 편하거든.

(d) 그녀가 이메일로 말해줬어.

어휘　down 우울한　What's the matter? 무슨 일이야?　have a falling out with ~와 사이가 틀어지다　have[exchange] words 언쟁을 벌이다　point of view 관점, 견해　stuff (막연히) 일, 것, 물건

Possible Answers

1. I forgot about our anniversary.

2. She says I'm not attentive enough.

내가 우리 기념일을 잊었거든.

그녀가 말하길 내가 충분히 주의 깊지 못하대.

기출 Check-up Test U6_6

기출문제를 포함한 실전 문제들을 풀며 학습한 내용을 확인해 보세요.

Part 1 다음 말을 듣고 연결될 수 있는 가장 적절한 응답을 고르시오.

1. (a) (b) (c) (d)

2. (a) (b) (c) (d)

3. (a) (b) (c) (d)

4. (a) (b) (c) (d)

5. (a) (b) (c) (d)

6. (a) (b) (c) (d)

7. (a) (b) (c) (d)

8. (a) (b) (c) (d)

9. (a) (b) (c) (d)

10. (a) (b) (c) (d)

Part 2 다음 대화를 듣고 연결될 수 있는 가장 적절한 응답을 고르시오.

11. (a) (b) (c) (d)

12. (a) (b) (c) (d)

13. (a) (b) (c) (d)

14. (a) (b) (c) (d)

15. (a) (b) (c) (d)

16. (a) (b) (c) (d)

17. (a) (b) (c) (d)

18. (a) (b) (c) (d)

19. (a) (b) (c) (d)

20. (a) (b) (c) (d)

정답 및 해설 p.38

☑ 조동사 의문문은 Do, Have, Can(Could), Will(Would) 등의 조동사로 시작하는 의문문으로, Part 1, 2에서 각각 1~2문제 정도 출제된다.

☑ be동사 의문문은 주어나 시제에 따라 Is, Are, Was, Were로 변형되며, Part 1, 2에서 각각 0~1문제 정도가 출제된다.

조동사 의문문
🎧 U7_1

● Do/Have는 주어나 시제에 따라 Do/Does/Did, Have/Has로 시작하므로 첫 3~4 단어에 제시되는 '시제+주어+동사'를 통해 의미를 파악한다.

● Can(Could), Will(Would)은 의문문에 가장 자주 사용되는 조동사로, 주로 '요청, 제안, 제공'하는 내용이 나온다. 답변으로 승낙을 하거나 거절하는 내용이 많은데, 전형적인 That sounds good, No thanks 등의 답변보다는 간접적으로 돌려 표현하는 응답이 정답인 경우가 많다.

Q. **Does** this outfit look too formal for Jeremy's party?	이 옷이 Jeremy의 파티용으로 너무 딱딱해 보여?
A1. I think it's perfect.	딱 좋은 것 같은데.
A2. Maybe a little.	조금 그런 듯.
Q. **Did** anyone see the reviews for this movie?	누구 이 영화 후기 본 사람 있어?
A1. It's supposed to be really violent.	진짜 폭력적일 거야.
A2. Most of them are pretty positive.	대부분의 후기들이 꽤 긍정적이야.
Q. **Have** you **been** in Paris long?	Paris에 오래 계셨어요?
A1. Just for a few days so far.	지금까지 단 며칠이요.
A2. I just got here yesterday.	어제 막 왔어요.
Q. I need to send these packages. **Has** the post office already **closed**?	이 소포들을 보내야 해요. 우체국이 벌써 닫았나요?
A1. Yes, they close earlier on Saturdays.	네, 토요일마다 일찍 닫아요.
A2. You might make it if you run.	뛰어가면 시간에 맞게 도착할 거예요.
Q. **Should we** just leave the barbecue outside?	바비큐 그릴을 그냥 밖에다 둘까?
A1. Put it in the shed.	헛간에다 둬.
A2. It'll be fine there.	거기 둬도 괜찮을 거야.
Q. **Could you** close all the windows before you leave?	나가기 전에 창문들을 모두 닫아 줄래?
A1. I'm in a hurry, but I suppose so.	급하지만 그렇게 할게.
A2. Frank already did that.	Frank가 이미 했어.

▶ outfit 옷, 복장 formal 격식을 차린 review n. 평가, 후기 violent 폭력적인 positive 긍정적인 make it 시간에 맞게 도착하다
shed 헛간(= barn)

be동사 의문문

- be동사 의문문은 사람이나 사물의 상태 또는 사실 여부를 확인하는 내용이다.
- 과거 시제보다는 주로 현재 시제가 나오므로, 이어지는 명사나 형용사에서 의미를 파악한다.
- be going to ~, be supposed to ~, be planning to ~등의 표현과 함께 미래 계획을 묻는 내용이 자주 등장한다.

Q. **Is there** a family restaurant in town?	동네에 패밀리 레스토랑이 있나요?
A1. There are a few on the main street.	중심가에 몇 개 있어요.
A2. Not that I know of.	제가 알기론 없어요.
Q. **Are you going to** book a room at that hotel?	저 호텔에 객실 예약할거야?
A1. I might compare prices first.	우선 가격부터 비교해볼까 해.
A2. It's already completely full.	이미 객실이 꽉 찼어.
Q. **Are you going to** order a drink with your meal?	식사와 함께 드실 음료를 주문하시겠습니까?
A1. I'm fine with water.	물이면 됩니다.
A2. May I take a look at the wine list?	와인 리스트 좀 볼 수 있을까요?
Q. Hi, it's Mary calling. **Is Harvey there**?	여보세요, 전 Mary인데요. Harvey 있나요?
A1. He should be back in just a moment.	곧 돌아올 거예요.
A2. I'm afraid he's on the other line.	지금 다른 전화 받는 중인 것 같아요.
Q. I have a package for Ms. Livingstone. **Is she in**?	Livingstone 씨에게 드릴 소포가 있어요. 안에 계신가요?
A1. She just stepped out to run an errand.	볼 일 보러 막 나갔어요.
A2. Yes, I'll let her know you're here.	네, 여기 오셨다고 전해드릴게요.
Q. Chris, **is there a problem** with the dishwasher?	Chris, 식기세척기에 문제 있어?
A1. Why, is it leaking again?	왜, 또 새고 있어?
A2. I already called a technician.	이미 수리 기사 불렀어.
Q. Sophia, **are we still set** for Thursday evening?	Sophia, 우리 여전히 목요일 저녁으로 정해진거지?
A1. Of course, if that still suits you.	물론이지. 아직 너에게 괜찮다면.
A2. As long as I'm finished with work on time.	내가 제시간에 일을 마치기만 한다면.
Q. **Are we** taking the kids to the party?	파티에 애들 데려갈까?
A1. I think we should arrange a sitter.	아이 봐줄 사람을 준비해야 할 것 같아.
A2. They'll probably enjoy it.	애들이 아마 좋아할 거야.

▶ compare ~을 비교하다 step out 나가다 run an errand 볼 일 보다 leak v. (액체, 기체가) 새다 set 정해진, 계획된 suit v. ~에게 편리하다/맞다/괜찮다 as long as ~하는 한 be finished with ~을 끝내다 arrange 마련하다, 준비하다

조동사 의문문_Do/Have　　　　　　　　　　　　　　🎧 U7_3

1. (a) _____ (b) _____ (c) _____ (d) _____

Part 1

W: Did you hear that Richard was laid off?

M: _____

(a) I'll tell you my decision next week.

(b) Don't worry. They'll be here soon.

(c) I guess he should've worked a little harder.

(d) I'm glad he was rewarded for his contributions.

🔓 that절의 내용(Richard의 해고 소식)을 들었는지 확인하는 질문에 대해 Yes를 생략하고 바로 해고 이유를 말해주는 (c)가 정답이다. 'Did you hear that ~?'의 질문으로 소식을 전달하는 문제가 자주 출제된다.

여: Richard가 해고됐다는 얘기 들었어?

남: _____

(a) 내 결정은 다음 주에 말해줄게.

(b) 걱정하지 마. 그들이 곧 여기로 올 거야.

(c) 내 생각엔 그가 좀 더 열심히 일했어야 해.

(d) 그가 기여한 것에 대해 보상을 받아서 기뻐.

어휘　**be laid off** 해고되다　**be glad +(that)절**: ~라서 기쁘다　**be rewarded for** ~에 대한 보상을 받다　**contribution** 기여

Possible Answers

1. I feel terrible for him and his family.
2. Yes, and I can't believe it happened.

그와 그의 가족을 생각하면 참 안됐어.
응, 그런 일이 일어나다니 믿을 수 없어.

---

2. (a) _____ (b) _____ (c) _____ (d) _____

Part 2

M: What are your plans once you get your driver's license?

W: I'd like to buy a sports car.

M: Have you started shopping around yet?

W: _____

(a) I'd really like to take lessons.

(b) Yes, I'll pass it next time.

(c) No, I need to save some more.

(d) No, that's not my type of car.

🔓 보러 다니기 시작했는지 사실을 확인하는 질문에 대해 No라고 답하며 아직 시작하지 못한 이유를 설명하는 (c)가 정답이다. Yes/No 뒤에는 반드시 그에 맞는 내용이 이어져야 한다.

남: 운전 면허 따면 뭐 할 계획이야?

여: 스포츠카를 사고 싶어.

남: 벌써 보러 다니기 시작했어?

여: _____

(a) 정말 수업을 듣고 싶어.

(b) 응, 다음 번에는 통과할거야.

(c) 아니, 돈을 좀 더 모아야 해.

(d) 아니, 그 차는 내 취향이 아니야.

어휘　**once** 일단 ~하면　**driver's license** 운전 면허증　**shop around** (가격, 품질 등을 비교하며) 가게를 돌아다니다　**take a lesson** 수업을 듣다

Possible Answers

1. I have my eye on one.
2. I've been checking some showrooms.

하나 눈 여겨 본 게 있어.
자동차 전시장을 둘러보는 중이야.

3. (a) _____ (b) _____ (c) _____ (d) _____

Part 1

W: **Is it possible to** have the food order increased from twenty to thirty meals?

M: _____

(a) Cheese and ham sandwiches, please.

(b) Don't worry. It'll arrive by then.

(c) Yes, but you'll need to pay extra.

(d) No, it still hasn't been prepared.

🔓 Is it possible to를 덩어리로 들을 수 있어야 한다. to 이하 내용이 가능한지를 묻는 질문에 대해 Yes라고 긍정한 뒤 조건을 덧붙이는 (c)가 정답이다. have the food order increased (주문량을 늘리다)를 제대로 이해해야만 비슷한 맥락을 이용한 오답 함정에 빠지지 않는다.

여: 음식 주문량을 20개에서 30개로 늘리는 것이 가능한가요?

남: _____

(a) 치즈 햄 샌드위치로 주세요.

(b) 걱정 마세요. 그 때까지는 도착할 거예요.

(c) 네, 하지만 추가로 돈을 내셔야 해요.

(d) 아뇨, 아직 준비되지 않았어요.

어휘 **have A p.p.**: A가 ~되도록 하다 **by then** 그때까지는 **pay extra** 추가로 지불하다

Possible Answers

1. I'm afraid it's too late for that.

2. I suppose we could work late to finish it.

그러기엔 너무 늦은 것 같아요.
저희가 늦게까지 일해야 끝낼 수 있을 것 같아요.

---

4. (a) _____ (b) _____ (c) _____ (d) _____

Part 2

M: Do you have any computers on this floor?

W: We do, but I'm afraid they're being repaired right now.

M: **Is there anywhere** in the library where I can check my e-mail?

W: _____

(a) I'll send it to you one more time.

(b) Try the IT lounge downstairs.

(c) You need to enter your password.

(d) You can check books out right here.

🔓 「Is/Are there + 명사로 시작하는 질문은 구어체에서 자주 쓰이니 반드시 익혀둔다. 장소를 찾는 질문에 대해 구체적 장소로 답하는 (b)가 정답이다. 대화에서 들린 e-mail, library 등의 단어를 이용한 오답에 주의한다.

남: 이 층에 컴퓨터가 있나요?

여: 있습니다만, 현재 수리중입니다.

남: 그럼 도서관 내에 제가 이메일을 체크할 수 있는 곳이 있을까요?

여: _____

(a) 한 번 더 보내드릴게요.

(b) 아래층에 있는 IT 라운지에 가보세요.

(c) 비밀번호를 입력해야 해요.

(d) 여기서 책을 대출할 수 있어요.

어휘 **I'm afraid** (유감이지만) ~이다 **downstairs** 아래층에 있는, 아래층으로 **enter password** 비밀번호를 입력하다 **check out** (도서관에서 책을) 대출하다

Possible Answers

1. I think our WiFi connection works.

2. Not for the next couple of hours.

저희 와이파이는 작동할 거예요.
앞으로 두 시간 동안은 할 수 없어요.

5. (a) _____ (b) _____ (c) _____ (d) _____

Part 1

W: Could I trouble you for a few seconds?

M: _____

(a) It hasn't caused many problems.

(b) Sure, I'd be happy to help.

(c) I'd like to have a second helping, too.

(d) No, there were several people there.

🔓 Could I ~?는 허락을 구하는 질문이다. 잠시만 실례해도 괜찮은 지 묻는 질문에 대해 Sure라고 답하며 승낙하는 (b)가 정답이다. 이때 Could는 Can의 과거 의미가 아니라 공손한 부탁의 표현이 다.

여: 잠깐만 실례해도 될까요?

남: _____

(a) 많은 문제를 야기하진 않았어요.

(b) 그럼요, 기꺼이 도와드리죠.

(c) 저도 한 그릇 더 먹고 싶군요.

(d) 아뇨, 거기 여러 명이 있었어요.

어휘 trouble v. ~을 귀찮게 하다, ~에게 실례하다 **cause** ~을 야기하다 **helping** (한 사람 몫으로 덜어 주는 음식의) 양 [그릇] **several** 여럿의

Possible Answers

1. I'm not doing anything right now.
2. Okay, but as long as it's quick.

전 지금 아무것도 하지 않고 있어요.
좋습니다, 잠깐만이라면요.

---

6. (a) _____ (b) _____ (c) _____ (d) _____

Part 2

M: Excuse me. I'm sorry to cut in line, but I just need some quick help.

W: You should really wait in line, sir. What is it that's so urgent?

M: I just realized this audio guide isn't working. **Can you change** this device with another one?

W: _____

(a) No, thanks. I'm happy with the one I have.

(b) No problem. Here's a brand new one.

(c) There are many guided tours available.

(d) Yes, you can purchase tickets right here.

🔓 교환해 달라고 요청하는 말에 No problem이라고 답하며 흔쾌 히 새 것을 내주는 (b)가 정답이다. (a)는 바꿔달라는 부탁/요청을 받 는 사람이 할 말이 아니라 '바꿔줄까?' 라고 묻는 제안을 들은 사람이 거절하는 의미의 말이다. 얼핏 들으면 헷갈릴 수 있으니 주의하자.

남: 실례합니다. 끼어들어서 죄송하지만, 빨리 도움이 필요해서 요.

여: 줄을 서서 기다리셔야 해요. 그렇게 급한 일이 뭔가요?

남: 이 오디오 가이드가 작동되지 않는다는 걸 지금 막 알게 되 었어요. 이 장치를 다른 것으로 바꿔주실 수 있나요?

여: _____

(a) 괜찮습니다. 지금 가지고 있는 것도 괜찮아요.

(b) 그럼요. 여기 새 것으로 드릴게요.

(c) 이용 가능한 가이드 동반 투어들이 많이 있어요.

(d) 네, 여기에서 티켓을 구매하실 수 있어요.

어휘 **cut in line** (줄에) 끼어들다 **wait in line** 줄을 서서 기다리다 **urgent** 긴급한 **device** 기기, 장치 **brand new** 완전 새 것의 **guided tour** 가이드 동반 견학

Possible Answers

1. Are you sure you turned it on?
2. Let me take a look and find out the problem.

전원 스위치 켠 것 확실해요?
한 번 보고 문제가 뭔지 알아볼게요.

기출 Check-up Test

기출문제를 포함한 실전 문제들을 풀며 학습한 내용을 확인해 보세요.

Part 1 다음 말을 듣고 연결될 수 있는 가장 적절한 응답을 고르시오.

1. (a) (b) (c) (d)
2. (a) (b) (c) (d) 기출
3. (a) (b) (c) (d)
4. (a) (b) (c) (d)
5. (a) (b) (c) (d)
6. (a) (b) (c) (d)
7. (a) (b) (c) (d)
8. (a) (b) (c) (d)
9. (a) (b) (c) (d)
10. (a) (b) (c) (d)

Part 2 다음 대화를 듣고 연결될 수 있는 가장 적절한 응답을 고르시오.

11. (a) (b) (c) (d)
12. (a) (b) (c) (d)
13. (a) (b) (c) (d)
14. (a) (b) (c) (d) 기출
15. (a) (b) (c) (d)
16. (a) (b) (c) (d)
17. (a) (b) (c) (d)
18. (a) (b) (c) (d)
19. (a) (b) (c) (d) 기출
20. (a) (b) (c) (d)

정답 및 해설 p.46

UNIT 08 부정/부가 의문문

MP3 바로 듣기

☑ 부정/부가 의문문은 Part 1보다는 주로 Part 2에서 자주 출제되며, 0~3문제 정도 나온다.
☑ not을 붙이거나 꼬리말을 첨가해 강하게 사실을 확인하거나 의견에 대한 동조를 구하는 내용이다.

부정 의문문

🎧 U8_1

● be동사의 부정 의문문은 Isn't / Aren't / Wasn't / Weren't ~? 형태이고 조동사는 Can't / Won't / Shouldn't 형태이다.
● 긍정 의문문이든 부정 의문문이든 질문 내용은 동일하며, not을 붙이면 강하게 사실을 확인하는 의도가 된다.
● Yes/No 뒤에 이어지는 내용을 반대로 만든 오답이 자주 등장하므로, 질문의 「주어+동사」에 집중하여 듣고 일단 무조건 긍정으로 해석한 뒤 그 내용이 맞으면 Yes, 아니면 No의 입장에서 논리를 이어가도록 한다.

Q. Can't you see I'm tired?
A1. You seem fine to me.
A2. Oh, what's up?

나 피곤한 거 안 보여? (→ 보이지?)
내가 보기엔 괜찮아 보이는데.
아, 무슨 일이야?

Q. Isn't the parking lot free?
A1. Only if you have a permit.
A2. It used to be, but not anymore.

주차장이 무료 아닌가요? (→ 무료죠?)
허가증을 갖고 계시다면요.
무료였지만, 더 이상은 아니에요.

Q. Wasn't Caroline's wedding last weekend?
A1. As far as I know.
A2. Oh, I completely forgot.

Caroline 결혼식이 지난 주말 아니었어? (→ 주말이었지?)
내가 알기로는 그래.
아, 완전히 깜빡했어.

Q. Aren't there any packages for me this morning?
A1. There's one on your desk.
A2. Nothing has been delivered yet.

아침에 저한테 온 소포 없나요? (→ 있죠?)
당신 책상 위에 하나 있어요.
아직 아무것도 배달되지 않았어요.

Q. Didn't you apply for the supervisor position?
A1. Actually, I'm planning on quitting.
A2. I don't think I'm qualified.

관리직에 지원하지 않았어? (→ 지원했지?)
사실은 그만둘 예정이야.
내가 자격을 갖춘 것 같지 않아.

Q. Aren't you using this printer at the moment?
A1. I'm done with it for now.
A2. Yes, just give me two minutes.

지금 이 프린터 사용중이지 않아? (→ 사용중이지?)
지금은 다 썼어.
응, 2분만 줘.

▶ free 무료의 permit 허가증 as far as I know 내가 아는 한 completely 완전히 supervisor 관리자, 감독관 plan on -ing ~할 계획이다 qualified 자격을 갖춘 at the moment 지금 for now 지금으로서는 be done with ~을 끝내다

- 평서문 뒤에 '그렇죠?', '아닌가요?'와 같은 꼬리말을 붙인 형태이다.
- 말한 내용에 대해 상대방으로부터 동의를 이끌어 내거나, 사실을 확인하는 용도이다.
- not이 있든 없든 주어진 문장을 무조건 긍정으로 해석한 후 그 내용이 맞으면 Yes, 아니면 No로 답한다고 생각하면 Yes/No를 이용한 오답에 속지 않는다.

Q. She was the leader of that project, **wasn't she?** **A1.** I believe she was in charge. **A2.** That's what I heard.	그녀가 그 프로젝트의 리더였죠, 그렇죠? 제가 알기로도 그녀가 책임자였어요. 제가 들은 바로는 그래요.
Q. When the power goes off, it means a circuit has broken, **doesn't it?** **A1.** That's normally the case. **A2.** Well, there could be various causes.	전기가 나간다는 건 전기 회로가 고장났다는 거죠, 그렇죠? 일반적으로는 그래요. 음, 다양한 원인들이 있을 수 있죠.
Q. You didn't crash your new car, **did you?** **A1.** No, it's just a little scratch. **A2.** I'm afraid it's completely wrecked.	새 차를 들이받지는 않았지, 그렇지? 안 받았어, 작은 흠집일뿐야. 완전히 망가진 것 같아.
Q. This time you really prepared for the interview, **didn't you?** **A1.** Yes, I feel totally ready. **A2.** I read everything I could find about the job.	이번에는 면접 준비를 정말 했네요, 그렇죠? 네, 완전 준비된 것 같아요. 그 직무에 대해 찾을 수 있는 모든 걸 다 읽어봤어요.
Q. You're not going to mention this to our boss, **are you?** **A1.** No, I wouldn't dream of doing that. **A2.** I think it's better to keep it between you and me.	이 일을 상사한테 말 하려는 건 아니죠, 그렇죠? 안 해요, 그런 일은 할 상상조차 하지 않을 거예요. 당신과 저만의 비밀로 하는 게 나을 것 같아요.
Q. The movie was really exciting, **wasn't it?** **A1.** It was even better than I expected. **A2.** I agree. It couldn't have been better.	그 영화 정말 신났어, 그렇지? 기대했던 것보다 훨씬 좋았어. 동의해. 그보다 더 좋을 수는 없어.
Q. This is a long drive just to go to a luncheon, **isn't it?** **A1.** Well, I hope it'll be worth the trip. **A2.** I told you that you didn't have to come.	그저 점심 먹으러 가는데 너무 오래 운전해 가네, 그렇지? 음, 갈 만한 가치가 있기를 바라야지. 내가 너 안 와도 된다고 말했잖아.

▶ in charge 책임을 맡은 go off 꺼지다, 전원이 나가다 normally 보통은 various 다양한 crash 들이받다 scratch 긁힘 wrecked 망가진 mention A to B: A를 B에게 언급하다, 말하다 keep A between you and me: A를 둘만의 비밀로 하다 couldn't have been better 더없이 좋았다 luncheon 점심식사 be worth + 명사: ~의 가치가 있다

부정 의문문 U8_3

1. (a) _____ (b) _____ (c) _____ (d) _____

Part 1

M: Weren't you supposed to go into work last night?

W: _____

(a) I suppose you could.

(b) Yes, I have lots of work to do today.

(c) Yes, but I had to call in sick.

(d) Shouldn't it be later than that?

🔓 Weren't you supposed to ~?(~하기로 되어 있던 거 아냐?)는 계획대로 이행하지 않아 문제가 있어 보일 때 하는 질문이다. 이에 대해 하기로 되어 있던 것이 맞지만 하지 못한 이유를 설명하는 (c)가 정답이다. (b)와 같이 시제를 이용한 오답에 주의한다.

남: 어젯 밤에 일 나가기로 되어 있지 않았어?
    (→ 일 나가기로 되어 있었지?)
여: _____
(a) 네가 할 수 있다고 생각해.
(b) 응, 오늘 할 일이 많아.
(c) 맞아, 근데 아파서 못 간다고 전화해야 했어.
(d) 그거보다 더 늦출 순 없을까?

어휘 **be supposed to do** ~하기로 되어 있다 **go into work** 일을 가다 **call in sick** 전화로 병결을 알리다

Possible Answers

1. My shift was canceled at the last minute.
2. I thought it was tonight.

내 교대 근무가 막판에 취소되었어.
오늘 밤인 줄 알았는데.

---

2. (a) _____ (b) _____ (c) _____ (d) _____

Part 2

M: What's this dent in the car?

W: Sorry, Dad. I drove it to the store and had a little accident.

M: What? **Didn't I tell you** not to drive the car without me?

W: _____

(a) I'm sorry. I forgot to get it for you.

(b) Sorry, but I really needed to buy something.

(c) It's my fault. I shouldn't have spent so much.

(d) I should've asked you before buying a car.

🔓 부정 의문문은 꾸지람이나 불만을 표시할 때 자주 쓰인다. 여기서도 Didn't I tell you는 '사실 확인'보다는 '책망'의 의미를 지니는데, 이에 대해 사과하며 변명하는 (b)가 정답이다. (a)와 (c)는 사과하고(I'm sorry) 잘못을 인정하는(It's my fault) 말 다음의 내용이 어울리지 않는다.

남: 차에 여기 움푹 패인 게 뭐니?
여: 아빠, 죄송해요. 가게로 운전해가다가 작은 사고가 있었어요.
남: 뭐라고? 나 없이는 운전하지 말라고 말하지 않았니? (→ 운전하지 말라고 말했지?)
여: _____
(a) 죄송해요. 갖다 드리는 걸 깜빡했어요.
(b) 죄송해요, 그런데 꼭 살 게 있었어요.
(c) 제 실수예요. 그렇게 많이 소비하지 않았어야 했는데요.
(d) 차를 사기 전에 여쭤봤어야 하는 건데요.

어휘 **dent** 움푹 파인 곳 **have an accident** 사고를 당하다 **fault** 잘못 **shouldn't have p.p.:** ~하지 말았어야 했다 cf. **should have p.p.:** ~했어야 했다

Possible Answers

1. I know. I really should've listened to you.
2. I thought everything would be okay.

맞아요. 정말 아빠 말을 들었어야 했어요.
다 괜찮을 줄 알았어요.

---

3. (a) _____ (b) _____ (c) _____ (d) _____

Part 1

W: **You've got** loads of essays to do this month, **haven't you?**

M: _____

(a) I have a heavy workload as well.

(b) What's your deadline?

(c) Don't worry. I'll give you a hand with them.

(d) Yes, and a group project, too.

🔒 일이 많은 상황이 맞는지 사실을 확인하는 질문에 Yes라고 긍정하며 추가 설명을 하는 (d)가 정답이다. (a)는 문장 끝에 as well이 붙으면서 맥락이 달라진다. 이와 같이 앞부분이 그럴듯하게 들리더라도 의미가 추가되거나 변경되는 선택지에 주의해야 한다.

여: 넌 이번 달에 해야 할 에세이가 아주 많아, 그렇지?

남: _____

(a) 나도 업무량이 과도하게 많아.

(b) 넌 마감 기한이 언제야?

(c) 걱정 마. 내가 도와줄게.

(d) 응, 그리고 그룹 프로젝트도 있어.

어휘 **loads of** 많은 **heavy workload** 과도한 업무량 **as well** 또한, 역시 **deadline** 마감 기한 **give A a hand with B**: A가 B하는 것을 도와주다

Possible Answers

1. At least four, yeah.

2. I got an extension for some of them.

응, 적어도 4개나.

일부 몇 개는 기간 연장 받았어.

---

4. (a) _____ (b) _____ (c) _____ (d) _____

Part 2

M: Have you found an apartment in Chicago yet?

W: Not yet. I think I should get there first before I begin searching.

M: Well, at least you know the going rates, **right?**

W: _____

(a) No, I'm just going to stay there for a short time.

(b) I know that it will be expensive to rent there.

(c) I prefer a 2-bedroom apartment.

(d) Because it's way out of my price range.

🔒 평서문 끝에 right?이 붙어서 '맞지?'라는 뜻이 된다. 시세(going rates)를 알고 있는지 확인차 묻자, 이에 대해 I know that ~이라며 자신이 알고 있는 관련 정보를 말하는 (b)가 정답이다. (a)는 No라는 답변이 얼핏 그럴 듯하게 들리지만 이어지는 내용이 대화의 상황과 어울리지 않는다.

남: Chicago에서 아파트 구했어요?

여: 아직요. 찾아보기 전에 일단 가봐야 할 것 같아요.

남: 음, 최소한 지금 시세는 아시죠, 그렇죠?

여: _____

(a) 아뇨, 전 거기 잠시 동안만 있을 거예요.

(b) 거기 임대료가 비쌀 거라는 건 알아요.

(c) 저는 침실 2개짜리 아파트를 선호해요.

(d) 제가 생각한 가격대를 훨씬 초과해서요.

어휘 **search** 조사하다 **at least** 최소한 **going rate** 시세, 현재가 **way out of** ~을 훨씬 넘는 **price range** 가격대

Possible Answers

1. I have a good idea of what to expect.

2. I've checked the numbers in a few neighborhoods.

얼마를 예상해야 하는지 잘 알고 있죠.

몇몇 지역에서 수치를 확인해봤어요.

5. (a) _____ (b) _____ (c) _____ (d) _____

Part 1

W: Martha was accurate with her sales figures, **wasn't she?**

M: _____

(a) Yes, she hardly ever makes an error.

(b) Yes, I knew she'd buy something in the sale.

(c) No, that item is no longer available.

(d) No, her calculations are perfect.

🔓 제 3자의 능력에 대한 의견에 동의를 구하는 부가 의문문이다. 이에 대해 Yes라고 동의한 뒤 상대방이 말한 것과 의미가 통하는 다른 말로 바꿔 표현한 (a)가 정답이다.
(d)처럼 No라고 답해 놓고 이어지는 말은 No가 아니라 Yes와 관련 있는 내용인 오답이 자주 등장하니 주의한다.

여: Martha가 매출액에 대해선 정확했어, 그렇지?

남: _____

(a) 응, 그녀는 실수를 거의 하지 않지.

(b) 응, 그녀가 세일 행사에서 물건을 살 줄 알았어.

(c) 아니, 그 물품은 더 이상 살 수 없어.

(d) 아니, 그녀의 계산은 완벽해.

어휘 accurate 정확한 sales figures 매출액 hardly 거의 ~ 않다 make an error 실수하다 no longer 더 이상 ~ 아닌 calculation 계산

Possible Answers

1. She was just slightly off with some numbers.

2. I couldn't find any problems anywhere.

그녀는 그저 몇몇 숫자만 살짝 틀렸을 뿐이야.

어디에서도 문제를 찾을 수 없었어.

---

6. (a) _____ (b) _____ (c) _____ (d) _____

Part 2

M: Hey, Theresa. I haven't had a chance to congratulate you!

W: What did I do?

M: You got 100 percent in your test, **didn't you?**

W: _____

(a) Actually, it was 98.

(b) Let's get together to study.

(c) I hope I can get a passing grade.

(d) Don't worry. I know you'll ace it.

🔓 남자가 여자에게 축하 인사를 건네면서, 여자가 100점을 받은 사실을 확인하는 상황이다. 답변에 Actually(사실은)가 나오면 No의 내용을 완곡하게 돌려 말하는 경우가 많다. 여기서도 100점이 아니라 사실은 98점이라는 뜻으로 상대방이 잘못 알고 있는 사실을 짚어주는 (a)가 정답이다.

남: 안녕, Theresa. 축하해줄 기회가 없었네!

여: 내가 뭘 했지?

남: 너 시험에서 100점 받았잖아, 그렇지?

여: _____

(a) 사실은 98점이었어.

(b) 우리 모여서 공부하자.

(c) 합격 점수를 받을 수 있으면 좋겠어.

(d) 걱정하지마. 네가 A를 받을 것이라는 걸 알아.

어휘 have a chance to do ~할 기회가 있다 congratulate ~에게 축하하다 get together 모이다, 만나다 passing grade 합격 점수 ace v. (비격식) 시험에서 A를 받다

Possible Answers

1. I didn't know people knew about that.

2. Well, I got one question wrong.

사람들이 그걸 아는지 몰랐네.

음, 한 문제 틀렸어.

기출 Check-up Test 🎧 U8_5

기출문제를 포함한 실전 문제들을 풀며 학습한 내용을 확인해 보세요.

Part 1 다음 말을 듣고 연결될 수 있는 가장 적절한 응답을 고르시오.

1. (a) (b) (c) (d)

2. (a) (b) (c) (d)

3. (a) (b) (c) (d)

4. (a) (b) (c) (d)

5. (a) (b) (c) (d)

6. (a) (b) (c) (d)

7. (a) (b) (c) (d)

8. (a) (b) (c) (d)

9. (a) (b) (c) (d)

10. (a) (b) (c) (d)

Part 2 다음 대화를 듣고 연결될 수 있는 가장 적절한 응답을 고르시오.

11. (a) (b) (c) (d)

12. (a) (b) (c) (d)

13. (a) (b) (c) (d)

14. (a) (b) (c) (d) 기출

15. (a) (b) (c) (d)

16. (a) (b) (c) (d)

17. (a) (b) (c) (d)

18. (a) (b) (c) (d)

19. (a) (b) (c) (d)

20. (a) (b) (c) (d)

정답 및 해설 p.52

UNIT 09 오답을 피하는 법

MP3 바로 듣기

☑ 대화 내용과 질문을 확실히 이해했더라도 네 개의 선택지를 모두 완벽히 듣지 못하면 오답 함정에 빠지기 쉽다. 특히 선택지와 선택지 사이에 생각할 시간을 주지 않기 때문에 야차 하는 순간에 내용을 놓치게 된다.

☑ Part 1, 2의 오답 유형에는 일정한 패턴이 있으니 이를 완벽히 정리해 오답률을 최대한 줄이자.

소리 함정

∩ U9_1

질문에 나온 어휘와 발음이 똑같거나 비슷한 어휘를 이용하여 오답을 만드는 경우가 매회 등장한다. 질문을 제대로 못 들었다면, 순전히 질문에 나왔던 어휘와 발음이 비슷한 단어가 있는 보기를 소거하는 것만으로도 정답률을 높일 수 있다. 단, 질문에 나온 단어를 그대로 이용한 정답도 있으니 유의한다.

1. (a) _____ (b) _____ (c) _____ (d) _____   **2.** (a) _____ (b) _____ (c) _____ (d) _____

Part 1

M: How many **contacts** do you have in your **address** book?
W: _____
(a) There's no bookstore at that **address**.
(b) I wouldn't even be able to count them all.
(c) You should try **contacting** him by phone.
(d) I don't have much time to read these days.

⚠ **오답 피하기**

How many contacts ~ have가 핵심어로, 셀 수 없이 많다는 (b)가 정답이다. (a)와 (c)는 질문에 나온 단어를 그대로 쓴 오답이다. 질문을 제대로 듣지 못했을 경우 본능적으로 들렸던 단어를 고르게 되기 때문에 속기 쉽다.

남: 주소록에 연락 가능한 사람이 얼마나 있어?
여: _____
(a) 그 주소에 서점은 없어.
(b) 그걸 다 셀 수는 없겠는데.
(c) 그에게 전화로 연락해봐.
(d) 내가 요샌 책 읽을 시간이 없어.

어휘 contact n. 연줄(이 있는 사람) v. ~에게 연락하다 address book 주소록 count 세다

Part 2

W: Do you think you can **install** the new software on all the **computers**?
M: I was planning to do that. How hard can it be?
W: Well, you're not great with technology. Maybe we should just contact an IT expert.
M: _____
(a) Maybe you're right. We should get a new **computer**.
(b) Okay. Why don't you go call one, then?
(c) Yes, it was a difficult process in the end.
(d) Sure, it's almost finished **installing**.

⚠ **오답 피하기**

소프트웨어 설치를 전문가에게 부탁하자는 대화 내용이다. 대화에 등장했던 computer, install을 이용한 오답 보기에 주의해야 한다. 제안을 받아들이고 그에 따른 조치를 언급하는 (b)가 가장 잘 어울리는 응답이다.

여: 당신이 모든 컴퓨터에 새 소프트웨어를 설치 할 수 있을 것 같으세요?
남: 그럴 생각이었는데요. 얼마나 어려운 일일까요?
여: 음, 당신은 기계를 잘 못 다루잖아요. 그냥 IT 전문가에게 연락하는게 좋겠어요.
남: _____
(a) 당신 말이 맞는 것 같아요. 우린 새 컴퓨터를 사야 해요.
(b) 그래요. 그럼 당신이 가서 전화 좀 해볼래요?
(c) 맞아요, 이건 결국 어려운 과정이었어요.
(d) 물론이죠, 설치는 거의 끝났어요.

어휘 install ~을 설치하다 expert 전문가 process 과정 in the end 결국

연관 어휘 오답

질문의 특정 단어에서 연상되는 어휘를 이용하여 오답 보기를 만든 경우다. 특정 단어와 관련 있는 다른 사물, 상황, 장소, 인물 등을 언급하기 때문에 질문과 개연성이 있는 것으로 순간적으로 착각해 고르게 된다. 대화 상황을 정확하게 이해해야 속지 않을 수 있는 가장 난이도 높은 오답 유형이다.

3. (a) _____ (b) _____ (c) _____ (d) _____   **4.** (a) _____ (b) _____ (c) _____ (d) _____

Part 1

W: Have you had an opportunity to watch the new **sci-fi movie** at the Cineplex?

M: _____

(a) Sorry, I haven't been **acting** for long.

(b) No, but I've been planning to see it.

(c) I'm pleased that you **liked it**.

(d) It'll be **shown at 2:30 and 5:30**.

⚠ 오답 피하기

질문의 movie 와 연관된 acting, liked it, shown 등의 단어로 오답을 고르도록 유도하고 있다. 영화를 보았는지 묻는 질문에 대해 안 보았다고 부정하면서(No) 하지만 곧 볼 것이라고 답하는 (b)가 정답이다.

여: Cineplex에서 새로 개봉한 공상과학 영화를 볼 기회가 있었어?
남: _____
(a) 미안, 나는 오랫동안 연기를 안 했어.
(b) 아니, 하지만 볼 계획이야.
(c) 네가 좋았다니 기뻐.
(d) 2시 30분과 5시 30분에 상영될 거야.

어휘 **opportunity to do** ~할 기회 **sci-fi movie** 공상과학 영화 **act** (연극/영화에서) 연기하다

Part 2

M: Thanks for calling Horizon Internet. What can I do for you?

W: My **subscription to your Internet package** is expiring at the end of this month.

M: I see. Would you like to renew the subscription for another year?

W: _____

(a) Well, I'll need an **Internet connection** to do that.

(b) Yes, but I'd like to upgrade the package, too.

(c) Actually, I already **browsed the Web site**.

(d) Of course, but I'll need an **initial payment** from you.

⚠ 오답 피하기

대화의 핵심 소재인 subscription, Internet과 연관된 어휘들이 모든 보기에 사용되어 난이도가 상당히 높다. 가입된 서비스를 갱신하겠냐는(Would you like to renew the subscription ~) 질문을 제대로 듣고, 그렇게 하겠다며(Yes) 패키지 업그레이드도 함께 요청하는 (b)를 정답으로 택한다.

남: Horizon Internet에 전화 주셔서 감사합니다. 무엇을 도와드릴까요?
여: 제 인터넷 패키지 서비스 이용이 이달 말에 만료돼요.
남: 알겠습니다. 서비스를 1년 더 연장하시겠습니까?
여: _____
(a) 음, 그걸 하려면 인터넷 연결을 해야 해요.
(b) 네, 하지만 패키지 업그레이드도 하려고요.
(c) 사실, 웹사이트를 이미 둘러봤어요.
(d) 물론입니다, 하지만 계약금을 내 주셔야 해요.

어휘 **subscription** 구독, 서비스 이용 **expire** 만료되다 **renew** ~을 갱신하다 **browse** ~을 둘러보다 **initial payment** 초기 지불금, 계약금

대화를 들을 때 화자들의 성별보다는 내용에 주의해서 듣게 된다. 출제자는 이러한 점을 노려 선택지에서 주어나 대상을 다르게 바꾸어 오답을 만든다. 여성을 he로 받아 성별을 바꾸거나, 행위자와 대상자를 뒤섞기도 하고, 둘 사이의 대화인데 제 3자가 등장하거나 혹은 I 를 You 로 바꾸어 오답을 만드는 경우 등이 다양하게 출제되니 주의한다.

5. (a) _____ (b) _____ (c) _____ (d) _____　　　　**6.** (a) _____ (b) _____ (c) _____ (d) _____

Part 1

W: Excuse me, **my father** just slipped on the stairs of the stadium.

M: _____

(a) I'll ask our medical staff to examine him.

(b) Give me a moment and I'll assist **her**.

(c) Take the stairs in the east stand.

(d) **You should try to be more careful**.

⚠️ **오답 피하기**

사고를 당한 것은 아버지인데 (b)는 him을 her로 바꾸었고, (d)는 엉뚱하게도 주어를 You로 사용했다. 대화 상황과 관련하여 내용이 그럴듯하기 때문에 이러한 오답에 속기 쉬우므로 주의한다. 아버지를 him으로 받아 진찰을 제안하는 (a)가 정답이다.

여: 저기요, 저희 아빠가 지금 막 경기장 계단에서 미끄러지셨어요.

남: _____

(a) 저희 의료진에게 아버님을 진찰해보라고 할게요.

(b) 잠시만 기다려 주시면 제가 그녀를 도울게요.

(c) 동쪽 스탠드의 계단을 이용해주세요.

(d) 좀더 조심하도록 하세요.

어휘 slip 미끄러지다 stairs 계단 stadium 경기장 **medical staff** 의료진 **examine** ~을 진찰하다 **assist** ~을 도와주다

Part 2

W: **I wanted to buy** the new book by Donald Lansing, but it's sold out all over town.

M: Oh, **I picked it up** the day it was released. I've already finished it!

W: Would you mind **loaning me your copy**? I can't wait to read it.

M: _____

(a) I think it's his best book so far.

(b) I wish I could, but my brother's reading it.

(c) **I'm hoping to buy it next month**.

(d) **Don't worry. I'll be sure to give it back**.

⚠️ **오답 피하기**

여자가 이미 책을 구입해 다 읽은 남자에게 책을 빌려 달라고 요청하고 있는 상황이다. 따라서 (c), (d)의 '책을 살 것이다', '책을 읽고 돌려주겠다'라는 말은 남자가 아니라 책을 읽고 싶어하는 여자가 할 말이다. 남자의 대답으로는 빌려주고 싶지만 동생이 읽고 있어 (빌려주기) 어렵다는 (b)가 적절하다.

여: 나 Donald Lansing이 쓴 새 책을 사고 싶었는데, 도시 전역에 다 매진이래.

남: 아, 난 그 책 출간된 당일에 샀어. 이미 다 읽었지!

여: 그 책 혹시 나에게 빌려줄 수 있을까? 너무 읽고 싶어.

남: _____

(a) 지금까지 그의 책들 중 최고인 것 같아.

(b) 나도 그러고 싶은데, 내 남동생이 지금 읽고 있어.

(c) 다음 달에 살 수 있기를 바라고 있어.

(d) 걱정 마. 꼭 돌려줄게.

어휘 sold out 매진된 release ~을 출시하다 **Would you mind -ing?** ~해주시겠습니까? **loan A B**: A에게 B를 빌려주다 **copy** 복사본, (책, 신문 등의) 한 권, 한 부 **can't wait to do** 몹시 ~하고 싶다 **so far** 지금까지

부분 내용 오답

🎧 U9_4

TEPS 청해에서 가장 많이 등장하는 오답 유형으로, 대화 내용의 일부를 가지고 오답을 만드는 경우이다. 특히 Yes/No는 맞는데 이어지는 내용이 반대되는 오답, 또는 선택지의 앞 부분은 맞는데 뒤에서 수식하는 내용이 맞지 않는 오답이 있다. 이 경우 부분적인 내용에 꽂혀서 실수를 범하기 쉬우니 주의하자.

7. (a) _____ (b) _____ (c) _____ (d) _____   **8.** (a) _____ (b) _____ (c) _____ (d) _____

Part 1

W: Edward's speech was excellent as usual.
M: _____

(a) **Right**, I didn't expect he'd get a round of applause.
(b) **I know**. He usually performs better than that.
(c) Yes, he can always be relied on to do a great job.
(d) **I wouldn't say that**. I thought it was amazing.

⚠️ 오답 피하기
(a)는 Edward가 늘 그렇듯이 연설을 잘 했다는 말에 동의해 놓고(Right) 박수를 받은 게 뜻밖이라고(didn't expect) 말해 오답이고, (b)는 동의를 한 후(I know) 보통 땐 그보다 잘 한다고(better than that) 말해 오답이다. (d)는 이의를 제기한 후(I wouldn't say that) 다시 잘한다(amazing)고 말해 앞뒤 논리가 맞지 않는다. 정답은 (c)로, Yes 이후 내용이 잘 연결된다.

여: Edward의 연설은 늘 그렇듯이 훌륭했어.
남: _____
(a) 맞아, 그가 박수 갈채를 받을 거라고 예상하지 못했어.
(b) 그러게. 그는 평소 그것보다 잘 하는데.
(c) 응, 그는 늘 잘 해낼 것이라는 믿음이 가.
(d) 난 그렇게 생각하지 않아. 놀랍도록 잘 했어.

어휘 **as usual** 평소처럼 **a round of applause** 박수 갈채 **rely on** ~을 믿다, 의지하다

Part 2

M: I'm afraid I have some disappointing news for you.
W: Oh, no. Break it to me gently!
M: Well, that coffee shop that you love is going out of business.
W: _____

(a) You're kidding me! Where will I go instead?
(b) **That's disappointing news**. When are you planning to leave?
(c) **I'm sorry to hear that**. I hope you'll recover quickly.
(d) **Oh, that's okay**. I'll have an iced coffee instead.

⚠️ 오답 피하기
좋지 않은 소식(커피숍 문 닫음)을 전하는 상대방에게 하는 말로 (b), (c), (d)의 첫 마디는 모두 어울린다. 하지만 뒤에 이어지는 내용이 전혀 어울리지 않아 오답이다. (a)의 You're kidding me!는 '믿을 수 없다'는 뜻으로, 이어서 그 커피숍이 문을 닫으면 어디로 가야 하느냐고 안타까워 하고 있어 다음에 이어질 말로 어울린다.

남: 너에게 실망스러운 소식이 있어.
여: 아, 이런. 차분하게 말해줘.
남: 음, 네가 정말 좋아하는 그 커피숍이 문을 닫을 거래.
여: _____
(a) 농담하는 거지! 그 대신에 어디로 가야 하지?
(b) 실망스러운 소식이네. 언제 떠날 예정이야?
(c) 유감이야. 네가 빨리 낫기를 바랄게.
(d) 아, 괜찮아. 대신 차가운 커피 마실게.

어휘 **I'm afraid** (유감스러운 내용을 말할 때) ~인 것 같다 **disappointing** 실망스러운 **break** 안 좋은 소식을 알리다 **gently** 부드럽게, 조심스럽게 **go out of business** 폐업하다 **recover** 회복되다

시제 오답

질문에 나오는 시제와 보기의 시제가 다른 오답 유형이다. 관련 내용으로 답하기 때문에 얼핏 들으면 맞는 것 같지만 시제가 맞지 않는 경우이다. 시제는 동사 또는 조동사에서 나타나므로 이 둘을 들을 때 시제를 주의 깊게 확인하는 것을 습관화 한다.

9. (a) _____ (b) _____ (c) _____ (d) _____   **10.** (a) _____ (b) _____ (c) _____ (d) _____

Part 1

M: **How much did** the company **raise** for charity?

W: _____

(a) **It's going to be** a successful fundraiser.

(b) It was a lot more than expected.

(c) You can make a donation online.

(d) Yes, the company helps several charities.

⚠️ 오답 피하기

자선 기금이 얼마나 모였는지 묻는 질문에 (a)는 성공적인 모금 행사가 될 것이라고 미래 시제로 말하고 있다. a successful fundraiser는 그럴듯하지만 시제가 맞지 않는다. (b)가 동일 과거 시제(was)와 함께 예상보다 훨씬 많았다고 표현해 정답이다.

남: 자선 행사를 위해 회사가 얼마나 모금했죠?

여: _____

(a) 성공적인 모금 행사가 될 거예요.

(b) 예상보다 훨씬 많았어요.

(c) 온라인으로 기부하실 수 있어요.

(d) 네, 회사는 여러 자선 단체들을 돕고 있어요.

어휘 raise (돈을) 모금하다 charity 자선 단체 fundraiser 모금 행사 than expected 예상보다 make a donation 기부하다

Part 2

W: George, do you have a minute to talk?

M: Yes, I'm free right now. What's up?

W: **We'd like to offer you** an internship extension.

M: _____

(a) Do you think you **will offer** me one?

(b) That's great to hear.

(c) Until at least September 30th.

(d) I **accepted the offer** gladly.

⚠️ 오답 피하기

인턴 기간 연장을 제안하는 여자의 말에 대해 '제안을 하실 건가요?'라고 묻는 (a)와 '제안을 받아들였습니다'라고 말하는 (d)는 각각 미래 및 과거 시제로 시제가 맞지 않아 오답이다. (d)를 I will accept ~ 로 바꾸면 정답이 될 수 있다. 좋은 소식에 반가움을 표현한 (b)가 정답이다.

여: George, 잠깐 이야기 할 수 있나요?

남: 네, 지금 한가해요. 무슨 일이시죠?

여: 저희는 당신에게 인턴 기간 연장을 제안하고 싶어요.

남: _____

(a) 저에게 제안을 하나 하실 건가요?

(b) 반가운 소식이네요.

(c) 적어도 9월 30일까지요.

(d) 저는 그 제안을 기꺼이 받아들였습니다.

어휘 internship 인턴사원 근무 (기간) extension 연장 at least 최소한 accept ~을 수락하다 gladly 기꺼이

기출 **Check-up Test**

🎧 U9_6

기출문제를 포함한 실전 문제들을 풀며 학습한 내용을 확인해 보세요.

Part 1 다음 말을 듣고 연결될 수 있는 가장 적절한 응답을 고르시오.

1. (a) (b) (c) (d)

2. (a) (b) (c) (d)

3. (a) (b) (c) (d)

4. (a) (b) (c) (d)

5. (a) (b) (c) (d)

6. (a) (b) (c) (d)

7. (a) (b) (c) (d)

8. (a) (b) (c) (d)

9. (a) (b) (c) (d)

10. (a) (b) (c) (d)

Part 2 다음 대화를 듣고 연결될 수 있는 가장 적절한 응답을 고르시오.

11. (a) (b) (c) (d)

12. (a) (b) (c) (d)

13. (a) (b) (c) (d)

14. (a) (b) (c) (d)

15. (a) (b) (c) (d) 기출

16. (a) (b) (c) (d)

17. (a) (b) (c) (d)

18. (a) (b) (c) (d)

19. (a) (b) (c) (d)

20. (a) (b) (c) (d)

정답 및 해설 p.59

☑ Part 1, 2에서는 의문사 의문문일 경우 이에 대해 직접 답하지 않고 불분명하게 우회적으로 답하고, 일반 의문문인 경우도 Yes/No로 분명히 답하기보다는 간접적으로 답하거나 제 3의 답변을 하는 경우가 반 이상 차지한다.

☑ 따라서 다양한 상황의 답변을 익히는 것은 물론, 앞에서 익힌 오답 유형을 적극 활용해 정답을 찾도록 한다.

간접적인 응답

🎧 U10_1

의문문에 대해 직접적으로 답변하지 않고 돌려서 답하는 경우이다. 특히, 제안이나 요청하는 질문에서 직접적으로 거절하는 대신 '바빠서요', '상황 봐서요' 등의 말로 돌려서 말하는 정답이 시험에 잘 나온다. Part 1의 경우에는 돌려서 답하는 간접적인 응답이 전체의 50% 이상을 차지할 정도로 자주 출제되는 유형이다.

1. (a) _____ (b) _____ (c) _____ (d) _____   **2.** (a) _____ (b) _____ (c) _____ (d) _____

Part 1

W: How about one more slice of cheesecake?

M: _____

(a) Thanks, but I don't feel any different.

(b) I don't think they sell that here.

(c) It serves the best desserts in town.

(d) **Actually**, I'm trying to watch my calorie intake.

⚠️ **오답 피하기**

치즈 케이크를 권하는 말에 Yes/No라는 직접적인 답변 대신 현재 칼로리 섭취를 조심하고(watch my calorie intake) 있다는 말로 우회적으로 거절 의사를 표현하는 (d)가 정답이다.

여: 치즈 케이크 한 조각 더 먹을래?

남: _____

(a) 고마워, 하지만 달라졌단 느낌이 안 들어.

(b) 여기서 그걸 파는 것 같지 않은데.

(c) 거긴 동네에서 최고의 디저트를 파는 곳이야.

(d) 사실, 나는 칼로리 섭취량을 조심하려고 노력중이야.

어휘   **slice** 조각   **serve** (음식을) 제공하다
actually 사실은   **calorie intake** 칼로리 섭취량

Part 2

M: I'm glad your flight arrived on schedule. Did they serve you a meal on the plane?

W: No, it was a budget carrier, so there weren't even any snacks.

M: Do you want to grab something here in the airport?

W: _____

(a) The check-in counters are closing soon.

(b) **I'd rather just** get on the road, to be honest.

(c) Yes, the in-flight meal was delicious.

(d) Thanks for picking me up. That's so thoughtful.

⚠️ **오답 피하기**

공항에서 간단히 먹을 것을 제안하는 말에 그냥 출발하겠다고(just get on the road) 답하는 (b)가 정답이다. 이는 No라고 말하는 대신 우회적으로 제안을 거절하는 대답이다. 이와 같이, 거절해야 하는 상황에서 대놓고 거절하기 힘들어 간접 대답을 하는 경우가 많다.

남: 네 비행기가 정시에 도착해서 다행이야. 비행기에서 식사 제공 받았어?

여: 아니, 저가 항공사라서 스낵조차 없더라.

남: 여기 공항에서 뭐 좀 간단히 먹을래?

여: _____

(a) 체크인 카운터가 곧 문을 닫아.

(b) 그냥 출발하고 싶어, 솔직히.

(c) 응, 기내식이 맛있었어.

(d) 나를 데리러 와줘서 고마워. 정말 친절하구나.

어휘   **on schedule** 예정대로, 정시에   **serve A a meal**: A에게 식사를 제공하다   **budget carrier** 저가 항공사   **grab something** 간단히 먹다   **get on the road** 출발하다   **to be honest** 솔직히   **in-flight meal** 기내식   **thoughtful** 배려심 있는, 친절한

Part 1 평서문이나 Part 2의 마지막 대사가 평서문인 경우에 많이 나오는 답변 형태이다. 평서문은 화자가 어떤 사실이나 의견을 전달하는 내용이기 때문에 이에 대해 되묻는 형태로 답하는 경우가 많다. 상대방의 말을 바꿔 표현하며 다시 확인하는 경우도 있고, 문제점에 대해 해결책을 제안하는 형태로 되묻는 경우가 자주 나온다.

3. (a) _____ (b) _____ (c) _____ (d) _____   **4.** (a) _____ (b) _____ (c) _____ (d) _____

Part 1

M: Daisy and I argue almost every time we meet up. I'm beginning to think we have no future together.

W: _____

(a) Exactly. She is not right for me.
(b) **You mean you're still going out with each other?**
(c) I know, and I'll try not to be so argumentative.
(d) Are you telling me that we need time apart?

⚠ 오답 피하기
만날 때마다 싸워서 함께 할 수 있을 것 같지가 않다고 하는 말에, 그런데도 아직도 만나고 있느냐고 묻는 (b)가 어울리는 응답이다. 상대방이 걱정거리나 안 좋은 소식을 말할 때 위로나 조언을 해 주는 경우가 거의 정답이 되지만, 난이도 높은 문제의 경우, 상황과 관련하여 질문을 하는 경우도 있기 때문에 다양한 답변에 대해 마음의 준비를 해 둬야 한다.

남: Daisy와 난 거의 늘 만날 때마다 싸워. 더 이상 우리에게 함께 하는 미래가 없다는 생각이 들기 시작했어.
여: _____
(a) 정확히 맞아. 그녀는 나랑 맞지 않아.
(b) **그러니까 네 말은 여전히 둘이 사귄다는 거야?**
(c) 알아, 그리고 나는 최대한 논쟁적이지 않도록 노력할거야.
(d) 지금 우리가 서로 좀 떨어져서 시간을 보내야 한다고 말하는 거니?

어휘 argue 언쟁을 하다, 다투다 go out with ~와 사귀다 argumentative 따지기 좋아하는, 논쟁적인 apart 떨어져

Part 2

M: My shoulder is really aching today.
W: Is it? You should try to avoid doing anything strenuous then.
M: But I have baseball practice in the park this afternoon.
W: _____
(a) I'm sure you'll improve with practice.
(b) It's the first day of a new baseball season.
(c) **Can't you skip practice this time and get better?**
(d) Why don't you try giving me a massage?

⚠ 오답 피하기
어깨가 아픈데도 오후에 연습을 해야 하는 상황에 대해 Can't you ~? 의 의문문 형태로 연습을 쉬라는 조언/권유를 하는 (c)가 정답이다.
역시 제안 의문문인 (d)는 Why don't you까지는 그럴 듯 했는데 이어지는 내용에서 마사지가 필요한 대상이 달라(giving me a massage) 오답이다.

남: 오늘 어깨가 정말 쑤신다.
여: 그래? 그러면 격렬한 건 뭐든 피하도록 해.
남: 하지만 오늘 오후에 공원에서 야구 연습이 있는 걸.
여: _____
(a) 연습하면 나아질 거라고 확신해.
(b) 오늘은 야구 시즌의 첫 날이야.
(c) **이번에는 연습을 건너 뛰고 몸 좀 낮게 하면 안돼?**
(d) 나에게 마사지를 해주는 건 어때?

어휘 aching 쑤시는 avoid -ing ~하는 것을 피하다 strenuous 힘이 많이 드는, 격렬한 improve 향상되다 practice 연습 skip ~을 빼먹다 get better 호전되다, 나아지다

Part 1, 2에서는 기본 동사가 다른 단어와 결합하여 새로운 뜻으로 쓰이는 구동사가 자주 등장한다. '나눠주다'라고 말할 때 distribute보다는 hand out이나 give out을 더 자주 사용하는데, 이를 반영해 대화에서 구동사 표현이 자주 나오는 것이다. 구동사는 look into(조사하다), look for(찾아보다), look after(돌보다)처럼 의미가 다양해지는 경우도 있고, get across to(이해시키다)처럼 아예 새로운 뜻이 되어 동사 뜻을 아는 것만으로는 의미를 파악하기 힘든 경우도 있다. 구동사가 나올 때 주의할 것은 선택지에 구동사의 일부를 이용한 소리 함정을 배치하기 때문에 자주 쓰이는 구동사들을 확실히 알아두어야 이에 속지 않는다는 점이다.

5. (a) _____ (b) _____ (c) _____ (d) _____   **6.** (a) _____ (b) _____ (c) _____ (d) _____

Part 1

W: Does Ray still try to **work out** every day?

M: _____

(a) Yes, his job requires him to **work** seven days a week.

(b) No, he normally **works** from home.

(c) You don't need to go so often, do you?

(d) Actually, I think he stopped going to the gym.

⚠️ **오답 피하기**

work out이 '운동하다'라는 의미임을 모르면 '일하다'로 착각하고 (a), (b)와 같은 오답을 고르기 쉽다. 아직도 매일 운동하는지(work out) 묻는 질문에 이젠 체육관에 가지 않는다는(stopped going to the gym) 말로 부정을 나타내는 (d)가 정답이다.

여: Ray는 여전히 매일 운동하려고 노력하니?
남: _____
(a) 응, 그의 직장은 주7일 근무가 필수야.
(b) 아니, 그는 보통 재택 근무를 해.
(c) 네가 그렇게 자주 갈 필요 없잖아, 그렇지?
(d) 사실, 내 생각에 그는 체육관에 더 이상 안 가는 것 같아.

어휘 **work out** 운동하다 **require A to do**: A에게 ~할 것을 요구하다 **normally** 보통 (= usually) **work from home** 재택 근무를 하다 **gym** 체육관

Part 2

M: I'm **looking into** learning how to cook.

W: Oh, but we normally enjoy eating out.

M: Yes, but wouldn't it **cut down on** our meal costs?

W: _____

(a) Not once you **factor in** the price of ingredients.

(b) Actually, there are many restaurants there.

(c) Let's get the cheapest thing on the menu.

(d) Okay, but it's my treat this time.

⚠️ **오답 피하기**

동사구가 많이 등장해 난이도가 높은 문제이다. 외식하는 대신 요리를 하면 식사 비용이 절감될까 묻는 남자의 말에, 음식 재료값을 생각하면 그렇지 않을 것이라고 답하는 (a)가 정답이다. look into(~을 알아보다), cut down on(~을 삭감하다), factor in(~을 고려하다) 등의 동사구를 알고 있어야 대화를 정확히 이해하고 정답을 고를 수 있다. 대화를 제대로 이해하지 못할 경우 (b), (c), (d)와 같이 연관 어휘로 만들어진 오답에 속기 쉽다.

남: 나는 요리하는 법을 알아보고 있어.
여: 아, 그렇지만 우린 보통 외식하는 걸 좋아하잖아.
남: 그래, 하지만 그렇게 하면 우리 식비가 좀 줄지 않을까?
여: _____
(a) 일단 식재료 값을 고려해 보면 그렇지 않을 걸.
(b) 사실 거기엔 식당들이 많지.
(c) 메뉴에서 가장 저렴한 것으로 하자.
(d) 좋아, 하지만 이번엔 내가 살게.

어휘 **look into** ~을 조사하다, 알아보다 **eat out** 외식하다 **cut down on** ~을 줄이다, 삭감하다 **meal costs** 식사 비용 **once** 일단 ~하면 **factor in** ~을 고려하다 **ingredient** 요리 재료 **treat** n. 접대, 한턱

TEPS 대화문에는 조동사 표현이나 구어체 관용 표현이 자주 등장한다. Part 1, 2 각각 2~3문제 정도 출제되는데, 특히 'would/should/could have p.p.' 형태가 가장 자주 등장한다. 이때 조동사와 have동사가 축약되면서 연음되는 발음에 유의해야 하며, 어떤 상황에서 어떤 의미를 나타내는지 잘 알아 두어야 한다. 관용 표현은 글자 그대로 해석해서는 그 의미를 파악하기 힘들기 때문에 TEPS 학습을 하면서 만나는 관용 표현들을 그때그때 익혀 두도록 한다.

7. (a) _____ (b) _____ (c) _____ (d) _____   **8.** (a) _____ (b) _____ (c) _____ (d) _____

Part 1

W: I blame myself for failing the test. I **should've studied** harder these past few weeks.

M: _____

(a) I'm sure you'll be able to ace the test.
(b) These things happen. Don't get too down.
(c) Don't blame me for your own problems.
(d) You still have a few weeks to prepare.

⚠ **오답 피하기**
should have p.p.는 '~ 했어야 했다'라는 의미로 과거의 일을 후회할 때 쓰이는 표현이다. 공부를 더 열심히 했어야 했다고 속상해 하는 상황이므로 이에 대해 위로를 해주는 (b)가 정답이다.

여: 시험에서 떨어진 건 다 내 탓이야. 지난 몇 주 동안 공부를 더 열심히 했어야 했어.
남: _____
(a) 네가 시험에서 아주 좋은 성적을 받을 수 있을 거라 확신해.
(b) 이런 일은 흔히 있는 일이야. 너무 우울해 하지 마.
(c) 네 스스로의 문제를 내 탓으로 돌리지 마.
(d) 아직 준비할 수 있는 몇 주가 남아 있잖아.

어휘 blame A for B: B에 대해 A를 탓하다 ace the test 시험에서 좋은 성적을 받다 get down 우울해지다

Part 2

M: I've not been this excited about a new movie in years.
W: **Tell me about it**. Oh, look! The cinema lights are going down.
M: Finally. I've been waiting for this moment for so long.
W: _____
(a) Yeah, it was an amazing movie.
(b) I'm certain the cinema will be full.
(c) **That makes two of us**.
(d) You'll be able to watch it online.

⚠ **오답 피하기**
극장에서 영화가 막 시작되는 순간에 기대감을 말하는 남자에게 '나도 그래'라며 상대방의 의견에 강하게 동조하는 (c)가 정답이다. That makes two of us라는 표현을 알아들어야 정답을 고를 수 있다.

남: 지난 몇 년간 새로 나온 영화 때문에 이렇게 신나 본 적이 없어.
여: 무슨 말인지 잘 알아. 오, 봐! 영화관의 불이 꺼지고 있어.
남: 드디어. 이 순간을 정말 오래 기다려왔어.
여: _____
(a) 응, 정말 대단한 영화였어.
(b) 영화관이 분명 가득 찰 거야.
(c) 나도 마찬가지야.
(d) 온라인으로 볼 수 있을 거야.

어휘 in years 몇 년 동안이나 Tell me about it. (나도 같은 경험을 해서) 무슨 말인지 알아. That makes two of us. 나도 마찬가지야.

⭐**꿀팁** 조동사 표현 정리
- would have p.p. (~했을 것이다) ➡ **축약** would've p.p. [발음: 우르브]
- might have p.p. (~했을 지도 모른다, 아마 ~했나봐) ➡ **축약** might've p.p. [발음: 마이르브]
- could have p.p. (~할 수도 있었다) ➡ **축약** could've p.p. [발음: 쿠르브]
- should have p.p. (~했어야 했다, ~할 걸 그랬어) ➡ **축약** should've p.p. [발음: 슈르브]
- must have p.p. (틀림없이 ~했을 거야) ➡ **축약** must've p.p. [발음: 머스트브]

Part 2에서는 화자의 마지막 대사만을 통해서는 정답을 찾기 어려운 문제가 자주 나온다. Part 2의 A-B-A로 이어지는 대화의 전체적인 흐름을 파악해야 정확한 답변을 고를 수 있는 경우이다. 특히 첫 대사에 핵심 소재가 등장하므로, 초반 내용에 집중하고 대화가 이어지는 흐름을 놓치지 않도록 한다.

9. (a) _____ (b) _____ (c) _____ (d) _____   **10.** (a) _____ (b) _____ (c) _____ (d) _____

Part 2

M: Did Dave **choose to go to Harvard**?

W: Who told you that?

M: Oh, Ryan's sister mentioned something about it.

W: _____

(a) Yes, he did. He got accepted for computing.

(b) Dave recommended Harvard to Ryan's sister.

(c) Ryan is still deciding where to go.

(d) I hope Ryan's sister passes her course.

⚠️ **오답 피하기**

첫 대사에서 Dave가 Harvard에 갈 것인지를 묻고 이에 대한 대화가 이어진다. 마지막 대사에서 Ryan's sister가 알려줘서 알게 되었다는 경위를 말하고 있지만, 이 대화의 핵심은 'Dave가 Harvard에 가기로 했는지'이다. 따라서 첫 대사에 나온 질문에 답하는 (a)가 가장 잘 어울린다. 처음부터 대화의 흐름을 죽 타고 가지 않으면 정답을 고르기 힘든 문제이다. 또한 제 3자의 이름이 두 명 이상 거론 될 경우에는 그 이름들이 오답에 언급되는 경우가 많으므로 특히 주의해서 오답을 소거하도록 한다.

남: Dave가 Harvard에 가기로 결정했어?
여: 누가 그래?
남: 아, Ryan의 누나가 그 일에 대해 뭔가 말했어.
여:

(a) **응, 결정했대. 그는 컴퓨터학으로 입학 허가를 받았어.**

(b) Dave가 Ryan의 누나에게 Harvard를 추천했어.

(c) Ryan은 여전히 어디 갈지 결정 중이야.

(d) 나는 Ryan의 누나가 수업 과정을 이수하길 바라.

어휘 mention ~을 언급하다 get accepted 입학 허가를 받다 computing 컴퓨터 사용 pass one's course 과목을 이수하다

Part 2

W: Hello. You **applied for the security guard position** at our Exeter branch, right?

M: Oh, wait. Do you have more than one branch?

W: Yes, but the others aren't hiring.

M: _____

(a) Oh, I'd prefer the Exeter branch. Thanks anyway.

(b) I see. Yes, I'm here for that position.

(c) We're hoping to hire two new workers.

(d) Check our vacancies on the notice board.

⚠️ **오답 피하기**

첫 대사는 남자가 Exeter 지점의 경비직에 지원한 것이 맞는지 확인하는 것으로 시작한다. 이를 바탕으로 다른 지점에서는 채용이 없다는 대화가 이어지며, 이에 대해 남자가 Exeter의 경비직에 지원한 것이 맞다고 대답하는 (b)가 정답이 된다. 마지막 대사 but the others aren't hiring을 제대로 들었다고 해도 정답을 고를 수가 없다. 첫 대사를 정확히 듣고 대화의 흐름을 따라 가야 정답을 고를 수 있다. (a), (c) (d) 모두 대화의 정확한 맥락을 이해하지 못하면 소거하기 힘든 난이도 높은 문제이다.

여: 안녕하세요. 저희 Exeter 지점의 경비직에 지원하셨죠?
남: 잠시만요. 지점이 한 군데가 넘나요?
여: 네, 하지만 다른 지점들은 채용을 하고 있지 않아요.
남:

(a) 아, 전 Exeter 지점이 더 좋습니다. 어쨌든 고마워요.

(b) **그렇군요. 네, 전 그 직책 때문에 여기 와 있습니다.**

(c) 저흰 두 명의 신입 직원을 채용하고자 해요.

(d) 게시판에서 저희 공석에 대해 확인해 보세요.

어휘 apply for ~에 지원하다 security guard 경비원 branch 지점 hire 채용하다 vacancy 공석 notice board 게시판

기출 Check-up Test

기출문제를 포함한 실전 문제들을 풀며 학습한 내용을 확인해 보세요.

Part 1 다음 말을 듣고 연결될 수 있는 가장 적절한 응답을 고르시오.

1. (a) (b) (c) (d)

2. (a) (b) (c) (d)

3. (a) (b) (c) (d)

4. (a) (b) (c) (d)

5. (a) (b) (c) (d)

6. (a) (b) (c) (d)

7. (a) (b) (c) (d)

8. (a) (b) (c) (d)

9. (a) (b) (c) (d)

10. (a) (b) (c) (d)

Part 2 다음 대화를 듣고 연결될 수 있는 가장 적절한 응답을 고르시오.

11. (a) (b) (c) (d)

12. (a) (b) (c) (d)

13. (a) (b) (c) (d) 기출

14. (a) (b) (c) (d)

15. (a) (b) (c) (d)

16. (a) (b) (c) (d)

17. (a) (b) (c) (d)

18. (a) (b) (c) (d)

19. (a) (b) (c) (d)

20. (a) (b) (c) (d)

정답 및 해설 p.66

시원스쿨 텝스 청해

Part 1 & 2 TEST

Part I Questions 1~10

You will now hear ten individual spoken questions or statements, each followed by four spoken responses. Choose the most appropriate response for each item.

 MP3 바로 듣기

Part II Questions 11~20

You will now hear ten short conversation fragments, each followed by four spoken responses. Choose the most appropriate response to complete each conversation.

정답 및 해설 p.73

시원스쿨 텝스 청해

Part 3

Part 3 문제 구성

문항 수 (번호)	문제 유형
3문항 **(21-23)**	**중심내용 문제** 대화의 주제, 중심이 되는 내용, 대화중인 화자들이 무엇을 하고 있는지를 묻는 문제이다. 어떤 문제 상황이 있는지, 불만 사항이 무엇인지, 특정 화자가 대화중에 무엇을 하고 있는지를 묻기도 한다.
5문항 **(24-28)**	**세부정보 문제 (Correct, Wh-)** 대화를 듣고 대화 내용에 대한 설명으로 옳은 것을 고르는 문제(Correct, Correct about ~), 그리고 각종 의문사(Why, Which, What, When, How 등)를 이용하여 이유, 방법, 대상, 기간, 시점, 장소, 수량 등 기타 세부사항에 대해 묻는 문제들이 출제된다.
2문항 **(29-30)**	**추론 문제 (Infer)** 대화를 통해 유추해 낼 수 있는 사항을 고르는 문제 유형이다.

1. 6~7턴으로 이루어진 남녀의 대화를 듣고 질문에 적절한 답을 고르는 방식이다.

2. 대화를 시작하기 전에 장소/신분 등을 알려주는 안내가 나오는데, 이를 듣고 미리 대화 상황을 예측해 마음의 준비를 할 수 있다.

3. 대화/질문/선택지는 단 1회만 들려주며, 문제와 문제 사이에 답 고르는 시간은 3초가 주어진다.

Listen to a conversation at a dry cleaner's.

M: I need to have these slacks dry-cleaned. Can I get an express service?
W: Sure. When do you need them by?
M: I need to pick them up the day after tomorrow.
W: We can actually have them done by tonight.
M: I didn't know you could do it so fast.
W: For an extra charge, we have a same-day service.
M: That sounds great. I'll go for that.

Q: Which is correct according to the conversation?

(a) The dry-cleaning will be finished by the day after tomorrow.
(b) The man will pay more for same-day service.
(c) The woman can't clean the slacks in time.
(d) There is no extra charge for an express service.

Part 3 문제의 특징

❶ 문제지에 적혀있는 게 없다. 100% 듣기로만!

질문과 선택지가 문제지에 인쇄되어 있지 않아 100% 듣기로만 풀어야 하며, 딱! 한 번만 들려준다. 이는 수험자의 진정한 듣기 능력을 평가하겠다는 의도이다. 미리 문제를 보고 감을 잡는 요령이 통하지 않기 때문에 다른 시험보다 TEPS가 어렵게 느껴진다.

❷ 문제 유형별로 나오는 위치가 정해져 있다.

Part 3의 10문항은 3-5-2의 구성으로, [중심내용 문제 3문항(21번-23번)]-[세부정보 문제 5문항(24번-28번)]-[추론 문제 2문항(29번-30번)]의 순서로 나온다. 이를 미리 숙지하고 있으면 각 문제 유형에 맞는 전략을 적용해 대화를 들을 수 있어 유리하다.

❸ 생생한 구어체 영어

일상생활에서 자주 쓰이는 구어체 영어가 나온다. 예를 들어, 완벽한 문장으로 말하기보다는 필요한 말만 간단하게 하거나 줄여서 약식으로 말하거나, 정식 의문문이 아니라 평서문 끝을 올려서 의문문으로 사용하는 경우이다. 또한 일상생활에 잘 쓰이는 관용 표현들이 종종 나오는데, 이를 알아듣지 못하면 문제를 풀 수 없다.

❹ 다양한 주제

친구들 간의 일상 대화에서부터 부부나 가족끼리의 대화, 동료와 나누는 업무 관련 대화, 학교생활 관련 대화, 상점에서의 대화, 일정 관련 대화, 여행이나 쇼핑, 여가생활 관련 대화 등 다양한 주제의 대화가 등장한다.

❺ 정신없이 빠르다!

외국인과 영어로 대화할 때 즉각적으로 반응해야 하는 실제적인 의사 소통 능력을 평가하겠다는 평가원의 의도대로 대본을 읽는 속도가 매우 빠르다. 또한 선택지 (a), (b), (c), (d)는 듣고 되새겨 볼 틈도 없이 찰나에 지나간다. 문제와 문제 사이에 정답을 선택하는 데 3초의 시간이 주어지는데, 실제 시험에서 겪어보면 고수들도 어려워할 만큼 매우 숨가쁘다.

❻ Paraphrasing!

대화에 나왔던 말이 선택지에 정답으로 나올 때 그대로 똑같이 쓰이는 경우는 없다. 반드시 다른 말로 바뀌어 나오기 때문에 단순히 들렸던 내용이 선택지에 나왔다고 해서 정답으로 골라서는 안 된다. 내용을 제대로 알아듣고, 그 내용을 다른 말로 바꿔 말하는 Paraphrasing을 알아차려야 정답을 맞힐 수 있다. 또한, 여러 문장에 걸친 내용을 한 마디로 요약해 표현하는 정답도 많이 나오므로 이에 대한 충분한 연습이 필요하다.

❼ 너무너무 헷갈리는 오답!

대화를 제대로 잘 들어도 순간적으로 착각하기 쉽도록 발음, 의미, 시제, 대상을 이용한 교묘한 오답들이 등장한다. 다행히 TEPS에 나오는 오답들은 그 유형이 몇 가지로 정해져 있다.

빅데이터로 본 Part 3

문제 유형	대화 상황
1. 중심내용 문제: Main topic, Mainly discussing, Mainly doing 2. 세부정보 문제 – 진위 확인: Correct, Correct about – 기타 세부사항: 각종 Wh- Questions 3. 추론 문제: Inferred, Inferred about	– 학교생활 – 업무 관련 – 쇼핑, 상점, 식당, 수리점 등 – 병원, 약국, 건강 문제 – 부동산, 은행, 우체국 등 – 호텔, 교통, 여행, 여가, 문화생활 – 기타 가정생활 등

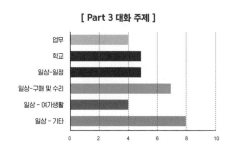

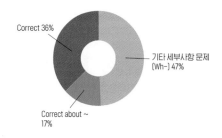

출제 현황

1. 직장 업무나 학교생활 관련 대화보다는 일상생활 대화가 훨씬 많이 출제되는데, 특히 '구매 및 수리'와 관련된 대화가 자주 등장한다. 이를 염두에 두고 일상생활에서 쓰이는 자연스러운 구어체 표현들을 많이 익혀 두면 유리하다.

2. Part 3에서는 크게 세 가지 문제 유형(중심내용 문제, 세부정보 문제, 추론 문제)이 등장하는데, 이중에서 세부정보 문제가 60%를 차지하므로 따로 좀 더 자세히 살펴볼 필요가 있다.

3. 세부정보 문제들의 구성을 보면, 다양한 Wh-Questions를 이용한 기타 세부사항 문제 출제 비중이 꽤 높다는 것을 알 수 있다.

4. 기타 세부사항 문제를 풀 때 가장 유의할 점은 질문이 묻는 바를 정확히 파악해야 한다는 것이다. Correct ~?와는 달리 매우 구체적인 내용의 질문이 나오며, 딱 한 번 밖에 들려주지 않으므로 질문이 나올 때 최대한의 집중력을 발휘하여 놓치는 일이 없도록 해야 한다.

Part 3 학습 전략

❶ 다양한 빈출 구어체 표현부터 암기

Part 3에서 출제된 다양한 표현들을 정리하여 듣고 바로 이해할 수 있도록 암기해 둔다. 학습한 표현들을 토대로 남녀 대화의 흐름을 따라갈 수 있어야 질문에 적절한 답을 빨리 골라 낼 수 있다. 본 교재를 학습할 때 문제 풀이로만 끝내지 말고 맞힌 문제라 하더라도 반드시 스크립트를 소리 내어 읽어보고 몰랐던 표현이 있다면 정리하여 바로바로 외우도록 한다.

❷ 문제 유형의 배열을 염두에 두고 이에 따른 다른 듣기 방법을 적용

Part 3는 [중심내용 문제] – [세부정보 문제] – [추론 문제] 순으로 배열되고 이 순서대로 난이도가 높아지기 때문에 이에 따라 각각 다른 듣기 방법을 적용하도록 한다. 중심내용 문제는 첫 부분의 내용을 놓치지 않고 들은 뒤 반복 언급되는 핵심어를 파악하고, 세부정보 문제와 추론 문제는 대화 전체의 흐름을 파악함과 동시에 남녀를 구분하여 각 남녀가 말하는 사소한 내용까지 챙겨 들어야 한다.

❸ 너무나 중요한 노트 테이킹!

Part 3에서는 대화를 듣기 전에 문제를 미리 들을 수 없기 때문에 무엇을 챙겨 들어야 할지 미리 준비할 수가 없으므로 노트 테이킹이 필수이다. 따라서 효과적인 노트 테이킹 방식을 반드시 몸에 익혀 이용해야 한다. 특히, 대화에서의 남녀 상황을 바꾼 오답이 자주 등장하기 때문에 남녀에 해당하는 내용을 반드시 구분할 줄 알아야 하는데, 이를 위해 본 교재에서는 남녀를 구분해 가장 효과적으로 노트 테이킹하는 방식을 소개하니, 이를 익혀 실전에서 활용하도록 하자.

❹ 적극적으로 예측하며 듣기

Part 3에서는 대화를 시작하기 전에 대화 상황에 대한 힌트를 준다. 이 힌트가 정답을 고르는 데 있어 직접적인 도움을 주진 않지만 대화 상황을 미리 파악하고 마음의 준비를 할 수 있게 해주기 때문에 대화가 더 잘 들린다. 또한, 아무리 세부정보 문제라 하더라도 대부분은 대화에서 중요하게 다루는 내용에 대해 묻기 때문에 대화를 들을 때 특징적이고 핵심적인 내용이 나온다면 세부정보 문제로 나올 것을 예측하고 메모하도록 한다.

❺ 오답을 피하는 법 철저히 훈련하기

TEPS 청해에 나오는 오답들은 그 유형이 정해져 있다. 소리 함정이 가장 기본이고, 그 외에 대화 내용과 관련 있는 어휘나 표현이 나오지만 맥락이 맞지 않는 오답, 주어나 대상을 달리 언급하는 오답, 시제가 맞지 않는 오답, 일부 내용만 맞는 오답, 반대 내용으로 만든 오답이 나오는데, 이 유형들을 숙지해 두면 실전에서 오답을 소거하는 데 큰 도움이 되므로 확실히 익혀 두자.

❻ TEPS 청해의 속도에 익숙해지기

TEPS 청해에서 고득점을 얻기 위해서는 빠른 읽기 속도와 문제 유형에 익숙해지는 것이 필요하다. 가장 좋은 방법은 본 교재의 진도를 나가는 것과는 별개로, 이미 학습한 UNIT의 스크립트를 소리 내어 읽는 것이다. 이때 그냥 생각 없이 읽지 말고, 의미를 새기면서 읽되 녹음 속도와 완전히 똑같이 할 수 있을 때까지 연습해야 한다.

UNIT 11 노트 테이킹과 의미 덩어리 듣기

MP3 바로 듣기

1. 노트 테이킹(Note-taking)

노트 테이킹이란 들은 것에서 핵심 내용을 잡아내어 바로바로 메모하는 것을 말하는데, TEPS 청해에서는 효율적인 노트 테이킹이 필수이다. TEPS 청해 영역은 대화뿐 아니라 선택지 역시 듣기로만 해결해야 하는데, 모든 세부사항을 듣고 완벽하게 기억해 답을 고르는 건 불가능에 가깝다. 게다가, 대화 내용들을 미묘하게 바꿔서 오답을 제시하기 때문에 노트 테이킹 없이 귀로만 듣는 경우 제아무리 고수일지라도 오답의 함정에 빠질 가능성이 매우 높다.

노트 테이킹시 주의할 점

노트 테이킹은 받아쓰기가 아니기 때문에 모든 내용을 적으려 하면 안된다. 들리는 것을 다 받아 적으려 한다면 손의 속도가 원어민 발음 속도를 쫓아 갈 수 없을 뿐만 아니라 전체적인 흐름을 놓칠 수 있다.

Step 1 대화를 들으며 문장 단위로 노트 테이킹

문장 단위로 핵심 키워드인 동사, 명사, 상황/감정 형용사, 부사, 의문사 등을 적어 둔다.

- 미리 알려준 두 화자의 관계를 통해 상황을 예측하고 듣는다.
- **반드시 남녀 화자를 구분하여 메모한다.**
- 핵심 키워드 중 숫자, 요일과 같은 일정 정보는 반드시 노트한다.
- 대화에서 의문문에 대한 답변 내용을 노트한다.
- Actually, however 등 연결어 뒤의 내용은 꼭 노트한다.
- 내용이 긴 경우 단어가 아닌 개념과 의미로 노트한다.

Step 2 선택지를 들으며 노트 테이킹 & 오답 소거

문제 유형은 크게 [중심내용 문제 – 세부사항 문제 – 추론 문제]로 나뉘는데, 이 문제들이 번호 순서대로 [중심내용 문제 3문항 – 세부사항 문제 5문항 – 추론 문제 2문항]씩 나온다. 번호가 몇 번인지에 따라 문제 유형을 염두에 두고 대화를 들으면 오답을 소거하기가 훨씬 쉽다.

- 선택지 문장에서 주어, 동사의 시제, 비교급/최상급, 숫자, 부정내용, 능동태/수동태 등 오답 포인트에 집중하며 듣는다.
- 각 선택지의 핵심 내용을 메모하면서 옆에 O, X, △ 등의 기호를 사용하여 소거한다.
- 노트가 굳이 필요하지 않은 경우에는 생략해도 무방하다.

> **꿀팁** 1. 자꾸 해보면서 나만의 노트 테이킹 방법을 개발하는 것이 좋다.
> 2. 영어 vs. 우리말 중 편한 것으로 하면 된다.
> 3. 모르는 단어는 일부 소리만이라도 적어본다.

Step 1 대화 노트 테이킹

① 대화 상황을 알려주는 키워드를 적는다.
② 반드시 남녀 화자를 구분해서 메모한다.
    – 화자 표시(W, M)를 먼저 해 놓고, 각 대사를 들으며 의미 있는 내용이 나올 때마다 위아래로 왔다 갔다 하며 해당 화자의 칸에 적는다.

음원	노트 내용
<Listen to a conversation between two colleagues.> **W:** Laurence , how do you feel about **Becky**? **M:** In a **professional** sense or a **personal one**? **W:** Oh, **either way**, I guess. **M:** Honestly, as a **coworker**, she's **dependable** and has a **lot of experience**, but she is a little **arrogant**. **W:** Exactly. It's like she **looks down on people who don't come from money**. **M:** Joyce , I get the feeling **you don't like her** much. **W:** It's that easy to tell? I'll try to **give her another chance**.	colleagues <table><tr><td>W</td><td>Laurence, Becky 어때? / 무시, 돈X 사람무시</td></tr><tr><td>M</td><td>coworker – dependable, experience, arrogant / Joyce, 걔 싫어하는구나</td></tr></table> M = Laurence Becky = coworker W = Joyce

Step 2 선택지 노트 테이킹 & 오답 소거

음원	노트 내용
Q: Which is correct according to the conversation? (a) **Joyce** is **arrogant** but still a **good worker**. (b) **Laurence** thinks **Becky** is a **reliable** coworker. (c) **Becky** is Laurence's and Joyce's **new manager**. (d) **Becky doesn't like** people who are **not experienced**.	Correct? (a) Joyce – arrogant, good worker ➡ X (b) Laurence: Becky reliable ➡ 0 (c) Becky – new manager ➡ X (d) Becky – 경험X 싫어함 ➡ X

➲ 이와 같이 화자 및 제 3자의 이름과 해당 내용이 복잡한 경우는 정확한 노트 테이킹이 필수랍니다!

여: Laurence, Becky에 대해 어떻게 생각해?
남: 일적으로 아니면 개인적으로?
여: 아무거나.
남: 솔직히, 동료로서 그녀는 믿을 만하고 경험도 많지만 좀 거만하지.
여: 맞아. 그녀는 돈 없는 사람들을 무시하는 것 같아.
남: Joyce, 너 Becky를 싫어하는 것 같다.
여: 그렇게 티 나? Becky에 대해 다시 한 번 생각해 봐야겠네.

Q: 대화에 따르면 옳은 것은 무엇인가?
(a) Joyce는 거만하지만 좋은 직원이다.
(b) Laurence는 Becky가 믿을 만한 동료라고 생각한다.
(c) Becky는 Laurence와 Joyce의 신임 매니저이다.
(d) Becky는 경험이 없는 사람들을 좋아하지 않는다.

어휘 **either way** 둘 중 아무거나 **dependable** 믿을 만한 **arrogant** 거만한 **look down on** ~을 무시하다 **come from money** 돈이 많다, 부유하다 **reliable** 믿을 수 있는

2. 의미 덩어리 듣기

Part 3 대화문에는 다양한 형태의 어구들을 포함한 다소 긴 문장이 등장한다. 이를 듣자마자 이해하기 위해 가장 기본적으로 연습해야 할 것은 동명사구, to부정사구, 분사구 듣기이다.

동명사구

U11_2

동명사구는 동사에 ing를 붙여 명사처럼 사용된다. 동명사구는 명사처럼 문장에서 주어/목적어/보어 자리에 쓰일 수 있으며, 구 전체를 하나의 의미 덩어리로 이해할 수 있어야 한다.

위치	대화문	해석
주어 자리	· **Using** proper visual aids will make your presentation more effective.	· 적절한 시각자료를 이용하면 프레젠테이션이 더욱 효과적일 거야.
동사의 목적어 자리	· I've got to finish **writing** up the sales report today.	· 오늘 매출 보고서를 다 써야 해.
보어 자리	· The greatest experience of my life was **becoming** a father. · My dream is **running** my own publishing company.	· 내 인생 최고의 경험은 아빠가 된 것이었어. · 내 꿈은 내 출판사를 운영하는 거야.
전치사의 목적어 자리	· Thank you **for giving** us those concert tickets. · I'm thinking **of throwing** a surprise party for my mom this weekend.	· 우리에게 그 콘서트 티켓을 줘서 고마워. · 이번 주말에 어머니께 서프라이즈 파티를 해드릴까 해.

1. (a) _____ (b) _____ (c) _____ (d) _____

<Listen to a conversation between two friends.>

W: How did you like the park?

M: It was gorgeous. **Thanks for taking me** with you.

W: Of course. It's one of my favorite places in the city.

M: Well, it was a lot better than how I usually spend my lunch break.

W: I go there a few times a week if you'd like to do it again.

M: You know, I think that would be pretty nice.

Q: What is the man doing in the conversation?

(a) Arranging a time to go to the park

(b) Deciding on where to go for lunch

(c) Thanking the woman for inviting him to the park

(d) Comparing the qualities of different parks

🔓 남자의 행위를 묻는 문제로, 초반 남자의 대사에 집중해야 한다. 남자는 여자가 공원에 데려가 준 것에 감사하고 있다. 이때 Thanks 만 듣거나 taking만 듣는 것이 아닌 Thanks for taking me ~ 까지, 즉, 전치사 for의 목적어로 쓰인 동명사구를 덩어리로 들을 수 있어야 한다.

여: 공원 어땠어?

남: 아주 좋았어. 나도 데려가줘서 고마워.

여: 당연하지. 거기는 내가 이 도시에서 가장 좋아하는 곳들 중 한 곳이야.

남: 응, 평소 내 점심 시간보다 훨씬 더 좋았어.

여: 또 가고 싶다면 난 일주일에 몇 번씩 가도 돼.

남: 응, 그러면 아주 좋을 것 같아.

Q: 대화에서 남자는 무엇을 하고 있는가?

(a) 공원에 갈 시간 정하기

(b) 점심 먹으러 어디 갈지 결정하기

(c) 공원에 데려가 준 것에 대해 여자에게 감사하기

(d) 여러 공원들의 특색 비교하기

어휘 How did you like ~? ~ 어땠어? **gorgeous** 아주 멋진 **lunch break** 점심 식사 시간 **arrange a time to do** ~할 시간을 마련하다 **decide on** ~에 대해 결정하다 **compare** ~을 비교하다 **quality** 특색

to부정사구

동명사와 마찬가지로 동사의 기능을 하면서 문장에서 명사/형용사/부사 역할을 한다. 즉, 명사처럼 주어/목적어/보어 자리에 올 수 있고, 명사나 형용사를 수식할 수 있으며, 부사의 역할도 가능한 것이다. 개념을 복잡하게 생각하지 말고 문장에서 의미 덩어리로 이해할 수 있도록 구조를 익히는 것이 좋다.

역할	대화문	해석
명사 역할 (~하는 것)	· Jessica told me that she hopes **to enter** a medical school next year. · I forgot **to change** my flight schedule.	· Jessica가 내년에 의과 대학에 들어가고 싶다고 나한테 말했어. · 비행기 일정 바꾸는 걸 깜빡했어.
형용사 역할 (~할)	· Do you still have **something to be done**? · What is the easiest way **to reserve** a hotel room online?	· 아직 해야할 게 남아있어? · 온라인으로 호텔방 예약하는 가장 쉬운 방법이 뭘까?
부사 역할 (~하기 위해)	· It looks like this computer doesn't have enough memory **to play** the game. · I'm here **to purchase** a new Manchester United jersey.	· 이 컴퓨터는 게임을 실행하기에 메모리가 충분치 않아 보여. · 신상 맨체스터 유나이티드 운동복을 사려고 왔는데요.

2. (a) _____ (b) _____ (c) _____ (d) _____

<Listen to a conversation at an office.>

M: Before I can consider hiring you, I need to see some references.

W: Sure. Mr. Travis was my supervisor at my previous job.

M: What was your job?

W: I worked as Mr. Travis' assistant.

M: And why did you decide to leave your position?

W: I wanted something a little more challenging.

M: Well, we'll review your documents and contact you at a later date.

Q: Why is the woman talking with the man?
(a) She is seeking a new job.
(b) She is making a complaint.
(c) She needs a reference from the man.
(d) She wants to employ the man.

🔓 여자가 남자와 대화하는 목적을 묻는 문제이다. 대화 주제/목적에 대한 힌트는 주로 대화 초반에 나온다. 특히 용건을 말할 때 자주 쓰이는 표현(need to / want to / would like to / be here to / be calling to) 다음에 나오는 to부정사구에 유의하도록 한다. 대화 전반에 걸쳐 채용과 관련된 hiring, reference, previous job, position 등이 언급되는 것을 통해 정답이 (a)인 것을 알 수 있다.

남: 제가 귀하를 채용할지 검토하기 전에, 추천서를 좀 보고 싶군요.
여: 물론 그렇게 하시죠. Travis 씨가 이전 직장에서 제 상사였습니다.
남: 하시던 일이 뭐였나요?
여: Travis 씨 비서로 근무했습니다.
남: 왜 이직을 결정하셨나요?
여: 뭔가 좀 더 도전적인 일을 원했습니다.
남: 네, 서류 검토한 뒤 나중에 연락 드리겠습니다.

Q: 여자는 왜 남자와 이야기하고 있는가?
(a) 구직 중이다.
(b) 불평 중이다.
(c) 남자에게서 추천서를 받아야 한다.
(d) 남자를 채용하기를 원한다.

어휘 reference 추천서 supervisor 상사 previous job 이전 직장 assistant 비서, 보조 leave one's position 직책을 그만 두다 challenging 도전적인 at a later date 나중에 seek a new job 새 직장을 구하다 make a complaint 불평하다

분사구   V + ing / p.p.

분사는 동사에 -ing를 붙인 현재분사와, -ed를 붙인 과거분사로 나뉜다. 동사의 기능이 포함되어 있으며, 명사를 수식하는 형용사적인 기능도 한다. 현재분사는 능동의 의미를, 과거분사는 수동의 의미를 갖고 있다. 청해 문장에서는 명사에 대한 다양한 정보를 분사구를 통해 보충 설명하는데, 여기에 중요한 정보가 담겨있으므로 이 분사구 구조를 잘 들을 수 있도록 연습해야 한다.

형태/의미	대화문	해석
현재분사 (능동 의미)	· Do you know the girl **wearing** the white skirt? · I have a friend **living** in Athens. · Look at the man **delivering** a speech on the stage.	· 흰색 스커트 입고 있는 저 여자애 알아? · 난 Athens에 살고 있는 친구가 한 명 있어. · 저 연단에서 연설중인 남자 좀 봐.
과거분사 (수동 의미)	· I have a meeting **scheduled** with Mr. Dawson at 1:30. · Please have the package **delivered** by Friday at the latest.	· 나 1시 30분에 Dawson 씨랑 예정된 미팅이 있어. · 이 소포가 늦어도 이번 주 금요일까지는 배송되도록 해주세요.

3. (a) _____ (b) _____ (c) _____ (d) _____

<Listen to a conversation between an employee and a visitor.>

W: Hi. I'm Cindy Meredith. I have a meeting **scheduled with Dr. Han** at 11:00.

M: I'm sorry, but that meeting is set for tomorrow.

W: What? You must be mistaken.

M: He's away on business until Wednesday the 10th, and it's Tuesday today.

W: Oh no…today's the 9th? I'm sorry. I don't know what I was thinking.

M: It happens. We'll see you tomorrow then?

Q: What can be inferred from the conversation?
(a) The woman missed a previous meeting.
(b) The man wrote down the wrong schedule.
(c) The woman was confused about the date.
(d) The woman cannot go to the meeting.

🔒 추론 문제는 대화에서 들은 내용을 토대로 대화에서 직접 언급되지 않은 상황을 짐작해내야 하는 문제이다. 첫 문장에서 I have a meeting (약속이 있다)까지만 의미를 파악하는 것이 아닌 scheduled with(~와 일정이 잡혀 있는)이라고 덧붙여진 분사구의 의미 덩어리까지 같이 들어야 한다. 대화를 들어보면 여자가 Dr. Han과의 미팅 날짜를 착각한 상황인데, 이를 confused 로 바꿔 표현한 (c) 가 정답이다.

여: 안녕하세요, 저 Cindy Meredith인데요. 11시에 Han 박사님과 회의가 예정되어 있습니다.
남: 죄송하지만, 그 미팅은 내일로 예정되어 있습니다.
여: 네? 잘못 알고 계신 것 같은데요.
남: 박사님은 10일, 수요일까지 업무 차 자리를 비우시는데, 오늘은 화요일이에요.
여: 그럴 리가.. 오늘이 9일인가요? 제가 무슨 생각중이었는지 모르겠네요.
남: 그럴 수 있죠. 그럼 저희 내일 뵐까요?

Q: 이 대화에서 유추할 수 있는 것은 무엇인가?
(a) 여자는 이전의 회의를 놓쳤다.
(b) 남자는 잘못된 스케줄을 적었다.
(c) 여자는 날짜에 혼선을 겪었다.
(d) 여자는 미팅에 참석할 수 없다.

어휘   **be set** (날짜, 장소 등이) 정해지다 **away on business** 출장 중인 **be mistaken** 틀리다, 잘못 알다 **It happens.** 그럴 수 있죠. **previous** 이전의, 과거의 **write down** ~을 적다 **be confused about** ~에 혼선을 겪다

기출 **Check-up Test**
기출문제를 포함한 실전 문제들을 풀며 학습한 내용을 확인해 보세요.

U11_5

Part 3 다음 대화를 듣고 질문에 가장 적절한 답을 고르시오.

1. (a) (b) (c) (d)

2. (a) (b) (c) (d)

3. (a) (b) (c) (d)

4. (a) (b) (c) (d)

5. (a) (b) (c) (d)

6. (a) (b) (c) (d)

7. (a) (b) (c) (d)

8. (a) (b) (c) (d)

9. (a) (b) (c) (d)

10. (a) (b) (c) (d)

TIP 실제 시험에서 Part 3, 4, 5의 경우 한 페이지 전체가 노트할 수 있는 공간으로 제공되니 이를 충분히 활용하도록 하세요. 평소 학습 시 단 한 문제를 풀더라도 실전처럼 노트 테이킹을 해야 합니다. 본 교재에서 제공한 노트 테이킹 기술을 참고해 여러 방법을 시도해 보고, 내게 가장 효과적인 방법을 찾아 나만의 기술로 굳히도록 하세요.

답 및 해설 p.80

NIT 11 노트 테이킹과 의미 덩어리 듣기 **93**

☑ Part 3에서는 대화 중에 정답의 단서가 되는 부분이 선택지에서 다른 말로 바뀌어 나온다.

☑ 정답을 재빨리 정확하게 선택하기 위해서는 paraphrasing되는 방식을 이해하고 평상시 충분히 훈련해두는 것이 중요하다. 쉬운 난이도 부터 어려운 유형까지 차근차근 연습해 보자.

난이도 하 나왔던 단어를 거의 그대로 사용하는 paraphrasing ∩ U12_1

가장 쉬운 paraphrasing 유형으로, 대화만 제대로 알아들으면 어렵지 않게 정답을 고를 수 있다. 수식어구를 생략해서 더 간략히 표현하거나 [동사 → 명사], [명사 → 동사] 등으로 품사를 바꾸어 제시한다.

1. (a) _____ (b) _____ (c) _____ (d) _____

<Listen to a conversation between a customer service employee and a customer.>

M: Hello, there's a video that I need taken down from your Web site.

W: Of course. Does it break one of our user policies?

M: I'm not sure, but it's a video of me, and I didn't give consent for it to be posted.

W: Oh, I bet it's from the same user other members have been reporting.

M: Whoever it is, I feel like my privacy has been violated.

W: I'm sorry, but rest assured that we are **currently investigating this matter**.

Q: Which is correct according to the conversation?

(a) The man is upset about a Web site policy.

(b) The man has uploaded several videos to his page.

(c) The woman has not yet heard about the complaint.

(d) The Web site is **now conducting an investigation.**

🔓 대화에서 언급된 말이 그대로 정답으로 나오기보다는 다른 말로 바뀌어 나오는 것에 유의해야 한다. 이 대화에서 중심 소재는 초반에 언급된 Web site 에 관한 내용으로, 마지막 대사에서 현재 조사중(currently investigating)이라고 언급된다. 대화의 currently investigating이 (d)에서 now conducting an investigation으로 바뀌어 나왔다. 부사가 동의어로, investigating 이 다른 품사로 표현되었다. Paraphrasing 중에서 가장 쉬운 유형이며 정답은 (d)가 된다.

남: 안녕하세요, 귀사 웹사이트 내에서 내렸으면 하는 영상이 있는데요.

여: 네. 그게 저희 사용자 정책에 어긋나나요?

남: 확실치는 않습니다만, 그건 제가 나온 영상이고, 전 게시되는 것에 동의하지 않았습니다.

여: 아, 다른 회원분들이 신고한 동일 사용자인 것 같네요.

남: 그게 누구든지 간에, 제 사생활이 침해 받은 기분입니다.

여: 죄송합니다, 하지만 현재 이 문제에 대해 조사 중이니 믿고 안심하시기 바랍니다.

Q: 대화에 따르면 옳은 것은 무엇인가?

(a) 남자는 웹사이트 정책에 대해 마음이 상했다.

(b) 남자는 자신의 페이지에 영상 몇 개를 업로드 했다.

(c) 여자는 이 항의에 대해 아직 들은 바 없다.

(d) 웹사이트는 현재 조사를 진행 중이다.

어휘 **take A down**: A를 끌어내리다, 치우다 **user policy** 사용자 정책 **consent** 동의 **I bet** ~라고 장담하다 **violate** ~을 침해하다 **rest assured (that)** ~임을 믿고 안심하다 **currently** 현재 **investigate** ~을 조사하다 **matter** 일, 문제 **be upset about** ~에 대해 마음 상하다

특정 내용을 동의어나 기타 유사한 표현으로 바꾸어 말하는 paraphrasing 🎧 U12_2

2. (a) _____ (b) _____ (c) _____ (d) _____

<Listen to a conversation between a bank employee and a customer.>

W: Hello. I need to transfer some money back to my bank in the U.S. How's the exchange rate looking today?

M: Let's see.. 1,100 won will get you one dollar.

W: **Oh**, it has **gone up again**. I'll go ahead and send one million won to my Nationwide Bank account.

M: Sure thing. Could you just enter your PIN?

W: That should do it.

M: OK. So, you just sent about 910 dollars to Nationwide Bank. It will be a bit less after their processing fee.

W: Great. Thanks for the help.

Q: Which is correct according to the conversation?
(a) The woman wants to exchange U.S. dollars into Korean won.
(b) The exchange rate is **on the rise.**
(c) The woman will open a new bank account.
(d) There are no additional fees with international transfers.

🔑 여자가 환율이 어떤지(How's the exchange rate ~) 묻자 이에 대한 답변으로 it has gone up again이라고 한다. 이 말이 (b)에서 on the rise로 바뀌어 나와 정답이 된다. 동사구를 다른 유사 표현으로 바꿔 표현하는 형태로서, 가장 자주 출제되는 유형이다. 미리 동의어나 유사 표현을 많이 익혀 두는 학습이 필요하다.

여: 안녕하세요. 미국에 있는 제 은행으로 돈을 좀 송금하고 싶은데요. 오늘 환율이 어떤 것 같나요?
남: 어디 봅시다.. 1,100원이면 1달러입니다.
여: 아, 다시 올랐네요. 바로 진행해서 제 Nationwide Bank 계좌로 백만원을 보낼게요.
남: 네. 개인 비밀번호를 입력해 주시겠어요?
여: 그거면 될 거예요.
남: 네. 자, Nationwide Bank로 910달러를 막 보내셨습니다. 처리 수수료를 제하고 나면 금액이 약간 적어질 겁니다.
여: 좋습니다. 도와주셔서 감사합니다.

Q: 대화에 따르면 옳은 것은 무엇인가?
(a) 여자는 미국 달러를 원화로 바꾸고 싶어한다.
(b) **환율이 상승세이다.**
(c) 여자는 새 은행 계좌를 개설할 것이다.
(d) 국제 송금에 대한 추가 수수료가 없다.

어휘 **transfer money** 돈을 송금하다 **exchange rate** 환율 **go up** (가격 등이) 오르다 **go ahead** 어서 가다 **Sure thing.** 그럼요. 네. **enter** ~을 입력하다 **PIN** 개인 비밀번호 **That should do it.** 그거면 될 겁니다. **processing fee** 처리 수수료 **on the rise** (물가 따위가) 오름세인 **additional fee** 추가 수수료

[빈출 Paraphrasing]

대화 **W:** The company is **going through** some **trouble meeting our profit goals**. **정답** The company is **experiencing financial difficulties**.	회사가 이윤 목표를 달성하는 데 어려움을 겪고 있습니다. ➡ 회사가 재정적 어려움을 겪고 있다.
대화 **W:** **For an extra charge**, we have a same-day service. **정답** The man will **pay more** for same-day service.	추가 요금으로 당일 서비스를 해드립니다. ➡ 남자는 당일 서비스 이용을 위해 돈을 더 낼 것이다.
대화 **W:** I think we should **put** our plan to expand our branches overseas **on hold**. **정답** The woman suggests the company **delay** the overseas plan.	우리 지사들을 해외로 확장하려는 계획을 보류해야 할 것 같아요. ➡ 여자는 회사가 해외 계획을 늦춰야 한다고 제안한다.
대화 **M:** Would you mind if I **come over** sometime tomorrow to **take a look at** your apartment? **정답** The man wants to **view** the property **in person**.	제가 내일 중으로 가서 당신의 아파트를 봐도 될까요? ➡ 남자는 건물을 직접 보길 원한다.

대화에 나온 상황을 종합하여 요약 설명하는 선택지를 재빨리 찾아낼 수 있어야 하는 가장 어려운 유형이다. 대화의 일부를 취해서 유사한 표현이 쓰인 다른 말로 바꾸는 것에서 더 나아가, 대화의 흐름을 파악해 요약된 것을 찾을 수 있어야 한다.

3. (a) _____ (b) _____ (c) _____ (d) _____

<Listen to a conversation at an office.>

W: Brad **wasn't in his office** this morning.

M: **Did he give us a heads up**?

W: **No, not even a text message. And he hasn't responded to anything.**

M: Should we be worried? This isn't like him.

W: He mentioned that his father has been having problems. I hope that isn't it.

M: Yeah. Maybe it isn't a big deal, like his alarm didn't go off.

Q: What are the man and woman mainly doing in the conversation?

(a) Worrying about a coworker's father's health

(b) Warning a coworker about missing too much work

(c) Remarking on a **coworker's unexplained absence**

(d) Deciding how to divide a missing coworker's tasks

🔓 not in his office, give us a heads up, not even a text message, hasn't responded 등을 듣고 이를 unexplained absence로 요약해 표현한 (c)를 골라야 한다.

여: Brad가 오늘 아침에 사무실에 없었어.

남: 그가 미리 말해줬어?

여: 아니, 문자조차 없어. 그리고 아무 대답도 없고.

남: 걱정해야 하는 걸까? Brad답지 않은걸.

여: Brad 아버지한테 문제가 있다고 Brad가 말한 적 있어. 그 일은 아니길 바라는데.

남: 응. 큰 일은 아닐 거야, 알람이 울리지 않았거나 했겠지.

Q: 남자와 여자는 대화에서 주로 무엇을 하고 있는가?

(a) 동료 아버지의 건강 걱정하기

(b) 동료에게 너무 많은 일을 빼먹은 것에 대해 경고하기

(c) **동료의 사유가 밝혀지지 않은 결근에 대해 의견 말하기**

(d) 결근한 동료의 업무 분배 방법을 결정하기

어휘 give A a heads up: A에게 미리 알려주다 **respond to** ~에 답장하다 **a big deal** 큰 일 **go off** (알람 등이) 울리다 **warn A about B**: A에게 B에 대해 경고하다 **remark on** ~에 대한 의견을 말하다 **absence** 부재, 결근 **divide** ~을 나누다 **task** 업무

[빈출 Paraphrasing]

W: I love this **scarf**. The color's stunning. How much is it?

M: It's **120 dollars**, ma'am.

W: Oh, that's **too steep**.

정답 The scarf is **out of the woman's price range**.

여: 이 스카프가 정말 마음에 드네요. 색상이 정말 멋져요. 얼마죠?

남: 120달러입니다.

여: 오, 너무 비싸네요.

➡ 스카프가 여자의 가격대를 벗어난다.

W: Can the **carpet** be **cleaned**?

M: It looks **pretty stained**. I recommend **replacing** it.

정답 The carpet is **too dirty to get cleaned**.

여: 카펫 세탁이 될까요?

남: 얼룩이 많군요. 교체하시는 게 좋겠어요.

➡ 카펫이 세탁하기에 너무 더럽다.

M: I asked for no peppers. Should I **send it back**?

W: **I would if I were you**.

M: I feel like I'm being fussy, though.

W: Just politely **point out the mistake** to the waiter.

정답 The woman advises the man to **have the restaurant fix his order**.

남: 고추 넣지 말라고 했는데. 돌려 보내야 하나?

여: 나라면 그럴 거야.

남: 근데 내가 너무 까다롭게 구나 싶어서.

여: 그냥 웨이터에게 정중히 실수를 지적해 줘.

➡ 여자는 남자에게 식당이 그의 주문을 바로잡도록 하라고 조언한다.

기출 Check-up Test

기출문제를 포함한 실전 문제들을 풀며 학습한 내용을 확인해 보세요.

Part 3 다음 대화를 듣고 질문에 가장 적절한 답을 고르시오.

1. (a) (b) (c) (d)

2. (a) (b) (c) (d)

3. (a) (b) (c) (d)

4. (a) (b) (c) (d)

5. (a) (b) (c) (d)

6. (a) (b) (c) (d)

7. (a) (b) (c) (d) 기출

8. (a) (b) (c) (d)

9. (a) (b) (c) (d)

10. (a) (b) (c) (d) 기출

정답 및 해설 p.86

☑ 주제를 묻는 문제는 대화의 전적인 흐름을 파악해야 하기 때문에 개별적인 어휘나 표현보다는 전체적인 대화의 흐름을 파악하는 것이 중요하다.
☑ 주제 문제는 총 10문제 중에서 1~2문제 나오며 Part 3의 앞부분인 21~23번 사이에 위치한다.

📝 문제 푸는 순서와 요령
🎧 U13_1

Step 1 대화 듣기

- 문제의 위치가 **21~23번**인 경우는 주제 문제인 것을 미리 염두에 두고 듣기
- 대화 시작 전에 나오는 장소/신분 안내 듣고 마음의 준비
- 첫 대사에서 키워드 듣기: package
- 대화를 전체적으로 들으며 키워드가 어떻게 연결되는지 흐름 파악
  my birthday (present) ➡ portable speaker ➡ already have one
- Yeah, but ~ 이라는 전환어구 뒤의 내용에 집중

Step 2 질문과 선택지 듣기

- mainly talking about을 듣고 주제 문제임을 확인

Step 3 오답 소거

(a) 대화에서 언급된 어휘(birthday)를 이용한 오답 X
(b) 주제를 바르게 말한 정답 ○
(c) 대화에서 언급된 어휘(speaker)를 이용한 오답 X
(d) 대화에서 언급된 어휘(speaker)를 이용한 오답 X

Step 4 정답 확정

- 개별적인 어휘보다는 전체적인 대화 흐름을 파악해 but 뒤의 내용을 조합한 (b)를 정답으로 선택

\<Listen to a conversation between two friends.>

M: Is **this package** for you?
W: It's from my dad. I think he felt bad about missing **my birthday** last week.
M: This should make up for it. Do you know what it is?
W: He told me already. It's a **portable speaker**.
M: Nice. Those are becoming really popular.
W: Yeah, but I already have one, and it's a better brand.
M: You're lucky. I don't even have one. But I guess **you could just keep it at work**.
W: You know what? **Why don't you take it**?

Q: What are the speakers **mainly talking about**?
(a) What to do for the woman's birthday
(b) What to do with an extra speaker
(c) How two brands of speakers compare
(d) When the man can pick up a speaker

남: 이 소포 네 거야?
여: 아빠가 보내신 거네. 지난주에 내 생일을 놓쳐서 마음이 안 좋으셨나 봐.
남: 이거면 보상이 되겠네. 뭔지 알아?
여: 벌써 말씀해 주셨어. 휴대용 스피커야.
남: 좋네. 그것들은 정말 인기가 높아지고 있잖아.
여: 맞아, 하지만 나는 벌써 하나 갖고 있어, 더 나은 브랜드 제품으로.
남: 복도 많다. 나는 하나도 없는데. 하지만 그건 직장에서 쓰면 되잖아.
여: 그럼, 네가 갖는 게 어때?

Q: 이들은 무엇에 대해 이야기하고 있는가?
(a) 여자의 생일에 뭘 할 지
(b) 여분의 스피커를 어떻게 할지
(c) 두 가지 스피커 브랜드가 어떻게 비교되는지
(d) 남자가 스피커를 언제 가져갈지

어휘 miss ~을 놓치다 make up for (잘못된 상황을 바로 잡을 수 있도록) ~을 벌충[만회]하다 portable 휴대가 쉬운 compare 필적하다, 비교가 되다

○ 질문 형태

Part 3는 대화문을 한 번만 들려주고 바로 문제와 보기로 이어지기 때문에 미리 문제 유형을 예측해 그에 따른 듣기 전략을 사용하는 것이 중요하다. 주제를 묻는 문제들은 21~23번 사이에 위치하며, 아래와 같은 형태로 나온다. 문제가 나오는 위치와 형태를 미리 알아두면 대화를 들을 때 미리 마음의 준비를 할 수 있고 해당 유형에 맞는 듣기를 할 수 있어 유리하다.

• What is the **main topic** of the conversation?	대화의 주제는 무엇인가?
• What are the speakers **mainly talking about**?	화자들은 주로 무엇에 대해 이야기하는가?
• What is the conversation **mainly about**?	대화는 주로 무엇에 대한 것인가?
• What is the conversation **about**?	대화는 무엇에 대한 내용인가?
• What are the speakers **discussing**?	화자들은 무엇을 이야기하고 있는가?
• What are the man and woman **mainly discussing**?	남자와 여자가 주로 이야기하는 것은 무엇인가?

○ 문제 풀이 전략

1. 대화를 들려 주기 전에 언급되는 대화 장소나 화자의 신분을 확인한다!
대화 장소나 신분을 통해 전체적인 상황을 미리 짐작할 수 있고, 이는 어느 정도 대화 내용을 예측하는데 도움이 되므로 꼭 듣도록 하자.

- Listen to a conversation between two friends.
- Listen to two friends discussing something.
- Listen to a conversation at an office.

2. 대화의 전반부에 등장하는 단어를 노트 테이킹 하라!
대화 초반에 등장하는 핵심어를 따라가면 흐름을 파악하기가 쉬워진다. 따라서, 첫 번째 대사는 절대 놓쳐선 안 된다. 그러고나서 전체적인 배경, 상황과 함께 핵심 내용 등을 파악한다.

- What do you think of the boss's new plan? 사장님의 새 계획에 대해 어떻게 생각해? ➡ new plan 새 계획
- I heard about your promotion. 당신의 승진 소식을 들었어요. ➡ promotion 승진
- Have you seen the movie *Love Actually* before? "러브 액츄얼리"라는 영화 본 적 있으세요? ➡ movie 영화

○ 대화 내용이 길어 전체를 다 기억할 수 없으니 나만의 노트 테이킹 기술을 개발해 이를 적극 활용해야 합니다. 모르는 어휘나 못 알아듣는 단어는 발음 나는대로 우리말로 써도 좋아요!

3. 되풀이되는 말은 정답과 관련된 핵심어이다!
대화에서 반복 언급되는 단어는 주제와 관련이 깊은 핵심어이므로 꼭 노트해 두자. 그 핵심어의 동의어 또는 관련 어구로 바꿔 표현한(paraphrasing) 선택지가 정답인 경우가 많다.

4. 오답도 핵심어를 이용해 만든다는 사실을 주의한다!
핵심어를 이용해 부분적인 사실만을 강조한 선택지는 주제가 될 수 없다. 전체 대화 내용, 또는 대화에서 중요한 비중으로 다뤄진 내용을 포괄할 수 있어야 주제이다. 그러므로 핵심어만 이용하고 주제와 거리가 있는 지엽적이거나 엉뚱한 내용의 선택지는 오답 처리한다.

5. 전환 어구나 부정적인 답변 뒤에 이어지는 내용에 단서가 있다!
대화에서 본격적으로 화자가 의도를 전달할 때 쓰는 표현들 – but, actually, however, I am sorry but, I am afraid that – 뒤에 중요한 정보가 나오므로 놓치지 말고 듣도록 한다.

수강 신청/시험

- She's not **registered** for classes yet.
  그녀는 아직 강좌에 등록하지 않았어요.
- Sometimes I'd like to **drop out**.
  가끔은 중퇴하고 싶어요.
- Are there any **prerequisites** for this class?
  이 강좌에는 필수 과목이 있습니까?
  ▶ prerequisite (다른 과목을 취득하기 위한) 필수 과목
- Whose class are you going to **sign up for**?
  너는 누구의 강좌에 등록할거야?
- I'd like to move my geography class to **fourth period**.
  제 지리 수업을 4교시로 옮기고 싶어요.
- I **bombed[screwed up]** the exam. I should've studied harder.
  시험 망쳤어. 더 열심히 공부했어야 했어.
- The final exam is **just around the corner**.
  기말고사가 코앞이야.
- Don't **fret over** the exam. You can retake it.
  시험 때문에 초조해 하지 마. 다시 치를 수 있어.

 전공 강의/수업

- Could I **audit** your class?
  당신의 수업을 청강할 수 있을까요?
- Did you see the **syllabus** for math class?
  수학 수업 강의 계획서 봤니?
- Are **the grades out** already?
  벌써 점수 나왔어?
- I'm thinking of getting a math **tutor** to help me.
  수학 과외교사를 구해서 도움을 받을까 해.
- His lecture style is so **old-school**.
  그의 강의 스타일은 너무 구식이야.
- Being late three times **equals one absence**.
  지각 3회는 결석 1회와 같아요.
- Do you still want to **switch your major** from psychology to literature?
  아직도 전공을 심리학에서 문학으로 바꾸고 싶나요?

 학업 수행

- I heard you **won** the Estes **scholarship**.
  Estes 장학금 받았다며.
- How's your **dissertation** coming along?
  네 논문 어떻게 돼가?
- I **have yet to** draft a paper.
  아직 논문 원고 작업을 시작하지 못했어.
  ▶ have yet to do 아직 ~하지 않다

- I'm **getting nowhere** with my final paper.
  기말 과제가 전혀 진척이 안 되고 있어.
- This work is **a stepping stone**. It will build my portfolio.
  이 일은 디딤돌이야. 이 일이 내 포트폴리오를 만들어 줄 거야.

 업무

- I've **been swamped with** orders from the manager.
  매니저가 시킨 일로 정신 못 차리게 바빴어.
- I **was assigned** some tasks to do.
  할 일들을 배정 받았어요.
- He **has a lot on his hands**. 그는 하고 있는 일이 많아요.
- **When** do you **need them by**?
  그것들이 언제까지 필요하세요?
- Our **working hours** are too long.
  우리 근무 시간은 너무 길어요.
- I found some errors and had to **start from scratch**.
  오류를 발견해서 처음부터 다시 해야 했어요.
- Your sales report **is due** on Monday.
  당신의 매출 보고서는 월요일이 마감이에요.
- We can **have[get] it done** by tonight.
  오늘 밤까지 그 일을 마칠 수 있어요.
- I thought you were quite **on schedule**.
  당신이 일정을 잘 맞추고 있다고 생각했는데요.
  ▶ behind schedule 일정이 뒤처진
- I'm **backed up on** some paperwork.
  문서 작업이 좀 밀려 있어요.
- We'll replace Carrie while she's on **maternity leave**.
  Carrie가 출산 휴가를 간 동안 저희가 대신하겠습니다.
- I'm going to **call in sick** tomorrow.
  내일 아파서 출근 못한다고 전화해야겠어.
- I can **work double shifts** this summer.
  저 이번 여름엔 2교대로 일할 수 있어요.
- I'll **cover for** Ella while she is away.
  Ella가 자리를 비운 동안 그녀의 일을 대신하겠습니다.
- Do we have anyone else who could **fill in**?
  누구 대신해 줄 사람이 있나요?

 평가/승진/이동

- You've **been promoted**! Congratulations!
  승진했네! 축하해!
- She's the only one who's **qualified**.
  그녀는 자격을 갖춘 유일한 사람이에요.
- Mr. Louis seems quite **competent**.
  Louis 씨는 꽤 유능한 것 같아요.

- I'm just happy that my hard work has **paid off**.
  열심히 일한 성과가 있어서 기뻐.
- Janice doesn't **take feedback** well. She gets so defensive.
  Janice는 피드백을 잘 받아들이지 않아요. 너무 방어적이에요.
- I got **transferred** to another branch.
  저는 다른 지사로 발령받았어요.
- You'd better **replace** your secretary **with** someone else.
  비서를 다른 사람으로 교체하는 게 좋을 거예요.
- I don't see myself **moving up the ladder** here.
  나는 여기서 승진할 수 있을 것 같지 않아.
  ▶ move up the ladder 승진하다, 출세하다
- I've been here five years **without a single raise**.
  나는 여기 5년간 있었는데 단 한 번도 임금 인상이 없었어.
- I haven't **gotten a raise** once.
  임금이 한 번도 오른 적이 없어.
- I'm tired of being **underappreciated**.
  인정받지 못하는 것에 지쳤어.

 구직/이직

- The company **offered** me **a higher salary**.
  그 회사가 더 높은 급여를 제시했어.
- I noticed that Human Resources **placed an ad** for a **temporary position** in Sales.
  인사팀에서 임시 영업직 광고를 낸 걸 봤어요.
- Maybe you should **consider another career**.
  다른 직업을 고려해 보세요.
- Management is **laying off** all full-time staff and only hiring part-timers.
  경영진이 모든 정규직 직원들을 해고하고 비정규직 직원만 고용하려고 해.
- I am considering **a job relocation**.
  전근을 할까 생각 중입니다.
- Have you **brought it up to** your boss?
  그 얘기 상사에게 꺼내 봤어?
- I'm **turning in my two weeks' notice**.
  사직서 낼 거야.
  ▶ two weeks' notice 2주의 기간을 두고 하는 사직/해고 통보
- My boss has been **giving me a hard time** about the new Web site.
  상사가 새 웹사이트 문제로 나를 달달 볶아.
- I got so **fed up with** my boss that I quit.
  내 상사에게 완전 질려서 그만 두었어.
- I'll **resign** if things don't change.
  상황이 변하지 않는다면 사직하겠어요.
- I'm still **mulling over** my options.
  선택안들을 아직 고려 중입니다.

- Do you think you **have a good chance of getting the position**?
  그 직책을 맡게 될 확률이 높을 것 같아?
- You are going to **lose your job** if you don't speak up.
  강력히 말하지 않으면 직장을 잃을 지 몰라.
- Good jobs are **hard to come by**.
  좋은 직장은 구하기 어렵지.

 면접/채용

- I **messed up** at a job interview.
  나 취업 면접 완전 망쳤어.
- Is there any **special consideration** for age or experience?
  나이나 경력에 대한 특별 우대가 있나요?
- It took me a while to **get the hang of it** when I started.
  일을 처음 시작했을 때 익숙해지는 데 꽤 걸렸어요.
- The **starting salary** will be **minimum wage**.
  초봉은 최저 임금이 될 것입니다.
- That's the **standard rate** for the position.
  그 직책에는 그게 표준 임금이에요.
- They **offered me a position** in the accounting team and said they would **support education costs**.
  그들은 내게 회계팀 직책을 제안했고 교육비를 지원해 주겠다고 했어.
- I had four interviews last week. I **was rejected** by all.
  지난주에 면접을 4개 봤는데 다 떨어졌어.
- Is **overtime paid**? 초과근무 수당이 있나요?
- What are the **benefits**? 직원 혜택은 어떤 것들이 있나요?
- You're certainly a worthy **candidate** for the position.
  당신은 분명 그 자리에 걸맞는 훌륭한 지원자입니다.

 경영/경기

- The job market is **in bad shape**.
  취업 시장이 좋지 않아요.
- **Business is slow** at the moment.
  사업이 요즘 부진해요.
- Starting my own business was **a good move**.
  내 사업을 시작한 건 잘 한 일이었어.
- My business venture is not **covering the loan I took out**.
  개인 사업이 내가 받은 대출을 감당하지 못하고 있어.
- The management is **downsizing** the Sales Department.
  경영진이 영업부서를 축소하려고 해요.
- The company **only cares** that our stockholders are happy.
  회사는 오로지 우리 주주들이 만족해 하는지만 신경 쓰지.
- Can you believe how this **merger** is being handled?
  이 합병 건이 어떻게 처리되고 있는지 믿어져?

Step 1	대화 들으며 노트 테이킹	W: _____
	○ 위아래로 왔다갔다하며 해당 화자의 칸에 메모하세요.	_____
		_____
		M: _____
		_____
		_____
Step 2	질문과 선택지 들으며 노트 테이킹	질문: _____
		(a) _____ ____
Step 3	오답 소거	(b) _____ ____
		(c) _____ ____
		(d) _____ ____
Step 4	정답 확정	최종 정답: _____

<Listen to a conversation between two co-workers.>

W: You look a bit down. What's the matter?
M: I saw a memo on the coffee table.
W: I see. And what did it say?
M: It said that management is downsizing the Marketing Department.
W: That memo was about a marketing branch overseas, not here.
M: Really? That's a relief!

Q: **What** is the **topic** of the conversation?
(a) The man's plans for his retirement
(b) The high turnover in the marketing section
(c) The expansion of an overseas department
(d) The man's misinterpretation of a memo

🔓 a bit down ➡ matter? ➡ downsizing the Marketing Department ➡ not here로 이어지는 스토리를 따라가야 한다. 남자가 감원(downsizing) 관련 메모를 봤다며 우울해 하자 여자가 그건 여기가 아니라 해외 지사에 해당된다고 말해주면서 남자가 안심하는 내용이다. 이러한 내용을 한 마디로 요약한 것은 (d)이다. 남자가 잘못 안 것을 misinterpretation(오해)라고 표현하였다. 주제 문제에서는 이렇게 상황을 한 마디로 요약하는 선택지를 고를 수 있어야 하는데, 이를 위해서는 어휘력이 풍부해야 한다.

여: 너 좀 기운 없어 보인다. 무슨 일이야?
남: 커피 테이블에 있는 메모를 봤어.
여: 그렇구나. 뭐라고 써 있었는데?
남: 경영진이 마케팅 부서 인원을 축소한대.
여: 그 메모는 여기가 아니라 해외 마케팅 지사에 대한 거였어.
남: 정말? 진짜 다행이다!

Q: 대화의 주제는 무엇인가?
(a) 남자의 퇴직 계획
(b) 마케팅 부문의 높은 이직률
(c) 해외 부서의 확장
(d) 남자가 메모에 대해 했던 오해

어휘 down a. 우울한 **management** 경영진 **downsize** (비용 절감을 위해 인원을) 줄이다 **overseas** 해외에, 해외로 **That's a relief!** 정말 다행이다! **retirement** 퇴직 **turnover** 이직률 **expansion** 확장 **misinterpretation** 오해

기출 **Check-up Test** 🎧 U13_4

기출문제를 포함한 실전 문제들을 풀며 학습한 내용을 확인해 보세요.

Part 3 다음 대화를 듣고 질문에 가장 적절한 답을 고르시오.

1. (a) (b) (c) (d)

2. (a) (b) (c) (d)

3. (a) (b) (c) (d)

4. (a) (b) (c) (d)

5. (a) (b) (c) (d)

6. (a) (b) (c) (d)

7. (a) (b) (c) (d)

8. (a) (b) (c) (d)

9. (a) (b) (c) (d)

10. (a) (b) (c) (d)

정답 및 해설 p.91

☑ 대화의 상황/행동을 묻는 문제는 대화에서 중심이 되는 특정 상황이나 화자들의 행위가 무엇인지를 묻는 문제이다.

☑ 전체 상황을 파악하며 문제를 푸는 What is happening ~? 형태, 또는 남자나 여자 중 한 명에 초점을 맞추어 화자의 상황이나 행동을 묻는 What is the man[woman] doing ~?의 형태로 출제된다.

☑ 총 10문제 중 1~2문제가 나오며, Part 3의 앞부분인 21~23번 사이에 출제된다.

문제 푸는 순서와 요령

🎧 U14_1

| Step 1 | 대화 듣기 |

- 문제의 위치가 21~23번인 경우는 중심내용 문제인 것을 미리 염두에 두고 듣기
- 대화 시작 전에 나오는 장소/신분 안내 듣고 마음의 준비
- 첫 대사에서 키워드 듣기: check out a comedy show
- 이후 남녀 각각의 대화 내용 구분해서 들으며 메모

W	comedy show extra ticket / 수 7시 / 못 나와?
M	When? / no 친구 공항 / Sorry

| Step 2 | 질문과 선택지 듣기 |

- mainly happening을 듣고 상황 문제임을 확인
- 남녀 각각의 성별에 맞춘 내용 확인

| Step 3 | 오답 소거 |

(a) 핵심어(comedy show) 연관 어휘를 이용한 오답 X
(b) 코미디쇼를 보러 가자는 제안을 거절중인 상황을 바르게 말한 정답 O
(c) 대화와 관련 없는 내용(travel plans) 오답 X
(d) 대화에 언급된 어휘(favor)를 이용한 오답 X

| Step 4 | 정답 확정 |

<Listen to a conversation between two friends.>

W: Do you want to **check out a comedy show** with me? I have an extra ticket.

M: Oh, for Harvey Jones? I'd love to. **When** is it?

W: It's Wednesday evening, starting around 7.

M: Oh, no. I told **my friend** I'd **take** her **to the airport** that night.

W: Really? Can't you get out of it?

M: Well, I kind of owe her a favor. **Sorry**.

Q: What is **mainly happening** in the conversation?
(a) The woman is describing a comedian.
(b) The man is declining an invitation.
(c) The man is sharing his travel plans.
(d) The woman is requesting a favor.

여: 나랑 같이 코미디 쇼 볼래? 티켓이 한 장 더 있어.
남: 오, Harvey Jones 쇼? 가고 싶어. 언젠데?
여: 수요일 저녁 7시 경에 시작해.
남: 오, 이런. 난 그날 밤에 친구를 공항에 태워 주겠다고 했어.
여: 진짜? 취소할 수는 없는 거야?
남: 음, 그녀에게 신세 진 것이 있어서. 미안해.

Q: 대화에서 주로 무슨 일이 일어나고 있는가?
(a) 여자가 코미디언에 대해 설명하고 있다.
(b) 남자가 초대를 거절하고 있다.
(c) 남자가 자신의 여행 계획을 공유하고 있다.
(d) 여자가 부탁을 하고 있다.

어휘 **check out** ~에 가보다 **extra ticket** 여분의 티켓 **get out of** (책임, 임무를) 회피하다 **owe A a favor**: A에게 신세 지다 cf. **favor** 부탁, 호의 **describe** ~을 묘사하다, 설명하다 **decline** ~을 거절하다 **share** ~을 공유하다

○ 질문 형태

Part 3는 대화문을 한 번만 들려주고 바로 문제와 보기로 이어지기 때문에 미리 문제 유형을 예측해 그에 따른 듣기 전략을 사용하는 것이 중요하다. 대화 상황/행동을 묻는 문제들은 21~23번 사이에 위치하며, 아래와 같은 형태로 나온다. 문제가 나오는 위치와 형태를 미리 알아두면 대화를 들을 때 미리 마음의 준비를 할 수 있고 해당 유형에 맞는 듣기를 할 수 있어 유리하다.

• What is **mainly taking place** in the conversation?	대화에서 어떤 일이 주로 일어나고 있는가?
• What is **happening** in the conversation?	대화에서 어떤 일이 일어나고 있는가?
• What are the **speakers doing** in the conversation?	대화에서 화자들은 무엇을 하고 있는가?
• What is the **man[woman] mainly doing** in the conversation?	대화에서 남자[여자]는 주로 무엇을 하고 있는가?
• What is the **man trying to do** in the conversation?	대화에서 남자는 무엇을 하고자 하는가?
• What is the **man talking** to the woman **about**?	남자는 여자에게 무엇에 대해 이야기하고 있는가?
• What is the **man trying to tell** the woman?	남자는 여자에게 무슨 얘기를 하려고 하는가?

○ 문제 풀이 전략

1. 첫 대사에 제안문이 등장하면 상황과 관련된 핵심 내용이다!

무언가를 제안하는 내용이 Part 3 대화에 자주 등장한다. 구체적인 내용을 제안하며 대화를 시작하면 이에 대한 승낙이나 거절의 흐름으로 대화가 흘러가므로 이를 예측하며 듣는다.

  ○ 빈출 제안 표현
  Do you want to ~?, Why don't we ~?, How about ~?, What do you think about ~? 등

2. 누구의 행동인지 남녀 각각의 행동을 구분해서 들어라!

상황이나 행동을 묻는 문제의 보기에서 가장 자주 나오는 오답 유형은 남녀 역할이나 행위를 뒤바꾼 형태이다. 따라서, 남자의 대사 내용과 여자의 대사 내용, 그리고 대화에 언급된 제 3의 인물 등에 관련된 내용을 구분해서 노트 테이킹 해야 한다.

  ○ 상황이나 행동을 묻는 문제의 보기는 (a) The woman is ~, (b) The man is ~ 등으로 구성되어 있는 경우가 대부분입니다.

3. 되풀이되는 말은 정답과 관련된 핵심어이다!

대화에서 반복 언급되는 단어는 주제와 관련이 깊은 핵심어이므로 꼭 노트해 두자. 그 핵심어의 동의어 또는 관련 어구로 바꿔 표현한(paraphrasing) 보기가 정답인 경우가 많다.

4. 오답도 핵심어를 이용해 만든다는 사실에 주의한다!

핵심어를 이용해 부분적인 사실만을 강조한 보기는 대화 상황을 대표할 수 없다. 전체 대화 내용, 또는 대화에서 중요한 비중으로 다뤄진 내용을 포괄할 수 있어야 한다. 그러므로 핵심어만 이용할 뿐 주제와 거리가 있는, 지엽적이거나 엉뚱한 내용의 보기는 오답 처리한다.

5. 전환 어구나 부정적인 답변 뒤에 이어지는 내용에 단서가 있다!

대화에서 본격적으로 화자가 의도를 전달할 때 쓰는 표현들 – but, actually, however, I am sorry but, I am afraid that – 뒤에 중요한 정보가 나오므로 놓치지 말고 듣도록 한다.

제품 판매

- We **carry a variety of brands** here.
  저희는 여기서 다양한 브랜드들을 취급합니다.
- Let me **check our inventory** if we have them **in stock**.
  재고가 남아있는 지 재고 목록을 확인해 볼게요.
- That style is **out of stock** at the moment.
  저 스타일은 현재 재고가 없습니다.
- I can **put them aside** for your next visit.
  다음 번에 오실 때를 위해 따로 빼 두겠습니다.
- I'm afraid that they are **sold out**.
  그것들은 품절인 것 같습니다.
- I can show you another brand that's also **a good value**.
  제가 품질이 좋은 또 다른 브랜드를 보여드릴 수 있어요.
- You can get a discount only if you **pay in cash**.
  현금으로 내셔야만 할인을 받을 수 있습니다.
- This camera is **30% off**.
  이 카메라는 30퍼센트 할인 중입니다.
- Do you **have** a specific model **in mind**?
  생각해 두신 모델이 있나요?
- We can **include a gift receipt** just in case.
  만약을 대비해서 선물용 영수증을 넣어드릴 수 있어요.
- It appears that the book you ordered is **out of print**.
  손님께서 주문하신 책이 절판된 것 같네요.
- This shirt **looks great on you**.
  이 셔츠가 정말 잘 어울리세요.

 제품 구매/임대

- I'm calling about the book I ordered the other day. **Is it in yet**?
  제가 일전에 주문했던 책에 대해 문의하려고 전화 드렸습니다. 그 책 들어왔나요?
- I should buy concert tickets before they **sell out**.
  매진되기 전에 콘서트 티켓을 사야겠어.
- I'm looking for the winter jackets that are **on sale**.
  할인 중인 겨울 자켓을 찾고 있습니다.
- **I'm interested in buying** a pair of colored contact lenses. Here is my prescription.
  저는 컬러 콘택트 렌즈를 사고 싶어요. 여기 제 처방전이요.
- I can't **decide which dress to buy**.
  어떤 드레스를 사야할 지 모르겠어.
- It will be **useless to try to fix it again**. Let's just buy a new one.
  이걸 다시 수선하려는 건 쓸모 없는 짓이야. 그냥 새 거로 사자.
- We can get a **short-term rental**.
  단기 임대를 할 수 있어.

- The **liquidation sale** ended yesterday.
  점포 정리 세일이 어제 끝났어요.
- I **got a great deal on** this mobile phone.
  나 이 핸드폰 굉장히 싸게 샀어.

 가격/지불

- **How much** are you **selling this video game for**?
  이 비디오 게임을 얼마에 팔고 있나요?
- Those boots will **cost you 150 dollars**.
  그 부츠는 150 달러일 겁니다.
- The price is **too steep**.
  너무 비싸요.
- That's way **out of my price range**.
  제가 생각한 가격대를 훨씬 넘네요.
- I **cannot afford** the price. Can you **come down a little**?
  감당할 수 없는 가격이네요. 조금 깎아 주실 수 있나요?
- Can I **pay by credit card**?
  신용카드로 결제 가능한가요?
- Can I put this purchase **on a six-month payment plan**?
  6개월 할부로 결제해도 되나요?
- That's **a real bargain**.
  정말 싸게 샀구나.
- At this price, **it's a steal**.
  이 가격이면, 거저나 마찬가지야.
- It **costs me a fortune**.
  어마어마한 돈이 들어.
- You're **driving a hard bargain**.
  사정없이 깎으시네요.
- I think I **got ripped off**.
  나 바가지 쓴 것 같아.
- How do you know that you **aren't going to get scammed**?
  네가 사기 당하지 않을 것이라는 걸 어떻게 알아?
- Getting a used car isn't a **great deal** at all if you factor in all the hidden repair costs.
  중고차를 사는 건 숨겨진 수리비를 고려하면 싸게 사는 게 아냐.
- **Bill[Charge] it to** my credit card.
  제 신용카드로 청구하세요.
- How much are you **willing to spend on** the new car?
  새 차에 얼마를 쓰실 용의가 있으신가요?

 고장/교환/환불

- Would you like to **exchange** the shirt or **get a refund**?
  그 셔츠를 교환하시겠습니까, 환불하시겠습니까?

- I'd prefer to **exchange[trade] it for another shirt** in the same style.
  같은 스타일의 다른 셔츠로 교환하고 싶어요.
- Did you contact our online store **for our return policy**?
  저희 온라인 매장에 연락해 반품 정책에 대해 알아보셨나요?
- We **don't offer refunds here** in the store, only exchanges.
  이 매장에서는 환불은 제공하지 않고 교환만 가능합니다.
- Do I have to **ship it back** to get a refund?
  환불 받으려면 다시 돌려 보내야하나요?
- I'd like to **return this lamp. It didn't work** when I plugged it in.
  이 램프를 반품하고 싶어요. 플러그를 꽂았을 때 작동하지 않았어요.
- That's **against our store policy**.
  그건 저희 매장 정책에 위배되네요.

 배송

- What do you **charge for shipping and handling**?
  발송 제경비는 얼마인가요?
- We **guarantee delivery by tomorrow**.
  내일까지 배송될 것을 보장합니다.
- We **deliver for free** if you live within four miles.
  4 마일 이내에 살고 계시면 무료로 배송해 드립니다.
- I'd like to complain about **a delayed delivery**.
  배달 지연에 대해서 항의하고 싶어요.
- Weather conditions **have slowed all our shipments** this week.
  기상 상태로 인해 이번 주의 모든 배송이 지연되고 있습니다.
- When can I **expect my package**?
  언제 제 소포를 받아볼 수 있을까요?

 식당 예약

- I'd like to **make a reservation** for this evening.
  오늘 저녁으로 예약하고 싶은데요.
- There are **five people in my party**.
  저희 일행은 5명입니다.
- Do you **take reservations** for the weekend?
  주말도 예약을 받나요?
- We'd like **a table for two**, please.
  두 사람을 위한 테이블을 주세요.
- This place is **too crowded**. Let's **go somewhere else**.
  이 식당은 너무 붐벼. 다른 곳에 가자.
- **Let's dine at** Steak Shack tonight.
  오늘 밤 Steak Shack에서 식사하자.

- Oliver Restaurant has been **going downhill** lately.
  Oliver 식당은 최근에 망해가고 있어.
- The restaurant **is a bargain** given their portions.
  그 식당은 양을 생각하면 엄청 싼 거야.
  ▶ given ~을 고려하면, 감안하면

 음식 주문/식사/계산

- It tastes like the fish was **left over** from yesterday and has been reheated.
  이건 어제 먹고 남은 생선을 다시 데운 맛이야.
- Can I **take your order**? (=Are you ready to order?)
  주문하시겠습니까?
- Do you **have any recommendation**?
  추천해주실 수 있나요?
- I would **highly recommend** our chicken soup.
  저는 치킨 수프를 강력히 추천 드립니다.
- I'd **go for a steak**.
  저는 스테이크로 할게요.
- **Hold** the onions and carrots.
  양파와 당근은 빼 주세요.
- Let me **treat** you this time.
  이번에는 내가 대접할게.
- Let me **get the bill**.
  내가 돈 낼게.
- I'd like this dinner to **be my treat**.
  이번 저녁은 내가 낼게.
- Let me **pick up the tab** since you bought last time.
  저번에 네가 사줬으니 이번은 내가 살게.
- How about **going Dutch**?
  나눠서 내는 건 어때?
- Let's **split the bill**.
  나눠서 내자.
- Can I **have a doggy bag**?
  남은 음식을 싸 갈 수 있나요?
- Please **wrap up the leftovers**.
  남은 음식은 싸 주세요.
- I wish you would stop **eating out** all the time.
  항상 외식하는 건 그만 했으면 좋겠어.
- I'll **share my sandwich** with you if you'd like.
  네가 원한다면 내 샌드위치 같이 나눠 먹을래.
- I'm **allergic to chicken**.
  나는 치킨 알레르기 있어.
- The beef I had there was **so tough**.
  내가 거기서 먹은 소고기는 너무 질겼어.
- I just noticed their salads **aren't as fresh as they used to be**.
  그곳의 샐러드가 예전만큼 신선하지 않다는 것을 방금 알았어.

Step 1	대화 들으며 노트 테이킹	M: _____

Step 1 대화 들으며 노트 테이킹
◐ 위아래로 왔다갔다하며 해당 화자의 칸에 메모하세요.

M: _____
_____
_____

W: _____
_____
_____

Step 2 질문과 선택지 들으며 노트 테이킹

Step 3 오답 소거

질문: _____
(a) _____ _____
(b) _____ _____
(c) _____ _____
(d) _____ _____

Step 4 정답 확정

최종 정답: _____

\<Listen to a conversation between a sales clerk and a customer.\>

M: How much are you selling this video game for?

W: It's a used copy, so I'd take 40 dollars for it.

M: 40? I can buy a new one online for 35.

W: That doesn't seem likely, but fine. 30 seems fair.

M: It's an old title, plus it's used. That's still too high.

W: Really? You're driving a hard bargain. 25 dollars then, but that's it.

Q: **What** is **taking place** in the conversation?
(a) The man is selling an old video game.
(b) The man is arguing for a lower price.
(c) The woman is explaining a sales promotion.
(d) The woman is lending the man some money.

🔓 비디오 게임을 사고 있는 상점에서 벌어지는 대화로, 여자가 판매원이고 남자가 고객이다. 대화 상황을 묻는 문제에서는 늘 남녀 행위가 바뀐 오답에 주의해야 하므로 남녀를 정확히 구분해 노트하는 것을 잊지 말자. (a)는 남자가 아닌 여자의 행위를 말하는 오답이고, 이들은 가격 흥정을 하고 있을 뿐, 여자가 판촉 행사에 대해 설명하고 있는 상황은 아니므로 (c)도 오답이다.

남: 이 비디오 게임은 얼마에 파나요?

여: 중고라서 40달러 받겠습니다.

남: 40달러요? 온라인에선 새 것을 35달러에 살 수 있는데요.

여: 그럴 것 같진 않지만, 좋아요. 30달러면 괜찮은 듯해요.

남: 이건 오래됐고 중고예요. 여전히 너무 비싸네요.

여: 정말요? 정말 사정없이 깎으시네요. 그럼 25달러요. 하지만 그게 끝이에요.

Q: 대화에서 어떤 일이 일어나고 있는가?
(a) 남자가 오래된 비디오 게임을 팔고 있다.
(b) 남자가 더 낮은 가격을 주장하고 있다.
(c) 여자가 판촉 행사에 대해 설명하고 있다.
(d) 여자가 남자에게 돈을 빌려주고 있다.

어휘 used copy 중고품　seem ~인 것 같다　likely 그럴 듯한　fair 타당한　drive a hard bargain 사정없이 깎다　argue for ~을 주장하다　lower price 더 싼 가격　sales promotion 판촉 행사　lend A B: A에게 B를 빌려주다

기출 Check-up Test

기출문제를 포함한 실전 문제들을 풀며 학습한 내용을 확인해 보세요.

Part 3 다음 대화를 듣고 질문에 가장 적절한 답을 고르시오.

1. (a) (b) (c) (d) 기출

2. (a) (b) (c) (d)

3. (a) (b) (c) (d)

4. (a) (b) (c) (d) 기출

5. (a) (b) (c) (d)

6. (a) (b) (c) (d)

7. (a) (b) (c) (d)

8. (a) (b) (c) (d)

9. (a) (b) (c) (d)

10. (a) (b) (c) (d)

정답 및 해설 p.97

☑ 대화 내용에 근거하여 선택지의 진위 여부를 파악하는 문제로, 대화 전체에 걸친 세부사항에 대한 이해와 정확한 기억을 요하는 난이도 높은 문제이다.

☑ 대화 전체 내용을 대상으로 푸는 Which is correct ~? 형태와, 특정 대상에 초점을 맞추어 푸는 Which is correct about ~? 형태로 출제된다.

☑ Part 3의 중간 부분인 24~28번 사이에 3~4문제 등장한다.

문제 푸는 순서와 요령

🎧 U15_1

Step 1 대화 듣기

– 문제의 위치가 24~28번인 경우 세부사항 문제인 것을 미리 염두에 두고 듣기

– 대화 시작 전에 나오는 장소/신분 안내 듣고 마음의 준비

– 첫 대사에서 키워드 듣기: joined this fitness club

– 이후 남녀 각각의 대화 내용 구분해서 들으며 메모

M	fitness club, tennis, rent a racket / time limit?
W	scan membership card / Yes, best brand, 60분

– 원인과 결과를 말하는 so ~ 주변 내용을 들으면 흐름 파악이 더 쉽다.

– 부사 only를 써서 무엇을 한정하는 내용은 중요 정보인 경우가 많으므로 꼭 노트한다.

Step 2 질문과 선택지 듣기

– correct about <u>club's tennis equipment</u>

Step 3 오답 소거

(a) 장소 at every court 오답 X

(b) 렌트 방법 must be left 오답 X

(c) 장비 상태 in poor condition 오답 X

(d) 렌트 시간 only for 60 minutes 를 바꿔 말한 정답 ○

Step 4 정답 확정

<Listen to a conversation between a gym employee and a customer.>

M: Hi, I just **joined this fitness club**, and I want to try playing **tennis**, but I don't have any equipment. Is it possible to **rent a racket**?

W: Of course. We have rackets and balls available at the front desk. ⎡Just⎤ scan your **membership card** with the clerk.

M: Great. Is there **a time limit**?

W: Yes. Our rackets are **by the best brand**, ⎡so⎤ a lot of people want to use them. That means each rental is ⎡only for⎤ 60 minutes.

Q: Which is **correct about the club's tennis equipment**?

(a) There are rackets and balls available at every court.

(b) Membership cards must be left with the clerk to get equipment.

(c) The rackets are in poor condition.

(d) The equipment can be rented for an hour.

남: 안녕하세요, 이제 막 이 헬스장에 가입했는데요. 테니스를 치고 싶은데 아무 장비가 없어서요. 라켓을 빌릴 수 있을까요?

여: 당연하죠. 프론트 데스크에 라켓과 공이 준비되어 있습니다. 직원에게 가서 회원 카드를 스캔하기만 하면 됩니다.

남: 좋네요. 시간 제한이 있나요?

여: 네. 저희 라켓은 최고의 브랜드 제품이라 많은 사람들이 사용하고 싶어합니다. 그래서 한 번에 60분간만 사용 가능합니다.

Q: 클럽의 테니스 장비에 대해 옳은 것은 무엇인가?

(a) 모든 코트에 라켓과 공이 준비되어 있다.

(b) 장비를 얻기 위해서는 회원 카드를 직원에게 맡겨 두어야 한다.

(c) 라켓의 상태가 좋지 않다.

(d) 장비는 한 시간 동안 빌릴 수 있다.

어휘 join ~에 가입하다 equipment 장비 rent ~을 빌리다 clerk 직원 time limit 시간 제한 in poor condition 상태가 좋지 않은

○ 질문 형태

Part 3는 대화문을 한 번만 들려주고 바로 문제와 보기를 들려주기 때문에 미리 문제 유형을 예측해 그에 따른 듣기 전략을 사용하는 것이 중요하다. Correct 문제들은 24~28번 사이에 위치하며, 아래와 같은 형태로 나온다. 문제가 나오는 위치와 형태를 미리 알아두면 대화를 들을 때 미리 마음의 준비를 할 수 있고 해당 유형에 맞는 듣기를 할 수 있어 유리하다.

대화 전체	• Which is **correct** according to the conversation? 대화에 따르면 옳은 것은?
특정 대상	• Which is **correct about** the **man's new computer**? 남자의 새 컴퓨터에 대해 옳은 것은? • Which is **correct about the woman** according to the conversation? 대화에 따르면 여자에 대해 옳은 것은? • What are the man and woman mainly **saying about Grace**? 남자와 여자는 Grace에 대해 뭐라고 하는가?

○ 문제 풀이 전략

1. 대화를 들려주기 전에 언급되는 대화 장소나 화자의 신분을 확인한다!

전체적인 상황을 미리 짐작할 수 있고, 이는 어느 정도 대화 내용을 예측하는 데 도움이 되므로 꼭 듣도록 하자.

- Listen to a conversation between a clerk and a customer.
- Listen to a conversation at a store.

2. 육하원칙에 따른 노트 테이킹이 필수, 반드시 남녀를 구분해 메모한다.

선택지 네 개에 어떤 것이 등장할지 모르기 때문에 '언제, 어디서, 누가, 무엇을, 왜, 어떻게'를 염두에 두고 이에 따른 정보를 노트 테이킹 한다. 이때 반드시 남녀를 구분하여 메모해야 한다. 남녀의 내용을 바꾼 오답이 자주 등장하기 때문이다.

3. Which is correct ~? 유형과 Which is correct about ~? 유형을 구분하자!

대화를 듣고 질문을 들을 때 대화 전체에 걸친 정보를 묻는 Which is correct ~? 문제인지, 특정 대상 관련 내용을 묻는 Which is correct about ~?인지를 파악한다. 후자인 경우는 about 다음에 제시되는 대상과 관련하여 노트 테이킹 한 내용에 집중하며 선택지를 듣는다.

4. 오답 선택지의 구성을 미리 알고 대처하라!

대화를 다 알아들었더라도 선택지를 제대로 듣지 못하면 오답을 고를 확률이 높다. 게다가, 텝스 청해의 선택지는 굉장히 헷갈리게 나오기 때문에 조금이라도 정답 확률을 높이기 위해서는 미리 오답이 구성되는 유형을 알고 있다가 해당 유형의 오답이 나왔을 때 얼른 소거해야 한다.

Part 3 오답의 구성

(1) 남녀 성별을 바꿔서 혼동시키는 선택지 ex) man ➡ woman
(2) 대화 내용과 반대로 설명한 선택지 ex) do ➡ don't, inexpensive ➡ expensive
(3) 대화 내용의 일부를 변형한 선택지 (수, 동사, 시제, 주체, 대상 등)
   * 수: one box ➡ many boxes / only for an hour ➡ all the time
   * 동사: check my paper ➡ write a paper
   * 시제: I have done it. ➡ He will do it later.
   * 주체: Susie will pick up a client. ➡ The man will meet a client.
   * 대상: fix a computer ➡ repair a photocopier
(4) 다의어를 대화와 선택지에서 각각 다른 의미로 사용
   * garage ➡ 대화: 정비소 / 선택지: 차고
   * plant ➡ 대화: 식물 / 선택지: 공장

여행 준비

- **Are** we **all set to** go camping?
  우리 캠핑 갈 준비 다 됐어?

- Everything is **planned out**.
  모든 것에 대한 계획이 다 세워졌어.

- I am **counting the days** until I leave.
  나는 떠날 날을 손꼽아 기다리고 있어.

- I hope you **packed** a warm coat and gloves.
  네가 따뜻한 코트와 장갑을 챙겼기를 바라.

- **I'm just about to** leave for the airport.
  난 이제 막 공항으로 떠나려던 참이었어.

- I'm going to Greece for three weeks **over the holidays**.
  난 휴일동안 그리스로 3주 동안 떠나 있을 거야.

- **Are** you **setting off** without a **companion**?
  같이 가는 사람 없이 혼자 가는 거야?

- His trip **was planned last-minute**.
  그의 여행은 마지막에 결정되었어.

- What are you **planning to do** with your two-week vacation?
  2주 휴가 동안 뭐 할 계획이야?

- I can't decide if I should **fly or drive**.
  비행기를 탈지 운전을 할지 결정 못했어.

- Have you **mapped out our route to** the ski resort?
  스키 리조트 가는 길 알아놨어?

  ▶ map out ~을 계획하다, 준비하다

여행/항공

- I'll take **an all-inclusive package**.
  모든 비용이 포함된 패키지 상품을 이용하겠습니다.

- I'd like to **make travel arrangements** to Florida Beach.
  플로리다 해변으로 여행 준비를 하고 싶습니다.

- **I'd like an air ticket** to London.
  런던으로 가는 비행기 티켓을 원합니다.

- Can I **book a flight ticket** to Canada?
  캐나다로 가는 비행기 티켓을 예매할 수 있나요?

- Would you like an **open-ended return date**?
  돌아오는 날짜를 자유롭게 하고 싶으십니까?

- You're in our **frequent flyer program**.
  귀하께서는 저희 단골 고객 우대 프로그램에 해당 되십니다.

- He is traveling to a **domestic destination**.
  그는 국내 목적지로 여행할 거예요.

- How many **frequent flyer miles** do I currently have?
  제 단골고객 마일리지가 현재 얼마나 있죠?

- We offer discounts of 10% **for groups of 10 or more**.
  저희는 10명 이상인 단체에 한해 10퍼센트 할인을 해드리고 있습니다.

- The flight **has a brief stopover** in Tennessee.
  그 항공기는 테네시를 잠시 경유합니다.

- I'm only **touching down** there this time **en route to** Malaysia.
  이번엔 그저 말레이시아 가는 길에 거기 잠시 들르는 것입니다.

- Our policy has changed and **only one carry-on bag** is allowed on domestic flights.
  저희 규정이 바뀌어서 이제 국내선에는 오직 기내용 가방 하나만 가지고 타실 수 있습니다.

- First class is **fully booked**. 일등석은 예약이 다 찼어요.

- Reserve it **under** Newman.
  Newman이라는 이름으로 예약해주세요.

- It **doesn't leave until** 9:30 P.M.
  오후 9시 30분에 떠날 예정입니다.

- Your flight **boards** in ten minutes.
  당신이 탈 비행기는 10분 후 탑승을 시작합니다.

- I'd like to order a vegetarian meal **during the flight**.
  비행 중 기내식은 채식으로 주문하고 싶어요.

- I want to do some **duty-free shopping**.
  나 면세점 쇼핑하고 싶어.

- Jane is recovering from **jet lag** today.
  Jane은 오늘 시차 극복 중이야.

- Trains **depart all through the day**.
  기차는 하루 종일 출발 시간이 있습니다.

- Tourists can purchase a **rail pass**.
  관광객들은 철도 이용권을 살 수 있습니다.

- Don't forget to see the British museum. It's a **must-see**.
  대영 박물관에 가보는 것을 잊지 마세요. 꼭 가봐야 하는 곳이에요.

- I'd like to get some information about **tourist attractions**.
  관광 명소들에 대한 정보를 좀 얻고 싶어요.

- We have several package tours to the island **in various price ranges**.
  다양한 가격대에 그 섬으로 가는 패키지 여행 상품들이 있습니다.

- **How far in advance** do I need to book it?
  얼마나 미리 예약해야 하나요?

- **Rates are listed** in our tour brochures.
  요금은 여행 안내 책자에 나와 있습니다.

- Our train will leave at 7 **on the dot**.
  저희 기차는 7시 정각에 출발합니다.

숙박

- I would **prefer a 5-star hotel** downtown.
  저는 시내에 있는 5성급 호텔에 묵고 싶습니다.

- **That gives you a choice between** the Marriott and the Continental.

매리엇 호텔과 콘티넨탈 호텔 중에 고르실 수 있습니다.

- The hotel is an **all-inclusive resort**, and the **rate** is very **reasonable**.
  그 호텔은 모두 포함된 리조트이고 가격도 아주 괜찮습니다.
- I have the reservation right here – **two nights in the executive suite**.
  저는 여기서 이틀 밤을 특실에서 묵기로 예약해 두었어요.
- Do you need a **single** or a **double**?
  1인실이 필요하신가요, 2인실이 필요하신가요?
- I'm afraid all of our doubles are **occupied**.
  유감스럽게도 2인실은 방이 모두 찼습니다.
- Sorry, we**'re out of non-smoking ones**.
  죄송합니다만, 금연실은 다 나갔어요.

 교통 위반

- May I see **your license, registration and proof of insurance**, please?
  당신의 운전 면허증, 등록증, 그리고 보험가입 증명서를 보여주시겠습니까?
- It looks like your **registration has expired**.
  당신의 등록증이 만기된 것 같네요.
- I **got a ticket for speeding** on my way home.
  집에 가는 길에 과속해서 딱지를 뗐어.
- You have to **pull over**. 길 한 쪽에 정차해 주세요.
- You were going 20 miles **over the limit**.
  제한 속도보다 20마일 이상으로 달리셨습니다.
- You shouldn't be driving **under the influence**.
  음주 상태로 운전을 하면 안됩니다.
- I'll **let you off** with a warning this time.
  이번에는 경고만 주고 보내 줄게요.
- Your car **could have been towed**.
  당신 차가 견인될 수도 있었어요.

 교통 상황

- We need to **allow for traffic**. 교통 상황을 고려해야 해.
- There was **a multi-vehicle accident** on Greenway Bridge.
  Greenway 다리 위에서 복수 차량 사고가 있었어요.
- Worrying won't **get us there any faster**.
  걱정한다고 빨리 도착하는 것은 아니야.
- **Was traffic held up** on the freeway? 고속도로에 차 막혔어?
- The icy roads really **slowed everyone down**.
  빙판길 때문에 모두가 정말 느리게 갔어.
- Traffic **was backed up** for an hour on the highway.
  고속도로에서 차가 약 한 시간 정도 막혔어.
- The road is **unusually packed**.
  도로가 평소와 다르게 가득 차 있어.

- I was **stuck in traffic**.
  교통 체증에 갇혀 있었어.
- The traffic was **bumper to bumper**.
  차가 꽉 들어차 있었어.
- There will be **tons of traffic** there.
  거기 교통량이 엄청날 거야.
- I think we are **in the middle of nowhere**.
  내 생각에 우리는 외딴 곳에 있는 것 같아.
- I was **in a crash** on the way to work.
  출근하는 길에 사고를 당했어.
- My car was **rear-ended** by a truck.
  트럭이 내 차의 후미를 들이 박았어.
- My car is **a wreck**. 내 차가 완전히 망가졌어.
- Things have been **blocked off entirely** with the accident. 그 사고로 도로가 완전히 차단되었어.
- We got a **flat tire** in the middle of an unpaved road.
  비포장 도로 한 가운데서 타이어 바람이 빠져버렸어.
- It was just a **fender bender**. 그냥 작은 사고였어.
- I had **a few scratches and a good-sized dent** on my car.
  차가 몇 군데 긁히고 꽤 크게 패였어.
- The insurance will **cover the damage**.
  보험이 손상된 걸 보상해 줄 거야.

 약속/일정

- You need to **make an appointment**.
  약속을 잡으셔야 합니다.
- Can I **schedule a checkup** for next week?
  다음 주에 검진을 예약할 수 있을까요?
- I **have a doctor's appointment** today.
  오늘 진료 예약이 있습니다.
- We're **completely booked** today.
  오늘은 예약이 다 찼습니다.
- I have **a previous engagement**.
  선약이 있습니다.
- Why did the city **reschedule** the Easter marathon?
  왜 시에서 부활절 마라톤 일정을 옮긴거지?
- The meeting **conflicts with** another.
  회의가 다른 회의랑 일정이 겹쳐요.
- Can tomorrow's **appointments be rearranged**?
  내일 예정된 약속을 다시 잡아도 될까요?
- I will pick you up at five. Please be ready at **five sharp**.
  5시에 데리러 갈게. 5시 정각까지 준비해.
- I'll be working late, but I might be able to **make it**.
  늦게까지 일하겠지만, 참석할 수 있을 거야.
- What if we **move up our departure date** a week or so?
  우리 출발일을 1주일 정도 앞당기면 어때?

Step 1 대화 들으며 노트 테이킹	M: _____

◘ 위아래로 왔다갔다하며 해당 화자의 칸
에 메모하세요.

_____
_____

W: _____
_____
_____

Step 2 질문과 선택지 들으며
노트 테이킹

질문: _____
(a) _____ ____
(b) _____ ____

Step 3 오답 소거

(c) _____ ____
(d) _____ ____

Step 4 정답 확정

최종 정답: _____

<Listen to a conversation between a box office clerk and a customer.>

M: Hello, I'd like to book tickets for one of tonight's showings.
W: Both shows are still available - the ones at 6 and 8 o'clock. How many do you need?
M: I'd like five for the 8 o'clock showing, please.
W: Actually, there's only balcony seating left. Is that OK?
M: Sure. I'll pick them up under the name "Hines."
W: Great. We'll see you tonight.

Q: Which is **correct about** the man according to the conversation?
(a) He will watch two performances tonight.
(b) He reserves eight tickets.
(c) He will sit in the balcony section.
(d) His party cannot sit together.

🔒 남자가 공연 티켓을 예매하고 있는 상황이다. 6시와 8시 공연 중에서 8시를 택하고, 발코니 석만 남았는데 괜찮냐는 직원의 말에 그렇게 하겠다고 한다. book tickets ➡ 6 and 8 o'clock ➡ 8 o'clock ➡ only balcony seating ➡ Sure로 이어지는 키워드들을 잘 잡아 정답을 고르도록 한다.

남: 안녕하세요, 저는 오늘 밤 공연 시간 중 하나로 티켓을 예매하고 싶은데요.
여: 6시와 8시, 두 가지 공연 시간이 모두 아직 예매 가능합니다. 티켓 몇 장이 필요하세요?
남: 8시 것으로 5장 해주세요.
여: 사실, 발코니 좌석만 남아있습니다. 괜찮으신가요?
남: 그럼요. Hines 라는 이름으로 찾아가겠습니다.
여: 네. 오늘 밤에 뵙겠습니다.

Q: 대화에 따르면 남자에 대해 옳은 것은 무엇인가?
(a) 오늘 밤 두 개의 공연을 볼 것이다.
(b) 8장의 표를 예매하였다.
(c) 발코니석에 앉을 것이다.
(d) 일행이 다같이 앉지 못할 것이다.

어휘 **book** ~을 예매하다 **showing** 상연, 상영 **balcony seating** 발코니석 **performance** 공연 **reserve** ~을 예약하다 **section** 구역 **party** 일행

기출 Check-up Test

기출문제를 포함한 실전 문제들을 풀며 학습한 내용을 확인해 보세요.

Part 3 다음 대화를 듣고 질문에 가장 적절한 답을 고르시오.

1. (a) (b) (c) (d) 기출

2. (a) (b) (c) (d)

3. (a) (b) (c) (d)

4. (a) (b) (c) (d)

5. (a) (b) (c) (d)

6. (a) (b) (c) (d)

7. (a) (b) (c) (d)

8. (a) (b) (c) (d)

9. (a) (b) (c) (d)

10. (a) (b) (c) (d)

정답 및 해설 p.102

기타 세부사항 문제(Wh-)

MP3 바로 듣기

☑ 기타 세부사항 문제는 각종 의문사들 – What(무엇을), Why(왜), When(언제), Where(어디서), Who(누가), How (어떻게) –을 이용하여 대화에서 언급된 구체적인 정보를 묻는 문제이다. What, Why가 주를 이루고 나머지 의문사 문제는 드물게 출제된다.

☑ 문제를 대충 듣고도 [correct] 혹은 [correct about + 대상]만 파악하면 되었던 Correct 문제와 달리, 의문사와 함께 문제의 내용을 아주 정확히 들어야 한다.

☑ Part 3의 중간인 24~28번 사이에 1~3문제 등장한다.

 문제 푸는 순서와 요령

🎧 U16_1

Step 1 대화 듣기

– 24~28번 사이에 등장하며, Correct 문제와 섞여 나오기 때문에 두 경우를 모두 염두에 두고 듣기
– 대화 시작 전에 나오는 장소/신분 안내 듣고 마음의 준비
– 첫 대사에서 키워드 듣기: new guitar
– 이후 남녀 각각의 대화 내용 구분해서 들으며 메모

W	new guitar? / limited edition? / new amp / practicing ok not loud
M	just picked up / local store / you have amp

❂ What's wrong with it? 처럼 문제점에 대한 언급이 나오면 특히 잘 들어야 해요. 이와 관련하여 but, however 등의 표현이 나오면 그 바로 뒤에 중요한 정보가 나오므로 절대 놓치지 마세요.

Step 2 질문과 선택지 듣기

– 문제에서 Why, woman, buy a new amplifier 파악 후 메모한 내용 확인

Step 3 오답 소거

(a) 남자는 기타를 구매. 대상 오답 X
(b) 대화 소재 amplifier 를 이용한 오답 X
(c) 대화 소재 amplifier 를 이용한 오답 X
(d) not loud enough ➡ too quiet 로 바꿔 말한 정답 ○

Step 4 정답 확정

<Listen to a conversation between two friends.>

W: Whoa, is that the **new RG700 Indigo guitar**?
M: Oh, yeah. I just picked it up.
W: Awesome. Isn't it a limited edition?
M: One just happened to show up at my local store, so I bought it right away. Do you like it?
W: I love it. I wish I could get a new guitar. **A new amp, too.**
M: Really? You have a great amp. ▸ What's wrong with it ?
W: It's great for practicing, but it's not loud enough for live playing.

Q: **Why** does the **woman** want to **buy a new amplifier**?
(a) She is impressed with the man's new amplifier.
(b) She let a bandmate borrow her amplifier.
(c) Her amplifier recently broke.
(d) Her amplifier is too quiet for performances.

여: 우와, 그거 새 RG700 인디고 기타니?
남: 응. 지금 막 가져왔어.
여: 멋있다. 그거 한정판 아니야?
남: 우리 지역 상점에 들어왔길래 바로 샀지. 어때?
여: 정말 멋있어. 나도 새 기타를 가지고 싶어. 새 앰프도.
남: 진짜? 너 좋은 앰프 가지고 있잖아. 무슨 문제 있어?
여: 연습용으로는 너무 좋은데, 라이브 공연용으로는 소리가 충분하지 않아.

Q: 여자는 왜 새 앰프를 사고 싶어 하는가?
(a) 남자의 새 앰프에 깊은 인상을 받았다.
(b) 밴드 멤버가 그녀의 앰프를 빌려가도록 했다.
(c) 그녀의 앰프는 최근에 고장 났다.
(d) 그녀의 앰프는 공연용으로는 너무 소리가 작다.

어휘 limited edition 한정판 show up 나타나다 amp 앰프, 증폭기(=amplifier) bandmate 밴드 멤버

○ 질문 형태

Part 3는 대화문을 한 번만 들려주고 바로 문제와 보기를 들려주기 때문에 미리 문제 유형을 예측해 그에 따른 듣기 전략을 사용하는 것이 중요하다. 기타 세부사항을 묻는 문제들은 24~28번 사이에 위치하며, 아래에서 보는 바와 같이 매우 다양한 질문이 나오는데, 특히 이유를 묻는 Why ~? 형태가 자주 나오므로 대화에서 어떤 문제 상황이 제시되면 반드시 그 이유를 챙겨 듣도록 한다.

이유 Why	• **Why** is the woman complaining/excited/angry/unhappy/surprised/apologizing? 여자는 왜 불평하는가/신났는가/화를 내는가/속상한가/놀랐나/사과하는가? • **Why** is the man calling the woman? 남자는 왜 여자에게 전화하는가? • **Why** does the man decline the woman's invitation? 남자는 왜 여자의 초대를 거절하는가?
대상 What	• **What** is the woman mainly **complaining about**? 여자는 주로 무엇에 대해 불만을 제기하는가? • **What** does the man **regret**? 남자는 무엇을 후회하는가? • **What** does the man **insist/suggest** that the woman do? 남자는 여자가 무엇을 해야 한다고 주장/제안하는가? • **What** do the man and woman **decide to do**? 남자와 여자가 무엇을 하기로 결정하는가? • **What** did the woman do last night? 여자가 지난밤에 한 일은 무엇인가? • **What problem** does the woman have? 여자에게 무슨 문제가 있는가?
시간	• **What time** will the man visit his professor? 남자는 몇 시에 교수를 방문할 것인가? • **At what time** will the movie begin? 영화는 몇 시에 시작할 것인가? • **When** will the two people meet? 두 사람은 언제 만날 것인가?
장소	• **Where** is the woman's office? 여자의 사무실은 어디에 있는가?

○ 문제 풀이 전략

1. Correct 문제와 기타 세부사항 문제를 함께 대비한다!

24~28번 사이에 Correct 문제와 섞여 나오지만, 미리 문제를 들려주지 않기 때문에 대화와 문제를 듣기 전까지는 어떤 문제가 나올지 알 수 없다. 따라서 24~28번 사이에서는 Correct 문제와 기타 세부사항 문제를 모두 염두에 두고 풀어야 한다.

2. 이유, 대상, 방법, 시간, 장소에 따른 노트 테이킹이 필수이다!

Why/What/How/Who/Where/When과 같은 의문사를 이용하여 이유·대상·방법·시간·장소 등의 특정 정보를 묻는다. 주로 Why/What ~? 문제가 자주 나오므로, 대화를 들을 때 이유와 대상에 대한 정보는 절대 놓치지 말고 메모한다.

3. 대화 속 화자들의 질문에 주목한다!

대화 속 화자의 질문에 대한 상대방의 대답에 주로 정답이 있다. 앞서 풀어 본 문제에서도 남자의 질문 What's wrong with it?에 대한 여자의 답변 it's not loud enough for live playing이 정답이 되었다. 다음의 예를 보자. 대화 속 질문이 문제의 질문과 일치하는 경우이다.

> 대화   M: Don't you enjoy the roller coaster?
>   W: No, it is always too scary.
> 문제   Q: Why doesn't the woman like the ride?

4. 오답 보기의 구성을 미리 알고 대처하라!

TEPS 청해의 선택지는 굉장히 헷갈리게 나오기 때문에 조금이라도 정답 확률을 높이기 위해서는 미리 오답이 구성되는 유형들을 알고 있다가 해당 유형의 오답이 나왔을 때 얼른 소거해야 한다.

영화

- **How** did you **enjoy the movie**?
  영화 어땠어?

- I gave up **watching horror films**.
  나는 공포 영화 보는 걸 포기했어.

- There's **a good picture** playing at the Odeon.
  Odeon 극장에 좋은 영화가 상영되고 있어.

- What time is **the next showing** of *Tomb Adventures*?
  '무덤 탐험'의 다음 상영 시간이 언제지?

- The show we reserved tickets for **has been postponed**.
  우리가 예매해둔 그 쇼는 연기되었어.

- The film **was heavily promoted**.
  그 영화는 홍보가 많이 되었어.

- The movie **was a bit overrated**.
  그 영화는 좀 과대평가되었어.

- The film festival will **get underway** this weekend.
  그 영화제는 이번 주말에 진행될 거야.

- It sounds like a **typical Hollywood film**.
  전형적인 할리우드 영화같네.

- Green B's movies are **always filled with violent scenes**.
  Green B의 영화는 항상 폭력적인 장면으로 가득 차 있어.

- The movie is **full of clichés and stereotypes**.
  그 영화는 상투적인 것과 고정관념들로 가득 차 있어요.

- The **reviews have been mixed**, but I wouldn't mind seeing it.
  후기들은 다 달랐는데, 나는 봐도 상관없어.

- The **special effects** were a bit **over the top,** but I enjoyed it.
  특수 효과가 약간 과장되었지만 난 재밌었어.

- I read **favorable reviews** of the movie.
  난 그 영화에 대한 호평들을 읽었어.

 공연/전시

- Can you believe **this line we're in** for tonight's concert?
  오늘 콘서트 보려고 선 줄이 믿어져?

- The concert got **rave reviews**.
  그 콘서트는 극찬을 받았어.

- The museum was too crowded and noisy to **appreciate the art**. That really spoiled the experience.
  박물관이 너무 붐비고 시끄러워서 작품을 감상할 수가 없었어. 좋은 경험을 망쳤지.

- **The sculptures are good**, but the place is too crowded.
  그 조각상들은 좋은데 장소가 너무 붐벼.

- I **accepted an invitation** to a modern art exhibit.
  나는 현대 미술 전시회의 초청을 수락했어.

- Did the concert **live up to the hype**?
  콘서트가 기대에 부응했니?

  ▶ live up to the hype 기대에 부응하다

- Surprisingly, it doesn't **deserve its excellent reviews**.
  놀랍게도, 좋은 평을 받을 만하지 않아.

- Are there **any good plays on** at the moment?
  요새 상영중인 연극 뭐 좋은 거 있나?

 도서관/서점/음반

- This is a monthly magazine. You are not allowed to **check out any periodicals**.
  이건 월간지예요. 정기 간행물을 빌려가는 것은 허용되지 않습니다.

- **Have you been to** the new bookstore on McAllister?
  McAllister에 있는 새로운 서점에 가봤어?

- The bookstore's selection more than **makes up for its small space**.
  서점의 제품들이 그곳의 협소한 공간을 상쇄하고도 남아.

- The library is a great place to **get away from it all**.
  그 도서관은 모든 것을 떠나 잠시 쉬기에 좋은 곳이야.

- **It's more like rock** than R&B music.
  이건 R&B라기 보다는 좀 더 락 음악 같아.

- This new album **has lived up to its name**.
  이 새 앨범은 그 이름에 어울리는 앨범이야.

- Abba's new album is nearly **as good as their last**.
  아바의 새 앨범은 거의 그들의 마지막 앨범만큼 좋아.

- Their selection of classic Korean novels is **beyond comparison**.
  그곳의 고전 한국 소설들은 비할 데 없이 훌륭해.

- You've got an **impressive collection** of CDs.
  소장하고 계신 CD가 엄청나군요!

 스포츠

- I **joined a new health club** yesterday.
  난 어제 새로운 헬스장에 등록했어.

- The membership **includes unlimited access to** all our facilities.
  회원권이 있으면 모든 시설을 무제한 이용할 수 있어요.

- I'd like to **cancel my membership**.
  제 회원권을 해지하고 싶어요.

- We have a location in Newport. You can **use your membership** there.
  Newport에도 지점이 있어요. 회원권을 거기서 사용하실 수 있어요.
- I have no idea how you **stay in such good shape**.
  난 네가 어떻게 그렇게 좋은 몸매를 유지하는 지 모르겠어.
- I don't **exercise regularly**, but I do jog a bit.
  난 정기적으로 운동을 하지는 않지만 조깅을 좀 해.
- I should've **stretched** more before my baseball game.
  내 야구 경기 전에 더 스트레칭을 했어야 했어.
- Do you **work out** in the mornings? 아침마다 운동하니?
- Do you **go to the gym regularly**?
  체육관에 정기적으로 가니?
- It **involves** a lot of **sweat and hard work**.
  그걸 하면 땀이 많이 나고 힘도 많이 들어.
- I'm **rooting for** Chelsea.
  나는 Chelsea팀을 응원하고 있어.
- Do you **follow** any professional soccer teams?
  응원하는 프로 축구팀 있어?
- **What would you say to** a tennis game?
  테니스 한 게임 하는 거 어때?
- I don't think they've ever **beaten** the Tigers.
  그들이 Tigers팀을 이긴 적이 없을 걸.
- If I'd **scored** that last basket, we'd have won.
  내가 그 마지막 골을 넣었다면 우리가 이겼을 텐데.
- It **was hard going**, but we won.
  어려운 경기였는데, 우리가 이겼지.
- It was a really **close game**. 진짜 접전이었어.
- I'm amazed our team **pulled it off**.
  우리 팀이 해내다니 놀라워.
  ▶ pull it off 해내다
- It was **touch and go** at the end. 막판엔 정말 아슬아슬했지.
  ▶ touch and go 아슬아슬한 상태
- We got a **lucky break**. 우리가 운이 좋았어.
- Our team is really **having a good season**.
  우리 팀이 이번 시즌에 잘 하고 있어.
- I never **miss a playoff game**.
  나는 절대 결승 경기는 놓치지 않아.

다양한 활동

- I think the **hot-air balloon** would be exciting.
  내 생각에 그 열기구는 정말 재미있을 것 같아.
- **Are you part of** the Breakwater Sailing Club? My sister is a member.
  너도 Breakwater Sailing 클럽 회원이지? 내 동생도 거기 멤버야.
- I was just **killing time** at home.
  난 집에서 그냥 시간 때우고 있었어.

- I'm just going to **take it easy** at home.
  난 그냥 집에서 편히 있으려고 해.
- I'll **throw a party** this year.
  올해는 파티를 열거야.
- I had the opportunity to **sample** wines.
  난 와인을 시음할 기회가 있었어.
- I'm thinking of **teaching myself** to play the guitar.
  난 기타를 독학으로 배우려고 생각 중이야.
- Weren't you supposed to be **going on a date** tonight?
  너 오늘 밤 데이트하러 가기로 한 거 아니었어?
- What did you **get up to** on Saturday? 토요일에 뭐했어?
- I **ran some errands** and I **got caught up on** my e-mails.
  몇 가지 볼 일을 좀 보고 이메일 때문에 잡혀 있었어.
- You **managed to get a lot done**? 일 많이 했어?
- I **fill Saturdays with social outings**.
  나는 토요일을 사교 모임으로 채워.
- Jane **has no qualms about** being lazy.
  Jane은 게으름을 피우는 데 대해서 아무 거리낌이 없어.
  ▶ qualm 거리낌
- **A downpour is forecast** for this coming Saturday.
  오는 토요일에 폭우 예보가 있던데.
- **Mind if I come to the ball** with you tonight?
  오늘 밤 연회에 너랑 가도 될까?

 가족, 친구 등 인간관계

- Come in, please. **Make yourself at home**.
  들어와서 편히 있으세요.
- She's **jealous** that some of my friends are girls.
  그녀는 내 친구들 몇 명이 여자인 것을 질투해.
- Want to **come along**? 너도 갈래?
- I'll **pass**. We **don't really get along**.
  나는 안 갈래. 우리는 정말 잘 안 맞아.
- I **am** not **close with** Joe's friends.
  나는 Joe의 친구들과 친하지 않아.
- I **am on good terms with** Sarah.
  나는 Sarah와 사이가 좋아.
- Will you be at Ted's **get-together** next week?
  너 다음 주에 있을 Ted의 모임에 올 거야?
- I hope to **make an appearance**. 얼굴은 비추려고 해.
- My family's **having a reunion** next month.
  다음 달에 가족 친목 모임을 해.
- **Family get-togethers** never end well.
  가족 모임이 잘 끝나는 일은 없지.
- It'll be fun to **catch up with** my old friends.
  옛 친구들과 밀린 얘기하는 건 재미있을 것 같아.

Step 1	대화 들으며 노트 테이킹	W: _____

○ 위아래로 왔다갔다하며 해당 화자의 칸
　에 메모하세요.

　　　　　　　　　　　　　　M: _____

Step 2	질문과 선택지 들으며 노트 테이킹	질문: _____

(a) _____　_____

Step 3	오답 소거

(b) _____　_____

(c) _____　_____

(d) _____　_____

Step 4	정답 확정	최종 정답: _____

<Listen to a conversation between two friends.>

W: Daniel, why don't you come with me to a party tonight?

M: I have dinner plans with a friend, but perhaps I could stop by afterwards.

W: The party will be going on all night, so you can arrive at any time.

M: Sounds good. Where is it being held?

W: It's at Adam Walker's house. I think you took some classes with him last semester.

M: Oh, I'll skip it then. We aren't really on good terms with each other.

Q: **Why** does the **man decline** the woman's **invitation**?

(a) He will be meeting a friend for dinner.

(b) He does not get along well with the party's host.

(c) He wants to go to bed early tonight.

(d) He has to finish some work for a class.

🔓 자주 출제되는 유형이다. 무엇의 이유를 묻는지 질문을 정확히 파악해야 한다. 남자가 여자의 초대를 거절한 결정적인 이유는 Adam Walker와 잘 지내지 못하기(We aren't really on good terms with each other) 때문이다. 저녁 약속이 있지만 식사 후 들를 수 있다고 했으므로 (a)를 고르면 안 된다.

여: Daniel, 오늘 저녁에 나랑 파티에 가는 게 어때?

남: 친구랑 저녁 약속이 있지만 식사 후에 들를 수 있을 것 같아.

여: 파티는 밤새 계속될 거니까 언제든 와도 돼.

남: 좋네. 어디서 열리는데?

여: Adam Walker의 집에서. 너 지난 학기에 걔랑 수업 같이 들은 것 같은데.

남: 앗, 그럼 난 안 갈래. 우리 서로 사이가 별로 안 좋거든.

Q: 남자는 왜 여자의 초대를 거절하는가?

(a) 친구와 저녁을 먹기 위해 만날 것이다.

(b) 파티 주최자와 잘 지내지 못한다.

(c) 오늘밤에 일찍 자고 싶어 한다.

(d) 수업을 위한 공부를 끝내야 한다.

어휘　**stop by** 들르다　**afterwards** 나중에 **go on** 계속되다　**skip** ~을 거르다　**be on good terms with** ~와 사이가 좋다 cf. **get along with** ~와 사이 좋게 잘 지내다　**decline an invitation** 초대를 거절하다

기출 Check-up Test 🎧 U16_4

기출문제를 포함한 실전 문제들을 풀며 학습한 내용을 확인해 보세요.

Part 3 다음 대화를 듣고 질문에 가장 적절한 답을 고르시오.

1. (a) (b) (c) (d)

2. (a) (b) (c) (d)

3. (a) (b) (c) (d)

4. (a) (b) (c) (d)

5. (a) (b) (c) (d)

6. (a) (b) (c) (d) 기출

7. (a) (b) (c) (d)

8. (a) (b) (c) (d)

9. (a) (b) (c) (d)

10. (a) (b) (c) (d)

정답 및 해설 p.108

☑ Infer 문제는 대화의 내용을 근거로 직접 언급되지 않은 숨은 사실을 추론해내야 하는 문제이다. 난이도가 높은 유형이지만 정답의 단서가 대화에 분명하게 드러나는 편이므로 제대로 듣기만 하면 추론 과정은 어렵지 않다.

☑ 대화 전체 내용을 대상으로 하는 What can be inferred from the conversation? 형태와, 특정 대상에 초점을 맞춘 What can be inferred about ~? 형태로 주로 출제된다.

☑ Part 3의 마지막 부분인 29~30번 문제로 2문항 출제된다.

문제 푸는 순서와 요령   🎧 U17_1

Step 1 대화 듣기

– 문제의 위치가 29~30번인 경우는 추론 문제인 것을 미리 염두에 두고 듣기
– 대화 시작 전에 나오는 장소/신분 안내 듣고 마음의 준비
– 첫 대사에서 키워드 듣기: safety exam
– 이후 남녀 각각의 대화 내용 구분해서 들으며 메모

| W | safety exam / glanced manual / important |
| M | slipped mind / common sense / finish quickly |

Step 2 질문과 선택지 듣기

– 대화 전체 내용에 대한 추론 문제임을 확인
– 노트 테이킹 내용을 보며 선택지 듣기

Step 3 오답 소거

(a) 남자는 workplace safety exam 내용이 중요하다는 여자의 말에 True라고 동의하므로 오답 X
(b) 남자가 시험 내용이 대부분 상식(common sense)이라고 말하는 것으로 보아 시험이 어렵지 않다는 것을 유추할 수 있으므로 정답 O
(c) 대화에서 언급된 review를 이용한 오답 X
(d) 추론 근거가 없는 오답 X

Step 4 정답 확정

<Listen to a conversation at a workplace.>

W: Do you remember we have to **take the workplace safety exam** tomorrow?
M: Ah… It totally slipped my mind. Have you reviewed much?
W: I glanced through the manual when I first started.
M: Yeah. It's **mostly common sense**, isn't it?
W: Well, it's still important for us to know.
M: True, but I still want to finish it quickly.

Q: Which can be **inferred** from the conversation?
(a) The man is not concerned about safety.
(b) The exam is not very challenging.
(c) The woman needs to review more.
(d) There has been an increase in workplace accidents.

여: 우리 내일 사업장 안전 시험을 봐야 한다는 거 기억하고 있어?
남: 아... 완전 잊고 있었네. 복습 많이 했어?
여: 처음 일 시작할 때 매뉴얼 대충 한 번 훑어봤어.
남: 그렇구나. 대부분 상식이지?
여: 음, 그래도 여전히 우리가 알아야 할 중요한 거잖아.
남: 그렇긴 하지만 난 여전히 빨리 끝내 버리고 싶어.

Q: 대화에서 유추할 수 있는 것은 무엇인가?
(a) 남자는 안전에 대해 관심이 없다.
(b) 시험은 별로 어렵지 않다.
(c) 여자는 더 복습해야 한다.
(d) 그동안 업무 현장에서의 사고가 늘어났다.

어휘 **workplace safety** 사업장 안전 **slip one's mind** 잊어버리다 **review** 복습하다 **glance through** ~을 대충 훑어보다 **manual** 매뉴얼 **common sense** 상식 **challenging** 도전적인, 어려운

○ 질문 형태

추론 문제들은 29~30번 사이에 위치하며, 아래와 같은 형태로 나온다. 문제가 나오는 위치와 형태를 미리 알아두면 대화를 들을 때 미리 마음의 준비를 할 수 있고 해당 유형에 맞는 듣기를 할 수 있어 유리하므로, 아래 정리한 문제 종류들을 익혀 두자.

대화 전체	• What can be **inferred** from the conversation? 대화에서 추론할 수 있는 것은?
특정 대상	• What can be **inferred about the man**? 남자에 대해 추론할 수 있는 것은? • What can be **concluded about the woman** from the conversation? 대화에서 여자에 대해 판단할 수 있는 것은?

○ 문제 풀이 전략

1. 대화의 주제와 관련된 내용이 정답의 근거가 되는 경우가 많으므로 주제를 확실히 파악한다.

대화 장소나 신분을 이해하고 대화의 흐름을 파악하면서 키워드들을 통해 대화 상황을 머리 속에 그려본다. 대화의 전체적인 내용을 이해해야 제대로 추론할 수 있다.

2. 추론은 대화 내용을 근거로 하기 때문에 세부 내용도 간과할 수 없다!

대화 흐름 파악과 동시에 세부정보 또한 노트 테이킹 해야 한다. 노트 테이킹 시에는 Correct 문제를 풀 때처럼 화자별로 적도록 한다. 대화의 세부정보를 paraphrase한 선택지가 정답이 되는 경우도 꽤 많다.

3. 대화의 중/후반부에서 정답에 대한 단서가 나오는 경우가 많다!

대화 초반에 중심 소재와 주제가 드러나고 중/후반부로 가면서 이에 대한 다른 의견, 문제점, 특이 사항 등이 언급된다. 이 부분에서 추론 문제에 대한 단서가 드러나는 경우가 많다는 것을 기억하자.

3. What can be inferred ~? What can be inferred about ~? 유형을 구분한다.

– 질문이 What can be inferred ~? 인 경우 The man과 The woman으로 시작하는 선택지가 2개씩 있거나, 각각 하나씩 있고 나머지는 중심 소재를 주어로 선택지 문장을 만들기 때문에 여러 각도에서 생각할 수 있어야 한다.
– 질문이 What can be inferred about ~?인 경우 about 다음에 언급한 대상이 추론 대상이므로 이 대상에 대한 내용에 초점을 맞춰 선택지의 오답을 소거해 나간다.

4. 추론 내용의 오답 선택지 유형을 알아두자!

추론 문제의 정답은 반드시 대화에 언급된 사실을 바탕으로 도출된다. 즉, 근거가 확실하다는 말이다. 들은 내용만으론 알 수 없거나, 지나치게 넘겨짚어 유추할 수 없는 선택지가 나오면 소거하도록 한다.

> **추론 문제 오답 유형**
>
> (1) 상식적으로는 맞는 내용이지만 대화 내용과는 무관한 선택지
> (2) 대화에 언급된 어휘로 만들었지만 대화 내용과는 무관한 선택지
> (3) 추론 가능한 내용과 정반대의 내용을 말하는 선택지

○ 대화에 언급된 단어가 선택지에 중복되어 제시될 경우 오답일 확률이 높습니다.

부동산

- This apartment **has a great view**.
  이 아파트는 경치가 정말 좋아.
- Let's **go over the contract** with the real estate agent.
  부동산 업체와 함께 계약서를 검토해보자.
- The real estate agent has **charged us too much**.
  그 부동산 업체는 우리에게 바가지 요금을 씌웠어.
- I found an apartment **in my price range**.
  내가 생각하고 있는 가격대의 아파트를 찾았어.
- If you're **flexible about location**, you'll find something better.
  위치가 상관없으면, 좀 더 나은 곳을 찾을 거예요.
- Did you know **the lease** for our apartment **expires** in two months?
  우리 아파트의 계약이 2달 후에 만료된다는 걸 알고 있었어?
- I'm **searching the classifieds** for an apartment.
  아파트 광고들을 찾아보고 있습니다.
- I needed **a bigger apartment** for all of my **belongings**.
  저는 제 모든 짐을 놓을 수 있을 만한 더 큰 집이 필요했어요.
- I am so bored and need **a change of pace**.
  너무 지겨워서 기분 전환이 필요해.
- Since **moving is a hassle**, I just paid a moving company to help me.
  이사하는 건 귀찮은 일이라서, 그냥 이사 전문 회사에 의뢰했어.
- Let's move when **the lease's up**.
  임대 기간이 만료되면 이사 가자.
- You'd better **negotiate for** lower rent.
  더 저렴한 임대료를 위해 협상해 봐.
- Buying a house is **beyond my budget**. I'll just rent it.
  집을 사는 건 내 예산 밖이야. 그냥 임대를 할래.
- I like this apartment. It **costs more**, but my last place was too **cramped**.
  이 아파트가 좋아. 돈은 더 들지만, 저번 집은 너무 비좁았어.
- It's **worth paying more rent**.
  더 비싼 임대료를 낼 만 해.
- My real estate is **keeping me afloat**.
  내 부동산이 내가 빚을 안 지게 해줘.
  ▶ afloat 빚은 안 질 정도의

 금융/보험/투자/청구서/우체국

- We can afford a second car if we **take out a loan**.
  대출을 받으면 두 번째 차를 살 수 있어.
- I'd like to **call off the mortgage loan**.
  저는 제 주택 담보 대출을 중단하고 싶어요.

- The **stock market** continues its **recovery**.
  주식 시장은 계속 회복되고 있어요.
- I extricated myself from the **declining stock market**.
  저는 하락세의 주식 시장에서 빠져나왔어요.
- It should**n't be long before** stocks **rebound**.
  주식들은 반등하는 데 오랜 시간이 걸리지 않을 거야.
- Eric **sold his stocks at a loss**.
  Eric은 손해를 보고 주식을 팔았어.
  ▶ sell at a loss 손해 보고 팔다
- AceTech's stocks **skyrocketed** last year.
  AceTech의 주식이 작년에 급등했어요.
- My credit card application **was rejected**.
  내 신용카드 신청이 거절됐어.
- I'd like to **deposit** some money.
  돈을 좀 입금하고 싶어요.
- This counter **is reserved for** cashing paychecks.
  이 카운터는 월급 수표를 현금으로 받는 전용 카운터예요.
- I'd like to **have the limit raised** on my credit card.
  제 신용카드의 한도를 높이고 싶어요.
- I think I've been **double-billed**.
  제게 이중으로 청구된 것 같아요.
- **My phone bill** is twice as much as last month's bill.
  제 전화비가 저번 달의 두 배로 청구됐어요.
- I need to **send this package** to Winnipeg ASAP.
  이 소포를 Winnipeg으로 최대한 빨리 보내야 해요.
- My car insurance doesn't **cover** anyone but me.
  내 자동차 보험은 나 혼자만 보상받을 수 있어.

 고장

- My MP3 player **isn't working** properly.
  내 MP3가 잘 작동하지 않아.
- The copy machine is **on the blink**.
  그 복사기는 작동이 잘 안돼.
- This photocopier is **out of order**.
  이 복사기는 고장 났어요.
- My computer is **acting up again**.
  내 컴퓨터가 말을 또 안 들어.
- My computer has **crashed**.
  내 컴퓨터가 고장 났어.
- My computer **switches on unexpectedly** sometimes.
  내 컴퓨터가 가끔씩 갑자기 켜져.
- The monitor **just went out**.
  모니터가 금방 나갔어.
- I can't get any **Internet access**.
  인터넷에 접속할 수 없어.

- My computer **was attacked** by a virus.
  내 컴퓨터가 바이러스에 감염되었어.
- The faucet is **dripping**.
  수도꼭지에서 물이 새.
- The toilet is **clogged up**.
  변기가 막혔어.
- We'd better **call maintenance**.
  설비팀에 전화하는 것이 낫겠어.
- Let's **call a plumber**. 배관공에게 전화하자.
- The broken bike is **beyond repair**.
  그 고장난 자전거는 고칠 수 없어.
- The washing machine **broke again**.
  세탁기가 또 고장났어.
- It will be useless to try to **fix it again**.
  다시 고치려 해도 소용없을 거야.
- I set an alarm on my phone, but it **died**.
  내 휴대폰에 알람을 맞추어 놓았는데 휴대폰이 방전됐어.
- My MP3 player suddenly **stopped working**.
  내 MP3 플레이어가 갑자기 작동을 안 해.
- My car **needs a tune-up**. 내 차 정비 받아야 해.
- I just **discovered a crack** in our bathtub.
  방금 욕조에 금이 간 것을 발견했어.
- **The tires are worn out** and I need them to be replaced.
  타이어가 마모되어서 교체해야 해요.

 증상/부상

- I **tweaked my neck** reaching for a fly ball.
  플라이 볼을 잡으려다가 목을 삐었어.
- Your face is **swollen**. 얼굴이 부었네요.
- You **look depressed** these days. Are you **stressed out** about something?
  너 요즘 우울해보여. 무엇인가에 대해 스트레스 받고 있니?
- I think I'm **coming down with** a fever.
  제가 열이 나는 것 같아요.
- I feel **feverish**. 저 열이 있는 것 같아요.
- My fever **came out of nowhere**. 갑자기 열이 났어요.
- I **ache all over**. 온 몸이 아파요.
- I have a **runny[stuffy] nose**. 콧물이 나와요[코가 막혀요]
- I have a **sore throat**. 목이 아파요.
- I have **asthma**. 저는 천식을 앓고 있어요.
- I'm feeling **under the weather**. 몸이 좋지 않아요.
  ▶ under the weather 몸이 좀 안 좋은
- I have **sprained my wrist[ankle]**.
  손목[발목]을 삐었어요.
- I think you **have a cavity**.
  충치가 있는 것 같네요.

- You seem to have a **gum infection**.
  잇몸 감염에 걸리신 것 같아요.
- If you **keep burning the candle at both ends**, you are going to **end up being sick**.
  그렇게 무리하면 결국 아프게 될 거야.
  ▶ burn the candle at both ends 무리해서 일을 하다
- It's **better to be safe than sorry**.
  나중에 후회하는 것보다 미리 조심하는 게 나아.
- My uncle has had a **heart attack**.
  내 삼촌은 심장마비를 겪으신 적이 있어.
- Do you **take walk-ins**? I'd like to have my teeth cleaned.
  예약 없이 바로 가도 되나요? 스케일링 받고 싶은데요.

 진단/치료

- I got some **stitches**.
  봉합 수술 받았어.
- He **has a cast** on his arm.
  그는 팔에 깁스를 했어.
- He is **walking on crutches**.
  그는 목발을 짚고 있어요.
- My mom went through **chemotherapy**.
  엄마가 화학요법 치료를 받으셨어.
- You're really **throwing caution to the wind**.
  너는 전혀 조심하지 않는구나.
- You should try another **medication**.
  다른 약도 한번 먹어봐.
- Get **physical therapy**.
  물리치료 받아.
- You need to **get your cholesterol checked out**.
  너는 콜레스테롤 수치를 확인해야 해.
- We will have to **monitor his progress**.
  우리는 그의 진행 사항을 주시해야 할 거야.
- He **has been hospitalized** for treatment for a week.
  그는 치료를 위해 일주일 동안 입원해 있었어.
- She **was released** from the hospital.
  그녀는 퇴원했어.
- Doctor, **could I be discharged** by Thursday?
  의사 선생님, 저 목요일까진 퇴원할 수 있나요?
- Let me **get a routine checkup**.
  정기 검진을 받고 싶어요.
- It all **depends on** how the operation goes.
  그 수술의 결과에 따라 달라요.
- I have my **doctor's prescription** here.
  여기 의사 처방전을 가지고 있어요.
- We need to **run a few more tests**.
  몇 가지 검사를 더 해봐야 합니다.

Step 1	대화 들으며 노트 테이킹	W: _____
○ 위아래로 왔다갔다하며 해당 화자의 칸에 메모하세요.		_____
		_____
		M: _____
		_____
		_____

Step 2	질문과 선택지 들으며 노트 테이킹	질문: _____
		(a) _____
Step 3	오답 소거	(b) _____
		(c) _____
		(d) _____
Step 4	정답 확정	최종 정답: _____

<Listen to a conversation between a customer service employee and a customer.>

W: Hi. I'm calling about the gas bill I received for March.
M: Sure. That should've arrived the other day.
W: It did, and… I usually pay around $50. This one was $250.
M: That's too high, especially for a private residence.
W: My thoughts exactly.
M: I'll arrange for a technician to come and check your meter.

Q: **What** can be **inferred** from the **conversation**?
(a) The man will refund the woman $250.
(b) The woman is behind on several bills.
(c) The woman has begun using more gas.
(d) The bill amount is the result of an error.

🔓 여자는 전화를 걸어 가스 비용과 관련하여 평소 내던 금액과 이번 달 요금이 다르다는 문제점을 제기한다(usually $50, this one $250). 이에 남자는 너무 비싸게 청구되었으므로 기술자를 보내 미터를 확인하겠다고 하는데, 이는 다른 말로 하면 청구서가 잘못되었다는 뜻이므로 (d)의 내용을 유추할 수 있다.

여: 안녕하세요, 3월에 받은 가스비용 청구서에 대해서 전화 드렸는데요.
남: 네. 며칠 전에 도착했어야 할 텐데요.
여: 그랬어요. 그리고… 저는 보통 50달러 정도를 내요. 그런데 이번엔 250달러여서요.
남: 너무 비싸게 청구가 되었네요. 특히 개인 주택 기준으로 말이죠.
여: 제 생각도 그래요.
남: 고객님의 계량기를 가서 확인할 기술자를 배정하도록 하겠습니다.

Q: 대화에서 유추할 수 있는 것은 무엇인가?
(a) 남자는 여자에게 250달러를 환불해 줄 것이다.
(b) 여자는 여러 청구서 비용이 밀려 있다.
(c) 여자는 가스를 더 많이 쓰기 시작했다.
(d) 청구서 금액에 오류가 있었다.

어휘　gas bill 가스 비용 청구서　the other day 일전에, 며칠 전에　private residence 개인 주택　arrange ~을 배정하다　technician 기술자　meter 계량기　refund A + 금액: A에게 ~을 환불해주다　be behind on ~이 밀려 있다　result 결과

기출문제를 포함한 실전 문제들을 풀며 학습한 내용을 확인해 보세요.

Part 3 다음 대화를 듣고 질문에 가장 적절한 답을 고르시오.

1. (a) (b) (c) (d)

2. (a) (b) (c) (d)

3. (a) (b) (c) (d)

4. (a) (b) (c) (d)

5. (a) (b) (c) (d)

6. (a) (b) (c) (d) 기출

7. (a) (b) (c) (d)

8. (a) (b) (c) (d)

9. (a) (b) (c) (d)

10. (a) (b) (c) (d) 기출

정답 및 해설 p.114

☑ Part 3에는 대화 상황, 대화의 맥락을 사용하여 혼동을 주는 오답 유형이 많다.

☑ 대화 내의 특정 표현이나 세부적인 내용들을 가지고 오답을 내는 경우도 있기 때문에 세부정보 역시 노트 테이킹을 하면서 기억해야 한다.

☑ 대화를 딱 한 번만 들려주므로 전체를 듣는 능력과 세부적인 내용을 듣는 능력을 모두 발휘해야 하며, 각각의 오답 유형에 익숙해 두어야 오답 함정에 빠지지 않는다. 본 코너를 통해 오답 유형을 숙지하여 실전에서 정확히 소거해낼 수 있도록 하자.

소리 함정

🎧 U18_1

대화에 등장한 단어나 표현을 똑같이 반복하거나 이와 유사한 발음을 지닌 어휘를 이용한 오답 유형이다. 들었던 단어가 들리거나 비슷한 소리가 들릴 때 수험자는 본능적으로 그 소리에 이끌리게 된다. 평범한 어휘보다 대화에 나온 특징적인 단어가 반복되는 경우 더욱 그러하다. 허무하게 이러한 함정에 빠지지 않도록 다음 문제를 풀며 익혀두자.

1. (a) _____ (b) _____ (c) _____ (d) _____

<Listen to a conversation between two friends.>

M: I'm really struggling with my **Pilates** class.

W: Really? What's wrong?

M: I'm not in the best of shape, so I'm always sore afterwards.

W: Well, you know what they say: no pain, no gain.

M: Right. Actually, I'm taking some **painkillers** right now.

W: Hmm… just be careful. You might wind up addicted.

Q: What is mainly happening in the conversation?

(a) The man is complaining about his **Pilates** teacher.

(b) The woman is recommending a new **painkiller**.

(c) The man is talking to the woman about a problem.

(d) The woman is advising the man about his injury.

⚠ 오답 피하기

대화에 언급된 특징적인 단어 필라테스(Pilates)와 진통제(painkillers)가 각각 선택지 (a), (b)에 반복 사용되며 오답을 유도하고 있다. 선택지 내용이 대화 내용과 완전히 다르지만 대화를 제대로 이해하지 못한 경우 이러한 함정에 빠지기 쉬우므로 주의한다.

(a) 남자는 필라테스 강사(Pilates teacher)가 아니라 수업(Pilates class)을 받고 난 몸 상태에 대해 불평하므로 오답 ✗

(b) 여자는 진통제(painkillers)에 중독될 수도 있다(wind up addicted)고 경고하므로 오답 ✗

(c) 몸이 아픈 상태에 대해 이야기하고 있으므로 정답 ◯

(d) 대화 내용을 듣고 연상 가능한 injury(부상)를 이용한 오답 ✗

남: 나 필라테스 수업하는데 애먹고 있어.

여: 그래? 뭐가 잘못됐는데?

남: 지금 몸 상태가 최상이 아니라 수업 후에 항상 아파.

여: 음, 그런 말이 있잖아. 고통 없이는 얻는 게 없다.

남: 맞아. 사실 지금은 진통제를 먹고 있어.

여: 음… 주의해서 먹어. 너 그러다 중독될지도 몰라.

Q: 대화에서 주로 무슨 일이 일어나고 있는가?

(a) 남자가 필라테스 강사에 대해 불평하고 있다.

(b) 여자가 새로운 진통제를 추천주고 있다.

(c) 남자가 여자에게 문제점에 대해 말하고 있다.

(d) 여자가 남자의 부상에 대해 조언 중이다.

> **어휘** **struggle with** ~에 애를 먹다 **in the best of shape** 건강이 가장 좋은 상태인 **sore** 아픈 **afterwards** 나중에 **no pain, no gain** 고통 없이는 얻는 게 없다 **painkiller** 진통제 **wind up** (~의 상황에) 처하게 되다 **complain about** ~에 대해 불평하다 **injury** 부상

🎧 U18_2

대화에 나온 상황 및 맥락과 연관된 내용이어서 그럴듯하게 들리지만, 실제 대화의 중심 내용과는 연관이 없는 오답이다. 대화를 정확히 듣지 못했을 경우 왠지 정답 같은 느낌을 받기 때문에 대화를 들을 때 핵심을 파악하는 청해 실력이 요구된다.

2. (a) _____ (b) _____ (c) _____ (d) _____

<Listen to a conversation between two friends.>

M: Hey, Janet, how about spending the afternoon in a **café**?

W: That sounds relaxing. Are you thinking of any place in particular?

M: I always enjoy Donkey Coffee. Especially the music in there. It definitely adds to the **atmosphere**.

W: Ah, forget it, then.

M: Really? **The staff** is always amiable, and I know you love their **croissants**.

W: True, but I don't want to be surrounded by university students. Plus, their coffee is way **overpriced**.

M: Well, I can't argue with that.

Q: Which is correct about Donkey Coffee according to the conversation?

(a) **The atmosphere** is unpleasant.
(b) **The employees** are friendly.
(c) **The baked goods** are overpriced.
(d) **The service** doesn't match their price.

⚠️ **오답 피하기**

남자가 여자에게 Donkey Coffee에서 시간을 보내자고 제안하는 상황이다. café와 관련하여, 분위기(atmosphere), 직원(the staff), 크로와상(croissants), 가격(overpriced) 등이 언급되었는데, 선택지에 이와 연관된 어휘들이 등장하여 오답을 유도하고 있다.

(a) 음악이 분위기를 더해준다고(adds to the atmosphere) 하는 것은 분위기가 좋다는 뜻이므로 오답 X

(b) 직원들이 친절하다고(amiable) 하므로 정답 O

(c) 대화에 언급된 크로와상(croissants)과 관련 있는 baked goods(빵류)를 언급하지만 오답. 대화에서 너무 비싸다고(overpriced) 한 것은 커피. X

(d) 카페 연관 어휘인 service를 언급하지만 대화에서 서비스에 대한 언급은 없었으므로 오답 X

남: 안녕, Janet, 카페에서 오후 시간 보내는 게 어때?

여: 여유로울 것 같아. 특별히 생각하는 곳 있어?

남: 난 늘 Donkey Coffee를 좋아해. 특히 그 카페의 음악 말야. 확실히 분위기를 더해줘.

여: 아, 그럼 됐어.

남: 정말? 직원들도 항상 쾌활하고, 난 네가 거기 크로와상을 좋아하는 줄 알았는데.

여: 맞아, 하지만 대학생들한테 둘러싸이고 싶지 않아. 게다가 거긴 커피값도 너무 비싸.

남: 음, 그 점에 대해선 반박할 수가 없네.

Q: 대화에 따르면 Donkey Coffee에 대해 옳은 것은 무엇인가?

(a) 분위기가 불쾌하다.
(b) 직원들이 친절하다.
(c) 제과류들의 가격이 너무 비싸다.
(d) 서비스가 가격에 부합하지 않는다.

어휘 in particular 특별히 definitely 분명히 add to ~에 더하다, 보태다 atmosphere 분위기 forget it (중요하지 않으니) 잊어버려 amiable 쾌활한, 정감 있는 croissant 크로와상 be surrounded by ~에게 둘러싸이다 way adv. 아주, 대단히 overpriced 너무 비싼 argue with ~에 반박하다 unpleasant 불쾌한 friendly 친절한, 우호적인 match ~와 맞먹다, 대등하다

대화를 들을 때 화자들의 성별보다는 내용에 주의해서 듣게 된다. 출제자는 이러한 점을 노려 주어나 대상을 선택지에서 다르게 바꾸어 오답을 만든다. 여성을 he로 받기도 하고 둘 사이의 대화인데 제 3자를 등장시킨 오답을 배치하기도 한다.

3. (a) _____ (b) _____ (c) _____ (d) _____

<Listen to a conversation between a restaurant employee and a customer.>

W: Roman's Bistro, how may I help you?

M: Hello. My name is Joseph Ortega. **I'd like to make a dinner reservation** for next week.

W: It's rather short notice, but which evening would you prefer?

M: How does Wednesday look?

W: Oh, sorry, we're at capacity that night. How about Thursday?

M: Sure, I'll make it work. Is 7:00 P.M. OK?

W: There's a table open, so you're in luck.

Q: Which is correct according to the conversation?
(a) **The woman is making a reservation**.
(b) Roman's Bistro is fully booked on Wednesday.
(c) The man is busy on Thursday.
(d) The man can get a table anytime today.

⚠ **오답 피하기**

식당에 전화해서 저녁 식사를 예약하는 대화이다. 남자는 예약을 하는 사람이고 여자는 예약을 받는 사람이다. 이를 이용해 주어를 바꾼 오답이 나올 수 있음에 유의하자.

(a) 주어가 The woman이 아니라 The man이 되어야 한다. 정말 치사하지만 이런 오답이 자주 나온다. X

(b) 수요일은 예약이 다 차있다고 하므로(we're at capacity that night) 정답 O

(c) 대화에 언급된 Thursday를 이용한 오답 X

(d) 남자가 테이블을 잡을 수 있는 것은 목요일 7시이므로 오답 X

여: Roman's Bistro입니다. 무엇을 도와드릴까요?

남: 안녕하세요. 제 이름은 Joseph Ortega라고 합니다. 다음 주에 저녁 예약을 하고 싶은데요.

여: 일정이 좀 촉박하긴 한데, 원하시는 저녁이 언제인지요?

남: 수요일은 어떤 것 같나요?

여: 아, 죄송합니다만 그날 저녁은 꽉 찼네요. 목요일은 어떠세요?

남: 네, 시간을 맞출게요. 저녁 7시 괜찮을까요?

여: 가능한 테이블이 하나 있는데, 운이 좋으시네요.

Q: 대화에 따르면 옳은 것은 무엇인가?
(a) 여자는 예약을 하는 중이다.
(b) Roman's Bistro는 수요일에 예약이 꽉 찼다.
(c) 남자는 목요일에 바쁘다.
(d) 남자는 오늘 아무 때나 테이블을 잡을 수 있다.

어휘 **make a reservation** 예약하다 **short notice** 촉박한 통보 **at capacity** 최대 수용 상태인 **make it work** 일이 되게 하다 **in luck** 운 좋게도 **fully booked** 모두 예약된 **anytime** 언제든 **be in luck** 운이 좋다

대화 내용의 일부를 이용해 오답을 만드는 경우이다. 선택지 내용 중 일부만 대화 내용과 일치하고 나머지 부분은 틀린 내용인 오답이 나온다. 단어나 짧은 구를 조금 바꿔 놓은 형태이기 때문에 대화와 보기를 모두 완벽히 듣지 않으면 그럴듯하게 들려 함정에 빠지기 매우 쉬운 유형이니 정확히 듣고 메모하는 연습을 해 두자.

4. (a) _____ (b) _____ (c) _____ (d) _____

<Listen to a conversation between a florist and a customer.>

M: Clivestone Florists, this is Mark. How can I help you?

W: Hi. I need to order a bouquet.

M: OK. Would you like us to deliver it?

W: No, I'll stop by when it's ready.

M: What kind of flowers would you like?

W: A mix of royal purple carnations and pink roses. Also, **I'd like them in a narrow neck vase**.

M: Great. I'll take 10% off since it's pick-up, and **the bouquet will be ready in two hours**.

Q: Which is correct according to the conversation?

(a) The flowers will be delivered to the woman's work.

(b) The woman requested **several vases**.

(c) The florist is providing a discount.

(d) The order will be ready **in half an hour**.

⚠️ **오답 피하기**

여자가 꽃가게에 전화를 걸어 꽃을 주문하고 있는 상황이다.

(a) 여자가 직접 가지러 오겠다(pick up)고 했으므로 오답 X

(b) 여자가 화병을 부탁하고 있긴 하지만 한 개(in a narrow neck vase)를 부탁하므로 오답 X

(c) 픽업에 대해 10% 할인을 해주므로(take 10% off) 정답 O

(d) 두 시간 후에 준비된다고(ready in two hours) 하므로 오답 X

남: Clivestone Florists의 Mark입니다. 무엇을 도와드릴까요?

여: 안녕하세요. 부케를 하나 주문하고 싶은데요.

남: 네. 배송해드리기를 원하시나요?

여: 아뇨, 준비되면 제가 들르겠습니다.

남: 어떤 종류의 꽃을 원하세요?

여: 보라색 카네이션과 핑크색 장미를 섞어주세요. 그리고 목이 좁은 화병에 부탁드립니다.

남: 좋습니다. 픽업해가시니 10% 할인을 해드리겠습니다. 부케는 두 시간 후에 준비될 예정입니다.

Q: 대화에 따르면 옳은 것은 무엇인가?

(a) 꽃은 여자의 직장으로 배송될 것이다.

(b) 여자는 화병 여러 개를 요청했다.

(c) 꽃집 주인은 할인을 제공하고 있다.

(d) 주문은 30분 후에 준비될 것이다.

어휘 **bouquet** 꽃다발, 부케 **stop by** 들르다 **a mix of** ~의 혼합 **royal purple** 보랏빛의 **narrow neck vase** 목이 좁은 화병 **take** 10% **off**: 10% 할인해주다 **pick-up** 직접 가져가기 **florist** 꽃집 주인

대화에 언급된 내용과 반대되는 내용이 오답으로 등장한다. 이때 반의어를 사용하거나 not, never, no의 부정어를 사용한다는 것을 알아 두자.

5. (a) _____ (b) _____ (c) _____ (d) _____

<Listen to a conversation at an office.>

W: Good morning, Mr. Sizemore. How are you?

M: Great, and welcome back. Did you enjoy your vacation?

W: It was fantastic. We went on a camping trip since **my husband doesn't care for the beach**.

M: Oh, good for you, but that's the opposite of a vacation to me.

W: Well, it was refreshing. We hiked in the national park, set up camp, and then woke up early to watch the sunrise from the mountain peak. It was gorgeous.

M: Sounds nice, but **I for one will never go camping again**; I'm much too lazy these days. What else did you do?

W: We tried white water rafting too.

M: Wow. I think you'll be quite bored back at the office.

Q: What can be inferred from the conversation?

(a) The woman's husband **likes** going to the beach.

(b) The man has **never** been camping.

(c) The woman's work is not exciting.

(d) The man wants to be **more adventurous**.

⚠️ **오답 피하기**

여자가 다녀온 캠핑 휴가에 관한 이야기를 나누고 있다.

(a) 여자의 남편은 해변을 좋아하지 않는다고(doesn't care for) 했는데 반대로 말하는 오답 ✗

(b) 남자가 다시는 캠핑을 가지 않을 것이라고(will never go camping again) 하는데, 이는 캠핑을 가본 적이 있음을 뜻하므로 오답 ✗

(c) 여자에게 휴가에서 돌아와 일이 지루하겠다고(quite bored back at the office) 하는 말에서 유추할 수 있는 정답 ○

(d) 남자는 자신이 게으르다고(too lazy) 하므로 더 모험을 즐기고 싶다는 것 역시 반대 내용 오답 ✗

여: Sizemore 씨, 좋은 아침이에요. 어떻게 지내세요?

남: 아주 잘 지내요. 돌아온 걸 환영해요. 휴가는 잘 보내셨나요?

여: 아주 좋았어요. 제 남편이 해변을 좋아하지 않아서 캠핑 여행을 다녀왔어요.

남: 좋네요, 그런데 저한테는 그게 휴가와는 정반대이네요.

여: 음, 개운했어요. 국립 공원에 가서 캠프 장비를 설치하고, 산 정상에서 일출을 보기 위해 일찍 일어났죠. 아주 아름다웠어요.

남: 좋을 것 같긴 한데 저로서는 캠핑을 다시는 가지 않을 것 같아요. 요즘 너무 게으르거든요. 또 다른 건 뭐하셨어요?

여: 급류 래프팅도 해봤답니다.

남: 아. 사무실에 다시 돌아와서 꽤 지루하실 것 같네요.

Q: 대화에서 추론할 수 있는 것은 무엇인가?

(a) 여자의 남편은 해변에 가는 것을 좋아한다.

(b) 남자는 캠핑을 가본 적이 없다.

(c) 여자의 직장은 신나지 않다.

(d) 남자는 좀 더 모험을 즐기고 싶어한다.

어휘 **care for** ~을 좋아하다 **oposite** 반대 **refreshing** 기분 전환이 되는 **hike** 도보 여행을 하다 **national park** 국립 공원 **set up** ~을 설치하다 **wake up** 잠에서 깨다 **sunrise** 일출 **mountain peak** 산 정상 **for one** 자신은 (자기로서는) **what else** 다른 무엇 **much too** 지나치게 **white water rafting** 급류 래프팅 **adventurous** 모험을 즐기는

기출문제를 포함한 실전 문제들을 풀며 학습한 내용을 확인해 보세요.

Part 3 다음 대화를 듣고 질문에 가장 적절한 답을 고르시오.

1. (a) (b) (c) (d)

2. (a) (b) (c) (d)

3. (a) (b) (c) (d)

4. (a) (b) (c) (d)

5. (a) (b) (c) (d)

6. (a) (b) (c) (d)

7. (a) (b) (c) (d)

8. (a) (b) (c) (d)

9. (a) (b) (c) (d)

10. (a) (b) (c) (d)

정답 및 해설 p.119

☑ 시험지에 문제와 선택지가 제시되는 타 시험과 달리 TEPS는 온전히 듣기로만 풀어야 하고, 들은 내용을 곱씹어 볼 시간적 여유가 전혀 없으며, 출제 범위가 워낙 광범위해서 단어나 문장을 암기하고 유형을 정리해도 공부한 것이 나올 확률이 매우 적다.

☑ 직청직해란 영어의 어순에 익숙해져 있어 그 어순대로 의미 덩어리가 머리에 들어오며 바로바로 이해가 되는 것을 말하는데, 이것이 가능하지 않으면 TEPS 청해에서 고득점을 하기 어렵다.

☑ 직청직해 능력은 하루 아침에 길러지지 않는다. 평소 스크립트 소리 내어 읽기를 꾸준히 하고, 듣기를 할 때에는 단어 단위로 듣지 말고 구/절 등의 의미 단위로 듣는 연습을 하도록 한다. 그리고, 한 문제를 풀더라도 생각 없이 흘리지 말고 핵심어(keyword)를 잡아내는 연습을 한다.

대화의 맥락과 흐름 잡기 + 오답 소거하기
🎧 U19_1

앞선 Unit들에서 평서문, 의문문, 구/절 형태의 문장 구조 학습을 했다. 이런 문장 단위의 듣기 실력을 어느 정도 갖춘 후에도 듣기가 어려운 것은 전체 흐름을 따라가는 듣기를 못하기 때문이다. 첫 문장에서는 대화 중심 소재를 잡고, 이를 바탕으로 전체의 정황을 짐작해 보며, 이후에는 대사마다 핵심어를 잡아내어 연결시키는 연습을 해야 한다.

1. (a) _____ (b) _____ (c) _____ (d) _____

<Listen to a conversation between two colleagues.>

M: I'm considering **moving to Chicago to take a new job**.
W: What? Are you serious? The **winters** there are **brutal**.
M: **Cold weather doesn't bother me**. I can handle it.
W: Well, it's also one of the most **violent** cities in the U.S.
M: Whoa. Is it really that bad?
W: With its crime rate, I **wouldn't live there** no matter what the job paid.

남: 나 새로운 직장 구하려고 Chicago로 이사하는 걸 고려 중이야.
여: 뭐? 진심이야? 거기 겨울 정말 추운데.
남: 추운 날씨가 신경 쓰이지는 않아. 감당할 수 있어.
여: 음, 그리고 거기는 미국에서 가장 난폭한 도시 중 하나인데.
남: 와. 정말 그 정도로 안 좋아?
여: 거기 범죄율을 보면, 직장 보수가 얼마든지간에 난 거기서 살지 않을 것 같아.

1. 첫 대사에서 키워드 잡아 대화 상황 이해하기

> moving to Chicago, take a new job
> ➋ 남자가 새 직장 때문에 시카고에 가려는 상황

2. 성별에 맞추어 문장마다 핵심어 잡기

M	moving to Chicago, take a new job / doesn't bother
W	winter, brutal / violent, crime rate, wouldn't live there

Q: What is **taking place** in the conversation?
(a) The **woman** is **offering** the man a **job**.
(b) The **man** is planning to **leave Chicago**.
(c) The **woman** is **warning** the man **not to move to Chicago**.
(d) The **man** is **unhappy** with his **current city** of residence.

Q: 대화에서 무슨 일이 일어나고 있는가?
(a) 여자는 남자에게 일자리를 제안하는 중이다.
(b) 남자는 Chicago를 떠날 계획 중이다.
(c) 여자는 남자에게 Chicago로 가지 말라고 경고하고 있다.
(d) 남자는 현재 거주중인 도시가 불만족스럽다.

1. 질문 유형 파악

> 상황?

2. 각 선택지 핵심어 노트 테이킹 & 오답소거

(a) W – 취업 제의	X
(b) M – 시카고 떠날 계획	X
(c) W – 시카고 가지 말라고 경고	O
(d) M – 현재 도시 불만	X

3. 정답 확정

---

2. (a) _____ (b) _____ (c) _____ (d) _____

<Listen to a conversation between two friends.>

W: Check out this shirt! It's fantastic. I have to **get it**!

M: Take a look at the **price tag**. That's a **ridiculous amount** for a T-shirt.

W: It's **only $180**.

M: Do you know **how many normal shirts** you could buy with that?

W: But this isn't a normal shirt. I'm going to **buy it**.

M: Unbelievable. You're just **throwing money away**.

W: I work hard for my money, so I **can spend** it how I choose.

여: 이 셔츠 좀 봐봐! 끝내주네. 나 이거 사야겠어!
남: 가격표 좀 봐. 티셔츠 한 장에 말도 안 되는 가격이야.
여: 겨우 180달러인걸.
남: 너 그 가격이면 다른 평범한 셔츠를 몇 개나 살 수 있는지 알아?
여: 그렇지만 이건 평범한 셔츠가 아니잖아. 나 이거 살래.
남: 믿기 힘드네. 너 그냥 돈을 허비하는 거야.
여: 난 돈 벌려고 열심히 일했으니 내가 선택하는 방식대로 쓸 거야.

Q: What can be **inferred** from the conversation?

(a) The **man** is **impressed** by the **shirt**.

(b) The **woman** only **wears expensive** clothes.

(c) The **man** tries to be **financially responsible**.

(d) The **woman** wants to **dress well for work**.

Q: 대화에서 추론할 수 있는 것은 무엇인가?

(a) 남자는 셔츠에 매료되었다.

(b) 여자는 값비싼 옷들만 입는다.

(c) 남자는 돈 문제에 책임감을 가지려고 한다.

(d) 여자는 직장에 옷을 잘 입고 가고 싶어 한다.

---

1. 첫 대사에서 키워드 잡아 대화 상황 이해하기

Check out this shirt
❍ 셔츠 매장에 있음

2. 성별에 맞추어 문장마다 핵심어 잡기

W	shirt, get it / only $180 / buy / can spend
M	price tag, ridiculous / how many normal shirts / throwing money away

1. 질문 유형 파악

Infer?

2. 각 선택지 핵심어 노트 테이킹 & 오답소거

(a) M – 셔츠에 매료	X
(b) W – 비싼 옷만 입음	X
(c) M – 돈 문제에 책임감	O
(d) W – 직장에 옷 잘 입고자	X

3. 정답 확정

어휘 **1. consider -ing** ~할 것을 고려하다 **brutal** 지독한 **bother** ~을 성가시게 하다 **handle** ~을 다루다, 처리하다 **violent** 폭력적인 **no matter what** 아무리 ~라 해도 **warn A not to do**: A에게 ~하지 말라고 경고하다 **residence** 거주(지)

2. price tag 가격표 **ridiculous** 터무니없는 **normal** 평범한 **throw money away** 돈을 허비하다 **be impressed by** ~에 깊은 인상을 받다 **financially** 재정적으로 **responsible** 책임감 있는

Step 1 대화 들으며 노트 테이킹 ○ 위아래로 왔다갔다하며 해당 화자의 칸 　에 메모하세요.	W: _____ _____ _____ M: _____ _____ _____
Step 2 질문과 선택지 들으며 　　　　노트 테이킹 **Step 3** 오답 소거	질문: _____ (a) _____ _____ (b) _____ _____ (c) _____ _____ (d) _____ _____
Step 4 정답 확정	최종 정답: _____

<Listen to a conversation between a catering service employee and a customer.>

W: Fifth Street **Catering**, how can I help you?
M: I need to talk to Joel Elliot about the Phillips **luncheon**.
W: He's finishing a **delivery** now. May I take a message?
M: It's urgent, so I'll wait. It's about a **mistake** with our order.
W: Did we **forget** to send **one of the dishes**?
M: No, but we got **pork tacos instead of vegan**.

Q: Which is **correct** according to the conversation?
(a) Fifth Street Catering called the man about a luncheon.
(b) The man would rather leave a message than wait.
(c) The man is calling about a missing receipt.
(d) Fifth Street Catering sent an incorrect menu item.

🔒 음식공급업체에 고객이 전화한 상황으로, 문제점이 대화의 주제가 된다. 고객이 원래 주문한 채식 제품 대신 돼지고기 타코를 받았다고(we got pork tacos instead of vegan) 하므로, 업체가 음식을 잘못 보냈다는 것을 알 수 있어 (d)가 정답이다.

(a) 전화 건 주체가 바뀌어 오답 X
(b) 메시지를 남기지 않고 기다리겠다고 했으므로 반대 내용 오답 X
(c) 대화에서 언급된 어휘(forget)를 이용한 오답 X
(d) got pork tacos instead of vegan을 잘못된 메뉴(incorrect menu)로 바꾸어 표현한 정답 O

여: Fifth Street Catering입니다. 무엇을 도와 드릴까요?
남: Phillips사와의 오찬 때문에 Joel Elliot과 얘기를 좀 하고 싶은데요.
여: 그는 지금 배달을 마저 하는 중입니다. 메시지를 남겨드릴까요?
남: 급한 일이라, 기다리겠습니다. 저희 주문 관련 오류에 대해서입니다.
여: 저희가 요리 중에 빠뜨리고 보낸 게 있나요?
남: 아뇨, 그런데 채식 제품 대신 돼지고기 타코를 받았습니다.

Q: 대화에 따르면 옳은 것은 무엇인가?
(a) Fifth Street Catering이 오찬에 관해 남자에게 전화했다.
(b) 남자는 기다리느니 메시지를 남기고자 한다.
(c) 남자는 누락된 영수증에 대해 전화 중이다.
(d) Fifth Street Catering이 잘못된 메뉴를 보냈다.

어휘 luncheon 오찬 take a message 메모를 남기다 urgent 긴급한 dish 요리 pork 돼지고기 vegan 엄격한 채식주의자 would rather A than B: B보다 A를 하고 싶다 missing 누락된, 없어진 receipt 영수증 incorrect 잘못된

Part 3 다음 대화를 듣고 질문에 가장 적절한 답을 고르시오.

1. (a) (b) (c) (d)

2. (a) (b) (c) (d)

3. (a) (b) (c) (d)

4. (a) (b) (c) (d)

5. (a) (b) (c) (d)

6. (a) (b) (c) (d)

7. (a) (b) (c) (d)

8. (a) (b) (c) (d)

9. (a) (b) (c) (d)

10. (a) (b) (c) (d)

정답 및 해설 p.125

시원스쿨 텝스 청해

Part 3 TEST

You will now hear ten complete conversations. For each conversation, you will be asked to answer a question. Before each conversation, you will hear a short description of the situation. After listening to the description and conversation once, you will hear a question and four options. Based on the given information, choose the option that best answers the question.

MP3 바로 듣기

정답 및 해설 p.131

시원스쿨 텝스
청해

Part 4 & 5

Part 4 & 5 문제 구성

파트	문항 수 (번호)	문제 유형	
Part 4	**2문항** **(31-32)**	**중심내용 문제** 담화의 주제나 목적, 요점이 무엇인지를 묻는 문제 유형이다.	1. 4~6문장 정도 길이의 담화를 듣고 질문에 적절한 답을 찾는 형태이다.
	3문항 **(33-35)**	**세부정보 문제 (Correct, Wh-)** 담화를 듣고 담화 내용에 대한 설명으로 옳은 것을 고르는 문제(Correct, Correct about ~), 그리고 각종 의문사(Why, Which, What, When, How 등)를 이용하여 이유, 방법, 대상, 기간, 시점, 장소, 수량 등의 기타 세부사항에 대해 묻는 문제들이 출제된다.	2. 담화와 질문은 2회, 선택지는 단 1회만 들려준다.
	1문항 **(36)**	**추론 문제 (Infer, Which statement ~ agree)** 담화를 통해 유추해 낼 수 있는 사항을 고르는 문제 유형이다.	3. 뉴스, 학술강연, 주장, 공지, 광고 등 매우 다양한 유형의 담화가 나오며 내용도 길고 어렵다.
Part 5 신유형	**4 (37-40)**	**담화를 듣고 질문에 가장 적절한 답 고르기 (1지문 2문항)** 총 2개의 담화가 나오며, 각 담화에서 문제가 2개씩 나온다. [중심내용 문제] [세부사항 문제] [추론 문제]의 카테고리 중에서 2문제가 출제된다. 주제 문제가 나오는 경우 항상 첫 번째 문제로 등장하며, 추론 문제는 주로 두 번째 문제로 나온다.	담화의 종류나 문제 유형은 Part 4에서 나온 것들과 같다. 차이점은 담화의 길이가 더 길고, 한 개 담화에 2문제가 나온다는 것이다.

🎧 **Part 4**

Horror fans are over the moon this week for the upcoming release of Michael Mark's latest book. If you enjoy blood-chilling mysteries with unpredictable twists, then this collection will surely be to your taste. Don't go into it expecting to be impressed by skillful prose or sharp dialogue, as the writing itself has never been Mark's strong point. But, if you want a few good frights and a reason to keep the lights on at night, then look no further.

Q: Which is correct about the Michael Mark's book according to the review?

(a) It is likely to be enjoyed by enthusiasts of the genre.
(b) It is written in an elaborate and skillful manner.
(c) It has been delayed indefinitely by the publisher.
(d) It is not as scary as the author's previous releases.

🎧 **Part 5**

As part of our modern American literature conference, the English Department will be hosting Professor Robert DeMott, a leading scholar in the field. His keynote lecture will be next Thursday evening at 7 P.M. in the Walter Rotunda. In his talk, Professor DeMott will discuss Ernest Hemingway's idealistic depiction of Spain and its culture. Even if you're not familiar with Hemingway's novels set in the country, the topic is fascinating. Professor DeMott will speak at length about the Spanish Civil War and the writer's involvement in it, and he'll also examine the cultural symbolism of bullfighting and how it differs today from how Hemingway wrote about it. I highly encourage you all to attend. You can also bring your friend in. Walter Rotunda has a maximum capacity of 300, but additional standing room will be available.

37. What is mainly being announced about Professor DeMott?
(a) He will teach a new class on American literature.
(b) He will be giving a lecture that anyone may attend.
(c) His latest book on Modernism is available for purchase.
(d) He was recently promoted to the head of the English Department.

38. What will be the central focus of Professor DeMott's lecture?
(a) Hemingway's travels in Europe
(b) The lasting effects of the Spanish Civil War
(c) The influence of bullfighting in literature
(d) Hemingway's ideas about Spain

🔍 Part 4 & 5 문제의 특징

❶ **담화와 질문은 2회, 선택지는 단 1회만 들려준다.**

Part 3와 달리 Part 4 & 5는 담화와 질문을 2회 들려준다. 하지만 선택지는 1회만 들을 수 있다. 녹음이 나오는 순서는 다음과 같다.

Part 4 담화(1차) ➡ 질문 ➡ 담화(2차) ➡ 질문과 선택지

Part 5 담화(1차) ➡ 질문1 ➡ 질문2 ➡ 담화(2차) ➡ 질문1과 선택지 ➡ 질문2와 선택지

❷ **Part 4는 담화 1개당 1문제, Part 5는 담화 1개당 2문제가 출제된다.**

Part 4는 1개의 담화를 듣고 1문제를 푼다. 이때 문제 유형은 [중심내용 문제] – [세부정보 문제] – [추론 문제]의 순서로 배열이 정해져 있다. 하지만 Part 5는 [중심내용 문제(주제/요지, 담화 장소, 화자의 신분)]와 [세부정보를 묻는 문제(Correct, Wh–)], [추론 문제]의 3개 카테고리 중에서 2문제가 조합되어 나온다.

❸ **복잡하고 긴 문장들이 하나의 주제 아래 유기적으로 연결되어 있다.**

Part 1, 2, 3에서 구어체 대화 듣기 능력을 확인한다면 Part 4, 5에서는 다소 길고 수식어구나 연결어가 많은 담화 듣기 능력을 측정한다. 긴 문장을 들어도 구조를 바로 파악할 수 있는 직청직해 능력을 길러야 한다.

❹ **Paraphrasing!**

담화에 등장한 단어가 그대로 사용되는 선택지는 오답인 경우가 많고, 반드시 다른 표현으로 바뀌어 표현 (Paraphrasing)된다. 또한, 세부정보 문제의 질문에 주어진 내용이 담화에서 Paraphrase되어 등장하는 경우가 많다.

빅데이터로 본 Part 4 & 5

문제 유형	담화 유형	담화 주제
1. 중심내용 문제: Main topic, Main point 2. 세부정보 문제 　－ 진위 확인: Correct, Correct about 　－ 기타 세부사항: 각종 Wh- Questions 3. 추론 문제: Inferred, Inferred about, 　　　　　　Which statement ~ agree?	1. 실용 담화 　－ 뉴스, 공지, 방송, 광고, 연설 등 2. 전문적 내용의 담화 　－ 주장/비판/연구결과 　－ 인문/사회과학, 자연과학 강의	일상생활, 사회/경제 뉴스, 일기예보, 교통 상황, 라디오 방송, 역사, 문화, 건강, 의학, 유래, 언어, 환경, 자연과학, 사회, 경제, 경영, 과학기술, 문학, 예술, 교육, 심리학 분야 등 전 분야에 걸쳐 골고루 출제

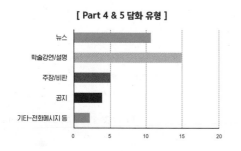

[Part 4 & 5 담화 유형]

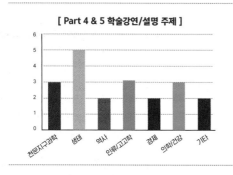

[Part 4 & 5 학술강연/설명 주제]

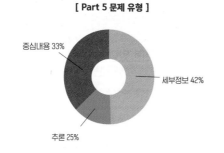

[Part 5 문제 유형]

출제 현황

1. Part 4 & 5에서는 학술강연/설명 담화의 비중이 월등히 높다.

2. 학술강연/설명 담화에서는 다양한 주제가 나오는데, 그 중에서도 생태를 주제로 한 강연이 많이 나오는 것이 특징적이다. (ex. 아프리카 코끼리, 매머드, 흰색점개구리, 독거미 등)

3. 학술강연/설명 담화에는 일상 회화에서는 잘 쓰이지 않는 다소 전문적인 어휘와 어려운 표현들이 많이 나오고, 설명이 길어지는 경우가 많기 때문에 난이도가 높다. Part 4 & 5는 이렇게 난이도 높은 담화가 차지하는 비중이 높아 가장 어려운 Part이다.

4. Part 5의 문제 유형을 보면 세 개의 문제 유형 카테고리 중에서 세부정보 문제 유형이 가장 높은 비중을 차지한다. 다행히 Part 4 & 5에서는 질문을 듣고 담화를 한 번 더 청취할 수 있기 때문에 이를 잘 활용하면 세부정보 문제들을 잘 풀 수 있다.

Part 4 & 5 학습 전략

❶ 어휘력 기르기

앞서 살펴보았듯이 Part 4 & 5에서는 학술강연이 상당한 비중으로 출제되기 때문에 어려운 어휘와 표현이 자주 등장한다. 따라서 TEPS 유형을 정리하고 실전문제를 푸는 것 외에 분야별 어휘를 따로 정리해 외워 둘 필요가 있다.

❷ 긴 문장을 들을 수 있는 문장력 기르기

긴 문장을 듣고 한번에 이해하기 위해서는 긴 문장에 대한 구조가 내재화되어 있어야 한다. 영어에서 문장을 길게 늘려갈 때는 전치사, 접속사로 연결하거나 분사구로 수식하는 경우가 대부분이다. 내가 잘 못 듣는 문장을 따로 모아서반복 암기하는 방식으로 영어 구조를 몸으로 익히도록 한다.

❸ 한 문제를 풀더라도 Step별 전략을 따르는 연습하기

Part 4&5는 [담화 ➡ 질문 ➡ 다시 담화 ➡ 질문과 선택지]의 순서대로 들려주는데, 이를 최대한 활용해야 한다. 실전에서 그렇게 할 수 있으려면 단 한 문제를 풀더라도 다음과 같은 Step을 따르는 연습을 해야 한다.

Step 1	담화 1차 듣기	전체적으로 들으면서 담화에서 전달하고자 하는 주제가 무엇인지 먼저 파악하기
Step 2	질문 듣기	질문 내용을 정확히 파악하여 담화 2차 듣기 때 집중적으로 들을 내용 잡기
Step 3	담화 2차 듣기	노트 테이킹을 하면서 직전에 들었던 질문에 대한 정보 잡아내기
Step 4	질문 + 선택지 듣기	선택지 들으며 오답 소거하기
Step 5	정답 확정하기	확실한 오답을 소거하고 남은 선택지 중에서 정답 확정하기

❹ 빈출 담화 유형의 전개 방식 익히기

Part 4 & 5에 자주 등장하는 담화 유형들의 내용 전개 방식을 익혀두자. 미리 익혀 두면 내용의 흐름을 예측할 수 있어 듣기가 훨씬 수월하다. 이는 본서의 UNIT 22-26에 잘 정리되어 있다.

❺ 고급 Paraphrasing 연습

Part 4의 paraphrasing은 Part 3에 나왔던 것보다 훨씬 수준이 높다. 단순히 유사어로 바꾸는 paraphrasing이 아니라 몇 줄에 걸친 상황 자체를 다른 말로 요약하여 말하는 paraphrasing이 잘 쓰인다. 따라서 유사어 학습은 기본이고, TEPS 문제에서 paraphrasing이 되는 경우들을 따로 정리하여 학습할 필요가 있다.

❻ 오답을 피하는 법 철저히 훈련하기

TEPS 청해에 나오는 오답들은 그 유형이 정해져 있다. 소리 함정이 가장 기본이고, 그 외에 담화 내용과 관련 있는 어휘나 표현이 나오지만 맥락이 맞지 않는 오답, 시제가 맞지 않는 오답, 일부 내용만 맞는 오답, 반대 내용으로 만든 오답이 나오는데, 이 유형들을 숙지해 두면 실전에서 오답을 소거하는 데 큰 도움이 되므로 확실히 익혀 두자.

❼ TEPS 청해의 속도에 익숙해지기

TEPS 청해에서 고득점을 얻기 위해서는 빠른 읽기 속도와 문제 유형에 익숙해지는 것이 필요하다. 가장 좋은 방법은 본 교재의 진도를 나가는 것과는 별개로, 이미 학습한 UNIT의 스크립트를 소리 내어 읽는 것이다. 또한, TEPS 기본기 학습을 끝낸 이후에는 실제 시험 속도의 문제를 많이 풀어봐야 한다.

UNIT 20 노트 테이킹과 의미 덩어리 듣기

1. 노트 테이킹(Note-taking)

노트 테이킹은 Part 4에서 더욱 중요하다. Part 4는 주고받는 대화가 아닌 한 사람이 말하는 담화 형태로서, 특수한 상황의 내용이 많고 전문적인 용어들도 등장하기 때문에 메모 없이 들은 내용을 기억해 문제를 푼다는 것은 너무도 어려운 일이다. 노트 테이킹을 하면 기억력의 한계를 늘려줄 뿐만 아니라 노트하는 과정에서 집중력도 유지할 수 있어 유리하므로, 반복 연습을 통해 몸에 익히도록 하자.

노트 테이킹 시 주의할 점

Part 4는 담화 종류에 따라 전개 방식이 정해져 있는 편이며, 그 흐름이 논리적이다. 화자는 말하고 싶은 주제를 논리적으로 전달하기 위해 문장과 문장을 짜임새 있게 연결하는데, 이때 여러 가지 연결어구들을 사용한다. Part 4에서는 이 연결어구를 따라가며 이해하고 노트 테이킹 하는 것이 중요하다. 특히, 아래와 같은 연결어구들이 나오면 그 뒤 내용은 중요한 정보인 경우가 많으므로 반드시 노트한다.

환기	Last class ~, Today ~, This time ~,
비교	another(다른 것), both(둘 다), in comparison(비교하여), as well as(~만큼), by the same token(마찬가지로), similarly(비슷하게)
대조	although/even though/though(~임에도 불구하고), instead(대신에), whereas(~인 반면), but/however(그러나), nevertheless(그럼에도 불구하고), rather(오히려), conversely(반대로), in contrast(대조적으로), nonetheless(그럼에도 불구하고), still(그래도), despite/in spite of(~에도 불구하고), unlike(~와 달리), on the contrary(반대로), on the other hand(다른 한편으로는)
열거	First, ~ Second, ~ Lastly(마지막으로)
원인/결과	accordingly(그에 따라), consequently(그 결과), resulting in(~라는 결과를 낳는), resulting from(~로부터 기인하는), then(그러면), as a result(그 결과), for this reason(이러한 이유로), since(~이므로), therefore(그러므로), because(때문에), hence/so/thus(그래서)
의견	in my opinion(내 의견으로는), I believe that ~(~라고 생각한다), I agree that ~(~에 찬성한다), I disagree that ~(~에 반대한다), Some people say that ~(어떤 이들은 ~라고 말한다) It is often said that ~(~라고들 한다)
추가 정보	furthermore/moreover(뿐만 아니라, 더욱이), and(그리고), in addition(덧붙이면), also(또한)
예시	for example/for instance(예를 들면), a case of this would be ~(이러한 사례로는 ~가 있다), such as(예를 들면 ~같은)
결론	as already stated(이미 언급되었듯이), in conclusion(결론적으로), therefore(그러므로), finally(결국), in summary(요컨대, 요약하면), thus(그래서), in brief(간단히 말해서), in the end(결국), to reiterate(반복해서 말하자면)

⭐꿀팁 1. 내용을 다 쓰기 어려우므로 나만의 약어나 기호로 노트하는 것이 좋다.

furthermore: +	for example: ex.	아니다, 없다: X	맞다, 있다: O
증가하다: ↑	감소하다: ↓	그래서: →	

2. 내용이 긴 경우 영어 단어가 아닌 우리말 개념과 의미로 노트한다.

노트 테이킹 실습

Part 3와 달리 Part 4에서는 담화를 한 번 들려준 뒤 성우의 성별을 바꾸어 또 한 번 들려준다. 첫 번째 들을 때는 큰 주제와 전체적인 흐름을 파악하고, 두 번째 들을 때 세부 내용을 파악하도록 한다.

Step 1 담화 노트 테이킹

음원	노트 내용
Giant pandas are unique animals, and this has made them difficult to classify over the years. At first, they were grouped with racoons because of several of their defining traits, such as their face masks and diet. But recent genetic studies have revealed that giant pandas are closer to bears, even though they have features other bears lack. Nonetheless, the most important similarities, such as body shape and skull physiology, are enough to connect the giant panda to the rest of the bear family.	Giant panda unique → 분류 어려움 처음 – racoon과 ex. 얼굴, 식성 최근 – bear과 중요 유사점 ex. body shape, skull → bear family

Step 2 질문 듣고 메모

Step 3 담화 2차 듣기 하며 노트 보충

Step 4 선택지 노트 테이킹 & 오답 소거

음원	노트 내용
Q: What can be inferred about giant pandas from the lecture? (a) They evolved from the racoon family. (b) Their physical characteristics have changed over time. (c) They share some characteristics with racoons. (d) They have helped make advances in genetic studies.	Infer – giant pandas? (a) racoon에서 진화 ➡ X (b) 신체 특징 변함 ➡ X (c) racoon과 비슷한 특성 ➡ 0 (d) 유전학 발전 기여 ➡ X

자이언트 판다는 독특한 동물이며, 이로 인해 수년 동안 분류하는 것이 어려웠습니다. 처음에는, 얼굴의 가면 같은 모습이나 식습관 등과 같이 그들의 특성을 규정하는 여러 요인으로 인해 라쿤과 같은 그룹에 속해 있었습니다. 하지만 최근의 유전자 연구에 따르면 자이언트 판다는 다른 곰들에게 부족한 특징들을 지니고 있긴 하지만 곰에 더 가까운 것으로 나타났습니다. 그럼에도 불구하고, 체형이나 두개골의 생리 등과 같이 가장 중요한 유사성들은 자이언트 판다를 곰과에 속한 나머지 동물들과 관련 짓기에 충분합니다.

Q: 강의를 통해 자이언트 판다에 관해 유추할 수 있는 것은 무엇인가?
(a) 라쿤과에서 진화했다.
(b) 신체적 특징들이 시간을 두고 변화되었다.
(c) 라쿤과 일부 특징들을 공유하고 있다.
(d) 유전자 연구에서 발전을 이루는 데 도움이 되었다.

어휘 unique 독특한 make A 형용사: A를 ~하게 만들다 classify 분류하다 at first 처음에는 be grouped with ~와 같은 그룹에 속해 있다 defining 규정하는, 정의하는 trait 특성, 특색 recent 최근의 genetic studies 유전자 연구 reveal that절: ~임을 드러내다 close to ~와 가까운 even though 비록 ~이지만 feature 특징 lack A: A가 부족하다 nonetheless 그럼에도 불구하고 similarity 유사(성) physiology (생물학적 기능과 작용 등의) 생리(학) be enough to do ~하기에 충분하다 connect A to B: A를 B와 관련 짓다 the rest of ~의 나머지 family (동식물 분류상의) 과

2. 의미 덩어리 듣기

명사절 [that S + V], [if/whether S + V], [의문사 S + V]

명사절이란 문장에서 명사 기능을 하는,「주어+동사」를 갖춘 의미 덩어리를 말한다. 주로 목적어 자리에 오는 경우가 많고, 순차적으로 의미를 이해하면 된다.

접속사	담화문	해석
that ~라는 것(을)	· Wrapping your mattress with plastic will guarantee <u>**that** it's</u> <u>**protected**</u> from bed bugs. **۞** think/assume/suggest that절: ~라고 생각하다/가정하다/제안하다	· 매트리스를 비닐로 싸면 빈대로부터 보호되는 것을 보장해 줍니다.
what ~하는 것	· Remember <u>**what** you have accomplished</u> and use <u>what</u> <u>**you have learned**</u> to push yourself forward. **۞** what + 주어 + 동사: 주어가 ~하는 것	· 성취한 것을 기억하고 배운 것을 이용하여 자신을 남들에게 알리세요.
if/whether ~인지 아닌지	· Critics were skeptical <u>**whether** the Eiffel Tower could</u> <u>**endure**</u> severe weather. **۞** whether 주어 + 동사: ~인지 아닌지	· 비평가들은 에펠 타워가 혹독한 날씨를 견뎌낼 수 있을지를 의심했습니다.
의문사	· We will select our new hires based on <u>**how** they perform</u> on collaborative projects.	· 우리는 공동 프로젝트에서 어떻게 하는지를 보고 신입 사원들을 뽑을 것입니다.

1. (a) _____ (b) _____ (c) _____ (d) _____

Today's news **reported** <u>that a fossil from possibly the oldest human</u> <u>ancestor has recently been found.</u> **It's suspected** <u>that this fossil is</u> <u>the missing link that will help us understand our earliest beginnings.</u> Furthermore, the fossil's unexpected possession of both advanced and primitive properties **suggests** <u>that apes might not even</u> <u>be our ancient relatives.</u> These findings could revolutionize our understanding of our own evolutionary history.

Q: What is the **main idea** of the lecture?
(a) The new fossil is important for understanding our evolution.
(b) Fossils share common traits between different species.
(c) Human history dates back millions of years.
(d) Fossils are crucial in scientific studies.

🔒 동사의 목적어로 명사절이 쓰이면서 길어진 문장을 들을 수 있어야 한다. report that S+V, suspect that S+V, suggest that S+V 등으로 보도된 내용, 추정되는 내용, 암시되는 내용이 언급되고 있다. 이러한 흐름 속에서 담화의 마지막 문장을 들어보면 These findings를 통해 화자가 전달하고 싶어하는 말이 revolutionize our understanding of our own evolutionary history라고 마무리하고 있다. 새로 발견된 화석을 둘러싼 사실들로 인해 인류 진화 역사의 이해에 혁신이 일어날 수도 있다고 하므로 정답은 (a)이다.

오늘 뉴스에서는 가장 오래된 인류의 조상일 수도 있는 화석이 최근에 발견되었다고 보도되었습니다. 이 화석은 가장 초기의 인류 태동을 이해하는 데 도움이 될 잃어버린 연결 고리일 것으로 추정됩니다. 더욱이, 예기치 못하게 이 화석에 담겨 있는 진화되어 있으면서도 원시적인 특징들은 심지어 유인원이 우리의 아주 오래된 동족이 아닐 수도 있음을 암시하고 있습니다. 이와 같은 연구 결과는 우리 인류의 진화 역사에 대한 이해에 혁신을 일으킬 수도 있습니다.

Q: 강의의 중심 내용은 무엇인가?
(a) 새로운 화석이 우리의 진화를 이해하는 데 중요하다.
(b) 화석은 다른 종들 사이의 공통된 특색을 공유한다.
(c) 인류 역사는 수백만 년 전으로 거슬러 올라간다.
(d) 화석은 과학 연구에 있어 매우 중요하다.

▶ [어휘]는 해설서 참조

명사의 상태를 묘사하거나 명사에 대한 정보를 추가해 주는 것이 형용사이다. 그 역할을 「주어+동사」를 갖춘 '절'의 형태로 하는 것을 형용사절이라고 한다. 명사 뒤에 형용사절이 위치해 명사에 대한 추가 설명을 하게 되면 문장이 길어져 듣다가 흐름을 놓치기가 쉽다. 그러지 않기 위해서는 형용사절이 들어간 문장 구조를 이해하고 의미를 덩어리째 파악하는 연습을 꾸준히 해야 한다.

관계사	담화문	해석
who/which	· **Children** <u>who</u> frequently endure verbal abuse have lower self-esteem. · Without sufficient sunlight, the body cannot produce **vitamin D**, <u>which</u> lowers the risk of tumors.	· 언어 폭력을 자주 당하는 아이들은 낮은 자존감을 지닌다. · 충분한 햇빛을 쐬지 않으면, 신체는 비타민 D를 생산해내지 못하는데, 비타민 D는 종양의 위험을 낮춰준다.
that	· My presentation today will describe **a new method** <u>that</u> is being developed to diagnose sleep disorders. · There is a deeply moving and universal quality in his **writing** <u>that</u> expresses a nameless but true feeling.	· 오늘 저의 프레젠테이션은 수면 장애를 진단하기 위해 고안되고 있는 새로운 방법을 설명할 것입니다. · 형언할 수 없지만 진실된 감정을 표현하는 그의 글에는 깊은 울림이 있으면서도 보편적인 특성이 있습니다.

2. (a) _____ (b) _____ (c) _____ (d) _____

Tune in tonight to TBS TV to catch the television premiere of *De-lovely*, the biographical film about American composer and songwriter **Cole Porter,** <u>who</u> wrote classic songs like *Night and Day* and *Let's Do It*. The film's main interest is in showing how **the events** <u>that</u> shaped his life also inspired his work. For instance, *De-Lovely* opens with the songwriter's first meeting with **Linda Lee Thomas,** <u>whom</u> he married in 1919, and <u>who was the muse</u> for many of his best pieces.

Q: What is the film **mainly about** according to the announcement?
(a) How Porter got his start in the music business
(b) The influence of Porter's childhood on his work
(c) The links between Porter's personal and professional lives
(d) How Porter's wife taught him about songwriting

🔊 Cole Porter가 누구인지, 여러 사건들은 어떤 것인지, Linda Lee Thomas는 누구인지를 모두 관계사절로 연결하며 보충 설명해 주고 있다.
영화의 주제는 The film's main interest is in showing how the events that shaped his life also inspired his work에 나타난다. 영화 내용이 그의 삶과 일에 영향을 준 사건들에 대한 것이라고 하므로, 이 말을 바꿔 표현한 (c)가 정답이다.

오늘밤 TBS TV에 채널 고정하셔서 Night and Day와 Let's Do It 같은 최고의 곡들을 작곡한 미국의 작곡가이자 작사가인 Cole Porter에 관한 전기 영화인 De-lovely의 텔레비전 첫 방송을 시청해 보시기 바랍니다. 이 영화는 주로 그의 삶을 형성한 일들이 어떻게 작품에도 영감을 주었는지를 보여주는 데 초점을 맞추고 있습니다. 예를 들어, De-lovely는 그의 가장 뛰어난 여러 작품에 음악적 영감을 준 뮤즈로서 1919년에 결혼하게 되는 Linda Lee Thomas와의 첫 만남으로 시작됩니다.

Q: 공지 내용에 따르면 해당 영화는 주로 무엇에 관한 것인가?
(a) Porter가 어떻게 음악계에 발을 들이게 되었는지
(b) Porter의 어린 시절이 작품에 미친 영향
(c) Porter의 개인적 삶과 직업적 삶 사이의 관계
(d) Porter의 아내가 그에게 어떻게 작곡을 가르쳐 주었는지

▶ [어휘]는 해설서 참조

부사절은 부사절을 이끄는 접속사에 따라 다양한 의미를 갖기 때문에 이러한 접속사들은 어휘를 암기하듯이 예문 이해를 바탕으로 의미를 외워 두어야 한다.

접속사	담화문	해석
시간 before, after, when, once(~하고 나서) since(~이래로), as soon as(~하자마자)	· <u>Once</u> you click "Send," you cannot alter your message. · <u>When we had our first film festival twenty-five years ago</u>, it was just a small gathering at the theater.	· "보내기" 버튼을 누르고 나면, 메시지 수정은 불가능합니다. · 우리가 25년 전 처음 영화제를 열었을 때, 그것은 그저 영화관에서 열린 작은 모임일 뿐이었습니다.
이유: ~이므로 now that, as, because, since	· <u>Since many older people have difficulty taking care of pets</u>, a robotic dog could be a suitable replacement.	· 많은 노인들이 애완동물 관리를 어려워하므로, 로봇 강아지가 적절한 대안이 될 수 있을 것입니다.
목적: ~하도록 so that, in order that	· If anyone has an issue with the exam schedule, let me know <u>so that we can create a new schedule that is satisfactory for everyone in the class</u>.	· 누구라도 시험 일정과 관련해 문제가 있다면, 반 전체가 만족하는 새 일정을 만들 수 있도록 제게 알려주세요.
양보: 비록 ~이지만 although, though, even though whether ~ or not(~이든 아니든) **조건** if, unless(~가 아니라면)	· <u>Even though many people believe that the words "ape" and "monkey" refer to the same animal</u>, this is a false assumption. · <u>Whether you have a premium membership or not</u>, your shipping charges from your last order will be refunded to your account.	· 많은 사람들이 "유인원"과 "원숭이"가 같은 동물을 지칭한다고 생각하지만, 그것은 틀린 가정입니다. · 프리미엄 멤버십을 가지고 있든 아니든, 가장 최근 주문의 배송비는 귀하의 계좌로 환불될 것입니다.

3. (a) _____ (b) _____ (c) _____ (d) _____

<u>Although</u> it's intimidating, public speaking is oftentimes an unavoidable part of life. <u>When we give a formal presentation</u> of our studies or work, we are trying to convince our peers to trust the value of our ideas. <u>Even when we attend our best friend's wedding</u> or a relative's graduation, public speaking skills are still handy for wishing our loved ones the best of luck.

Q: What is the talk **mainly about**?
(a) How to persuade others to accept your opinion
(b) The value of being able to speak in public
(c) Tips for improving public speaking skills
(d) What you should do for a friend's wedding

🔓 Although ~ public speaking is oftentimes an unavoidable part of life. Even when ~, public speaking skills are still handy 문장에서 [~이지만, ~ 이다], [~ 일 때도, ~ 이다]의 의미로 부사절을 통해 먼저 상황을 설명한 후, 이어지는 주절에서 화자가 주장하는 바를 전달하고 있으므로 그 내용을 요약한 (b)가 정답이다. 이와 같이 부사절과 함께 주절의 흐름을 연결해서 의미를 완성해 듣는 연습을 해야 한다.

겁이 나는 일이기는 하지만, 공개석상에서 말을 하는 것은 종종 불가피한 삶의 일부입니다. 우리가 연구 또는 작업물을 정식으로 발표할 때, 우리는 동료들이 우리가 갖고 있는 생각의 가치를 신뢰하도록 설득하기 위해 노력합니다. 심지어 가장 친한 친구의 결혼식이나 친척의 졸업식에 참석할 때조차도, 사람들 앞에서 말하는 능력은 우리가 사랑하는 사람들에게 행운을 빌어 주는 데 있어 여전히 유용하죠.

Q: 담화는 주로 무엇에 관한 것인가?
(a) 다른 사람들을 설득해 의견을 수용하게 만드는 방법
(b) 사람들이 있는 자리에서 말을 할 수 있는 능력의 중요성
(c) 사람들 앞에서 말하는 능력을 향상시키는 팁
(d) 친구의 결혼식을 위해 해야 하는 것

▶ [어휘]는 해설서 참조

기출 Check-up Test

기출문제를 포함한 실전 문제들을 풀며 학습한 내용을 확인해 보세요.

Part 4 다음 담화를 듣고 질문에 가장 적절한 답을 고르시오.

1. (a) (b) (c) (d)

2. (a) (b) (c) (d)

3. (a) (b) (c) (d)

4. (a) (b) (c) (d)

5. (a) (b) (c) (d)

6. (a) (b) (c) (d)

7. (a) (b) (c) (d)

8. (a) (b) (c) (d)

9. (a) (b) (c) (d)

10. (a) (b) (c) (d)

정답 및 해설 p.138

UNIT 21 Paraphrasing의 기술

MP3 바로 듣기

☑ Part 3와 마찬가지로 Part 4에서도 담화에서 나왔던 내용이 정답 선택지에서 다른 말로 바뀌어 표현된다.

☑ 정답을 빠르고 정확하게 선택하기 위해서는 평상시 paraphrasing을 이해하고 연습하는 것이 중요하다. paraphrasing의 레벨을 크게 다음 세 가지로 분류해 연습해 보자.

난이도 하 **나왔던 단어를 거의 그대로 사용하는 paraphrasing** 🎧 U21_1

가장 쉬운 paraphrasing 유형으로, 담화에서 단서만 잘 찾으면 어렵지 않게 정답을 고를 수 있다. 담화 속 단서가 되는 문장에서 그대로 정답이 나오거나 2-3개 라인에서 나온 단어가 그대로 조합되어 표현되는 경우가 있다. 때로는 [동사 → 명사], [명사 → 동사] 등으로 품사를 바꾸어 제시하기도 하는데, 중심 어휘만 잘 잡아내면 쉽게 정답을 선택할 수 있다.

1. (a) _____ (b) _____ (c) _____ (d) _____

Becoming 20 years old is a significant milestone in Japanese culture, so much so that it's celebrated as a national holiday. "Coming of Age Day" takes place on the second Monday of January. Regarded as the entry point into adulthood, being 20 years of age brings with it the ability to vote and to purchase alcohol and cigarettes legally. On this day, **celebrations take place across the country**. Those who are turning 20 tend to celebrate this special day in style by wearing either traditional or formal clothing.

Q: Which is correct about the Coming of Age Day?
(a) It is celebrated on the first Monday in January.
(b) Participants must wear a traditional outfit.
(c) The holiday first started 20 years ago.
(d) It is **celebrated throughout the country**.

🔓 correct(진위 확인) 문제이므로 상세 내용을 모두 꼼꼼히 들으며 메모해야 풀 수 있다. 성년의 날과 관련해 담화 후반부에 그날 전국적으로 기념 행사가 열린다는(On this day, celebrations take place across the country) 사실이 제시되고 있으므로 이를 celebrated throughout the country라고 살짝 바꾸어 말한 (d)가 정답이다. (a)는 the second Monday가 잘못되었고, (b)는 담화에서 either traditional or formal clothing이라고 했는데 must라고 써서 오답이다.

20살이 된다는 것은 일본 문화에서 중요한 이정표이며, 그 의미가 매우 크기 때문에 국경일의 하나로서 기념됩니다. '성년의 날'은 1월 둘째 월요일에 해당됩니다. 성년기로 접어 드는 시점으로 여겨지기 때문에, 20살이 된다는 것에는 투표를 하고 합법적으로 술과 담배를 구입할 수 있는 자격이 동반됩니다. 이날, 전국적으로 기념 행사가 열립니다. 20살이 되는 사람들은 전통적이거나 격식을 차린 옷 중의 하나를 입는 것으로 거창하게 이 특별한 날을 기념하는 경향이 있습니다.

Q: 성년의 날에 관해 옳은 내용은 무엇인가?
(a) 1월 첫 번째 월요일에 기념한다.
(b) 참가자들은 반드시 전통적인 의복을 입어야 한다.
(c) 이 공휴일은 20년 전에 처음 시작되었다.
(d) 전국적으로 기념되는 날이다.

▶ [어휘]는 해설서 참조

2. (a) _____ (b) _____ (c) _____ (d) _____

On today's tour, if you're lucky, you'll be able to see a rare giant panda with your own two eyes. Now, most people imagine these creatures to be gentle giants, but they can still be quite fearsome, so please be cautious. As you know, until not too long ago, this reservation was only open to scientists who observe and study these fascinating animals. **Most of the forests they inhabit are still restricted areas**, but you have the unique opportunity today to catch a glimpse of a giant panda in its natural habitat.

Q: Which is correct about the giant panda according to the talk?
(a) They are common in the wild.
(b) They frequently attack people.
(c) **Many of the areas they reside in are restricted**.
(d) There are a high number in captivity.

🔓 correct(진위 확인) 문제이므로 상세 내용을 모두 꼼꼼히 들으며 메모해야 풀 수 있다. 담화 중반부의 Most of the forests they inhabit ~ 부분이 (c)에서 Many of the areas they reside in ~ 이라고 바뀌어 표현되었다.
[inhabit = reside in]임을 알고 있어야 정답을 고를 수 있다. 담화에서 rare giant panda라고 했으므로 (a)는 오답, can still be quite fearsome(굉장히 무시무시할 수도 있다)을 통해 자주 사람을 공격한다고 볼 수 없으므로 (b)도 오답이다.

오늘 투어에서, 운이 좋으시면 직접 두 눈으로 희귀한 자이언트 판다를 보게 될 수 있습니다. 자, 대부분의 사람들은 이들을 온순한 거대 동물이라고 생각하지만, 그럼에도 불구하고 상당히 무시무시한 존재일 수 있기 때문에 조심하시기 바랍니다. 아시다시피, 불과 얼마 전까지만 해도, 이 보호 구역은 오직 이 매력적인 동물을 관찰하고 연구하는 과학자들에게만 개방되던 곳이었습니다. 이들이 거주하는 대부분의 산림은 여전히 제한 구역이지만, 여러분께서는 오늘 자연 서식지에 있는 자이언트 판다를 얼핏 보실 수 있는 특별한 기회를 가지실 수 있습니다.

Q: 담화 내용에 따르면 자이언트 판다에 관해 옳은 내용은 무엇인가?
(a) 야생에서 흔히 볼 수 있다.
(b) 자주 사람들을 공격한다.
(c) **많은 서식 구역이 출입 제한되어 있다.**
(d) 많은 수가 사로 잡혀 있다.

▶ [어휘]는 해설서 참조

[빈출 Paraphrasing]

담화 **A defective brake pad** installed in many of its vehicles has caused more than 500 accidents.
정답 **A mechanical problem** has caused around 500 accidents.

　차량에 설치되어 있는 결함있는 브레이크 패드는 500건이 넘는 사고를 초래했다.
　➡ 기계적 결함이 약 500건의 사고를 초래했다.

담화 According to recent statistics from the Environmental Protection Agency, **solar power use** in the United States **has gone up 200% since 2015**.
정답 **Solar energy production has increased recently**.

　환경보호국의 최근 통계에 따르면, 미국의 태양열 발전 사용량은 2015년 이후로 200% 증가했다.
　➡ 태양열 에너지 생산이 최근 증가했다.

담화 A little-known piece of advice for those trying to quit coffee is to **avoid carbohydrate-loaded foods**.
정답 You should **limit carbohydrate consumption** when quitting drinking coffee.

　커피를 끊으려는 사람들에게 줄 수 있는 잘 알려지지 않은 조언은 탄수화물이 함유된 음식을 피하라는 것이다.
　➡ 커피 마시는 것을 중단할 때는 탄수화물 섭취를 제한해야 한다.

담화에 나온 상황을 종합하여 요약 설명하는 보기를 재빨리 찾아내야 하는 가장 어려운 유형이다. 내용의 일부분만 알아들어서는 안 되고, 맥락과 흐름을 종합적으로 파악해야 정답을 고를 수 있다. 일부 내용을 가져다 매우 그럴듯하게 들리는 오답을 만들어 배치하기 때문이다.

3. (a) _____ (b) _____ (c) _____ (d) _____

Let's talk about the latest from Canadian journalist Jan Wong, *Beijing Confidential*. Her fourth novel stands as an interesting watershed for the author: her last book, *Red China Blues*, looked back glowingly on China's time under the leadership of Mao Zedong; conversely, *Beijing Confidential* dwells on how China's culture and economy were stifled during his rule, and Wong suggests that they only began to thrive after Mao's death. Since Wong was an avid supporter of Mao's during China's Cultural Revolution, she also confronts her own relationship with the Communist Party within these pages.

Q: Which is **correct** about *Beijing Confidential* according to the talk?

(a) It is the debut novel from the author.

(b) It focuses on China's growing economy under Mao's leadership.

(c) It has a different point of view compared to Wong's previous work.

(d) It celebrates Wong's faith in the Communist Party.

🔓 Wong의 네 번째 소설인 Beijing Confidential은 전작인 Red China Blues가 Mao Zedong 통치 시대를 찬양했던 것과 반대로, 그의 통치 하에 중국의 문화와 경제가 억압되었음을 다뤘다는 내용이다. 이는 요약하면 Beijing Confidential이 Wong의 이전 작품과 다른 관점을 갖고 있다는 말이므로 (c)가 정답이다. 흐름을 따라가며 듣는 것은 물론이고 들은 내용을 요약하지 않으면 풀 수 없는 고난도 문제이다.

캐나다 출신의 저널리스트 Jan Wong의 최신작 Beijing Confidential에 관해 이야기해 보겠습니다. 그녀의 네 번째 소설이자 마지막 책이었던 Red China Blues는 Mao Zedong의 통치 하에 있던 당시의 중국을 찬사를 담아 되돌아봄으로써 작가 자신에게 있어 흥미로운 전환점이 된 작품이지만, 반대로, Beijing Confidential은 그의 통치 기간에 중국의 문화와 경제가 어떻게 억압되었는지를 깊이 있게 곱씹어 보는 작품으로, Wong은 Mao의 사망 이후에야 중국이 번영하기 시작했다는 점을 시사하고 있습니다. Wong은 중국의 문화 혁명 중에 Mao 사상의 열렬한 추종자였기 때문에, 책 속에서 공산당과 자신의 관계에 관한 이야기도 전하고 있습니다.

Q: 담화 내용에 따르면, Beijing Confidential에 관해 옳은 내용은 무엇인가?

(a) 해당 작가의 데뷔 소설이다.

(b) Mao의 통치 하에 성장하던 중국 경제에 초점을 맞추고 있다.

(c) Wong의 이전 작품에 비해 다른 관점을 지니고 있다.

(d) 공산당에 대한 Wong의 신념을 찬양한다.

▶ [어휘]는 해설서 참조

[빈출 Paraphrasing]

담화 Nowadays, you don't need to join an expensive class that doesn't fit your schedule just to learn yoga. Countless how-to videos and exercise lessons have been uploaded online and are free to view from your own home.

정답 **How to learn yoga on your own**

요즘은, 요가를 배우기 위해 일정에 맞지 않는 비싼 수업을 듣지 않아도 됩니다. 셀 수 없이 많은 요가 방법과 연습 영상들이 온라인에 업로드되어 있어 집에서 무료로 볼 수 있기 때문입니다.

➡ 혼자 요가 배우는 법

담화 Operating hours for the mall are Monday through Friday from 9:00 A.M. to 9:30 P.M., Saturdays 10:00 A.M to 8:00 P.M. and Sundays 11:00 A.M. to 6 P.M.

정답 **It is open fewer hours on weekends.**

쇼핑몰 운영 시간은 월요일부터 금요일까지는 오전 9시부터 오후 9시 반, 토요일은 오전 10시부터 오후 8시, 그리고 일요일은 오전 11시부터 오후 6시까지입니다.

➡ 쇼핑몰이 주말에는 더 짧은 시간 동안 문을 연다.

담화 During the flight, we would be grateful if you would help us better serve you and other travelers by taking our passenger satisfaction survey, which you can access from the menu of your in-flight entertainment system.

정답 **The survey is for customer service improvement.**

비행 중, 저희가 고객님과 다른 여행객분들에게 더 나은 서비스를 제공하는 데 도움이 될 수 있도록 기내 엔터테인먼트 시스템의 메뉴에서 찾을 수 있는 승객 만족도 설문조사를 작성해주시면 감사하겠습니다.

➡ 설문조사는 고객 서비스 개선을 위한 것이다.

담화 The Sagrada Familia in Barcelona, started in 1862 and still unfinished today, features influences from gothic styles, oriental motifs, and even nature itself that all work together to create its unique architecture.

정답 **It combines different architectural styles.**

1862년에 시작하여 오늘날까지도 완공되지 않은 Barcelona의 Sagrada Familia는 고딕 양식, 동양적 디자인, 심지어 자연 자체로부터 받은 영향들을 특징적으로 보여주는데, 이 모든 것들이 서로 어우러져 독특한 건축물을 탄생시켰습니다.

➡ 그것은 서로 다른 건축 양식들을 겸비하고 있다.

기출 Check-up Test

🎧 U21_4

기출문제를 포함한 실전 문제들을 풀며 학습한 내용을 확인해 보세요.

Part 4 다음 담화를 듣고 질문에 가장 적절한 답을 고르시오.

1. (a) (b) (c) (d)

2. (a) (b) (c) (d)

3. (a) (b) (c) (d)

4. (a) (b) (c) (d)

5. (a) (b) (c) (d)

6. (a) (b) (c) (d) 기출

7. (a) (b) (c) (d)

8. (a) (b) (c) (d)

9. (a) (b) (c) (d)

10. (a) (b) (c) (d) 기출

정답 및 해설 p.144

시원스쿨 LAB
lab.siwonschool.com

UNIT 22 담화 주제/목적을 묻는 문제

MP3 바로 듣기

- 담화를 통해 전달하고자 하는 중심 소재가 무엇인지를 묻는 문제이며, 선택지는 주로 구(phrase) 혹은 의문사절 형태로 나온다.
- Part 4를 구성하는 총 6문제 중 1~2문제 정도 나오며, 31~32번에 위치한다.

문제 푸는 순서와 요령

U22_1

Step 1 담화 1차 듣기
- 문제의 위치가 31~32번인 경우는 주제/목적/요지 문제일 가능성을 미리 염두에 두고 듣기
- 첫 문장에서 키워드 듣기: Algaenko bandage, medical care kit ➔ 붕대, 의료 도구에 대한 내용임을 파악
- 담화를 전체적으로 들으며 키워드가 어떻게 연결되는지 흐름 파악

초반	Algaenko bandage, stop bleeding
중반	speeds up the body's blood clotting process ➔ Algaenko 붕대에 대한 구체적 설명
후반	will be applied to a variety of medical uses. ➔ For now~, but~ 이라는 대조 표현으로 Algaenko bandage의 현 상황과 미래에 대해 언급하며 마무리

Step 2 질문 듣기
- mainly being discussed 를 듣고 주제 문제임을 확인

Step 3 담화 2차 듣기
- 주제 문제이므로 초반에 핵심어를 듣고 핵심어와 관련된 내용이 어떻게 전개되는지 흐름을 듣는다.

Step 4 오답 소거
(a) 담화에서 언급된 어휘(traumatic injuries)와 관련 있는 어휘(trauma)를 이용한 오답 X
(b) 담화에서 언급된 어휘(blood)를 이용한 다른 내용의 오답 X
(c) 담화의 중심 소재인 Algaenko bandage의 정체와 특징을 잘 요약한 정답 O
(d) 담화의 내용에서 연상하기 쉬운 어휘(recovery)를 이용한 오답 X

Step 5 정답 확정

The Algaenko bandage will soon be a standard in any well-prepared **medical care kit**. Designed to **stop bleeding** seconds after application, the bandage can mean the difference between life and death when dealing with traumatic injuries. Using a complex carbohydrate produced by a special type of algae, the bandage **speeds up the body's blood clotting process**, cutting bleeding time drastically. For now , these bandages are reserved for emergencies, but the science behind them will soon be **widely applied to a variety of medical uses**.

Q: What is **mainly being discussed** in the talk?

(담화 반복)

Q: What is **mainly being discussed** in the talk?
(a) A recovery center for trauma victims
(b) Advances in blood transfusion techniques
(c) A new product that limits blood loss
(d) Recovery times for different medical procedures

Algaenko 붕대는 머지않아 잘 준비된 의료 용품 세트의 표준이 될 것입니다. 두고 나서 몇 초 만에 지혈이 되도록 고안된 이 붕대는 외상성 손상 치료 시에 생과 사를 가르는 차이를 만들어 낼 수 있습니다. 특별한 유형의 해조류에서 나오는 복합 탄수화물을 이용하는 이 붕대는 체내 혈액 응고 과정의 속도를 높여, 출혈 시간을 급격히 단축시켜 줍니다. 현재, 이 붕대는 응급 상황에 대해서만 제한적으로 사용되고 있지만, 그 이면에 숨어있는 과학 기술로 인해 곧 다양하게 의료용으로 널리 활용될 것입니다.

Q: 담화에서 주로 무엇이 이야기되고 있는가?
(a) 외상 환자들을 위한 치료 회복 센터
(b) 수혈 기술의 발전
(c) 출혈을 막아 주는 신제품
(d) 각각 다른 치료 과정에 대한 회복 시간

▶ [어휘]는 해설서 참조

○ 질문 형태

주제를 묻는 문제는 31~32번 중에 나오며, 아래와 같은 형태로 제시된다. 문제가 나오는 위치와 형태를 미리 알아 두면 담화를 들을 때 미리 마음의 준비를 할 수 있고 해당 유형에 맞는 듣기를 할 수 있어 유리하다.

• What is the talk **mainly about**?	담화는 주로 무엇에 대한 것인가?
• What is **the main idea[point/topic]** of the talk?	담화의 주제/요지는 무엇인가?
• What is **mainly being discussed**?	주로 무엇이 이야기되고 있는가?
• What is the speaker **mainly doing/talking about**?	화자는 주로 무엇을 하고/무엇에 대해 얘기를 하고 있는가?
• What is being **advertised**?	무엇이 광고되고 있는가?
• What is **the best title** for the lecture?	강연에 대해 가장 좋은 제목은 무엇인가?
• What is the speaker **mainly advising** people to do?	화자는 사람들에게 주로 무엇을 하라고 권고하는가?

○ 문제 풀이 전략

1. 담화의 전체적인 흐름을 따라가되 구조적으로 듣자.

주제는 담화의 전반적인 흐름을 통해 파악한다. 이때 초반-중반-후반으로 이어지는 구조를 염두에 두고 그에 따른 듣기 전략을 이용한다.

초반부 듣기	주제와 연관된 중요한 소재는 도입 부분에 나타난다. 무엇을 얘기할지를 먼저 말하고 시작하기 때문에, 담화의 첫 한 두 문장에서 담화 전체의 바탕이 되는 소재를 파악한다.
중반부 듣기	담화 중반부에서는 핵심 내용에 대한 상세 설명이나 주제를 뒷받침하는 내용들이 나온다. 이때 중심 소재가 동일어 또는 다른 말로 살짝 바뀌어 반복되는데, 이를 잘 따라가야 한다. 앞서 풀어 본 예제에서도 도입부에서 Algaenko bandage를 소개한 뒤 이를 계속 the bandage, these bandages라고 지칭하며 설명하고 있다. 하지만 때로는 전환어구(but, however 등)를 통해서 초반 내용과 상반되는 새로운 주제를 다시 제시하기도 하므로 항상 전환 어구가 들리면 이어서 나오는 내용에 초집중한다.
후반부 듣기	담화 마지막에는 처음에 밝혔던 주제를 재언급하며 정리하거나 덧붙이는 내용으로 마무리하는 경우가 많다. ○ 결론에 자주 쓰이는 정리어구: so, therefore, consequently, it is important that, what I want to emphasize is that, above all, first of all, that is 등

2. 핵심 내용과 비핵심 내용을 구분하자.

핵심 내용 외에 부수적이거나 덧붙이는 내용을 마치 주제인 것처럼 해서 오답으로 배치하기 때문에 어떤 내용이 핵심이고 어떤 내용이 부수적인 비핵심 내용인지 구분할 줄 알아야 정답을 고를 수 있다.

3. 주제문은 너무 광범위하지도 않고 너무 지엽적이지도 않다는 것을 명심하자.

주제는 단지 어떤 부분적인 사실만을 강조하는 것이 아니라 담화 전체를 포괄할 수 있는 내용이어야 한다. 그렇다고 해서 담화와 연관된 내용이지만 지나치게 광범위하게 표현하는 내용도 오답이므로 이를 제대로 파악하는 감을 키우도록 한다. 예를 들어, 앞 예제의 선택지에 Advances in medicine(의학의 발전)이라는 선택지가 나왔다면 이는 지나치게 광범위하기 때문에 오답이다.

4. 정답은 다른 말로 바뀌어 '구' 형태로 표현되는 경우가 많다.

담화문의 핵심어가 유사어나 다른 말로 바뀌어 제시되는 보기가 정답일 경우가 많다. 하지만, 유사어를 이용한 오답 보기도 있으니 개별 단어보다는 의미에 유의해 명사구 덩어리로 파악하자. [주제/목적 문제]와 [요지 문제]는 비슷한 유형의 문제이지만, [주제/목적] 문제는 선택지가 명사구/To 부정사구의 '구' 형태로 표현되고 [요지]를 묻는 문제는 선택지가 문장 형태로 요약된다.

1. I know you're all busy, but we need to have a brief meeting about the overuse of office supplies for private purposes. To give you an idea, yesterday an employee printed out 200 copies of a flyer for his upcoming yard sale.

Q: What is the **main topic** of the talk?
(a) Adding additional printers to an office
(b) Personal use of office supplies

2. I strongly believe that the government should make smoking illegal in all public places, including bus stops, parks, and even sidewalks. Time is up on tolerating smoking. No matter how huge the tobacco industry may be in our country, the public health of citizens must be a higher priority.

Q: What is the speaker **mainly talking about**?
(a) The necessity of banning smoking in public
(b) The results of a new anti-smoking law

3. Lacking the ability to control anger can make people's lives miserable. When people "bottle up" their anger, it can lead to violent actions or thoughts. Anger may also exacerbate an existing mental health condition, such as depression. It may also fuel addictions, phobias, and prejudices.

Q: What is the **main topic** of the talk?
(a) Appropriate ways to manage anger
(b) The dangers of uncontrolled anger

4. Better Together Services is organizing a holiday charity event. Please donate any gently used winter garments that are clean and warm. Coats for children are our top priority, but all donations are gladly accepted.

Q: What is the **main purpose** of the announcement?
(a) To ask for clothing contributions
(b) To promote a winter clothing sale

1. 여러분 모두가 바쁘시다는 것은 알고 있지만, 사무용품을 사적인 용도로 남용하는 것과 관련해 간단한 회의를 해야 합니다. 이해하실 수 있도록 말씀드리자면, 어제 한 직원이 자신이 곧 개최할 마당 세일 행사를 위해 200장의 전단을 인쇄했습니다.
Q: 담화의 주제는 무엇인가?
(a) 사무실에 추가 프린터를 놓는 것
(b) 사무용품의 사적 이용

2. 저는 정부가 버스 정류장, 공원, 심지어 인도까지도 포함한 모든 공공 장소에서 흡연을 불법으로 정해야 한다고 굳게 믿고 있습니다. 흡연을 용인해 주는 시간은 다 끝났습니다. 우리나라의 담배 산업 규모가 아무리 엄청나다 하더라도, 반드시 시민들의 공중 보건이 더 우선시되어야 합니다.
Q: 화자는 주로 무엇에 대해 이야기하고 있는가?
(a) 공공장소 금연의 필요성
(b) 새로운 금연법의 결과

3. 분노를 조절하는 능력의 결핍은 사람들의 인생을 불행하게 만들 수 있습니다. 사람들이 분노를 "억누를 때," 폭력적인 행동이나 생각으로 이어질 수 있습니다. 또한 분노는 우울증과 같은 기존의 정신 건강 상태를 악화시킬 수 있습니다. 이는 중독, 공포증, 그리고 편견을 부추길 수도 있습니다.
Q: 담화의 주제는 무엇인가?
(a) 분노를 다루는 적절한 방법들
(b) 조절되지 않은 분노의 위험성

4. Better Together Services가 휴일 자선 행사를 마련하고 있습니다. 조심스럽게 착용되어 깨끗하고 따뜻한 어떤 겨울 옷이든지 기부해 주십시오. 아이들을 위한 코트들이 최우선 사항이지만, 모든 기부품들을 기쁜 마음으로 받습니다.
Q: 이 공지의 주 목적은 무엇인가?
(a) 의류 기부를 요청하는 것
(b) 겨울 옷 세일 행사를 홍보하는 것

▶ [어휘]는 해설서 참조

정답 1.(b) 2.(a) 3.(b) 4.(a)

Step 1	담화 1차 듣기 + 노트 테이킹	_____
Step 2	질문 종류 적기	질문: _____
Step 3	담화 2차 듣기 + 노트 테이킹 추가	(a) _____
Step 4	선택지 노트 테이킹 + 오답 소거	(b) _____ (c) _____ (d) _____
Step 5	정답 확정	최종 정답: _____

Now, concerning air pollution, we can classify it into two kinds based on its source. The first type of air pollution comes from anthropogenic sources, or human activities such as fossil fuel combustion, oil refinery, and industrial emissions. The other type comes from natural causes, such as the dust from desert storms, ash from volcanic eruptions, smoke from wildfires, and even methane from animal waste. There is little we can do about natural air pollution, but limiting or preventing pollution from anthropogenic sources must be a priority.

Q: What is the lecture **mainly about**?
(a) Ways to decrease artificial air pollution
(b) Classification and causes of different air pollution
(c) Sources of air pollution in cities
(d) How air pollution affects natural disasters

🔓 강의의 주제를 묻는 문제이다. 강의 주제는 대부분 도입부에서 제시되지만 but, however, rather 같은 전환어구 다음에 진짜 중심 생각이 나오는 경우도 많으므로 이를 주의해서 듣는다. 이 강의는 대기 오염의 두 가지 유형을 설명하겠다고(we can classify it into two kinds ~) 먼저 밝힌 후 두 유형과 분류 요인을 설명하고 있다. 따라서, 정답은 (b)이다. 마지막에서 인공적인 원인에 의한 오염을 방지할 것을 당부하고 있긴 하지만 그 방법에 대해 설명하고 있지 않으므로 (a)는 오답이다. (c)는 '도시 대기 오염의 근원'이라는 지엽적 내용의 오답이고, 대기 오염이 자연 재해에 끼친 영향은 언급된 바 없으므로 (d) 역시 오답이다.

현재, 공기 오염과 관련해서, 우리는 그 원인을 바탕으로 두 가지로 분류할 수 있습니다. 첫 번째 공기 오염 유형은 인공적인 원인, 즉 화석 연료의 연소, 정유 작업, 그리고 산업 배기 가스 등과 같은 인간의 활동에 따른 것입니다. 다른 유형은 사막 폭풍의 먼지, 화산 분출 시에 나오는 재, 산불 연기, 그리고 심지어 동물 배설물의 메탄 성분 등과 같은 자연적인 요인에 기인한 것입니다. 자연적인 공기 오염에 대해서는 우리가 할 수 있는 것이 거의 없지만, 인공적인 원인에 의한 오염을 제한하거나 방지하는 일은 반드시 우선 사항이 되어야 합니다.

Q: 강의는 주로 무엇에 관한 것인가?
(a) 인공적인 공기 오염을 감소시키는 방법들
(b) 각각 다른 공기 오염의 분류와 요인들
(c) 도시 내 공기 오염의 근원들
(d) 공기 오염이 자연 재해에 미치는 영향

▶ [어휘]는 해설서 참조

빈출 담화 유형 흐름 알기_뉴스

☑ 방송 관련 담화 유형은 Part 4에서 가장 많은 비율을 차지하며, 총 6개 담화 중 1~3개가 출제된다.
☑ 사건이나 사고, 사회나 경제, 날씨, 교통 등의 새로운 소식을 전달하는 내용이 나온다.
☑ 전달하고자 하는 핵심 내용을 도입부에서 한 문장으로 요약해 알려주므로, 첫 문장을 제대로 들어야 한다.

| 핵심 정보 요약 전달 | This past week, the city council shared its plans to completely renovate Citizen Park.
 지난주, 시의회는 시민 공원을 완전히 개조하는 방안에 대해 소개했습니다. |

| 원인/배경 | The main reason for this is that the park is currently a graffiti-covered hot spot for drug deals and gang violence.
 이렇게 하는 주요한 이유는 공원이 현재 낙서로 뒤덮여 마약상들과 조직 폭력배들의 주요 근거지로 사용되고 있기 때문입니다. |

| 앞으로의 전망 | The new Citizen Park will include more lighting and security cameras stationed around popular areas, especially those where illegal activities have been common. To further re-build its image, the new park will also include a large playground to attract more families and children.
 새 시민 공원에는 인기 장소들, 특히 불법적 행위가 흔히 벌어지는 장소들 주변에 더 많은 조명과 방범 카메라들이 설치될 것입니다. 이미지를 제고하기 위해, 공원은 또한 더 많은 가족들과 아이들을 끌어들일 수 있도록 큰 놀이터도 포함할 예정입니다. |

▶ [어휘]는 해설서 참조

뉴스 보도 빈출 토픽

정치, 경제 뉴스	여론조사, 경기 침체, 정부 정책, 국제 정세, 새로운 산업에 대한 전망, 신규 직업 소개, 실업률 증가에 대한 문제점, 자원 봉사 제도, 자선 단체 활동 등
사회적 이슈	교육 수준과 소득, 청소년 문제, 범죄 문제, 개인 정보법, 파업 소식, 문화 프로그램 소개, 재판 결과 등
건강 이슈	선크림의 유해성 논란, 친환경 전기 자동차, 건설 자재의 문제 등
일기예보	한파/혹서/폭우/폭설로 인한 주의 사항, 화재 피해와 주의 사항 등
교통 상황	도로 공사/사고로 인한 정체 등
스포츠 뉴스	우수한 선수 영입, 경기 결과, 선수의 부상 등

Part 4 **다음 담화를 듣고 질문에 가장 적절한 답을 고르시오.**

1. (a) (b) (c) (d) 기출

2. (a) (b) (c) (d)

3. (a) (b) (c) (d)

4. (a) (b) (c) (d)

5. (a) (b) (c) (d)

6. (a) (b) (c) (d)

7. (a) (b) (c) (d)

8. (a) (b) (c) (d)

9. (a) (b) (c) (d)

10. (a) (b) (c) (d)

정답 및 해설 p.152

MP3 바로 듣기

☑ 담화를 통해 전달하고자 하는 '중심 생각'이 무엇인지를 묻는 문제이다. 선택지는 주로 문장으로 나오며, 지문의 일부 지엽적인 내용이 아니라 핵심 내용을 요약한 문장을 찾아야 한다.

☑ Part 4를 구성하는 6문제 중 1~2문제 정도 나오며, 31~32번에 위치한다.

🧭 문제 푸는 순서와 요령

🎧 U23_1

Step 1 담화 1차 듣기

– 문제의 위치가 31~32번인 경우는 주제/목적/요지 문제일 가능성을 미리 염두에 두고 듣기

– 첫 문장에서 키워드 듣기: Mayor, resignation

　❍ 시장 사임에 관한 내용임을 파악

– 담화를 전체적으로 들으며 키워드가 어떻게 연결되는지 흐름 파악

초반	Mayor, resignation
중반	because of 다음에 이유 설명 personal reasons, has some connection to the investigation, suspected acceptance of bribes
후반	while not proven, scandal

Step 2 질문 듣기

– mainly being said를 듣고 요지 문제임을 확인

Step 3 담화 2차 듣기

Step 4 오답 소거

(a) 담화의 내용(resignation, suspected acceptance of bribes)을 다른 말로 바꿔 표현한 정답 O

(b) 담화에 언급된 부수적인 내용(a land development company)을 이용한 다른 내용의 오답 X

(c) 담화 속 핵심어 resignation을 이용해 만든 다른 내용의 오답 X

(d) 담화에서 언급된 어휘(investigation)를 이용한 다른 내용의 오답 X

Step 5 정답 확정

resignation (사임) ➡ leaving office (직위에서 물러나다)
suspected (의심을 사는) ➡ accused (혐의가 제기된)
acceptance of bribes (뇌물 수수) ➡ corruption (부패)

Mayor Linsey Lambert's announcement of her **resignation** next week took many people by surprise. Few concrete details have emerged, **but** the mayor's assistant told the press that the mayor was resigning **because of** personal reasons, on which she did not elaborate. Several journalists suspect the surprise announcement **has some connection to the ongoing investigation** about the mayor's **suspected acceptance of bribes** from a land development company. **While** nothing has yet been proven, she has been implicated in the scandal.

Q: What is **mainly being said** about the mayor in the news report?

(담화 반복)

Q: What is mainly being said about the mayor in the news report?

(a) She is leaving office after being accused of corruption.

(b) She is resigning to start a land development company.

(c) Her surprise resignation has left her staff worried.

(d) Her investigation into corruption will end soon.

다음 주에 사임하겠다는 Linsey Lambert 시장의 발표가 많은 사람들을 충격에 빠트렸습니다. 구체적인 세부 정보로 드러난 것은 거의 없지만, 시장의 보좌관은 더 자세히 설명하지 못하는 개인적인 사유로 시장이 사임한다는 점을 언론에 전했습니다. 여러 기자들은 이 깜짝 발표가 한 토지 개발 회사로부터 시장이 뇌물을 받은 것으로 의혹을 사고 있는 일과 관련해 현재 진행중인 조사와 일부 연관이 있을 것으로 추정하고 있습니다. 아직 아무 것도 입증되지는 않았지만, 시장은 해당 스캔들에 계속 연루되어 왔습니다.

Q: 뉴스 보도에서 시장과 관련해 주로 전해지는 내용은 무엇인가?

(a) 부패 혐의를 받은 끝에 직위에서 물러난다.

(b) 토지 개발 회사를 창업하기 위해 사임한다.

(c) 그 시장의 깜짝 사임이 소속 직원들을 우려하게 만들었다.

(d) 그 시장의 부패 문제에 대한 조사가 곧 종료될 것이다.

▶ [어휘]는 해설서 참조

◘ 질문 형태

담화의 요지를 묻는 문제는 31~32번 중에 나오며, 아래와 같은 형태로 제시된다. 문제가 나오는 위치와 형태를 미리 알아 두면 대화를 들을 때 미리 마음의 준비를 할 수 있고 해당 유형에 맞는 듣기를 할 수 있어 유리하다.

• What is the **main idea/point** of the talk?	담화의 요지는 무엇인가?
• What is the **speaker's main point**?	화자의 요지는 무엇인가?
• What is the speaker **mainly saying** about ~?	화자는 ~에 대해 주로 무슨 이야기를 하는가?
• Which statement **best summarizes** this talk?	어떤 진술이 이 담화 내용을 가장 잘 요약하는가?
• Which **best summarizes the speaker's opinion about** ~?	어떤 것이 ~에 대한 화자의 의견을 가장 잘 요약하는가?

◘ 문제 풀이 전략

1. 담화의 전체적인 흐름을 따라가되 구조적으로 듣자.

담화의 요지는 전반적인 흐름을 통해 파악한다. 이때 초반-중반-후반으로 이어지는 구조를 염두에 두고 그에 따른 듣기 전략을 이용한다.

초반부 듣기	주제와 연관된 중요한 소재는 도입 부분에 나타난다. 무엇을 얘기할지를 먼저 말하고 시작하기 때문에, 담화의 첫 한 두 문장에서 담화 전체의 바탕이 되는 소재를 파악한다.
중반부 듣기	담화 중반부에서는 핵심 내용에 대한 상세 설명이나 주제를 뒷받침하는 내용들이 나온다. 이때 설명 방식으로 예시, 인과, 열거 등이 자주 활용되므로 다양한 설명 방식에 익숙해져야 한다. ◘ 예시 어구: for example, for instance 　이유 어구: because of, due to, result in, lead to, be caused by
후반부 듣기	담화 마지막에는 처음에 밝혔던 주제를 재언급하며 정리하거나 덧붙이는 내용으로 마무리하는 경우가 많다.

2. 핵심 내용과 비핵심 내용을 구분하자.

핵심 내용 외에 부수적이거나 덧붙이는 내용을 마치 주제문인 것처럼 해서 오답으로 배치하기 때문에 어떤 내용이 핵심이고 어떤 내용이 부수적인 비핵심 내용인지 구분할 줄 알아야 정답을 고를 수 있다.

3. 중심 생각은 너무 광범위하지도 않고 너무 지엽적이지도 않다는 것을 명심하자.

중심 생각을 요약한 문장은 단지 어떤 부분적인 사실만을 강조하는 것이 아니라 담화 전체를 포괄할 수 있는 내용이어야 한다. 한편, 담화와 연관된 내용이지만 지나치게 광범위하게 표현하는 내용도 오답이므로 이를 제대로 파악하는 감을 키우도록 한다.

4. 정답은 담화 내용을 요약해 문장 형태로 표현된다.

지문 전체를 통해 가장 강조된 핵심 내용이 한 문장으로 요약된 선택지를 골라야 한다. 이때 구체적인 내용을 한 마디로 압축해 표현한 선택지를 찾기 위해 어휘력을 발휘해야 한다. 예를 들어, 앞서 풀어 본 예제의 정답은 acceptance of bribes from a land development company(토지 개발 회사로부터 뇌물 수수)를 'corruption(부패)'라는 한 단어로 요약했다. 이는 UNIT 21의 Paraphrasing 유형 중 '난이도 상'에 해당하는 기술로서, 풍부한 어휘력을 갖추고 실제 TEPS와 유사한 좋은 실전 문제를 많이 풀어 봄으로써 기를 수 있다.

5. 담화에 등장한 어휘들을 이용한 다른 내용의 오답에 주의하자.

1. While some breakfast cereals claim to be healthy, not all of them are. Most breakfast cereals are made with processed sugars and refined white flour. Even with reduced sugar content, they are still high in simple carbohydrates, and therefore they are as bad for you as high sugar cereals. That's why it's very important to check the label.

Q. What is the **main point** of the talk?
(a) Simple carbohydrates are healthier for you in the long run.
(b) People need to check whether their cereals are healthy to eat.

2. We have yet to find a real cure for avian flu. With this in mind, prevention is our best defense against what could become a human pandemic. If this disease cannot be properly controlled, millions of people could be killed within months. Thus, our priorities ought to be given to controlling the spread of the disease.

Q. What is the **main point** of the talk?
(a) Prevention is the key to controlling the spread of avian flu.
(b) Avian flu is unlikely to spread as fast as everyone thinks.

3. I strongly believe that people who drive while drunk should have their driver's license taken away. They may think that they're only endangering themselves, but an intoxicated driver is a threat to everyone on the road. Our government should have zero tolerance for such a selfish and reckless action.

Q: What is the speaker's **main point**?
(a) Driving tests should warn about drunk driving.
(b) Drunk drivers must face harsh punishments.

4. John Steinbeck was incredibly adept at showing both great sentiment and harsh reality. He had a way of making the reader not only imagine, but also feel what is happening in the story. I suppose it was this keen sensitivity that won him the Nobel Prize for literature.

Q: Which **best summarizes** the speaker's opinion of the author?
(a) He had a great ability to convey human emotions.
(b) His stories were most likely based on his own experiences.

1. 몇몇 아침 식사용 시리얼들이 건강에 좋다고는 하지만, 모든 시리얼이 그런 것은 아닙니다. 대부분의 아침 식사용 시리얼들은 가공 설탕과 정제된 흰 밀가루로 만들어집니다. 설탕 함유량을 줄였다고 해도, 여전히 단순 탄수화물이 많이 들어 있기 때문에 설탕이 많이 들어 간 시리얼만큼이나 몸에 좋지 않습니다. 이것이 바로 제품 라벨을 확인하는 일이 매우 중요한 이유입니다.
Q: 담화의 요지는 무엇인가?
(a) 단순 탄수화물이 장기적으로 더 건강에 좋다.
(b) 사람들은 각자의 시리얼이 건강에 좋은 것인지 확인해야 한다.

2. 우리는 아직 제대로 된 조류 독감 치료법을 찾지 못했습니다. 이를 감안하면, 예방이 인간 전염병이 될 수도 있는 것에 맞설 수 있는 최선의 방어책입니다. 만일 이 질병이 제대로 통제될 수 없다면, 수백 만 명의 사람들이 몇 달 만에 죽을 수도 있습니다. 따라서, 우리는 이 질병의 확산을 막는 것을 최우선 사항으로 여겨야 합니다.
Q: 담화의 주제는 무엇인가?
(a) 예방이 조류 독감의 확산을 통제하는 열쇠이다.
(b) 조류 독감은 모두가 생각하는 것만큼 빠르게 확산될 가능성이 낮다.

3. 저는 음주운전을 하는 사람들이 운전 면허를 박탈당해야 한다고 굳게 믿습니다. 그들은 자기 자신들만 위험에 처하게 한다고 생각할 수도 있지만, 술에 취한 운전자는 도로상의 모든 이들에게 위협적인 요소입니다. 우리 정부는 이와 같이 이기적이고 무모한 행동에 대해 조금이라도 관용을 베풀지 말아야 합니다.
Q: 화자의 요점은 무엇인가?
(a) 운전면허 시험이 음주 운전에 대해 경고를 해야 한다.
(b) 음주 운전자들은 반드시 가혹한 처벌에 처해져야 한다.

4. John Steinbeck은 깊은 감정과 냉혹한 현실 모두를 보여주는 데 놀라울 만큼 능숙했습니다. 그는 독자가 이야기 속에서 일어나는 일을 상상하게 만들 뿐만 아니라 실제로 느낄 수 있게 만드는 방법을 알고 있었습니다. 저는 그에게 노벨 문학상을 안긴 것이 바로 이 예리한 감성이었다고 생각합니다.
Q: 작가에 대한 화자의 의견을 가장 잘 요약한 것은 무엇인가?
(a) 그는 인간의 감정을 전달하는 능력이 뛰어났다.
(b) 그의 이야기들은 아마도 자신의 실제 경험을 바탕으로 했을 것이다.

▶ [어휘]는 해설서 참조

정답 1.(b) 2.(a) 3.(b) 4.(a)

Step 1　담화 1차 듣기
　　　　+ 노트 테이킹
_____
_____
_____
_____
_____

Step 2　질문 종류 적기　　　　　질문: _____

Step 3　담화 2차 듣기　　　　　(a) _____　_____
　　　　+ 노트 테이킹 추가
　　　　　　　　　　　　　　(b) _____　_____

Step 4　선택지 노트 테이킹　　(c) _____　_____
　　　　+ 오답 소거
　　　　　　　　　　　　　　(d) _____　_____

Step 5　정답 확정　　　　　　　최종 정답: _____

In the world economy, global warming is causing major losses and big opportunities. In recent years, **climate change has become an economic factor**. Extreme weather linked to rising temperatures, such as Hurricane Katrina, cost the U.S. economy more than $100 billion. Insurance companies are looking to benefit from the ill effects of climate change by selling coverage plans to companies, for example ski resorts and hotels. In addition, investors are increasingly interested in renewable energy as gas emissions are being cut around the world. Analysts expect annual growth for both weather insurance and the renewable energy market.

Q. Which is the speaker's **main point** about the world economy?
(a) Insurance companies are losing money because of the effects of extreme weather.
(b) Global warming is closing some markets in the world.
(c) Climate change is no longer just an environmental issue.
(d) Renewable energy is the only business opportunity created by global warming.

🔓 담화 초반부에서 지구 온난화가 경제적인 측면에서 손실과 기회 모두를 야기하고 있다는 말과 함께 기후 변화가 경제적 요인의 하나가 되었다고(In the world economy, global warming is causing major losses ~ climate change has become an economic factor) 언급한 뒤로 그 영향을 말하는 것으로 담화가 진행되고 있다. 이러한 내용을 종합적으로 요약할 수 있는 선택지는 '기후 변화가 단순히 환경적인 문제에만 국한되지 않는다'는 의미인 (c)이다.

세계 경제에서, 지구 온난화가 대규모 손실과 큰 기회를 초래하고 있습니다. 최근 몇 년 사이에, 기후 변화는 한 가지 경제적 요인이 되었습니다. Hurricane Katrina와 같이 기온 상승과 관련된 기상 이변으로 인해 미국 경제는 1천억 달러가 넘는 비용을 들였습니다. 보험 회사들은 예를 들어 스키 리조트나 호텔과 같은 회사들을 대상으로 보장 보험 상품을 판매하는 것으로 기후 변화에 따른 악영향으로부터 혜택을 볼 수 있기를 바라고 있습니다. 게다가, 투자자들은 전 세계적으로 가스 배출량이 제한되고 있는 가운데, 재생 가능 에너지에 점점 더 많은 관심을 쏟고 있습니다. 분석가들은 기후 관련 보험 상품과 재생 가능 에너지 시장 모두에 대해 매년 성장을 이룰 것으로 예상하고 있습니다.

Q. 세계 경제와 관련해 화자가 말하는 요점은 무엇인가?
(a) 보험 회사들이 기상 이변의 영향으로 인해 돈을 잃고 있다.
(b) 지구 온난화로 인해 전 세계의 여러 시장이 폐쇄되고 있다.
(c) 기후 변화는 더 이상 환경적인 문제에 불과한 것이 아니다.
(d) 재생 가능 에너지는 지구 온난화로 인해 만들어진 유일한 사업 기회이다.

▶ [어휘]는 해설서 참조

빈출 담화 유형 흐름 알기_주장/비판

☑ 다른 사람을 설득하기 위하여 화자의 생각이나 주장을 조리 있고 짜임새 있게 말하는 담화이다.

☑ 주장을 제시하고 이를 뒷받침하기 위해 근거를 제시하는 논리적인 방식으로 전개되기 때문에 그 흐름을 정리해 두면 듣기에 큰 도움이 된다.

☑ 정책이나 제도 등 사회의 특정한 문제에 대해 잘못된 점을 지적하는 내용이 자주 나오는데, 이때는 주장하고자 하는 내용이나 문제점을 비교적 강한 어조로 제시한 다음 구체적인 내용을 덧붙인다. 마지막에는 주장하는 바를 다시 한 번 강조하거나 해결 방안 등을 언급하면서 끝맺는다.

문제 제기	The problem of global fossil fuel depletion is becoming more serious. Oil resources around the world are already running relatively low, and coal and natural gas deposits continue to be used up. 세계적인 화석 연료 고갈 문제가 더욱 심각해지고 있습니다. 전 세계의 석유 자원이 이미 상대적으로 줄고 있고, 석탄과 천연가스 매장층도 계속해서 고갈되고 있습니다.
문제 구체화/ 이유	If we are not careful with the remaining energy resources around the world, there will be no way to power many of our modern technologies and we won't be able to enjoy the comforts we've grown accustomed to. Furthermore, entire industries will either be forced to change or cease to exist. 세계 곳곳에 남아 있는 에너지원에 주의를 기울이지 않는다면, 많은 현대 과학기술에 동력을 공급할 방법이 없게 되고, 우리가 익숙해진 안락한 생활을 영위할 수 없게 될 것입니다. 게다가, 전체 산업이 강제로 바뀌거나 사라질지도 모릅니다.
주장 강조/ 해결방안 제시	By implementing alternative energies such as wind power, we can ensure that our oil and coal reserves last for a little longer. In addition, investing in solar energy could also lessen our dependence on fossil fuels. A future without fossil fuels might be challenging, but it's entirely possible. 풍력과 같은 대체 에너지를 도입함으로써 우리는 석유와 석탄 저장량이 좀 더 오래 지속되게 할 수 있습니다. 게다가, 태양 에너지에 투자하는 것 또한 우리의 화석 연료 의존도를 줄여줄 수 있습니다. 화석 연료가 없는 미래는 어려울 순 있지만 충분히 가능합니다.

▶ [어휘]는 해설서 참조

주장/비판 빈출 토픽

주장	목표를 이루기 위해서는 유혹을 피해야 한다, 저작권 보호법 강화, 진로를 정하는 데 있어서 중요한 것은 좋아하는 일을 하는 것, 자영업자를 위한 부동산법 보호, 소규모 농업에 대한 지원, 금연 정책 주장, 노인 의료보험 제도 개선, 소수자들을 위한 법안, 장애인과 노숙자들을 위한 지원 등
비판	웹사이트 개인정보 수집 제한에 대한 문제점, 유권자 표심 변화에 대한 비판, 유행성 질병에 대한 정부 대처 비판, 현 입시 제도에 대한 비판, 환경보호를 위한 배출물 억제, 시내 교통 체증 심각성, 공용 주차장 이용의 문제점, 취업에서 외모에 대한 지나친 차별 등

기출문제를 포함한 실전 문제들을 풀며 학습한 내용을 확인해 보세요.

Part 4 다음 담화를 듣고 질문에 가장 적절한 답을 고르시오.

1. (a) (b) (c) (d) 기출

2. (a) (b) (c) (d)

3. (a) (b) (c) (d)

4. (a) (b) (c) (d)

5. (a) (b) (c) (d)

6. (a) (b) (c) (d)

7. (a) (b) (c) (d)

8. (a) (b) (c) (d)

9. (a) (b) (c) (d)

10. (a) (b) (c) (d)

정답 및 해설 p.159

Correct(진위 확인) 문제

MP3 바로 듣기

☑ 담화 내용의 진위를 파악하는 문제로, 담화 전체에 걸친 세부사항에 대한 이해와 정확한 기억을 요하는 난이도 높은 문제이다.

☑ 대화 전체 내용을 대상으로 푸는 Which is correct ~? 형태와, 특정 대상에 초점을 맞추어 푸는 Which is correct about ~? 형태로 출제된다.

☑ Part 4를 구성하는 6문제 중 1~2문제 정도 나오며 주로 33~35번에 위치한다.

 문제 푸는 순서와 요령

🎧 U24_1

Step 1 담화 1차 듣기

– 문제의 위치가 33~35번인 경우 세부 내용을 묻는 correct 혹은 기타 wh- 문제일 것을 미리 염두에 두고 듣기

– 첫 문장에서 핵심어 듣기: fire safety inspection
  ❍ 화재 안전 검사에 관한 내용임을 파악

– 이후 담화 들으며 상세 내용 메모
  ❍ 한 번 더 들을 기회가 있으니 일단은 전체적으로 듣고 두 번째 듣기에서 메모 내용을 보충하세요.

  ```
  biannual fire safety inspection - next week
  fire marshal - 수요일
  e-mail to all staff 하루전
  소화기 accessible
  확인 - exit blocked X
        계단에 unnecessary equipment X
  ```

Step 2 질문 듣기

– Which is correct about ~ 듣고 correct about 문제임을 확인

Step 3 담화 2차 듣기

– correct about inspection이라는 질문을 미리 들었으므로 inspection과 관련한 세부 사항을 최대한 자세히 메모한다.

Step 4 오답 소거

(a) biannual(연 2회)을 once a year(연 1회)로 표현한 횟수 오답 X

(b) The county fire marshal will be here on Wednesday to check ~를 포괄적으로 바꿔 표현한 정답 O

(c) the day before를 on the day로 시점을 틀리게 말한 오답 X

(d) 담화에서 언급된 어휘(fire escape exits)를 이용한 다른 내용의 오답 X

Step 5 정답 확정

The **biannual fire safety inspection** of our factory will occur next week. The **county fire marshal** will be here on **Wednesday** to check that we're up to code. An **e-mail** will be sent out to all staff **the day before** as a reminder. At that time, make sure that the fire extinguishers in your departments are easily accessible. Likewise, double-check that all **fire escape exits are not blocked** and the stairwells are clear of unnecessary equipment and clutter.

Q: Which is **correct about the inspection** according to the announcement?

(담화 반복)

Q: Which is correct about the inspection according to the announcement?

(a) It is carried out once a year to ensure fire safety.

(b) It is conducted by an outside official.

(c) An e-mail will be sent on the day it takes place.

(d) Employees must leave through the fire exits.

우리 공장에 대해 반년마다 실시하는 화재 안전 점검이 다음 주에 있을 것입니다. 시의 소방국장님께서 수요일에 이곳으로 오셔서 우리가 규정을 준수하고 있는지 확인하실 것입니다. 하루 전에 공지 사항으로 모든 직원들에게 이메일이 발송될 것입니다. 그때, 여러분의 부서에 반드시 소화기가 손쉽게 이용 가능한 상태인지 확인해 주시기 바랍니다. 마찬가지로, 모든 화재 대피용 출구가 막혀 있지 않은지, 그리고 비상 계단이 불필요한 장비나 잡동사니 없이 깨끗이 치워진 상태인지 다시 한 번 확인해 주시기 바랍니다.

Q. 공지에 따르면 점검과 관련해 옳은 내용은 무엇인가?

(a) 화재 안전을 보장하기 위해 연1회 실시되고 있다.

(b) 외부의 관계자에 의해 실시된다.

(c) 점검 당일에 이메일이 발송될 것이다.

(d) 직원들이 반드시 화재 대피용 출구를 통해 나가야 한다.

▸ [어휘]는 해설서 참조

○ 질문 형태

Correct 문제들은 33~35번에 위치하며, 아래와 같은 형태로 나온다. 문제가 나오는 위치와 형태를 미리 알아 두면 대화를 들을 때 미리 마음의 준비를 할 수 있고 해당 유형에 맞는 듣기를 할 수 있어 유리하다.

담화 전체	Which is **correct** according to the announcement?	공지에 따르면 옳은 것은?
특정 대상	Which is **correct about the novel** according to the lecture?	강연에 따르면 소설에 대해 옳은 것은?

○ 문제 풀이 전략

1. 첫 번째 듣기에서는 반드시 담화 전체를 파악하며 들어라!

담화를 첫 번째 들을 때는 담화 초반에 제시된 중심 소재와 함께 이어지는 핵심어들을 통해 전반적인 내용을 이해하려고 노력해야 한다. 세부 내용에 대한 문제일지라도 전체 흐름을 모르면 지엽적인 오답 함정에 빠질 수 있기 때문이다.

2. Which is correct ~? 유형은 세부사항 노트 테이킹에 집중한다!

이 유형의 문제는 담화 전체 내용을 대상으로 하기 때문에 숫자, 장소, 사건의 전후, 이유, 목적, 비교, 대조 등 특기할 만한 모든 것을 메모해야 한다. 시제, 주어, 대상 역시 메모한다.

3. Which is correct about ~? 유형은 제시한 대상과 연결되는 내용을 집중적으로 듣는다!

about 다음에 제시되는 대상은 주제와 연관된 중요 소재인 경우가 많다. 이 대상은 초반부에 핵심어로 등장하고 이후 대명사나 다른 표현으로 바뀌어 세부 내용으로 이어지므로, 처음부터 이를 염두에 두고 듣자.

4. 담화 종류와 전개 방식에 따른 노트 테이킹을 연습하라!

Part 4는 담화의 종류나 주제에 따라 전개 방식이 정해져 있으므로 이를 염두에 두고 들으면 메모하기가 훨씬 수월하다.

> 어떤 것의 특징에 대해서 언급하는 담화 - 특징들을 순서대로 세로로 메모
> 역사적인 사실에 대한 담화 - 시간 순서를 나타내는 키워드를 따라 메모

5. 담화의 세부정보 문제는 소거법 이용이 필수적이다!

4개의 선택지를 차례로 끝까지 들으며 지문 내용에 부합하는지를 표시하며 듣는다. 예를 들어, 80~100% 확신이 드는 선택지 옆에는 ○, 50% 전후의 확신이 드는 선택지에는 △, 마지막으로 확실히 틀린 선택지에는 X 표시를 하여 가장 정답 가능성이 높다고 판단한 선택지를 정답으로 고른다.

1. Hydro-Fil's 24-function shower head is equipped with a variety of settings that can be easily adjusted. Relax with the soft rain setting, soothe your muscles with the power massage, or warm up with heated mist. Or, if you want to save on your water bill, use the eco-wash setting.

Q: Which is **correct about the product** according to the advertisement?
(a) It purifies rain water.
(b) It can reduce water use.

2. Welcome to the international conference on trade and development. Our theme for this year is "Inclusive Development," whereby keynote speakers from different trade organizations will discuss the ways that all countries can be included in current global economic growth. Following the speeches, we will be hosting smaller symposiums in different locations, which everyone is encouraged to attend.

Q. Which is **correct** according to the speech?
(a) Symposiums will be held after the speeches.
(b) The keynote speakers are renowned for their achievements.

3. The movie *Back to Dusk* will not appeal to everyone. If you want to watch excessive violence and see the good guy win against impossible odds, this movie is for you. However, don't expect much production value. The acting is deplorable, the effects are cheap, and the storyline consists of excuses to stage fights.

Q: Which is **correct about the movie *Back to Dusk***, according to the review?
(a) It contains scenes with strong violence.
(b) It features a storyline that follows historical facts.

4. Mandatory evacuation orders were given to residents of Tall Oaks Valley after winds blew the flames from a wildfire toward homes in the community early Sunday morning. More than 50 firefighters, along with water-dropping helicopters, battled the blaze, which was mostly contained by Sunday night.

Q. Which is **correct** according to the news report?
(a) The fire was under control by Sunday night.
(b) Residents evacuated the area by helicopter.

1. Hydro-Fil의 24 기능 샤워 헤드는 쉽게 조절 가능한 다양한 세팅을 갖추고 있습니다. 부드러운 레인 세팅으로 긴장을 푸시거나, 파워 마사지 세팅으로 근육을 이완시키실 수도 있으며, 또는 뜨거운 미스트로 몸을 따뜻하게 해 보세요. 혹은, 수도세를 절약하기를 원하시는 분께서는, 에코 워시 세팅을 이용해 보십시오.

Q: 광고에 따르면 제품에 관해 무엇이 옳은 내용인가?
(a) 빗물을 정수해 준다.
(b) 물 사용량을 줄일 수 있게 해 준다.

2. 국제 무역 개발 회의에 오신 것을 환영합니다. 올해의 주제는 "포괄적 개발"로서, 이에 따라 서로 다른 무역 기관에 소속된 기조 연설자들께서 최근의 국제 경제 성장에 모든 국가들이 포함될 수 있는 방법들을 이야기해 드릴 것입니다. 연설에 이어서, 소규모 학술 토론회들을 여러 다른 장소에서 개최할 예정이며, 모든 분들께서 참석해 주시기 바랍니다.

Q: 연설에 따르면 무엇이 옳은 내용인가?
(a) 학술 토론회는 연설 후에 열린다.
(b) 기조 연설자들은 각자의 업적으로 잘 알려져 있다.

3. 영화 Back to Dusk가 모두에게 흥미롭지는 않을 것입니다. 과도한 폭력을 보기를 원하시거나 선한 사람이 불가능한 역경과 맞서 승리하는 모습을 보고 싶으시다면, 이 영화는 바로 여러분을 위한 것입니다. 하지만, 작품성에 대해 큰 기대는 하지 마십시오. 연기는 비참한 수준이고 효과는 저렴해 보이며, 줄거리는 격투 장면들을 내세우기 위한 핑계거리들로 구성되어 있습니다.

Q: 후기에 따르면, 영화 Back to Dusk에 관해 무엇이 옳은 내용인가?
(a) 심한 폭력을 동반한 장면들이 포함되어 있다.
(b) 역사적 사실을 따르는 줄거리가 특징이다.

4. 이른 일요일 아침에 바람이 불어 야생 화재의 불길이 지역 내 주택들이 있는 방향으로 옮겨진 끝에 Tall Oaks Valley 주민들에게 의무 대피 명령이 떨어졌습니다. 50명이 넘는 소방관들이 살수용 헬리콥터들과 함께 화재와 맞서 싸웠으며, 이 화염은 일요일 밤 무렵에 거의 제압되었습니다.

Q: 뉴스 보도에 따르면 무엇이 옳은 내용인가?
(a) 불이 일요일 밤 무렵에 진압되었다.
(b) 거주자들이 헬리콥터로 그 구역에서 대피했다.

▶ [어휘]는 해설서 참조

정답 1.(b) 2.(a) 3.(a) 4.(a)

Step 1	담화 1차 듣기 + 노트 테이킹	_____

_____

_____

_____

Step 2	질문 종류 적기	질문: _____
Step 3	담화 2차 듣기 + 노트 테이킹 추가	(a) _____ _____
Step 4	선택지 노트 테이킹 + 오답 소거	(b) _____ _____
		(c) _____ _____
		(d) _____ _____
Step 5	정답 확정	최종 정답: _____

In America in the late 1990s and early 2000s, safeguarding children from explicit content in television, music, and movies was a hot political issue. As such, **V-Chip technology** was introduced as a way for **parents to block mature TV programs from entering their homes**. All televisions sold in America after 2000 were required to have the device installed. The chip could detect a TV program's rating via an encoded system in the broadcast. **If it conflicted with the chip's user-defined settings, the program could not be viewed**. This gave parents greater control over what their children could watch.

Q: Which is **correct about V-Chip technology**?
(a) It prevented parents from censoring content.
(b) It increased distribution of educational programs.
(c) It could be customized to control what children watched.
(d) Televisions made after 2000 did not feature it.

🔓 correct about 문제이므로, 주제는 물론 세부적인 내용까지 꼼꼼히 들어야 한다. 이 담화는 성인 프로그램 등급을 감지해 사용자 정의와 맞지 않는 프로그램을 차단해 주는 V-chip 기술에 대한 설명으로, 이 핵심 내용을 바꿔 표현한 (c)가 정답이다. 담화 후반부에 V-chip의 사용자 정의에 따른 설정과 맞지 않는 방송은 볼 수 없다(If it conflicted with the chip's user-defined settings, the program could not be viewed)라고 설명한 특징을 (c)에서는 '아이들이 볼 프로그램을 통제하도록 맞춤 설정을 할 수 있다'고 뒤집어 표현하였다. (a)는 부모가 가진 통제권과 반대되는 내용이고, educational program은 언급된 바 없으므로 (b)도 오답, (d)는 not 부정어를 이용한 반대 내용 오답이다.

1990년대 말과 2000년대 초에 미국에서는, 텔레비전과 음악, 영화 속의 유해성 콘텐츠로부터 아이들을 보호하는 것이 뜨거운 정치적 쟁점이었다. 그에 따라, 성인용 TV 프로그램이 가정으로 유입되는 것을 부모들이 차단하기 위한 방법의 하나로 V-칩 기술이 도입되었다. 2000년 이후에 미국 내에서 판매된 모든 텔레비전은 해당 장치가 설치되어 있어야 했다. 이 칩은 방송에 암호화된 시스템을 통해 TV 프로그램의 등급을 감지할 수 있었다. 방송이 이 칩 속의 사용자 정의 설정과 상충할 경우, 그 프로그램을 시청할 수 없었다. 이로 인해 부모들은 아이들이 시청할 수 있는 것에 대해 보다 나은 통제권을 갖게 되었다.

Q. V-칩 기술에 관해 옳은 내용은 무엇인가?
(a) 부모들이 콘텐츠를 검열하지 못하게 막았다.
(b) 교육적인 프로그램의 확산을 증폭시켰다.
(c) 아이들이 시청하는 것을 통제하기 위해 맞춤 설정될 수 있었다.
(d) 2000년 이후에 제조된 텔레비전은 그것을 포함하지 않았다.

▶ [어휘]는 해설서 참조

빈출 담화 유형 흐름 알기_안내/공지

☑ 안내/공지는 사내 변경 사항이나 새로운 지침을 안내하는 사내 공지 외에도 상품이나 행사 혹은 특정 서비스 이용에 대한 구체적인 정보를 알려주는 내용까지 매우 다양하게 나온다.

☑ 안내/공지 담화 중에 업체의 자동응답 메시지가 종종 나오는데, 이는 특정 서비스나 정보가 필요하여 업체에 전화를 걸었을 때 들을 수 있는 자동 응답 메시지를 말한다. 내용 전개 방식이 일정하기 때문에 미리 익혀 두면 아주 쉽게 문제를 풀 수 있다.

업체명/ 부재중 안내	Hello. You've reached the Cambridge Valley Fitness Association. Our facilities are currently closed for our summer holiday from July 10 to July 15. Our weight room, outdoor track, and swimming pool will not be available for use during this time. 안녕하세요, Cambridge Valley Fitness Association에 전화주셔서 감사합니다. 저희 시설은 현재 여름 휴가 기간인 7월 10일부터 7월 15일까지 휴무입니다. 체력 단련실, 실외 트랙, 그리고 수영장은 이 기간동안 사용하실 수 없습니다.
영업 시간/ 위치 안내	Normal business hours will resume at our Camden Avenue location on the 16th. All our facilities will be open from 6 A.M. to 10 P.M. Camden Avenue 지점의 평소 영업 시간은 16일에 재개됩니다. 저희의 모든 시설은 오전 6시부터 10시까지 엽니다.
긴급사항/ 기타 안내 끝인사	For any questions regarding membership or reservations, please leave a message along with your name and contact information. We will get back to you after the 15th. We apologize for any interruption our break may cause to your exercise routine. 멤버십 및 예약에 관해 질문이 있으시다면, 이름, 연락처와 함께 메시지를 남겨주세요. 15일 이후에 답변을 드리도록 하겠습니다. 저희의 휴무가 고객님의 일상 운동 일정에 지장을 초래한 점에 대해 사과 드립니다.

▶ [어휘]는 해설서 참조

안내/공지 토픽

안내/공지	항공기나 기차 등의 출발/도착/지연 알림, 시설 이용 안내, 여행지나 관광지의 안내 방송, 상점의 폐점 안내 방송, 문화 시설 이용 시간 및 행사 안내, 공연 이용 요금 및 티켓 안내, 공공 시설 이용 방법 및 규칙 안내, 무료 및 할인 행사 안내, 건물 공사, 수업 안내, 사내 회의 중 공지 사항, 직책이나 일자리 소개 등
전화 메시지	자동 응답 시스템의 인사말과 회사명 소개, 회사 영업 시간 및 위치 안내, 부재를 알리는 메시지, 전화 번호 안내 및 서비스 약속 등

기출 Check-up Test

기출문제를 포함한 실전 문제들을 풀며 학습한 내용을 확인해 보세요.

Part 4 다음 담화를 듣고 질문에 가장 적절한 답을 고르시오.

1. (a) (b) (c) (d) 기출

2. (a) (b) (c) (d)

3. (a) (b) (c) (d)

4. (a) (b) (c) (d)

5. (a) (b) (c) (d)

6. (a) (b) (c) (d)

7. (a) (b) (c) (d)

8. (a) (b) (c) (d)

9. (a) (b) (c) (d)

10. (a) (b) (c) (d)

정답 및 해설 p.166

UNIT 25 기타 세부사항 문제(Wh-)

MP3 바로 듣기

☑ 기타 세부사항 문제는 각종 의문사들 – What(무엇을), Why(왜), When(언제), Where(어디서), Who(누가), How(어떻게) – 을 이용하여 담화에서 언급된 구체적인 내용에 대해 묻는 문제이다. What, Why가 주를 이루고 나머지 의문사 문제는 드물게 출제된다.

☑ 문제를 대충 듣고도 [correct] 혹은 [correct about + 대상]만 파악하면 되었던 Correct 문제와 달리, 의문사와 함께 문제의 내용을 아주 정확히 들어야 한다.

☑ Part 4를 구성하는 총 6문제 중 1~2문제 정도 나오며 주로 33~35번에 위치한다.

문제 푸는 순서와 요령

🎧 U25_1

Step 1 담화 1차 듣기

- 33~35번 사이에 등장하며, Correct 문제와 섞여 나오기 때문에 두 경우를 모두 염두에 두고 듣기
- 첫 문장에서 핵심 표현 듣기: awake, waiting for sleep
- 초반부에 이목을 끄는 질문 내용을 듣고 광고임을 파악
  ❍ Do you ~? Are you ~? 등의 질문을 통해 이목을 끌고 있는데, 이 내용을 잘 들으면 광고하려는 제품이 무엇인지 짐작할 수 있어요.
- 이후 담화 들으며 상세 내용 메모
  ❍ 한 번 더 들을 기회가 있으니 일단은 전체적으로 듣고 두 번째 듣기에서 메모 내용을 보충하세요.

> lie awake, waiting for sleep?
> Quietus - multivitamin
> sleep quality ↑
> promote melatonin key hormone for sleep
> fall asleep same time

Step 2 질문 듣기

- What makes Quietus so effective?를 정확히 듣고 Quietus가 효과적인 이유를 묻는 질문임을 파악

Step 3 담화 2차 듣기

- 질문 속 핵심어 effective를 염두에 두고 이와 관련된 내용을 들으며 메모 보충

Step 4 오답 소거

(a) 반대 내용(helps you stay awake)으로 표현해 오답X
(b) 담화에서 언급된 어휘(multivitamin)를 이용한 다른 내용의 오답 X
(c) 연관성 있게 들리지만 담화에 언급되지 않은 fresh ingredients를 이용한 오답 X
(d) promotes the production of melatonin, the key hormone in falling asleep을 바꿔 표현한 정답 O

Step 5 정답 확정

Do you lie awake for hours each night waiting for sleep? Are you falling asleep at your desk at work? If so, then **try Quietus**, an amazing new multivitamin that has been proven to improve sleep quality. Quietus is a mixture of supplements that **promotes the production of melatonin, the key hormone required for restful sleep**. With Quietus, you'll be able to fall asleep each night at the same time. Try Quietus tonight and get the rest you deserve.

Q: What makes **Quietus** so **effective**?

(담화 반복)

Q: What makes Quietus so effective?
(a) It helps you stay awake when working at night.
(b) It is easier to take than multiple vitamins.
(c) It is made with fresh ingredients.
(d) It affects a hormone that promotes sleep.

매일 밤 잠들기를 기다리면서 몇 시간씩 뜬눈으로 누워 있나요? 회사에서 책상에 앉아 잠들고 있나요? 그렇다면, 수면의 질을 개선시켜 주는 것으로 입증된 놀라운 새 종합비타민제인 Quietus를 복용해 보세요. Quietus는 숙면을 취하는 데 있어 필수 호르몬인 멜라토닌을 생성을 촉진시켜 주는 보충 물질이 혼합된 제품입니다. Quietus와 함께라면, 매일 밤 동일한 시간에 잠에 드실 수 있을 것입니다. 오늘밤 Quietus을 드시고 여러분께서 당연히 누려야 할 숙면을 취해 보시기 바랍니다.

Q. Quietus가 매우 효과적인 이유는 무엇인가?

(a) 밤에 일할 때 깨어 있는 상태로 유지하는 데 도움을 준다.

(b) 종합비타민제보다 복용하기가 더 쉽다.

(c) 신선한 재료로 만들어진다.

(d) 수면을 촉진하는 호르몬에 영향을 미친다.

▶ [어휘]는 해설서 참조

● 질문 형태

기타 세부사항을 묻는 문제들은 33~35번 사이에 위치하며, 아래에서 보는 바와 같이 매우 다양한 질문이 나오는데, 특히 뉴스 보도에서는 이유를 묻는 Why ~? 형태가 자주 나온다.

- **Why** did General Autos decide to reduce its wage?
- **What** advice is given to chronic pain patients?
- **Which** would be the best item to donate?
- **Who** will receive the proceeds from the charity event?
- According to the lecture, **when** did the Roman Empire start?
- **How much** will Laval College's tuition be next year?

General Autos 사는 왜 임금을 줄이기로 했는가?
만성 통증 환자들에게 어떤 조언을 해주는가?
어떤 물건이 가장 기증하기 좋은 물건인가?
자선 행사에서 얻은 수익은 누가 받을 것인가?
강의에 따르면, 로마 제국은 언제 시작되었는가?
Laval 대학의 내년 학비는 얼마가 될 것인가?

● 문제 풀이 전략

1. 첫 번째 듣기에서는 반드시 담화 전체를 파악하며 들어라!

담화를 첫 번째 들을 때는 담화 초반에 제시된 중심 소재와 함께 이어지는 핵심어들을 통해 전반적인 내용을 이해하려고 노력해야 한다. 세부 내용에 대한 문제일지라도 전체 흐름을 모르면 지엽적인 오답 함정에 빠질 수 있기 때문이다.

2. 1차 담화 듣기가 끝나고 질문을 처음 들려줄 때 질문 내용을 정확히 듣고 메모한다! 그래야 2차 담화 듣기에서 노려 들을 수 있다.

Correct 문제와 달리, 질문 내용을 아주 정확히 알아들어야 정답을 고를 수 있으므로, 질문을 처음 들려줄 때 의문사와 핵심어를 잘 듣고 메모해 두었다가 2차 듣기 때 이 핵심어가 언급되는 부분에서 정답 단서를 찾도록 한다. 예를 들어 What weather conditions can western areas expect?라는 질문이 나오면 핵심어인 what, weather, western areas를 메모해 두었다가 2차 듣기 때 이 핵심어가 언급되는 곳의 주변을 잘 들으면 된다. 단, 질문의 핵심어는 담화에 그대로 나오기도 하지만 paraphrase되어 나오는 경우가 많다는 점에 유의한다.

> 담화 **A large number of banks are now <u>offering</u>** travel rewards based on how much money you have in your savings account and how long you keep it there.
> 현재 많은 은행들은 예금 계좌에 얼마를 예치하고 있는지와 얼마동안 예치하는지에 따라 여행 보상 서비스를 제공하고 있습니다.
>
> 문제 What are **many banks <u>providing</u> these days**?
> 많은 은행들이 요즘 제공하고 있는 것은?
>
> 정답 Rewards for saving money 예금액에 대한 보상

○ 질문을 아주 정확히 듣고 메모해야 하는 이유가 하나 더 있어요. 예를 들어 특정 시점을 묻는 문제의 경우, 담화에 여러 시점들이 등장하고 그 시점들이 모두 선택지에 나오기 때문에, 헷갈리지 않기 위해서는 문제가 정확히 어떤 시점을 요구하는지 듣고 메모해야 합니다.

1. Before we finalize this budget plan, we need to discuss the size of our R&D Department. You all know how much of a problem the recall we issued last year was, and if we have to issue another in the future, we risk the integrity of our brand. Hiring more researchers will help us be confident in the safety and quality of our products.

Q: What is the speaker suggesting?
(a) Recalling a product
(b) Hiring more employees

1. 이 예산안을 최종 확정하기 전에, 우리 연구개발 부서의 규모를 논의해야 합니다. 여러분 모두 작년에 우리가 공표한 리콜이 얼마나 심각한 문제였는지 아실 것이며, 앞으로 우리가 또 리콜을 발표해야 한다면, 우리 브랜드의 온전함을 위태롭게 하는 일이 됩니다. 더 많은 연구원들을 고용하는 것이 우리 제품의 안전성과 품질에 대해 우리가 확신을 갖는 데 도움이 될 것입니다.

Q: 화자가 제안하는 것은 무엇인가?
(a) 제품을 리콜하는 것
(b) 직원들을 더 고용하는 것

2. Attention, all passengers for United Airways flight number 459 going to Helsinki. Boarding will commence in five minutes. Business class and passengers requiring special assistance will be allowed to enter the aircraft at that time. Following this, those with young children will be asked to board.

Q: Who can enter the airplane in five minutes?
(a) Passengers travelling with young children
(b) Passengers that need to be helped

2. 헬싱키 행 United Airways 459 항공편 탑승객 여러분께 알려 드립니다. 탑승이 5분 후에 시작됩니다. 탑승이 시작되면 비즈니스 클래스와 특별한 도움을 필요로 하시는 승객분들께서 항공기에 먼저 탑승하도록 허용될 것입니다. 그 후에, 어린 아이들을 동반하시는 분들께서 탑승하도록 요청 받으실 것입니다.

Q: 누가 5분 후에 항공기에 탑승할 수 있는가?
(a) 어린 아이들과 함께 여행하는 승객들
(b) 도움을 받아야 하는 승객들

3. If you worry about your family's financial future, SGI Inc. will work with you to find affordable solutions so your loved ones will be taken care of. Talk to us today for information on packages and payment plans. Life insurance is not only buying protection in case you pass away: it's peace of mind. Our company also offers competitive health insurance to those who qualify.

Q: What does SGI Inc. do?
(a) It provides financial coverage for your family after you die.
(b) It offers ways to safely use banking services.

3. 가족의 재정상의 미래가 걱정되신다면, 사랑하시는 분들이 보살핌을 받으실 수 있도록 금전적으로 감당하실 수 있는 해결책을 찾는 데 저희 SGI Inc.가 함께 할 것입니다. 저희에게 오늘 연락 주셔서 패키지 상품과 비용 납입 약정에 관한 정보를 알아 보십시오. 생명 보험은 여러분께서 사망한 경우에 대비한 보호 수단을 구입하는 것일 뿐만 아니라 마음의 평화를 얻는 것이기도 합니다. 저희 회사는 또한 자격 요건을 갖추신 분들께 경쟁력 있는 건강 보험도 제공하고 있습니다.

Q: SGI Inc.는 무슨 일을 하는가?
(a) 고객이 사망한 후에 가족에게 경제적 보상을 해준다.
(b) 은행 서비스를 안전하게 이용하는 방법을 제공한다.

4. I sketched my first cartoons on my class notes back in middle school just because I was bored. I didn't think much of them back then. But one day, my friend walked by my desk and saw what I was drawing, and he started laughing hysterically. After that, I would share every cartoon with my friends. And now, I make a living drawing those same little cartoons.

Q: Why did the speaker start drawing cartoons?
(a) She wanted to impress her teacher.
(b) She was entertaining herself in class.

4. 저는 과거 중학생이었을 당시에, 단순히 너무 지루해서 수업 노트에 첫 번째 만화를 그렸습니다. 그때는 그 그림들을 그렇게 중요하게 생각하지 않았습니다. 하지만 어느 날, 친구가 제 책상 옆을 지나가다가 제가 그리던 만화를 보고는 미친듯이 웃기 시작했습니다. 그 후로, 저는 항상 친구들에게 제 만화를 보여주곤 했습니다. 그리고 현재, 저는 그때와 같은 소소한 만화들을 그리면서 생계를 꾸리고 있습니다.

Q: 화자는 왜 만화를 그리기 시작했는가?
(a) 선생님을 감동시키고 싶어 했다.
(b) 수업 시간에 스스로를 즐겁게 만들었다.

▶ [어휘]는 해설서 참조

정답 1.(b) 2.(b) 3.(a) 4.(b)

○ 전략 적용 연습

🎧 U25_3

Step 1	담화 1차 듣기 + 노트 테이킹	_____

Step 2	질문 종류 적기	질문: _____
Step 3	담화 2차 듣기 + 노트 테이킹 추가	(a) _____ ____ (b) _____ ____
Step 4	선택지 노트 테이킹 + 오답 소거	(c) _____ ____ (d) _____ ____

| Step 5 | 정답 확정 | 최종 정답: _____ |

At Quick Ink Inc., we have had a Zero Tolerance policy concerning sexual harassment since our company's inception. We are committed to providing a comfortable and harassment-free working environment for all of our employees. That is why **we have just expanded the sexual harassment policy to include same-sex incidents**. Additionally, we have established a new hotline so that employees may report harassment to respondents rather than reporting directly to their superior.

Q: **What** has been **changed** about the **sexual harassment policy**?
(a) It now includes supervisors and middle managers.
(b) All claims must now be made over the phone.
(c) It now includes harassment from members of the same sex.
(d) Dating is no longer allowed among employees in the office.

🎧 질문을 들을 때 What, changed, sexual harassment를 듣고 메모해 두었다가 담화를 두 번째 들을 때 sexual harassment와 관련하여 변경된 내용이 무엇인지를 잡아 내야 한다. 그리고, 이 키워드들이 담화에서는 다른 표현으로 paraphrase되어 나올 것도 염두에 두어야 한다. 이 담화에서도 change라는 표현을 직접 쓰는 대신 expanded the sexual harassment policy to include same-sex incidents(성희롱 규정을 확대하여 동성 간의 사례도 포함시켰다)라고 말하고 있다. 이 내용을 듣는 순간 이것이 바로 변경 사항임을 알아차려야 한다. 따라서 '이제부터는 동성간의 괴롭힘도 포함한다'고 표현한 (c)가 정답이다.

저희 Quick Ink Inc.에서는 회사가 설립될 때부터 성희롱에 관한 무관용 규정이 있어 왔습니다. 저희는 모든 직원들에게 편안하면서 어떤 괴롭힘도 없는 직무 공간을 제공하는 것에 전념하고 있습니다. 그래서 저희는 성희롱 규정을 확대하여 동성 간의 사례도 포함시켰습니다. 게다가, 저희는 새로운 상담 전화 서비스를 개설하여 직원들이 괴롭힘에 대해 상사에게 직접 보고하기보다는 전화 응대원에게 말할 수 있도록 하였습니다.

Q: 성희롱 관련 규정에 대해 바뀐 것은 무엇인가?
(a) 이제 감독관 및 중간 관리자들도 포함한다.
(b) 모든 요구 사항은 이제 전화로만 이루어져야 한다.
(c) 이제는 동성 간의 괴롭힘도 규정에 포함된다.
(d) 직원들의 사내 연애는 더 이상 허용되지 않는다.

▶ [어휘]는 해설서 참조

빈출 담화 유형 흐름 알기_광고

☑ 광고 지문은 과거엔 매회 빠짐없이 출제되었으나, 뉴텝스 시행 이후 출제 빈도가 약간 주춤하고 있다.
☑ 도입부는 소비자의 관심을 끄는 자극적인 표현, 특히 의문문으로 시작하는 경우가 많다.
☑ 광고하는 대상이 구체적으로 무엇인지는 중반부터 나온다. 광고하고 있는 제품이나 서비스가 무엇인지 구체적으로 밝히고 특성에 대해 상세히 소개한 후 제품의 구매, 이용 방법을 알려주는 것으로 마무리한다.

이목 끌기	Do you suffer from hearing loss? Vanta-Ear might just be the solution to your troubles. Even though hearing loss is a natural development as one ages, there are ways to maintain quality hearing. 난청으로 고생하고 계신가요? Vanta-Ear가 여러분의 문제에 꼭 맞는 해결책이 될 수 있습니다. 난청은 나이듦에 따라 생기는 자연적인 증상이긴 하지만, 좋은 청력을 유지할 수 있는 방법들이 있습니다.
제품 및 제품의 특장점 상세 소개	Vanta-Ear is an advanced hearing aid that is so small it cannot be seen when placed in the ear. Each device is also custom-made for maximum comfort and durability. Best of all, its rechargeable battery lasts up to forty-eight hours, so Vanta-Ear will give you high-quality hearing for long periods of time without charging. Vanta-Ear는 굉장히 작아서 귀에 넣어 착용했을 때 보이지 않는 고급 보청기입니다. 또한 각 기기는 최상의 편안함과 내구성을 위하여 고객님께 맞추어 주문 제작됩니다. 무엇보다도, 저희 보청기의 충전식 배터리는 최대 48시간까지 지속되므로, Vanta-Ear는 충전 없이도 오랜 시간동안 고품질의 청력을 제공해줄 것입니다.
구매 및 기타 사항 안내	Visit our website at www.vanta-ear.com to request a free information packet. 저희 웹사이트인 www.vanta-ear.com에 방문하셔서 무료 정보 자료집을 신청하세요.

▶ [어휘]는 해설서 참조

광고 빈출 토픽

제품/서비스 광고	공기청정기(air purifier), 가구(furniture), 네비게이션(GPS guide), 보충제(supplement), 전기레인지(electric range), 방범 시스템(security system), 북클럽(book club) 등
업체/단체 광고	식당, 카페(café), 채용 대행사(recruitment agency), 온라인 소매점(online retailer), 숙박업소(inn, hotel), 요리학교(Chef's Academy), 극장(cinema), 중고품 매입 업체, 농산물 마켓(Farmer's Market), 피트니스 센터, 여행사(travel agency), 청소업체(cleaning service), 항공사(airline), 미술관(gallery) 등
행사 광고	축제(festival), 학회(conference/convention), 전시회(exhibition), 자선 활동(charity drive), 특별 행사(Game Day) 등

기출 Check-up Test

기출문제를 포함한 실전 문제들을 풀며 학습한 내용을 확인해 보세요.

🎧 U25_5

Part 4 다음 담화를 듣고 질문에 가장 적절한 답을 고르시오.

1. (a) (b) (c) (d) 기출

2. (a) (b) (c) (d) 기출

3. (a) (b) (c) (d)

4. (a) (b) (c) (d)

5. (a) (b) (c) (d)

6. (a) (b) (c) (d)

7. (a) (b) (c) (d)

8. (a) (b) (c) (d)

9. (a) (b) (c) (d)

10. (a) (b) (c) (d)

정답 및 해설 p.173

UNIT 26 Infer(추론) 문제

☑ Infer 문제는 담화의 내용을 근거로 직접 언급되지 않은 숨은 사실을 추론해 내야 하는 문제이다.

☑ 가장 난이도가 높은 유형으로, 기본 청취력은 물론이고 이에 더해 논리적인 사고력까지 요한다.

☑ 담화 전체 내용을 대상으로 하는 What can be inferred from the talk? 형태와, 특정 대상에 초점을 맞추어 푸는 What can be inferred about ~? 형태로 주로 출제된다.

☑ Part 4의 마지막 부분인 35~36번에 위치하며 1~2문제가 출제된다.

문제 푸는 순서와 요령

🎧 U26_1

Step 1 1차 담화 듣기

– 문제의 위치가 35~36번인 경우는 추론 문제일 가능성을 미리 염두에 두고 듣기

– 첫 대사에서 키워드 듣기: complaint, quality of our computer products

  ● 컴퓨터 제품의 품질에 대한 불만 내용임을 파악

– 이후 담화 들으며 상세 내용 메모

  ● 한 번 더 들을 기회가 있으니 일단은 전체적으로 듣고 두 번째 듣기에서 메모 내용을 보충하세요.

> complaints about quality of computer
> sent back, defects
> interns check, quality control inspection
> to prevent, permanent staff check, submit
> interns X

Step 2 질문 듣기

– What can be inferred를 듣고 추론 문제임을 확인

Step 3 담화 2차 듣기

– 담화 전체 내용에 대한 추론 문제이므로 전반적인 주제와 함께 세부 내용까지 샅샅이 듣고 메모한다.

Step 4 오답 소거

(a) 담화에서 언급된 어휘 customers를 그대로 썼지만 담화 내용과 다른 오답 X

(b) 중반부에 인턴 직원들이 품질 관리 점검 중에 제품에 결함이 있는지를 확인한다는(the interns check each item for faults ~) 말과 함께 앞으로는 정규직 직원이 점검 결과를 확인하고 이를 제출해야 한다고(permanent staff must check the inspection results and submit them ~) 하는 말을 종합해보면, 인턴 직원들이 점검 및 보고 과정에서 실수하여 부정확한 결과를 제출했을 것으로 판단할 수 있으므로 정답 O

(c) 인턴의 실수로 불량품이 유통되었다고 해서 회사의 경영 조직 자체가 불량하다고 보긴 힘들기 때문에 오답 X

(d) 담화에서 언급된 어휘 permanent staff를 그대로 썼지만 담화 내용과 다른 오답 X

Step 5 정답 확정

This meeting will cover the **increase in complaints** about the quality of our **computer products**. Several customers have **sent back** their purchases recently because of **defects**, which is odd since the **interns check each** item for faults during the **quality control inspection**. Therefore, to **prevent** further incidents like this, **permanent staff** must check the inspection results and submit them to the department manager. I know this is an extra burden for some of you, but interns can no longer be entrusted with this responsibility.

Q: What can be **inferred** from the talk?

(담화 반복)

Q: What can be inferred from the talk?

(a) Customers have been canceling orders.

(b) The interns turned in inaccurate inspection results.

(c) The company's management is poorly organized.

(d) Permanent staff must fix returned products.

이 회의에서는 우리 컴퓨터 제품의 품질에 관한 불만 사항의 증가 문제를 다룰 것입니다. 여러 고객들께서 결함으로 인해 최근에 구매 제품을 반품하셨는데, 이는 인턴 직원들이 품질 관리 점검 과정 중에 결함이 있는지 각 제품을 확인하고 있기 때문에 이상하게 여겨지는 부분입니다. 따라서, 이와 같은 일이 추가로 발생되는 것을 방지하기 위해, 정규직 직원이 반드시 점검 결과를 확인하고 부서장에게 그 내용을 제출해야 합니다. 이것이 여러분 중 일부 직원들에게 추가적인 부담이 된다는 것을 알고 있지만, 이 책임을 더 이상 인턴 직원들에게 맡길 수 없습니다.

Q. 담화를 통해 유추할 수 있는 것은 무엇인가?
(a) 고객들이 계속 주문을 취소하고 있다.
(b) 인턴 직원들이 부정확한 점검 결과를 제출했다.
(c) 회사의 경영진이 형편없이 조직되어 있다.
(d) 정규직 직원들이 반드시 반품된 제품을 고쳐야 한다.

▶ [어휘]는 해설서 참조

● 질문 형태

Infer 문제들은 35~36번에 위치하며, 아래와 같은 형태로 나온다. 문제가 나오는 위치와 형태를 미리 알아 두면 대화를 들을 때 미리 마음의 준비를 할 수 있고 해당 유형에 맞는 듣기를 할 수 있어 유리하다.

- **What** can be **inferred** from the talk?　　　　　　　담화에서 유추할 수 있는 것은 무엇인가?
- **What** can be **inferred about** the Eiffel Tower from the lecture?　강의에서 에펠탑에 대해 유추할 수 있는 것은 무엇인가?
- **What** is the **best inference** from the lecture?　　　강의에서 가장 잘 유추해낼 수 있는 것은 무엇인가?
- **Which statement** will the speaker most likely **agree** with?　화자는 어떤 진술에 동의할 것 같은가?

● 문제 풀이 전략

1. 담화의 요점이나 결론이 단서가 되는 경우가 많다!
추론 대상이나 내용은 담화에서 지엽적인 것이 아니라 주된 내용과 관련이 깊기 때문에, [주제], [요지] 문제에서 했던 것처럼 전체적인 내용을 들어야 한다. 또한 전체 담화 내용을 아우르는 종합적인 결론을 내려야 하는 경우도 있으므로 담화의 주제, 요지, 요점, 결론을 확실히 파악한다.

2. 주어진 정보를 근거로 추론해야 하므로 세부사항 역시 노트 테이킹 한다!
반드시 주어진 정보를 근거로 추론해야 하고, 여러 정보를 조합해 추론해야 하는 경우가 많기 때문에, 전반적인 내용을 파악함과 동시에 세부적인 내용도 상세히 메모해 둔다. 특히, 이유나 문제점 등 주제와 관련된 상황을 설명하는 정보에 주목한다. 때로는 Correct 문제처럼 세부적인 내용을 paraphrase한 듯한 답이 나오기도 한다.

> **TIP** 첫 번째로 질문을 들려줄 때 What can be inferred ~? 유형이면 담화의 전체적인 흐름 파악에 특히 유의하고, What can be inferred about ~? 유형이면 about 다음에 나오는 특정 대상 위주로 듣도록 하세요.

3. 담화에 언급된 어휘를 이용해 내용을 살짝 바꾼 오답에 주의한다!
핵심어를 이용해 서술어를 바꿔 쓰는 등의 오답이 자주 등장하므로, 단어가 아닌 구/절의 의미 덩어리로 파악하는 연습을 해야 한다.

4. 지나치게 넘겨 짚은 보기를 조심하라!
담화에서 추론의 근거를 찾을 수 없는 내용은 오답이다. 메모한 내용으로 확인할 수 없고 지나치게 넘겨짚은 보기는 정답에서 과감히 제외시킨다. 특히, 담화의 내용과 반대로 추론한 오답이 자주 등장하니 주의한다.

5. 소거법을 적용하면서 메모한 내용을 통해 추론 가능한 선택지를 정답으로 고른다.
Infer 문제의 정답은 명쾌히 판단되지 않는 경우가 많기 때문에 반드시 소거법을 이용해야 한다. 4개의 선택지를 차례대로 끝까지 들으며 담화 내용에 부합하는지를 O, △, X로 표시하여 가장 정답 가능성이 높다고 판단한 선택지를 정답으로 고른다.

1. A national report has shown that among college students who enroll in local universities, 30% drop out within the first two years. The main reason cited for leaving was a lack of scholarships and living assistance.

Q: What can be **inferred about the local universities**?
(a) They have not provided enough financial aid for local students.
(b) They will spend more on their on-campus housing.

2. Some people have pushed for the illegalization of gambling in the state because of its addictive nature and potential to ruin lives. Opponents of gambling assert that gambling addiction is just as dangerous as drug addiction, so both should be illegal.

Q: Which can be **inferred** from the lecture?
(a) Gambling addiction can lead to drug use.
(b) It is easy to fall into a harmful gambling habit.

3. All residents of Southern Florida should be on full alert as a Category 5 hurricane is approaching and forecast to hit land in the next 48 hours. Residents living in low lying areas are advised to evacuate immediately. Other residents are encouraged to secure their homes and stock up on essential supplies such as water, food and first aid.

Q: What can be **inferred** from the announcement?
(a) There's no need for all residents to evacuate.
(b) The storm is expected to last for 48 hours.

4. Welcome to Introduction to Modern Literature. Instead of progressing through a textbook, the class will consist of discussions and lectures. On the tests, though, I don't want you to simply re-produce everything I say in class. You'll share your own thoughts about the material and support your ideas with the stories and articles we cover in class.

Q: What can be **inferred** from the talk?
(a) The listeners will be given weekly tests.
(b) The listeners are attending the first class of a course.

1. 국내 보고서에 따르면 지방 대학에 등록한 대학생들 중에서 30퍼센트가 첫 2년 안에 중퇴하는 것으로 나타났습니다. 학생들이 떠나는 주된 원인으로 언급된 것은 장학금 및 생활 지원 부족 문제였습니다.
Q: 지방 대학들에 대해 유추할 수 있는 것은 무엇인가?
(a) 지역 학생들에게 충분한 경제적 지원을 제공하지 않았다.
(b) 교내 기숙사에 더 많은 돈을 지출할 것이다.

2. 몇몇 사람들은 중독성 및 인생을 망칠 가능성으로 인해 주 내에서의 도박을 불법으로 제정하도록 요구해 왔습니다. 도박에 반대하는 사람들은 도박 중독이 마약 중독만큼 위험한 것이기 때문에 둘 모두 불법이어야 한다고 강력히 주장합니다.
Q: 강의를 통해 유추할 수 있는 것은 무엇인가?
(a) 도박 중독은 마약 중독으로 이어질 수 있다.
(b) 해로운 도박 습관에 빠지는 것은 쉬운 일이다.

3. 5등급 허리케인이 접근 중이며 앞으로 48시간 후에 상륙할 것으로 예측되므로 플로리다 남부 지역의 모든 주민들께서는 만반의 준비를 하셔야 합니다. 저지대 지역 주민들께서는 즉시 대피하시기 바랍니다. 다른 주민들께서는 주택을 안전하게 보호하시고, 물과 음식, 그리고 구급약과 같은 필수품들을 비축해두시기 바랍니다.
Q: 안내를 통해 유추할 수 있는 것은 무엇인가?
(a) 모든 주민들이 대피할 필요는 없다.
(b) 폭풍우가 48시간 동안 지속될 것으로 예상된다.

4. 현대 문학 개론 수업에 오신 것을 환영합니다. 교재를 통해 진도를 나가는 대신, 수업은 토론과 강의로 구성될 것입니다. 하지만 시험을 볼 때, 저는 여러분이 수업 중에 제가 말하는 모든 것을 그저 그대로 옮겨 쓰는 것을 원하지 않습니다. 여러분은 수업 내용에 대한 각자의 생각을 공유하고 우리가 수업 중에 다루는 이야기와 글로 여러분의 생각을 뒷받침해야 할 것입니다.
Q: 담화를 통해 유추할 수 있는 것은 무엇인가?
(a) 청자들은 매주 시험을 치를 것이다.
(b) 청자들은 과목의 첫 수업을 듣고 있다.

▶ [어휘]는 해설서 참조

정답 1.(b) 2.(b) 3.(a) 4.(b)

Step 1	담화 1차 듣기 + 노트 테이킹	_____

Step 2	질문 종류 적기	질문: _____
Step 3	담화 2차 듣기 + 노트 테이킹 추가	(a) _____ ___
		(b) _____ ___
Step 4	선택지 노트 테이킹 + 오답 소거	(c) _____
		(d) _____ ___
Step 5	정답 확정	최종 정답: _____

As industries try to **avoid dependence on petroleum-based plastics**, experts predict that the **bioplastic** industry will be **on the rise** over the next decade. Currently, **less than a quarter of 1% of all the plastics we use are bioplastics because of the rarity of the bacteria used in its production**. However, a series of technological advancements will help spur the trend toward bioplastics. For instance, researchers claim that a genetically-engineered E. coli bacteria being developed in South Korea will open the door to new possibilities, as it is predicted to cut the cost of bioplastics production by 40%.

Q: What can be **inferred** about **bioplastics**?
(a) They are made from bacteria instead of petroleum.
(b) They strengthen petroleum-based plastics.
(c) They were invented in South Korea.
(d) They are used in 40% of all plastic products.

🔓 이 담화의 요지는 petroleum-based plastics를 벗어나 향후 bioplastic 산업이 증가할 것이라는 내용이다. Petroleum-based plastics 의존도를 피하려는 추세 때문에 bioplastic industry가 뜨고 있는데, 이 bioplastics는 생산 과정에 쓰이는 박테리아의 희귀성으로 인해 제조 비율이 매우 낮다고(~ less than a quarter of 1% of all the plastics we use are bioplastics because of the rarity of the bacteria used in its production) 설명하는 데서 (a)의 내용을 유추할 수 있다. 대한민국에서 개발된 것은 bioplastics 자체가 아니라 그 원료로 활용될 수 있는 E.coli bacteria이므로 (c)는 오답이다.

업계마다 석유를 원료로 하는 플라스틱 의존도를 피하기 위해 노력하고 있기 때문에, 전문가들은 향후 10년 동안에 걸쳐 바이오플라스틱 산업이 증가세를 보일 것이라고 예측하고 있습니다. 현재, 생산 과정에 활용되는 박테리아의 희귀성 때문에 우리가 사용하는 전체 플라스틱 제품의 0.25퍼센트도 채 되지 않는 것이 바이오플라스틱으로 되어 있습니다. 하지만, 일련의 기술적 발전이 바이오플라스틱을 활용하는 추세에 박차를 가하는 데 도움이 될 것입니다. 예를 들어, 연구자들은 대한민국에서 개발 중인 유전자 변형 E. coli 박테리아가 새로운 가능성을 향한 길을 열어 줄 것이라고 주장하고 있는데, 40퍼센트나 바이오플라스틱 생산비를 절감시켜 줄 것으로 예상되고 있기 때문입니다.

Q. 바이오플라스틱에 관해 유추할 수 있는 것은 무엇인가?
(a) 석유 대신 박테리아로 만들어진다.
(b) 석유를 원료로 하는 플라스틱을 강화시켜 준다.
(c) 대한민국에서 발명되었다.
(d) 전체 플라스틱 제품의 40퍼센트에서 활용되고 있다.

▶ [어휘]는 해설서 참조

빈출 담화 유형 흐름 알기_학술 강연

- ☑ 인문학 강의 – 역사, 문학, 심리학, 언어학 분야의 다양한 주제를 다루며, 출제 빈도가 높다. 추론 문제가 자주 등장한다.
- ☑ 자연과학 강의 – 자연 현상을 연구 대상으로 하는 내용으로 의학, 생물학, 화학, 물리학, 천문학, 지리학 등을 다룬다.
- ☑ 전문 용어 외에도 어려운 어휘들이 쓰이기 때문에 난이도가 높으며, 배경 지식이 풍부한 사람에게 유리할 수 있다.

토픽/이론 소개

Let's continue our discussion about the DNA of African elephants. Many scientists had long theorized that there were two different species of these elephants, classifying them as savanna and forest elephants.

아프리카 코끼리의 DNA에 대한 논의를 계속합시다. 많은 과학자들은 오랫동안 아프리카 코끼리가 대초원 코끼리와 숲 코끼리 두 가지 종으로 나뉜다는 이론을 제시해 왔습니다.

예시 및 근거

The different physical properties of these elephants were the foundation for this reasoning: forest elephants have small, rounded ears and thin, straight tusks, while savanna elephants have larger ears and thicker tusks that curve upwards.

이 두 코끼리 종들의 서로 다른 신체적 특성이 이러한 추론의 근거였습니다. 숲 코끼리는 작고 둥근 귀와 가늘고 곧은 상아를 지니고 있고, 반면 대초원 코끼리는 더 큰 귀와 두껍고 위로 굽은 상아를 갖고 있습니다.

새로운 의견

Nonetheless, this distinction was a source of disagreement in the scientific community until it was proved via a DNA test. This evidence revealed that the two types of elephants diverged from a common ancestor between 2.6 and 5.6 million years ago.

그럼에도 불구하고, 이러한 차이는 DNA 테스트의 결과에 의해 증명될 때까지 과학계에서 의견 충돌의 근원이었습니다. 이 증거는 이 두 종류의 코끼리들이 260만년에서 560만년 전 사이에 공통된 조상에서 갈라졌다는 것을 밝혔습니다.

참고 역사 강의의 경우 시간 순서를 나타내는 키워드를 잘 듣고 따라가야 한다.

To talk about the American Civil War, we'll begin with the **events of 1860**. In this year, **Abraham Lincoln**, running for a party that hoped to **end slavery**, was elected **president**. After his election, **seven southern** states seceded and formed the **Confederate States of America**. In response, **Lincoln** asserted that **it was illegal** for states to leave the Union. He then **commanded troops** to protect the solidarity of the United States. Thus, the **Civil War began**, and it lasted until 1865.

미국 남북 전쟁에 대해 이야기하자면, 1860년의 사건들로부터 시작하겠습니다. 그 해에, 노예제의 종식을 희망했던 당을 위해 출마한 Abraham Lincoln이 대통령으로 당선되었습니다. 그의 당선 후에, 7개 남부 주들이 분리 독립하여 남부 연방을 창설하였습니다. 그에 대응하여, Lincoln은 주들이 연합을 탈퇴하는 것은 불법이라고 강력히 주장하였습니다. 그리고 나서 그는 군대를 이끌어 미국의 연대를 지키고자 하였습니다. 그리하여 미국 남북 전쟁이 발발하였고, 이는 1865년까지 계속되었습니다.

▶ [어휘]는 해설서 참조

기출 Check-up Test

U26_5

기출문제를 포함한 실전 문제들을 풀며 학습한 내용을 확인해 보세요.

Part 4 **다음 담화를 듣고 질문에 가장 적절한 답을 고르시오.**

1. (a) (b) (c) (d)

2. (a) (b) (c) (d)

3. (a) (b) (c) (d)

4. (a) (b) (c) (d)

5. (a) (b) (c) (d) 기출

6. (a) (b) (c) (d)

7. (a) (b) (c) (d)

8. (a) (b) (c) (d)

9. (a) (b) (c) (d) 기출

10. (a) (b) (c) (d)

정답 및 해설 p.181

UNIT 27 Part 5_Lectures

MP3 바로 듣기

- ☑ 청해의 마지막 파트인 Part 5에서는 총 2개의 담화가 나오며, 담화 하나 당 2문제씩 출제되어, 37~40번에 해당한다.
- ☑ 2개 담화 중 하나는 학술적인 내용의 강연이고, 나머지 하나는 실용적인 내용으로 구성되는 경우가 많다.
- ☑ Part 5의 강연은 Part 4보다 길이가 1.8배 정도 길지만 난이도 자체는 비슷하다.
- ☑ Part 5 담화 한 개에 딸린 2문제는 [전반적인 내용을 묻는 문제 + 세부 내용을 묻는 문제] 혹은 [세부 내용을 묻는 문제 + 추론 문제]의 조합으로 주로 구성된다. 모두 Part 4에서 이미 학습한 문제 유형들이므로 [긴 지문 듣고 2문제 풀기] 연습만 잘 해 두면 문제될 것이 없다.

문제 푸는 순서와 요령

🎧 U27_1

Step 1 담화1차 듣기

- 담화 1차 듣기에서 가장 중요한 것은 '주제'와 '전반적인 내용 흐름'을 파악하는 것이다. Part 5는 담화 길이가 꽤 길기 때문에 1차 듣기에서 이를 파악해 두어야 2차 듣기 때 세부 내용을 파악하기가 더 쉬워진다.
- 첫 문장에서 키워드 듣기: diverse roles, women, wars
  - ➊ 역사 속 전쟁 기간에 여성의 역할에 대한 강연임을 파악. 눈치 빠른 사람은 첫 문장만 듣고 여러 전쟁별 여성들의 역할에 대한 설명이 나올 것임을 짐작할 수 있어요.
- 역사에 관한 강연이므로 시간의 흐름을 잘 따라가며 듣도록 한다. 이때 시간 관련 표현에 집중해 메모한다.

> diverse roles, women, wars
>
> ① World War I – factory, office, aircraft hangar에서 일 ➡ showed capability ➡ view change ➡ pay inequality ↓
> ② World War II – support roles, armed conflict 허용 X, contribution ➡ win the war
> ③ Vietnam War – military women in combat zones but nurse, clerk, air traffic controller
> ④ Gulf War ⟨formally⟩ frontline, combat

Step 2 질문 듣기

- 담화가 끝나면 담화에 딸린 두 개의 질문을 차례로 들려주는데, 이때 완벽하게 듣고 파악해야 한다. 그래야 2차 듣기 때 문제가 원하는 내용을 노려들을 수 있다.
- 특히 세부사항을 묻는 질문은 굉장히 구체적으로 나오기 때문에 한 단어도 그냥 흘리지 말고 듣도록 하고 핵심을 정확히 파악한다.
- ▶ 1번 문제: 여자들이 공식적으로 무기가 사용되는 전투에 참여하기 시작한 시점을 묻는 질문임을 파악
- ▶ 2번 문제: 담화 전체를 대상으로 한 추론 문제임을 파악

Class, today we will discuss the **diverse roles** that **women** have played **during various wars** over the years. When millions of men were drafted for World War I, women had to replace them in a variety of roles. Millions of women aided the war effort **by working** in munitions **factories, offices,** and aircraft **hangars.** Because women **showed their capability,** the way they were viewed in society changed, and **pay inequality** between men and women began to **diminish.** During World War II, an even greater number of women worked in **support roles.** Although they were not permitted to fight in armed conflict, their invaluable contribution helped to win the war. When the Vietnam War began, round 11,000 military women were stationed in combat zones as **military nurses, clerks, and air traffic controllers,** but it was not until the Gulf War that women were **formally drafted as frontline personnel** involved in **combat.**

1. **When** did **women** begin **officially participating** in **armed military conflict**?

2. What can be **inferred** from the talk?

담화 2차 듣기

– 질문 듣기에서 파악한 내용을 염두에 두고 1차 듣기에서 메모한 노트 테이킹 내용에 덧붙여 정보를 추가하며 듣는다.

▶ 1번 문제 핵심어인 When, officially participating in armed military conflict에 해당하는 내용이 어디에 어떻게 나오는지를 듣는다.

▶ 2번 문제인 담화 전체 내용을 대상으로 하는 추론에 대비해 전반적인 주제와 함께 세부 내용을 들으며 담화를 정확히 이해한다.

Step 4-1 **질문 듣기 & 선택지 노트 테이킹 & 오답 소거 ➡ 정답 확정**

(a) 문제가 요구하는 시점이 아니므로 오답 X

(b) 문제가 요구하는 시점이 아니므로 오답 X

(c) 문제가 요구하는 시점이 아니므로 오답 X

(d) it was not until that 강조 구문을 통해 여성들이 공식적으로 (formally) 무기를 사용하는 전장에 배치된 시점이 Gulf War였음을 말하므로 정답 O

    ◐ officially → formally

Step 4-2 **질문 듣기 & 선택지 노트 테이킹 & 오답 소거 ➡ 정답 확정**

(a) World War I 기간에 여성들이 군대 간 남자들을 대신해 공장, 사무실 등에서 일하면서 능력을 보여주었고, 이에 따라 임금 불평등(pay inequality)이 줄어들기(diminish) 시작했다고 하므로 정답 O

    ◐ pay inequality → gender pay gap / diminish → decrease

(b) 여성들이 군간호사로 일한 것이 언급되는 때는 Vietnam War이므로 오답 X

(c) World War II 기간에 support role을 맡아서 했다고 하므로 오답 X

(d) 여성들에 대한 시각이 바뀐 때는 World War I 이라고 하므로 오답 X

(담화 반복)

1. When did women begin officially participating in armed military conflict?
(a) During World War I
(b) During World War II
(c) During the Vietnam War
(d) During the Gulf War

2. What can be inferred from the talk?
(a) The expanding role of women led to a decrease in the gender pay gap.
(b) The majority of women worked as military nurses during World War I.
(c) Women were prohibited from serving in support roles during World War II.
(d) Societal views of women changed significantly during the Vietnam War.

학생 여러분, 오늘 우리는 오랜 기간에 걸쳐 다양한 전쟁 중에 여성이 해 온 여러 역할들을 이야기할 것입니다. 수백 만 명의 남성들이 1차 세계 대전을 위해 징집되었을 때, 여성들은 다양한 역할을 맡아 남성들을 대신해야 했습니다. 수백 만 명의 여성들이 군수품 공장과 사무실, 그리고 항공기 격납고에서 근무하는 것으로 전쟁 활동에 도움을 주었습니다. 여성들이 능력을 발휘했기 때문에, 사회에서 그들을 바라보는 방식이 변화되었으며, 남성과 여성 사이의 임금 불평등 문제가 사그라지기 시작했습니다. 2차 세계 대전 기간에는, 심지어 더 많은 여성이 지원군의 역할을 했습니다. 비록 군사 충돌 시에 싸우도록 허용되지는 않았지만, 그들의 매우 소중한 공헌이 전쟁에서 승리하는 데 보탬이 되었습니다. 베트남 전쟁이 시작되었을 때, 약 11,000명의 여군들이 군 간호사로, 사무원으로, 그리고 항공 교통 관제사로 교전 지역에 주둔했지만, 걸프 전쟁 당시가 되어서야 비로소 여성들이 공식적으로 전투에 포함되는 전선의 인력으로서 징집되었습니다.

1. 언제 여성들이 공식적으로 무력 군사 충돌에 참여하기 시작했는가?
(a) 1차 세계 대전 중에
(b) 2차 세계 대전 중에
(c) 베트남 전쟁 중에
(d) 걸프 전쟁 중에

2. 담화를 통해 유추할 수 있는 것은 무엇인가?
(a) 확대되는 여성의 역할이 급여 성차별의 감소로 이어졌다.
(b) 대부분의 여성이 1차 세계 대전 중에 군 간호사로 근무했다.
(c) 2차 세계 대전 중에 여성들이 지원군의 역할을 하는 것이 금지되었다.
(d) 여성들에 대한 사회적 관점이 베트남 전쟁 중에 상당히 변화되었다.

▶ [어휘]는 해설서 참조

○ 문제 풀이 전략

1. 길어진 담화 듣기에서 첫 문장은 나침반이다!

첫 번째 들을 때는 전체적인 요지와 함께 주요 흐름 파악에 집중해야 한다. 이때 초반에 등장하는 주요 내용이 전체 지문을 이해하는 데 결정적인 단서가 된다. 특히 학술적인 내용은 두괄식 구성으로 초반에 전체 내용을 아우르는 요지를 소개하기 때문에, 처음에 파악한 요지를 기억하면서 그 흐름 속에서 세부사항을 잡아내도록 한다.

2. 다 들을 수는 없다. 집중해야 할 부분과 넘겨야 할 부분을 보여주는 코드를 잡아라!

영어에서는 논리적인 전개를 매우 중요하게 여기기 때문에 담화 중에서도 강연의 구성은 특히 조직적이다. 또한 강연에서는 비교/대조, 원인/결과, 문제점/해결책, 숫자 열거/시간, 순서(연도), 주장과 근거, 사실과 의견, 강조, 반전 등을 알리는 특정 표현들을 통해 그 흐름을 놓치지 않도록 해주기 때문에 이 코드들을 잡아가는 연습을 하는 것이 매우 중요하다. UNIT 20에서 학습한 중요 연결어구들을 복습해 두자.

환기	Last class ~, Today ~, This time ~,
비교	another(다른 것), both(둘 다), in comparison(비교하여), as well as(~만큼), by the same token(마찬가지로), similarly(비슷하게)
대조	although/even though/though(~임에도 불구하고), instead(대신에), whereas(~인 반면), but/however(그러나), nevertheless(그럼에도 불구하고), rather(오히려), conversely(반대로), in contrast(대조적으로), nonetheless(그럼에도 불구하고), still(그래도), despite/in spite of(~에도 불구하고), unlike(~와 달리), on the contrary(반대로), on the other hand(다른 한편으로는)
열거	First, ~ Second, ~ Lastly(마지막으로)
원인/결과	accordingly(그에 따라), consequently(그 결과), resulting in(~라는 결과를 낳는), resulting from(~로부터 기인하는), then(그러면), as a result(그 결과), for this reason(이러한 이유로), since(~이므로), therefore(그러므로), because(때문에), hence/so/thus(그래서)
의견	in my opinion(내 의견으로는), I believe that ~(~라고 생각한다), I agree that (~에 찬성한다), I disagree that ~(~에 반대한다), Some people say that ~(어떤 이들은 ~라고 말한다) It is often said that ~(~라고들 한다)
추가 정보	furthermore/moreover(뿐만 아니라, 더욱이), and(그리고), in addition(덧붙이면), also(또한)
예시	for example/for instance(예를 들면), a case of this would be ~(이러한 사례로는 ~가 있다), such as(예를 들면 ~같은)
결론	as already stated(이미 언급되었듯이), in conclusion(결론적으로), therefore(그러므로), finally(결국), in summary(요컨대, 요약하면), thus(그래서), in brief(간단히 말해서), in the end(결국), to reiterate(반복해서 말하자면)

3. 주어진 페이지 공간을 적극 활용하여 노트 테이킹하라!

실제 시험에서 Part 3, 4, 5의 경우 한 페이지 전체가 노트할 수 있는 공간으로 제공되기 때문에 이를 충분히 활용해야 한다. 평소 청해 학습을 할 때 단 한 문제를 풀더라도 노트 테이킹 연습을 하도록 한다. 본 교재에서 제공한 노트 테이킹 기술을 참고해 여러 방법을 시도해보고, 내게 가장 효과적인 방법을 찾아 나만의 기술로 굳히도록 한다.

4. 처음에 들려주는 질문 2개를 절대 놓쳐선 안 된다.

Part 5의 문제는 [중심내용 문제], [세부사항 문제], [추론 문제] 세 유형 중에서의 조합임을 염두에 두고, 질문을 처음 들려줄 때 절대 놓치지 않도록 한다. 특히 세부사항을 묻는 문제의 경우 문제의 포인트가 무엇인지 완벽하게 파악해 두어야 담화 2차 듣기 때 필요한 내용을 노려 들을 수 있다.

5. 담화 2차 듣기에서는 이미 파악해 둔 문제 내용에 맞춰 집중 듣기를 한다!

Step 1	담화 1차 듣기 + 노트 테이킹	_____
		_____
		_____
		_____
		_____
		_____

Step 2 질문 종류 적기

질문1: _____

질문2: _____

Step 3 담화 2차 듣기
+ 노트 테이킹 추가

Step 4-1 선택지 노트 테이킹
+ 오답 소거
➡ 정답 확정

1

(a) _____ _____

(b) _____ _____

(c) _____ _____

(d) _____ _____

최종 정답: _____

Step 4-2 선택지 노트 테이킹
+ 오답 소거
➡ 정답 확정

2

(a) _____ _____

(b) _____ _____

(c) _____ _____

(d) _____ _____

최종 정답: _____

To this day, archaeologists and historians **cannot provide an adequate explanation** regarding the fate of the **Roanoke Island settlers**. In August **1587**, approximately **120 English settlers arrived on the island**, situated just off the coast of what is now North Carolina. The group was led by an artist named **John White**, who was appointed governor of the colony. When some settlers were killed by a native of a local tribe, White **was tasked with returning to England** to bring back immediate **assistance**. However, due to complications brought about by the ongoing Anglo-Spanish War, **he was unable to return to the island until three years later**. When he finally **arrived back on Roanoke**, he found **no trace of the settlement**, with the only potential clue being the word "Croatoan" carved into a wooden post.

1. What is the **main topic** of the talk?
(a) The importance of an archaeological find
(b) The common struggles faced by early settlers
(c) The reexamination of historical documents
(d) The mystery of a colony's disappearance

2. What can be **inferred about John White**?
(a) He led expeditions to several countries.
(b) He took some settlers back to England.
(c) He fought in the Anglo-Spanish War.
(d) He was delayed in returning to Roanoke.

오늘날까지도, 고고학자들과 역사가들은 로아노크 섬 정착민들의 운명과 관련해 적절한 설명을 제공해 주지 못하고 있습니다. 1587년 8월에, 약 120명의 잉글랜드인 정착민들이 현재의 노스 캐롤라이나 해변에서 얼마 떨어져 있지 않은 그 섬에 도착했습니다. 이 사람들은 John White라는 이름의 미술가가 이끌었고, 그는 이 식민지의 총독으로 선임되었습니다. 일부 정착민들이 지역 부족의 원주민에 의해 살해되었을 때, White는 즉각적인 지원군을 불러 오기 위해 잉글랜드로 되돌아 가는 일을 맡았습니다. 하지만 지속되고 있던 영국과 스페인 간의 전쟁에 의해 야기된 문제들로 인해, 그는 3년 후에나 그 섬으로 돌아 갈 수 있었습니다. 마침내 로아노크에 다시 도착했을 때, 그는 정착지의 흔적을 찾아볼 수 없었고, 오직 나무 기둥에 새겨진 "Croatoan"이라는 글자만 잠재적인 실마리로 남아 있었습니다.

1. 담화의 주제는 무엇인가?
(a) 고고학적인 발견물의 중요성
(b) 초기 정착민들이 흔히 마주했던 어려움
(c) 역사적인 문서에 대한 재조사
(d) 사라진 한 식민지의 미스터리

해설 강의의 중심 내용을 묻는 문제이므로, 강의 주제가 제시되는 초반부를 주의 깊게 듣는다. 로아노크 섬 정착민들의 운명과 관련해 제대로 된 설명을 할 수 없다는(~ cannot provide an adequate explanation regarding the fate ~) 말로 담화가 시작되고 있고, 담화 마지막에는 John White가 되돌아 갔을 때 정착지의 흔적을 찾아볼 수 없었다는(he found no trace of the settlement) 내용이 있으므로 사라진 식민지의 미스터리를 의미하는 (d)가 정답이다.
(a) 고고학적인 발견물에 해당되는 것이 제시되지 않았으므로 오답이다. X
(b) 정착민들이 겪은 문제점이 언급되지 않았으므로 오답이다. X
(c) 역사적인 문서와 관련된 정보를 담화에서 찾아볼 수 없으므로 오답이다. X

2. John White에 관해 유추할 수 있는 것은 무엇인가?
(a) 여러 국가로 원정대를 이끌었다.
(b) 일부 정착민들을 데리고 잉글랜드로 돌아갔다.
(c) 영국-스페인 전쟁에서 싸웠다.
(d) 로아노크로 되돌아 가는 일이 지연되었다.

해설 담화 중반부에 영국으로 갔던 John White가 다시 로아노크로 되돌아가기까지 3년의 시간이 걸렸다는 말이 있으므로(~ he was unable to return to the island until three years later) 이와 같은 지연 문제를 언급한 (d)가 정답이다.
(a) John White가 이끈 것은 로아노크 섬으로 갔던 정착민들로 언급되어 있다. X
(b) 영국으로 돌아 갈 때 누군가와 함께 갔다는 정보는 찾아볼 수 없다. X
(c) 영국-스페인 전쟁으로 인해 로아노크로 늦게 갔다는 말만 있을 뿐, 그 전쟁에서 싸웠는지는 알 수 없다. X

어휘 **To this day** 오늘날까지 **archaeologist** 고고학자 **historian** 역사가 **adequate** 적절한 **explanation** 설명 **regarding** ~와 관련해 **fate** 운명 **settler** 정착민 **approximately** 약, 대략 **situated just off** ~에서 얼마 떨어지지 않은 곳에 위치한 **be led by** ~가 이끌다 **appoint** ~을 선임하다 **governor** (식민지의) 총독 **colony** 식민지 **native** n. 원주민 **local** 지역의, 현지의 **tribe** 부족 **be tasked with** ~을 맡다 **bring back** ~을 불러 오다 **immediate assistance** 즉각적인 지원 **due to** ~로 인해 **complication** 문제 **brought about by** ~에 의해 야기된 **ongoing** 계속되는 **be unable to do** ~할 수 없다 **trace** 흔적 **settlement** 정착지 **potential** 잠재적인 **clue** 실마리, 단서 **carved into** ~에 새겨진 **post** 기둥 **archaeological** 고고학적인 **find** n. 발견물 **struggle** n. 어려움, 힘든 일 **faced by** ~가 마주한, 맞닥뜨린 **reexamination** 재조사, 재검토 **disappearance** 사라짐 **expedition** 원정대, 탐험대 **take A back to B**: A를 데리고 B로 돌아가다 **be delayed in** ~하는 데 있어 지연되다

기출 Check-up Test

기출문제를 포함한 실전 문제들을 풀며 학습한 내용을 확인해 보세요.

Part 5 다음 담화를 듣고 질문에 가장 적절한 답을 고르시오.

1. (a) (b) (c) (d)

2. (a) (b) (c) (d)

3. (a) (b) (c) (d) 기출

4. (a) (b) (c) (d) 기출

5. (a) (b) (c) (d)

6. (a) (b) (c) (d)

정답 및 해설 p.188

다음에 정리한 어휘들은 학술 강연에 자주 등장하는, 분야별로 가장 기본이 되는 어휘들이므로 하나도 빼놓지 말고 모두 외워 두도록 한다.

 생태학(Ecology), 생물학(Biology)

- species (생물의) 종
- evolution n. (생명체의) 진화
- organism 유기체, 생물체
- prey 먹이
- predator 포식자, 포식 동물
- food chain 먹이 사슬
- natural enemy 천적
- reproduction 생식, 번식
- habitat 번식지, 서식지
- rainforest 열대 우림
- mammal 포유류
- reptile 파충류
- amphibian 양서류
- avian n. 조류 a. 조류의
- inhabit ~에 서식하다
- wetland 습지
- coastal area 연안 지역
- root 뿌리
- stem 줄기
- moss 이끼
- lure 꾀다, 유혹하다
- microbe 미생물
- algae 말, 조류(물속에 사는 하등 식물 종류)
- decay 썩다, 부패하다
- flourish 번성하다
- breed n. (동식물의) 종, 품종
- duplicate v. 복제하다, 사본을 만들다 n. 복제, 사본
- manipulate 다루다, 조작하다
- modify 수정하다, 변경하다
- gene 유전자, 유전인자
- genome 게놈(세포나 생명체의 유전자 총체)
- genetic a. 유전의, 유전학의
- artificial 인공의, 모조의
- unethical 비윤리적인
- diversified 다양한, 다각적인
- ancestor 조상
- offspring 자손
- extinct 멸종된
- sting (곤충 등이) 쏘는 것
- poisonous 유독한
- exuberant (식물이) 무성한, 잘 자라는
- pollen 꽃가루
- germ 미생물, 세균

- fungus 곰팡이류
- tissue (생물) 조직
- pose danger to ~에게 위험이 되다
- cell 세포
- molecule 분자
- particle 입자
- pheromone 페로몬
- sprout v. 발아하다, 싹트다 n. 싹, 눈
- wither 시들다, 말라죽다
- hollow 속이 빈
- accumulate 축적되다, 축적하다 cf. accumulation 축적
- substance 물질
- protein 단백질
- ferment 발효시키다, 발효되다
- convert 전환하다, 바뀌다
- dissolve 용해하다, 녹다
- digest 소화시키다
- metabolism 신진대사
- respiration 호흡 작용
- absorb 흡수하다, 섭취하다
- mineral 미네랄, 무기질
- carbon dioxide 이산화탄소
- oxygen 산소
- carbohydrate 탄수화물
- glucose 포도당
- mature 성숙한 cf. maturity 성숙한 상태
- adapt[adjust] to ~에 적응하다
- hatch 부화하다
- nocturnal 야행성의
- signal 신호하다, 알리다
- venomous (뱀 따위가) 독이 있는
- domestic 길들여진
- wild 야생의
- dormant 잠자는, 동면의
- hibernate 겨울잠을 자다
- maintain 유지하다
- regulate 조절하다, 통제하다
- constant 일정한
- migrate 이주하다, 이동하다
- camouflage 변장, 위장
- detect 알아내다, 감지하다
- secrete 분비하다
- coral 산호
- shellfish 조개류
- seal 바다표범

- fin 지느러미
- gill 아가미
- lay eggs 알을 낳다

천문학(Astronomy)

- existence 존재
- astronomical 천문학의
- observation 관측
- explode 폭발하다
- burst 폭발, 격발
- Jupiter 목성
- Mars 화성
- Mercury 수성
- Venus 금성
- Pluto 명왕성
- Neptune 해왕성
- formation 형성
- numerous 무수한, 헤아릴 수 없는
- planet 행성
- solar system 태양계
- orbit n. (천체, 인공위성의) 궤도 v. 궤도를 돌다
- rotate 회전하다, 자전하다
- gravitational force 중력, 인력
- elliptical orbit 타원형의 궤도
- magnetic field 자기장
- magnetic pole (자석의) 극
- satellite 위성
- spacecraft 우주선
- crater 분화구
- axis 축

지리학(Geography), 지질학(Geology)

- fragment 파편, 조각, 단편
- geographical pole (지리학상의) 극
- intensity 강렬함, 강도, 세기
- volcanically active 화산 활동을 하고 있는
- volcanic eruption 화산 폭발
- tidal force 조석력
- bulge outward 앞으로 툭 불거져 나오다
- magnitude (지진) 규모
- earthquake 지진
- quake 진동하다, 떨리다
- erupt (화산이) 분출하다
- lava 용암
- deposit v. 퇴적시키다, 침전시키다 n. 퇴적물
- dissolve 녹다, 용해되다

- layer 층, 막, 겹
- erosion 침식
- sediment 침전물, 퇴적물
- ground water 지하수
- reservoir 저수지
- cape 곶, 갑(바다 쪽을 향해 뾰족하게 뻗은 육지)
- bay 만(바다가 육지 속으로 파고들어 와 있는 곳)
- altitude 고도, 해발, 높이
- peninsula 반도
- mountain range 산맥
- glacier 빙하
- topsoil 표층, 표토

의학(Medicine)

- controversial 논란의 여지가 있는
- diagnose (병을) 진단하다
- antibiotic n. 항생제 a. 항생제의
- side effect 부작용
- fracture 골절
- flu 독감
- insomnia 불면증
- chronic 만성의 (↔ acute 급성의)
- skeletal 골격의
- hygiene 위생
- advent 출현, 도래
- widespread 널리 퍼진
- immunity 면역(성) cf. immune to ~에 면역성이 있는
- infected 감염된
- symptom 증상
- alleviate 경감시키다
- eliminate 제거하다
- combat 싸우다
- sterile 살균한, 소독한
- bandage 붕대
- wound 상처, 부상
- dressing n. 상처 위에 덮는 붕대
- inhibit 억제하다
- bacterial growth 세균 증식
- PH level 페하 수치, ph 농도
- deadly 치명적인
- antidepressant 항우울제
- depression 우울증
- dose 복용량
- ailment 질병
- disorder (신체 기능의) 장애, 이상
- condition 질환, (건강)상태
- phobia 공포증

문학(Literature)

- literary 문학의
- author 작가
- plot 구성, 줄거리
- genre 장르, 양식
- describe/depict/portray 묘사하다
- character 등장인물
- inspiration 영감
- fiction 허구, 소설, 픽션
- diversity 다양성
- anonymously 익명으로, 작자 미상으로
- prolific 다작의, 다산의
- prose 산문
- verse 운문 cf. poetry 시
- short story 단편 소설
- fable 우화
- rhyme 운이 맞다, 각운을 이루다
- anecdote 일화
- protagonist 주인공
- evoke (감정/기억/이미지를) 떠올리게 하다
- bold 대담한
- theme 주제, 테마
- timeless 세월이 흘러도 변치 않는
- contemporary 동시대의, 현대의, 당대의
- critic 비평가, 평론가
- rhapsodize over ~에 대해 열광적으로 이야기하다
- interpret 해석하다
- vivid 생생한 cf. vividness 생생함
- reflect 반영하다
- lyric n. 서정시, a. 서정시의
- epic n. 서사시, a. 서사시의
- narrative n. 이야기, a. 이야기체의
- parody 패러디, 풍자
- cliché 진부한 표현
- satire 풍자(문학)
- metaphor 은유, 메타포
- rhetoric 미사여구, 수사법
- censorship 검열(제도)
- copyright 판권, 저작권
- plagiarism 표절

 **예술(Art)**

- appreciate 감상하다
- portrait 초상화, 인물화
- still-life 정물화
- mural painting 벽화
- ornament 장식품
- brushstroke 화법, 붓놀림
- pigment 안료, 색소
- imitate 모방하다, 흉내 내다
- breathtaking 너무 아름다워서 숨이 막힐 듯한
- flamboyant 색상이 화려한, 현란한
- motif 무늬(= pattern), (문학, 음악 등의) 주제, 테마
- unconventional 관습에 얽매이지 않은
- intriguing 매우 흥미로운
- representation (특정한 방식으로의) 묘사, 표현
- fine arts 미술
- artwork 미술 작품
- aesthetic 미적인, 미학의
- apprentice 견습생

 교육(Education), 철학(Philosophy) 심리학(Psychology)

- primary school 초등학교
- behavior 행동
- arise 발생하다
- react 반응하다
- suppress 억누르다, 참다
- mimic 흉내내다(= imitate)
- outcome 결과, 성과
- affective 정서적인
- decisive 결정적인, (성격이) 과단성 있는
- response 반응
- stimulus 자극
- originate 시작되다, 비롯되다
- meditation 명상
- morale 사기, 의욕
- hypothesis 가설
- concept 개념
- ideology 이념, 이데올로기
- fundamental 근본적인
- argument 논법, 논거
- premise 전제
- reasoning 추론, 추리, 논법
- subjective 주관적인 cf. objective 객관적인
- neutral 중립적인
- absurd 터무니 없는
- Plato 플라톤

- Aristotle 아리스토텔레스

역사학(History), 고고학(Archaeology), 인류학(Anthropology)

- ritual 의식, 의례
- tribe 부족, 씨족
- excavation 발굴 cf. excavate 발굴하다
- artifact 유물
- rite 의식
- indigenous people 토착민들
- ancient civilization 고대 문명
- uncover (비밀 등을) 알아내다
- archaeological site 유적지
- reveal 드러내다
- primitive 원시의, 고대의
- fossil 화석
- pottery 도자기류
- ruins (파괴된 건물의) 잔해, 폐허
- proliferate 급증하다
- prototype 원형
- speculate 추측하다, 추론하다
- decipher (고문서, 암호 등을) 판독하다
- date back to ~까지 거슬러 올라가다
- hereditary 유전의 cf. acquired 후천적인
- sibling 형제, 자매
- restoration 복원, 부흥
- unprecedented 전례 없는
- pilgrimage 순례, 성지 순례
- hierarchy 계급 제도
- dynasty 왕조
- ruler 통치자, 지배자
- regime 정권, 체제, 제도
- heyday 전성기
- enslave 노예로 만들다
- suppression 탄압, 억압
- emancipate 해방하다, 자유를 주다
- exploit 착취하다
- rebel n. 반역자 v. 반란을 일으키다
- colony 식민지 cf. colonize 식민지로 만들다
- agricultural 농경의, 농업을 하는
- nomadic 유목민의
- settle down 정착하다
- garment 의복, 옷
- convention 관습

- prevalent 널리 퍼져 있는
- worship 숭배하다
- govern 통치하다

정치학(Politics), 사회학(Sociology)

- liberal a. 진보적인 n. 진보주의자
- conservative a . 보수적인 n. 보수주의자
- minority 소수
- discrimination 차별
- privilege 특권
- protest v. ~에 항의하다 n. 항의, 이의 제기
- activist 운동가, 활동가
- civil right 시민권
- social equality 사회평등
- injustice 부정, 불법
- corruption 부패
- revolution 혁명
- democratic 민주적인
- communist a. 공산주의의 n. 공산주의자
- reform 개혁
- practice 관행
- nonviolent 비폭력의
- legislation 입법, 법률
- voter 투표자, 유권자 cf. vote 투표하다
- spur 원동력이 되다, 박차를 가하다
- ethics 윤리학, 도덕, 도의
- petition n. 청원 v. 청원하다
- densely populated 인구 밀도가 조밀한
  cf. sparsely populated 인구 밀도가 희박한
- labor dispute 노동 쟁의
- incite a riot 폭동을 선동하다
- ensuing 뒤이어 일어나는, 결과로서 따르는
- fabricate 조작하다, 날조하다
- evidence 증거
- the accused 피의자, 피고인
- acquit 무죄를 선고하다
- misconduct 위법 행위
- court case 법정 소송 사건
- bill 법안
- Congress 미국 의회
- Parliament 영국 의회
- National Assembly (한국, 프랑스 등) 국회
- veto 거부권
- dictator 독재자

UNIT 28 Part 5_기타 Talks

- ☑ 청해의 마지막 파트인 Part 5에서는 총 2개의 담화가 나오며, 담화 하나 당 2문제씩 출제되어, 37~40번에 해당한다.
- ☑ 2개 담화 중 하나는 학술적인 내용이고, 나머지 하나는 실용적인 내용으로 구성되는 경우가 많다.
- ☑ Part 5에 출제된 실용적인 내용의 담화에는 그룹 투어 안내, 강연 공지, 기부 요청, 연사 소개, 회의, 사내 공지, 지역 뉴스 등이 있다.
- ☑ Part 5의 실용 담화는 Part 4보다 길이가 1.5배 정도 길지만 난이도 자체는 비슷하다.
- ☑ Part 5 담화 한 개에 딸린 2문제는 [전반적인 내용을 묻는 문제 + 세부 내용을 묻는 문제] 혹은 [세부 내용을 묻는 문제 + 추론 문제]의 조합으로 주로 구성된다. 모두 Part 4에서 학습한 문제 유형들이므로 [긴 지문 듣고 2문제 풀기] 연습만 잘 해 두면 문제될 것이 없다.

문제 푸는 순서와 요령

🎧 U28_1

Step 1 담화 1차 듣기

- 담화 1차 듣기에서 가장 중요한 것은 '주제'와 '전반적인 내용 흐름'을 파악하는 것이다. Part 5는 담화 길이가 꽤 길기 때문에 1차 듣기에서 이를 파악해 두어야 2차 듣기 때 세부 내용을 파악하기가 더 쉬워진다.
- 도입부에서 키워드 듣기: Jazz Club, celebrating 10th anniversary
  - ❍ 재즈 클럽의 10주년 기념 행사 안내임을 파악
- 행사 내용을 열거하는 내용에 집중해 들으며 메모한다.

> Jazz Club, celebrating 10주년
>
> Cats Malone – 피아노
> Grace Nellis – 10 P.M.
> house band – The Rise and Shiners – 게스트 공연 support
> chef– 요리
> bartenders – 칵테일, 와인
>
> valet parking
> black-tie event → dressing accordingly

Step 2 질문 듣기

- 담화가 끝나면 담화에 딸린 두 문제의 질문을 차례로 들려주는데, 이 때 완벽하게 듣고 파악해야 한다. 그래야 2차 듣기 때 문제가 원하는 내용을 노려 들을 수 있다.
  - ▶ 1번 문제: 공지의 주제를 묻는 문제임을 파악
  - ▶ 2번 문제: 손님들에 대한 요청 사항을 묻는 질문임을 파악

Come on by Sal's **Jazz Club** this Saturday night for the best **music** this side of the Bayou. We're celebrating our **tenth anniversary** with some of the best musicians who have graced our stage over the years. **Cats Malone** will start the show by playing through timeless **jazz classics on the piano**, and **Grace Nellis** will follow with her headlining act at 10 P.M. Our house band, **The Rise and Shiners**, will support our guest performers and then transition to smoother, lighter arrangements after midnight. Our **chefs** in the kitchen will be cooking up a storm, too, serving Cajun classics like shrimp and sausage gumbo and our signature jambalaya. And, of course, our **bartenders** will be busy all-night mixing perfect cocktails and uncorking the best wine we have. Valet parking will be available, and, as this is a **black-tie event**, please help make this night special by **dressing accordingly**.

1. What is the announcement **mainly about**?

2. According to the announcement, **what are guests asked to do**?

담화 2차 듣기

– 질문 듣기에서 파악한 내용을 염두에 두고 듣는다.

▶ 1번 문제는 주제 문제이므로 담화의 도입부에 특히 유의하고 전체 흐름을 따라간다.

▶ 2번 문제는 손님들에게 당부하는 내용이 무엇인지 묻는 문제이므로 당부 내용이 나오는 곳에 집중한다. 당부 내용은 주로 마지막에 언급되며, Please ~의 표현으로 잘 나온다는 것을 염두에 둔다.

Step 4-1 **질문 듣기 & 선택지 노트 테이킹 & 오답 소거**
➡ **정답 확정**

(a) 한 명의 새 연주자를 집중적으로 소개하는 게 아니라 행사에 참여하는 연주자들과 행사 일정을 소개하고 있으므로 오답 X

(b) 앵콜 공연(encore performance), 매진(sold-out)에 대한 내용은 언급된 바 없으므로 오답 X

(c) 재즈 클럽의 10주년 기념 행사에 대해 행사 참여자와 순서, 기타 사항을 안내하고 있으므로 정답 O

(d) 행사장에서 연주해 달라고 음악가들을 모집하는(call for) 내용이 아니므로 오답 X

Step 4-2 **질문 듣기 & 선택지 노트 테이킹 & 오답 소거**
➡ **정답 확정**

(a) 곡을 신청하라는 언급은 없으므로 오답 X

(b) bartenders가 언급되긴 했지만 팁을 주라는 말은 없으므로 오답 X

(c) 주차 관련해서는 대리 주차(Valet parking)가 가능하다고 했을 뿐이므로 오답 X

(d) 담화 마지막에 정장 차림의 행사(black-tie event)라서 그에 맞게 옷을 입으라고(dressing accordingly)라고 하므로 이를 다른 말로 바꾸어 표현한 정답 O

(담화 반복)

1. What is the announcement mainly about?
(a) An introduction of a new performer at the club
(b) An encore performance of a sold-out show
(c) An event marking the club's first decade in business
(d) A call for new musicians to play at the venue

2. According to the announcement, what are guests asked to do?
(a) Request songs from the band
(b) Tip the bartending staff
(c) Park in a specific location
(d) Wear formal attire

이번 주 토요일 밤에 강 이쪽 편에 위치한 Sal's Jazz Club에 들르셔서 최고의 재즈 음악을 즐겨 보십시오. 저희는 수년 간 저희 무대를 빛내 주신 몇몇 최고의 음악인들과 함께 10주년을 기념할 예정입니다. Cats Malone 씨께서 세월이 흘러도 여전히 재즈 명곡들을 피아노로 연주하시는 것으로 공연이 시작될 것이며, Grace Nellis 씨께서 뒤를 이어 밤 10시에 주 무대를 꾸며주실 것입니다. 저희 소속 밴드인 The Rise and Shiners가 초대 연주자들을 지원하고 난 다음, 자정 이후부터 더 감미롭고 편안하게 구성한 곡들로 분위기를 전환할 것입니다. 주방에 있는 저희 요리사들이 많은 음식도 조리할 예정이며, 새우 소시지 검보와 같은 전통적인 케이준 요리와 저희를 대표하는 잠발라야를 제공해 드립니다. 그리고 당연히, 저희 바텐더들은 밤새 분주하게 완벽한 칵테일을 만들어 드리고 저희가 보유하고 있는 최고의 와인도 제공해 드릴 것입니다. 대리 주차 서비스도 이용 가능하며, 이날은 정장 차림의 행사이므로 그에 맞게 갖춰 입으셔서 특별한 밤을 만드는 데 일조하시기 바랍니다.

---

1. 공지는 주로 무엇에 관한 것인가?
(a) 클럽의 새 연주자에 관한 소개
(b) 매진을 기록한 공연의 앵코르 연주
(c) 클럽의 개업 첫 10주년을 기념하는 행사
(d) 행사장에서 공연할 새로운 음악가에 대한 요청

2. 공지에 따르면, 손님들은 무엇을 하도록 요청 받는가?
(a) 밴드에게 노래를 신청할 것
(b) 바텐더 직원들에게 팁을 줄 것
(c) 특정 위치에 주차할 것
(d) 정장을 차려 입을 것

▶ [어휘]는 해설서 참조

○ 문제 풀이 전략

1. 공지 사항의 담화 구조와 주요 표현들을 익혀 두자!

Part 5 실용 담화에서 가장 자주 나오는 유형은 공지 사항이다. 사내 공지 뿐만 아니라, 학교 방침 관련 공지, 행사 공지, 회의를 통한 공지, 인물 소개 공지, 관광/견학 관련 안내 등 다양한 내용이 나오는데, 공지 사항을 다룬 담화의 전개 방식과 자주 나오는 표현들을 알고 있으면 내용 파악이 더욱 쉬우므로 미리 익혀 두도록 하자.

사내/교내 공지	회의
① 알림 멘트	① 회의 소집 이유
② 공지의 주제/목적	회의 안건을 간략히 소개한다.
향후 일어날 일 또는 변경된 방침을 설명한다.	② 현재 상황 설명
③ 공지 사항에 대한 상세 설명	회의를 해야 하는 구체적인 상황을 설명한다.
특정 시간, 장소, 상황 등을 상세히 설명한다.	③ 해결책 또는 의견 제시
④ 당부/요청 사항	해결 방안을 제안하고 의견을 공유한다.
공지의 중심 내용과 관련하여 당부/요청 사항을 언급한다.	④ 업무적인 요청 사항 전달
	의견 요청, 설문지 작성, 자료 전달 등이 있다.
인물 소개	**관광/견학 안내**
① 인사말 및 행사 이름 소개	① 환영 인사 및 본인 소개
사회자가 인사를 하며 특정 행사 이름을 언급한다.	② 관광/견학 주제
② 행사의 목적 및 인물 소개	오늘 둘러볼 장소에 대해 간략히 소개한다.
③ 특정 인물의 상세 이력 설명	③ 둘러볼 장소에 대한 상세 설명
특정 인물의 직업, 이력, 업적을 자세히 설명한다.	일정상의 시간 순서에 따라 장소를 언급하고 각 장소에 대해 설명한다.
④ 마무리 멘트	④ 주의 사항 혹은 당부 사항
특정 인물을 무대로 초대하거나 Q&A 시간에 대한 안내를 한다.	

3. 주어진 페이지 공간을 적극 활용하여 노트 테이킹하라!

실제 시험에서 Part 3, 4, 5의 경우 한 페이지 전체가 노트할 수 있는 공간으로 제공되기 때문에 이를 충분히 활용하도록 한다. 평소 청해 학습을 할 때 단 한 문제를 풀더라도 노트 테이킹 연습을 하도록 한다. 본 교재에서 제공한 노트 테이킹 기술을 참고해 여러 방법을 시도해보고, 내게 가장 효과적인 방법을 찾아 나만의 기술로 굳히도록 한다.

4. 처음에 들려주는 질문 2개를 절대 놓쳐선 안 된다.

Part 5의 문제는 [중심내용 문제], [세부사항 문제], [추론 문제] 세 유형 중에서의 조합임을 염두에 두고, 질문을 처음 들려줄 때 절대 놓치지 않도록 한다. 특히 세부사항을 묻는 문제의 경우 문제의 포인트가 무엇인지 완벽하게 파악해 두어야 담화 2차 듣기 때 필요한 내용을 노려 들을 수 있다.

5. 담화 2차 듣기에서는 이미 파악해 둔 문제 내용에 맞춰 집중 듣기를 한다!

Step 1	담화 1차 듣기 + 노트 테이킹	_____ _____ _____ _____ _____
Step 2	질문 종류 적기	질문: _____ 질문: _____
Step 3	담화 2차 듣기 + 노트 테이킹 추가	
Step 4-1	선택지 노트 테이킹 + 오답 소거 ➡ 정답 확정	1 (a) _____ _____ (b) _____ _____ (c) _____ _____ (d) _____ _____ 최종 정답: _____
Step 4-2	선택지 노트 테이킹 + 오답 소거 ➡ 정답 확정	2 (a) _____ _____ (b) _____ _____ (c) _____ _____ (d) _____ _____ 최종 정답: _____

Since you're in your final semester, I want you to become familiar with the realities of being a chef. So, instead of having another lesson, I've **invited Richmond Academy's star graduate Peter Rourke to talk to you.** I'm sure you all know him from his hit TV show, *One Thousand Tastes*. But Rourke got his humble beginnings right here in Chicago, where, after finishing our program, he worked in numerous kitchens, honing his skills. **After impressing the top chefs he worked with in Chicago,** Rourke caught his big break when he became **head chef at Mango Bistro in Paris**, which he helped transform into a world-renowned restaurant. With his success there, Rourke was approached by Wilson Media to **host a new cooking show**, and now he's one of the most recognizable celebrity chefs working today. So, Mr. Rourke will talk to you about his early experiences in the profession. You'll also be able to **chat with him one-on-one over lunch**, which he has graciously agreed to prepare for us.

1. **Where** would this talk likely **be heard**?
(a) At a graduation ceremony
(b) In a culinary class
(c) In a restaurant
(d) On a television show

2. Which is **correct about Peter Rourke**?
(a) He moved to Paris immediately after graduating.
(b) He created a TV show while managing Mango Bistro.
(c) He transitioned from a chef to a television producer.
(d) He worked alongside talented chefs in Chicago.

여러분의 마지막 학기이기 때문에, 요리사가 되는 것의 현실에 익숙해지셨으면 합니다. 따라서, 수업을 또 하는 대신, 여러분과 이야기를 나누실 수 있도록 Richmond Academy의 스타 졸업생이신 Peter Rourke를 모셨습니다. 분명 여러분 모두 이분의 히트 TV 프로그램인 *One Thousand Tastes*를 통해 알고 계실 겁니다. 하지만 Rourke 씨는 바로 이곳 시카고에서 변변치 못하게 시작하셨는데, 우리 프로그램을 수료한 후에, 수많은 곳의 주방에서 근무하면서 실력을 갈고 닦으셨습니다. 시카고에서 함께 근무했던 최고의 요리사들에게 깊은 인상을 남긴 끝에, Rourke 씨는 큰 기회를 잡았는데, 바로 파리에 있는 Mango Bistro의 수석 요리사가 되어 그곳을 세계적으로 유명한 레스토랑으로 탈바꿈시키는 데 도움이 되셨습니다. 그곳에서의 성공으로 인해, Rourke 씨에게 Wilson Media가 접촉하여 새로운 요리 프로그램을 진행하게 되었고, 지금은 현재 활동 중인 가장 잘 알려진 유명 요리사들 중의 한 분이 되셨습니다. 자, Rourke 씨께서 본인의 초반 직업 경험에 관해 여러분과 이야기를 나누실 것입니다. 여러분은 또한 점심 식사를 하면서 일대일로 담소를 나누실 수 있을 것이며, 이 점심 식사는 감사하게도 Rourke 씨가 우리를 위해 준비해 주시겠다고 동의하신 것입니다.

1. 이 담화는 어디에서 들을 수 있을 것 같은가?
(a) 졸업식에서
(b) 요리 수업 시간에
(c) 레스토랑에서
(d) 텔레비전 프로그램에서

해설 담화 시작 부분에 언급되는 마지막 학기라는 말과 함께, 요리사가 되는 일에 익숙해지기 위해 수업 대신 초대 손님과 이야기하는 시간을 마련한 것(Since you're in your final semester, I want you to become familiar with the realities of being a chef. So, instead of having another lesson ~)이라고 언급하는 내용으로 보아 요리 수업을 듣는 학생들에게 전하는 말임을 알 수 있으므로 (b)가 정답이다.
 (a) 담화의 시작 Since you're in your final semester에서 졸업식이 아님을 단번에 알 수 있다. X
 (c) 전체적으로 요리 및 레스토랑과 관련된 정보들이 이어지기는 하지만, 이는 Peter Rourke를 소개하는 내용에 해당되므로 오답이다. X
 (d) 텔레비전 프로그램 또한 Peter Rourke와 관련된 정보의 하나로 제시되고 있으므로 오답이다. X

2. Peter Rourke에 관해 무엇이 옳은 내용인가?
(a) 졸업 직후에 파리로 떠났다.
(b) Mango Bistro를 운영하던 중에 TV 프로그램을 만들었다.
(c) 요리사에서 텔레비전 프로듀서로 전직했다.
(d) 시카고에서 능력 있는 요리사들과 함께 일했다.

해설 Peter Rourke에 대한 세부사항을 파악해야 하는 문제로, 그를 소개하는 내용을 노트 테이킹한 것을 토대로 선택지를 하나씩 소거하며 풀어야 한다. 담화 중반부에 Peter Rourke의 과거 경력을 소개하면서 시카고에서 함께 일했던 최고의 요리사들에게 깊은 인상을 남겼다고(After impressing the top chefs he worked with in Chicago ~) 말하는 부분이 있으므로 이를 언급한 (d)가 정답이다.
 (a) 담화 중반부에 시카고에서 일을 하다가 파리로 떠났다고 하므로 오답이다. X
 (b) Mango Bistro는 파리에 있을 당시에 근무했던 장소로 언급되고 있으므로 오답이다. X
 (c) 요리 프로그램 진행(host a new cooking show) 관련 언급이 있었을 뿐 TV producer가 되었다는 말은 없다. X

어휘 semester 학기 become familiar with ~에 익숙해지다 reality 현실 instead of ~ 대신에 graduate n. 졸업생 humble beginning 변변치 못한 시작, 미미한 출발 numerous 수많은, 다수의 hone ~을 갈고 닦다, 연마하다 impress ~에게 깊은 인상을 남기다 catch one's big break 큰 기회를 잡다 help do ~하는 데 도움이 되다 transform A into B: A를 B로 탈바꿈시키다 world-renowned 세계적으로 유명한 approach ~에게 접촉하다, 다가가다 host ~을 진행하다 recognizable 잘 알려진, 쉽게 알아 볼 수 있는 celebrity 유명인 profession 직업 one-on-one 일대일로 over (동시 상황) ~하면서 graciously 감사하게도, 친절하게도 agree to do ~하기로 동의하다 prepare ~을 준비하다 graduation ceremony 졸업식 culinary 요리의 immediately after ~한 직후에 create ~을 만들어내다 while ~하는 동안 transition from A to B: A에서 B로 옮겨 가다 alongside ~와 함께 talented 능력 있는, 재능 있는

기출문제를 포함한 실전 문제들을 풀며 학습한 내용을 확인해 보세요.

Part 5 다음 담화를 듣고 질문에 가장 적절한 답을 고르시오.

1. (a) (b) (c) (d)

2. (a) (b) (c) (d)

3. (a) (b) (c) (d)

4. (a) (b) (c) (d)

5. (a) (b) (c) (d) 기출

6. (a) (b) (c) (d) 기출

정답 및 해설 p.192

다음에 정리한 표현들은 Part 5에서 학술 강연을 제외한 실용 담화문에 자주 등장하는 표현들로서, 미리 알아 두면 지문 듣기가 보다 수월해질 것이므로, 여러 차례 소리 내어 읽으며 익혀 두도록 하자.

 회의/사내 공지

1. 회의 소집 이유

- I'd like to make a couple of announcements.
  몇 가지 공지해 드리고자 합니다.
- Today, I'd like to address tuition fees here at Brooks College.
  오늘, 저는 이곳 Brooks College의 수업료에 관해 얘기하고자 합니다.
- I've asked for this meeting to discuss a very urgent matter.
  매우 긴급한 문제를 논의하기 위해 이 회의를 소집하였습니다.
- Thank you for attending this shareholders' meeting for Vision Technologies.
  이번 Vision Technologies 주주 총회에 참석해 주셔서 감사드립니다.
- Let's begin today's meeting with the issue of our assessment system.
  우리의 평가 시스템에 대한 문제로 오늘 회의를 시작합시다.
- I want to dispel some rumors.
  소문을 불식시키고자 합니다.

2. 공지 사항에 대한 상세 설명

- As you know, last year our company abandoned performance-based salary raises in favor of flat-rate raises.
  아시다시피, 작년에 우리 회사는 고정 비율 임금 인상제를 위해 성과 기반의 임금 인상제를 포기했습니다.
- The board of directors has approved a merger with Grape Communications.
  이사회 임원들이 Grape Communications 사와의 합병을 승인했습니다.
- Taking this into consideration, the company will be making some changes.
  이를 고려해, 회사에서는 몇 가지 변화를 꾀할 것입니다.
- We'll be implementing year-end, variable-pay bonuses for top-performing employees.
  우리는 가장 성과가 좋은 직원들을 대상으로 연말 변동 급여 보너스제를 시행할 것입니다.
- Through informal quarterly meetings, we hope to provide more immediate feedback.
  격식 없는 분기별 회의를 통해, 보다 즉각적인 의견을 제공할 수 있기를 희망합니다.
- We decided not to move forward with the tuition increase.
  수업료 인상을 추진하지 않기로 결정했습니다.
- Management has decided to implement a new incentive program.
  경영진은 새로운 인센티브 프로그램을 시행하기로 결정했습니다.

- It's untrue that we'll no longer be operating under the Greentech name.
  우리가 더 이상 Greentech라는 이름 하에 운영되지 않는다는 것은 사실이 아닙니다.
- Words that I'll be leaving the company are misleading.
  제가 회사를 떠날 것이라는 소문은 오해입니다.

3. 요청/전달 사항

- Please let me know by the end of the week.
  이번 주말까지는 저에게 알려주세요.
- All employees have to use the stairs instead of the elevator.
  모든 직원들은 엘리베이터 대신에 계단을 이용해야 합니다.
- Please remember to save all of your computer files.
  잊지 말고 컴퓨터의 모든 파일을 저장하세요.
- We'll hold a second session where our IT consultant will provide more details about how to keep the network trouble free.
  IT 컨설턴트가 네트워크를 문제 없이 유지하는 방법에 관해 더 자세한 정보를 제공해 드리는 두 번째 시간을 마련할 것입니다.

 인물 소개/행사 소개

1. 인사말

- Thank you for coming to our annual fundraiser event.
  저희 연례 모금 행사에 와 주셔서 감사드립니다.
- I'm pleased to welcome everyone to the Band of the Year award ceremony.
  올해의 밴드 시상식에 오신 여러분을 환영하게 되어 기쁩니다.

2. 행사의 목적 및 인물 소개

- This year's event will support environmental protection.
  올해의 행사는 환경 보호를 후원할 것입니다.
- Joining us today is Professor Todd Benson, one of the leading experts on world economy.
  오늘 함께 하실 분은 Todd Benson 교수님으로, 세계 경제에 관해 손꼽히는 전문가들 중 한 분이십니다.
- Mr. Chang has served as the vice president of an advertising agency.
  Chang 씨는 광고 대행사의 부사장으로 근무해 오셨습니다.
- Our very own professor John Rotner will be offering a public lecture next Friday 3 p.m. in Kennedy Hall.
  바로 우리 학교에 재직 중이신 John Rotner 교수님께서 다음 주 금요일 오후 3시에 Kennedy Hall에서 공개 강연을 하실 예정입니다.

- For the next hour, Mr. Simmons will be sharing his experiences in the industry.
  앞으로 한 시간 동안, Simmons 씨가 업계 경험에 관한 이야기를 해 드릴 것입니다.
- Under her special leadership, our international expansion was really successful.
  그녀의 특별한 리더십 하에, 우리의 해외 사업 확장이 굉장히 성공적이었습니다.
- He has been recognized as a design expert.
  그는 디자인 전문가로 인정받아왔습니다.

3. 마무리 멘트 또는 요청/당부 사항
- Please join me in giving him a warm round of applause.
  저와 함께 그에게 따뜻한 박수 갈채를 보내주시기 바랍니다.
- Now, without further ado, let's give Ms. Lopez a warm welcome.
  이제, 더 이상의 지체 없이, Lopez 씨를 따뜻하게 맞이합시다.
- We've scheduled a half hour question-and-answer session to follow, so please hold your questions till then.
  30분 간의 질의응답 시간이 이어질 예정이므로, 그때까지 질문을 참아 주시기 바랍니다.
- Tickets are free to students, faculty, and alumni, and $5 for all other attendees.
  티켓은 학생, 교수진, 그리고 동문들에게 무료이며, 다른 모든 참가자들에게는 5달러입니다.
- Don't miss out on this fascinating talk!
  이 훌륭한 강연을 놓치지 마세요!

 광고

1. 주목을 끄는 멘트
- Are you tired of cooking the same old dishes every week?
  매주 기존의 똑같은 요리에 지치셨나요?
- Does your oven take too much effort to use?
  여러분의 오븐을 사용하는 데 너무 많은 노력이 드나요?
- Win a vacation at a paradise resort on Ibiza Island.
  Ibiza Island의 천국 같은 리조트에서 보내는 휴가에 당첨되어 보세요.
- If you are worried about future medical bills, look no further than Nexasure Health for help.
  미래의 의료비가 걱정된다면, 다른 곳이 아닌 저희 Nexasure Health의 도움을 받으세요.

2. 광고 대상 소개 및 장점
- This exhibit features paintings of historic buildings.
  이 전시회는 유서 깊은 건물 그림을 특징으로 합니다.
- Our highly skilled experts are equipped to handle any project.
  대단히 숙련된 저희 전문가들은 어떤 프로젝트든 처리할 능력을 갖추고 있습니다.

- Take advantage of First Auto's professional service. We use the latest technology to thoroughly inspect your vehicle.
  First Auto의 전문 서비스를 이용해 보세요. 저희는 최신 기술을 이용해 여러분의 차량을 철저히 점검해 드립니다.
- One World is a new web host provider that is ahead of the rest.
  One World는 다른 곳을 앞서 가는 새로운 웹 호스팅 제공 업체입니다.

3. 혜택/행사 기간에 대한 정보 제공
- By purchasing any item worth over $100 at any Seven Mart store, you automatically get the chance to win an all-expenses-paid vacation for two, valued at $150,000.
  Seven Mart의 어떤 매장에서든 100달러 넘게 제품을 구매하시면, 자동으로 15만 달러 상당의 모든 비용이 지급되는 2인 여행권을 받으실 수 있는 기회를 얻으시게 됩니다.
- We'll be offering a discount voucher and a free gift.
  저희가 할인권과 무료 선물을 제공해 드리겠습니다.
- Starting next week, we will introduce a great new deal.
  다음 주부터, 저희는 뛰어난 새 거래 상품을 소개해 드릴 것입니다.
- You'll receive 50 percent off your next purchase.
  다음 구매 시 50퍼센트 할인을 받으실 수 있습니다.
- We're offering a free consultation.
  저희는 무료 상담을 제공해 드리고 있습니다.
- As a bonus, we'll throw in a free stool!
  보너스로, 의자를 무료로 드리겠습니다!
- From December 1st through 20th, we're hosting our annual charity drive to benefit Saint Luke Children's Hospital.
  12월 1일부터 12월 20일까지, 저희는 Saint Luke Children's Hospital을 후원하기 위한 연례 자선 운동을 주최합니다.

4. 구매 방법 안내 및 추가 정보
- If you'd like to enroll, or just want more information, visit www.HealthFirstService.org.
  등록하기를 원하시거나 단지 추가 정보가 필요하실 경우, www.HealthFirstService.org를 방문하시기 바랍니다.
- So don't miss this great opportunity and call us at 1-800-BESTONE now.
  따라서 이 훌륭한 기회를 놓치지 마시고 지금 1-800-BESTONE으로 전화 주세요.
- Call us now for a quote.
  지금 전화하셔서 견적을 받아 보세요.

관광/견학 정보

1. 환영 인사 및 본인 소개

- I'm Mark, and I'll be your tour guide today.
  저는 Mark이며, 오늘 여러분의 투어 가이드입니다.
- I'll be leading you on this morning's tour.
  제가 오늘 오전 투어에 여러분을 안내할 것입니다
- I'd like to take this opportunity to thank you for joining us on this tour.
  이 기회를 빌어 이 투어에 함께 해 주신 것에 대해 감사드리고자 합니다.

2. 관광/견학 주제

- We'll spend the afternoon exploring the ancient art museum.
  우리는 고대 미술관을 답사하며 오후 시간을 보낼 것입니다.
- Shortly, we'll be departing for the area's most famous tourist destination, St. Joseph Cathedral.
  곧, 우리는 지역의 가장 유명한 관광지인 St. Joseph Cathedral로 출발할 것입니다.
- Let me start the tour by showing you Caroga Lake.
  Caroga Lake를 보여드리는 것으로 투어를 시작하겠습니다.
- As we continue our tour of Bangkok's Buddhist temples, you will notice some characters inscribed on some of their pillars.
  Bangkok의 불교 사원 투어를 계속 진행하는 동안, 일부 기둥에 새겨진 글자들을 알아보실 수 있을 것입니다.

3. 둘러볼 장소에 대한 상세 설명/일정 안내

- Our tour will last approximately three hours.
  투어는 약 3시간 정도 지속될 것입니다.
- After lunch, we'll proceed to the national park.
  점심 식사 후에, 우리는 국립 공원으로 갈 것입니다.
- We'll head back to the hotel.
  우리는 호텔로 돌아갈 것입니다.
- Soon after, we'll reach the main entrance, where we'll stop for a rest.
  곧 이어서, 우리는 정문에 도착할 것이며, 그곳에서 잠시 멈춰 휴식을 취하겠습니다.

4. 요청/당부 사항

- The Castle Gardens are currently off-limits because of repairs.
  Castle Gardens는 현재 수리 작업 때문에 출입이 제한된 상태입니다.
- Make sure you have all of your belongings before you leave the tour bus.
  투어 버스에서 내리시기 전에 반드시 모든 소지품을 챙겨 가시기 바랍니다.
- I hope you have enjoyed my commentary and your tour of the old town.
  여러분께서 제 설명과 구시가지 견학을 즐기셨기를 바랍니다.

 공공장소 공지

1. 알림 대상 언급

- Welcome aboard Flight 480 nonstop service from France to Canada.
  프랑스에서 캐나다까지 직항 서비스를 제공해 드리는 480 항공편에 탑승하신 것을 환영합니다.
- Attention all passengers for Asia Jet Airlines flight 702 bound for Bali.
  발리 행 Asia Jet Airlines 702 항공편 승객 여러분께 알립니다.
- Attention, shoppers! This is the last day of our Thanksgiving sale.
  쇼핑객 여러분께 알립니다! 오늘이 추수 감사 세일 마지막 날입니다.

2. 변경 사항 알림

- Flight 520 to New York via Anchorage has been canceled due to inclement weather.
  앵커리지를 거쳐 뉴욕으로 향하는 520 항공편이 악천후로 인해 취소되었습니다.
- We'll be leaving half an hour later than scheduled.
  일정보다 30분 늦게 떠날 예정입니다.
- Your flight is leaving from Gate 22 instead of Gate 4.
  여러분의 비행편은 4번 탑승구 대신 22번 탑승구에서 출발합니다.
- Today, we're closing at 7 P.M. because of renovations.
  오늘, 저희는 보수 공사로 인해 오후 7시에 문을 닫습니다.

3. 추가 정보 제시

- As there are no more flights leaving Boston tonight, we'll provide meal vouchers and overnight accommodations at no cost.
  오늘 밤 보스턴을 떠나는 비행편이 더 이상 없는 관계로, 식사 쿠폰과 야간 숙박 시설을 무료로 제공해 드리겠습니다.
- Pick up the flyer that includes a full list of upcoming sales.
  다가오는 할인 행사를 모두 담은 목록이 포함된 전단을 챙겨 가세요.
- Be sure to stop at our recently renovated restaurant on the second floor.
  2층에 최근 개조된 저희 식당에 꼭 들러 보시기 바랍니다.

4. 마무리 인사 또는 당부 사항

- Thank you for your understanding and cooperation.
  여러분의 이해와 협조에 감사드립니다.
- We apologize for the delay.
  지연 문제에 대해 사과 드립니다.
- We're sorry for the inconvenience, but safety is our highest priority.
  불편을 드려 죄송합니다만, 안전이 저희의 최우선 사항입니다.
- Please be prepared to show your identification document.
  신분 증명서를 제시할 준비를 해 주시기 바랍니다.

 뉴스 보도

1. 뉴스 보도 도입 멘트

- This is Daniel Williams with the sports news.
  스포츠 뉴스의 Daniel Williams입니다.
- And now for the local news.
  지금은 지역 뉴스 시간입니다.
- In the news tonight, Senator Gibson has proposed new legislation to regulate the activities of websites.
  저녁 뉴스입니다. Gibson 상원의원이 웹사이트 활동을 규제하는 새 법안을 제안했습니다.
- Now to sports news. Tigers' assistant coach John Hughes is leaving to take the head coach position with the Bulls.
  스포츠 뉴스 시간입니다. Tigers의 John Hughes 코치가 팀을 떠나 Bulls의 감독직을 맡게 됩니다.
- In sports news, the Midway Giants announced the firing of head coach Sam Ramirez yesterday.
  스포츠 뉴스입니다. Midway Giants가 어제 Sam Ramirez 감독의 해임을 발표했습니다.

2. 상세한 소식

- Local governments will be given the power to appoint their own leaders and to administer their own budgets.
  지방 정부들이 각자 지도자를 임명하고 자체 예산을 집행할 권한을 얻게 될 것입니다.
- The construction is expected to generate interest in our town.
  그 건설 공사가 우리 도시에 이익을 발생시킬 것으로 기대됩니다.
- He explained that the merger with BEON Shoes Company would allow Beautiful Clothing to increase the sales of its products.
  그는 BEON Shoes Company와의 합병으로 인해 Beautiful Clothing 사의 제품 판매가 증가될 수 있을 것이라고 설명했습니다.
- The law is expected to face opposition from conservative legislators.
  이 법안은 보수파 국회의원들의 반대에 부딪힐 것으로 예상됩니다.
- This move towards information sharing is causing much controversy.
  정보 공유를 위한 이와 같은 움직임은 많은 논란을 야기하고 있습니다.
- According to a report released today, African Americans make up a quarter of the homeless population.
  오늘 발표된 보고서에 따르면, 흑인이 노숙인의 1/4을 차지한다고 합니다.

 교통 방송

1. 교통 방송 도입 멘트

- Good morning. This is Ella Lyons with your 6 A.M. traffic update.
  안녕하세요. 오전 6시 교통 정보를 전해 드리는 Ella Lyons입니다.
- This is the afternoon traffic report on Radio CPX.
  Radio CPX에서 전해 드리는 오후 교통 정보입니다.
- Welcome to YTR's rush hour update.
  YTR의 혼잡 시간대 교통 정보 시간에 오신 것을 환영합니다.

2. 교통 문제 상황

- Highway 20 is closed until next month.
  20번 고속도로가 다음 달까지 폐쇄됩니다.
- You should be ready for delays.
  지연 상황에 대비하셔야 합니다.
- Traffic is moving smoothly on city roadways.
  시내 도로는 교통 흐름이 순조롭습니다.
- Traffic is moving slowly due to the inclement weather.
  악천후로 인해 차량들이 느리게 이동하고 있습니다.
- There is a burst in a water pipe between Pico Boulevard and Virginia Avenue.
  Pico Boulevard 와 Virginia Avenue 사이에 수도관 파열이 발생했습니다.

3. 요청/당부 사항

- If you're heading south, you should take Route 77.
  남쪽 방면으로 가신다면, 77번 도로를 타셔야 합니다.
- Officials are encouraging commuters to take an alternate route.
  관계자들은 통근자들에 대체 경로를 이용하도록 권하고 있습니다.
- You may want to take Highway 30 instead.
  30번 고속도로를 대신 이용하시는 것이 좋습니다.
- I would suggest using public transportation.
  대중교통을 이용하도록 권해 드립니다.
- You should try to avoid using College Street.
  College Street 이용을 피하도록 하시기 바랍니다.

4. 다음 방송 예고

- Stay tuned for the latest news coming up right after the weather report.
  일기 예보 직후에 최신 뉴스가 이어지므로 채널 고정해 주시기 바랍니다.
- I'll be back with another traffic report in an hour.
  한 시간 후에 다른 교통 정보를 전해 드리러 돌아오겠습니다.
- And now to Steve Rogers with the local news.
  다음은 Steve Rogers의 지역 뉴스입니다.
- Next up is Scott Parsons, who will be reporting on the sports update.
  다음은 스포츠 소식을 전해 주실 Scott Parsons입니다.

MP3 바로 듣기

☑ Part 4 & 5의 담화들은 매우 다양한 주제를 다루며, 대화로만 이루어져 있는 Part 1, 2, 3과 달리 문장이 길기 때문에 끝까지 제대로 듣기가 힘들 뿐 아니라, 담화를 잘 들어도 선택지의 함정이 워낙 교묘해 순간적으로 혼동되어 정답을 놓치기 쉽다.

☑ Part 4 & 5의 오답들은 대부분 담화 내의 표현과 내용을 이용해 논리를 바꾸기 때문에 선택지 4개가 모두 정답 같은 느낌을 받는다. 많은 연습을 통해 듣기 실력 자체를 높이고, 여기에 더해 오답 유형을 제대로 익혀 두면 함정에 빠지지 않고 정답 확률을 높일 수 있다.

소리 함정
🎧 U29_1

담화에 등장한 단어나 표현을 똑같이 반복하거나 이와 유사한 발음의 어휘를 이용한 오답 유형이다. 들었던 단어가 들리거나 비슷한 소리가 들릴 때 수험자는 본능적으로 그 소리에 이끌리게 된다. 평범한 어휘보다 담화에 나온 특징적인 단어가 반복되는 경우 더욱 그러하다. 허무하게 이러한 함정에 빠지지 않도록 다음 문제를 풀며 익혀두자.

1. (a) _____ (b) _____ (c) _____ (d) _____

At last week's **Consumer Health Conference**, organized by the **UN** Food and Agriculture Organization, scientists presented a study on the health risks of genetically-modified corn. Their tests on **GM**, or genetically-modified, food discovered evidence of **toxic** properties. In response to this information, many nations began reviewing possible legislation that would strengthen regulations on GM foods, while others discussed a total ban. Some sought advice from Asian countries that have already introduced stricter regulations and testing on GM foods and outlawed the illegal trade of any GM products.

Q: Which is correct according to the report?
(a) The **UN** passed measures to reduce **GM** food production.
(b) Recently studied **GM** products were free of **toxic** substances.
(c) Some countries have already taken measures against GM food.
(d) The **Consumer Health Conference** provided evidence that disproved UN findings.

⚠️ 오답 피하기
담화 중반부 이후로 많은 국가들이 유전자 조작 식품과 관련해 규제를 강화할 법률 제정의 가능성 검토(many nations began reviewing possible legislation ~), 전면적 금지에 대한 논의(others discussed a total ban), 아시아 국가들로부터 조언을 구했다고(Some sought advice from Asian countries) 하므로 이와 같은 조치를 취한 것에 대해 언급한 (c)가 정답이다. Consumer Health Conference, UN, GM 등의 특징적인 어휘가 쓰인 오답에 유의해야 한다.

(a) UN이 특정 정책을 통과시켰다는 정보는 제시되지 않고 있어 오답 X
(b) 독성이 있는 성분에 대한 증거가 발견되었다는 말이 있으므로 오답 X
(d) Consumer Health Conference 측에서 취한 조치나 대응 방법으로 제시된 것이 없으므로 오답 X

지난주에 UN 식량 농업 기구의 주최로 열렸던 Consumer Health Conference에서, 과학자들은 유전적으로 조작된 옥수수가 지닌 건강상의 위험 요소에 관한 연구 내용을 발표했습니다. GM, 즉 유전자 조작 식품에 대한 테스트에서 유독성 성분의 증거를 발견했습니다. 이 정보에 따른 대응으로, 많은 국가들이 유전자 조작 식품에 대한 규제를 강화할 법률 제정의 가능성을 검토하기 시작했고, 다른 국가들은 전면적 금지를 논의했습니다. 일부 국가들은 아시아 국가들로부터 조언을 구했는데, 그 아시아 국가들은 이미 유전자 조작 식품에 대해 더욱 엄격한 규제와 테스트를 도입하고 어떠한 유전자 조작 제품의 불법적 거래에 대해서도 비합법 조치를 취한 곳이었습니다.

Q: 보도에 따르면 어느 것이 옳은 내용인가?
(a) UN이 유전자 조작 식품 생산을 감소시키기 위한 정책을 통과시켰다.
(b) 최근에 연구된 유전자 조작 제품은 독성 물질이 없다.
(c) 일부 국가들은 이미 유전자 조작 식품에 반대하는 조치를 취했다.
(d) Consumer Health Conference는 UN의 연구 결과물이 잘못되었음을 입증하는 증거를 제공했다.

▶ [어휘]는 해설서 참조

담화에 나온 상황 및 맥락과 연관된 내용이어서 매우 그럴듯하게 들리지만, 실제 담화에서는 언급된 적이 없거나 중심 내용과는 거리가 먼 얘기를 하는 오답이다. 담화를 정확히 듣지 못했을 경우 왠지 정답 같은 느낌을 받기 때문에 담화를 들을 때 핵심을 파악하는 청해 실력이 요구된다. 특히, 추론 문제에서 너무 심하게 나간 추론이 이에 해당된다.

2. (a) _____ (b) _____ (c) _____ (d) _____

It is the City Council's decision that the rock band XTC will not be allowed to perform in any venue within city limits. The band has a history of problems here and the city does not feel it has to take liability for allowing this band to perform in our city. Our legal department strongly suggests that we adhere to this position to avoid setting any precedent that will adversely affect the city in the future. This decision is a popular one, judging by the thousands of letters of support we have received.

Q: What can be inferred from the council's announcement?
(a) The city had some legal problems with XTC.
(b) **XTC may put on a concert in the city at a later date.**
(c) Fans of XTC sent letters to the city council to support the band.
(d) **Other controversial bands will also be prevented from performing.**

⚠️ 오답 피하기
담화 초반부에 XTC가 공연하지 못하도록 결정한 사실과 함께 과거에 문제를 일으킨 적이 있다는(~ XTC will not be allowed to perform in any venue within city limits. The band has a history of problems here ~) 내용이 제시되고 있고, 특히 법무처에서 나서서 이러한 입장을 고수해야 한다고 말하고 있으므로 과거에 법적인 문제가 있었을 것이라는 추론이 가능하다. 따라서 (a)가 정답이다.

(b) 앞으로 공연할 수 없도록 조치하는 일과 관련된 담화이므로 오답 X
(c) 지지 편지는 담화 마지막 부분에 공연 금지 결정에 대한 것으로 언급되고 있으므로 오답 X
(d) 다른 밴드들과 관련된 정보로 제시되는 것이 없어 알 수 없는 내용이므로 오답 X

록밴드 XTC가 시 경계 내의 어떤 장소에서도 공연하도록 허용되지 않는다는 것은 시 의회의 결정이었습니다. 이 밴드는 이곳에서 문제를 일으킨 전력이 있으며, 시에서는 이 밴드를 우리 시에서 공연하도록 허용하는 것에 대한 부담을 져야 한다고 생각하지 않습니다. 저희 법무처에서는 우리가 향후 도시에 부정적인 영향을 미칠 수 있는 어떠한 전례도 남기는 것을 피하기 위한 이러한 입장을 고수할 것을 강력히 제안합니다. 이 결정은 저희가 받은 수천 통의 지지 편지로 미루어 볼 때 많은 사람들이 공감하는 것입니다.

Q: 의회의 발표를 통해 유추할 수 있는 것은 무엇인가?
(a) 시에서 XTC와 관련된 법적인 문제가 있었다.
(b) XTC가 나중에 시에서 콘서트를 열 수도 있다.
(c) XTC의 팬들이 이 밴드를 지지하기 위해 시 의회에 편지를 보냈다.
(d) 논란이 있는 다른 밴드들도 공연이 금지될 것이다.

▶ [어휘]는 해설서 참조

시제 오답

담화를 들을 때 우리는 시간 개념보다는 중심 내용에 집중해서 듣게 된다. 출제자는 이러한 점을 노려 이미 일어난 일을 앞으로 일어날 일이라고 표현하는 식의 시제 오답을 만든다. 혹은 그 반대로, 미래의 일로 언급된 것을 과거의 사실로 표현해 혼동을 일으키기도 한다. 따라서, 앞으로 담화를 들을 때는 시제를 이용한 오답이 나올 수 있음에 유념하여, 주요 내용을 따라가는 것 외에도 시간 관계, 즉, 이미 일어난 일인지 앞으로 있을 일인지 등을 구분하며 듣도록 한다.

3. (a) _____ (b) _____ (c) _____ (d) _____

Programs that allow the use of medical cannabis are to be given a trial run at selected Chinese health centers starting next month. However, many lawmakers have slammed the government's decision to approve such programs, believing that the drug provides no clear medical benefits. Such groups claim that all use of cannabis, both recreational use and medicinal use, should remain illegal. **Several European countries have pioneered the use of medical cannabis as a treatment for certain illnesses since the 2000s**, and numerous Chinese doctors hope that the government will approve widespread controlled usage in the near future.

Q: What can be inferred from the news?

(a) New programs involving medical cannabis were largely supported by Chinese lawmakers.

(b) The use of cannabis as a medicine was previously illegal in China until recently.

(c) **European countries are considering approving the use of medical cannabis.**

(d) China is considered a global pioneer in the use of medical cannabis to cure ailments.

⚠ 오답 피하기

담화 시작 부분에 의료용 대마초를 허용하는 프로그램의 시험 운영이(Programs that allow the use of medical cannabis are to be given a trial run ~) 언급된 뒤로, 국회의원들이 이를 맹비난했다는 말과 함께(~ many lawmakers have slammed the government's decision ~) 모든 대마초 사용이 불법이어야 한다는(~ all use of cannabis ~ should remain illegal) 말이 제시되는 것으로 볼 때 과거에는 의료용 대마초가 불법이었음을 알 수 있으므로 이에 해당되는 의미를 나타내는 (b)가 정답이다.

(a) 담화 초반부에 국회의원들이 의료용 대마초 허용 프로그램에 대한 시험 운영을 맹비난했다는 말이 있으므로 담화 내용과 맞지 않아 오답 X

(c) 담화 후반부에 유럽의 여러 국가들은 이미 치료제 목적으로 대마초를 사용하고 있다고 했는데, 사용을 고려 중이라고 표현하여 시제가 틀린 오답 X

(d) 의료용 대마초를 사용하는 일과 관련해 중국의 역할에 해당되는 정보로 제시되는 것이 없으므로 오답 X

다음 달부터 중국의 지정된 의료 센터에서 의료용 대마초 사용을 허용하는 프로그램이 시험 운영에 돌입할 예정입니다. 하지만, 많은 국회의원들은 이 약물이 명확한 의료상 혜택을 제공하지 않는다고 생각해 그와 같은 프로그램을 승인한 정부의 결정을 맹비난했습니다. 이와 같은 집단에 속한 사람들은 기분 전환 및 의료용으로 사용되는 것을 모두 포함해 대마초에 대한 모든 사용이 불법으로 유지되어야 한다고 주장합니다. 유럽의 여러 국가들은 2000년대 이후로 특정 질병에 대한 치료제로 의료용 대마초를 사용하는 것에 앞서왔으며, 수많은 중국인 의사들은 정부가 가까운 미래에 통제를 통한 폭넓은 사용을 승인해 주기를 바라고 있습니다.

Q: 뉴스를 통해 유추할 수 있는 것은 무엇인가?

(a) 의료용 대마초와 관련된 새로운 프로그램들이 대체로 중국 국회의원들의 지지를 받았다.

(b) **이전에 약으로 대마초를 사용하던 일이 최근까지도 중국에서 불법이었다.**

(c) 유럽 국가들은 의료용 대마초의 사용을 승인하는 것을 고려하고 있다.

(d) 중국은 병을 치료하는 의료용 대마초를 사용하는 데 있어 세계적인 개척자로 여겨진다.

▶ [어휘]는 해설서 참조

담화 내용의 일부를 가지고 오답을 만드는 경우이다. 선택지에서 문장의 앞부분인 주어와 서술어는 모두 맞지만 뒤에 이어지는 시간, 장소, 이유 등의 부사구 내용을 오답으로 만드는 경우가 가장 흔한데, 언어 습관상 문장의 말미를 듣고 오답을 소거하는 것은 크게 어렵지 않다. 정말 어려운 것은 문장의 앞부분이 틀린 내용이고 중반 이후부터 맞는 말일 경우이다. 일부(some)인데 전체(all)라고 표현하거나, 가능하다고 했는데(can) 의무적이라고(must)하는 등 수식어나 조동사를 이용한 부분 내용 오답의 경우 역시 정말 속기 쉽다.

4. (a) _____ (b) _____ (c) _____ (d) _____

This year, over 70,000 Americans died from diabetes, a disease that causes irregularities in the body's regulation of glucose which result in serious complications and death. Until now, this regulation of glucose - the amount of sugar contained in the blood, and thus used in biological energy conversion - was assumed to be predominantly dealt with by the pancreas, the liver, muscle and fat. This assumption has been cast into doubt as **new information has been made available. New findings suggest that hormones released from the skeleton, immune system, the brain and the gut play critical roles in controlling glucose levels.**

Q: Which statement would the speaker most likely agree with?
(a) **New discoveries about diabetes have shown it is more dangerous than previously thought.**
(b) Previous research about diabetes must make way for a new approach toward the disease.
(c) **All parts of the body** are important in controlling glucose levels.
(d) More information will be available at later stages in investigation.

⚠️ **오답 피하기**
담화 초반부에 신체 내 포도당 조절과 관련된 과거의 정보가 언급된 후, 중반부에 새로운 정보가 밝혀지면서 그와 같은 과거의 정보가 의문스러운 것이 되었다는(This assumption has been cast into doubt as new information has been made available) 말과 함께 새로운 연구 결과가 제시되는 흐름이므로, 과거의 연구와 새로운 접근법 사이의 관계를 나타낸 (b)가 정답이다.

(a) 당뇨병에 대한 새로운 발견이 밝혀낸 것은 당뇨병의 위험성 증가에 대한 내용이 아니므로 오답 X
(c) 신체의 모든 부분이 포도당 수준 조절에 중요한 것이 아니라 특정 부분에서 나오는 호르몬이 중요하다고 했으므로 오답 X
(d) 더 많은 정보의 이용 가능성과 관련된 내용은 언급되지 않았으므로 오답 X

올해, 신체 내 포도당 조절의 불규칙성을 유발해 심각한 합병증과 사망을 초래하는 질병인 당뇨병으로 7만 명이 넘는 미국인들이 사망했습니다. 지금까지, 이 포도당의 조절은(혈액에 포함된 당의 양으로, 그에 따라 생물학적 에너지 전환에 사용됨) 대개 췌장과 간, 근육, 그리고 지방에 의해 처리되는 것으로 여겨졌습니다. 이와 같은 생각은 새로운 정보가 이용 가능해짐에 따라 의혹에 빠지게 되었습니다. 새로운 연구 결과는 뼈대와 면역 체계, 뇌, 그리고 내장에서 분비된 호르몬이 포도당 수준을 통제하는 데 매우 중요한 역할을 한다고 시사하고 있습니다.

Q: 화자는 어느 내용에 동의할 것 같은가?
(a) 당뇨병에 관한 새로운 발견에 따르면 이전에 생각했던 것보다 더 위험한 것으로 나타났다.
(b) **당뇨병에 관한 과거의 연구는 이 질병에 대한 새로운 접근법에 길을 열어 주어야 한다.**
(c) 신체의 모든 부분은 포도당 수준을 조절하는 데 있어 중요하다.
(d) 더 많은 정보가 나중의 조사 과정 단계에서 이용 가능해질 것이다.

▶ [어휘]는 해설서 참조

담화에 언급된 내용과 반대되는 내용이 오답으로 등장한다. 담화문의 내용과 일치하는 내용인 듯한 느낌을 풍기지만 알고 보면 두 대상을 바꿔 말하거나, 반의어나 부정어(not, never, no)를 사용해 혼동을 노린다.

5. (a) _____ (b) _____ (c) _____ (d) _____

A story posted on the celebrity gossip site *Global Star* has provoked the anger of the generally mild-mannered Lizzy Cake. While the site usually publishes lighthearted pieces about celebrities, yesterday's big news article crossed a line. It alleges that a back-up dancer of Cake's has claimed that the singer's marriage to actor Dallas Suttree is just an attempt to gain more publicity. **Cake, via social media, denied the story** and demanded to know who gave the interview. ***Global Star refused to name its source*** but has removed the story.

Q: Which is correct about *Global Star* according to the report?
(a) It did not reach out to Cake for a direct statement.
(b) Its story shared private details about Cake's recent engagement.
(c) **It responded to Cake through its social media page**.
(d) **It revealed the name of the person interviewed** for the story.

⚠ 오답 피하기

담화 중반부에 Lizzy Cake를 화나게 한 기사가 언급되면서 그것이 Cake의 백댄서 한 명이 주장한 내용임을(It alleges that a back-up dancer of Cake's has claimed that ~) 알리는 부분을 통해 Cake가 직접 밝힌 내용이 아니라는 것을 알 수 있으므로 이에 해당되는 의미를 나타내는 (a)가 정답이다.

(b) 약혼 관련 정보가 공유된 사실은 언급되지 않았으므로 오답 X
(c) 대응 방법으로 소셜 미디어를 선택한 주체는 It(Global Star)이 아니라 Cake이므로 주체와 대상이 바뀐 오답 X
(d) 담화 마지막에 출처 공개를 거부했다고(refused to name its source) 했으므로 반대로 말한 오답 X

유명인 관련 가십 기사를 다루는 사이트 Global Star에 게시된 한 이야기가 대체로 온화한 성품을 지닌 Lizzy Cake의 심기를 건드렸습니다. 이 사이트가 보통 유명인들에 관해 가볍게 읽을 수 있는 글을 싣기는 하지만, 어제 게시된 엄청난 뉴스 기사는 그 선을 넘었습니다. 이 기사는 Cake의 백댄서 한 명이 이 가수와 배우 Dallas Suttree의 결혼이 단지 언론의 관심을 더 많이 얻기 위한 시도라고 주장한 것을 전하고 있습니다. Cake는 소셜 미디어를 통해 이 기사의 내용을 부인했으며, 누가 그 인터뷰를 했는지 알려 달라고 요청했습니다. Global Star는 그 출처를 밝히기를 거부했지만, 그 기사는 삭제했습니다.

Q: 보도에 따르면 Global Star와 관련해 어느 것이 옳은 내용인가?
(a) 직접 말하는 얘기를 듣기 위해 Cake에게 연락을 취한 것이 아니었다.
(b) 기사를 통해 Cake의 최근 약혼에 관한 사적인 상세 정보를 공유했다.
(c) 자사의 소셜 미디어 페이지를 통해 Cake에게 대응했다.
(d) 해당 기사를 위해 인터뷰를 한 사람의 이름을 밝혔다.

▶ [어휘]는 해설서 참조

기출문제를 포함한 실전 문제들을 풀며 학습한 내용을 확인해 보세요.

Part 4 **다음 담화를 듣고 질문에 가장 적절한 답을 고르시오.**

1. (a) (b) (c) (d)

2. (a) (b) (c) (d)

3. (a) (b) (c) (d)

4. (a) (b) (c) (d)

5. (a) (b) (c) (d)

6. (a) (b) (c) (d)

Part 5 **다음 담화를 듣고 질문에 가장 적절한 답을 고르시오.**

7. (a) (b) (c) (d)

8. (a) (b) (c) (d)

9. (a) (b) (c) (d)

10. (a) (b) (c) (d)

정답 및 해설 p.196

UNIT 30 직청직해 연습

- 시험지에 문제와 선택지가 제시되는 타 시험과 달리 텝스는 온전히 듣기로만 풀어야 하고, 들은 내용을 곱씹어 볼 시간적 여유가 전혀 없으며, 출제 범위가 워낙 광범위해서 단어나 문장을 암기하고 유형을 정리해도 내가 공부한 것이 나올 확률이 매우 적다.
- 직청직해란 영어의 어순에 익숙해져 있어 그 어순대로 의미 덩어리가 머리에 들어오며 바로바로 이해가 되는 것을 말하는데, 이것이 가능하지 않으면 텝스 청해에서 고득점을 하기 어렵다.
- 직청직해 능력은 하루 아침에 길러지지 않는다. 평소 스크립트 소리 내어 읽기를 꾸준히 하고, 듣기를 할 때에는 단어 단위로 듣지 말고 구/절 등의 의미 단위로 듣는 연습을 하도록 한다. 그리고, 한 문제를 풀더라도 생각 없이 흘리지 말고 핵심어(keyword)를 잡아내는 연습을 한다.

담화의 맥락과 흐름 잡기 + 오답 소거하기

🎧 U30_1

1. (a) _____ (b) _____ (c) _____ (d) _____

Part 4

For many **seniors**, a **driver's license** enables them to stay independent as they grow older. However, some sections of the community are now calling for **mandatory reexamination** of **senior citizens' driving skills** following a series of **accidents** involving seniors over the past few months. One **suggestion** was that drivers **over 70** years old should **pass a driving test each year** in order to have their **driver's licenses renewed**. A **special test** has been proposed that **evaluates a driver's vision, hearing, and reaction speed** both in a laboratory setting and in a real car alongside an evaluator.

1. 첫 대사에서 키워드 잡아 대화 상황 이해하기

> seniors, driver's license
> ◐ 노인과 운전면허증

2. 문장마다 핵심어 잡아 메모하기

> seniors, driver's license
> mandatory reexam – 노인 driving skills
> accidents 발생
> suggestion – 70+ driving test 매년 – 면허 갱신
> special test – vision, hearing, reaction speed

Q: What is the **main idea** of the news report?
(a) **Senior citizens** should be encouraged to **drive more frequently** to benefit their health.
(b) The number of road **accidents** caused by **senior citizens** is **increasing**.
(c) Senior citizens regard **driver's licenses** as a symbol of **independence**.
(d) **Senior citizens' driving skills** should be **reassessed regularly** to ensure road safety.

1. 질문 유형 파악

> main idea?

2. 각 선택지 핵심어 노트 테이킹 & 오답 소거

> (a) 노인 – drive more frequently   X
> (b) 노인 사고 ↑   X
> (c) 노인 면허증 independence   X
> (d) 노인 driving skill reassessed regularly O

3. 정답 선택

2. (a) _____ (b) _____ (c) _____ (d) _____

3. (a) _____ (b) _____ (c) _____ (d) _____

Part 5	1. 첫 대사에서 키워드 잡아 대화 상황 이해하기
Did you know that **onions** were once valued not only for their culinary uses, but also for their **medicinal properties**? When the **Great Plague** swept through **England** in 1665, **wealthy citizens purchased** large quantities of **theriac**, a **medicinal ointment** thought to serve as an effective **cure for plague. Poor citizens**, on the other hand, struggled to acquire **traditional plague remedies**. Such people were less mobile and unable to pay for costly medicines. As a result, they turned their attention to the **apparent healing benefits of the onion**, which the **ancient Romans and Egyptians believed could draw out toxins** when applied directly to plague sores. Similarly, **poor residents** who **could not afford to burn tar to remove plague from their homes** would often **leave chopped onions in the rooms** of their house.	onions, medicinal properties **o** 양파의 약효
	2. 문장마다 핵심어 잡아 메모하기
	onions, medicinal properties Great Plague, England, 1665 wealthy ~ theriac 구매 (ointment plague 치료) poor ~ pay for costly medicines X → 양파 healing benefits 주목 → plague 제거 위해 burn tar 대신 양파
2. What is the **main topic** of the talk? (a) **Why onions** grew in **popularity** as a **culinary item** in England (b) **Why onions** were **used** as an **alternative** to traditional **remedies** (c) **How onions contributed** to the outbreak of the **Great Plague** (d) **How** the potential **medical** uses of **onions** were first **discovered**	1. 질문 유형 파악
	main topic?
	correct about theriac?
	2. 각 선택지 핵심어 노트 테이킹 & 오답 소거
	(a) Why 양파 요리 인기 X (b) Why 양파 전통 치료법 대안 O (c) How 양파 contribute plague X (d) How medical use 양파 discovered X
3. Which is **correct about theriac**? (a) It **contained onion** as an ingredient. (b) It was **burned** to **prevent plague**. (c) It was **created by the ancient Romans**. (d) It was primarily **used by the rich.**	(a) contain onion X (b) burned, prevent plague X (c) 고대 로마인 create X (d) used by the rich O
	3. 정답 선택

1.

많은 노인들에게 있어, 운전 면허증은 더 나이가 들어감에 따라 독립적인 상태를 유지할 수 있게 해 주는 것입니다. 하지만, 지난 몇 달 동안에 걸쳐 노인과 관련된 일련의 사고들이 발생한 끝에 사회의 일부 계층에서는 현재 노인들의 운전 능력에 대한 의무적인 재검증을 요청하고 있습니다. 한 가지 의견은 70세가 넘는 운전자들이 운전 면허증을 갱신하려면 매년 운전 테스트를 통과해야 한다는 것입니다. 실험실 환경에서 그리고 평가 담당자와 함께 하는 실제 차량 환경에서 모두 운전자의 시력과 청력, 그리고 반응 속도를 평가하는 특별 시험이 제안되었습니다.

1. 뉴스 보도의 주제는 무엇인가?
(a) 건강에 유익할 수 있게 노인들이 더 자주 운전하도록 장려되어야 한다.
(b) 노인들에 의해 야기되는 도로 사고의 숫자가 증가하고 있다.
(c) 노인들은 운전 면허증을 독립성의 상징으로 여기고 있다.
(d) 노인들의 운전 실력은 도로 안전을 보장하기 위해 정기적으로 재평가되어야 한다.

해설 노인들의 운전 능력을 검증하는 일과 관련해, 70세가 넘는 운전자들이 면허증 갱신을 위해 매년 운전 테스트를 통과해야 한다는(~ drivers over 70 years old should pass a driving test each year ~) 제안과 관련된 내용이 주를 이루고 있으므로 이에 해당되는 (d)가 정답이다. 노인들의 사고 발생이 늘고 있다는 것은 내용의 일부가 될 순 있지만 주제라고 볼 수 없다.

▶ [어휘]는 해설서 참조

2-3.

양파가 한때 요리용으로서 뿐만 아니라 약효 성분으로 인해서도 가치 있게 여겨졌다는 사실을 알고 계십니까? 1665년에 대역병이 잉글랜드 전역을 휩쓸었을 때, 부유한 시민들은 만병통치약을 대량으로 구입했는데, 이 약은 역병에 효과가 있는 치료제의 역할을 하는 것으로 여겨졌던 약용 연고였습니다. 한편, 가난한 시민들은 전통적인 역병 치료약을 얻기 위해 크게 애를 썼습니다. 그들은 거동이 덜 자유롭고, 비싼 약품 비용을 지불할 수 없었습니다. 결과적으로, 그들은 고대 로마인들과 이집트인들이 역병으로 인한 상처에 직접 발랐을 때 독소를 제거해 줄 수 있다고 믿었던 양파가 지닌 분명한 치료 효과로 관심을 돌렸습니다. 마찬가지로, 집에서 역병을 몰아내기 위해 타르를 태울 여유가 없었던 가난한 주민들은 종종 잘게 썬 양파를 집 안의 방마다 놓아두곤 했습니다.

2. 담화의 주제는 무엇인가?
(a) 잉글랜드에서 양파가 왜 요리 재료로서 인기가 높았는지
(b) 양파가 왜 전통적인 치료약의 대안으로 사용되었는지
(c) 양파가 어떻게 대역병 발생에 기여했는지
(d) 잠재적으로 양파가 의료용으로 사용될 수 있다는 점이 어떻게 처음 발견되었는지

해설 담화 초반부에 양파가 약효 성분으로 인해 가치 있게 여겨졌다는(~ onions were once valued ~ but also for their medicinal properties) 말이 제시되고 있고, 과거에 대역병을 겪던 가난한 사람들이 양파로 눈을 돌려 약 대신 사용한(~ they turned their attention to the apparent healing benefits of the onion ~) 적이 있음을 언급하고 있다. 따라서 약품에 대한 대안으로서 사용된 양파를 언급한 (b)가 정답이다.

3. 만병통치약과 관련해 어느 것이 옳은 내용인가?
(a) 양파가 성분의 하나로 들어 있었다.
(b) 역병을 방지하기 위해 불태워졌다.
(c) 고대 로마인들에 의해 만들어졌다.
(d) 주로 부유한 사람들에 의해 사용되었다.

해설 만병통치약(theriac)이 언급되는 중반부에, 부유한 시민들이 그것을 대량으로 구입한(wealthy citizens purchased large quantities of theriac ~) 사실과 함께 가난한 사람들은 약을 구입하는 데 어려움을 겪은 점이 언급되고 있으므로 (d)가 정답이다.

▶ [어휘]는 해설서 참조

Step 1	담화 1차 듣기 + 노트 테이킹	_____
		_____
		_____
		_____
		_____
Step 2	질문 종류 적기	질문: _____
Step 3	담화 2차 듣기 + 노트 테이킹 추가	(a) _____ _____
		(b) _____ _____
Step 4	선택지 노트 테이킹 + 오답 소거	(c) _____ _____
		(d) _____ _____
Step 5	정답 확정	최종 정답: _____

It has been estimated that during the **16th and 17th centuries** several thousand **crypto Jews or secret Jews immigrated from Spain and Portugal to the Indies**. Although ethnically Jewish, they had been **forced to convert to Catholicism**, which meant that they had to practice their religion in secret. However, the **Indies offered them freedom of religion** and improvement of their material circumstances. These reasons were enough for them to **immigrate**.

Q: What can be **inferred** about the **secret Jews**?
(a) Most of them **abandoned** their **traditional religion**.
(b) Many **suffered** under religious conditions **in Spain**.
(c) They eventually **became the majority** in the Indies.
(d) They **converted to a different religion** in the Indies.

🔓 담화 초반부에 비밀 유대교도들이 스페인과 포르투갈에서 인도 제국으로 이주한(~ secret Jews immigrated from Spain and Portugal to the Indies ~) 사실과 함께 인도 제국 이주 전에 가톨릭교로 개종하도록 강요 받았던 사실이(~ they had been forced to convert to Catholicism ~) 언급되고 있으므로 스페인과 포르투갈에서 이와 같은 종교적 압박을 받았음을 알 수 있다. 따라서 이에 해당하는 (b)가 정답이다.

(a) 종교를 버린 일은 언급되지 않고 있으므로 오답 X
(c) 인도 제국으로 이주한 후 다수 집단이 되었다는 정보는 제시되지 않고 있으므로 오답 X
(d) 종교 개종 등의 탄압을 피하기 위해 인도 제국으로 이주한 것이므로 담화 내용과 맞지 않아 오답 X

16세기와 17세기에 수천 명의 비밀 유대인들, 즉 비밀 유대교도들이 스페인과 포르투갈에서 인도 제국으로 이주한 것으로 추정되어 왔습니다. 민족적으로 유대인이기는 하지만, 그들은 가톨릭교로 개종하도록 강요 받았었는데, 이는 비밀리에 그들의 종교를 믿어야 한다는 것을 의미했습니다. 하지만 인도 제국은 그들에게 종교의 자유와 개선된 물질적 환경을 제공했습니다. 이는 그들이 이주하기에 충분한 이유들이었습니다.

Q: 비밀 유대교도들에 관해 유추할 수 있는 것은 무엇인가?
(a) 대부분이 자신들의 전통적인 종교를 버렸다.
(b) 많은 이들이 스페인의 종교적 상황 하에서 시달렸다.
(c) 결국 인도 제국의 주류가 되었다.
(d) 인도 제국에서 다른 종교로 개종했다.

▶ [어휘]는 해설서 참조

기출문제를 포함한 실전 문제들을 풀며 학습한 내용을 확인해 보세요.

Part 4 다음 담화를 듣고 질문에 가장 적절한 답을 고르시오.

1. (a) (b) (c) (d)

2. (a) (b) (c) (d)

3. (a) (b) (c) (d)

4. (a) (b) (c) (d)

5. (a) (b) (c) (d)

6. (a) (b) (c) (d)

Part 5 다음 담화를 듣고 질문에 가장 적절한 답을 고르시오.

7. (a) (b) (c) (d)

8. (a) (b) (c) (d)

9. (a) (b) (c) (d)

10. (a) (b) (c) (d)

정답 및 해설 p.203

시원스쿨 텝스 청해

Part 4 & 5 TEST

You will now hear six short talks. After each talk, you will be asked to answer a question. Each talk and its corresponding question will be read twice. Then you will hear four options which will be read only once. Based on the given information, choose the option that best answers the question.

MP3 바로 듣기

You will now hear two longer talks. After each talk, you will be asked to answer two questions. Each talk and its corresponding questions will be read twice. However, the four options for each question will be read only once. Based on the given information, choose the option that best answers each question.

정답 및 해설 p.209

시원스쿨 텝스 청해
실전 모의고사

LISTENING COMPREHENSION

DIRECTIONS

1. In the Listening Comprehension section, all content will be presented orally rather than in written form.

2. This section contains five parts. For each part, you will receive separate instructions. Listen to the instructions carefully, and choose the best answer from the options for each item.

● 시원스쿨랩 홈페이지(lab.siwonschool.com)에서 Answer Sheet 를 다운로드 받아 사용하세요.

L

Part I **Questions 1~10**

You will now hear ten individual spoken questions or statements, each followed by four spoken responses. Choose the most appropriate response for each item.

MP3 바로 듣기

Part II **Questions 11~20**

You will now hear ten short conversation fragments, each followed by four spoken responses. Choose the most appropriate response to complete each conversation.

Part III Questions 21~30

You will now hear ten complete conversations. For each conversation, you will be asked to answer a question. Before each conversation, you will hear a short description of the situation. After listening to the description and conversation once, you will hear a question and four options. Based on the given information, choose the option that best answers the question.

You will now hear six short talks. After each talk, you will be asked to answer a question. Each talk and its corresponding question will be read twice. Then you will hear four options which will be read only once. Based on the given information, choose the option that best answers the question.

You will now hear two longer talks. After each talk, you will be asked to answer two questions. Each talk and its corresponding questions will be read twice. However, the four options for each question will be read only once. Based on the given information, choose the option that best answers each question.

L

● 실전 모의고사의 정답 및 해설은 시원스쿨랩 홈페이지(lab.siwonschool.com)에서 확인하실 수 있습니다.

TEST 1   **227**

LISTENING COMPREHENSION

DIRECTIONS

1. In the Listening Comprehension section, all content will be presented orally rather than in written form.

2. This section contains five parts. For each part, you will receive separate instructions. Listen to the instructions carefully, and choose the best answer from the options for each item.

Part I Questions 1~10

You will now hear ten individual spoken questions or statements, each followed by four spoken responses. Choose the most appropriate response for each item.

MP3 바로 듣기

Part II Questions 11~20

You will now hear ten short conversation fragments, each followed by four spoken responses. Choose the most appropriate response to complete each conversation.

You will now hear ten complete conversations. For each conversation, you will be asked to answer a question. Before each conversation, you will hear a short description of the situation. After listening to the description and conversation once, you will hear a question and four options. Based on the given information, choose the option that best answers the question.

You will now hear six short talks. After each talk, you will be asked to answer a question. Each talk and its corresponding question will be read twice. Then you will hear four options which will be read only once. Based on the given information, choose the option that best answers the question.

L

You will now hear two longer talks. After each talk, you will be asked to answer two questions. Each talk and its corresponding questions will be read twice. However, the four options for each question will be read only once. Based on the given information, choose the option that best answers each question.

L

● 실전 모의고사의 정답 및 해설은 시원스쿨랩 홈페이지(lab.siwonschool.com)에서 확인하실 수 있습니다.

과목별 스타 강사진 영입, 기대하세요!

시원스쿨LAB 강사 라인업

20년 노하우의 텝스/토익/토익스피킹/오픽/아이엘츠/지텔프/토플/SPA 기출 빅데이터 심층 연구로
빠르고 효율적인 목표 점수 달성을 보장합니다.

시험영어 전문 연구 조직

시원스쿨어학연구소

시험영어 전문

TEPS/TOEFL/IELTS/TOEIC/
TOEIC Speaking/OPIc
SPA/G-TELP
공인 영어시험 콘텐츠 개발 경력
20년 이상의 국내외
연구원들이 포진한
전문적인 연구 조직입니다.

기출 빅데이터

본 연구소 연구원들은
매월 각 전문 분야의 시험에 응시해
시험에 나온 모든 문제를
철저하게 해부하고,
시험별 기출문제 빅데이터 분석을 통해
단기 고득점을 위한
학습 솔루션을 개발 중입니다.

264,000시간

각 분야 연구원들의 연구시간
모두 합쳐 264,000시간
이 모든 시간이 쌓여
시원스쿨어학연구소가
탄생했습니다.

시원스쿨 텝스 라인업
Lineup

베스트셀러 **1위**

├─── 입문서 ───┤├─── 기본서 ───┤├─── 실전서 ───┤

입문

시원스쿨 텝스 Basic
텝스 기본기 완성에 필수적인
모든 것을 단 한 권에 집약
<청해+어휘+문법+독해>의
기초부터 실전까지 학습

기본

시원스쿨 텝스 청해
텝스 청해 30일 완성!
뉴텝스 최신경향 반영
기초부터 실전까지 한 권으로
텝스 청해 완성

기본

시원스쿨 텝스 어휘·문법
텝스 기출 빅데이터로
기출 유형 및 출제 비중 공개
실전 적응 훈련으로
출제 원리 이해

기본

시원스쿨 텝스 독해
어려워진 텝스 독해 출제경향 반영
오직 독해만을 다루는 독해 특화 교재
실전과 유사한 최신 기출
변형 문제 다수 수록

실전

뉴텝스 서울대 공식 기출문제집
출간하자마자 텝스 베스트셀러 1위
서울대 TEPS 관리위원회에서 제공한, 뉴텝스 공식 기출문제집
뉴텝스 공식 기출문제 4회분 + 전 문항 해설 수록
뉴텝스를 준비하는 가장 확실한 방법

* [베스트셀러 1위] 교보 국내도서 > 외국어 > 수험영어 > 텝스 > 베스트셀러(22년 1월 2주)

서울대 뉴텝스 **공식 기출문제** 강의와 함께할

압도적 강의력
스타강사진

청해 정답이 들린다
대체 불가 장원 선생님

현) 시원스쿨랩 텝스 강의
전) H사 강남, 챔프스터디 텝스 강의

문제를 만드는 원리를 이해하면 정답을 예측할 수 있다!
실질적인 청취능력과 정답률을 올리는
스타강사의 대체 불가한 압도적 강의력을 보여드립니다.

독해 텝스 독해 완전정복의 지름길
논리 독해 하승연 선생님

현) 시원스쿨랩/P사 텝스 강의
서울대 학사/법학전문대학원 졸업 (학사 최우등 졸업 최우수졸업논문상 수상)

유형별 최적의 문제풀이 방식을
습득 및 체화하는 노하우 전수로
텝스 독해 완전정복의 지름길을 알려 드립니다.

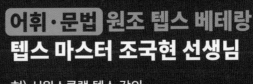

어휘·문법 원조 텝스 베테랑
텝스 마스터 조국현 선생님

현) 시원스쿨랩 텝스 강의
전) 이익훈 어학원 강의, 텝스강사 양성 프로그램 서울대 초빙교수

텝스 강의 경력만 20년,
100여 차례 텝스를 응시하고 분석했다!
시험에 꼭 나오는 핵심 어휘, 문법만 콕 집어 드립니다.

시원스쿨 텝스 300% 환급반

출석NO, 성적 NO! 사자마자 50% 환급
TEPS 베스트셀러 1위 교재 +
목표 점수 맞춤 커리큘럼으로 목표달성

50% + **300%** + **365일**

응시만 인증하면
수강료 현금 환급

출석X, 성적만 달성해도
수강료 현금 환급

환급 대신 목표 달성을 위한
수강 기간 연장

출제 경향 완벽 반영
텝스 교재 최대 5권 포함

뉴텝스
핵심기출 VOCA 무료

뉴텝스
문법 족보 무료

조앤박쌤의 영어 면접/발음
강의 무료

시원스쿨 텝스
오답노트 무료

정상쌤의 토익 인강
강의 무료

여러분도 할 수 있습니다.

뉴텝스 환급반 100% 실제 후기

검증된 텝스 전문가이신 선생님들의 강의를 들어봤는데 확실히 경력도 많아서 그런지 노하우와 접근법을 알려 주셔서 좋았습니다.

-네이버 블로그 girl***글에서 발췌-

교재와 강의 내에 공부 방법 및 순서 등 커리큘럼이 체계적이라 어떻게 공부를 해야 할 지 막막한 사람을 구원해 주는 것 같아요

-수강생 김*채 수강후기에서 발췌-

히트브랜드 토익·토스·오픽·인강 1위
시원스쿨LAB 교재 라인업
*2020-2022 3년 연속 히트브랜드대상 1위 토익·토스·오픽·인강

시원스쿨 토익 교재 시리즈

	왕초보 입문	650+ 기본	750+ 중급	850+ 정규	950+ 실전
기본서 보카 실전모의고사	시원스쿨 처음토익 / 시원스쿨 처음토익 기출 VOCA		시원스쿨 처음토익 700+ / 시원스쿨 토익 750+	시원스쿨 처음토익 850+ / 시원스쿨 토익 실전 모의고사	시원스쿨 토익 실전 1500제 LC / RC
전략서	시원스쿨 처음토익 기초영문법	시원스쿨 처음토익 PART 7	승무원 토익 700+ / 기출 문법 공식 119 / Part 7 필수 전략서 / 토익 기본서 압축노트 RC+LC	시원스쿨 토익학습지 기본편	시원스쿨 토익학습지 실전편

시원스쿨 토익스피킹, 듀오링고, 오픽, SPA 교재 시리즈

10가지 문법으로 시작하는 토익스피킹 기초영문법 · 28시간에 끝내는 토익스피킹 START · 5일 만에 끝내는 토익스피킹 · 15일 만에 끝내는 토익스피킹 필수 전략서 · 시원스쿨 토익스피킹 IM - AL · 시원스쿨 토익스피킹 실전 모의고사 · 시원스쿨 토익스피킹 학습지 · Duolingo English Test 개정판 · Duolingo English Test 실전모의고사 · Duolingo English Test 영문판 · Duolingo English Test 기출 보카

시원스쿨 빅오픽 START · 시원스쿨 빅오픽 IM-IH · 시원스쿨 오픽 IM-AL · 시원스쿨 오픽 실전 모의고사 · 멀티캠퍼스X시원스쿨 오픽 진짜학습지 IM 실전 · 멀티캠퍼스X시원스쿨 오픽 진짜학습 IH 실전 · 멀티캠퍼스X시원스쿨 오픽 진짜학습지 AL 실전 · 시원스쿨 오픽학습지 실전략편 IH-AL · 시원스쿨 SPA · 시원스쿨 SPA 실전 모의고사

시원스쿨 아이엘츠 교재 시리즈

빅아이엘츠 Speaking START · 빅아이엘츠 Writing START · 빅아이엘츠 Listening START · 빅아이엘츠 Reading START · 아이엘츠 MASTER · 아이엘츠 기출 VOCA

시원스쿨 토플 교재 시리즈

시원스쿨 TOEFL Basic · 시원스쿨 TOEFL Intermediate · 시원스쿨 TOEFL Actual Tests · 시원스쿨 TOEFL 기출 VOCA · 시원스쿨 TOEFL Speaking · 시원스쿨 TOEFL Writing · 시원스쿨 TOEFL Listening · 시원스쿨 TOEFL Reading

시원스쿨 지텔프 교재 시리즈

지텔프 기출문제집 공식 기출 7회분 · 지텔프 기출문법 · 지텔프 기출VOCA · 지텔프 기출독해 · 시원스쿨 지텔프 최신 기출 유형 문법 모의고사 · 시원스쿨 지텔프 32-50 · 시원스쿨 지텔프 65+

시원스쿨 텝스 교재 시리즈

시원스쿨 텝스 Basic · 시원스쿨 텝스 청해 · 시원스쿨 텝스 어휘·문법 · 시원스쿨 텝스 독해 · 뉴텝스 서울대 공식 기출 문제집

시원스쿨LAB

시원스쿨
NEW TEPS
청해

정답 및 해설

시원스쿨 LAB

시원스쿨
NEW TEPS

청해

정답 및 해설

Part 1&2

본문 p. 27

UNIT 01 의문사 의문문 알아듣기

기출 Check-up Test

1. (a) **2.** (a) **3.** (d) **4.** (a) **5.** (b) **6.** (c)
7. (a) **8.** (c) **9.** (d) **10.** (c) **11.** (d) **12.** (c)
13. (c) **14.** (c) **15.** (b) **16.** (b) **17.** (b) **18.** (b)
19. (a) **20.** (b)

[Part 1]

1.

M: How did the recital go last night?
(a) I don't want to talk about it.
(b) Sure, we can go together.
(c) Oh, I was there too.
(d) I'm looking forward to it.

남: 어젯밤 연주회는 어떻게 됐어?
(a) 그 얘기는 하고 싶지 않아.
(b) 그럼, 함께 갈 수 있어.
(c) 아, 나도 거기 갔었어.
(d) 난 그게 너무 기대돼.

해설
행사의 진행 상황이나 결과를 묻는 질문에 대해 얘기하고 싶지 않다는 말로 부정적이었음을 나타내는 (a)가 정답이다.

오답 체크
(b) Yes와 동일한 의미를 나타내는 Sure는 의문사 의문문에 맞지 않으므로 오답이다.
(c) 참석 여부와 관련된 질문이 아니므로 오답이다.
(d) 앞으로의 일에 대한 기대감을 말하는 것이므로 과거의 일을 묻는 질문과 어울리지 않는다.

어휘
How did A go? A는 어떻게 됐어?, A는 어땠어? **recital** 연주회, 발표회 **look forward to** ~을 크게 기대하다, 고대하다

2.

W: When will you be starting your new job?
(a) Once my documents arrive.
(b) Let's start tomorrow.
(c) It's a sales position.
(d) Thanks, everything is going well so far.

여: 새 직장에 언제 출근하기 시작하는 거야?
(a) 내 서류가 도착하는 대로.
(b) 내일 시작하자.
(c) 영업직이야.
(d) 고마워, 지금까지 모든 게 잘 되고 있어.

해설
새 직장에 출근하는 시점을 묻고 있으므로 Once를 포함해 대략적인 시점을 말하는 (a)가 정답이다.

오답 체크
(b) 시점 표현이 포함되어 있지만 새 직장에 출근하는 시점이 아니므로 오답이다.
(c) 직종을 말하는 답변이므로 When 의문문에 맞지 않는다.
(d) 일을 시작한 이후에 말할 수 있는 내용이므로 오답이다.

어휘
start a new job 새 직장에 출근하다 **once** ~하는 대로, ~하자마자 **arrive** 도착하다 **sales** 영업, 판매, 매출 **go well** 잘 되다 **so far** 지금까지

3.

M: What happened to my new computer? It won't turn on.
(a) That software is easy to use.
(b) Try turning it off and on again.
(c) Yes, I had mine fixed yesterday.
(d) I'm afraid that's my fault.

남: 제 새 컴퓨터에 무슨 일이 생긴 거죠? 켜지지 않네요.
(a) 그 소프트웨어는 사용하기 쉽습니다.
(b) 껐다가 다시 켜보세요.
(c) 네, 제 것은 어제 수리를 받았어요.
(d) 제 잘못인 것 같아요.

해설
컴퓨터의 문제점을 알리는 말에 대해 자기가 잘못해서 그런 것 같다고 말하는 (d)가 정답이다.

오답 체크
(a) computer라는 말로 인해 software를 떠올릴 수 있지만 질문과 어울리지 않으므로 오답이다.
(b) 얼핏 들으면 문제 상황에 대해 조언을 해주는 것 같지만 컴퓨터가 켜지지 않고 있는데 껐다가 켜보라는 것은 말이 되지 않으므로 오답이다.
(c) 답변자 자신의 컴퓨터와 관련된 상황이 아니므로 오답이다.

어휘
What happened to ~? ~에 무슨 일이 생긴 거죠? **turn on[off]** 켜지다[꺼지다] **try -ing** 한 번 ~해 보다 **have A p.p.:** A가 ~되게 하다 **fix** ~을 수리하다, 바로잡다 **I'm afraid (that)** (부정적인 일에 대해) ~인 것 같다 **fault** 잘못, 실수

4.

> W: How did you like the movie?
>
> **(a) I was really let down by it.**
> (b) Sure, I don't have any plans.
> (c) I got there at 7.
> (d) The reviews are promising.

여: 영화 재미있게 봤어?

(a) 너무 실망스러웠어.
(b) 물론이지, 난 아무런 계획도 없어.
(c) 난 거기 7시에 도착했어.
(d) 후기를 보니까 좋을 것 같아.

해설
영화를 본 소감을 묻고 있으므로 실망스러웠다는 의견을 말하는 (a)가 정답이다.

오답 체크
(b) Yes와 동일한 의미를 나타내는 Sure는 의문사 의문문에 맞지 않으므로 오답이다.
(c) 도착 시간과 관련된 답변이므로 When 의문문에 어울리는 답변이다.
(d) 영화를 보기 전에 말할 수 있는 말에 해당되므로 오답이다.

어휘
How did you like ~? ~는 어땠나요?, ~는 좋았나요? **be let down by** ~에 실망하다 **plan** 계획 **review** 후기, 의견, 평가 **promising** 좋을 것 같은, 잘 될 것 같은

5.

> M: What are you planning to do this weekend?
>
> (a) I'll finish it by Friday.
> **(b) My favorite band is playing downtown.**
> (c) I just stayed in.
> (d) Sure, if I don't have plans already.

남: 이번 주말에 뭐 하실 계획인가요?

(a) 그 일을 금요일까지 끝내겠습니다.
(b) 제가 가장 좋아하는 밴드가 시내에서 공연해요.
(c) 그냥 집에 있었어요.
(d) 물론이죠, 저에게 이미 계획이 있지 않다면요.

해설
주말 계획을 묻는 질문에 대해 가장 좋아하는 밴드가 공연한다는 말로 그것을 보러 갈 계획임을 밝히는 (b)가 정답이다.

오답 체크
(a) it이 지칭하는 일이 무엇인지 알 수 없으므로 오답이다.
(c) 질문 내용과 달리 과거의 일을 말하고 있으므로 시점이 맞지 않는다.
(d) 제안에 대해 수락하는 답변으로 어울리는 말이므로 오답이다.

어휘
plan to do ~할 계획이다 **downtown** 시내에서 **stay in** 집에 있다, 밖에 나가지 않다

6.

> W: What do you say we promote Mr. Klein to production manager?
>
> (a) He said it will be finished soon.
> (b) It has been our most successful promotion.
> **(c) Isn't there anyone more qualified?**
> (d) Thanks. I won't let you down.

여: Klein 씨를 생산부장으로 승진시키는 게 어떨까요?

(a) 그는 그 일이 곧 끝날 거라고 말했어요.
(b) 그건 우리의 가장 성공적인 홍보 행사였어요.
(c) 더 적격인 사람이 아무도 없나요?
(d) 고맙습니다. 실망시키지 않겠습니다.

해설
Klein 씨를 승진시키자고 제안하는 질문에 대해 더 좋은 자격을 지닌 사람이 있는지 되묻는 (c)가 정답이다.

오답 체크
(a) 특정한 일을 완료하는 시점과 관련된 답변이므로 오답이다.
(b) It과 동격으로 제시된 promotion은 홍보나 판촉을 의미하므로 질문의 핵심과 맞지 않는 오답이다.
(d) 승진되는 사람이 말할 수 있는 내용에 해당되므로 오답이다.

어휘
What do you say ~? ~하는 게 어때요?, ~하는 것을 어떻게 생각해요? **promote** ~을 승진시키다, ~을 홍보하다 **successful** 성공적인 **promotion** 홍보, 판촉, 승진 **qualified** 적격인, 자격이 있는 **let A down**: A를 실망시키다

7.

> W: How long will your business trip be?
>
> **(a) The same as last time.**
> (b) Take as long as you need.
> (c) Not for another two months.
> (d) Let me know when it's decided.

여: 당신 출장이 얼마나 오래 걸릴까요?

(a) 지난번과 동일해요.
(b) 필요하신 만큼 시간을 가지세요.
(c) 두 달은 더 지나야 해요.
(d) 결정되면 저에게 알려 주세요.

해설
출장이 얼마나 오래 걸릴지 묻고 있으므로 지난번과 동일하다는 말로 두 사람이 알고 있는 기간으로 답하는 (a)가 정답이다.

(c) 대략적인 시점을 나타내므로 지속 기간을 묻는 질문에 대한 답변
    으로 맞지 않는다.

(d) 출장 기간에 대한 질문을 받는 입장에 어울리지 않는 답변이므로
    오답이다.

어휘

the same as ~와 동일함 **take as long as** ~만큼 시간을 갖다
not for another + 기간: ~는 더 지나야 하다 **let A know**: A에
게 알리다 **decide** ~을 결정하다

8.

W: What if the clients don't like the new design?

(a) Well, most of our clients will be there.

(b) I know. They really loved it.

(c) Don't worry. We have other ideas, too.

(d) He has a lot of experience as a designer.

여: 고객들이 새 디자인을 마음에 들어 하지 않으면 어쩌죠?

(a) 저, 대부분의 우리 고객들이 그곳에 가 있을 겁니다.

(b) 알고 있어요. 그들은 그것을 정말 좋아했어요.

(c) 걱정하지 마세요. 우리에게 다른 아이디어들도 있어요.

(d) 그는 디자이너로서 경험이 많습니다.

해설

고객들이 새 디자인을 마음에 들어 하지 않으면 어떻게 해야 하는지
묻고 있으므로 그에 대한 해결 방법을 언급하는 (c)가 정답이다.

오답 체크

(a) 고객들의 의견이 아닌 장소와 관련된 답변이므로 오답이다.

(b) 과거 시점의 일을 말하고 있으므로 앞으로의 일에 대한 가정을 나
    타내는 질문과 맞지 않는다.

(d) He가 지칭하는 사람이 누구인지 알 수 없으므로 오답이다.

어휘

What if ~? ~하면 어쩌죠?, ~하면 어떻게 하죠? **most of** 대부분
의 **as** (자격, 신분 등) ~로서

9.

M: Why were you late for class yesterday?

(a) Because I've been here all day.

(b) You should arrive by 9 o'clock.

(c) Sure, I can stay late.

(d) It won't happen again, I promise.

남: 어제 수업에 왜 늦었죠?

(a) 여기 종일 있었기 때문이에요.

(b) 당신은 9시까지 도착해야 해요.

(c) 물론이죠, 늦게까지 있을 수 있어요.

(d) 다시는 그런 일 없을 거예요, 약속해요.

해설

수업에 늦은 이유를 묻는 질문에 대해 특정한 이유를 말하는 대신 앞
으로 그런 일이 없을 것이라고 약속하는 (d)가 정답이다.

오답 체크

(a) 어제가 아닌 오늘 지속된 상황을 말하는 답변이므로 오답이다.

(c) Yes와 동일한 의미를 나타내는 Sure는 의문사 의문문에 맞지 않
    으므로 오답이다.

어휘

be late for ~에 늦다 **arrive** 도착하다 **by (기한)** ~까지 **stay
late** 늦게까지 머무르다 **happen** 일어나다, 발생되다 **promise** 약
속하다

10.

W: What's the point of hiring a new intern?

(a) Once the next project starts.

(b) Whenever the intern has free time.

(c) There are a lot of data entry requests.

(d) We should see how he's adjusting.

여: 새 인턴 직원을 고용하는 이유가 뭐죠?

(a) 다음 프로젝트가 시작되는 대로요.

(b) 그 인턴 직원이 시간이 날 때마다요.

(c) 데이터 입력 요청 작업이 많이 있습니다.

(d) 우리는 그가 어떻게 적응하는지 확인해야 합니다.

해설

새 직원을 고용하는 이유를 묻는 질문에 대해 특정 작업이 많다는 말
로 그 이유를 언급하는 (c)가 정답이다.

오답 체크

(a) 대략적인 미래 시점을 알리는 말이므로 When 의문문에 어울리는
    답변이다.

(b) intern이 반복 사용된 답변으로, 인턴 직원이 고용된 이후에 할
    수 있는 말이므로 오답이다.

(d) he는 특정 대상을 가리키는데, 질문 내용은 채용 전의 상황을 나
    타내므로 누구인지 알 수 없다.

어휘

What's the point of ~? ~하는 이유가 뭐죠, 왜 ~하죠? **hire** ~
을 고용하다 **once** ~하는 대로, ~하자마자 **whenever** ~할 때마다
have free time 시간이 나다, 여유 시간이 있다 **data entry** 데이
터 입력 **request** 요청 **adjust** 적응하다

[Part 2]

11.

M: Why didn't you invite your cousin?
W: Because of the huge scratch on my car.
M: What makes you think David did that?

(a) I'm letting him borrow it.
(b) We haven't seen him in years.
(c) Tell him when he gets here.
(d) I just have a feeling.

남: 네 사촌은 왜 초대하지 않았어?
여: 내 차에 아주 크게 긁힌 자국 때문에.
남: 왜 David이 그랬다고 생각하는 건데?

(a) 그에게 그것을 빌려 줄 거야.
(b) 우리는 그를 오랫동안 만나지 않았어.
(c) 그가 이곳에 오면 그에게 말해 줘.
(d) 그냥 느낌이 그래.

해설
왜 David이 문제를 일으킨 사람이라고 생각하는지 묻는 질문에 대해 구체적인 이유를 말하는 대신 단순한 느낌임을 언급하는 (d)가 정답이다.

오답 체크
(a) it이 car를 지칭하는 것으로 생각할 수 있는데, 차를 빌리는 상황이 아니므로 오답이다.
(b) him에 해당되는 David을 만나지 못한 기간과 관련된 질문이 아니므로 오답이다.

어휘
invite ~을 초대하다 **huge** 아주 큰, 엄청난 **scratch** 긁힌 자국 **What makes you think ~?** 왜 ~라고 생각해? **let A do**: A에게 ~하게 하다 **borrow** ~을 빌리다 **in years** 오랫동안 **get here** 이곳에 오다 **have a feeling** 느낌이 들다

12.

W: Why don't we have a break?
M: I don't know. We're losing sunlight.
W: Well, what if we just finish in the morning?

(a) No, I won't be back until morning.
(b) How about this evening?
(c) We'll have to wake up early then.
(d) OK, I can stay later.

여: 잠깐 쉬는 게 어때요?
남: 글쎄요. 해가 점점 지고 있는데요.
여: 저, 그냥 내일 아침에 끝내면 어떨까요?

(a) 아뇨, 저는 아침이나 되어야 돌아올 거예요.
(b) 오늘 저녁은 어때요?
(c) 그럼 일찍 일어나야 할 거예요.
(d) 좋아요, 저는 더 늦게까지 있을 수 있어요.

해설
내일 아침에 일을 끝내자고 제안하는 질문에 대해 그렇게 하기 위한 조건으로 일찍 일어나는 것을 언급한 (c)가 정답이다.

오답 체크
(b) 현재 저녁 시점인(losing sunlight) 상황에서 내일 아침으로 미루자고 제안하는 질문에 맞지 않는 답변이다.
(d) 내일 아침으로 미루자는 질문에 대해 OK라고 동의하는 것과 그 뒤의 내용이 맞지 않으므로 오답이다.

어휘
Why don't we ~? ~하는 게 어때요? **have a break** 잠시 쉬다, 휴식하다 **lose** ~을 잃다, ~을 줄이다 **what if ~?** ~하면 안될까요?, ~하면 어쩌죠? **not A until B**: B나 되어야 A하다 **be back** 돌아오다 **How about ~?** ~는 어때요? **wake up** 일어나다, 잠에서 깨다 **then** 그럼, 그렇다면 **stay later** 더 늦게까지 머무르다

13.

M: Our college friend Jack is visiting town.
W: Wow. We should get together!
M: Definitely. How about this weekend?

(a) Well, I wasn't invited.
(b) Actually, he'll be here by then.
(c) Sorry, but I'm not free until next week.
(d) Great! I can't wait to meet someone new.

남: 우리 대학 친구 잭이 우리 동네로 온대.
여: 와우. 그럼 모여야겠네!
남: 당연하지. 이번 주말 어때?

(a) 음, 난 초대 받지 못했어.
(b) 실은, 그가 그때쯤 여기로 올 거야.
(c) 미안한데, 내가 다음 주나 되어야 시간이 나.
(d) 좋아! 새로운 사람을 빨리 만나 보고 싶어.

해설
서로 모이는 시점으로 이번 주말이 어떤지 묻고 있으므로 사과의 말과 함께 다음 주나 되어야 시간이 난다고 말하는 (c)가 정답이다.

오답 체크
(a) 방문하거나 모이는 것과 관련 있게 들리는 초대를 언급하였지만 대화는 초대를 하거나 받은 상황과 관련이 없으므로 오답이다.
(d) Great로 동의함을 나타냈지만, 만나게 될 사람은 새로운 사람이 아닌 대학 친구(college friend)이므로 오답이다.

어휘
get together 모이다, 만나다 **Definitely** (강한 긍정) 당연하지, 물론이지, 바로 그거야 **How about ~?** ~은 어때? **invite** ~을 초대하다 **actually** 실은, 사실은 **by then** 그때쯤에 **not A until B**: B나 되어야 A하다 **can't wait to do** 빨리 ~하고 싶다

14.

W: Do you want to go to the new shopping mall on Saturday?

M: You know I want to, but my sister is visiting this weekend.

W: Why don't you bring her along?

(a) Yes, I'll be there until Sunday.

(b) Sure, you can come too.

(c) I'll see what she thinks.

(d) Aren't you tired of that place yet?

여: 토요일에 새 쇼핑몰에 가 볼래?

남: 가 보고 싶긴 하지만, 내 여동생이 주말에 올 거야.

여: 함께 데려 가는 건 어때?

(a) 응, 난 그곳에 일요일까지 있을 거야.

(b) 물론이지, 너도 와도 돼.

(c) 내 동생이 어떻게 생각하는지 확인해 볼게.

(d) 그곳은 이제 지겹지 않아?

해설

여자가 남자의 여동생을 함께 데려 가자고 제안하는 질문에 대해 자신의 동생에게 확인해 보겠다는 말로 조건을 먼저 언급하는 (c)가 정답이다.

오답 체크

(a) 답변자 자신이 머무르는 기간을 묻는 것이 아니므로 오답이다.

(b) 질문에 포함된 her가 아닌 상대방(you)에 대한 허락과 관련된 답변이므로 맞지 않는다.

어휘

Why don't you ~? ~하는 건 어때? **bring A along**: A를 데려가다 **until** (지속) ~까지 **be tired of** ~가 지겹다, 싫증나다

15.

M: Congratulations on the publishing deal!

W: Thanks.

M: When does your new book come out?

(a) I started it in university.

(b) We're hoping next spring.

(c) Well, the reviews are mixed so far.

(d) It's a blend of sci-fi and romance.

남: 출판 계약을 축하 드립니다!

여: 고마워요.

남: 당신의 새 책이 언제 나오는 건가요?

(a) 대학교 다닐 때 그것을 시작했습니다.

(b) 내년 봄이기를 바라고 있어요.

(c) 저, 지금까지는 평가가 엇갈리고 있어요.

(d) 공상 과학과 로맨스가 혼합되어 있습니다.

해설

상대방의 새 책이 나오는 시점을 묻고 있으므로 해당 미래 시점과 관련된 희망 사항을 말하는 (b)가 정답이다.

오답 체크

(a) 과거의 시작 시점을 말하는 답변이므로 질문의 시점과 맞지 않는다.

(d) 출시 시점이 아닌 책의 특징과 관련된 답변이므로 오답이다.

어휘

Congratulations on ~을 축하합니다 **publishing** 출판 **deal** (거래) 계약 **come out** 나오다, 출시되다 **review** 평가, 의견, 후기 **mixed** (생각 등이) 엇갈린 **so far** 지금까지 **blend of** ~의 혼합

16.

W: I'm heading to the grocery store. Any requests?

M: Some more soda, for one thing.

W: OK. What else do you need?

(a) Don't worry, I'll pay for it.

(b) Oh, and we're out of toothpaste.

(c) I just drank the last one.

(d) Let's stop by the deli too.

여: 지금 식료품점에 갈 생각이에요. 뭐 필요한 거 있어요?

남: 우선, 탄산 음료 좀 더 사다 줘요.

여: 알겠어요. 다른 필요한 건요?

(a) 걱정 마세요, 제가 낼게요.

(b) 아, 그리고 치약이 다 떨어졌어요.

(c) 제가 마지막 남은 것을 막 마셨어요.

(d) 식당에도 들렀다 가요.

해설

남자가 말한 음료수 외에 다른 필요한 것을 묻고 있으므로 구입할 필요가 있는 물품과 그 이유를 언급하는 (b)가 정답이다.

오답 체크

(a) 비용을 지불하는 주체에 해당되는 말이므로 오답이다.

(d) 대화 내용은 두 사람이 함께 가는 상황이 아니므로 오답이다.

어휘

head to ~로 가다, 향하다 **grocery store** 식료품점 **request** 요청 **for one thing** 우선은, 첫째로 **pay for** ~에 대한 돈을 지불하다 **be out of** ~가 다 떨어지다, ~을 다 쓰다 **toothpaste** 치약 **stop by** ~에 들르다 **deli** 식당

17.

M: Kelly is meeting us in the lobby at 6, right?

W: Oh, she just sent a message saying she isn't coming.

M: Really? Why do you think she canceled?

(a) Let's give her another minute.

(b) Her parents are in town.

(c) Sorry, I have to work late.

(d) Well, we can just meet her there.

남: Kelly가 6시에 로비에서 우리와 만나는 게 맞지?

여: 아, 방금 메시지를 보내서 오지 않는다고 말했어.

남: 정말? 왜 취소했다고 생각해?

(a) 그녀에게 조금만 더 시간을 주자.

(b) 그녀의 부모님이 시내에 와 계셔.

(c) 미안한데, 난 늦게까지 일해야 해.

(d) 음, 그곳에서 그녀를 만나면 돼.

해설

Kelly가 만남을 취소한 이유를 묻고 있으므로 그녀가 다른 약속이 있음을 알리는 말로 답변하는 (b)가 정답이다.

오답 체크

(a) 만나러 오는 경우에 할 수 있는 말이므로 이미 취소한 것으로 말하는 대화 상황에 맞지 않는다.

(c) 답변자인 I가 아니라 Kelly가 못 오는 이유를 묻는 상황이므로 오답이다.

어휘

cancel 취소하다 give A another minute: A에게 시간을 조금 더 주다 in town 시내에 있는

18.

W: I've already lost 8 pounds on this new diet.

M: Wow, good for you. I just started it last week.

W: Thanks, I'm excited. How are you feeling with eating less?

(a) You know, I'll try it out too.

(b) I have some fatigue in the afternoon.

(c) Give the diet some more time.

(d) She feels much healthier now.

여: 이번에 새로 다이어트를 하면서 벌써 8파운드나 뺐어.

남: 와우, 잘됐다. 난 지난 주에 막 시작했는데.

여: 고마워, 그래서 정말 신이 나. 음식을 적게 먹으니까 어때?

(a) 있잖아, 나도 그걸 시험해 볼 거야.

(b) 오후에 피로감이 좀 있어.

(c) 좀 더 시간을 갖고 다이어트를 해 봐.

(d) 그녀는 지금 훨씬 더 건강해.

해설

다이어트를 위해 음식을 적게 먹는 것에 대한 의견을 묻고 있으므로 특정 시간대에 피로감이 생긴다는 어려움을 말하는 (b)가 정답이다.

오답 체크

(a) 앞서 남자도 이미 다이어트를 시작했음을 말했으므로 미래 시점에 시작하겠다는 말은 맞지 않는다.

(c) 상대방에 대한 조언이므로 음식을 적게 먹는 것에 대한 답변자 자신의 경험으로 어울리지 않는다.

어휘

on a diet 다이어트 중인 good for you 잘됐다, 잘했어 How are you feeling with ~? ~하는 기분이 어때?, ~하는 것에 대해 어떻게 생각해? try A out: A를 시험해 보다, 테스트해 보다 fatigue 피로(감) give A more time: 더 시간을 갖고 A하다, A에게 시간을 더 주다 much (비교급 수식) 훨씬

19.

M: Hi, Rena. Are you still interested in taking my old dresser?

W: Very much so. When could I pick it up?

M: I'm free all evening. Why don't you come by around 6?

(a) Oh, I work until 6:30.

(b) Sure, I can drop it off by then.

(c) Well, I don't think I can afford it.

(d) You can place an ad in the newspaper.

남: 안녕, Rena. 오래된 내 서랍장을 가져가는 데 여전히 관심이 있어?

여: 아주 많이 있지. 언제 가져갈 수 있을까?

남: 내가 오늘 저녁 내내 시간이 있어. 6시쯤 들르는 게 어때?

(a) 아, 난 6시 30분까지 일해.

(b) 좋아, 그때까지 갖다 놓을게.

(c) 저, 그걸 살 만한 여유가 없는 것 같아.

(d) 신문에 광고를 내 봐.

해설

6시쯤 들르는 게 어떤지 묻는 질문에 대해 6시 30분까지 일한다는 말로 6시에 갈 수 없음을 나타내는 (a)가 정답이다.

오답 체크

(b) 들르는 시점이 아닌 물건을 갖다 주는 시점을 말하고 있으므로 질문 내용과 맞지 않는다.

(c) it이 old dresser를 지칭하는 것으로 생각할 수 있는데, 구입하는 상황이 아니므로 오답이다.

어휘

dresser 서랍장, 옷장 pick A up: A를 가져 가다, 가져 오다 free 시간이 있는, 한가한 Why don't you ~? ~하는 게 어때? come by 들르다 around ~쯤, 약, 대략 drop A off: A를 갖다 놓다, 내려 놓다 by then 그때까지 afford ~을 살 여유가 되다, ~할 여유가 있다 place an ad 광고를 내다

20.

W: Your article on Mayor Dawson in this morning's paper was fantastic!

M: Thanks. I'm happy it's finally off my desk.

W: How'd you get such in-depth information about her backroom dealings?

(a) I'll need to verify the details before publication.

(b) I managed to cultivate several well-placed sources.

(c) I was turned down for countless interviews.

(d) I'm going to compile everything published on her.

여: 오늘 아침 신문에 나온 도슨 시장에 관한 당신 기사가 정말 훌륭했어요!

남: 감사합니다. 드디어 그 기사가 제 책상을 떠나게 되어 기뻐요.

여: 어떻게 시장의 밀실 거래 관계와 관련된 깊이 있는 정보를 얻은 거예요?

(a) 언론 공개 전에 제가 그 상세 정보가 사실인지 확인해야 할 거예요.

(b) 여러 믿을 만한 정보원들과 가까운 관계를 구축하는 데 성공했죠.

(c) 제가 셀 수 없을 정도로 많은 인터뷰를 거절 당했어요.

(d) 제가 그분과 관련해서 출간된 모든 자료를 수집해 정리할 생각입니다.

> 해설

시장의 밀실 거래 관계와 관련된 기사를 쓰는 데 필요한 깊이 있는 정보를 얻은 방법을 묻고 있으므로 믿을 만한 정보원들과 관계를 유지한 사실을 밝히는 (b)가 정답이다.

> 오답 체크

(a) 기사가 공개된 이후의 대화이므로 언론 공개 전이라는 말은 어울리지 않는 반응이다.

(d) 과거시제 동사로 이미 기사가 실린 것에 대해 얘기하는 대화 내용과 달리 앞으로 기사를 싣기 위한 방법을 말하고 있으므로 대화 흐름에 맞지 않는 반응이다.

> 어휘

mayor 시장 **off** ~에서 벗어난, 떠난, 멀어진 **How'd**: How did의 줄임말 **in-depth** 깊이 있는, 심층적인 **backroom** 밀실 **dealing** 거래 관계 **verify** (진실인지, 정확한지) 확인하다 **details** 상세 정보, 세부 사항 **publication** 출간(물) **manage to do** (간신히) ~하게 되다, ~해내다 **cultivate** ~와 관계를 구축하다 **well-placed** 믿을 만한 **source** 정보원, 소식통 **turn down** ~을 거절하다 **countless** 셀 수 없이 많은 **compile** (자료 등) ~을 수집해 정리하다

UNIT 02 일반 의문문과 평서문 알아듣기

기출 Check-up Test   본문 p. 31

1. (d) **2.** (d) **3.** (d) **4.** (c) **5.** (a) **6.** (c)
7. (b) **8.** (a) **9.** (d) **10.** (c) **11.** (c) **12.** (a)
13. (b) **14.** (b) **15.** (d) **16.** (b) **17.** (b) **18.** (c)
19. (a) **20.** (c)

[Part 1]

1.

M: I feel terrible that I lost your headphones.

(a) Don't worry, I'll ask someone else.

(b) They're black with an orange cord.

(c) You can keep them until next Friday.

(d) I was looking to buy new ones anyways.

남: 내가 네 헤드폰을 잃어버려서 기분이 너무 좋지 않아.

(a) 걱정 하지마, 다른 사람에게 물어 볼게.

(b) 그건 검정색 제품인데 코드는 오렌지색이야.

(c) 다음 주 금요일까지 네가 갖고 있어도 돼.

(d) 어차피 새 것을 구입할 생각이었어.

> 해설

상대방의 헤드폰을 잃어버려서 기분이 좋지 않다는 말에 대해 새 것을 구입할 계획이었다는 말로 큰 문제가 되지 않음을 나타내는 (d)가 정답이다.

> 오답 체크

(a) 안심시키는 말에 해당되는 Don't worry와 그 뒤에 이어지는 말이 대화 상황에 맞지 않으므로 오답이다.

(b) 제품의 특징과 관련된 내용이 아니므로 맞지 않는 반응이다.

(c) 이미 분실한 상황이어서 헤드폰을 계속 갖고 있을 수 없으므로 오답이다.

> 어휘

terrible (기분, 몸 등이) 아주 좋지 않은, 끔찍한 **lose** ~을 잃어버리다, 분실하다 **keep** ~을 갖고 있다, 보관하다 **look to do** ~할 생각이다, 계획이다 **anyways** 어차피, 어쨌든

2.

W: Wow, you look like a different person with that haircut!

(a) You know, I think I'll give it a try.

(b) I don't know him, either.

(c) Thanks, my appointment is tomorrow.

(d) I'm still getting used to it.

여: 우와, 너 그렇게 머리 자르니까 다른 사람 같아!

(a) 글쎄, 한 번 시도해 보려고.

(b) 나도 그 사람 몰라.

(c) 고마워, 내 예약은 내일이야.

(d) 아직 적응 중이야.

머리를 자르고 다른 사람 같다는 말에 자신도 아직 새 모습에 적응 중이라고 말하는 (d)가 가장 자연스럽다.

오답 체크

(a) 이미 머리를 잘랐는데 시도해 보겠다는 말은 어울리지 않으므로 오답이다.

(b) him이 누구인지 확실하지 않고 대화 내용과 관련 없는 오답이다. 여자의 말에서 different person은 구체적인 제 3자를 가리키는 것이 아니다.

(c) 예약(appointment)과 관련된 대화가 아니므로 오답이다.

어휘

haircut 이발 **give it a try** 시도해 보다 **appointment** 약속, 예약 **get used to + 명사**: ~에 익숙해지다

3.

M: Will you be available for an interview at 12 today?

(a) Sure. I'm free any time after one o'clock.

(b) I just read it in this morning's paper.

(c) I have some questions about the project.

(d) Can we do it over lunch?

남: 오늘 12시에 인터뷰를 하실 시간이 있나요?

(a) 그럼요. 1시 이후에는 언제든지 시간이 납니다.

(b) 오늘 아침 신문에서 그것을 막 읽었어요.

(c) 그 프로젝트에 관해 질문이 좀 있습니다.

(d) 점심 식사하면서 할 수 있나요?

해설

12시에 인터뷰를 할 시간이 있는지 묻고 있으므로 점심 식사 중에 하는 것이 가능한지 묻는 것으로 조건을 먼저 확인하는 (d)가 정답이다.

오답 체크

(a) Sure는 상대방이 제시한 12시에 동의한다는 의미인데, 그 뒤에 그 이후 시간대를 언급하고 있으므로 앞뒤가 맞지 않는다.

어휘

available (사람이) 시간이 나는(= free) **any time after** ~ 이후에는 언제든지 **over lunch** 점심 식사하면서

4.

W: Peter got an internship with America's best law firm.

(a) I don't need a lawyer.

(b) Good for you!

(c) It must've been very competitive.

(d) I hope he gets it.

여: Peter가 미국 최고의 법률 회사에 인턴 자리를 얻었어.

(a) 나는 변호사가 필요치 않아.

(b) 잘했어!

(c) 틀림없이 경쟁이 아주 심했을 거야.

(d) 그가 그것을 얻었으면 좋겠어.

해설

Peter가 미국 최고의 법률 회사에 인턴 자리를 얻었다는 사실을 알리는 말에 대해 그렇게 되기까지의 상황을 추측하는 말에 해당되는 (c)가 정답이다.

오답 체크

(a) Peter가 아닌 자신의 이야기를 하고 있으므로 핵심에서 벗어난 답변이다.

(b) Peter가 아닌 상대방을 칭찬하는 말이므로 맞지 않는 반응이다.

(d) 과거 시제 동사(got)로 이미 인턴 자리를 얻었음을 밝혔으므로 미래의 희망 사항을 말하는 것은 맞지 않는다.

어휘

law firm 법률 회사 **lawyer** 변호사 **Good for you** 잘했어, 잘됐다 **must have p.p.**: 틀림 없이 ~했을 것이다, ~한 것이 분명하다 **competitive** 경쟁하는, 경쟁력 있는

5.

M: Is there anything else we need to decide today?

(a) Not really. The rest can wait.

(b) I'll let you know tomorrow.

(c) No, that's not what we decided.

(d) We covered that yesterday.

남: 오늘 우리가 결정해야 할 다른 것이 또 있나요?

(a) 딱히 그렇지 않습니다. 나머지는 급하지 않습니다.

(b) 제가 내일 알려 드릴게요.

(c) 아뇨, 그건 우리가 결정한 부분이 아닙니다.

(d) 그 문제는 어제 우리가 다뤘습니다.

해설

오늘 결정해야 할 다른 것이 또 있는지 묻는 질문에 대해 나머지는 급하지 않다는 말로 다음에 결정해도 된다는 의미를 나타낸 (a)가 정답이다.

(b) 오늘 결정해야 하는 일을 묻고 있으므로 내일 알려준다는 것은 앞
뒤가 맞지 않는다.

(c) that이 지칭하는 특정 대상이 무엇인지 알 수 없으므로 어울리지
않는 반응이다.

decide ~을 결정하다 **Not really** 딱히 그렇지는 않다, 꼭 그런 건
아니다 **rest** 나머지 **wait** (일 등이) 급하지 않다, 미뤄도 된다 **let
A know**: A에게 알리다 **cover** (주제 등) ~을 다루다

6.

W: You usually don't make mistakes. Is
everything ok?

(a) I must've mistaken you for someone else.

(b) No, don't do it like that.

(c) I barely slept last night.

(d) Sure, I can give it a try.

여: 당신은 보통 실수를 하지 않으시잖아요. 모든 게 괜찮은가요?

(a) 제가 당신을 다른 사람으로 오해했군요.

(b) 안돼요, 그걸 그렇게 하지 마세요.

(c) 지난밤에 잠을 거의 자지 못했거든요.

(d) 물론이죠, 제가 한 번 해 볼게요.

보통 실수를 하지 않는다는 말에 대해 지난밤에 잠을 거의 못 자서 그
렇다고 말하는 (c)가 정답이다.

(a) mistake와 비슷하게 들리는 mistaken을 이용한 오답이다.

(b) No는 모든 것이 괜찮은지 묻는 것에 대한 부정으로 생각할 수 있
는데, 그 뒤에 관련 없는 말이 이어지고 있으므로 오답이다.

(d) 뭔가를 시작하기 전에 할 수 있는 말인데, 남자가 모든 게 괜찮은
지 묻는 것은 이미 시작된 상태임을 의미하므로 어울리지 않는 반
응이다.

usually 보통, 일반적으로 **make a mistake** 실수하다 **must've
p.p.** ~했음에 틀림 없다 **mistake A for B**: A를 B로 오해하다
someone else 다른 누군가 **barely** 거의 ~ 않다 **give it a try**
한 번 해 보다, 시도하다

7.

M: That pothole in the street could've wrecked
my car!

(a) Yeah, road debris is really dangerous.

(b) Good thing you swerved out of the way.

(c) Your car repairs must've cost a lot.

(d) You should file a claim for damages.

남: 거리에 저렇게 움푹 패인 곳 때문에 내 차가 망가질 뻔했어!

(a) 응, 도로의 잔해는 정말 위험해.

(b) 네가 길 옆으로 방향을 확 틀어서 다행이야.

(c) 네 자동차 수리에 돈이 많이 든 게 틀림없어.

(d) 손해 배상을 청구해 봐.

거리에 움푹 패인 곳 때문에 차가 망가질 뻔했다는 말에, 사고가 나지
않도록 신속하게 대처한 것을 언급하며 다행이라고 말하는 (b)가 자
연스럽다.

(a) street와 연관성 있는 road를 활용한 오답이다.

(d) 차가 망가진 것이 아니라 망가질 뻔한 상황이므로 오답이다.

pothole (길의) 움푹 패인 곳 **could have p.p.** ~했을 수도 있다
wreck ~을 망가뜨리다, 망치다 **debris** 잔해, 쓰레기 **Good thing
주어 + 동사**: ~가 …해서 다행이다 **swerve** (갑자기) 방향을 확 틀
다 **repair** 수리 **must have p.p.** ~한 것이 틀림없다 **cost** v. ~만
큼의 돈이 들다 **file a claim for damages** 손해 배상을 청구하다

8.

W: Did you know the lease for our apartment
expires in two months?

(a) We'd better call the landlord.

(b) It will be ours soon.

(c) I can't wait to move in.

(d) No, it's still good.

여: 우리 아파트 임대 계약이 두 달 후에 만료된다는 걸 알고 있었
어요?

(a) 집주인에게 전화해 보는 게 좋겠어요.

(b) 곧 우리 것이 될 거예요.

(c) 저는 빨리 이사해서 입주하고 싶어요.

(d) 아뇨, 아직 괜찮아요.

아파트 임대 계약이 두 달 후에 만료된다는 사실을 알고 있었는지 묻
는 질문에 대해 집주인에게 전화해 확인 또는 추가 조치를 하는 게 좋
겠다는 의미로 답변한 (a)가 정답이다.

(b) 아파트를 임대한 상황이므로 곧 자신들의 소유물이 된다는 말은
앞뒤가 맞지 않는다.

(d) No는 Did you know 부분에 대한 부정을 나타내는데, 그 뒤에
이어지는 말은 아직 괜찮다는 뜻이므로 앞뒤가 맞지 않는다.

lease 임대 계약(서) **expire** 만료되다 **in two months** 두 달 후
에 **had better 동사 원형**: ~하는 게 좋다, 낫다 **landlord** 집주인,
건물주 **can't wait to do** 빨리 ~하고 싶다

9.

M: You were the project manager, weren't you?

(a) I haven't seen her today.
(b) No, he doesn't have enough experience.
(c) Thanks, I won't let you down.
(d) You're right; it was my responsibility.

남: 당신이 프로젝트 책임자이셨죠?

(a) 저는 오늘 그녀를 보지 못했습니다.
(b) 아뇨, 그는 경험이 충분하지 않아요.
(c) 감사합니다, 실망시키지 않겠습니다.
(d) 맞습니다, 그게 제가 맡은 일이었어요.

[해설]
프로젝트 책임자였는지를 묻는 질문에 대해 긍정을 나타내는 You're right과 함께 동일한 과거 시제로 자신이 맡은 일이었음을 밝히는 (d)가 정답이다.

[오답 체크]
(a) her에 해당하는 사람이 누구인지 알 수 없으므로 오답이다.
(b) 마찬가지로, he가 누구인지 확인할 수 없으므로 오답이다.
(c) 프로젝트 책임자로 고용 또는 승진이 확정된 사람이 할 수 있는 말이므로 어울리지 않는 반응이다.

[어휘]
enough 충분한 **let A down**: A를 실망시키다 **responsibility** 맡은 일, 책임

10.

W: Do you think it will snow a lot this winter?

(a) Oh, I don't know how to snowboard.
(b) Yeah, we shouldn't drive in this.
(c) It's supposed to be a warm one.
(d) Well, spring's almost here.

여: 올 겨울에 눈이 많이 내릴 거라고 생각해?

(a) 아, 난 스노우보드 탈 줄 몰라.
(b) 맞아, 우리는 이런 상태에서 운전하면 안돼.
(c) 따뜻한 겨울이 될 예정이야.
(d) 음, 거의 봄이 다 되었어.

[해설]
겨울에 눈이 많이 내릴 것으로 생각하는지 묻는 질문에 대해 기상 관련 정보를 언급하는 (c)가 정답이다.

[오답 체크]
(a) 질문의 겨울과 눈에서 연상 가능한 스노우보드를 활용한 오답이다.
(d) 마찬가지로 겨울이라는 계절에서 연상 가능한 봄을 활용한 오답이다.

[어휘]
snow 눈이 내리다 **how to do** ~하는 법 **snowboard** 스노우보드

를 타다 **be supposed to do** ~할 예정이다, ~하기로 되어 있다

[Part 2]

11.

M: I'm disappointed that I failed my audition for the musical.
W: There'll be other opportunities.
M: But I really wanted this role.

(a) You could still try out for it.
(b) At least you got the part.
(c) Sometimes you just have to let things go.
(d) Don't doubt yourself during the audition.

남: 내가 그 뮤지컬 오디션에서 탈락해서 실망스러워.
여: 다른 기회들도 있을 거야.
남: 하지만 이 역할을 정말 원했단 말이야.

(a) 여전히 시도해 볼 수 있을 거야.
(b) 적어도 그 배역은 따냈잖아.
(c) 때로는 그냥 마음을 내려놓는 것도 필요해.
(d) 오디션 중에 스스로에 대해 의구심을 갖진 마.

[해설]
남자가 오디션에서 탈락한 사실과 해당 역할을 꼭 원했던 점을 말하는 상황이므로 그에 대한 대처 방법으로 마음을 내려놓도록 권하는 (c)가 자연스럽다.

[오답 체크]
(a) 여자가 다른 기회들도 있을 거라고 말하기 때문에 정답처럼 들릴 수 있지만, 오디션은 이미 탈락했다는 결과로 끝이 난 상황이므로 어울리지 않는 응답이다.
(d) audition을 언급하여 혼동을 유발하는 선택지로, 남자가 이미 오디션에서 탈락한 상태이므로 대화 흐름에 어울리지 않는 오답이다.

[어휘]
be disappointed that ~해서 실망하다 **fail** ~에서 탈락하다, 실패하다 **opportunity** 기회 **try out for** ~을 시도해 보다 **at least** 적어도, 최소한 **part** 배역, 역할 **let things go** 마음을 내려놓다, 그냥 내버려 두다 **doubt** ~을 의심하다, 믿지 않다

12.

W: Phil, our department's credit card wouldn't work at the client lunch.
M: That's odd. I have no idea why.
W: Could you put me through to the Accounting Division?

(a) They're in a meeting right now.
(b) But we need to leave for the lunch.
(c) It's OK. They paid for it.
(d) I told you I canceled it.

여: Phil, 고객과의 점심 식사에서 우리 부서의 법인 카드가 말을
   듣지 않았어요.
남: 이상하네요. 저는 왜 그런지 모르겠어요.
여: 회계부로 좀 연결시켜 주시겠어요?

(a) 그분들은 지금 회의 중이에요.
(b) 하지만 우리는 점심 식사하러 나가야 해요.
(c) 괜찮습니다. 그분들이 돈을 냈습니다.
(d) 제가 그것을 취소했다고 말씀 드렸는데요.

[해설]

회계부로 전화를 돌려 달라는 부탁에 대해 해당 부서 사람들을 They로
지칭해 현재 회의 중이라 통화할 수 없음을 나타내는 (a)가 정답이다.

[오답 체크]

(c) They가 회계부 직원들을 가리키는 것으로 생각할 수 있지만 비용
   지불의 주체와 관련된 대화 상황이 아니므로 오답이다.

[어휘]

department 부서(= division) work 기능하다, 작동되다 odd
이상한 put A through to B: (전화상에서) A를 B로 연결시켜 주
다 accounting 회계 leave for ~하러 나가다 cancel ~을 취소
하다

13.

M: Hello, how can I help you?
W: Hi, I need to print some flyers.
M: Sure. Anything else for you today?

(a) The flyers were folded.
(b) Do you do banners, too?
(c) Yes, I also need some flyers.
(d) The ink is running low.

남: 안녕하세요, 무엇을 도와 드릴까요?
여: 안녕하세요, 전단을 좀 인쇄해야 합니다.
남: 알겠습니다. 오늘 더 필요하신 건 없으세요?

(a) 전단들이 접힌 상태였어요.
(b) 현수막 작업도 하시나요?
(c) 네, 저도 전단이 좀 필요합니다.
(d) 잉크가 다 떨어져 가고 있어요.

[해설]

상대방이 요청하는 전단 인쇄 작업 외에 다른 것이 또 필요한지 묻는
질문에 대해 현수막 작업도 하는지 확인하기 위해 묻는 (b)가 정답이
다.

[오답 체크]

(a) 전단이 과거 시점(were)에 접혀 있었다고 말하는 것은 이미 제작
   되었음을 뜻하므로 아직 제작 전의 시점에 해당되는 대화 상황과
   맞지 않는다.
(c) 앞서 여자가 이미 전단 제작을 요청했으므로 어울리지 않는 반응
   이다.

[어휘]

flyer 전단 folded 접힌 banner 현수막 run low 다 떨어져 가다,
모자라게 되다

14.

W: So, what's our plan for Saturday?
M: Whatever you want to do.
W: Come on, can't you take the wheel for once?

(a) I don't feel like driving.
(b) Let's see a movie, then.
(c) We just did that last weekend.
(d) I told you I already have plans.

여: 그럼, 우리의 토요일 계획은 뭐야?
남: 네가 원하는 무엇이든 하자.
여: 이봐, 한 번만이라도 네가 주도적으로 결정할 순 없어?

(a) 난 운전하고 싶은 생각이 없어.
(b) 그렇다면 영화를 보자.
(c) 그건 바로 지난 주말에 했어.
(d) 난 이미 계획이 있다고 말했잖아.

[해설]

can't you ~?는 무엇을 하라고 권유하는 표현으로, 듣는 이를 약간
책망하는 뉘앙스가 있다. take the wheel은 기본적으로 '운전하다,
운전대를 잡다'라는 뜻이지만, 여기서 더 나아가 비유적으로 '주도권
을 쥐다'라는 뜻으로도 잘 쓰인다. 따라서 이 대화의 can't you take
the wheel ~?이라는 질문은 '네가 좀 주도적으로 할 순 없어?'라는
뜻으로, 주말 계획을 주도적으로 잡아보라는 뜻이 된다. 따라서 그 계
획으로 영화를 보자고 제안하는 (b)가 정답이다.

[오답 체크]

(a) 대화 전체 흐름을 타지 않고 단어 자체의 의미로만 접근하면 take
   the wheel에서 drive를 떠올려 이 오답에 속기 쉽다.
(c) that은 앞서 언급된 일을 가리키는데, take the wheel이라는 행
   위를 이미 했다는 뜻이 되므로 어색하다.

[어휘]

whatever ~하는 무엇이든 take the wheel 운전하다, 운전대
를 잡다, 주도권을 잡다 for once 이번 한 번만 don't feel like
-ing ~하고 싶지 않다, ~할 기분이 아니다 then 그럼, 그렇다면

15.

W: Do you regret resigning from your job?
M: No, I was overdue for a break.
W: Will you look for a new one soon?

(a) That depends on whether I resign.
(b) Yeah, I shouldn't have acted so hastily.
(c) I bet they've already found a replacement.
**(d) I'm just going to enjoy my freedom for
   now.**

여: 자리에서 물러나신 걸 후회하세요?

남: 아뇨, 진작에 좀 쉬었어야 했어요.

여: 곧 새로운 일자리를 찾으실 건가요?

(a) 제가 물러나는지에 따라 달라요.

(b) 네, 전 그렇게 성급하게 행동하지 말았어야 했어요.

(c) 이미 회사 측에서 후임자를 찾은 게 분명해요.

(d) 당분간은 그냥 자유를 만끽할 생각이에요.

해설

사임한 사람에게 새로운 일자리를 곧 찾을 것인지 묻고 있으므로 쉬면서 여유를 즐기고 싶다는 계획을 밝히는 (d)가 정답이다. (a)는 아직 물러날 것인지 결정하지 못한 경우에 해당되는데, 대화 중에 이미 물러난 상황임이 드러나 있으므로 어울리지 않는 답변이다.

오답 체크

(a) 이미 일자리에서 물러난 상황이므로 오답이다.

(b) 여자의 마지막 말과 연결되는 것 같지만 남자가 앞서 한 말(I was overdue for a break)과 배치되므로 오답이다.

어휘

regret -ing ~한 것을 후회하다 **resign** (자리 등에서) 물러나다, 사임하다 **overdue** 벌써 했어야 할, 이미 늦어진 **break** 휴식 **look for** ~을 찾다 **depend on** ~에 따라 다르다, ~에 달려 있다 **whether** ~인지 (아닌지) **should have p.p.** ~했어야 했다 **hastily** 성급하게 **bet (that)** ~인 게 분명하다 **replacement** 후임(자), 대체(자) **for now** 당분간은, 지금으로선

16.

W: We're so busy tonight.

M: I know, but it looks like you have another order up.

W: I can't carry it all. Could you hold this cup for me?

(a) I'm not thirsty, but thanks.

(b) Sure, whatever you need.

(c) They already took it.

(d) This isn't what I ordered.

여: 우린 오늘밤에 너무 바쁘네요.

남: 알고 있어요, 하지만 당신에게 또 다른 주문이 있는 것 같군요.

여: 저 혼자 다 못 들어요. 이 컵 좀 들어 주시겠어요?

(a) 목이 마르진 않지만, 고마워요.

(b) 물론이죠, 얼마든지요.

(c) 그들이 이미 그것을 가져 갔어요.

(d) 이건 제가 주문한 것이 아니에요.

해설

컵을 좀 들어 달라고 부탁하는 질문에 대해 긍정을 뜻하는 Sure와 함께 얼마든지 해 줄 수 있다는 수락을 나타내는 (b)가 정답이다.

오답 체크

(a) 마실 것을 제공받을 때 할 수 있는 말이므로 오답이다.

(c) They에 해당되는 대상을 알 수 없으므로 어울리지 않는 반응이다.

어휘

it looks like ~한 것 같다 **have A up**: A가 있다, 생겨 나다 **order** n. 주문(품) v. ~을 주문하다 **not ~ at all** 전혀 ~ 않다 **carry** ~을 들다, 나르다 **hold** ~을 들다, 붙잡다 **thirsty** 목이 마른 **whatever you need** (요청 등에 대해) 원하신다면요, 필요하시다면요

17.

M: How did you end up with such a high monthly payment?

W: I have no idea.

M: Didn't you check the interest rate before signing?

(a) Just sign once at the bottom.

(b) I thought it was a normal one.

(c) I can get you a better deal.

(d) I told you it was a bad idea.

남: 어쩌다 그렇게 높은 할부금을 내게 된 거예요?

여: 저도 모르겠어요.

남: 계약하기 전에 이자율은 확인 안 해 보셨어요?

(a) 하단에 한 번 서명하기만 하시면 됩니다.

(b) 전 그게 정상적인 거라고 생각했어요.

(c) 제가 더 좋은 거래 조건을 제공해 드릴 수 있습니다.

(d) 그게 좋지 않은 생각이라고 말씀드렸는데요.

해설

이자율을 미리 확인해 보지 않았는지 묻는 질문에 대해 interest rate 을 one으로 대신해 정상적인 것으로 생각했다는 말로 따로 확인해보지 않았음을 나타내는 (b)가 정답이다.

오답 체크

(a) 계약을 체결하는 순간에 할 수 있는 말이므로 오답이다.

(c) 특정 서비스를 이용하는 고객에 해당되는 여자가 할 수 있는 말이 아니므로 오답이다.

(d) 조언자의 입장에 있는 남자가 할 수 있는 말로 어울리는 답변이므로 오답이다.

어휘

end up with (결국) ~하게 되다 **such a(n)** 그렇게, 그런 **monthly payment** (월간) 할부금 **interest rate** 이자율 **sign** 서명하다 **at the bottom** 하단에, 아래에 **normal** 정상의, 보통의, 일반적인 **deal** 거래 조건, 구매 조건

18.

W: Pardon me, but when am I seeing Dr. Rockso?
M: He's with a patient at the moment.
W: OK, but my appointment was supposed to be an hour ago.

(a) The meeting has been canceled.
(b) I'll let the patients know.
(c) I'm sorry, but we're quite backed up.
(d) The office is closed for the day.

여: 실례합니다만, 언제 Rockso 의사 선생님을 뵙는 건가요?
남: 지금 다른 환자분을 진료하고 계세요.
여: 알겠어요, 그런데 제 예약은 1시간 전에 예정되어 있었어요.

(a) 그 회의는 취소되었습니다.
(b) 제가 환자분들께 알려 드릴게요.
(c) 죄송합니다만, 지금 저희가 꽤 밀려 있습니다.
(d) 그 사무실이 오늘 문을 닫았습니다.

해설
예약 시간이 이미 1시간이 지난 시점임을 언급하는 말에 대해 사람들이 많이 밀려 있어서 그렇게 될 수 밖에 없었던 이유를 말하는 (c)가 정답이다.

오답 체크
(a) 두 사람은 회의 진행이나 일정을 논의하는 관계가 아니므로 오답이다.
(b) 상대방이 의사 또는 동료 간호사일 경우에 할 수 있는 말이므로 어울리지 않는다.

어휘
patient 환자 **at the moment** 지금, 현재 **appointment** 예약, 약속 **be supposed to do** ~할 예정이다, ~하기로 되어 있다 **cancel** ~을 취소하다 **let A know**: A에게 알리다 **quite** 꽤, 상당히 **backed up** 밀린, 막힌, 정체된

19.

M: I'm sorry you weren't accepted into Breinhart.
W: Well, that's why I applied to several schools.
M: Yeah, keep your chin up.

(a) It wasn't my first choice, anyways.
(b) I should've accepted the offer.
(c) Don't give up yet!
(d) Classes start in September.

남: Breinhart에 입학 허가를 받지 못했다니 유감이야.
여: 음, 그게 내가 여러 학교에 지원한 이유야.
남: 응, 기운 내.

(a) 어차피 내 1지망 학교도 아니었어.
(b) 난 그 제안을 받아들였어야 했어.
(c) 아직 포기하지 말아!
(d) 수업은 9월에 시작돼.

해설
입학 허가를 받지 못한 것과 관련해 힘 내라고 격려하는 말에 대해 첫 번째 지망 학교가 아니라는 말로 다른 기회가 또 있음을 알리는 (a)가 정답이다.

오답 체크
(b) 입학 허가를 받는 일은 제안을 받아들이는 것과 거리가 먼 일이므로 오답이다.
(c) 남자에게서 이미 격려의 말을 들은 여자가 할 수 있는 말이 아니므로 오답이다.
(d) 아직 입학이 확정된 상태가 아니므로 맞지 않는 반응이다.

어휘
be accepted into ~에 입학 허가를 받다 **apply to** ~에 지원하다 **several** 여럿의, 몇몇의 **keep your chin up** 힘 내, 기운 내, 용기를 내 **anyway** 어차피, 어쨌든 **should have p.p.** ~했어야 했다 **accept** ~을 받아들이다, 수락하다 **offer** 제안, 제공(되는 것) **give up** 포기하다

20.

W: Did you prepare much for this afternoon's meeting?
M: Of course. The CEO will be there.
W: Oh, that's right. I don't have anything ready.

(a) I wondered why you weren't at the meeting.
(b) Don't worry. It went really well.
(c) You might want to skip lunch.
(d) I have no idea what I'll do either.

여: 오늘 오후에 있을 회의 준비는 많이 하셨나요?
남: 물론이죠. 대표 이사님께서도 오실 거예요.
여: 아, 그렇네요. 저는 아무 것도 준비하지 못한 상태입니다.

(a) 당신이 왜 회의에 오지 않았는지 궁금했어요.
(b) 걱정하지 마세요. 정말로 잘 진행되었어요.
(c) 아마 점심 식사를 거르셔야 할 것 같네요.
(d) 저도 뭘 해야 할지 모르겠어요.

해설
아무 것도 준비하지 못한 상태임을 말하는 상대방에게 점심 식사를 걸러야 할지도 모른다는 말로 회의 준비 방법을 언급하는 (c)가 정답이다.

오답 체크
(a) 아직 회의가 시작되기 전이므로 과거에 열린 회의를 언급하는 것

은 시점이 맞지 않는다.

(b) 마찬가지로, 과거의 진행 상황을 알리는 말이므로 시점 관계가 어울리지 않는다.

(d) 앞서 남자는 회의 준비를 많이 했는지 묻는 여자의 질문에 그렇다고 답변했으므로 맞지 않는 반응이다.

어휘

prepare A for B: B를 위해 A를 준비하다 have A ready: A를 준비하다 wonder why 왜 ~인지 궁금해하다 go well 잘 진행되다, 잘 되다 skip ~을 건너 뛰다 either (부정문에서) ~도

UNIT 03 평서문 - 사실/정보 전달

기출 Check-up Test
본문 p. 37

1. (c)	**2.** (b)	**3.** (c)	**4.** (d)	**5.** (b)	**6.** (c)
7. (d)	**8.** (b)	**9.** (d)	**10.** (c)	**11.** (a)	**12.** (d)
13. (a)	**14.** (d)	**15.** (b)	**16.** (c)	**17.** (a)	**18.** (a)
19. (a)	**20.** (b)				

[Part 1]

1.

M: I need to take my laptop down to the electronics store to have it fixed.

(a) Yeah, I had it repaired.
(b) Sure, I can handle that.
(c) Is it acting up again?
(d) Well, it's one of our new models.

남: 제 노트북 컴퓨터를 전자 제품 매장으로 갖고 가서 수리를 받아야 합니다.

(a) 네, 저는 그것을 수리 받았습니다.
(b) 좋습니다, 제가 처리해드릴 수 있습니다.
(c) 그게 또 애를 먹이고 있는 건가요?
(d) 저, 그게 저희 새 모델들 중의 하나입니다.

해설
자신의 노트북 컴퓨터를 수리해야 한다는 말에 대해 그 제품을 it으로 지칭해 또 애를 먹이는 상황인지를 확인하기 위해 되묻는 (c)가 정답이다.

오답 체크
(a) 답변자 자신이 아닌 상대방이 수리를 받아야 하는 상황이므로 오답이다.
(b) 수리 작업자가 할 수 있는 말이므로 오답이다.
(d) 매장 등에서 제품을 구매하려는 고객에게 직원이 할 수 있는 말이므로 어울리지 않는다.

어휘

take A down to B: A를 B로 갖고 가다 electronics store 전자 제품 매장 have A p.p.: A가 ~되게 하다 fix ~을 고치다, 수리하다 (= repair) handle ~을 처리하다, 다루다 act up 애를 먹이다, 말썽을 부리다

2.

W: I just read the new Stephen Benjamin novel.

(a) No, I haven't read it.
(b) What's it called?
(c) It's being released next month.
(d) No, I prefer listening to music.

여: 제가 막 Stephen Benjamin의 새 소설을 읽었어요.

(a) 아뇨, 저는 읽어본 적이 없어요.
(b) 제목이 뭔가요?
(c) 다음 달에 출시될 예정입니다.
(d) 아뇨, 저는 음악 듣는 것을 더 좋아해요.

해설
Stephen Benjamin의 새 소설을 읽었다는 말에 대해 그 작품을 it으로 지칭해 제목이 무엇인지를 묻는 (b)가 정답이다.

오답 체크
(a) No와 함께 읽어 본 적이 없다고 말하는 것은 경험 여부를 묻는 질문에 어울리는 답변이므로 오답이다.
(c) 읽어봤다고 말하는 것은 이미 출시된 상태임을 나타내므로 오답이다.

어휘

novel 소설 release ~을 출시하다, 공개하다 prefer -ing ~하는 것을 더 좋아하다, 선호하다

3.

M: I got a wedding invitation from Francesca this morning.

(a) Will you send one to me, too?
(b) I'm sorry you weren't invited.
(c) I had no idea she was engaged.
(d) My wedding is next month.

남: 오늘 아침에 Francesca로부터 청첩장을 받았어.

(a) 내게도 하나 보내 줄 거지?
(b) 네가 초대받지 못했다니 유감이야.
(c) 그녀가 약혼한 줄은 몰랐어.
(d) 내 결혼식은 다음 달이야.

해설
Francesca로부터 청첩장을 받았다는 말에 대해 그 사람을 she로 지칭해 약혼했다는 사실을 알지 못했음을 언급하는 (c)가 정답이다.

오답 체크

(a) 상대방이 청첩장을 보내는 입장에 있는 사람이 아니므로 어울리지 않는 반응이다.

(d) Francesca 또는 상대방이 아닌 자신의 결혼 계획을 알리는 말이므로 어울리지 않는 답변이다.

어휘

wedding invitation 청첩장 **have no idea** 전혀 모르다
engaged 약혼한

4.

W: You haven't stopped talking all afternoon.

(a) Sure, let's take a break soon.
(b) I'll try to speak up a little.
(c) I enjoy hearing what you have to say.
(d) Sorry. I'm just full of energy today.

여: 오후 내내 이야기하는 걸 멈추지 않으셨어요.

(a) 좋아요, 곧 잠시 휴식을 취합시다.
(b) 조금 더 크게 말하도록 하겠습니다.
(c) 당신이 해야 하는 말을 듣는 게 재미있어요.
(d) 죄송합니다. 오늘은 제가 그저 에너지가 넘쳐서요.

해설

상대방이 오후 내내 계속 얘기를 했다고 알리는 말에 대해 사과의 말과 함께 그 이유를 덧붙인 (d)가 정답이다.

오답 체크

(b) 말 소리를 크게 하겠다는 뜻이므로 지속적으로 얘기한 것을 언급하는 상황과 관련 없는 답변이다.

(c) 계속 얘기를 한 것은 답변자 자신이므로 어울리지 않는 반응이다.

어휘

take a break 휴식을 취하다 **try to do** ~하려 하다 **speak up**
크게 말하다 **be full of** ~로 가득하다

5.

M: I heard about your motorbike accident.

(a) I'm lucky you were there.
(b) It could've been a lot worse.
(c) There have been a lot of accidents lately.
(d) I know it's risky.

남: 당신이 오토바이 사고를 당한 얘기를 들었어요.

(a) 당신이 그곳에 있었다니 저는 운이 좋은 것 같아요.
(b) 그보다 훨씬 더 심했을 수도 있었어요.
(c) 최근에 사고가 많이 발생하고 있어요.
(d) 저도 위험하다는 것을 알고 있어요.

해설

상대방이 당한 오토바이 사고를 언급하고 있으므로 그 사고의 정도에 대한 생각을 밝히는 것으로 답변하는 (b)가 정답이다.

오답 체크

(c) 최근에 일반적으로 발생되는 사고의 빈도가 높다는 사실을 말하는 것이므로 오답이다.

(d) 단순히 어떤 것의 위험성을 인지하고 있다는 말이므로 오답이다.

어휘

accident 사고 **could have p.p.** ~했을 수도 있다 **a lot** (비교급 수식) 훨씬 **worse** 더 안 좋은, 더 나쁜 **risky** 위험한

6.

M: Someone made an error inputting the data into the computer system.

(a) Really? My computer's working fine.
(b) You'll get used to the system soon.
(c) Good thing you caught it.
(d) I'll walk you through it once again.

남: 누군가 컴퓨터 시스템에 데이터를 입력하면서 실수를 했어요.

(a) 그래요? 제 컴퓨터는 잘 작동되고 있어요.
(b) 곧 시스템에 익숙해지실 겁니다.
(c) 그걸 발견하셨다니 다행이에요.
(d) 제가 다시 한번 조목조목 설명해 드릴게요.

해설

누군가 데이터를 입력하면서 실수를 한 사실을 말하고 있으므로 an error를 it으로 지칭해 그 실수를 발견하게 되어 다행이라고 답변하는 (c)가 정답이다.

오답 체크

(b) system이라는 단어가 포함되어 있을 뿐 데이터 입력 실수와 관련된 반응이 아니므로 오답이다.

(d) 누군가가 데이터 입력 실수를 한 상황에 어울리지 않으므로 오답이다.

어휘

input ~을 입력하다 **work** (기계 등이) 작동되다, 기능하다 **get used to** ~에 익숙해지다 **Good thing 주어 + 동사**: ~가 …해서 다행이다 **catch** ~을 발견하다, 목격하다 **walk A through B**:
A에게 B를 조목조목 설명하다, 보여주다

7.

M: I'll be dropping this car off at the rental agency later today.

(a) There are a few next to the airport.
(b) I'd like to rent it for the entire week.
(c) Maybe there's a problem with the engine.
(d) Do you want me to pick you up afterwards?

남: 오늘 이따가 이 차를 렌터카 업체에 반납하러 갈 예정이에요.

(a) 공항 옆에 몇 군데 있어요.

(b) 일주일 동안 내내 대여하려고 합니다.

(c) 아마 엔진에 문제가 있는 것 같습니다.

(d) 그 후에 제가 차로 데리러 갈까요?

차를 렌터카 업체에 반납하러 갈 예정이라는 말에 대해 그 후에 데리러 갈지 묻는 것으로 이동 방법을 제안하는 (d)가 정답이다.

(a) 이용 가능한 렌터카 업체와 관련된 정보이므로 차를 빌릴 때 할 수 있는 말이다.

(b) 차를 빌리려는 고객이 렌터카 매장에서 할 수 있는 말이므로 오답이다.

(c) 차량 수리와 관련된 정보이므로 핵심에서 벗어난 답변이다.

drop A off: A를 갖다 놓다, 내려 주다 **rental agency** 렌터카 업체, 렌터카 매장 **next to** ~ 옆에 **rent** ~을 대여하다, 임대하다 **entire** 전체의 **pick A up**: A를 차로 데리러 가다 **afterwards** 그 후에, 그 다음에

8.

W: I won't be able to make it to Robert's birthday dinner.

(a) Maybe they will stop by quickly to say hello.

(b) Oh, I'm sure he'll understand if you're busy.

(c) I'd be happy to accompany you, if you'd like.

(d) Would you mind giving him a gift from me?

여: Robert 생일 기념 저녁 식사에 갈 수 없을 것 같아.

(a) 아마 그들은 안부 인사를 하기 위해 아주 잠깐 들를 거야.

(b) 아, 네가 바쁘다면 그가 분명 이해해 줄 거야.

(c) 괜찮다면, 내가 기꺼이 너를 동반하고 갈게.

(d) 내가 주는 선물을 그에게 좀 전해 줄래?

Robert 생일 파티에 갈 수 없다는 사실을 알리는 말이므로 Robert를 he로 지칭해 그가 이해해 줄 것이라고 언급하는 (b)가 정답이다.

(a) they가 지칭하는 대상이 누구인지 알 수 없으므로 오답이다.

(c) 갈 수 없는 사람과 함께 가겠다는 것은 어울리지 않는 반응이므로 오답이다.

(d) 갈 수 없다고 말하는 사람에게 선물을 대신 전해 달라고 묻는 것은 어울리지 않는 말이다.

make it to ~로 가다, ~에 도착하다 **stop by** 들르다 **say hello** 안부 인사를 하다 **be happy to do** 기꺼이 ~하다 **accompany** ~을 동반하고 가다 **Would you mind -ing?** ~해 주시겠어요?

9.

M: Caroline! It's been so long since we last met!

(a) Yeah, the meeting started at 1 P.M.

(b) I'm sorry, but I was busy all day.

(c) It's been a pleasure meeting you too.

(d) I know! Since the conference last year, right?

남: Caroline! 마지막으로 만난 이후로 정말 오랜만이네요!

(a) 네, 회의가 오후 1시에 시작했어요.

(b) 죄송하지만, 제가 종일 바빴습니다.

(c) 만나 뵙게 되어서 저도 즐거웠습니다.

(d) 그러게요! 작년 컨퍼런스 이후로 처음인 게 맞죠?

오랜만에 만났다고 인사를 하고 있으므로 마지막으로 만난 시점을 확인하기 위해 묻는 (d)가 정답이다.

(a) 두 사람의 만남이 아닌 특정 회의의 시작 시간을 언급하는 말이므로 오답이다.

(b) 답변자 자신이 오늘 종일 바빴던 상황을 언급하는 말이므로 어울리지 않는 반응이다.

(c) 헤어질 때 하는 인사말이므로 방금 만난 사람이 할 수 있는 말로 어울리지 않는다.

It's been so long since ~ 이후로 오랜만입니다 **all day** 하루 종일 **It's been a pleasure meeting you** 만나 뵙게 되어서 즐거웠습니다

10.

W: The self-checkout machine isn't reading my card.

(a) Just use the self-checkout lane.

(b) Strange. Let's get a price check.

(c) Oh, look at your expiration date.

(d) I'm sure the cashier made a mistake.

여: 셀프 계산대의 기기가 제 카드를 읽지 못하고 있어요.

(a) 셀프 계산대 통로를 이용하세요.

(b) 이상하네요. 가격을 한 번 확인해 봅시다.

(c) 아, 카드의 만료일을 한 번 확인해 보세요.

(d) 계산원이 실수를 한 게 분명해요.

셀프 계산대의 기기가 카드를 읽지 못하는 상황과 관련해 그 원인의 하나일 수 있는 것을 언급하는 (c)가 정답이다.

오답 체크

(a) 기기 또는 카드의 문제점과 관련된 해결 방법이 아니므로 오답이다.
(b) 가격 문제와 관련된 상황이 아니므로 어울리지 않는 반응이다.

어휘

self-checkout 셀프 계산대 lane 통로, 줄 get a price check 가격을 확인하다 expiration date 만료일, 만기일 cashier 계산원 make a mistake 실수하다

[Part 2]

11.

W: Are you feeling all right?
M: I have this terrible headache.
W: I could give you a pain reliever.

(a) I took one earlier to no avail.
(b) Thanks, the pain's finally gone.
(c) I'd recommend seeing a doctor.
(d) All right. Let me see if I can find one.

여: 어디 아픈 거 아냐?
남: 계속 이렇게 두통이 심하네.
여: 진통제 좀 줄게.

(a) 아까 하나 먹었는데 소용 없었어.
(b) 고마워, 통증이 드디어 가셨어.
(c) 의사한테 진찰 받아 보는 게 좋겠어.
(d) 알겠어. 하나 찾을 수 있는지 확인해 볼게.

해설

두통이 심한 사람에게 진통제를 주겠다고 말하고 있으므로 이미 먹었음에도 소용없었다고 말하는 (a)가 정답이다.

오답 체크

(b) 두통이 지속되는 상황에 어울리지 않는 반응이므로 오답이다.
(c) 두통이 있는 남자가 아닌 여자가 할 수 있는 말에 해당되므로 맞지 않는 반응이다.

어휘

terrible 심한, 끔찍한 headache 두통 pain reliever 진통제
to no avail 소용없이, 헛되이 recommend -ing ~하기를 권하다, 추천하다

12.

W: Excuse me, do you need some help finding your way around?
M: Yes, I'm looking for the prehistoric fossils exhibition.
W: Oh, it's not far from here. Just walk past the information desk and you'll see it.

(a) No, I came here by bus.
(b) I'm sorry, but the exhibition is closed.
(c) Thank you very much. I've really enjoyed the tour.
(d) Can you point the way for me?

여: 실례합니다, 주변에 길을 찾으시는 데 도움이 필요하신가요?
남: 네, 선사 시대 화석 전시회장을 찾고 있습니다.
여: 아, 여기서 멀지 않은 곳에 있어요. 안내 데스크를 지나 걸어 가시면 보일 겁니다.

(a) 아뇨, 저는 여기에 버스로 왔어요.
(b) 죄송합니다만, 그 전시회는 문을 닫았습니다.
(c) 정말 고맙습니다. 정말로 즐겁게 견학했습니다.
(d) 그 길을 좀 가리켜 주시겠어요?

해설

안내 데스크를 지나 가면 전시회장이 보인다는 말에 대해 그 길을 손으로 직접 가리켜 달라고 요청하는 (d)가 정답이다.

오답 체크

(a) 과거 시점에 이용한 교통 수단을 언급하는 말이므로 어울리지 않는 반응이다.
(b) 행사장 직원이 할 수 있는 말로서 오히려 여자가 보일 수 있는 반응이므로 오답이다.
(c) 견학을 마친 후에 할 수 있는 말이므로 대화 상황과 맞지 않는다.

어휘

need help -ing ~하는 데 도움이 필요하다 find one's way around 주변 길을 찾아 다니다 look for ~을 찾다 prehistoric 선사 시대의 fossil 화석 exhibition 전시(회) far from ~에서 멀리 떨어진 past ~을 지나 point the way (손으로) 길을 가리키다

13.

M: Today must be my lucky day.
W: Why do you say that?
M: I won $250 from a scratch card.

(a) Wow, I've never won anything.
(b) I really can't believe my good luck.
(c) How can you afford that?
(d) You're lucky you weren't hurt.

남: 오늘은 나에게 운이 좋은 날인 게 틀림없어.

여: 왜 그렇게 말하는 거야?

남: 긁는 복권에서 250달러가 당첨됐거든.

(a) 와우, 난 단 한 번도 당첨된 적이 없었는데.

(b) 난 내 행운을 정말로 믿을 수가 없어.

(c) 그걸 어떻게 사려고 그래?

(d) 넌 다치지 않았으니 운이 좋은 거야.

해설

복권을 통해 250달러가 당첨됐다고 알리는 말에 대해 감탄하는 표현과 함께 자신은 그런 경험을 한 적이 없음을 밝히는 (a)가 정답이다.

오답 체크

(b) 복권에 당첨된 남자가 할 수 있는 말이므로 오답이다.

(c) 특정 물품을 구입할 여유가 있는지를 확인할 때 할 수 있는 질문이므로 오답이다.

(d) 대화 중에 제시되는 lucky가 반복되어 있고, scratch에서 연상 가능한 hurt를 활용한 오답이다.

어휘

must ~한 게 틀림없다, 분명하다 **win** ~에 당첨되다, (상 등) ~을 타다 **scratch card** 긁는 복권 **good luck** 행운 **afford** ~을 살 여유가 있다 **be hurt** 다치다

14.

W: Do you know when the new work uniforms will be distributed?

M: They won't be given to staff until the meeting this Friday.

W: That's fine. I was worried we might have to wait until next week for them.

(a) The company plans to change its uniforms this year.

(b) Let's wait for the rest of the staff to get here.

(c) No, they'll be made available in two weeks.

(d) That was supposed to be the case, but they arrived early.

여: 언제 새 근무복이 지급되는지 알고 계신가요?

남: 이번 주 금요일에 있을 회의 시간이나 되어야 직원들에게 나눠 줄 거예요.

여: 그럼 괜찮습니다. 우리가 다음 주까지 기다려야 할지도 몰라서 걱정했거든요.

(a) 회사에서 올해 근무복을 교체할 계획입니다.

(b) 나머지 직원들이 이리로 올 때까지 기다립시다.

(c) 아뇨, 2주 후에 그것들이 이용 가능해질 거예요.

(d) 원래 그럴 예정이었는데, 일찍 도착했어요.

해설

근무복을 다음 주까지 기다리는 것을 걱정했다고 알리는 말에 대해 그와 같은 경우를 That/the case로 지칭해 그것이 원래 계획이었지만

근무복이 빨리 도착했음을 언급하는 (d)가 정답이다.

오답 체크

(a) 이미 새 근무복 지급이 확정되어 기다리는 상황이므로 대화 내용과 어울리지 않는다.

(c) 앞서 이번 주 금요일에 근무복이 지급된다고 이미 알렸으므로 대화 상황과 맞지 않는 말이다.

어휘

distribute ~을 지급하다, 배부하다 **not A until B**: B나 되어야 A하다 **be worried that절**: ~할까 걱정하다 **might have to do** ~해야 할지도 모른다 **the rest of** ~의 나머지 **get here** 이곳으로 오다 **be made available** 이용 가능하게 되다 **That was supposed to be the case** 원래 그럴 예정이었다

15.

M: I've looked everywhere for my baseball cap, but I can't find it.

W: Did you try remembering the last time you wore it?

M: Yeah. I was wearing it while driving last weekend.

(a) No, I don't really like baseball.

(b) Maybe it's still in the car.

(c) It's been a while since I wore it.

(d) I'd rather not drive anywhere today.

남: 여기저기 내 야구 모자를 찾아봤지만, 어디 있는지 찾을 수가 없어.

여: 마지막으로 언제 착용했는지 기억해 내려고 해 봤어?

남: 응. 지난 주말에 운전하는 동안 쓰고 있었거든.

(a) 아냐, 난 야구를 그렇게 좋아하진 않아.

(b) 아마 아직 차에 있을 수도 있어.

(c) 내가 그것을 착용한지 꽤 됐어.

(d) 오늘은 어디에도 운전해서 가고 싶지 않아.

해설

baseball cap을 it으로 지칭해 주말에 운전하면서 착용했다고 말한 것에 대해 그 모자가 차에 있을 수 있음을 알리는 (b)가 정답이다.

오답 체크

(c) 모자를 착용한 사람은 남자이며 지난 주말에 썼다고 알렸으므로 대화 내용과 맞지 않는 반응이다.

(d) 질문의 drive를 반복 사용한 오답이다.

어휘

look everywhere for 여기저기 ~을 찾아 보다 **find** ~을 찾아 내다 **try -ing** 한 번 ~해 보다 **wear** ~을 착용하다, 입다, 쓰다 **while** ~하는 동안 **It's been a while since 절**: ~한지 꽤 오래 되다, ~한지 오랜만이다 **I'd rather (not) do** ~하고 싶다(하고 싶지 않다)

16.

W: Excuse me. I'd like to purchase a new laptop computer.

M: No problem, ma'am. How much are you hoping to spend on it?

W: I was planning to keep it below $800.

(a) How about this one? It's $2,000.

(b) Sorry, we no longer sell laptops at this store.

(c) We have plenty that are less than that.

(d) That's a real bargain. I'll take that one.

여: 실례합니다. 제가 새 노트북 컴퓨터를 구입하려고 합니다.

남: 알겠습니다, 고객님. 얼마나 비용을 소비하실 생각이신가요?

여: 800달러 미만으로 할 계획입니다.

(a) 이것은 어떠신가요? 가격이 2,000달러입니다.

(b) 죄송합니다. 저희 매장에서는 더 이상 노트북 컴퓨터를 판매하지 않습니다.

(c) 그보다 더 저렴한 것이 많이 있습니다.

(d) 정말 싼 제품이네요. 그걸로 할게요.

해설

구매를 위해 지불할 수 있는 한도가 800달러 미만이라고 알리는 말에 대해 해당 금액을 that으로 지칭해 그것보다 저렴한 제품이 많다는 사실을 알리는 (c)가 정답이다.

오답 체크

(a) 앞서 여자가 기준 금액으로 언급한 800달러보다 높은 가격이므로 맞지 않는다.

(b) 소비 가능한 금액을 여자에게 이미 물어본 것은 구매 가능한 제품이 있음을 뜻하는 것이므로 대화 상황과 맞지 않는 오답이다.

(d) 고객이 할 수 있는 말인데, 대화상 여자가 고객이고 답변자인 남자가 직원이므로 오답이다.

어휘

spend A on B: B에 대해 A의 비용을 소비하다 **plan to do** ~할 계획이다 **keep A below B**: A를 B 미만으로 유지하다 **How about ~?** ~는 어떠세요? **no longer** 더 이상 ~ 않다 **less than** ~ 미만의, ~가 채 되지 않는 **bargain** 싸게 사는 물건

17.

M: Management is cutting back on our travel allowances.

W: Does that mean we'll pay for our own accommodation?

M: It seems likely. The company doesn't have the budget for it.

(a) It's not right that we have to bear the burden.

(b) That will be a relief. Travel is so expensive.

(c) It should still improve our travel arrangements.

(d) That's the hotel's problem, not the company's.

남: 경영진에서 우리 출장 비용을 삭감하고 있어요.

여: 그 말은 우리가 각자 알아서 숙박 비용을 내야 한다는 건가요?

남: 그런 것 같아요. 회사에 그 부분에 대한 예산이 없어요.

(a) 우리가 그 부담을 져야 한다는 게 옳지 않아요.

(b) 그럼 안심인 것 같아요. 출장은 비용이 너무 많이 들어요.

(c) 그게 여전히 우리의 출장 준비를 개선해 줄 겁니다.

(d) 그건 호텔 측의 문제이지, 회사 측의 문제가 아닙니다.

해설

각자 숙박 비용을 해결해야 하는 일과 관련해 회사에 예산이 부족하다고 말하는 상황이므로 그와 같은 일을 the burden으로 지칭해 그렇게 해야 한다는 게 옳지 않다는 의견을 말하는 (a)가 정답이다.

오답 체크

(b) 각자 숙박 비용을 해결해야 하는 상황에서 회사에 예산이 없다고 말하는 상대방에게 안심이라고 답변하는 것은 어울리지 않는다.

(c) 출장 준비를 개선해 줄 수 있는 것으로 It이 지칭하는 대상을 알 수 없으므로 오답이다.

어휘

management 경영(진) **cut back on** ~을 줄이다, 삭감하다 **allowance** 비용, 수당 **pay for** ~에 대한 비용을 지불하다 **accommodation** 숙박 시설, 숙소 **It seems likely** 그런 것 같다, 그럴 가능성이 있다 **budget** 예산 **bear the burden** 부담을 지다, 감수하다 **relief** 안심, 안도 **improve** ~을 개선하다, 향상시키다 **arrangement** 준비, 조치

18.

W: I love the songs they play on this radio station.

M: They're really nice, aren't they?

W: Yes, but I heard that the station is closing down next month.

(a) Isn't that unfortunate?

(b) I'll listen to it next month.

(c) I'll let you know what I think.

(d) She's my favorite singer.

여: 이 라디오 방송국에서 틀어 주는 노래들이 정말 마음에 들어.

남: 진짜 좋은 것 같지 않아?

여: 응, 하지만 내가 듣기로는 이 방송국이 다음 달에 문을 닫는다고 하더라.

(a) 참 안타깝지 않아?

(b) 다음 달에 들어 볼게.

(c) 내 생각을 알려 줄게.

(d) 그녀는 내가 가장 좋아하는 가수야.

해설

한 라디오 방송국이 다음 달에 문을 닫는다는 사실을 알리는 말에 대해 안타까움을 나타내는 표현으로 반응하는 (a)가 정답이다.

오답 체크

(b) it이 지칭하는 대상이 무엇인지 알 수 없으므로 오답이다.

(d) 누구인지 알 수 없는 She를 언급하고 있으므로 오답이다.

어휘

radio station 라디오 방송국 **close down** 문을 닫다, 폐업하다 **unfortunate** 안타까운, 불운한 **let A know**: A에게 알리다 **favorite** 가장 좋아하는

19.

M: Can you give me a hand for a second?

W: Okay. What's the problem?

M: I can't load this Web site.

(a) Is it the right address?

(b) Try the ON switch.

(c) That's a heavy load.

(d) It's available online.

남: 저 좀 잠깐 도와 주시겠어요?

여: 알겠어요. 무슨 일이죠?

남: 이 웹 사이트를 로딩할 수 없어요.

(a) 주소가 그게 맞나요?

(b) 전원 스위치를 한 번 켜 보세요.

(c) 정말 짐이 무겁네요.

(d) 온라인에서 이용 가능합니다.

해설

한 웹 사이트를 로딩할 수 없다는 말에 대해 상대방이 사용한 주소가 맞는지를 확인하기 위해 되묻는 것으로 원인을 파악하려는 (a)가 정답이다.

오답 체크

(b) 웹 사이트 접속과 관련해 전원 스위치를 켜는 것은 해결 방법으로 적절하지 않으므로 오답이다.

(c) load(~을 로딩하다, 짐)의 다양한 의미를 활용한 오답이다.

어휘

give A a hand: A를 도와주다 **for a second** 잠깐 **load** ~을 로딩하다 **try** ~을 한 번 해 보다 **ON switch** 켜는 스위치 **heavy load** 무거운 짐, 많은 양 **available** 이용 가능한 **online** 온라인에서

20.

W: Have you ever purchased furniture online?

M: No, I worry too much about getting the wrong size.

W: It's not hard. All you need are your measurements.

(a) Yeah, but I need new furniture.

(b) Well, I also like to see it for myself.

(c) I hope they will offer me a refund.

(d) I'll get back to you with those soon.

여: 온라인에서 가구를 구입해 본 적이 있으세요?

남: 아뇨, 엉뚱한 사이즈로 된 것을 살까 봐 걱정을 너무 많이 하거든요.

여: 어렵지 않은 일이에요. 치수만 알고 계시면 됩니다.

(a) 네, 하지만 새 가구가 필요합니다.

(b) 음, 전 직접 그것을 보고 싶기도 합니다.

(c) 그곳에서 제게 환불을 해 주기를 바라고 있어요.

(d) 곧 그것을 재보고 다시 연락 드릴게요.

해설

엉뚱한 치수를 살까 봐 온라인 가구 구매를 하지 않는다는 남자에게 치수만 알면 된다고 말하자, 치수에 대한 우려 외에 직접 보고 싶기 때문에 온라인 가구 구매를 하지 않는다며 다른 이유를 말하는 (b)가 정답이다.

오답 체크

(a) 가구 구매에 필요한 치수가 아닌 구매 필요성을 언급하는 말이므로 어울리지 않는 반응이다.

(c) 제품을 먼저 구매한 이후에 할 수 있는 말이므로 대화 상황과 맞지 않는다.

(d) those가 measurements를 가리키는 것으로 볼 수 있는데, 여자의 말은 치수를 알려 달라는 말이 아니므로 엉뚱한 응답이다.

어휘

online 온라인에서 **worry about** ~에 대해 걱정하다 **wrong** 엉뚱한, 잘못된 **measurement** 치수 **for oneself** 직접, 스스로 **offer A a refund**: A에게 환불해 주다 **get back to** ~에게 다시 연락하다

기출 Check-up Test   본문 p. 43

1. (b)   **2.** (b)   **3.** (c)   **4.** (d)   **5.** (c)   **6.** (c)

7. (b)   **8.** (a)   **9.** (a)   **10.** (c)   **11.** (b)   **12.** (b)

13. (b)   **14.** (b)   **15.** (d)   **16.** (b)   **17.** (a)   **18.** (b)

19. (d)   **20.** (d)

[Part 1]

1.

M: Please let me out at the corner of Smith and 10th.

(a) Sure, see you there.

(b) That's a no stopping zone.

(c) Where are you headed to, sir?

(d) Take a left here.

남: Smith 가와 10th 가가 만나는 모퉁이에서 내려 주세요.

(a) 좋아요, 거기서 만나요.

(b) 그곳은 정차 금지 구역입니다.

(c) 어디로 가시나요, 고객님?

(d) 여기서 좌회전해 주세요.

해설

특정 위치에서 내려 달라고 요청하는 말에 대해 해당 지점을 That으로 지칭해 정차 금지 구역이라는 말로 내려줄 수 없음을 나타내는 (b)가 정답이다.

오답 체크

(a) 약속 장소를 정할 때 할 수 있는 말이므로 오답이다.

(c) 승객을 태울 때 택시 기사가 할 수 있는 말이므로 내려 달라고 요청하는 남자의 말과 어울리지 않는다.

(d) 승객이 할 수 있는 말인데, 남자의 말을 통해 남자가 승객임을 알 수 있으므로 오답이다.

어휘

let me out (승차 상태에서) 내려 주세요 **at the corner of A and B**: A와 B가 만나는 모퉁이에 **stopping zone** 정차 구역 **be headed to** ~로 가다, 향하다 **take a left** 좌회전하다

2.

W: I think I messed up my application form for the engineer job.

(a) The deadline was last Friday.

(b) Have you already submitted it?

(c) We need three new engineers.

(d) I think my interview is tomorrow.

여: 엔지니어 일자리에 대한 지원서를 엉망으로 만든 것 같아.

(a) 마감 시한이 지난 주 금요일이었어.

(b) 벌써 제출한 거야?

(c) 저희는 세 명의 새 엔지니어가 필요합니다.

(d) 내 면접 날짜가 내일인 것 같아.

해설

자신의 지원서를 엉망으로 만들었다고 알리는 말에 대해 해당 서류를 it으로 지칭해 이미 제출했는지를 확인하기 위해 되묻는 (b)가 정답이다.

오답 체크

(a) 상대방의 지원서 작성 상태가 아닌 마감 시한과 관련된 정보이므로 오답이다.

(c) 회사 담당자가 직원 모집 관련 정보를 알릴 때 할 수 있는 말이므로 어울리지 않는 반응이다.

(d) 답변자 자신의 면접 일정을 밝히는 말이므로 어울리지 않는 반응이다.

어휘

mess up ~을 엉망으로 만들다, 망치다 **application form** 지원서, 신청서 **deadline** 마감 시한 **submit** ~을 제출하다

3.

M: I can't believe you played video games until 3:00 A.M.

(a) Usually just a couple hours after work.

(b) We need to wake up early.

(c) I lost track of the time.

(d) I thought you'd be here.

남: 네가 새벽 3시까지 비디오 게임을 했다는 게 믿기지 않아.

(a) 보통 퇴근 후에 두어 시간 정도야.

(b) 우리는 일찍 일어나야 해.

(c) 시간 가는 줄 몰랐거든.

(d) 네가 여기 와 있을 거라고 생각했어.

해설

새벽 3시까지 비디오 게임을 한 사실과 관련해 시간 가는 줄 몰랐다는 말로 게임에 집중한 정도를 말하는 (c)가 정답이다.

오답 체크

(a) 평소에 일반적으로 반복되는 일과 관련된 말이므로 어제 늦게까지 게임을 한 상황과 맞지 않는 반응이다.

(b) 과거에 발생된 일이 아닌 앞으로 해야 할 일과 관련된 말이므로 어울리지 않는 반응이다.

어휘

usually 보통, 일반적으로 **after work** 퇴근 후에 **lose track of time** 시간 가는 줄 모르다

4.

W: I can't thank you enough for helping me move.

(a) It's at 122 Archibald Street.
(b) Yes, I'm moving next weekend.
(c) Well, just let me know if you need anything.
(d) No problem. What are friends for?

여: 이사하는 데 도움을 줘서 어떻게 감사 인사를 해야 할지 모르겠어.

(a) Archibald Street 122번지야.
(b) 응, 난 다음 주말에 이사해.
(c) 저, 필요한 게 있으면 나한테 말만 해.
(d) 천만에. 친구 좋다는 게 뭐야?

해설

어떻게 감사 인사를 해야 할지 모르겠다는 말은 큰 감사의 뜻을 나타내는 것이므로 감사 인사에 대한 답변으로 쓰이는 No problem과 함께 친구니까 당연한 일이라는 말을 덧붙인 (d)가 정답이다.

오답 체크

(b) 도움을 받은 사람이 전하는 감사 인사에 대한 반응으로 어울리지 않는 답변이다.
(c) 도움이 필요한 사람에게 할 수 있는 말인데, 여자가 이미 도움을 받은 상황이므로 오답이다.

어휘

I can't thank you enough for ~에 대해 어떻게 감사해야 할지 모르겠어 **help A do**: A가 ~하는 것을 돕다 **move** 이사하다 **let A know**: A에게 알리다 **What are friends for?** 친구 좋다는 게 뭐야?

5.

M: That thing I said earlier just slipped out. I didn't mean to be rude.

(a) I'm sorry, I could've helped.
(b) Don't worry, I'll clean it up.
(c) I knew you were just joking.
(d) I'll tell them about it later.

남: 제가 아까 한 말은 무심코 튀어나온 거예요. 무례하게 굴고 싶은 생각은 없었어요.

(a) 죄송해요, 제가 도와 드릴 수도 있었는데요.
(b) 걱정하지 마세요, 제가 깨끗이 청소할게요.
(c) 그냥 농담하셨다는 걸 알고 있었어요.
(d) 제가 나중에 그들에게 얘기할게요.

해설

자신이 한 말에 대한 사과의 인사에 대해 농담으로 생각했다는 말로 걱정하지 않아도 된다는 뜻을 나타내는 (c)가 정답이다.

오답 체크

(b) slip의 다른 의미(미끄러지다)에서 연상 가능한 조치 방법을 언급하는 말이므로 어울리지 않는 반응이다.
(d) them이 지칭하는 대상이 누구인지 알 수 없으므로 오답이다.

어휘

slip out 무심코 튀어나오다 **mean to do** ~할 생각이다, 작정이다 **rude** 무례한, 버릇없는 **could have p.p.** ~했을 수도 있다 **clean A up**: A를 깨끗이 청소하다, 치우다

6.

W: Be sure to drain the sink after washing up.

(a) I need to wash the dishes.
(b) I didn't block the drain.
(c) OK, I'll try to remember.
(d) No, I haven't cleaned it.

여: 설거지를 한 후에 싱크대에서 꼭 물을 빼내세요.

(a) 저는 설거지를 해야 해요.
(b) 저는 배수관을 막히게 하지 않았어요.
(c) 알겠어요, 기억하도록 할게요.
(d) 아뇨, 저는 그것을 청소하지 않았어요.

해설

설거지를 한 후에 싱크대에서 반드시 물을 빼라고 요청하는 말에 대해 수락을 의미하는 OK와 함께 기억하겠다는 말로 답변하는 (c)가 정답이다.

오답 체크

(b) drain의 다른 의미(배수관)를 활용한 오답으로, 요청 사항에 대한 반응으로 맞지 않는 답변이다.
(d) it이 지칭하는 the sink의 청소 작업 완료 여부를 언급하는 말이므로 어울리지 않는 반응이다.

어휘

be sure to do 꼭 ~하다, 반드시 ~하다 **drain** v. ~에서 물을 빼다 n. 배수관 **sink** 싱크대 **wash up** 설거지하다(= wash the dishes) **block** ~을 막다, 막히게 하다 **try to do** ~하려 하다

7.

M: I wouldn't mind having something sweet.

(a) I thought it was tasty, too.
(b) There's a bakery nearby.
(c) I was sure you'd hate it.
(d) Just a small piece, please.

남: 저는 뭔가 단 것을 먹으면 좋겠어요.

(a) 저도 그게 맛있었다고 생각했어요.
(b) 근처에 제과점이 있어요.
(c) 당신이 그걸 싫어할 거라 확신했어요.
(d) 그냥 작은 걸로 한 조각 주세요.

단 음식을 먹으면 좋겠다는 말에 대해 그렇게 할 수 있는 방법으로 근처에 제과점이 있다는 사실을 알리는 (b)가 정답이다.

(a) 과거 시점에 먹은 음식에 대한 생각을 밝히는 말이므로 앞으로 먹을 음식을 염두에 둔 상대방의 말에 대한 반응으로 맞지 않는다.
(d) 음식과 관련해 주문 또는 요청을 하는 손님의 입장에 있는 사람이 할 수 있는 말이므로 오답이다.

I wouldn't mind -ing ~하면 좋겠다 **tasty** 맛있는 **nearby** 근처에 **piece** 조각, 한 부분

8.

W: It seems like Mark's new job is stressing him out.
(a) It is a demanding position.
(b) I knew we could count on him.
(c) He got the hang of it quickly.
(d) Yeah, he's been in between jobs for a while.

여: Mark의 새 직장이 그에게 스트레스를 많이 주고 있는 것 같아요.
(a) 그게 부담스러운 직책이거든요.
(b) 우리가 그에게 의지할 수 있다는 걸 알고 있었어요.
(c) 그가 그것에 대한 요령을 빠르게 터득했어요.
(d) 네, 그는 한동안 취업 준비를 해 온 상태예요.

Mark가 새 직장에서 스트레스를 많이 받는다는 말에 대해 그 일의 부정적인 특성을 언급하는 것으로 이유를 말하는 (a)가 정답이다.

(c) 요령을 알게 되었다는 의미로서 일을 잘 하게 된 이유와 관련된 말이므로 어울리지 않는 반응이다.
(d) Mark가 이미 새 직장에서 일을 하는 상황이므로 취업 준비 중이라는 말은 맞지 않는 반응이다.

It seems like ~인 것 같다 **stress A out**: A에게 스트레스를 주다 **demanding** 부담스러운, 까다로운 **position** 직책, 일자리 **count on** ~에게 의지하다 **get the hang of** ~에 대한 요령을 터득하다 **in between jobs** 취업 준비 중인

9.

W: Maybe you should cut back on greasy food.
(a) I don't indulge that often.
(b) Yeah, I barely eat any.
(c) I know. It was delicious.
(d) I still got sick of eating it.

여: 아마 기름진 음식을 줄이는 게 좋을 거야.
(a) 그렇게 자주 즐기지 않아.
(b) 응, 거의 먹지 않아.
(c) 내 말이. 맛있었어.
(d) 여전히 그걸 먹는 게 지겨웠어.

기름진 음식을 줄이도록 권하는 말에 대해 자주 즐기진 않는다는 말로 이미 많이 먹지 않는 상태임을 언급하는 (a)가 정답이다.

(b) Yeah라는 말은 상대방의 조언대로 줄여야 한다는 뜻인데, 뒤에 이어지는 말은 평소 거의 먹지 않는다는 의미이므로 앞뒤가 맞지 않는다.
(d) 기름진 음식을 줄이라는 조언을 받았다는 것은 기름진 음식을 많이 섭취했다는 뜻인데, 지겨웠다는 것은 어울리지 않는 반응이다.

cut back on ~을 줄이다 **greasy** 기름진 **indulge (in)** (~에) 빠지다, 탐닉하다, 실컷 즐기다 **barely** 거의 ~ 않다 **get sick of** ~을 지겨워하다, ~에 싫증 나다

10.

W: The mayor's urban development plan didn't seem very compelling.
(a) Agreed. He certainly knows what he's talking about.
(b) Yeah, all the developments have really paid off.
(c) You think? I was really intrigued by the way he laid it out.
(d) That's why it has got all of our citizens so excited.

여: 시장님의 도시 개발 계획이 그렇게 주목할 만한 것 같지 않았어요.
(a) 동의해요. 그는 자신이 무슨 말을 하는지 분명 알고 있어요.
(b) 네, 모든 개발 과정이 진정으로 성과를 냈어요.
(c) 그렇게 생각하세요? 저는 그분이 제시한 방식에 정말로 귀가 솔깃했는데요.
(d) 그게 바로 모든 우리 시민들을 신나게 한 이유예요.

시장의 도시 개발 계획에 대한 부정적인 생각을 말하는 상대방에 대해 반대 의견을 말하는 (c)가 정답이다.

(b) 앞으로의 일에 대한 계획을 언급하는 상대방에게 이미 성과가 났다고 말하는 것은 앞뒤가 맞지 않는다.
(d) That은 상대방의 말 전체를 가리키는데, 시민들을 신나게 한 이유라는 말은 상대방이 말하는 부정적인 생각과 맞지 않는다.

mayor 시장 urban development 도시 개발 seem 형용사: ~한 것 같다 compelling 주목할 만한 agree 동의하다 certainly 분명히 pay off 성과를 내다, 결실을 맺다 be intrigued by ~에 흥미를 느끼다 the way 주어 동사: ~가 …하는 방식 lay out (생각 등) ~을 제시하다 get A 형용사: A를 ~한 상태로 만들다 excited 신이 난, 흥분한, 들뜬

[Part 2]

11.

M: Jane! Nice to see you here at the class reunion.
W: You too! It's been years since we last met.
M: I know, probably about a decade!

(a) Really? I thought we met sooner than that.
(b) Surely it hasn't been that long!
(c) Well, let's try to catch up before then.
(d) I guess we have known each other nearly 10 years.

남: 제인! 이렇게 동창회에서 만나다니 반갑다.
여: 나도 반가워! 마지막으로 만난 후로 너무 오랜만이야.
남: 내 말이, 아마 대략 10년은 된 것 같아!

(a) 정말? 난 우리가 그것보다 더 빨리 만난 줄 알았는데.
(b) 분명히 그 정도로 오래 되진 않았어!
(c) 음, 그 전에 그동안 못한 얘기 좀 하도록 해 보자.
(d) 우리가 거의 10년 동안 서로 알고 지낸 것 같아.

마지막으로 만난 지 10년은 된 것 같다고 말하는 남자에게 a decade를 that long으로 지칭해 그 정도로 오래 되지는 않았다는 의미를 나타낸 (b)가 정답이다.

(a) 과거의 발생 시점을 나타내는 것이므로 기간을 언급하는 남자의 마지막 말에 대한 반응으로 맞지 않다.
(d) 서로 알고 지낸 기간에 대한 대화가 아니므로 오답이다.

class reunion 동창회 since ~한 후로 about 약, 대략 decade 10년 that ad. 그 정도로, 그렇게 try to do ~하려 하다 catch up 그동안 못한 얘기를 하다 then 그때, 그럼, 그렇다면, 그런 다음 nearly 거의

12.

W: Do you feel bad about not getting the promotion?
M: A little, but I know I'll have other opportunities.
W: That's the spirit. Keep your chin up.

(a) No, that's not the right attitude.
(b) Thanks. It's best to stay positive.
(c) I'm glad you found it rewarding.
(d) I'm planning to apply for it.

여: 승진되지 못해서 기분이 별로이신가요?
남: 조금요, 하지만 다른 기회가 있다는 것을 알고 있어요.
여: 그렇게 생각하시면 됩니다. 힘 내세요.

(a) 아뇨, 그건 옳지 못한 태도입니다.
(b) 감사합니다. 긍정적으로 생각하는 게 가장 좋죠.
(c) 그게 보람 있다고 생각하셨다니까 기쁘네요.
(d) 거기에 지원할 계획입니다.

실망스러운 일과 관련해 힘 내라고 격려하는 말에 대해 감사의 인사와 함께 긍정적으로 생각하는 게 좋다는 말을 덧붙인 (b)가 정답이다.

(a) 조언을 해 주는 입장에 있는 여자가 할 수 있는 말이므로 오답이다.
(c) it에 해당되는 일이 무엇인지 알 수 없으며, 승진되지 못한 사람이 보일 수 있는 반응으로 맞지 않는다.

get a promotion 승진되다 a little 조금, 약간 opportunity 기회 That's the spirit 바로 그거예요, 그대로만 하세요 Keep your chin up 힘 내세요, 기운 내세요 attitude 태도 It's best to do ~하는 것이 가장 좋다 stay 형용사: ~한 상태를 유지하다 positive 긍정적인 find A 형용사: A를 ~하다고 생각하다 rewarding 보람 있는 apply for ~에 지원하다, ~을 신청하다

13.

M: Are you sure you aren't going to take an umbrella?
W: Yeah. I'll just put my hood up if it starts to rain. I'll be fine.
M: Well, it's supposed to get pretty heavy this evening.

(a) It's light enough to carry.
(b) I should be home by then.
(c) I'd be happy to give you a ride.
(d) I think there's an umbrella in the cupboard.

남: 너 정말로 우산을 가져가지 않을거야?

여: 응. 비가 내리기 시작하면 옷에 달린 후드를 쓰면 돼. 그럼 괜찮을 거야.

남: 글쎄, 오늘 저녁에 꽤 많이 내릴 예정인데.

(a) 옮기기에 충분히 가벼워.

(b) 그때쯤엔 집에 와 있을 거야.

(c) 기꺼이 차로 태워 줄게.

(d) 벽장에 우산이 하나 있는 것 같아.

저녁에 비가 많이 내릴 예정이라는 말에 대해 해당 시점을 then으로 지칭해 그때는 이미 집에 있을 것이라는 말로 우산이 필요 없음을 나타내는 (b)가 정답이다.

(c) 우산 없이 나가려는 사람이 할 수 있는 말로 어울리지 않으므로 오답이다.

(d) 우산 없이도 대처할 수 있는 방법을 이미 언급한 상태이므로 대화 상황에 맞지 않는 반응이다.

put one's hood up (옷에 달린) 후드를 머리에 쓰다 **be supposed to do** ~할 예정이다, ~하기로 되어 있다 **get 형용사** ~한 상태가 되다 **pretty** 꽤, 아주, 매우 **heavy** (양, 정도 등) 많은, 심한 **enough to do** ~하기에 충분히 **carry** ~을 옮기다, 나르다 **by then** 그때쯤엔 **give A a ride**: A를 차로 태워 주다 **cupboard** 벽장, 찬장

14.

W: Apologies, Chris, but I need to be getting home now.

M: No problem. It was really fun catching up with you tonight.

W: Same here. Thanks for the lovely dinner.

(a) I didn't know you could cook so well.

(b) Believe me, it was my pleasure.

(c) Please order whatever you like.

(d) Just let me know what time suits you best.

여: 미안해, Chris, 이제 집에 가 봐야 해.

남: 알겠어. 오늘밤에 함께 그 동안의 얘기를 할 수 있어서 진짜 재미있었어.

여: 나도. 근사한 저녁 식사 고마워.

(a) 네가 그렇게 요리를 잘 할 수 있는지 몰랐어.

(b) 정말로 내가 더 즐거웠어.

(c) 원하는 무엇이든 주문해도 돼.

(d) 네게 가장 좋은 시간을 알려 줘.

근사한 저녁에 대해 감사하다는 인사를 하고 있으므로 강조를 나타내는 Believe me와 함께 감사 인사에 대한 반응으로 쓰이는 it was

my pleasure로 답변하는 (b)가 정답이다.

(c) 음식을 주문할 때 할 수 있는 말이므로 식사를 마치고 헤어지려는 대화 상황에 맞지 않는 오답이다.

(d) 만날 시간을 정할 때 할 수 있는 말이므로 이미 만나고 헤어지려는 대화 상황에 맞지 않는 오답이다.

Apologies 미안해, 사과할게 **get home** 집에 가다 **It was really fun -ing** ~해서 진짜 재미있었어 **catch up with** ~와 그 동안의 얘기를 하다, 못다한 얘기를 하다 **Believe me** 정말이야, 진짜야 **order** ~을 주문하다 **whatever** ~하는 무엇이든 **let A know**: A에게 알리다 **suit A best**: A에게 가장 알맞다, 적합하다

15.

M: Hi, there! You must be the new receptionist.

W: Yes, I'm just getting settled in here. My name is Rachel.

M: I'm Oliver, and if you need any help, just call me at extension 30.

(a) She called to tell me the work schedule earlier.

(b) Yes, we'll work on that later this month.

(c) Anytime! I'm happy to be of assistance.

(d) That's so nice of you! I'll take note of that.

남: 안녕하세요! 당신이 새로 온 안내 담당자이군요.

여: 네, 이곳에 막 적응하는 중입니다. 제 이름은 Rachel입니다.

남: 저는 Oliver입니다, 그리고 도움이 필요하시면 내선 번호 30번으로 제게 전화만 주세요.

(a) 그녀가 아까 제게 업무 일정을 말해 주기 위해 전화했습니다.

(b) 네, 이달 말에 그 부분에 대한 일을 할 겁니다.

(c) 언제든지요! 기꺼이 도와 드리겠습니다.

(d) 참 친절하시네요! 적어 놓을게요.

도움이 필요할 경우에 자신의 내선 번호로 연락하라고 알리는 말에 대해 칭찬의 말과 함께 해당 번호를 that으로 지칭해 적어 놓겠다고 말하는 (d)가 정답이다.

(a) She가 지칭하는 사람이 누구인지 알 수 없으므로 오답이다.

(b) 함께 작업하는 일로 언급하는 that이 무엇을 지칭하는지 알 수 없으므로 오답이다.

(c) 도움을 제공하는 입장에 있는 사람이 할 수 있는 말이므로 대화 상황에 맞지 않는다.

must ~한 것이 틀림없다, 분명하다 **receptionist** 안내 담당자, 접수 담당자 **get settled in** ~에 적응하다 **extension** 내선 전화 (번호) **work on** ~에 대한 일을 하다 **be of assistance** 도움이 되다 **take note of** ~을 적어 놓다, 메모하다

16.

W: I love the Persian rug in your apartment.
M: Thanks! I got it from an antique store downtown.
W: Well, I'm curious how much it cost you. It looks really expensive.

(a) That rug would look great in your apartment.
(b) Actually, it wasn't much at all.
(c) You're welcome to take one.
(d) It's normally open till 8 on weekends.

여: 당신 아파트에 있는 페르시안 양탄자가 정말 멋져요.
남: 고마워요! 시내에 있는 골동품 상점에서 구입한 거예요.
여: 저, 비용이 얼마나 들었는지 궁금해요. 정말 비싸 보이던데요.

(a) 그 양탄자는 당신 아파트에 놓으면 정말 멋져 보일 겁니다.
(b) 사실, 전혀 비싸지 않았어요.
(c) 하나 가져 가셔도 됩니다.
(d) 그곳은 보통 주말마다 8시까지 문을 엽니다.

해설
양탄자의 비용이 궁금하다는 말과 함께 비싸 보인다고 언급하는 것에 대해 전혀 비싸지 않았다는 말로 답변하는 (b)가 정답이다.

오답 체크
(a) 상대방이 질문한 비용 수준과 관련된 답변이 아니므로 오답이다.
(d) 특정 매장의 영업 시간과 관련된 정보이므로 오답이다.

어휘
rug 양탄자, 깔개 antique 골동품 downtown 시내에 be curious how 얼마나 ~인지 궁금하다 cost A B: A에게 B의 비용을 들이게 하다 look 형용사: ~하게 보이다, ~한 것 같다 actually 실은, 사실은 not ~ at all 전혀 ~가 아니다 be welcome to do ~해도 좋다 normally 보통, 일반적으로 till (지속) ~까지

17.

M: Do you fancy grabbing some food at the cafeteria?
W: I wish I could, but I need to concentrate on this coursework.
M: Then, I'd better give you some space.

(a) Thanks, that would be helpful.
(b) Yeah, it'd be better to work on it together.
(c) Let's move to a larger room then.
(d) Thanks, but I'd prefer to eat elsewhere.

남: 구내 식당에 가서 뭐 좀 먹을래?
여: 그럴 수 있으면 좋겠지만, 이 과제에 집중해야 해.
남: 그럼, 방해 안되게 혼자 두는 게 낫겠구나.

(a) 고마워, 그렇게 해 주면 도움이 될 거야.
(b) 응, 함께 작업하면 더 나을 거야.
(c) 그럼 더 넓은 방으로 옮기자.
(d) 고맙긴 한데, 다른 곳에서 먹고 싶어.

해설
혼자 있게 해 주는 것이 좋겠다고 말하는 것에 대해 감사의 말과 함께 그렇게 하는 것을 that으로 지칭해 도움이 될 것이라는 말을 덧붙인 (a)가 정답이다.

오답 체크
(b) 긍정을 나타내는 Yeah 뒤에 이어지는 말이 혼자 있는 것이 나은 상황과 어울리지 않으므로 오답이다.
(c) 남자 말의 space에서 연상 가능한 어휘(larger room)를 이용한 오답이다.
(d) 앞서 여자는 지금 뭔가를 먹지 않겠다고 언급했으므로 대화 상황에 맞지 않는 반응이다.

어휘
fancy v. ~을 원하다, ~하고 싶다 grab some food 음식을 먹다 cafeteria 구내 식당 I wish I could (앞서 언급된 일에 대해) 그럴 수 있으면 좋겠어 concentrate on ~에 집중하다 coursework 과제 then 그럼, 그렇다면 had better 동사 원형: ~하는 게 좋다, 낫다 give A some space: A에게 혼자만의 시간을 주다 it'd be better to do ~하는 게 더 좋다 I'd prefer to do ~하고 싶다, ~하기를 원하다 elsewhere 다른 곳에서

18.

W: If your vision is getting blurry, you should have your eyes checked.
M: But I think it's just because I've been tired.
W: Maybe, but it could be something much more serious.

(a) You're right. It'll be nothing to worry about.
(b) I guess it couldn't hurt to check it out.
(c) You should try getting more sleep at night.
(d) Yes, these glasses have really helped me.

여: 눈이 침침해지고 있으면, 시력 검사를 받아 봐.
남: 하지만 내 생각엔 단지 계속 피곤해서 그런 거 같아.
여: 그럴 수도 있겠지만, 훨씬 더 심각한 문제일 수도 있잖아.

(a) 네 말이 맞아. 전혀 걱정할 일이 아닐 거야.
(b) 확인해 본다고 손해 보는 건 없을 것 같아.
(c) 밤에 잠을 더 많이 자도록 해 봐.
(d) 응, 이 안경이 내게 정말로 도움이 되었어.

해설
눈이 침침한 것이 심각한 문제일 수도 있다는 가능성을 언급하는 말에

대해 검사해 보는 것도 나쁘지 않겠다는 말로 일종의 동의를 나타내는 (b)가 정답이다.

오답 체크
(a) 동의를 나타내는 You're right 뒤에 이어지는 말이 심각성 문제를 언급한 여자의 말과 어울리지 않으므로 오답이다.
(c) 눈이 침침한 것과 관련해 조언을 해 주는 입장에 있는 여자가 할 수 있는 말이므로 오답이다.

어휘
vision 시력, 시야 get 형용사: ~한 상태가 되다 blurry (눈이) 침침한, 흐릿한, 뿌연 have A p.p.: A가 ~되게 하다 much (비교급 수식) 훨씬 worry about ~에 대해 걱정하다 it couldn't hurt to do ~한다고 손해 보는 건 아니다 check A out: A를 확인해 보다 try -ing 한 번 ~해 보다

19.

M: It's a shame that your trip has ended so quickly.
W: I know. I've really enjoyed seeing your hometown, Bill.
M: Perhaps I'll have a chance to see where you grew up someday.

(a) It was our pleasure.
(b) It was too good an opportunity to miss.
(c) I'll be back again tomorrow.
(d) Sure, I'd love to show you around.

남: 네 여행이 이렇게 빨리 끝나다니 아쉬워.
여: 맞아. 네 고향을 볼 수 있어서 정말 즐거웠어, Bill.
남: 아마 언젠가 네가 자란 곳도 볼 기회가 있을 거야.

(a) 우리가 즐거웠어.
(b) 놓치기엔 너무 아까운 기회였어.
(c) 내일 다시 올게.
(d) 좋아, 내가 꼭 둘러볼 수 있게 해 주고 싶어.

해설
여자가 자란 곳도 가 볼 기회가 있을 것이라는 말에 대해 긍정을 뜻하는 Sure와 함께 자신이 둘러볼 수 있게 해 주겠다는 생각을 밝히는 (d)가 정답이다.

오답 체크
(a) 감사의 인사에 대한 반응으로 쓰이는 말이므로 오답이다.
(b) 앞으로의 기회를 언급하는 말에 대해 과거(was)의 일을 말하고 있으므로 시제 관계가 맞지 않는 오답이다.

어휘
It's a shame that ~해서 아쉽다, 안타깝다 I know (동의, 공감) 맞아, 그래 hometown 고향 have a chance to do ~할 기회가 있다 grow up 자라다, 성장하다 It was too good an opportunity to miss 놓치기엔 너무 아까운 기회였다 be back 돌아오다 show A around: A에게 둘러보게 하다, 보여주다

20.

W: Is it possible that the cloakroom attendant lost our coats?
M: No, he's probably just having difficulty finding them.
W: Well, he'd better hurry up. It's already 12:55!

(a) I'm sure they will pay to have the coats cleaned.
(b) Yes, I know. It finished much earlier than expected.
(c) We'll ask them to take a shorter route.
(d) Let's keep our fingers crossed he comes back soon.

여: 휴대품 보관소 직원이 우리 코트를 분실했다는 게 가능한 일인가요?
남: 아뇨, 그 직원은 아마 찾는 데 어려움을 겪는 것뿐일 거예요.
여: 이런, 그가 서둘러 줬으면 좋겠어요. 벌써 12시 55분이에요!

(a) 분명 그들이 코트를 세탁하는 비용을 지불할 거예요.
(b) 네, 알아요. 예상보다 훨씬 더 일찍 끝났어요.
(c) 그들에게 더 빠른 지름길로 가도록 요청할 거예요.
(d) 그가 곧 돌아오기를 계속 빌어 봅시다.

해설
휴대품 보관소 직원을 he로 지칭해 그 사람이 서둘러 주기를 바라는 말에 대해 동일한 대명사 he와 함께 빨리 코트를 찾아 오기를 빌어 보자는 말로 답변하는 (d)가 정답이다.

오답 체크
(a) 물품을 찾는 일이 아닌 세탁 비용 지불과 관련된 말이므로 핵심에서 벗어난 반응이다.
(b) It이 지칭하는 대상이 명확하지 않은데다, 과거에 이미 완료된 일을 말하는 상황이 아니므로 어울리지 않는 말이다.
(c) them이 지칭하는 사람이 누구인지 알 수 없으므로 오답이다.

어휘
Is it possible that ~? ~인 게 가능한가요? cloakroom attendant 휴대품 보관소 직원 have difficulty -ing ~하는 데 어려움을 겪다 had better 동사 원형: ~하는 게 좋다, 낫다 have A p.p.: A가 ~되게 하다 much (비교급 수식) 훨씬 than expected 예상보다 ask A to do: A에게 ~하도록 요청하다 take a short route 지름길로 가다 keep one's fingers crossed (that) ~하도록 행운을 빌다, 기원하다

UNIT 05 What, Which, How 의문문

기출 Check-up Test
본문 p. 49

1. (b)	**2.** (b)	**3.** (d)	**4.** (c)	**5.** (d)	**6.** (b)
7. (c)	**8.** (c)	**9.** (c)	**10.** (c)	**11.** (c)	**12.** (b)
13. (b)	**14.** (d)	**15.** (d)	**16.** (b)	**17.** (d)	**18.** (c)
19. (d)	**20.** (a)				

[Part 1]

1.

M: How would you like to send these packages?

(a) I don't have the e-mail address on me.
(b) By express international mail, please.
(c) I'm still waiting for them to be delivered.
(d) I've lost my shipping reference number.

남: 이 소포들을 어떻게 보내시겠어요?

(a) 제가 지금 이메일 주소를 갖고 있지 않습니다.
(b) 특급 국제 우편으로 부탁드립니다.
(c) 전 여전히 그것들이 배송되기를 기다리고 있어요.
(d) 제 배송 추적 번호를 잃어버렸어요.

해설
상대방에게 원하는 소포 배송 방법을 묻고 있으므로 특급 국제 우편으로 해 달라고 답변하는 (b)가 정답이다.

오답 체크
(c) 답변자 자신이 배송 받는 입장에 있는 것이 아니므로 오답이다.
(d) 물품이 배송 과정에 있는 상황에서 할 수 있는 말이므로 어울리지 않는 반응이다.

어휘
How would you like to do? 어떻게 ~하시겠어요? **package** 소포, 배송 물품 **express** 특급의 **wait for A to do:** A가 ~하기를 기다리다 **shipping reference number** 배송 추적 번호

2.

W: Which one do you want, the medium salad or the large salad?

(a) I'll get you a menu.
(b) Just get me a small one.
(c) It was bigger than expected.
(d) It's on sale right now.

여: 미디엄 샐러드와 라지 샐러드 중에 어느 것을 원하시나요?

(a) 제가 메뉴를 가져다 드리겠습니다.
(b) 작은 걸로 주세요.
(c) 예상보다 더 컸어요.
(d) 지금 세일 행사 중입니다.

해설
크기가 다른 두 가지 샐러드를 선택 대상으로 묻고 있으므로 salad를 one으로 대신해 작은 것으로 달라고 부탁하는 (b)가 정답이다.

오답 체크
(a) 직원이 고객에게 할 수 있는 말인데, 질문 내용으로 보아 답변자는 고객임을 알 수 있으므로 오답이다.
(c) 과거 시점(was)의 일을 말하는 내용이므로 현재 주문하는 상황에 맞지 않는 반응이다.

어휘
get A B: A에게 B를 갖다 주다, 구해 주다 **than expected** 예상보다 **on sale** 세일 중인

3.

M: Harriet, what have you done to get ready for your vacation?

(a) It should be completed by Friday.
(b) Sure, I'll help you to get ready.
(c) For about three weeks in August.
(d) I've just booked the hotel so far.

남: Harriet, 휴가 준비를 위해 뭘 하셨어요?

(a) 금요일까지 완료되어야 합니다.
(b) 물론이죠, 제가 준비하시는 걸 도와 드릴게요.
(c) 8월에 약 3주 동안이요.
(d) 지금까지 호텔만 예약해 뒀어요.

해설
휴가를 가기 위해 한 일을 묻는 질문에 대해 호텔을 예약해 둔 상태임을 밝히는 (d)가 정답이다.

오답 체크
(b) 답변자 자신이 휴가 준비를 위해 도움을 받을 수 있는 입장이므로 어울리지 않는 답변이다.
(c) 여행을 가는 시점과 기간에 해당되는 정보이므로 질문에 맞지 않는 반응이다.

어휘
get ready for ~ 준비를 하다 **vacation** 휴가 **complete** ~을 완료하다 **about** 약, 대략 **book** ~을 예약하다 **so far** 지금까지

4.

W: How's my Japanese coming along?

(a) Lessons are on Mondays.
(b) I've never been.
(c) You've made some progress.
(d) We'll be there soon.

여: 제 일본어 실력이 어떻게 되어가고 있나요?

(a) 수업은 월요일마다 있습니다.

(b) 저는 한 번도 가 보지 못했어요.

(c) 어느 정도 발전이 있었습니다.

(d) 우리는 곧 그리로 갈 거예요.

자신의 일본어 수준을 묻는 질문에 대해 그 실력이 발전되었음을 알리는 (c)가 정답이다.

(a) 수업이 열리는 때를 말하는 답변이므로 어울리지 않는 반응이다.

(b) 과거의 방문 경험을 말할 때 사용하는 표현이므로 오답이다.

How's A coming along?: A는 어떻게 되어가고 있나요? **make progress** 발전을 이루다, 진척되다, 향상되다

5.

M: What's with the wrap on your ankle? Did you sprain it?

(a) Only when I run.

(b) If it's sore, wrap it tightly.

(c) Be careful where you step.

(d) No, it's just a precaution.

남: 발목을 왜 감싸고 있는 거예요? 발목을 삔 거예요?

(a) 제가 달리기를 할 때만요.

(b) 아프면, 더 단단히 감싸세요.

(c) 걸을 때 조심하세요.

(d) 아뇨, 예방 조치일 뿐이에요.

발목을 감싼 것과 관련해 삐었는지 묻는 질문에 대해 부정을 뜻하는 No와 함께 예방 조치라는 말로 감싼 이유를 말하는 (d)가 정답이다.

(b) 발목을 감싼 상태로 있는 답변자가 해줄 수 있는 조언이 아니므로 어울리지 않는 반응이다.

(c) 마찬가지로, 발목을 감싼 상태로 있는 답변자가 할 수 있는 말로 적당하지 않으므로 오답이다.

wrap n. 감싼 것, 덮개, 가리개 v. ~을 감싸다, 덮다 **ankle** 발목 **sprain** (손목, 발목 등) ~을 삐다, 접질리다 **sore** 아픈, 따가운, 쓰라린 **tightly** 단단히, 꽉 **careful** 조심하는 **step** v. 발걸음을 내딛다 **precaution** 예방 조치

6.

W: Excuse me. Which counter should I go to if I want to buy stamps?

(a) Check our Web site. It has all our locations.

(b) You can do that at any of them.

(c) I believe they cost 25 cents.

(d) You should put it in the top right corner.

여: 실례합니다. 우표를 사려면 어느 카운터로 가야 하나요?

(a) 저희 웹 사이트를 확인해 보세요. 저희 모든 지점이 나와 있습니다.

(b) 어느 카운터에서든지 가능합니다.

(c) 가격이 25센트인 것 같습니다.

(d) 오른쪽 상단 모서리에 붙이셔야 합니다.

우표를 살 수 있는 카운터를 묻는 질문에 대해 buy stamps를 do that으로 대신 표현해 어느 카운터에서도 가능하다고 알리는 (b)가 정답이다.

(a) 카운터 위치가 아닌 지점 위치를 확인하는 방법을 알려 주는 답변이므로 어울리지 않는 반응이다.

(c) 비용과 관련된 답변이므로 How much 또는 What's the price 등의 질문에 어울리는 답변이다.

stamp 우표 **location** 지점 **cost** ~의 비용이 들다 **put A in B**: A를 B에 놓다, 두다 **top right corner** 오른쪽 상단 모서리

7.

W: How often does the bus run downtown from the airport?

(a) It's been running for years.

(b) Every time I go on holiday.

(c) Just once per hour on the hour.

(d) It only takes 30 minutes to the airport.

여: 공항에서 시내로 버스가 얼마나 자주 운행하나요?

(a) 오랫동안 계속 운행되고 있습니다.

(b) 제가 휴가를 떠날 때마다요.

(c) 매시 정각에 한 번씩이요.

(d) 공항까지 30분 밖에 걸리지 않습니다.

버스가 얼마나 자주 운행하는지 묻는 질문이므로 운행 빈도로 답변하는 (c)가 정답이다.

(a) 운행 기간을 말하고 있으므로 빈도를 묻는 질문에 맞지 않는 답변이다.

(d) 소요 시간은 운행 빈도와 관련 없는 내용이므로 오답이다.

어휘

How often ~? 얼마나 자주 ~? **run** 운행하다, 운영되다 **for years** 오랫동안 **downtown** ad. 시내로, 시내에 **go on holiday** 휴가를 떠나다 **once per hour on the hour** 매시 정각에 한 번씩 **take + 시간:** ~의 시간이 걸리다

8.

W: Your essay should be almost done! How far along are you?

(a) It's twenty percent of my final grade.
(b) It's on trends in online advertising.
(c) Well, I still need to write the conclusion.
(d) I haven't submitted it yet.

여: 네 에세이는 거의 다 되어 가겠네! 얼마나 남은 거야?

(a) 내 최종 성적의 20퍼센트야.
(b) 그게 온라인 광고에서 유행 중이야.
(c) 음, 여전히 결론 부분을 써야 해.
(d) 아직 제출하지 않았어.

해설
에세이 완료까지 얼마나 남은 상태인지를 묻는 질문에 대해 작성해야 하는 특정 부분을 언급하는 (c)가 정답이다.

오답 체크
(a) 성적에서 차지하는 비율을 말하는 답변이므로 오답이다.
(d) 제출 여부를 말하는 답변이므로 진척 상황을 묻는 질문에 대한 반응으로 어울리지 않는다.

어휘
How far along are you? 얼마나 남은 거야?, 얼마나 한 거야? **final grade** 최종 성적 **on trends** 유행 중인 **advertising** 광고 **conclusion** 결론, 마무리 **submit** ~을 제출하다

9.

M: Well done! How do you feel about getting the promotion?

(a) I'm quite nervous about hearing the decision.
(b) This is the third time I've been overlooked for a job.
(c) I'm overjoyed. I can't believe they picked me!
(d) Thank you for agreeing to promote our products.

남: 잘 되셨네요! 승진되신 기분이 어떠세요?

(a) 결정 사항을 듣는 일이 꽤 떨리네요.
(b) 채용 대상에서 제외된 것이 이번이 세 번째입니다.
(c) 너무 기뻐요. 저를 선택해 주셨다는 게 믿기지 않아요!
(d) 저희 제품을 홍보하기로 동의해 주셔서 감사합니다.

해설
승진된 기분이 어떤지 묻고 있으므로 기쁨을 표현하는 말에 해당되는 (c)가 정답이다.

오답 체크
(a) 승진이 결정되기 전의 감정 상태를 나타내는 말인데, 남자의 말로 보아 이미 승진이 결정되었음을 알 수 있으므로 오답이다.
(b) 채용 대상에서 제외되었음을 말하는 내용이므로 승진이 확정된 사람이 할 수 있는 말이 아니다.
(d) promote(홍보하다, 승진시키다)가 다의어임을 활용한 오답이다.

어휘
Well done 잘 됐네요, 잘 하셨어요 **How do you feel about ~?** ~한 기분이 어때요? **get a promotion** 승진되다 **be nervous about** ~에 대해 떨다, 긴장하다 **quite** 꽤, 상당히 **be overlooked for** ~의 대상에서 제외되다 **overjoyed** 너무 기쁜 **pick** ~을 선택하다, 고르다 **agree to do** ~하기로 동의하다 **promote** ~을 홍보하다, 승진시키다

10.

W: Which person should I speak with to sign up for a gym membership?

(a) How long have you been working out there?
(b) Sorry, but that class is for our members only.
(c) I'd be happy to take your information.
(d) We have several gyms throughout the country.

여: 체육관 회원 가입 신청을 하려면 어느 분과 얘기해야 하나요?

(a) 거기서 얼마나 오래 운동해오고 계신 거예요?
(b) 죄송하지만, 그 강좌는 저희 회원 전용입니다.
(c) 제게 귀하의 정보를 알려 주시면 기꺼이 도와 드리겠습니다.
(d) 저희는 전국에 걸쳐 여러 체육관을 보유하고 있습니다.

해설
회원 가입 신청을 하기 위해 얘기해야 하는 사람을 묻고 있으므로 자신에게 정보를 말해주면 도와주겠다는 말로 자신과 얘기해야 함을 알리는 (c)가 정답이다.

오답 체크
(a) 이미 회원 가입이 된 사람에게 할 수 있는 말이므로 어울리지 않는 답변이다.
(b) 특정 강좌에 대한 수강 조건을 말하는 답변이므로 오답이다.
(d) 지점 보유 현황을 말하는 내용이므로 어울리지 않는 반응이다.

sign up for ~에 가입하다, 등록하다 **gym** 체육관 **work out** 운동
하다 **be happy to do** 기꺼이 ~하다 **take one's information**
~의 정보를 받다 **several** 여럿의, 몇몇의 **throughout** ~ 전체에
걸쳐, ~ 전역에서

[Part 2]

11.

> M: What did you think of the latest writers'
>   workshop?
> W: I wasn't expecting it to be so lecture-based.
> M: What would you have liked?
>
> (a) I just wish we had more lectures.
> (b) It would've been nice to hear from the
>   instructor.
> **(c) Interactive activities would've been
>   helpful.**
> (d) I'll consider your suggestions and get back
>   to you.

남: 최근에 있었던 작가 워크숍이 어떠셨어요?
여: 그렇게 강연 중심일 것이라고 예상하지 못했어요.
남: 뭘 했으면 마음에 드셨을 것 같으세요?

(a) 강연이 더 많이 있었으면 좋겠어요.
(b) 강사로부터 전해 들었으면 아주 좋았을 거예요.
(c) 상호 교류형 활동이었으면 유익했을 거예요.
(d) 제안해 주신 것을 고려해 보고 다시 연락 드리겠습니다.

해설

워크숍이 강연을 중심으로 하는 것일 줄은 몰랐다고 말한 여자에게 무
엇이었으면 좋았을지 묻고 있으므로 강연 위주보다 더 유익할 것으로
생각되는 활동을 언급한 (c)가 정답이다.

오답 체크

(a) 워크숍이 강연 중심일 것이라고 예상하지 못했다고 했으므로 어울
리지 않는 반응이다.
(d) 의견을 묻는 질문에 대한 반응으로 적절하지 않으므로 오답이다.

어휘

latest 최근의, 최신의 **expect A to do**: A가 ~할 것으로 예상하다,
기대하다 **A-based**: A 중심의, A 기반의 **would have p.p.** ~했
을 것이다 **interactive** 상호 교류의, 쌍방향의 **helpful** 유익한, 도
움이 되는 **consider** ~을 고려하다 **suggestion** 제안, 의견 **get
back to** ~에게 다시 연락하다

12.

> W: Do you want to have lunch together?
> M: I have to pick up my dry cleaning first.
> W: How long will that take?
>
> (a) The new pasta place sounds nice.
> **(b) I'll send you a message once I'm done.**
> (c) Yes, it's quite close to here.
> (d) I don't have any plans tomorrow.

여: 같이 점심 식사 하시겠어요?
남: 드라이클리닝 맡긴 옷부터 찾아와야 해요.
여: 그게 시간이 얼마나 걸리죠?

(a) 새로 생긴 파스타 식당이 아주 좋은 것 같아요.
(b) 완료되는 대로 문자 메시지를 보낼게요.
(c) 네, 이곳에서 꽤 가까워요.
(d) 저는 내일 아무 계획도 없어요.

해설

드라이클리닝 맡긴 옷을 찾는 일을 that으로 지칭해 그 일이 얼마나
걸리는지를 묻는 질문에 대해 문자 메시지로 완료 시점을 알려 주겠다
는 말로 대신 답변하는 (b)가 정답이다.

오답 체크

(c) Yes는 의문사 의문문에 어울리지 않는 답변이므로 오답이다.
(d) 오늘 함께 식사할 수 없을 경우에 따른 대안에 해당하는 답변이며,
  How long 의문문에 어울리는 반응이 아니므로 오답이다.

어휘

pick up ~을 가져 오다, 찾아 오다 **How long will A take?**: A가
얼마나 걸릴까요? **sound 형용사**: ~한 것 같다, ~한 것처럼 들리다
once ~하는 대로, ~하자마자 **quite** 꽤, 상당히 **close to** ~와 가
까운

13.

> M: Hi. May I speak with Becky Russell, please?
> W: She's not in her office at the moment, but I
>   can take a message.
> M: What time do you think she'll return?
>
> (a) I'm sorry, but she's lost her phone.
> **(b) She should return within thirty minutes.**
> (c) I'll transfer your call when the line is free.
> (d) What time are you planning to leave?

남: 안녕하세요. Becky Russell 씨와 통화할 수 있을까요?
여: 현재 사무실에 계시진 않지만, 제가 메모 남겨드릴 수 있습니
  다.
남: 언제 돌아오실 것 같으세요?

(a) 죄송하지만, 그분은 전화기를 분실하셨어요.
(b) 30분 내에 돌아오실 겁니다.
(c) 통화 중이 아닐 때 전화를 돌려 드리겠습니다.
(d) 언제 퇴근하실 계획이신가요?

해설

Becky Russell 씨가 언제 돌아올지 묻는 질문에 대해 대략적인 미래 시점으로 답변하는 (b)가 정답이다.

오답 체크

(c) 통화 가능한 방법을 알리는 말이므로 언제 돌아올지를 묻는 질문에 대한 답변으로 맞지 않는다.

(d) 퇴근 시간을 되묻는 질문이므로 어울리지 않는 반응이다.

어휘

at the moment 현재, 지금 **take a message** 메모를 남겨 놓다 **return** 돌아오다 **within** ~ 이내에 **transfer a call** (다른 사람에게) 전화를 돌리다 **when the line is free** 통화 중이 아닐 때 **plan to do** ~할 계획이다 **leave** 퇴근하다, 떠나다, 나가다

14.

W: Oh, it's nice to bump into you, Mike.
M: Same here. So, what's new with you?
W: Nothing special, really. What have you been up to?

(a) I normally come here once a week.
(b) I'll leave that up to you.
(c) It was great to see you again.
(d) I have so many stories to tell you.

여: 아, 이렇게 우연히 마주치다니 반가워, Mike.
남: 나도 반가워. 그래서, 잘 지내고 있어?
여: 별 다른 일은 없어. 그동안 어떻게 지냈어?

(a) 난 보통 여기에 일주일에 한 번씩 와.
(b) 그 일은 네게 맡길게.
(c) 다시 만나게 되어서 반가웠어.
(d) 네게 해 줄 얘기가 너무 많아.

해설

어떻게 지냈는지를 묻는 질문에 대해 할 얘기가 많다는 말로 많은 일이 있었음을 암시하는 (d)가 정답이다.

오답 체크

(b) up to를 반복 사용해 혼동을 유발하는 오답이다.

(c) 누군가를 만나고 헤어질 때 하는 인사이므로 두 사람이 지금 막 마주친 대화 상황에 맞지 않는 말이다.

어휘

bump into ~와 우연히 마주치다 **what's new with you?** 잘 지내?, 새로운 소식 있어? **nothing special** 별 다른 것이 없다 **What have you been up to?** 그동안 어떻게 지냈어? **normally** 보통, 일반적으로 **leave A up to B**: A를 B에게 맡기다

15.

M: Good afternoon, ma'am. Do you have a reservation?
W: Yes, for 7:30, under the name 'Tiara'. We are a party of six.
M: Ah, yes. I see your reservation, Ms. Tiara. Which one would you prefer, an indoor table or a patio table?

(a) I'd like to reserve a table for this evening.
(b) How about ordering an appetizer?
(c) Okay, that's fine with me.
(d) Whichever is in a quieter spot.

남: 안녕하세요, 고객님. 예약하셨습니까?
여: 네, 7시 30분에 'Tiara'라는 이름으로요. 저희 일행이 6명입니다.
남: 아, 네. 예약이 확인되셨습니다, Tiara 씨. 실내 테이블과 테라스 테이블 중에 어느 것이 더 좋으신가요?

(a) 오늘 저녁에 테이블을 하나 예약하고자 합니다.
(b) 애피타이저를 주문하시는 건 어떠세요?
(c) 알겠습니다, 저는 좋습니다.
(d) 어느 쪽이든 더 조용한 자리로요.

해설

선호하는 테이블을 묻는 선택 의문문에 대해 자리 선택을 위한 조건을 알리는 (d)가 정답이다.

오답 체크

(a) 예약을 하는 상황에 할 수 있는 말이므로 어울리지 않는 반응이다.

(b) 테이블을 정해 자리에 앉은 후에 직원이 고객에게 할 수 있는 말이므로 오답이다.

(c) that이 가리키는 대상을 알 수 없으므로 선택 의문문에 어울리지 않는 반응이다.

어휘

have a reservation 예약하다 **party** 일행 **prefer** ~을 선호하다, 더 좋아하다 **patio** 테라스 **reserve** ~을 예약하다 **How about ~?** ~는 어때요? **order** ~을 주문하다 **appetizer** 애피타이저 **that's fine with me** 저는 좋습니다 **whichever** ~하는 어느 것이든 **spot** 위치, 지점, 장소

16.

W: I heard somebody spilled red wine on your new suit last night.
M: Yes, so I took it to the dry cleaner this morning.
W: How much did the cleaning fee set you back?

(a) I had it cleaned a week ago.
(b) I paid over fifty bucks in the end.
(c) The suit has a button on the front.
(d) The dry cleaner's isn't open this week.

여: 어젯밤에 당신의 새 정장에 누군가가 레드 와인을 쏟았다고 들었어요.
남: 네, 그래서 오늘 아침에 세탁소로 가져 갔어요.
여: 세탁비로 얼마나 내셨나요?

(a) 그것을 일주일 전에 세탁했어요.
(b) 결국 50달러 넘게 지불했어요.
(c) 그 정장은 앞쪽에 단추가 있어요.
(d) 그 세탁소는 이번 주에 문을 열지 않아요.

해설
세탁 비용을 묻는 질문에 대해 지불한 액수를 알려주는 (b)가 정답이다.

오답 체크
(a) 과거에 세탁을 한 시점을 말하는 답변이므로 When 의문문에 어울리는 반응이다.
(c) 정장의 특징을 말하는 내용이므로 세탁 비용과 관련 없는 답변이다.

어휘
spill ~을 쏟다, 엎지르다 dry cleaner 세탁업자 fee 요금, 수수료 set A back B: A에게 B의 비용을 들이게 하다 over ~가 넘는 buck 달러 in the end 결국, 끝내 on the front 앞쪽에, 앞면에 dry cleaner's 세탁소

17.

M: Do you know when the bus is due? I've been waiting here for twenty minutes.
W: The timetable says it should come every ten minutes.
M: Oh, how come buses never come when you need them?

(a) Please buy me a ticket for the 3:15 bus.
(b) Don't worry, there will be plenty of seats.
(c) Never mind. I'll just take a taxi.
(d) I'm sure one will be along any minute now.

남: 버스가 언제 오는지 아세요? 제가 여기서 20분째 기다리는 중입니다.
여: 시간표에는 10분마다 온다고 되어 있는데요.
남: 아, 버스는 왜 필요할 때 절대 오지 않는 거죠?

(a) 제게 3시 15분 버스 티켓을 사 주세요.
(b) 걱정하지 마세요, 자리가 많이 있을 겁니다.
(c) 신경 쓰지 마세요. 저는 그냥 택시를 탈게요.
(d) 분명 금방 한 대 도착할 거예요.

해설
꼭 필요할 때 버스가 빨리 오지 않는건지 묻는 말에 대해 금방 한 대 도착할 것이라는 말로 상대방을 안심시키는 의미에 해당되는 (d)가 정답이다.

오답 체크
(b) 버스의 도착 여부가 아닌 착석 가능 여부를 말하는 내용이므로 어울리지 않는 반응이다.
(c) 서로 헤어지는 시점에 할 수 있는 말인데, 대화 내용으로 보아 두 사람이 이제 처음 만나 대화를 나누는 상황임을 알 수 있으므로 오답이다.

어휘
due 예정된, ~하기로 되어 있는 timetable 시간표 every ten minutes 10분마다 how come ~? 왜 ~하는 거죠? plenty of 많은 Never mind. 신경 쓰지 마세요, 걱정 마세요 be along 오다, 도착하다, 당도하다 any minute now 금방, 곧

18.

W: Have you purchased a new car?
M: Yes, I finally bought one this past weekend.
W: How is it compared with your previous one?

(a) It took me a long time to find it.
(b) I haven't applied for my driver's license yet.
(c) It's a lot easier to drive, and more spacious, too.
(d) I'd suggest checking Web sites and notice boards.

여: 새 차를 구입하셨나요?
남: 네, 지난 주말에 드디어 구입했습니다.
여: 이전에 갖고 계시던 것에 비해 어떤가요?

(a) 그것을 찾는 데 오랜 시간이 걸렸어요.
(b) 저는 아직 운전 면허증을 신청하지 않았습니다.
(c) 훨씬 더 운전하기 쉽고, 공간도 더 넓어요.
(d) 웹 사이트들과 게시판들을 확인해보시기를 권해 드립니다.

해설
car를 대신하는 one과 함께 이전의 자동차와 비교되는 점을 묻는 질문에 대해 장점들을 언급하는 (c)가 정답이다.

오답 체크
(a) 찾는 데 시간이 오래 걸렸다는 말은 비교되는 점에 해당되지 않으

므로 오답이다.

(d) 정보 수집 방법을 알려 주는 말이므로 어울리지 않는 반응이다.

어휘

purchase ~을 구입하다 **compared with** ~에 비해, ~와 비교해 **previous** 이전의 **take A a long time to do**: A가 ~하는 데 오랜 시간이 걸리다 **apply for** ~을 신청하다, ~에 지원하다 **spacious** (공간이) 넓은 **suggest -ing** ~하도록 권하다, 제안하다 **notice board** 게시판

19.

M: Do you know how to get to Indianapolis?

W: You take bus number 501, I think.

M: Which gate is that bus located at?

(a) It normally departs every hour.

(b) The bus journey there is very scenic.

(c) You can take the train, if you'd prefer.

(d) It's on the east side of the terminal at Gate 5.

남: Indianapolis로 가는 방법을 아시나요?

여: 501번 버스를 타시면 될 것 같습니다.

남: 그 버스가 어느 탑승구에 위치해 있죠?

(a) 보통 1시간마다 출발합니다.

(b) 그 버스 여행은 매우 경치가 좋습니다.

(c) 기차를 타셔도 됩니다, 원하시면.

(d) 터미널 동쪽에 있는 5번 탑승구입니다.

해설

501번 버스를 탈 수 있는 탑승구를 묻는 질문에 대해 터미널 내의 특정 탑승구를 알려 주는 (d)가 정답이다.

오답 체크

(a) 출발 주기를 말하는 내용이므로 How often 의문문에 어울리는 답변이다.

(c) 교통 수단과 관련된 대안을 말하는 답변이므로 501번 버스를 탈 수 있는 위치와 관련 없는 답변이다.

어휘

how to do ~하는 법 **get to** ~로 가다 **be located at** ~에 위치해 있다 **normally** 보통, 일반적으로 **depart** 출발하다, 떠나다 **journey** (긴) 여행 **scenic** 경치가 좋은 **if you'd prefer** 원하시면, 괜찮으시면

20.

W: Can you tell me where the nearest post office is?

M: Sure. Turn left at the bakery and walk straight. You'll see it.

W: How far is it from the bakery?

(a) Just about 5 minutes.

(b) There's a quicker way.

(c) I can pick up something for you.

(d) I heard it closes at 4.

여: 가장 가까운 우체국이 어디 있는지 알려주시겠어요?

남: 물론이죠. 제과점에서 좌회전하신 후에 직진하세요. 그럼 보이실 거예요.

여: 제과점에서 얼마나 멀리 있나요?

(a) 약 5분 정도요.

(b) 더 빨리 가는 방법이 있습니다.

(c) 제가 뭘 좀 사다 드릴 수 있어요.

(d) 그곳은 4시에 문을 닫는다고 들었어요.

해설

제과점으로부터 우체국까지의 거리를 묻는 질문에 대해 이동 시간으로 물리적인 거리를 대신하는 (a)가 정답이다.

오답 체크

(b) 앞서 이미 이동 방법을 알려 준 상태이며, 거리를 묻는 질문과도 어울리지 않는 답변이다.

(c) 물품을 구매하러 가는 상황에서 할 수 있는 말이므로 어울리지 않는 반응이다.

(d) 영업 종료 시간을 말하는 답변이므로 When 의문문에 어울리는 반응이다.

어휘

nearest 가장 가까운 **turn left** 좌회전하다 **walk straight** 직진하다 **How far is it from ~?** ~에서 얼마나 멀리 있나요? **about** 약, 대략 **quicker way** 더 빠른 방법, 더 빠른 길 **pick up** ~을 구입하다, 가져오다

UNIT 06 When, Where, Who, Why 의문문

기출 Check-up Test   본문 p. 55

1. (d)	**2.** (a)	**3.** (c)	**4.** (b)	**5.** (b)	**6.** (d)
7. (d)	**8.** (a)	**9.** (d)	**10.** (c)	**11.** (b)	**12.** (d)
13. (b)	**14.** (b)	**15.** (d)	**16.** (c)	**17.** (a)	**18.** (b)
19. (a)	**20.** (d)				

[Part 1]

1.

> M: When does the next train to Nottingham leave?
>
> (a) I've lived in Nottingham for a decade.
> (b) It takes less than an hour to get there.
> (c) I hope you had a pleasurable journey.
> **(d) Let me take a look at the timetable.**

남: Nottingham으로 가는 다음 기차가 언제 출발하나요?

(a) 저는 Nottingham에 10년 동안 살았어요.
(b) 그곳으로 가는 데 1시간이 채 걸리지 않습니다.
(c) 즐거운 여행하셨기를 바랍니다.
(d) 제가 시간표를 확인해 보겠습니다.

해설
Nottingham으로 가는 다음 기차의 출발 시점을 묻는 질문에 대해 해당 정보를 확인하는 방법을 언급하는 것으로 답변하는 (d)가 정답이다.

오답 체크
(b) 이동 시간과 관련된 답변이므로 How long 의문에 어울리는 반응이다.
(c) 여행을 완료한 후에 할 수 있는 말이므로 아직 출발 전인 상대방에게 할 수 있는 말로 맞지 않는다.

어휘
leave 출발하다, 떠나다 **decade** 10년 **take** ~의 시간이 걸리다 **less than** ~가 채 되지 않는, ~ 미만의 **get there** 그곳으로 가다 **pleasurable** 즐거운 **journey** (긴) 여행 **take a look at** ~을 한 번 보다 **timetable** 시간표

2.

> W: Where is Professor Jenkins' laboratory?
>
> **(a) It's just opposite the elevators.**
> (b) The laboratory is cleaned daily.
> (c) Just put it in the cupboard under the sink.
> (d) The professor is a former colleague of mine.

여: Jenkins 교수님의 연구실은 어디에 있나요?

(a) 엘리베이터 바로 맞은편에 있어요.
(b) 연구실은 매일 청소됩니다.
(c) 그냥 싱크대 밑에 있는 찬장에 놓아주세요.
(d) 그 교수님께서는 한때 제 동료이셨어요.

해설
Jenkins 교수의 연구실 위치를 묻는 질문에 대해 엘리베이터 바로 맞은편이라는 위치 정보로 답변하는 (a)가 정답이다.

오답 체크
(b) 연구실 청소 주기를 말하는 내용이므로 위치 관련 질문에 대한 반응으로 맞지 않는다.
(c) 위치 표현이 포함된 답변이지만 연구실 위치로 맞지 않으므로 오답이다.

어휘
just opposite ~ 바로 맞은편에, 반대편에 **laboratory** 연구소, 실험실 **put A in B**: A를 B에 놓다, 두다 **cupboard** 찬장, 벽장 **sink** 싱크대 **former** (과거) 한때의, 이전의, 전직 ~의 **colleague** 동료 (직원)

3.

> M: Who is this award for?
>
> (a) They won the championship.
> (b) I'm honored to receive it.
> **(c) Our top goal scorer, Ryan.**
> (d) At a ceremony tomorrow.

남: 이 상은 누구에게 주는 것인가요?

(a) 그들이 챔피언 결정전에서 승리했어요.
(b) 제가 받게 되어 영광스럽습니다.
(c) 우리의 최고 득점자인 Ryan 선수요.
(d) 내일 있을 행사에서요.

해설
수상자가 누구인지를 묻고 있으므로 최고 득점자의 이름을 말하는 것으로 수상 자격을 언급하는 (c)가 정답이다.

오답 체크
(a) They에 해당되는 대상을 알 수 없으므로 오답이다.
(b) 수상 소감을 말하는 상황에서 할 수 있는 말이므로 오답이다.

어휘
award 상 **win the championship** 챔피언 결정전에서 승리하다 **be honored to do** ~해서 영광이다 **receive** ~을 받다 **scorer** 득점자 **ceremony** 행사, 의식

4.

> W: Where did you get your suit made?
>
> (a) About two months ago.
> **(b) At the new tailor shop on Bridge Road.**
> (c) I'll have to take your measurements.
> (d) It really suits you.

여: 어디에서 정장을 맞추셨나요?

(a) 약 두 달 전에요.
(b) Bridge Road에 있는 새 양복점에서요.
(c) 당신의 몸 치수를 재야 합니다.
(d) 당신에게 정말 잘 어울리네요.

해설
정장을 맞춘 곳을 묻는 질문에 대해 특정 장소에 있는 양복점을 언급하는 (b)가 정답이다.

(a) 과거 시점 표현이므로 When 의문문에 어울리는 반응이다.
(c) 양복점 내에서 재단사가 할 수 있는 말에 해당되므로 오답이다.

get A p.p.: A가 ~되게 하다 **suit** n. 정장 v. ~에게 어울리다, 적합하다 **about** 약, 대략 **tailor shop** 양복점 **take one's measurements** ~의 몸 치수를 재다

5.

M: When are the applications due for Jeeves College?

(a) Mostly for science-related courses.
(b) I think you're already too late.
(c) Classes typically start at 9.
(d) Yes, I really hope I'm accepted.

남: Jeeves College 입학 지원은 언제가 마감인가요?

(a) 대부분 과학 관련 코스에 대해서요.
(b) 이미 너무 늦으신 것 같은데요.
(c) 강의가 보통 9시에 시작됩니다.
(d) 네, 제가 입학 허가를 받았기를 진심으로 바랍니다.

Jeeves College 입학 지원 마감 시점을 묻는 질문에 대해 너무 늦었다는 말로 지원할 수 없음을 알리는 (b)가 정답이다.

(a) 전공 분야를 말하는 내용이므로 지원 마감 시점을 묻는 질문에 어울리지 않는 반응이다.
(c) 강의 시작 시간을 말하는 내용이므로 지원 마감 시한과 관련 없는 답변이다.
(d) Yes는 의문사 의문문에 대한 반응으로 어울리지 않으므로 오답이다.

application 지원(서) **due 날짜**: ~가 마감인, 기한인 **mostly** 대부분 **science-related** 과학과 관련된 **typically** 보통, 일반적으로 **be accepted** 입학 허가를 받다

6.

W: Why are you using this special toothpaste?

(a) Two or three times a day.
(b) I got it at the drugstore downtown.
(c) I have an appointment at 10:30.
(d) I'm following my dentist's advice.

여: 왜 이 특정한 치약을 사용하고 계신 건가요?

(a) 하루에 두세 번이요.
(b) 시내에 있는 약국에서 구입했어요.
(c) 저는 10시 30분에 예약이 되어 있습니다.
(d) 치과 의사 선생님의 조언을 따르는 중입니다.

왜 특정 치약을 사용하는지 묻는 질문에 대해 의사의 조언대로 하는 중이라는 말로 특정 치약 사용 이유를 말하는 (d)가 정답이다.

(a) 양치를 하는 횟수와 관련된 답변이므로 How often 의문문에 어울리는 반응이다.
(b) 구입 장소를 말하는 내용이므로 Where 의문문에 어울리는 답변이다.

toothpaste 치약 **drugstore** 약국 **downtown** 시내에 **appointment** 예약, 약속 **follow** ~을 따르다, 따라 하다 **dentist** 치과 의사

7.

M: Who would've guessed that Joshua would resign so suddenly?

(a) That's too bad. I'll really miss you.
(b) He's certainly working very hard on it.
(c) I knew you'd get the job.
(d) He must've had his reasons.

남: Joshua가 그렇게 갑자기 일을 그만둘 줄 누가 알았겠어요?

(a) 정말 안됐네요. 당신이 정말 보고 싶을 거예요.
(b) 그는 확실히 그 일을 매우 열심히 하고 있어요.
(c) 당신이 그 일을 하게 될 줄 알았어요.
(d) 분명히 이유가 있었을 거예요.

Joshua 씨의 갑작스런 사임에 대한 아쉬움을 말하는 상대방에게 그 사람을 He로 지칭해 그럴 만한 이유가 있을 것이라고 답변하는 (d)가 정답이다.

(a) Joshua 씨의 사임에 관해 얘기하는 상황이므로, Joshua가 아닌 상대방이 그리울 것이라는 말은 앞뒤가 맞지 않는다.
(c) 마찬가지로, Joshua 씨에 관해 얘기하는 상황이므로 상대방이 얻은 일자리를 언급하는 것은 어울리지 않는 반응이다.

Who would've guessed that ~? 누가 ~하는 걸 짐작이나 했겠어요? **resign** 사임하다 **suddenly** 갑자기 **certainly** 분명히 **work on** ~을 맡아 일하다 **must have p.p.** ~한 것이 분명하다, 틀림없다

8.

W: Why are you walking so slowly?

(a) I've been on my feet all day!
(b) I can work on it for you.
(c) Don't worry. You'll pick it up eventually.
(d) No, I came by bicycle.

여: 왜 그렇게 천천히 걸으시는 거죠?

(a) 저는 오늘 종일 서 있었어요!

(b) 제가 대신 그것을 해 드릴 수 있습니다.

(c) 걱정하지 마세요. 결국 그것을 익히게 되실 거예요.

(d) 아뇨, 저는 자전거로 왔어요.

해설

왜 천천히 걷는지 묻는 질문에 대해 종일 서 있었다는 말로 다리가 불편한 상태임을 나타내는 (a)가 정답이다.

오답 체크

(c) it이 가리키는 대상을 알 수 없으며, pick up은 뭔가 배우거나 알게 되는 일, 또는 물건 등을 가져오거나 사람을 태워오는 일 등과 관련된 상황에 어울리는 말이므로 오답이다.

(d) 과거 시점에 이용한 이동 수단을 말하는 내용이므로 어울리지 않는 반응이다.

어휘

be on one's feet 서 있다, 일어서 있다 **work on** ~에 대한 일을 하다 **pick up** ~을 익히게 되다, 구입하다, 가져오다 **eventually** 결국, 끝내

9.

M: I apologize for the interruption. Where did we leave off?

(a) You can leave them over there next to the door.

(b) Just drop me off on the corner. Thanks.

(c) I'm sorry. I'll try not to distract you again.

(d) You were listing the benefits of your service.

남: 중단되어서 죄송합니다. 어디까지 하다 멈췄죠?

(a) 바로 저기 문 옆에 두시면 됩니다.

(b) 저 모퉁이에서 내려 주시면 됩니다. 감사합니다.

(c) 죄송합니다. 다시 방해하지 않도록 하겠습니다.

(d) 당신 회사의 서비스 혜택을 하나씩 설명하고 계셨습니다.

해설

'Where did we leave off?'는 진행 과정에서 멈춘 부분을 확인하기 위해 사용하는 표현이다. 따라서 상대방에게 하던 일을 알려 주는 의미에 해당되는 (d)가 정답이다.

오답 체크

(a) 질문의 leave off에서 leave를 이용해 소리 혼동을 유발하는 오답이다.

(b) 차에서 내리기 전에 할 수 있는 말로, 역시 질문의 leave off에서 off를 이용해 소리 혼동을 유발하는 오답이다.

어휘

apologize for ~에 대해 사과하다 **interruption** 중단 **leave off** (하다가) 멈추다, 중단하다 **leave** ~을 놓다, 두다 **over there**

바로 저쪽에 **next to** ~ 옆에 **drop A off**: (차에서) A를 내려 주다 **on the corner** 모퉁이에 **try (not) to do** ~하려(하지 않으려) 하다 **distract** ~을 방해하다 **list** ~을 차례로 설명하다, 나열하다 **benefit** 혜택, 이점

10.

W: Daniel, why do you want to go to the health food store?

(a) I've got everything I need.

(b) Yes, I try to follow a healthy diet.

(c) I need some specific ingredients.

(d) I brought my car and parked it.

여: Daniel, 왜 건강 식품 매장에 가고 싶어 하는 거죠?

(a) 필요한 것을 모두 구입했어요.

(b) 네, 건강식을 따라 하려는 중입니다.

(c) 특정 음식 재료가 필요해요.

(d) 제 차를 가져와서 주차했습니다.

해설

왜 건강 식품 매장에 가고 싶어 하는지 묻는 질문에 대해 특정 재료가 필요하다는 말로 해당 매장에 가려는 이유를 언급하는 (c)가 정답이다.

오답 체크

(a) 물품 구매를 완료한 시점에 할 수 있는 말이므로 어울리지 않는 반응이다.

(b) Yes는 의문사 의문문에 맞지 않는 답변이므로 오답이다.

(d) 과거 시점에 이용한 이동 수단과 관련된 말이므로 건강 식품 매장에 가려는 이유와 관련 없는 답변이다.

어휘

try to do ~하려 하다 **follow** ~을 따르다, 따라하다 **healthy diet** 건강식 **specific** 특정한, 구체적인 **ingredient** 음식 재료, 성분 **park** ~을 주차하다

[Part 2]

11.

M: So, what brings you here this morning?

W: My tooth is aching and I can't chew anything.

M: When did these problems first occur?

(a) I didn't have any trouble getting here.

(b) It's already been a few days now.

(c) I also noticed my gums are bleeding.

(d) I've already had it taken care of.

남: 자, 오늘 아침에 이곳에 무슨 일로 오신 건가요?

여: 제 치아가 아프고 아무 것도 씹을 수가 없습니다.

남: 이 문제가 언제 처음 발생되었죠?

(a) 이곳으로 오는 데 아무 문제가 없었습니다.

(b) 지금 며칠 지난 상태입니다.

(c) 잇몸에서 피가 난다는 점도 알게 되었습니다.

(d) 저는 이미 그것을 처리해 두었습니다.

문제가 언제 처음 발생되었는지 묻는 질문에 대해 며칠 되었다는 말로 대략적인 과거 시점을 언급하는 (b)가 정답이다.

(a) 특정 장소로의 이동과 관련된 말이므로 남자의 질문에 맞지 않는 반응이다.

(c) 추가적인 문제점을 밝히는 말인데, 남자는 문제점 발생 시점을 묻고 있으므로 어울리지 않는 답변이다.

What brings you here? 무슨 일로 오셨죠? **ache** v. 아프다, 통증이 있다 **chew** ~을 씹다 **occur** 발생되다 **have trouble -ing** ~하는 데 문제가 있다, 어려움을 겪다 **get here** 이곳으로 오다 **notice** ~을 알아 차리다 **gums** 잇몸 **bleed** 피가 나다 **have A p.p.**: A가 ~되게 하다 **take care of** ~을 처리하다, 돌보다

12.

W: What happened to this picture frame?

M: Oh, sorry. I was looking at the photo, and it fell off of your desk and broke.

W: Why didn't you tell me straight away?

(a) I forwarded some photographs to you.

(b) It was in your desk drawer all this time. That's why.

(c) Because mine is still working fine.

(d) I had planned to, but I got sidetracked.

여: 이 액자에 무슨 일이 생긴 거죠?

남: 아, 죄송합니다. 제가 사진을 보고 있었는데, 당신 책상에서 떨어져서 망가졌어요.

여: 왜 제게 즉시 말씀해주지 않으셨나요?

(a) 제가 몇몇 사진을 당신에게 전송해 드렸습니다.

(b) 지금껏 내내 당신 책상 서랍에 있었어요. 그게 이유예요.

(c) 제 것은 여전히 잘 작동되고 있으니까요.

(d) 그럴 계획이었는데, 제가 다른 일에 정신이 팔려 있었습니다.

액자가 망가진 일과 관련해 왜 즉시 알리지 않았는지를 묻고 있으므로 그럴 계획이기는 했지만 다른 일 때문에 말하지 못했음을 이유로 언급하는 (d)가 정답이다.

(a) 과거 시점에 사진을 전송했음을 알리는 말이므로 망가진 액자와 관련해 즉시 알리지 않은 이유로 맞지 않는다.

(c) 자신이 소유한 물품의 작동 상태를 알리는 말이므로 오답이다.

picture frame 사진 액자 **fall off of** ~에서 떨어지다 **break** 망가지다, 깨지다, 고장 나다 **straight away** 즉시, 곧바로 **forward A to B**: A를 B에게 전송하다, 회송하다 **drawer** 서랍 **all this time** 지금껏 내내 **work fine** 잘 작동되다, 잘 기능하다 **plan to do** ~할 계획이다 **get sidetracked** 한눈을 팔다, 딴 길로 새다

13.

M: Woah! That was a close game. You've definitely improved at chess.

W: Thanks, but I couldn't have done it without you.

M: Without me? Why would you think that?

(a) Because I should practice more.

(b) Well, you've been like a mentor to me.

(c) Next time, I won't give you a chance.

(d) I'm up for one more game if you are.

남: 와! 아슬아슬한 게임이었어요. 당신 체스 실력이 확실히 늘었네요.

여: 고마워요, 하지만 당신이 아니었다면 그럴 수 없었을 거예요.

남: 제 덕이라고요? 왜 그렇게 생각하시는 거죠?

(a) 제가 연습을 더 해야 하니까요.

(b) 저, 당신은 그동안 제게 멘토 같았어요.

(c) 다음 번엔, 기회를 드리지 않을 거예요.

(d) 괜찮으시면 한 게임 더 하고 싶어요.

체스 실력이 향상된 이유와 관련해 왜 자신 때문이라고 생각하는지 묻는 남자의 질문에 대해 상대방이 어떤 존재였는지를 나타내는 말로 이유를 언급하는 (b)가 정답이다.

(a) 자신이 연습을 더 해야 한다는 말은 실력 향상의 원인이 남자와 관련된 것이 아니므로 오답이다.

(d) 한 게임 더 하고 싶다는 의미를 나타내는 말이므로 실력 향상의 원인과 관련된 답변이 아니다.

close (경기 등이) 아슬아슬한 **definitely** 확실히, 분명히 **improve** 향상되다, 개선되다 **couldn't have p.p. without A**: A가 아니었다면 ~할 수 없었을 것이다 **practice** 연습하다 **mentor** 멘토, 스승 **be up for** 기꺼이 ~하다

14.

W: Brad has been suspended because he's suspected of stealing company funds.
M: You mean Brad in the Sales Department?
W: Yes. But, nobody believes that he's the one to blame. Who on earth would do such a thing?

(a) I'm sorry. I'll make sure I make it up to everyone.
(b) Well, I just hope the guilty person gets caught quickly.
(c) I can recommend some talented individuals to you.
(d) That's certainly a stroke of good luck.

여: Brad 씨가 회사 자금을 횡령한 혐의를 받고 있어서 정직된 상태입니다.
남: 영업부의 Brad 씨를 말씀하시는 건가요?
여: 네. 하지만 그가 비난받아야 하는 사람이란 걸 아무도 믿지 않아요. 도대체 누가 그런 일을 할 수 있을까요?

(a) 죄송합니다. 반드시 모든 사람들에게 보상하도록 하겠습니다.
(b) 글쎄요, 저는 죄를 지은 사람이 빨리 붙잡히기를 바랄 뿐입니다.
(c) 당신에게 몇몇 재능 있는 사람들을 추천해 드릴 수 있습니다.
(d) 그렇다면 분명 천만다행이네요.

해설
부정적인 일을 저지른 사람과 관련해 누가 그럴 수 있는지 묻는 질문에 대해 유죄인 사람이 빨리 붙잡히기를 바란다는 말로 답변하는 (b)가 정답이다.

오답 체크
(a) 실수나 잘못을 저지른 사람이 할 수 있는 말이므로 어울리지 않는 반응이다.
(d) 천만다행이라는 말은 안심하는 상황에서 할 수 있는 말이므로 어울리지 않는 반응이다.

어휘
be suspended 정직되다, 정학되다 **be suspected of** ~에 대한 혐의를 받다 **steal funds** 자금을 횡령하다 **sales** 영업, 판매, 매출 **the one to blame** 비난 받아야 할 사람 **on earth** (강조) 도대체, 어째서 **make sure (that)** 반드시 ~하도록 하다 **make it up to** ~에게 보상하다 **guilty** 유죄의 **get caught** 붙잡히다 **talented** 재능 있는 **individual** 사람, 개인 **certainly** 분명 **a stroke of good luck** 천만다행(인 일)

15.

M: You've been hanging out with Aiden a lot. Are you two a couple these days?
W: No! We are nothing more than close friends.
M: Then why do I see you with him so often?

(a) I'll be seeing him this evening at 7.
(b) But I have a lot of free time this weekend.
(c) He and I don't have much in common.
(d) We just enjoy each other's company.

남: 너 Aiden과 많이 어울려 다니는 것 같더라. 너희 둘이 요즘 사귀는 거야?
여: 아냐! 그저 가까운 친구 사이일 뿐이야.
남: 그럼 내가 왜 너희 둘이 함께 있는 걸 그렇게 자주 보는 거지?

(a) 오늘 저녁 7시에 그를 볼 예정이야.
(b) 하지만 이번 주말에 여유 시간이 많이 있어.
(c) 그와 난 공통점이 많지 않아.
(d) 우린 그저 서로 함께 있으면 즐거운 것뿐이야.

해설
여자와 Aiden이 함께 있는 걸 자주 보게 된 이유를 묻는 질문에 대해 같이 있는 것이 즐거울 뿐이라고 답변하는 (d)가 정답이다.

오답 체크
(a) 미래 시점에 만나는 시간을 말하는 답변이므로 When 의문문에 어울리는 반응이다.
(c) 공통점이 많지 않다는 말은 서로 어울릴 수 없는 이유에 해당되므로 어울리지 않는 답변이다.

어휘
hang out with ~와 어울려 다니다 **nothing more than** ~일 뿐인, ~에 불과한 **then** 그럼, 그렇다면 **have much in common** 공통점이 많다 **enjoy one's company** ~와 함께 있는 것이 즐겁다

16.

W: You really know your way around an engine. Ever think about becoming a mechanic?
M: I'd love to, but I haven't had any formal training.
W: Why don't you stop by my garage next time I have a repair job?

(a) Sure, come over anytime.
(b) Do you think you could fix it for me?
(c) That would mean a lot to me.
(d) I wish I could spend more time in a garage.

여: 당신은 엔진에 대해 정말 잘 아시는군요. 기술자가 될 생각은 안 해봤어요?

남: 되고 싶어요, 하지만 정식 훈련을 받은 적이 없습니다.

여: 다음에 내게 수리 작업이 있을 때 내 정비소에 들러 볼래요?

(a) 물론이죠, 언제든 오세요.

(b) 절 위해 그걸 고쳐 주시겠어요?

(c) 그게 제게 정말 큰 도움이 될 거예요.

(d) 정비소에서 더 많은 시간을 보내고 싶어요.

엔진을 잘 안다는 말로 칭찬한 뒤로 자신의 정비소에 한 번 들르도록 권하는 상황이므로 그 일을 that으로 지칭해 큰 도움이 될 것이라는 말로 기쁨을 나타내는 (c)가 정답이다.

(b) repair와 연관성 있는 fix를 활용해 혼동을 유발하는 답변이며, it 이 가리키는 수리 대상을 알 수 없으므로 오답이다.

(d) garage가 반복 사용된 답변으로, 자신의 정비소에 들러 보라고 묻는 상대방의 제안에 어울리는 답변이 아니다.

know one's way around ~에 관해 잘 알다 **mechanic** 정비 기사 **formal** 정식의, 공식적인 **training** 교육 **Why don't you ~?** ~하는 게 어때요? **stop by** ~에 들르다 **garage** 차고, 주차장, 정비소 **next time 주어 동사**: 다음 번에 ~할 때 **repair** 수리 **come over** 건너오다 **fix** ~을 고치다, 바로잡다 **mean a lot to** ~에게 큰 의미가 되다, 큰 힘이 되다

17.

M: Why didn't you respond to my e-mail? I sent it earlier this morning.

W: Oh, I didn't see it yet. I was on the phone with head office and I turned my computer off.

M: Why did you do that?

(a) I didn't want to be distracted during the call.

(b) I'm purchasing a new phone later today.

(c) I needed more time to consider your suggestion.

(d) I was waiting for an important e-mail.

남: 왜 제 이메일에 답장하지 않으신 거죠? 아까 아침에 보내 드렸는데요.

여: 아, 아직 보지 못했어요. 본사와 전화 통화를 하면서 제 컴퓨터를 꺼 놓았어요.

남: 왜 그렇게 하신 거죠?

(a) 전화 통화 중에 방해를 받고 싶지 않았어요.

(b) 저는 오늘 이따가 새 전화기를 구입할 거예요.

(c) 당신의 제안을 고려해 볼 시간이 더 필요했어요.

(d) 중요한 이메일을 기다리고 있었어요.

여자가 컴퓨터를 꺼 놓았다고 말한 것을 do that으로 지칭해 왜 그렇게 했는지 묻고 있으므로 통화 중에 방해를 받고 싶지 않았다는 말로 그 이유를 언급한 (a)가 정답이다.

(b) 전화기 문제로 인해 새로운 제품을 구입해야 하는 상황이 아니므로 오답이다.

(c) 이메일을 확인한 후에 그 내용과 관련해 할 수 있는 말이며, 컴퓨터를 꺼 놓은 이유로 맞지 않는다.

respond to ~에 답장하다, 응답하다 **on the phone with** ~와 통화 중인 **head office** 본사 **turn A off**: A를 끄다 **distract** ~을 방해하다 **consider** ~을 고려하다 **suggestion** 제안, 의견

18.

W: Did you have a chance to see any of the country music concert today?

M: Yes, but I wasted a lot of time trying to park my car. It was so busy!

W: Really? You should've just walked there like me. Who do you think gave the best performance?

(a) Harry Staines organizes the event every year.

(b) George Moore. He's the best musician.

(c) Yes, I saw Glenda Baker perform.

(d) I wasn't able to attend the concert in the end.

여: 오늘 컨트리 음악 콘서트에서 어느 것이든 보실 기회가 있으셨나요?

남: 네, 하지만 제 차를 주차하느라 많은 시간을 허비했어요. 너무 붐볐어요!

여: 그래요? 그냥 저처럼 그곳에 걸어 가셨어야죠. 누가 가장 훌륭한 공연을 했다고 생각하세요?

(a) Harry Staines 씨가 매년 그 행사를 조직해요.

(b) George Moore 씨요. 그는 최고의 음악가입니다.

(c) 네, 저는 Glenda Baker 씨가 공연하는 것을 봤어요.

(d) 저는 결국 콘서트에 참석할 수 없었어요.

콘서트에서 가장 훌륭한 공연을 한 사람이 누구였다고 생각하는지를 묻는 질문에 대해 특정 인물의 이름과 함께 최고의 음악가라는 말로 이유를 덧붙인 (b)가 정답이다.

(a) 사람 이름이 제시되기는 하지만 공연자가 아니므로 오답이다.

(c) Yes는 의문사 의문문에 대한 답변으로 어울리지 않으므로 오답이다.

(d) 앞서 이미 콘서트를 관람했음을 밝혔으므로 오답이다.

waste time -ing ~하느라 시간을 허비하다 **try to do** ~하려 하

다 **park** ~을 주차하다 **should have p.p.** ~했어야 했다 **give the best performance** 가장 훌륭한 공연을 하다 **organize** ~을 조직하다, 마련하다 **see A do**: A가 ~하는 것을 보다 **perform** 공연하다, 연주하다 **in the end** 결국, 끝내

19.

M: Don't you think you need to get more sleep at night?
W: But I need to get up at 7 every morning to get to college.
M: Why don't you try going to bed a couple of hours earlier then?
(a) I wish I could, but I have coursework to do.
(b) That time works well for me, too.
(c) Actually, it only takes me one hour to get there.
(d) I'll set an alarm to make sure I'm on time.

남: 네가 밤에 잠을 더 많이 자야 한다고 생각하지 않아?
여: 하지만 난 학교에 가려면 매일 아침 7시에 일어나야 해.
남: 그럼 두어 시간 일찍 잠들도록 노력해 보는 건 어때?
(a) 그럴 수 있으면 좋겠지만, 해야 할 과제가 있어.
(b) 그 시간은 내게도 아주 좋아.
(c) 사실, 내가 그곳에 가는 데 1시간 밖에 걸리지 않아.
(d) 내가 반드시 제때 갈 수 있도록 알람을 설정해야겠어.

[해설]
일찍 잠들도록 노력해 보라고 권하는 질문에 대해 그럴 수 있기를 바라기는 하지만 그렇게 할 수 없는 이유를 언급하는 (a)가 정답이다.

[오답 체크]
(c) 이동 시간과 관련된 말이므로 How long 의문문에 어울리는 반응이다.
(d) 알람을 설정하는 것은 잠을 더 자지 않도록 하기 위한 것이므로 상황에 맞지 않는다.

[어휘]
get to ~로 가다 **Why don't you ~?** ~하는 게 어때? **then** 그럼, 그렇다면 **I wish I could** 그럴 수 있으면 좋겠어 **coursework** 과제 **work well** (시간, 날짜 등이) 아주 좋다, 딱 알맞다 **actually** 사실, 실은 **take A B to do**: A가 ~하는 데 B의 시간이 걸리다 **get there** 그곳으로 가다 **make sure (that)** 반드시 ~하도록 하다 **on time** 제때, 제 시간에

20.

W: Is this where I can buy movie tickets?
M: No, this is just for customer service matters.
W: Where can I buy them?
(a) I'd be happy to listen to your complaint.
(b) How many seats do you need?
(c) We have the widest selection of movies.
(d) Go to the counter right behind you.

여: 이곳에서 영화 입장권을 구입할 수 있나요?
남: 아뇨, 이곳은 고객 서비스 문제만을 위한 곳입니다.
여: 그럼 어디에서 살 수 있죠?
(a) 불만 사항을 기꺼이 들어 드리겠습니다.
(b) 얼마나 많은 좌석이 필요하신가요?
(c) 저희가 가장 다양한 영화를 상영하고 있습니다.
(d) 바로 뒤쪽에 있는 카운터로 가 보세요.

[해설]
movie tickets를 them으로 지칭해 영화 표를 구입할 수 있는 장소를 묻고 있으므로 특정 위치를 알려 주는 (d)가 정답이다.

[오답 체크]
(a) 불만 사항을 제기하는 상황과 관련된 말이므로 여자의 질문에 맞지 않는 답변이다.
(b) 매표 담당 직원이 할 수 있는 말이므로 앞서 남자가 고객 서비스만을 처리한다고 언급한 말과 맞지 않는다.
(c) 마찬가지로 매표 담당 직원이 할 수 있는 말이므로 오답이다.

[어휘]
matter 문제, 일, 사안 **be happy to do** 기꺼이 ~하다 **complaint** 불만, 불평 **the widest selection of** 가장 많은 종류의, 가장 다양한 **right behind** ~ 바로 뒤쪽에

UNIT 07 조동사/be동사 의문문

기출 Check-up Test

본문 p. 61

1. (c)	2. (a)	3. (c)	4. (a)	5. (b)	6. (b)
7. (b)	8. (d)	9. (d)	10. (b)	11. (a)	12. (c)
13. (c)	14. (a)	15. (c)	16. (a)	17. (c)	18. (a)
19. (d)	20. (c)				

[Part 1]

1.

M: Did you read the instruction manual?
(a) You should have read it more carefully.
(b) I prefer to use automatic.
(c) I threw it out by mistake.
(d) He's a great instructor.

남: 사용 설명서를 읽어 보셨나요?
(a) 더 신중히 읽어 보셨어야 했어요.
(b) 저는 자동 변속기를 사용하는 것을 선호합니다.
(c) 제가 실수로 그것을 버렸어요.
(d) 그는 뛰어난 강사입니다.

해설
사용 설명서를 읽어봤는지 확인하는 질문에 대해 실수로 버렸다는 말로 읽어 보지 못했음을 나타내는 (c)가 정답이다.

오답 체크
(a) 답변자는 사용 설명서를 읽어봤는지 확인 받는 처지에 있으므로 더 신중히 읽어 보도록 조언할 수 있는 입장이 아니다.
(d) 답변자 자신이 아닌 He에 관한 얘기를 하고 있으므로 어울리지 않는 반응이다.

어휘
instruction manual 사용 설명서, 취급 설명서 **should have p.p.** ~했어야 했다 **carefully** 신중히, 조심스럽게 **prefer to do** ~하는 것을 선호하다, 더 좋아하다 **throw A out**: A를 버리다 **by mistake** 실수로, 잘못하여 **instructor** 강사

2.

W: Did you get that book you ordered online?
(a) I'm expecting it any day now.
(b) You should get it delivered.
(c) Not yet. I'll order it later.
(d) Well, I haven't read it yet.

여: 온라인으로 주문했던 그 책은 받았어?
(a) 이제 곧 올 거라서 기다리고 있어.
(b) 배송시키도록 해.
(c) 아직. 나중에 주문할 거야.
(d) 음, 아직 못 읽어 봤어.

해설
온라인으로 주문한 책을 받았는지 묻고 있으므로 곧 오기로 되어 있는 것을 기다리고 있다는 뜻인 (a)가 정답이다.

오답 체크
(c) 부정을 뜻하는 Not yet 뒤에 이어지는 말이 이미 주문한 물품의 도착 여부를 묻는 질문과 맞지 않는 내용이므로 오답이다.
(d) 책을 읽어보았는지에 대한 여부를 묻는 질문이 아니므로 오답이다.

어휘
order ~을 주문하다 **expect** (오기로 한 것) ~을 기다리다, 예상하다 **any day now** 지금이라도 곧 **get A p.p.**: A를 ~되게 하다 **Not yet** (앞선 질문에 대해) 아직 하지 않았다

3.

M: Excuse me, ma'am. Are you finished with that?
(a) Yes, it's my treat.
(b) No, I can't afford it.
(c) No, I'm still eating.
(d) Let's split it then.

남: 실례합니다, 고객님. 식사를 다 마치셨나요?
(a) 네, 제가 내는 거예요.
(b) 아뇨, 구입할 여유가 되지 않아요.
(c) 아뇨, 아직 먹는 중입니다.
(d) 그럼 나눠서 계산합시다.

해설
finished는 매우 다양한 상황에 적용될 수 있으므로 각 보기와의 관계를 빨리 파악할 수 있어야 한다. 완료 여부를 묻는 질문이므로 아직 먹는 중이라는 말로 식사를 마치지 않은 상황임을 알리는 (c)가 정답이다.

오답 체크
(a) Yes는 완료했음을 나타내는데, 그 뒤에 이어지는 말이 완료 여부와 관련된 것이 아니므로 오답이다.
(b) 완료가 아닌 구매 가능 여부를 나타내는 말이므로 오답이다.
(d) 비용 계산을 하는 상황에서 할 수 있는 말이므로 어울리지 않는 반응이다.

어휘
be finished with ~을 다 끝내다, 마치다 **it's my treat** 제가 낼게요 **afford** ~을 살 여유가 되다, ~할 여유가 있다 **split** (비용 등) ~을 나눠서 내다 **then** 그럼, 그렇다면

4.

W: Would you like to see our full range of ice cream flavors?

(a) No, it's fine. I'll just have vanilla.
(b) No, I didn't notice any difference.
(c) Yes, I'll take two, please.
(d) Thanks. We're proud of our selection.

여: 저희 아이스크림의 모든 맛을 확인해 보시겠습니까?

(a) 아뇨, 괜찮아요. 바닐라 맛만 주세요.
(b) 아뇨, 별 차이점을 느끼지 못했어요.
(c) 네, 두 개 주세요.
(d) 고맙습니다. 저희는 저희 제품들을 자랑스럽게 여깁니다.

해설
아이스크림의 모든 맛을 확인해 보도록 권하는 질문에 대해 거절을 뜻하는 No와 함께 특정한 맛 한 가지만 원하는 (a)가 정답이다.

오답 체크
(b) 과거 시점에 있었던 일을 말하고 있으므로 제안이나 요청 질문에 대해 어울리지 않는 반응이다.
(c) two에 해당되는 대상이 어느 것인지 알 수 없으므로 어울리지 않는 반응이다.
(d) 질문자인 매장 직원이 할 수 있는 말이므로 오답이다.

어휘
Would you like to do? ~하시겠습니까? **full range of** ~의 모든 종류, 범위 **flavor** 맛, 풍미 **notice** ~을 알아차리다 **difference** 차이점, 다른 점 **be proud of** ~을 자랑스러워 하다 **selection** 제품 종류, 선택(할 수 있는 것)

5.

M: Do you want anything to read?

(a) Of course. What would you like?
(b) Sure, a magazine would be nice.
(c) Yes, I checked the newspaper yesterday.
(d) Well, we have various novels.

남: 읽을 것이 필요하신가요?

(a) 물론입니다. 무엇으로 하시겠어요?
(b) 네, 잡지 한 권이면 아주 좋겠어요.
(c) 네, 어제 신문을 확인해 봤어요.
(d) 음, 저희는 다양한 소설을 보유하고 있습니다.

해설
읽을 것이 필요한지 확인하려는 질문에 대해 긍정을 나타내는 Sure와 함께 원하는 읽을 거리를 말하는 (b)가 정답이다.

오답 체크
(a) 답변자가 읽을 것을 선택하는 입장이므로 오답이다.
(c) 과거의 일을 말하는 답변이므로 현재 필요한 것을 말해야 하는 질문과 어울리지 않는다.

어휘
What would you like? (주문 등) 무엇으로 하시겠어요? **various** 다양한 **novel** 소설

6.

W: Do you know Craig's cell number?

(a) Yes, I counted them all earlier.
(b) I have it written down somewhere.
(c) You should leave a message then.
(d) No, I have my own phone.

여: Craig의 휴대 전화 번호를 알고 있어?

(a) 응, 내가 아까 전부 세어 봤어.
(b) 어딘가에 적어 놨어.
(c) 그럼 메시지를 남겨 둬야 해.
(d) 아니, 나도 내 전화기가 있어.

해설
Craig의 휴대 전화 번호를 알고 있는지 묻는 질문에 대해 그 번호를 it으로 지칭해 적어 놨다는 말로 확인 가능한 방법을 알리는 (b)가 정답이다.

오답 체크
(a) 복수 대명사 them에 해당되는 것이 무엇인지 알 수 없으므로 오답이다.
(c) 연락이 되지 않는 상황에서 취할 수 있는 조치에 해당되므로 어울리지 않는 답변이다.
(d) 부정을 뜻하는 No 뒤에 이어지는 말이 전화기 소유 여부를 말하는 내용이므로 어울리지 않는 반응이다.

어휘
have A p.p.: A가 ~되게 하다 **write down** ~을 적어 놓다 **somewhere** 어딘가에 **leave a message** 메시지를 남기다 **one's own** 자신만의

7.

M: Some of us are going for coffee after class. Would you like to join?

(a) I'll have a cappuccino, please.
(b) Sure, I don't have plans.
(c) I've joined a few clubs.
(d) I thought you made more copies.

남: 우리 몇 명이 수업 끝나고 커피 마시러 갈 생각이야. 함께 갈래?

(a) 카푸치노로 부탁해.
(b) 좋아, 난 다른 일정이 없어.
(c) 난 몇몇 동아리에 가입했어.
(d) 네가 더 많이 복사했다고 생각했어.

해설
함께 커피 마시러 가자고 권하는 질문에 대해 긍정을 뜻하는 Sure와

함께 다른 일정이 없다는 말로 함께 갈 수 있음을 나타내는 (b)가 정답이다.

(a) 직원에게 주문할 때 할 수 있는 말이므로 오답이다.
(c) join을 반복 사용하여 동아리 가입 여부와 관련된 엉뚱한 답변을 하고 있으므로 오답이다.
(d) coffee와 발음이 유사한 copies를 활용한 오답이다.

어휘
go for ~하러 가다 **join** (~에) 함께 하다, 가입하다 **make a copy** 복사하다

8.

W: Could you please lower your voice a little?

(a) Sure, I'll let you know.
(b) I'd appreciate that.
(c) Just put it up here.
(d) I'll try to keep it down.

여: 목소리를 좀 낮춰 주시겠어요?
(a) 그럼요, 알려 드릴게요.
(b) 그렇게 해 주시면 감사하겠습니다.
(c) 그냥 여기에 붙이세요.
(d) 조용히 하도록 할게요.

해설
목소리를 낮춰 달라고 요청하는 질문에 대해 lower와 유사한 의미를 지니는 keep down과 함께 그렇게 하겠다고 수긍하는 (d)가 정답이다.

오답 체크
(a) 긍정을 뜻하는 Sure 뒤에 이어지는 말이 목소리를 낮추도록 요청하는 것에 대한 수락이나 거절과 관련 없는 답변이므로 오답이다.
(b) 답변자가 감사의 인사를 할 수 있는 입장에 있는 것이 아니므로 오답이다.

어휘
lower v. ~을 낮추다, 줄이다 **a little** 조금, 약간 **let A know**: A에게 알리다 **appreciate** ~에 대해 감사하다 **put A up**: A를 붙이다, 내걸다 **try to do** ~하려 하다 **keep A down**: A를 낮추다, 억제하다

9.

M: Has this recession affected your retirement plan?

(a) I hope the economy will stay strong.
(b) You might want to consider reinvesting.
(c) He's leaving the company to spend time with his family.
(d) I should still be able to retire this year.

남: 현재 경기 불황이 당신의 은퇴 계획에 영향을 미쳤나요?
(a) 경제가 튼튼하게 유지되기를 바랍니다.
(b) 재투자를 고려해야 보셔야 할 겁니다.
(c) 그는 가족과 함께 시간을 보내기 위해 퇴사할 예정입니다.
(d) 여전히 올해 은퇴할 수 있을 겁니다.

해설
경기 불황이 은퇴 계획에 영향을 미쳤는지를 확인하는 질문에 대해 여전히 올해 은퇴할 수 있다는 말로 크게 영향을 미치지 않았음을 나타내는 (d)가 정답이다.

오답 체크
(a) 은퇴와 관련된 답변자 자신의 상황이 아닌 경제 상태와 관련된 희망 사항을 말하고 있으므로 오답이다.
(c) 답변자 자신이 아니라 대상을 알 수 없는 He에 관해 말하고 있으므로 오답이다.

어휘
recession 경기 불황, 불경기 **affect** ~에 영향을 미치다 **retirement** 은퇴, 퇴직 **economy** 경제 **stay 형용사**: ~한 상태로 유지되다 **consider -ing** ~하는 것을 고려하다 **reinvest** 재투자하다 **leave the company** 퇴사하다 **be able to do** ~할 수 있다 **retire** 은퇴하다, 퇴직하다

10.

W: Shall we try the new budget airline for this trip?

(a) The airline is way over our budget.
(b) Well, I do want to save money.
(c) It really made the trip enjoyable.
(d) I'd rather take an evening flight.

여: 이번 여행에 새로운 저가 항공사를 한 번 이용해볼까?
(a) 그 항공사는 우리 예산을 훨씬 넘어.
(b) 음, 난 정말 비용을 절약하고 싶어.
(c) 그것 때문에 여행이 정말로 즐거워졌어.
(d) 나는 저녁 비행기를 이용하려고 해.

해설
새로운 저가 항공사를 한 번 이용해보자고 권하는 질문에 대해 돈을 아끼고 싶다는 말로 상대방의 의견에 동의하는 (b)가 정답이다.

오답 체크
(a) 저가 항공사를 이용하자고 하는데 예산 초과(way over our budget)라는 말은 어울리지 않는다. airline, budget을 반복 사용한 오답이다.
(c) 과거 시점의 여행을 말하고 있으므로 앞으로 떠날 여행과 관련된 질문에 어울리지 않는 반응이다.

어휘
try ~을 한 번 시도해 보다 **budget airline** 저가 항공사
way over one's budget ~의 예산을 훨씬 초과하는

make A 형용사: A를 ~하게 만들다 **take a flight** 비행기를 타다

[Part 2]

11.

M: What was your opinion of the book?
W: I thought it was absolutely fantastic.
M: Have you ever read anything by that author before?
(a) No, this was the first one.
(b) I particularly liked the main character.
(c) I couldn't stop turning the pages.
(d) Yes, I can't wait to read it.

남: 그 책에 대해서 넌 어떻게 생각했어?
여: 내 생각엔 완전히 환상적이었던 것 같아.
남: 전에 그 작가가 쓴 다른 것도 읽어본 적이 있어?
(a) 아니, 이게 처음이었어.
(b) 난 특히 주인공이 마음에 들었어.
(c) 페이지를 넘기는 것을 멈출 수 없었어.
(d) 응, 빨리 읽어 보고 싶어.

해설
같은 작가가 쓴 다른 것도 읽어본 적이 있는지 묻는 질문에 대해 부정을 뜻하는 No와 함께 이번 책이 처음이라는 말로 전에 읽어 본 적이 없음을 나타내는 (a)가 정답이다.

오답 체크
(b) 남자의 첫 질문에 대한 답변으로는 가능한 말이지만, 두 번째 질문에는 어울리지 않는다.
(c) 마찬가지로, 남자의 두 번째 질문에 어울리지 않는 반응이다.
(d) Yes는 같은 작가의 다른 작품을 읽어 봤음을 뜻하는데, 그 뒤에 관련 없는 말이 이어지고 있으므로 오답이다.

어휘
What was your opinion of ~? ~에 대해서 어떻게 생각해?
absolutely 완전히, 전적으로 **author** 작가, 저자 **particularly** 특히, 특별히 **turn a page** 페이지를 넘기다 **can't wait to do** 빨리 ~하고 싶다

12.

W: What have you got planned for this Saturday?
M: Why? I'm expecting my mother to stop by.
W: Oh. Can I meet up with you sometime on Sunday, then?
(a) Well, what time does it start?
(b) Say hello to your mother for me.
(c) OK. What do you want to see me about?
(d) I'll do my best not to disappoint you.

여: 이번 토요일에 무슨 계획이라도 세워뒀어?
남: 왜? 우리 엄마가 잠깐 들를 것으로 예상하고 있어.
여: 아. 그럼 일요일 중에 만날 수 있을까?
(a) 음, 그게 몇 시에 시작하는데?
(b) 어머니께 안부 인사 좀 전해 드려.
(c) 좋아. 무슨 일로 만나려고 하는 거야?
(d) 실망시키지 않도록 최선을 다 할게.

해설
일요일에 만나자고 제안하는 질문에 대해 긍정을 뜻하는 OK와 함께 왜 만나고 싶은지를 묻는 질문을 덧붙인 (c)가 정답이다.

오답 체크
(b) 남자의 엄마가 찾아온다고 했으므로 여자가 남자에게 해야 어울리는 말이다.
(d) 실망시키지 않도록 최선을 다하겠다는 다짐은 만남을 제안하는 질문에 대한 답변으로 맞지 않는다.

어휘
get A p.p.: A가 ~되게 하다 **expect A to do**: A가 ~할 것으로 예상하다, 기대하다 **stop by** 들르다 **meet up with** (약속하고) ~와 만나다 **then** 그럼, 그렇다면 **Say hello to** ~에게 안부 전해줘 **What do you want to see me about?** 무슨 일로 만나려고 하는 거죠? **do one's best** 최선을 다 하다 **disappoint** ~을 실망시키다

13.

M: Wow! Is this a picture of your wedding dress?
W: Yes, I just picked it out yesterday.
M: Is it custom-made or off the rack?
(a) I can't believe it still fits after all these years.
(b) I have plenty more pictures to show you.
(c) The former, but the designer gave me a discount.
(d) I could recommend a great dress shop downtown.

남: 와우! 이게 당신의 웨딩 드레스 사진인가요?
여: 네, 어제 막 골랐어요.
남: 맞춤 제작인가요, 아니면 기성복인가요?
(a) 오랜 시간이 지났는데도 여전히 맞는다는 게 믿기지 않네요.
(b) 보여드릴 사진들이 더 많이 있습니다.
(c) 전자예요, 하지만 디자이너가 할인을 해 주셨어요.
(d) 제가 시내에 있는 아주 좋은 드레스 매장을 추천해 드릴 수 있어요.

해설
웨딩 드레스 제작 방식을 묻는 두 가지 선택 사항에 대해 앞에 언급된 것을 가리키는 The former를 포함해 함께 제공받은 서비스를 추가로 덧붙여 말하는 (c)가 정답이다.

(a) 오랜 시간이 지났는데도 옷이 여전히 잘 맞는다는 말은 어제 옷을 골랐다는 말과 맞지 않으므로 오답이다.
(b) 사진을 보여주는 일은 질문의 핵심이 아니므로 오답이다.
(d) 이미 드레스를 고른 상황이므로 오답이다.

어휘

pick A out: A를 고르다, 선택하다 **custom-made** 맞춤 제작의 **off the rack** 기성복의 **fit** 잘 맞다, 적합하다 **after all these years** 오랜 시간이 흘렀어도 **plenty** 많은, 충분한 **the former** (둘 중에서) 전자, 앞의 것 **give A a discount**: A에게 할인해 주다 **downtown** 시내에

14.

W: You do translation work, right?
M: From time to time. Why?
W: Do you always stick close to the original wording?
(a) I just use my best discretion.
(b) It's always better in your native language.
(c) That depends on the translator's preferences.
(d) Only when I don't understand the meaning.

여: 번역 일 하고 있는 거 맞지?
남: 이따금씩. 왜?
여: 항상 원래의 말에 가깝게 의미를 유지해?
(a) 난 그냥 최대한 내 재량으로 판단하고 있어.
(b) 자국어일 때가 항상 더 나아.
(c) 그건 번역자의 선호도에 달려 있어.
(d) 오직 의미를 이해하지 못하는 경우에만.

해설

번역을 할 때 원래의 말에 가깝게 의미를 유지하는지 묻는 여자에게, 최대한 자신의 재량대로 판단한다는 말로 경우에 따라 다를 수 있음을 뜻하는 (a)가 정답이다.

오답 체크

(b) 번역할 때 원래의 말에 가깝게 의미를 유지하는지의 여부와 관련 없는 답변이므로 오답이다.
(c) 답변자인 남자 자신의 처리 방식을 말하는 내용이 아니라 일반적인 번역가들에 대한 내용이므로 남자의 번역 방식에 대해 묻는 질문의 의도에서 벗어난 오답이다.

어휘

translation 번역 **from time to time** 이따금씩, 가끔 **stick to** (바꾸지 않고) ~을 유지하다, 고수하다 **close** ad. 가깝게, 밀접하여 **original** 원래의, 애초의 **wording** 말, 표현, 문구 **use one's discretion** ~의 재량으로 판단하다, 분별력을 발휘하다 **native language** 자국어, 모국어 **depend on** ~에 달려 있다, ~에 따라 다르다 **preference** 선호(도)

15.

M: Is there a problem at university? You seem a little distracted these days.
W: Yes, I have so much coursework to do at the moment, and the exams are in two weeks.
M: Can I help to cheer you up somehow?
(a) I'm always here for you if you need me.
(b) You should probably make a study plan.
(c) You know, I feel better just talking about it.
(d) I'd rather not. Thanks for asking.

남: 대학교에 무슨 문제라도 있어? 요즘 좀 마음이 심란한 것 같아 보여.
여: 응, 지금 해야 할 과제도 많은데, 2주 후에 시험도 있어.
남: 네 기운을 북돋아 줄 수 있게 내가 할 일이 뭐 있을까?
(a) 내가 필요하면 언제든지 널 위해 여기 있을게.
(b) 너는 아마 공부 계획을 세워야 할 거야.
(c) 있잖아, 그 얘기를 하는 것만으로도 기분이 나아진다.
(d) 안 할래. 물어봐줘서 고마워.

해설

힘을 낼 수 있게 도와주겠다는 제안에 대해 '얘기만 해도 기분이 나아진다'고 말하는 (c)가 정답이다.

오답 체크

(a) 도움을 주려는 사람이 할 수 있는 말이므로 어울리지 않는 반응이다.
(b) 마찬가지로, 도움을 필요로 하는 사람이 할 수 있는 말이 아니므로 오답이다.
(d) '도와줄까'라는 질문에 대해 '하지 않겠다(I'd rather not)'는 말은 어울리지 않아 오답이다. 얼핏 들으면 Thanks for asking이 그럴 듯하게 들려 속기 쉽다.

어휘

distracted 마음이 심란한, 산만한 **coursework** 과제 **at the moment** 지금, 현재 **exam** 시험 **in two weeks** 2주 후에 **cheer A up**: A를 힘나게 하다, 격려하다 **somehow** 어떻게든 **make a plan** 계획을 세우다 **feel better** 기분이 나아지다 **I'd rather not**. 안 할래.

16.

W: I'd like to have twenty T-shirts printed for an event.
M: Okay, that'll take four days.
W: Oh, is there a faster way to have it done?
(a) Our express service takes two days.
(b) It should arrive later today.
(c) I appreciate your speedy service.
(d) We can print on all types of items.

여: 행사용으로 티셔츠 20벌에 인쇄를 좀 하려고 합니다.

남: 알겠습니다, 그 작업은 4일이 걸릴 겁니다.

여: 아, 작업을 완료할 수 있는 더 빠른 방법이 있나요?

(a) 저희 특급 서비스는 2일이 걸립니다.

(b) 오늘 이따가 도착할 겁니다.

(c) 빠른 서비스에 대해 감사 드립니다.

(d) 저희는 모든 종류의 물품에 인쇄를 해드릴 수 있습니다.

해설

작업을 더 빠르게 완료하는 방법을 묻고 있으므로 특급 서비스에 걸리는 시간을 언급하는 (a)가 정답이다.

오답 체크

(b) 아직 작업이 완료되지 않은 시점이므로 오늘 배송 물품이 도착하는 것은 불가능하다.

(c) 작업이 완료된 후에나 할 수 있는 말이므로 오답이다.

어휘

have A p.p.: A가 ~되게 하다 **take** ~의 시간이 걸리다 **way to do** ~하는 방법 **express** 특급의 **arrive** 도착하다 **appreciate** ~에 대해 감사하다 **item** 물품, 제품

17.

M: I'm thinking of organizing a picnic in the park this weekend.

W: If I were you, I'd wait until next weekend.

M: How come? Do you know something I don't?

(a) I'd be happy to prepare some food for it.

(b) A lot of people are interested in coming.

(c) The forecast is looking pretty unpredictable.

(d) That's probably the best place to hold it.

남: 이번 주말에 공원에서 야유회를 주최할 생각입니다.

여: 제가 당신이라면, 다음 주말까지 기다릴 거예요.

남: 왜요? 제가 알지 못하는 뭐라도 있는 건가요?

(a) 그 일을 위해 기꺼이 음식을 준비할게요.

(b) 많은 사람들이 참석하는 데 관심이 있어요.

(c) 일기 예보가 꽤 예측할 수 없는 것 같아요.

(d) 그곳이 아마 그 행사를 열기에 가장 좋은 곳일 거예요.

해설

행사 주최 시점과 관련해 다음 주말까지 기다려야 하는 이유를 묻는 질문에 대해 예측 불가능한 일기 예보를 언급하는 (c)가 정답이다.

오답 체크

(b) 행사 참석자 규모와 관련된 말이므로 주최 시점을 변경하는 이유로 어울리지 않는 답변이다.

(d) 행사 개최 장소의 특징과 관련된 말이므로 마찬가지로 주최 시점 변경 이유로 맞지 않는다.

어휘

organize ~을 주최하다, 마련하다 **If I were you** 제가 당신이라면 **How come?** 왜요?, 어째서요? **prepare** ~을 준비하다 **be interested in** ~에 관심이 있다 **forecast** 일기 예보 **look 형용사**: ~한 것 같다 **pretty** 꽤, 아주, 매우 **unpredictable** 예측할 수 없는 **hold** (행사 등) ~을 열다, 개최하다

18.

W: I hear that you're a stock market expert.

M: Well, I guess I try to keep track of current trends.

W: Could you suggest a company that I should buy shares in?

(a) It depends how quickly you hope to make a profit.

(b) I'd be happy to share mine with you.

(c) Just keep going straight and you'll see it on your left.

(d) Well, has it been working out for you so far?

여: 제가 듣기로는 당신이 주식 시장 전문가라고 하던데요.

남: 음, 현재의 경향을 파악하려고 노력하는 것 같아요.

여: 제가 주식을 매입해야 하는 회사를 좀 추천해 주시겠어요?

(a) 얼마나 빨리 수익을 내기를 바라시는지에 따라 다릅니다.

(b) 기꺼이 제 것을 공유해 드리겠습니다.

(c) 그냥 계속 직진하시면 왼편에 보일 겁니다.

(d) 음, 지금까지 그 일이 잘 되고 있으신 건가요?

해설

주식 매입과 관련해 회사를 추천해 달라고 부탁하는 질문에 대해 추천을 해 주기 위한 조건을 먼저 언급하는 (a)가 정답이다.

오답 체크

(b) mine에 해당되는 대상이 무엇인지 알 수 없으므로 오답이다.

(c) 이동 방향을 알리는 말이므로 Where 또는 How 의문문에 어울리는 답변이다.

어휘

stock 주식(= share) **expert** 전문가 **keep track of** ~을 파악하다 **current** 현재의 **trend** 경향, 동향 **buy A in**: A를 매입하다, 사들이다 **It depends how** ~: 얼마나 ~하는지에 따라 다르다, 얼마나 ~하는지에 달려 있다 **make a profit** 수익을 내다 **be happy to do** 기꺼이 ~하다 **share A with B**: A를 B와 공유하다 **go straight** 직진하다 **on one's left** 왼편에 **work out for** ~에게 잘 되다 **so far** 지금까지

19.

M: Thanks for recommending that Tim Wayne album.
W: Glad you liked it. He's created some of my favorites.
M: Are they mostly similar in style?

(a) Oh, they're not my style.
(b) Yeah, I'll check them out.
(c) I've only listened to one.
(d) Each one is distinctive.

남: 그 팀 웨인 앨범을 추천해 줘서 고마워.
여: 마음에 들었다니 다행이야. 그는 내가 가장 좋아하는 몇몇 노래를 만들었거든.
남: 그 노래들이 대체로 스타일이 비슷해?

(a) 아, 그것들은 내 스타일이 아냐.
(b) 응, 그것들을 확인해 볼게.
(c) 딱 하나만 들어 봤어.
(d) 각각 다 독특해.

해설
앨범에 수록된 노래 스타일이 대체로 비슷한지 묻고 있으므로 각 노래가 독특하다는 말로 비슷하지 않다는 뜻을 나타낸 (d)가 정답이다.

오답 체크
(a) 추천해줘서 고맙다는 말은 마음에 들었다는 말이므로 자신의 스타일이 아니라는 말은 어울리지 않는 반응이다.
(b) Yeah로 긍정의 의미를 표현하였으나 그 뒤에 확인해보겠다는 말은 좋아하는 몇몇 노래들이 대체로 스타일이 비슷한지에 대한 질문에 어울리지 않는 반응이므로 오답이다.

어휘
recommend ~을 추천하다, 권하다 create ~을 만들어 내다
favorite n. 가장 좋아하는 것 mostly 대체로, 대부분 similar 비슷한, 유사한 check A out: A를 확인해 보다 distinctive 독특한

20.

W: Hi. Can I make an appointment with my dentist, Mr. Cargill?
M: I'm sorry, but he's at a conference all this week.
W: Oh. Is there another dentist who could treat me instead?

(a) You should have that checked by a dentist.
(b) You'll need to make an appointment in advance.
(c) Ms. Willard could see you at 2 P.M. tomorrow.
(d) Mr. Cargill is the keynote speaker at the conference.

여: 안녕하세요. 제 담당이신 Cargill 치과 선생님과 예약을 할 수 있을까요?
남: 죄송하지만, 그 선생님께서는 이번 주 내내 컨퍼런스에 참석 중이십니다.
여: 아. 대신 저를 진료해주실 수 있는 다른 치과 선생님이 있으신가요?

(a) 그건 치과 의사에게 검진받아 보셔야 합니다.
(b) 미리 예약을 하셔야 할 겁니다.
(c) Willard 선생님께서 내일 오후 2시에 진료하실 수 있습니다.
(d) Cargill 선생님께서 컨퍼런스 기조 연설자이십니다.

해설
진료가 가능한 다른 의사가 있는지 묻는 질문에 대해 특정 인물의 이름과 함께 진료 가능한 미래 시점을 알리는 (c)가 정답이다.

오답 체크
(a) 이미 치과에 예약 관련 문의를 하는 상황이므로 어울리지 않는 답변이다.
(b) 진료 가능한 의사를 먼저 확인한 후에 예약 관련 정보를 말해야 하므로 오답이다.
(d) Cargill 선생님이 컨퍼런스 기조 연설자라는 얘기는 대화 주제에 어긋나는 것이므로 오답이다.

어휘
make an appointment with ~로 예약하다 dentist 치과 의사
treat ~을 치료하다 have A p.p.: A가 ~되게 하다 in advance 미리, 사전에 keynote speaker 기조 연설자

UNIT 08 부정/부가 의문문

기출 Check-up Test					본문 p. 67
1. (b)	**2.** (d)	**3.** (b)	**4.** (c)	**5.** (d)	**6.** (c)
7. (d)	**8.** (b)	**9.** (c)	**10.** (b)	**11.** (d)	**12.** (b)
13. (c)	**14.** (c)	**15.** (d)	**16.** (d)	**17.** (c)	**18.** (d)
19. (d)	**20.** (d)				

[Part 1]

1.

M: Can't you figure out what I'm trying to say?

(a) I will tell him about it later.
(b) Sorry, I'm still a little confused.
(c) It's too early to say.
(d) We've tried that already.

남: 제가 뭘 말하려고 하는지 모르시겠어요?

(a) 제가 그에게 나중에 그것에 관해 얘기할게요.

(b) 죄송합니다, 아직 좀 혼동됩니다.

(c) 말하기엔 너무 일러요.

(d) 저희는 이미 그것을 시도해 봤습니다.

자신이 하는 말을 이해할 수 있는지 확인하는 질문에 대해 혼동된다는 말로 이해하지 못하고 있음을 나타내는 (b)가 정답이다.

(a) 답변자 자신의 생각이 아니라 누구인지 알 수 없는 him을 언급하고 있으므로 오답이다.

(c) 이해 정도가 아닌 말하는 시점에 관한 내용이므로 오답이다.

(d) that이 지칭하는 일이 무엇인지 알 수 없으므로 어울리지 않는 반응이다.

figure out ~을 이해하다, 알아 내다, 찾아 내다 **try to do** ~하려 하다 **a little** 조금, 약간 **confused** 혼동된, 헷갈린 **too A to do**: ~하기에 너무 A한 **try** ~을 한 번 시도해 보다

2.

W: Don't you think we should back up our work files every day?

(a) It's lucky that you saved your work.

(b) Yes, I sent those files to you yesterday.

(c) He doesn't normally work today.

(d) Yes, that's good thinking.

여: 우리가 업무 파일을 매일 백업해야 한다고 생각하지 않으세요?

(a) 당신이 작업물을 저장해둬서 다행이에요.

(b) 네, 제가 어제 그 파일들을 당신에게 보냈습니다.

(c) 그는 요즘은 보통 근무하지 않습니다.

(d) 네, 좋은 생각입니다.

업무 파일을 매일 백업해야 한다고 생각하지 않는지 제안하는 질문에 긍정을 뜻하는 Yes와 함께 동의를 나타내는 말을 덧붙인 (d)가 정답이다.

(a) 앞으로 해야 하는 일을 제안하는 것에 대해 과거의 일을 말하는 것은 시제 관계가 맞지 않는다.

(b) 마찬가지로, 과거에 완료한 일을 언급하는 것은 제안 질문에 대한 답변으로 맞지 않는다.

back up (파일 등) ~을 백업하다 **It's lucky that** ~해서 다행이다 **normally** 보통, 일반적으로

3.

M: I don't need to pay for shipping, do I?

(a) Can you reduce the fee?

(b) No, delivery is free of charge.

(c) You can track the package online.

(d) It was shipped this morning.

남: 제가 배송비를 지불하지 않아도 되는 게 맞죠?

(a) 요금을 좀 할인해 주시겠어요?

(b) 내지 않으셔도 됩니다, 배송은 무료입니다.

(c) 배송 물품은 온라인으로 추적하실 수 있습니다.

(d) 그건 오늘 아침에 배송되었어요.

배송 비용을 지불하지 않아도 되는지 확인하는 질문에 대해 내지 않아도 된다는 뜻을 나타내는 No와 함께 무료라는 말을 덧붙인 (b)가 정답이다.

(c) 배송 비용이 아닌 배송 추적 방법을 말하고 있으므로 어울리지 않는 반응이다.

(d) It이 지칭하는 것이 무엇인지 알 수 없으므로 오답이다.

pay for ~의 비용을 지불하다 **shipping** 배송 **reduce** ~을 할인하다 **fee** 요금, 수수료 **delivery** 배송 **free of charge** 무료인 **track** ~을 추적하다, 파악하다 **package** 배송 물품, 소포

4.

W: Isn't the food in this hotel high quality?

(a) No, I'd prefer a different room.

(b) You can order room service 24/7.

(c) Yes, it also seems pretty healthy.

(d) I'm starving too. Let's eat.

여: 이 호텔 음식은 고품질이지 않나요?

(a) 아뇨, 저는 다른 방을 선호합니다.

(b) 언제든지 룸 서비스를 주문하실 수 있습니다.

(c) 네, 그리고 꽤 건강에 좋은 것 같기도 합니다.

(d) 저도 너무 배가 고프네요. 어서 먹읍시다.

호텔 음식의 수준에 대해 확인하는 질문이므로 긍정을 뜻하는 Yes와 함께 추가적인 특징을 언급하는 (c)가 정답이다.

(a) 음식 수준이 아닌 객실 선호도와 관련된 답변이므로 오답이다.

(b) 마찬가지로, 음식 수준이 아닌 룸 서비스 이용과 관련된 정보를 말하고 있으므로 오답이다.

high quality 고품질의 **prefer** ~을 선호하다, 더 좋아하다 **24/7**

언제나, 하루 24시간 일주일 내내 **seem 형용사**: ~한 것 같다
pretty 꽤, 매우, 아주 **starve** 몹시 배고프다

5.

> M: Steven doesn't have a work uniform yet, does he?
>
> (a) I doubt he's available right now.
> (b) I'm sure it'll fit him fine.
> (c) Because he works directly with customers.
> **(d) You'd better ask him about it.**
>
> 남: Steven 씨가 아직 근무복을 받지 않으신 게 맞죠?
>
> (a) 그분은 지금 시간이 나실 것 같지 않습니다.
> (b) 그에게 분명 잘 맞을 겁니다.
> (c) 그가 고객들과 직접적으로 일하기 때문입니다.
> **(d) 그 부분에 대해서는 그에게 물어보는 게 나을 거예요.**

해설
Steven 씨가 아직 근무복을 받지 않은 것이 맞는지 확인하는 질문에 대해 Steven을 him으로 지칭해 직접 물어보도록 제안하는 (d)가 정답이다.

오답 체크
(a) 시간이 나는 지의 여부와 관련된 답변이므로 질문의 핵심에서 벗어난 오답이다.
(b) 사이즈와 관련된 답변이므로 질문의 핵심에서 벗어난 오답이다.

어휘
work uniform 근무복 **doubt (that)** ~가 아닐 것 같다, ~인지 의문스럽다 **available** (사람이) 시간이 나는 **fit** ~에게 맞다, 어울리다 **directly** 직접적으로, 곧바로 **had better 동사 원형**: ~하는 게 낫다, ~하는 게 좋다 **ask A about B**: A에게 B에 관해 묻다

6.

> W: You didn't forget to update our Web site, did you?
>
> (a) Yes, I will log in later.
> (b) Try the search engine.
> **(c) Of course not.**
> (d) It's on April 21st.
>
> 여: 우리 웹 사이트를 업데이트하는 것을 잊지 않으셨죠?
>
> (a) 네, 나중에 로그인할게요.
> (b) 검색 엔진에 한 번 찾아보세요.
> **(c) 물론 잊지 않았습니다.**
> (d) 4월 21일입니다.

해설
웹 사이트 업데이트 작업을 잊지 않았는지 확인하는 질문에 대해 부정어 not과 함께 당연히 잊지 않았다는 의미를 나타내는 (c)가 정답이다.

오답 체크
(a) 긍정을 뜻하는 Yes 뒤에 이어지는 말이 업데이트와 관련 없는 내용이므로 어울리지 않는다.
(b) 업데이트 작업 여부가 아닌 정보 습득 방법을 말하고 있으므로 맞지 않는 답변이다.
(d) update의 일부 발음에 해당되는 date에서 연상 가능한 날짜를 말한 오답이다.

어휘
forget to do ~하는 것을 잊다 **try** ~을 한 번 해 보다 **Of course not** 물론 아니다, 물론 그렇지 않다

7.

> M: Chloe, this is Shawn calling. We're still going shopping today, aren't we?
>
> (a) The subway takes you right to the mall.
> (b) I bought so many nice things.
> (c) I saw the advertisement for the sale.
> **(d) As long as you have enough time.**
>
> 남: Chloe, 전 Shawn입니다. 우리 오늘 여전히 쇼핑하러 가는 것 맞죠?
>
> (a) 지하철을 타시면 바로 그 쇼핑몰까지 갈 수 있어요.
> (b) 좋은 물품들을 아주 많이 구입했어요.
> (c) 그 세일 행사에 대한 광고를 봤어요.
> **(d) 당신이 충분히 시간이 있기만 하면요.**

해설
오늘 여전히 쇼핑하러 가는 것인지 확인하려는 질문에 대해 상대방이 시간이 나기만 하면 갈 것이라는 말로 쇼핑을 하기 위한 조건을 언급하는 (d)가 정답이다.

오답 체크
(a) 이동 수단을 언급하는 말이므로 계획을 확인하려는 질문에 맞지 않는 오답이다.
(b) 앞으로의 계획을 묻는 질문과 달리 과거의 일을 언급하고 있으므로 시제 관계가 맞지 않는다.

어휘
take A to B: A를 B로 데려 가다 **right** (강조) 바로
advertisement 광고(물) **as long as** ~하기만 하면, ~하는 한

8.

> W: Jayden, aren't you planning to attend the awards show?
>
> (a) You're always receiving awards.
> **(b) It won't be possible. I already have plans.**
> (c) Yes, the show was well attended.
> (d) I'll show it to you this afternoon.

여: Jayden, 시상식 행사에 참석할 계획이시지 않나요?

(a) 당신은 항상 상을 받네요.

(b) 가능하지 않을 거예요. 저는 이미 계획이 있어요.

(c) 네, 그 쇼에는 참석자들이 아주 많았습니다.

(d) 오늘 오후에 그것을 보여드릴게요.

해설

상대방의 시상식 참석 여부를 확인하는 질문이므로 불가능할 것이라는 말과 함께 그 이유를 언급하는 (b)가 정답이다.

오답 체크

(a) awards(시상식) – award(상)의 발음과 의미를 이용한 오답이다.

(c) 자신의 참석 여부와 관련된 말도 아니고 미래의 계획이 아닌 과거의 일을 언급한 오답이다.

(d) show의 다른 의미를 활용한 답변으로, 참석 여부와 관련 없는 오답이다.

어휘

plan to do ~할 계획이다 **attend** ~에 참석하다 **awards show** 시상식 행사 **well attended** 많은 사람들이 참석한 **show A to B**: A를 B에게 보여주다, 가르쳐 주다

9.

M: We need to tidy up the store room again soon, don't we?

(a) I don't think there's enough storage space.

(b) Yes, you can store them over there.

(c) Let's just get it over with now.

(d) Good job. You really cleaned it well.

남: 곧 다시 보관실을 말끔히 치워야 하지 않나요?

(a) 보관 공간이 충분히 있는 것 같지 않아요.

(b) 네, 바로 저쪽에 그것들을 보관하시면 됩니다.

(c) 지금 그냥 그 일을 끝내 버립시다.

(d) 잘 하셨어요. 정말 잘 청소하셨네요.

해설

다시 보관실을 말끔히 치워야 하지 않는지 확인하는 질문에 대해 그 일을 it으로 지칭해 지금 끝내자고 제안하는 (c)가 정답이다.

오답 체크

(a) 청소 여부가 아닌 공간 확보 상태와 관련된 말이므로 질문의 핵심에서 벗어난 오답이다.

(b) them이 지칭하는 대상이 무엇인지 알 수 없으므로 오답이다.

(d) 이미 청소를 완료한 후에 그 상태와 관련해 할 수 있는 말이므로 어울리지 않는 반응이다.

어휘

tidy up ~을 말끔히 치우다, 청소하다 **store room** 보관실, 저장실 **storage** 보관(실), 저장(실) **store** v. ~을 보관하다, 저장하다 **over there** 바로 저쪽에 **get A over with**: A를 끝내다, 마치다

10.

W: Aren't you worried about your interview later today?

(a) It's normal that you feel anxious.

(b) Actually, I'm feeling confident.

(c) I'd prefer to leave early.

(d) I thought it went pretty well.

여: 오늘 이따가 있을 네 면접이 걱정되지 않아?

(a) 불안해하는 게 정상이야.

(b) 사실, 난 자신 있어.

(c) 일찍 출발하면 좋겠어.

(d) 내 생각엔 꽤 잘 된 것 같아.

해설

오늘 있을 면접이 걱정되지 않는지 묻는 질문에 대해 자신 있다는 말로 걱정되지 않음을 나타내는 (b)가 정답이다.

오답 체크

(a) 면접 당사자인 답변자가 아니라 상대방이 할 수 있는 말이므로 오답이다.

(d) 앞으로 있을 면접이 아니라 과거 시점에 발생된 일을 말하고 있으므로 시제 관계가 맞지 않는다.

어휘

be worried about ~을 걱정하다, 우려하다 **It's normal that** ~하는 게 정상이다 **anxious** 불안한, 염려하는 **actually** 사실, 실은 **confident** 자신 있는, 확신하는 **I'd prefer to do** ~하고 싶다 **leave** 출발하다, 떠나다, 나가다 **go well** 잘 되다, 잘 진행되다 **pretty** 꽤, 매우, 아주

[Part 2]

11.

M: Hello. I'd like a ticket for the 12:30 train to Seattle, please.

W: I'm sorry, but I think you meant to call a different number.

M: Didn't I call West Coast Railways?

(a) Yes, but I'd prefer an earlier train.

(b) Sorry, I must have made a mistake.

(c) Would you like to reserve a seat?

(d) No, this is the bus terminal.

남: 안녕하세요. Seattle로 가는 12시 30분 기차 티켓 한 장 부탁합니다.

여: 죄송하지만, 다른 번호로 전화하려고 하셨던 것 같은데요.

남: West Coast Railways 아닌가요?

(a) 네, 하지만 저는 더 이른 열차가 좋습니다.

(b) 죄송합니다, 제가 실수를 한 게 틀림 없습니다.

(c) 좌석을 예약하시겠습니까?

(d) 아뇨, 여기는 버스 터미널입니다.

해설

자신이 전화한 곳이 West Coast Railways가 아닌지 확인하는 질문에 대해 부정을 뜻하는 No와 함께 전화한 곳이 어디인지를 알려 주는 (d)가 정답이다.

오답 체크

(a) 긍정을 나타내는 Yes 뒤에 이어지는 말이 질문의 핵심에서 벗어난 내용이므로 오답이다.

(b) 잘못 전화한 남자가 해야 어울리는 말이므로 오답이다.

(c) 잘못 전화한 상황에서 좌석 예약 여부를 묻는 것은 어울리지 않는 반응이다.

어휘

mean to do ~할 생각이다, 작정이다 **prefer** ~을 선호하다
must have p.p. ~한 것이 틀림 없다 **make a mistake** 실수하다
reserve ~을 예약하다

12.

W: When will our flight begin boarding at this gate?

M: It should be within the next ten minutes.

W: We've already been waiting for an extra thirty minutes, haven't we?

(a) No, gate thirty is down the hall.

(b) Well, I guess there has been a delay.

(c) This flight connects in Paris.

(d) You can check in at that counter.

여: 이 탑승구에서 우리 비행기가 언제 탑승을 시작하죠?

남: 앞으로 10분 이내에는 시작될 겁니다.

여: 우리는 이미 추가로 30분을 더 기다리지 않았나요?

(a) 아뇨, 30번 탑승구는 복도 저쪽에 있습니다.

(b) 저, 제 생각에 지연 문제가 있는 것 같아요.

(c) 이 항공편은 Paris에서 연결편을 타실 수 있습니다.

(d) 저 카운터에서 체크인하시면 됩니다.

해설

비행기 탑승과 관련해 이미 30분을 더 기다린 상태가 아닌지 확인하는 질문에 대해 그렇게 된 이유로 생각되는 점을 언급하는 (b)가 정답이다.

오답 체크

(a) 특정 탑승구의 위치를 알려 주는 말이므로 어울리지 않는 반응이다.

(c) 연결 항공편을 탈 수 있는 장소를 언급하는 말이므로 어울리지 않는 반응이다.

(d) 탑승 가능 시점이 아닌 체크인 지점과 관련된 답변이므로 오답이다.

어휘

board 탑승하다 **within** ~ 이내에 **extra** 추가의, 별도의 **down** ~을 따라 (저쪽에) **delay** 지연, 지체 **connect** (교통편이) 연결되다

13.

M: Have you had any success in finding a new apartment?

W: Yes, I'm renting a nice studio apartment on Clementine Road.

M: Isn't that on the outskirts of town?

(a) Yes, it's available to buy.

(b) I saw an ad for it in the newspaper.

(c) Yes, it's pretty far from the city center.

(d) Sorry, it was very difficult to find.

남: 새 아파트를 찾는 데 성공하셨나요?

여: 네, Clementine Road에 있는 멋진 원룸 아파트를 임대할 겁니다.

남: 그곳은 교외 지역 아닌가요?

(a) 네, 구매 가능합니다.

(b) 신문에서 그 광고를 봤어요.

(c) 네, 도심 지역에서 꽤 멀리 떨어져 있죠.

(d) 죄송하지만, 매우 찾기 어려웠습니다.

해설

남자가 이사하려는 특정 장소에 대해 교외 지역이 아닌지 확인하는 질문이므로 긍정을 나타내는 Yes와 함께 교외 지역의 특징을 언급하는 (c)가 정답이다.

오답 체크

(a) 상점 등에서 직원이 고객에게 할 수 있는 말이므로 오답이다.

(b) 특정 장소의 위치적 특성이 아닌 광고 확인 여부를 말하는 답변이므로 오답이다.

어휘

have success in ~에 성공하다 **rent** ~을 임대하다, 대여하다
studio apartment 원룸 아파트 **on the outskirts of town** 교외 지역에 있는 **available** 구매 가능한, 이용 가능한 **ad** 광고
pretty 꽤, 아주, 매우 **far from** ~에서 멀리 떨어진

14.

W: Do you have a subway pass?

M: No, I buy a ticket each time.

W: Isn't that inconvenient?

(a) Yeah, so I bought a pass.

(b) I've just gotten into the habit of doing it.

(c) No, it's fine if I use my pass.

(d) It'll save me the hassle.

여: 지하철 승차권 있어?

남: 아니, 난 매번 표를 사.

여: 그럼 불편하지 않아?

(a) 응, 그래서 승차권을 산 거야.

(b) 그냥 그렇게 하는 버릇이 들었어.

(c) 아니, 내가 내 승차권을 사용하면 괜찮아.

(d) 그게 날 번거롭지 않게 해 줄 거야.

해설

매번 따로 표를 사는 게 불편하지 않은지 묻는 것에 대해 그렇게 하는 것이 습관이 되었다는 말로 불편하지 않다는 뜻을 나타내는 (b)가 정답이다.

오답 체크

(a) 불편하지 않은지 묻는 질문에 불편하다는 의미로 맞다(Yeah)고 긍정했지만 그래서 승차권을 샀다는 말은 반대되는 내용이므로 오답이다.

(c) 매번 표를 산다고 했으므로 자신의 승차권을 사용한다는 말은 어울리지 않는 반응이다.

어휘

pass 승차권, 입장권, 출입증, 허가증 **inconvenient** 불편한 **get into the habit of -ing** ~하는 버릇이 들다 **save A B**: A에게서 B를 덜어주다 **hassle** 번거로운 일, 귀찮은 일

15.

M: We've been working so hard recently. I'm considering asking for a day off.

W: I wouldn't, if I were you. Our manager isn't in the best of moods.

M: But, don't you think I should get more days off?

(a) No problem. I'll see you next week.

(b) I'm looking forward to the holiday.

(c) Two days per month is all I can offer.

(d) Well, everyone here deserves a break.

남: 우리는 최근에 정말 열심히 일해 왔어요. 저는 하루 휴무를 신청하는 것을 고려하고 있습니다.

여: 저라면 그렇게 하지 않을 거예요. 우리 부장님께서 기분이 아주 좋은 상태가 아니세요.

남: 하지만 제가 며칠 더 쉬어야 한다고 생각하지 않으세요?

(a) 괜찮습니다. 그럼 다음 주에 뵙겠습니다.

(b) 전 휴일을 크게 기대하고 있습니다.

(c) 한 달에 이틀이 제가 제안할 수 있는 전부입니다.

(d) 저, 여기 있는 모두가 다 쉴 자격이 있죠.

해설

자신이 더 쉬어야 한다고 생각하지 않는지 확인하는 질문에 대해 모두가 쉬어야 한다고 답하는 (d)가 정답이다.

오답 체크

(a) 휴무 여부가 아닌 헤어질 때의 인사말에 해당되므로 오답이다.

(c) 휴무 승인 권한이 있는 사람이 할 수 있는 말인데, 앞서 부장님이 해당 권한이 있는 사람으로 언급되었으므로 대화 내용과 맞지 않는다.

어휘

recently 최근에 **consider -ing** ~하는 것을 고려하다 **ask for** ~을 요청하다 **day off** 휴무일, 쉬는 날 **if I were you** 제가 당신이라면 **in the best of** ~가 가장 좋은 상태인 **get A off**: A만큼 쉬다 **look forward to** ~을 크게 기대하다, 고대하다 **holiday** 휴일 **per month** 한 달에, 달마다 **offer** ~을 제안하다, 제공하다 **deserve** ~할 자격이 있다 **break** 휴식, 휴가

16.

W: Ryan, what time will you join us at the baseball game?

M: I'll be a bit late, so probably around 3 P.M.

W: Really? Aren't we supposed to meet at 2?

(a) I'm afraid that I'll have to skip it this time.

(b) I don't really follow baseball.

(c) Whose car are we going to take?

(d) I know, but something came up at work.

여: Ryan, 몇 시에 우리와 야구 경기장에서 만날 건가요?

남: 제가 조금 늦을 거라서, 아마 오후 3시쯤일 거예요.

여: 그래요? 우리가 2시에 만나기로 되어 있지 않았나요?

(a) 저는 이번에 그것을 건너 뛰어야 할 것 같아요.

(b) 저는 진짜 야구광은 아니에요.

(c) 우리가 누구 차를 타고 가는 거죠?

(d) 맞아요, 하지만 직장에서 일이 생겼어요.

해설

원래 2시에 만나기로 되어 있지 않았는지 확인하는 질문에 대해 늦을 수 밖에 없는 이유를 언급하는 (d)가 정답이다.

오답 체크

(a) 하지 않고 건너 뛴다는 말은 앞서 조금 늦는다고 말한 것과 맞지 않으므로 오답이다.

(b) 자신이 야구광이 아니라는 의미이며, 약속 시간과 관련된 질문과 어울리지 않는 말이므로 오답이다.

어휘

join ~와 함께 하다, ~에 합류하다 **a bit** 조금, 약간 **around** ~ 쯤, 대략 **be supposed to do** ~하기로 되어 있다, ~할 예정이다 **I'm afraid that** (부정적인 일에 대해) ~한 것 같다 **skip** ~을 건너 뛰다 **follow** ~에 큰 관심을 가지다, ~광이다 **take a car** 차를 타고 가다 **come up** 생기다, 발생하다

17.

M: Did you enjoy the DVD I loaned to you?
W: Not really. I found the film a bit boring and slow.
M: Oh, yeah? I think you're rather picky when it comes to movies, aren't you?

(a) Yes, I like anything except horror movies.
(b) There's a new one on at the cinema in town.
(c) Yeah, I suppose I only like certain types.
(d) I don't mind if you choose.

남: 제가 빌려 드린 DVD는 즐겁게 보셨어요?
여: 별로요. 그 영화가 좀 지루하고 느리다고 생각했어요.
남: 아, 그래요? 영화에 관해서라면 당신이 좀 까다롭다고 생각하는데, 그렇지 않나요?

(a) 네, 저는 호러 영화 빼곤 다 좋아요.
(b) 시내에 있는 극장에 새로운 것이 나와 있어요.
(c) 네, 저는 특정 유형만 좋아하는 것 같아요.
(d) 당신이 선택해도 됩니다.

해설
영화와 관련해 상대방의 성향이 까다로운 것 아닌지 묻는 질문에 대해 긍정을 뜻하는 Yeah와 함께 특정 유형만 좋아하는 것 같다는 말로 그 이유를 덧붙인 (c)가 정답이다.

오답 체크
(a) 영화 취향이 까다롭다는 말에 Yes라고 긍정하면서 호러 영화를 제외하고 다 좋아한다는 말은 앞뒤가 맞지 않으므로 오답이다.
(b) 자신의 성향이 아닌 개봉 영화와 관련된 정보이므로 오답이다.

어휘
loan A to B: A를 B에게 빌려주다 find A 형용사: A가 ~하다고 생각하다 a bit 조금, 약간 boring 지루한 rather 좀, 다소, 약간 picky 까다로운 when it comes to ~에 관해서라면 suppose (that) ~라고 생각하다 certain 특정한 don't mind if ~해도 좋다 choose 선택하다, 고르다

18.

W: Would you mind if I borrow some of your tools?
M: No problem. Which ones do you need?
W: Just a screwdriver and a wrench. You don't need them at the moment, do you?

(a) I'll return them in a few days.
(b) Yes, I need to buy some new tools.
(c) I can recommend some to you.
(d) No, use them for as long as you want.

여: 제가 당신 공구 좀 몇 개 빌려 가도 괜찮을까요?
남: 그럼요. 어느 것이 필요하신가요?
여: 드라이버와 렌치만 있으면 됩니다. 지금 필요하신 건 아니죠?

(a) 며칠 후에 그것들을 돌려 드릴게요.
(b) 네, 저는 몇몇 새 공구들을 구입해야 합니다.
(c) 제가 추천을 좀 해 드릴 수 있어요.
(d) 필요치 않아요, 원하시는 만큼 오래 쓰셔도 됩니다.

해설
필요한 공구의 종류를 말하면서 지금 필요로 하는 것이 아닌지 확인하는 질문에 대해 부정을 뜻하는 No와 함께 원하는 만큼 오래 사용해도 된다고 알리는 (d)가 정답이다.

오답 체크
(a) them이 지칭하는 공구를 빌려 가는 여자가 할 수 있는 말이므로 오답이다.
(b) 자신의 공구 구입 계획을 말하는 내용이므로 질문의 의도에 맞지 않는 오답이다.
(c) 상점 등에서 직원이 고객에게 할 수 있는 말인데, 두 사람은 그와 같은 관계로 볼 수 없으므로 오답이다.

어휘
Would you mind if I ~? 제가 ~해도 괜찮을까요? borrow ~을 빌리다 tool 공구, 도구 screwdriver 드라이버 wrench 렌치, 스패너 at the moment 지금, 현재 return ~을 돌려주다, 반납하다 recommend A to B: A를 B에게 추천해 주다 for as long as ~하는 만큼 오래

19.

M: Our customers are complaining more and more these days.
W: I know. A lot of them have had to wait far too long for their products to be shipped.
M: We can use a different shipping firm, can't we?

(a) No, our shipment isn't ready to go.
(b) We shouldn't have to wait much longer.
(c) Should I receive the delivery myself?
(d) That's something I'm looking into.

남: 요즘 우리 고객들께서 점점 더 많이 불만을 제기하고 있어요.
여: 알아요. 많은 고객들께서 너무 지나치게 오랫동안 제품이 배송되기를 기다리셔야 했어요.
남: 우리가 다른 배송 업체를 이용할 수 있지 않을까요?

(a) 아뇨, 우리 배송 물품은 아직 보내질 준비가 되지 않았어요.
(b) 우리는 그렇게 오래 기다리지 않아도 됩니다.
(c) 제가 직접 배송 물품을 받아야 하나요?
(d) 그게 바로 제가 살펴 보고 있는 일입니다.

해설
다른 배송 업체를 이용할 수 있지 않는지 묻는 질문에 대해 그 일을

That으로 지칭해 지금 그것에 대해 알아보는 중이라고 말하는 (d)가 정답이다.

(a) 다른 배송 업체 이용 여부가 아닌 배송 준비 상태를 말하는 내용이므로 오답이다.
(c) 자신이 물품을 수령해야 하는지를 묻는 말이므로 다른 배송 업체 이용 여부를 확인하려는 남자의 의도에 맞지 않는 반응이다.

어휘

complain 불만을 제기하다, 불평하다 **far too long** 너무 지나치게 오래 **wait A for B to do**: B가 ~하기를 A만큼 기다리다 **ship** ~을 배송하다 **firm** 업체, 회사 **shouldn't have to do** ~하지 않아도 된다, ~할 필요가 없다 **receive** ~을 받다 **oneself** (부사적으로) 직접, 스스로 **look into** ~을 살펴 보다, 조사하다

20.

W: Are you looking for something in particular, sir?
M: Yes, I'd like to swap this black desk lamp for a white one.
W: No problem. So, you want the same model, don't you?

(a) It must've been damaged during shipping.
(b) Yes, that model is our bestseller.
(c) But it's not under warranty, right?
(d) Sure, it's just the color I don't like.

여: 특별히 찾고 계신 게 있으신가요, 고객님?
남: 네, 이 검정색 탁상용 전등을 흰색으로 바꾸려고 합니다.
여: 알겠습니다. 그럼, 동일한 모델을 원하시는 게 맞으시죠?

(a) 배송 중에 손상된 것이 틀림없습니다.
(b) 네, 그 모델이 저희 베스트셀러 제품입니다.
(c) 하지만 그건 품질 보증 서비스에 해당되지 않는 것이 맞죠?
(d) 그럼요, 저는 단지 색상이 마음에 들지 않습니다.

해설

제품 교환과 관련해 동일한 모델을 원하는 게 맞는지 확인하려는 질문에 대해 긍정을 뜻하는 Sure와 함께 색상만 다른 것으로 바꾸려는 것임을 언급하는 (d)가 정답이다.

오답 체크

(a) 앞서 다른 색상으로 교환하고 싶다고 했는데, 이는 손상에 따른 교환으로 볼 수 없으므로 오답이다.
(b) 직원이 제품을 구매하려는 고객에게 할 수 있는 말인데, 답변자가 고객이므로 오답이다.
(c) 품질 보증 여부를 확인하는 말이므로 여자가 한 질문의 핵심에서 벗어난 반응이다.

어휘

look for ~을 찾다 **in particular** 특별히, 특히 **swap A for B**: A를 B와 바꾸다, 교환하다 **must have p.p.** ~한 것이 틀림없다, 분명하다 **damaged** 손상된, 파손된 **shipping** 배송 **under**

warranty 품질 보증 서비스에 해당되는

UNIT 09 오답을 피하는 법

기출 Check-up Test					본문 p. 73
1. (b)	**2.** (a)	**3.** (b)	**4.** (c)	**5.** (d)	**6.** (d)
7. (a)	**8.** (b)	**9.** (c)	**10.** (c)	**11.** (b)	**12.** (a)
13. (d)	**14.** (a)	**15.** (c)	**16.** (c)	**17.** (c)	**18.** (a)
19. (d)	**20.** (c)				

[Part 1]

1.

M: So, are you settling in well at your new workplace?

(a) No, it's an office located on Dyson Street.
(b) Definitely. It's great to be a part of the team.
(c) Not really. Everyone's been so helpful.
(d) That's true. I just need to find a job that I like.

남: 그래서, 새로운 직장에 잘 적응하고 있는 거야?

(a) 아니, Dyson Street에 위치한 사무실이야.
(b) 당연하지. 팀의 일원이 되어서 정말 좋아.
(c) 꼭 그렇진 않아. 모든 사람들이 정말 큰 도움이 되어 주었어.
(d) 맞아. 내가 좋아하는 일자리를 찾아야 해.

해설

새로운 직장에 잘 적응하고 있는지를 확인하는 질문에 대해 긍정을 의미하는 Definitely와 함께 만족감을 나타내는 말을 덧붙인 (b)가 정답이다.

오답 체크

(a) 위치 정보를 말하고 있으므로 적응 여부와 관련 없는 오답이다.
(c) Not really로 답변할 경우에 뒤에 부정적인 내용이 이어져야 알맞으므로 오답이다.
(d) 취직하기 전에 할 수 있는 말인데, 남자의 질문은 이미 답변자가 취직한 상태임을 나타내므로 오답이다.

어휘

settle in well 잘 적응하다 **workplace** 직장, 근무 자리 **located on** ~에 위치한 **It's great to do** ~해서 정말 좋다, 정말 잘 됐다

2.

W: Was that the bus to Vancouver that just departed?

(a) That's correct. But there'll be another one at 9.

(b) No, the one that departed was bound for Vancouver.

(c) Right, it will leave in about thirty minutes.

(d) Yes, I'm getting ready to board it.

여: 방금 떠난 저 버스가 Vancouver로 가는 거였나요?

(a) 맞습니다. 하지만 9시에 한 대 또 있을 겁니다.

(b) 아뇨, 출발한 버스는 Vancouver 행이었습니다.

(c) 그렇습니다, 약 30분 후에 출발할 겁니다.

(d) 네, 저는 탑승할 준비를 하는 중입니다.

[해설]
방금 떠난 버스의 행선지가 밴쿠버인지를 확인하는 질문에 대해 그렇다는 말과 함께 다음 버스 시간 정보를 덧붙여 말한 (a)가 정답이다.

[오답 체크]

(b) 부정을 뜻하는 No와 어울리려면 뒤에 다른 행선지가 언급되어야 알맞으므로 오답이다.

(c) 긍정을 뜻하는 Right 뒤에 이어지는 말이 이미 출발한 버스와 관련된 정보가 아니므로 오답이다.

[어휘]
depart 출발하다, 떠나다(= leave) **correct** 맞는, 옳은 **be bound for** ~ 행이다 **about** 약, 대략 **get ready to do** ~할 준비를 하다 **board** ~에 탑승하다

3.

M: I want to take a boat trip to some remote beaches, but I can't decide between these two islands.

(a) Sure, I'd love to visit both.

(b) Then go to both of them.

(c) They have nice beaches.

(d) Yeah, you faced a tough choice.

남: 멀리 떨어진 해변으로 보트 여행을 하려고 하는데, 이 두 섬들 중에서 결정할 수가 없어요.

(a) 좋아요, 저는 두 곳 모두 방문하고 싶어요.

(b) 그럼 두 곳에 모두 가 보세요.

(c) 그곳에는 멋진 해변이 있습니다.

(d) 네, 어려운 선택에 직면하셨네요.

[해설]
여행지로 언급하는 두 가지 대상에 대해 둘 모두를 선택하도록 권하는 (b)가 정답이다.

[오답 체크]

(a) 상대방이 여행 당사자이므로 어울리지 않는 반응이다.

(c) 단순히 두 섬의 특징적인 면을 언급하는 말이므로 선택과 관련된 반응으로 맞지 않는다.

(d) 과거(faced)의 일을 말하는 것이므로 현재의 어려움에 대한 반응으로 맞지 않는다.

[어휘]
take a boat trip 보트 여행을 떠나다 **remote** 멀리 떨어진, 외딴 **decide between A and B**: A와 B 중에서 결정하다 **then** 그럼, 그렇다면 **face** ~에 직면하다, ~와 마주하다 **tough choice** 어려운 선택

4.

W: I wonder why Alexandra skipped yesterday's residents' meeting.

(a) It might be best to just cancel it.

(b) She'd better hurry if she wants a good seat.

(c) Perhaps she had a lot of things to do.

(d) Well, it was nice to finally be introduced to her.

여: Alexandra 씨가 왜 어제 열린 입주자 회의를 건너 뛰었는지 궁금해요.

(a) 그냥 취소하는 게 가장 좋을 수도 있습니다.

(b) 그녀가 좋은 자리를 원한다면 서두르는 게 좋습니다.

(c) 아마 그녀는 할 일이 많았을 겁니다.

(d) 저, 드디어 그녀를 소개받게 되어서 즐거웠습니다.

[해설]
Alexandra 씨가 입주자 회의에 참석하지 않은 이유가 궁금하다는 말에 대해 Alexandra를 she로 지칭해 할 일이 많았을 것이라는 말로 이유를 추측하는 의미를 나타낸 (c)가 정답이다.

[오답 체크]

(a) Alexandra 씨의 불참 이유가 아닌 회의(it) 개최 여부와 관련된 의견이므로 오답이다.

(b) 앞으로의 일에 대한 조언에 해당되므로 과거의 일을 언급하는 여자의 말과 시제 관계가 맞지 않는다.

[어휘]
wonder why 왜 ~인지 궁금하다 **skip** ~을 건너 뛰다 **resident** 입주자, 주민 **It is best to do** ~하는 것이 가장 좋다 **cancel** ~을 취소하다 **had better 동사 원형**: ~하는 게 좋다, 낫다 **hurry** 서두르다 **be introduced to A**: A를 소개받다

5.

M: I wish you'd told me you were going to be absent from our soccer practice!

(a) I'm sorry. I was practicing soccer at the time.

(b) I don't think I can make it next week.

(c) I guess you had a good reason to skip it.

(d) I'll be sure to do that next time.

남: 우리 축구팀 연습에 빠질 예정이었다고 내게 말해 주었으면
　　좋았을 거야!

(a) 미안해. 그때 축구 연습을 하고 있었어.

(b) 나 다음 주에 못 갈 것 같아.

(c) 네가 그걸 건너 뛸 만한 이유가 있었다고 생각해.

(d) 다음 번엔 꼭 그렇게 할게.

해설

축구 연습에 빠질 경우에 미리 얘기해 달라는 요청에 해당되는 말이므
로 얘기하는 일을 do that으로 지칭해 앞으로 그렇게 하겠다는 말로
동의를 나타낸 (d)가 정답이다.

오답 체크

(a) 사과를 나타내는 I'm sorry 뒤에 이어지는 말이 사과의 이유로 적
　　절하지 않으므로 오답이다.

(b) 과거의 일을 언급하는 남자의 말과 달리 미래의 계획을 알리는 답
　　변이므로 시제 관계가 맞지 않는다.

(c) 답변자 자신이 축구 연습에 빠진 사람이므로 어울리지 않는 반응
　　이다.

어휘

be absent from ~에 빠지다, 결석하다 **practice** n. 연습 v. 연
습하다 **at the time** 그때, 그 당시에 **make it** 가다, 도착하다
reason 이유 **skip** ~을 건너 뛰다 **be sure to do** 꼭 ~하다, 반드
시 ~하다

6.

W: What did you think about Melissa O'Keefe's
latest album?

(a) I haven't been to see her new one.

(b) She'll release a new album soon.

(c) I heard you really love live music.

(d) It doesn't have many memorable songs.

여: Melissa O'Keefe의 최신 앨범에 대해 어떤 생각이 들었어?

(a) 난 그녀의 새 것을 보러 간 적이 없어.

(b) 그녀는 곧 새 앨범을 출시할 거야.

(c) 내가 듣기로는 네가 라이브 음악을 정말로 좋아한다던데.

(d) 기억에 남을 만한 노래가 많지 않아.

해설

Melissa O'Keefe의 최신 앨범에 대한 의견을 묻는 질문에 대해 기억
에 남는 노래가 많지 않다는 생각을 밝히는 (d)가 정답이다.

오답 체크

(a) 특정 앨범에 대한 의견을 묻는 질문이므로 경험 여부로 대답하는
　　것은 질문 의도에서 벗어난 답변이다.

(b) 과거에 생각한 것을 묻는 질문과 달리 앞으로의 계획을 말하는 내
　　용이므로 시제 관계가 맞지 않는다.

(c) Melissa O'Keefe의 최신 앨범이 아닌 상대방의 성향을 언급하는
　　말이므로 오답이다.

7.

M: Excuse me, is your restaurant able to provide
some dishes for vegetarian diners?

(a) We have plenty of meat-free options.

(b) Yes, we still have some tables available.

(c) I'd like the Greek salad as an appetizer.

(d) We're glad you liked our selection.

남: 실례합니다, 당신의 식당은 채식주의 식사 손님들을 위한 음
　　식을 제공해 주실 수 있나요?

(a) 저희는 고기가 들어 있지 않은 선택권이 많이 있습니다.

(b) 네, 저희에게 여전히 이용 가능한 테이블들이 있습니다.

(c) 저는 애피타이저를 그리스식 샐러드로 하겠습니다.

(d) 저희 제품들이 마음에 드셨다니 기쁩니다.

해설

채식 메뉴를 제공할 수 있는지 확인하는 질문에 대해 vegetarian과
상통하는 의미를 나타내는 meat-free와 함께 선택 가능한 것이 많다
고 알리는 (a)가 정답이다.

오답 체크

(b) 테이블 이용 가능 여부를 말하고 있으므로 어울리지 않는 반응이
　　다.

(c) 고객이 식당 직원에게 할 수 있는 말인데, 질문하는 남자가 고객이
　　므로 오답이다.

(d) 식사를 마친 고객에게 할 수 있는 말이므로 이미 식사 전인 상황
　　과 맞지 않는다.

어휘

be able to do ~할 수 있다 **provide** ~을 제공하다 **dish** 요리,
음식 **vegetarian** 채식주의자 **diner** 식사 손님 **plenty of** 많은
meat-free 고기가 없는 **have A available**: 이용 가능한 A가 있
다 **appetizer** 애피타이저 **selection** 선택(할 수 있는 제품)

8.

W: Could you recommend a classy restaurant?

(a) No, I've never eaten at that one before.

(b) What type of food are you looking for?

(c) There are many dishes on the menu.

(d) I haven't heard of that restaurant.

여: 고급스러운 레스토랑을 좀 추천해 주시겠어요?

(a) 아뇨, 저는 전에 그곳에서 식사를 해본 적이 없어요.

(b) 무슨 종류의 음식을 찾고 계신가요?

(c) 메뉴에 많은 음식이 있습니다.

(d) 저는 그 레스토랑에 대해 들어 본 적이 없습니다.

레스토랑을 추천해 달라고 요청하는 질문에 대해 추천을 해 주기 위한 특정 조건을 되묻는 (b)가 정답이다.

(a) that one은 앞서 언급된 특정한 곳을 가리킬 때 사용하므로 오답이다.
(c) 레스토랑 추천이 아닌 메뉴 범위를 언급하는 말이므로 오답이다.
(d) that restaurant은 앞서 언급된 특정한 레스토랑을 가리키는데, 그 대상을 알 수 없으므로 오답이다.

recommend ~을 추천하다 **classy** 고급스러운, 세련된 **look for** ~을 찾다 **dish** 요리, 음식 **hear of** ~에 대해 듣다

9.

M: Do you mind if I ask for extra pepperoni on our pizza?
(a) You're right, the pepperoni tastes a bit strange.
(b) Go ahead. They do have vegetarian options.
(c) I'm not bothered. I'll only have one slice.
(d) I wish we'd ordered a larger pizza.

남: 우리 피자에 페퍼로니를 더 넣어 달라고 요청해도 괜찮을까요?
(a) 당신 말이 맞아요, 페퍼로니 맛이 좀 이상해요.
(b) 그렇게 하세요. 그곳에 채식주의자를 위한 선택권이 있어요.
(c) 저는 상관없어요. 저는 한 조각만 먹을 거예요.
(d) 우리가 더 큰 피자를 주문했으면 좋았을 텐데.

페퍼로니를 더 넣어 달라고 물어봐도 괜찮은지 확인하는 질문에 대해 상관없다는 말과 함께 그 이유를 덧붙인 (c)가 정답이다.

(a) 페퍼로니 추가 여부가 아닌 맛을 언급하는 말이므로 오답이다.
(b) Go ahead는 페퍼로니를 추가해도 된다는 의미인데, 그 뒤에 반대되는 얘기를 했으므로 오답이다.
(d) 피자의 크기에 대한 아쉬움을 나타내는 말이므로 어울리지 않는 반응이다.

Do you mind if ~해도 괜찮을까요? **ask for** ~을 요청하다, 부탁하다 **extra** 추가의, 별도의 **taste 형용사**: ~한 맛이 나다 **a bit** 조금, 약간 **Go ahead** 어서 해 보세요, 먼저 하세요 **vegetarian** 채식주의자 **I'm not bothered** 저는 상관없어요, 저는 괜찮아요 **I wish we'd p.p.** 우리가 ~했다면 좋았을텐데

10.

W: How much are you selling your old bicycle for?
(a) I hope to sell it by the end of the week.
(b) That's a bit over my spending budget.
(c) I'm open to any reasonable offers.
(d) It depends on how much it cost you.

여: 당신의 오래된 자전거를 얼마에 파실 건가요?
(a) 이번 주말까지 팔 수 있기를 바라고 있어요.
(b) 그건 지출 가능한 제 예산보다 조금 더 많네요.
(c) 합리적인 어떠한 제안에도 응할 용의가 있어요.
(d) 당신에게 얼마의 비용이 들었는지에 따라 달라요.

자전거 판매 비용으로 원하는 수준을 묻는 질문에 대해 합리적인 제안이면 받아들이겠다는 말로 대신한 (c)가 정답이다.

(a) 판매를 원하는 기한을 나타내는 말이므로 When 의문문에 어울리는 반응이다.
(b) That이 지칭하는 비용이 무엇인지 알 수 없으므로 오답이다.
(d) 판매자의 입장에 있는 사람에게 알려 줄 수 있는 말인데, 답변자 자신이 판매자에 해당되므로 앞뒤가 맞지 않는다.

sell A for B: A를 B의 값에 팔다 **by** (기한) ~까지 **a bit** 조금, 약간 **over** ~을 넘는, 초과하는 **budget** 예산 **reasonable** 합리적인, 타당한 **offer** 제안 **depend on** ~에 따라 다르다, ~에 달려 있다 **cost A B**: A에게 B의 비용을 들게 하다

[Part 2]

11.

M: We're holding a town meeting this Wednesday morning.
W: To discuss what issues?
M: Recreational facilities. Interested in taking part?
(a) Sure, I'll check if they're attending.
(b) Definitely. I wouldn't miss it.
(c) Actually, the issue has been resolved.
(d) Yes, the meeting was really helpful.

남: 저희가 이번 주 수요일 오전에 주민 회의를 개최할 겁니다.
여: 무슨 사안들을 논의하기 위한 거죠?
남: 여가 시설이요. 참여하는 데 관심이 있으신가요?
(a) 그럼요, 그들이 참석하는지 확인해 볼게요.
(b) 당연하죠. 놓치지 않을 겁니다.
(c) 사실, 그 문제는 해결되었어요.
(d) 네, 그 회의는 정말 큰 도움이 되었어요.

회의 참여에 관심이 있는지 묻는 질문에 대해 긍정을 나타내는 Definitely와 함께 꼭 참여하겠다는 의지를 나타내는 말을 덧붙인 (b)가 정답이다.

오답 체크
(a) 자신의 참석 여부가 아니라 대상을 알 수 없는 they에 관한 얘기를 하고 있으므로 오답이다.
(c) the issue는 앞서 언급된 사안을 가리키는 것으로 생각할 수 있는데, 곧 있을 회의에서 논의할 사안이 이미 해결되었다고 말하는 것은 앞뒤가 맞지 않는다.
(d) 참여의 뜻을 나타내는 Yes 뒤에 이어지는 말이 과거의 일을 언급하는 것이므로 대화에서 앞으로 열릴 것으로 언급된 회의와 시제 관계가 맞지 않는다.

어휘
hold (행사 등) ~을 개최하다, 열다　town meeting 주민 회의
discuss ~을 논의하다　issue 문제, 사안　recreational 여가의, 레저의　facility 시설(물)　interested in ~에 관심이 있는　take part 참여하다　attend ~에 참석하다　miss ~을 놓치다, 지나치다　actually 실은, 사실은　resolve ~을 해결하다

12.

W: Why'd the manager cancel the company trip?
M: It conflicted with some important work deadlines.
W: Can't the trip just be rescheduled?
(a) Apparently, there's no suitable time to go.
(b) Yes, the work deadlines have been pushed back.
(c) That's the fourth trip we've been on this year.
(d) It should be submitted this Friday.

여: 부장님께서 왜 직원 야유회를 취소하시려는 거죠?
남: 일부 중요한 업무 마감 시한과 겹쳤어요.
여: 그 야유회 일정이 재조정될 수는 없나요?
(a) 듣기로는, 가기에 알맞은 시간이 없는 것 같아요.
(b) 네, 그 작업 마감 시한은 늦춰졌습니다.
(c) 그건 올해 우리가 떠난 네 번째 여행이었어요.
(d) 이번 주 금요일에 제출되어야 합니다.

해설
야유회 일정이 재조정될 수 없는지 확인하는 질문에 대해 적절한 때가 없을 것이라는 말로 일정 재조정이 불가능함을 의미하는 (a)가 정답이다.

오답 체크
(b) 야유회 일정 조정이 아닌 작업 마감 시한을 언급하고 있으므로 핵심에서 벗어난 답변이다.
(c) 앞으로의 일정이 아닌 과거의 일을 말하는 내용이므로 시제 관계가 맞지 않는다.

어휘
cancel ~을 취소하다　conflict with (일정 등이) ~와 겹치다, 충돌하다　deadline 마감 시한　reschedule ~의 일정을 재조정하다　apparently 듣자 하니, 보아 하니　suitable 알맞은, 적합한　push back (일정 등) ~을 늦추다, 미루다　submit ~을 제출하다

13.

M: Do you have any plans on Christmas Day?
W: I'm supposed to go to my friend's house for dinner.
M: Well, I'm going to be hosting a dinner, too. You're welcome to stop by.
(a) I'm sorry your dinner plans were changed.
(b) I'll be sure to put your name on the guest list.
(c) It was great to catch up with everyone.
(d) All right, I'll try to pop in and say hello.

남: 크리스마스에 무슨 계획이라도 있으신가요?
여: 친구 집에 가서 저녁 식사를 하기로 되어 있어요.
남: 저, 저도 저녁 식사 파티를 열 예정이에요. 잠깐 들르셔도 좋습니다.
(a) 당신 저녁 식사 계획이 변경되어서 유감이에요.
(b) 제가 당신 이름을 꼭 초대 손님 명단에 올려 둘게요.
(c) 모든 사람들과 못다한 얘기를 할 수 있어서 정말 좋았어요.
(d) 좋아요, 잠깐 들러서 안부 인사라도 하도록 할게요.

해설
자신이 개최하는 식사 파티에 잠깐 들르라고 권하는 말에 대해 긍정을 뜻하는 All right과 함께 잠깐 가겠다는 말을 덧붙인 (d)가 정답이다.

오답 체크
(a) 앞으로의 계획이 아닌 과거에 발생한 일을 언급하고 있으므로 시제 관계가 맞지 않는 오답이다.
(b) 초대받는 입장에 있는 답변자가 할 수 있는 말로 어울리지 않는다.
(c) 앞으로의 계획이 아닌 과거에 있었던 일을 말하고 있으므로 시제 관계가 맞지 않는 오답이다.

어휘
be supposed to do ~하기로 되어 있다, ~할 예정이다　host (행사 등) ~을 열다, 주최하다　be welcome to do ~해도 좋다　stop by 들르다　be sure to do 꼭 ~하다, 반드시 ~하다　put A on a list: A를 명단에 올리다　catch up with ~와 못다한 얘기를 하다, 그 동안의 얘기를 하다　try to do ~하려 하다　pop in 잠깐 방문하다, 불쑥 나타나다

14.

W: Which subway line do I take to get to City Hall?

M: Line 4 takes you right there.

W: And I should get out at Dawson Street station, right?

(a) Actually, the station before that is closer.

(b) Right, it's too far away from Dawson Street.

(c) No, getting out at Dawson Street is faster.

(d) That's why I'd avoid subway line 4.

여: 시청에 가려면 어느 지하철 노선을 타야 하나요?

남: 4호선을 타시면 바로 그곳으로 갑니다.

여: 그리고 Dawson Street 역에서 내려야 하는 게 맞죠?

(a) 사실, 그 전에 있는 역이 더 가깝습니다.

(b) 맞아요, Dawson Street에서 너무 멀리 떨어져 있어요.

(c) 아뇨, Dawson Street에서 내리는 게 더 빨라요.

(d) 그게 바로 제가 4호선을 피하는 이유입니다.

해설
시청에 가기 위해 Dawson Street 역에서 내리는 것이 맞는지 확인하는 질문에 대해 그 역을 that으로 지칭해 이전 역에서 내리는 것이 더 가깝다는 정보를 알려 주는 (a)가 정답이다.

오답 체크
(b) 긍정을 뜻하는 Right과 그 뒤에 이어지는 말이 서로 맞지 않는 내용이므로 오답이다.

(c) 부정을 뜻하는 No와 그 뒤에 이어지는 말이 서로 맞지 않는 내용이므로 오답이다.

어휘
take (교통편) ~을 타다, 이용하다 **get to** ~로 가다 **get out at** ~에서 내리다 **closer** 더 가까운 **far away from** ~에서 멀리 떨어진 **avoid** ~을 피하다

15.

M: You've been working late a lot recently.

W: My boss assigned me a side project.

M: I hope you're getting paid overtime.

(a) I wish, but I'm already over budget.

(b) Don't worry. I'm sure you'll be compensated.

(c) I'm getting some extra vacation days instead.

(d) Actually, he was given a large bonus.

남: 최근에 계속 늦게까지 많이 일하시네요.

여: 부장님께서 저한테 부가적인 프로젝트를 맡기셨거든요.

남: 초과 근무 수당을 받으시길 바랍니다.

(a) 저도 바라고 있긴 한데, 제가 이미 예산을 초과한 상태예요.

(b) 걱정하지 마세요. 분명 보상 받으실 거예요.

(c) 대신 추가로 며칠 휴가를 받아요.

(d) 사실, 그분은 보너스를 많이 받으셨어요.

해설
계속 늦게까지 일하는 것에 대해 추가 수당을 받기를 바란다고 말하는 상황이므로 추가 수당 대신 받게 되는 다른 혜택을 언급하는 (c)가 정답이다.

오답 체크
(a) getting paid와 관련 있게 들리는 budget을 사용했으나 개인의 예산에 대한 대화가 아니므로 오답이다.

(b) 야근을 한 여자의 입장에서 할 수 있는 말이 아니므로 오답이다.

어휘
recently 최근에 **assign A B**: A에게 B를 배정하다, 할당하다 **get paid overtime** 초과 근무 수당을 받다 **over** ~을 초과해, 넘어서 **budget** 예산 **compensate** ~에게 보상해 주다 **extra** 추가의, 별도의 **vacation day** 휴가(일) **instead** 대신 **actually** 사실, 실은

16.

W: I wasn't impressed with the hotel you recommended.

M: You're kidding! The rooms there are gorgeous.

W: But the location is really unattractive.

(a) Maybe you can request an upgrade.

(b) The same goes for the rooms.

(c) I suppose it's not the nicest area.

(d) You should check in before you comment about it.

여: 당신이 추천해 준 호텔에 깊은 인상을 받지 못했어요.

남: 설마요! 그곳의 객실들은 아름다워요.

여: 하지만 위치가 정말 마음에 들지 않아요.

(a) 아마 업그레이드를 요청하실 수 있을 거예요.

(b) 객실들도 마찬가지입니다.

(c) 아주 좋은 지역은 아닌 것 같아요.

(d) 그것에 관한 의견을 말하기 전에 체크인부터 해야 해요.

해설
특정 호텔의 위치가 마음에 들지 않았다는 의견에 대해 아주 좋은 지역은 아닌 것 같다는 말로 동의를 나타내는 (c)가 정답이다.

오답 체크
(a) 위치와 관련된 의견이 아닌 서비스 조정 여부를 나타내는 말이므로 핵심에서 벗어난 오답이다.

(b) 기준이나 의견이 동일하게 적용될 때 할 수 있는 말인데, 앞서 객실은 아름답다고 했으므로 unattractive에 대한 동의의 표현으로 맞지 않는다.

어휘
be impressed with ~에 깊은 인상을 받다 **recommend** ~을 추천하다 **You're kidding** (상대방의 말에 대한 놀람으로) 설마요 **gorgeous** 매우 아름다운 **location** 위치, 지점 **unattractive** 마음에 들지 않는, 매력적이지 않은 **request** ~을 요청하다 **The**

same goes for A: A도 마찬가지이다 suppose (that) ~라고 생각하다 comment about ~에 관한 의견을 말하다, 생각을 말하다

17.

M: Do you like your coffee with sugar?
W: No, I use syrup, usually.
M: Oh! I'm sorry if this doesn't taste the way you like it.

(a) That's okay, I don't mind some syrup.
(b) Don't worry, I'll treat you to a coffee.
(c) It's a little sweeter than I prefer.
(d) Let me get you another one.

남: 커피에 설탕 넣는 것을 좋아하세요?
여: 아뇨, 저는 보통 시럽을 넣어요.
남: 아! 이게 원하시는 맛이 아니라면 죄송해요.

(a) 괜찮아요, 시럽을 좀 넣어도 상관없어요.
(b) 걱정하지 마세요. 제가 커피를 대접할게요.
(c) 제가 좋아하는 것보다는 약간 더 달아요.
(d) 다른 것을 가져다 드릴게요.

해설
커피 마시는 방식과 관련해 원하는 맛이 아니라면 미안하다고 사과하는 말에 대해 자신의 기준보다 약간 더 달다는 의견을 언급하는 (c)가 정답이다.

오답 체크
(a) 앞서 일반적으로 시럽을 넣어서 먹는다고 이미 언급했으므로 어울리지 않는 반응이다.
(b) Don't worry는 안심시키기 위한 말인데, 뒤에 이어지는 말이 안심시키기 위한 조치로 적절하지 않으므로 오답이다.
(d) 커피를 제공하는 입장에 있는 남자가 할 수 있는 말이므로 오답이다.

어휘
usually 보통, 일반적으로 taste the way you like it 당신이 원하는 맛이 나다 treat A to B: A에게 B를 대접하다 a little 조금, 약간 prefer ~을 더 좋아하다, 선호하다 get A B: A에게 B를 갖다 주다, 사다 주다

18.

W: Please tell me you picked up some dish soap.
M: Why? Did we run out?
W: Yes! What am I going to do now? I have a sink full of dishes.

(a) I'll go to the store. I think it's still open.
(b) It's lucky I washed up after dinner.
(c) The best brand is Sparkle Brite.
(d) I really appreciated your help in the kitchen.

여: 제발 주방용 세제를 사 왔다고 말해 줘요.
남: 왜요? 다 떨어진 건가요?
여: 네! 이제 어떻게 하죠? 싱크대가 접시로 가득해요.

(a) 상점에 가 볼게요. 아직 열었을 것 같아요.
(b) 저녁 식사 후에 제가 설거지를 해서 다행이에요.
(c) 가장 좋은 브랜드는 Sparkle Brite입니다.
(d) 주방에서 도와줘서 정말 고마웠어요.

해설
세제가 없는 상황에서 싱크대에 접시가 가득하다고 알리는 말에 대해 상점에 가 보겠다는 말로 대처 방법을 제시하는 (a)가 정답이다.

오답 체크
(b) 처음에 여자가 한 말로 보아 남자가 이제 막 돌아온 상황임을 알 수 있으므로 대화 상황에 맞지 않는 말이다.
(d) 세제가 없어서 설거지를 할 수 없는 상황이므로 감사의 인사를 하는 것은 맞지 않는다.

어휘
pick up ~을 구입해 오다, 가져오다 dish soap 주방용 세제 run out 다 떨어지다, 다 쓰다 sink 싱크대 full of ~로 가득한 wash up 설거지를 하다 appreciate ~에 대해 감사하다

19.

M: Did you assemble your new treadmill?
W: Yes, in my bedroom.
M: And is it just as good as the machines in the gym?

(a) Yeah, I've been a member for months.
(b) You should, if you want to get in shape.
(c) I bet, considering how expensive it was.
(d) Without a doubt. It's a great investment.

남: 새로 구입한 러닝머신은 조립했어?
여: 응, 내 침실에 있어.
남: 그리고 체육관에 있는 기계들만큼 좋아?

(a) 응, 난 몇 달째 회원이야.
(b) 그래야 해, 좋은 몸 상태를 유지하려면.
(c) 왜 안 그렇겠어, 얼마나 비쌌는지를 감안한다면.
(d) 의심의 여지가 없어. 아주 잘 투자한 것 같아.

해설
새 러닝머신이 체육관에 있는 기계들만큼 좋은지 확인하는 질문에 대해 의심의 여지없이 좋은 투자라는 말로 아주 좋다는 의미를 나타낸 (d)가 정답이다.

오답 체크
(a) 자신의 회원 자격 유지 기간을 언급하는 말이므로 어울리지 않는 반응이다.
(c) 기계의 좋고 나쁨을 묻는 질문에 대해 비용 수준을 언급하고 있으므로 맞지 않는 답변이다.

어휘

assemble ~을 조립하다 treadmill 러닝머신 as A as B: B만큼 A한 gym 체육관 get in shape 좋은 몸 상태를 유지하다, 몸매를 가꾸다 Without a doubt 의심의 여지가 없다 investment 투자(금) I bet 왜 안 그랬겠어 considering ~임을 감안하면, 고려하면

20.

> W: Isn't this such a beautiful mountain?
> M: Yes, the views are out of this world.
> W: We should come back sometime and follow the hiking trail all the way.
>
> (a) Sorry, but I have plans then.
> (b) No, this is my first time here.
> **(c) Definitely. How about next month?**
> (d) Yes, I brought a map with me.

> 여: 이 산은 정말 아름답지 않나요?
> 남: 네, 경치가 정말 훌륭하네요.
> 여: 언젠가 다시 와서 등산로를 전부 따라가 봐요.
>
> (a) 죄송하지만, 저는 그때 계획이 있습니다.
> (b) 아뇨, 저는 여기 처음 와 봐요.
> **(c) 당연하죠. 다음 달에 어떠세요?**
> (d) 네, 제가 지도를 챙겨 왔어요.

해설
다시 와서 등산로를 이용해보자고 제안하는 말에 대해 긍정을 뜻하는 Definitely와 함께 특정 시점을 권하는 (c)가 정답이다.

오답 체크
(a) then은 앞서 언급된 시점을 가리킬 때 사용하는데, 특정 시점으로 제시된 것이 없으므로 오답이다.
(b) No는 다시 오자는 말에 대한 부정을 나타내며, 뒤에 그 이유가 언급되어야 알맞으므로 오답이다.
(d) Yes는 다시 오자는 말에 대한 긍정을 나타내는데, 뒤에 이어지는 말은 관련 없는 내용이므로 오답이다.

어휘
view 경치, 전망 out of this world 정말 훌륭한, 너무 아름다운 follow ~을 따라 가다 hiking trail 등산로 all the way 내내, 계속 then 그때, 그 당시에

UNIT 10 Part 1&2 고난도 문제 유형

기출 Check-up Test   본문 p. 79

1. (b)	**2.** (a)	**3.** (c)	**4.** (a)	**5.** (a)	**6.** (d)
7. (d)	**8.** (c)	**9.** (b)	**10.** (c)	**11.** (d)	**12.** (b)
13. (a)	**14.** (d)	**15.** (c)	**16.** (b)	**17.** (d)	**18.** (c)
19. (d)	**20.** (d)				

[Part 1]

1.

> M: Where is the new sports stadium located?
>
> (a) It's a great location.
> **(b) Are you planning to see a game?**
> (c) I think you can buy tickets at the gate.
> (d) I'm in seat 34 in section F.

> 남: 새로 생긴 스포츠 경기장이 어디에 위치해 있죠?
>
> (a) 그곳은 아주 좋은 위치입니다.
> **(b) 경기를 보러 갈 계획인가요?**
> (c) 출입구에서 입장권을 구입하실 수 있을 것 같아요.
> (d) 저는 F 구역의 좌석 34번에 있어요.

해설
새로 생긴 스포츠 경기장의 위치를 묻는 질문에 대해 경기를 보러 가기 위해 묻는 것인지를 되묻는 (b)가 정답이다.

오답 체크
(a) 유사 발음(located-location)을 활용한 오답으로, 특정 위치 정보가 아닌 위치적 특성을 언급하고 있어 질문의 의도에 맞지 않는 오답이다.
(c) 위치 표현이 포함되어 있기는 하지만 입장권 구매 장소를 알려주는 말이므로 오답이다.
(d) 경기장이 아닌 자신의 좌석 위치를 말하는 내용이므로 오답이다.

어휘
be located 위치해 있다 location 위치, 지점 plan to do ~할 계획이다

2.

> W: Please put me through to Mr. Dillahunt.
>
> **(a) Of course, ma'am. Please hold for a moment.**
> (b) I'm pleased to hear from you, Mr. Dillahunt.
> (c) I'm afraid I'm in a meeting right now.
> (d) I don't think his messages are getting through.

여: Dillahunt 씨에게 연결 부탁드립니다.

(a) 알겠습니다. 잠시만 기다려 주십시오.
(b) 소식을 듣게 되어서 기뻐요, Dillahunt 씨.
(c) 제가 지금 회의를 하는 중이라서요.
(d) 그의 메시지가 전달되지 않고 있는 것 같아요.

해설

Dillahunt 씨에게 전화 연결을 해 달라고 요청하는 말이므로 수락을 뜻하는 Of course와 함께 잠깐 기다려 달라고 부탁하는 (a)가 정답이다.

오답 체크

(b) 여자가 Dillahunt 씨와 통화하기를 원하고 있으므로 여자를 Dillahunt 씨로 지칭하는 것은 맞지 않는다.
(c) Dillahunt 씨가 아닌 자신의 현재 상황을 말하는 내용이므로 어울리지 않는 반응이다.
(d) his가 지칭하는 Dillahunt 씨의 메시지 전달 상태를 말하는 내용이므로 전화 연결 요청에 대한 답변으로 맞지 않는다.

어휘

put A through to B: (전화상에서) A를 B에게 연결해 주다 **hold for a moment** (전화를 끊지 않고) 잠시 기다리다, 대기하다 **hear from** ~로부터 소식을 듣다, 얘기를 듣다 **get through** 전달되다, 연락이 닿다

3.

M: I need to take my suit in to the tailor for some big adjustments.

(a) Yeah, I can adjust it.
(b) Sure, you can wear my suit.
(c) Doesn't it fit well?
(d) The tailor did a great job.

남: 크게 수선을 좀 해야 해서 제 정장을 양복점에 가져가야 해요.

(a) 네, 제가 조정해 드릴 수 있어요.
(b) 물론이죠, 제 정장을 입으셔도 됩니다.
(c) 잘 맞는 것 아니었나요?
(d) 그 재단사가 일을 아주 잘해 주었어요.

해설

자신의 정장을 양복점에 가져가야 한다는 말에 대해 잘 맞는 것이 아니었는지 되묻는 말로 수선할 필요가 있었는지를 궁금해하는 (c)가 정답이다.

오답 체크

(a) 의류 수선을 하는 당사자가 할 수 있는 말이므로 어울리지 않는 반응이다.
(b) 자신의 정장을 빌려주겠다고 허락하는 말이므로 어울리지 않는 답변이다.
(d) 과거에 있었던 일을 말하는 내용이므로 앞으로 수선을 받아야 하는 남자의 상황에 맞지 않는 반응이다.

어휘

take A in to B: A를 B로 가져 가다 **tailor** 재단사 **adjustment** 조정, 조절 **adjust** ~을 조정하다, 조절하다 **fit well** 잘 맞다, 잘 어울리다

4.

W: Do you know Mary Jessop? Her name is familiar to me.

(a) It rings a bell, but I can't be certain.
(b) Well, you've known each other for so long.
(c) Oh, that's where I know her from.
(d) I'd like to get to know you better too.

여: Mary Jessop 씨라고 아세요? 제게 익숙한 이름이라서요.

(a) 들어본 것 같긴 한데, 확실치는 않아요.
(b) 음, 당신들은 서로 오랫동안 알고 지내 왔잖아요.
(c) 아, 그곳이 제가 그녀를 알게 된 곳이에요.
(d) 저도 당신을 더 잘 알게 되었으면 좋겠어요.

해설

Mary Jessop라는 이름이 익숙하다는 점을 알리는 말에 대해 답변자 자신도 들어본 것 같기는 하지만 확실하진 않다는 의견을 말하는 (a)가 정답이다.

오답 체크

(c) that이 가리키는 특정 장소가 어디인지 알 수 없으므로 오답이다.
(d) Mary Jessop이 아닌 상대방과의 관계와 관련된 말이므로 핵심에서 벗어난 답변이다.

어휘

be familiar to ~에게 익숙하다, 친숙하다 **ring a bell** 들어 본 적이 있는 것 같다, 들어 보니 익숙한 것 같다 **certain** 확실한, 명확한 **get to do** ~하게 되다

5.

M: Your statement to the press wasn't in line with our company's philosophy.

(a) I'll try to keep it in mind in the future.
(b) You're too lax about our corporate identity.
(c) I'd say you came across as very professional.
(d) I agree. We've followed it precisely.

남: 당신이 언론을 대상으로 말한 것은 우리 회사의 철학과 어울리지 않았어요.

(a) 앞으로 명심하도록 노력하겠습니다.
(b) 회사의 정체성과 관련해서 당신은 생각이 너무 안이한 것 같아요.
(c) 당신은 제게 매우 전문적인 인상을 주었던 것 같아요.
(d) 동의합니다. 저희는 그것을 정확히 준수해 왔습니다.

상대방의 말이 회사의 노선과 맞지 않았다는 말로 일종의 주의를 주고 있으므로 그와 같은 점을 명심하겠다는 말로 상대방의 지적에 수긍하는 (a)가 정답이다.

(b) 누군가에게 주의를 줄 때 하는 말이므로 주의를 듣는 입장에 있는 사람이 보일 수 있는 반응으로 맞지 않는다.
(c) 과거 시점에 상대방으로부터 받은 인상을 언급하는 말이므로 어울리지 않는 답변이다.

statement 말, 진술, 성명(서) **the press** 언론 **in line with** ~에 어울리는, 조화를 이루는 **philosophy** 철학 **keep A in mind**: A를 명심하다 **lax** (규칙, 기준 등에 대해) 안이한, 해이한, 느슨한 **identity** 정체성 **come across as** ~한 인상을 주다 **professional** 전문적인 **follow** ~을 따르다, 준수하다 **precisely** 정확히

6.

W: I felt that Melissa's awards acceptance speech was over the top.

(a) Yes, she dressed to fit the occasion.
(b) I don't think so. She sounded quite excessive.
(c) I wasn't expecting her to win anything, either.
(d) Perhaps, but it did make people laugh.

여: Melissa 씨의 수상 소감은 정도가 지나쳤던 것 같았어요.

(a) 네, 그녀는 행사에 어울리는 옷차림이었어요.
(b) 저는 그렇게 생각하지 않아요. 그녀는 꽤 지나친 것 같았어요.
(c) 저도 그녀가 아무 상도 받지 못할 거라고 예상하고 있었어요.
(d) 그럴지도 모르지만, 분명 사람들을 웃게 만들었어요.

Melissa 씨의 수상 소감이 정도가 지나쳤다고 말하는 것에 대해 그것의 긍정적인 측면을 언급하는 것으로 답변하는 (d)가 정답이다.

(a) 옷차림과 관련해 얘기하는 상황이 아니므로 어울리지 않는 반응이다.
(b) 그렇게 생각하지 않는다는 말은 반대를 나타내는 데, 그 뒤에 이어지는 말은 동의에 해당되므로 앞뒤가 맞지 않는다.

awards acceptance speech 수상 소감 **over the top** 정도가 지나친 **dress to fit** ~에 맞게 차려 입다 **occasion** 행사, 일, 경우, 때 **sound 형용사**: ~한 것 같다, ~한 것처럼 들리다 **quite** 꽤, 상당히 **excessive** 지나친, 과도한 **expect A to do**: A가 ~할 것으로 예상하다 **win** (상 등) ~을 받다, 타다 **either** (부정문에서) ~도 **make A do**: A가 ~하게 만들다 **laugh** 웃다

7.

M: I eventually got the customer complaint sorted out.

(a) Let me try to talk to the customer.
(b) There are many different sorts.
(c) I'm happy we've had no complaints.
(d) I knew I could rely on you to solve it.

남: 결국에는 고객 불만 사항을 해결했습니다.

(a) 제가 그 고객과 얘기해 보겠습니다.
(b) 여러 다른 종류들이 있습니다.
(c) 우리에게 불만이 있지 않아 기쁩니다.
(d) 당신에게 의존해 그 일을 해결할 수 있을 줄 알았어요.

고객 불만 사항이 결국 해결되었음을 알리는 말에 대해 기대대로 상대방이 잘 해결했음을 칭찬하는 의미를 나타내는 (d)가 정답이다.

(a) 이미 불만 사항이 해결되었음을 알렸으므로 고객과 얘기하는 것은 불필요한 조치이다.
(b) sort의 다른 의미(종류)를 활용한 오답이다.

eventually 결국, 마침내 **get A p.p.**: A가 ~되게 하다 **complaint** 불만 **sort out** ~을 해결하다, 처리하다 **sort** 종류, 유형 **rely on A to do**: A에게 의존해 ~하다 **solve** ~을 해결하다

8.

W: Is it okay to walk around the cabin during the flight?

(a) No, the flight will be about 4 hours.
(b) Well, it might be too dark to get your work done.
(c) Only if the seatbelt sign is off.
(d) Sure, I'd love to take a walk outside with you.

여: 비행 중에 객실 내를 걸어 다녀도 괜찮은가요?

(a) 아뇨, 그 항공편은 약 4시간 걸릴 겁니다.
(b) 저, 당신이 일을 완료하기에 너무 어두울지도 몰라요.
(c) 안전 벨트 표시등이 꺼져 있을 때만 가능합니다.
(d) 그럼요, 당신과 함께 밖에서 산책하고 싶어요.

비행 중에 객실 내를 걸어 다녀도 괜찮은지 묻는 질문에 대해 그렇게 할 수 있는 조건을 알리는 (c)가 정답이다.

(a) 비행 시간과 관련된 정보를 말하고 있으므로 질문의 핵심에서 벗어난 오답이다.
(d) 긍정을 나타내는 Sure 뒤에 이어지는 말이 질문 내용과 맞지 않으므로 오답이다.

9.

M: My computer's being updated. Can I borrow yours?

(a) No problem. Let me know what needs to be fixed.

(b) Just give me a second to save something then.

(c) I'm not sure about the exact date, I'm afraid.

(d) I'd prefer to use my own, but I appreciate the offer.

남: 제 컴퓨터가 업데이트되는 중이에요. 당신 것 좀 빌릴 수 있을까요?

(a) 알겠습니다. 무엇이 고쳐져야 하는지 제게 알려주세요.

(b) 그럼 저장 좀 할 수 있게 잠깐 시간을 주세요.

(c) 정확한 날짜가 언제인지 확실하지 않은 것 같습니다.

(d) 저는 제 것을 사용하기를 원하지만, 제안에 대해 감사합니다.

해설

상대방의 컴퓨터를 빌릴 수 있는지 묻는 질문에 대해 빌려 주기 전에 해야 하는 일을 언급하는 (b)가 정답이다.

오답 체크

(a) 수리 요청을 받은 사람이 할 수 있는 말이므로 어울리지 않는 반응이다.

(c) update와 일부 발음이 같은 date를 활용한 오답으로, 질문 내용과 관련 없는 오답이다.

(d) 컴퓨터를 빌려 달라는 요청을 받은 사람이 감사의 인사를 하는 것은 어울리지 않으므로 오답이다.

10.

W: Did you consult Jeremy before taking his stapler?

(a) No, but I'll let you use mine.

(b) Sorry, but I don't think you should take that.

(c) He won't care. We always share things.

(d) He said he'd be delighted to work with you.

여: Jeremy 씨의 스테이플러를 가져 가시기 전에 그에게 물어보셨어요?

(a) 아뇨, 하지만 제 것을 사용하셔도 됩니다.

(b) 죄송하지만, 그것을 가져 가시면 안될 것 같네요.

(c) 그는 상관하지 않습니다. 우리는 항상 물건을 공유합니다.

(d) 그는 당신과 함께 일하는 것이 즐거울 거라고 말했어요.

해설

Jeremy 씨의 스테이플러를 가져 가기 전에 사용 허락을 받았는지 묻는 질문에 대해 Jeremy를 He로 지칭해 허락을 받지 않아도 되는 이유를 언급하는 (c)가 정답이다.

오답 체크

(a) 물품을 필요로 하는 사람에게 할 수 있는 말인데, 스테이플러가 필요해서 가져간 사람이 답변자 자신이므로 맞지 않는 말이다.

(b) 마찬가지로, 물품이 필요해서 가져가려는 사람에게 할 수 있는 말이므로 어울리지 않는 말이다.

[Part 2]

11.

M: I can't believe how crowded this music festival is.

W: You should've been here last year. It was even more crowded.

M: Really? Busier than this?

(a) It was easier to get around.

(b) Right, there weren't so many people.

(c) I'm not sure. It's my first time here.

(d) This year's much more relaxed.

남: 이 음악 축제가 어떻게 이렇게 사람들로 복잡할 수 있는지 믿기지가 않아.

여: 네가 작년에 이곳에 와 봤어야 하는 건데. 훨씬 더 복잡했거든.

남: 그래? 이것보다 더 붐볐다고?

(a) 돌아다니기가 더 쉬웠어.

(b) 맞아, 사람들이 그렇게 많지 않았어.

(c) 잘 모르겠어. 난 여기가 처음이라서.

(d) 올해는 훨씬 더 여유 있는 거야.

해설

사람이 많아 복잡한 상황을 this로 지칭해 작년에 더 복잡했다는 말에 대해 남자가 놀라움을 표현하고 있으므로 올해가 더 여유 있다는 말로 반복해서 알려주는 (d)가 정답이다.

오답 체크

(a) 앞서 작년이 더 복잡했다고 했으므로 돌아다니기가 더 쉬웠다는 (was easier) 말은 앞뒤가 맞지 않는다.

(b) 마찬가지로, 과거에 사람들이 많지 않았다는 말은 앞서 여자가 한 말과 어울리지 않는다.

(c) 작년에 이미 와봤음을 암시하는 말이 제시되었으므로 처음이라는 말은 앞뒤가 맞지 않는다.

crowded 사람들로 복잡한, 붐비는(= busy) **should have p.p.** ~했어야 했다 **even** (비교급 수식) 훨씬(= much) **get around** 돌아다니다 **relaxed** 여유 있는

12.

W: I'm really grateful for your assistance, Henry.
M: Don't mention it. I was happy to translate what the policeman was saying.
W: I couldn't have gotten out of that mess without you.

(a) I can help you clean up in here.
(b) I'm just glad you're not in trouble.
(c) I honestly can't thank you enough.
(d) I'm not sure where you got that from.

여: 도움을 주신 것에 대해 정말로 감사합니다, Henry.
남: 별 말씀을요. 그 경찰관의 말을 통역해드릴 수 있어서 기뻤습니다.
여: 당신이 아니었다면 엉망이었던 그 상황에서 벗어날 수 없었을 거예요.

(a) 이곳을 깨끗이 청소하도록 도와드릴 수 있습니다.
(b) 당신이 곤경에 처하지 않은 것만으로도 기쁘게 생각합니다.
(c) 솔직히 어떻게 감사드려야 할지 모르겠어요.
(d) 그걸 어디서 구하셨는지 모르겠네요.

상대방의 도움으로 인해 어려운 일에서 벗어났음을 알리는 말에 대해 곤경에 처하지 않게 되어 기쁘다는 말로 답변하는 (b)가 정답이다.

(c) 상대방이 전하는 감사 인사에 대한 반응으로 어울리지 않는 말이므로 오답이다.
(d) that이 지칭하는 대상이 무엇인지 알 수 없으므로 오답이다.

be grateful for ~에 대해 감사하다 **assistance** 도움 **Don't mention it** (감사 인사에 대해) 별 말씀을요, 천만에요 **translate** ~을 통역하다, 번역하다 **couldn't have p.p.** ~할 수 없었을 것이다 **get out of** ~에서 벗어나다, 빠져나오다 **mess** 엉망(인 상황) **without** ~가 아니었다면, ~가 없었다면 **help A do**: A가 ~하도록 돕다 **in trouble** 곤경에 처한 **honestly** 솔직히

13.

M: I'm heading to the café downstairs. Want anything?
W: A coffee would be great. I'll go with you.
M: Are you sure? I don't mind grabbing one for you.

(a) It'll be nice to stretch my legs.
(b) No sweat. I'll pick you up a coffee.
(c) OK, think it over, and get back to me.
(d) I can't handle any more caffeine.

남: 아래층에 있는 카페에 갈 거예요. 뭐 필요한 거라도 있으세요?
여: 커피 한 잔이면 아주 좋을 거예요. 같이 갈게요.
남: 괜찮으시겠어요? 제가 한 잔 사다 드려도 상관없어요.

(a) 다리 좀 펴면 좋을 거예요.
(b) 뭘요. 제가 커피 한 잔 사다 드릴게요.
(c) 좋아요, 차분히 생각해 보시고, 저에게 다시 알려 주세요.
(d) 더 이상의 카페인은 감당할 수 없을 거예요.

커피 사러 같이 가겠다는 여자의 말에 자신이 사다 줘도 된다고 남자가 제안하고 있고, 이에 다리를 좀 펴는 게 좋겠다며 같이 가겠다는 의향을 밝히는 (a)가 정답이다.

(b) 커피를 사다주겠다는 제안에 어울리지 않는 반응이다.
(c) 제안을 받고 그에 응하는 OK 뒤에 이어지는 말이 제안을 받은 입장에서 할 수 있는 말이 아니므로 오답이다.

head to ~로 가다, 향하다 **downstairs** 아래층에 **don't mind -ing** ~해도 상관없다 **grab** ~을 빨리 사오다 **stretch one's legs** (걸으면서) 다리를 좀 펴다 **No sweat** (감사의 인사 등에 대해) 뭘요, 뭘 그런 걸로요. **pick A up B**: A에게 B를 사다 주다 **get back to** ~에게 다시 알려 주다, 다시 연락하다 **handle** ~을 감당하다, 처리하다

14.

W: I brought those event invitations you asked for.
M: How many are in the envelope?
W: There are thirty-five. Should I look for some extra ones?

(a) Thanks, I got the invitation.
(b) I'm glad you only need thirty-five.
(c) It's still only 5:30?
(d) That's the perfect amount.

여: 요청하셨던 그 행사 초대장들을 가져왔습니다.

남: 봉투에 얼마나 많이 들어 있죠?

여: 35장입니다. 추가로 더 있는지 찾아볼까요?

(a) 감사합니다, 저는 초대장을 받았습니다.

(b) 35장만 필요하다고 하시니 다행입니다.

(c) 아직도 5시 30분 밖에 되지 않은 건가요?

(d) 그거면 딱 알맞은 수량입니다.

초대장 수량과 관련해 더 찾아봐야 하는지 묻는 질문에 대해 해당 수량을 That으로 지칭해 알맞다는 말로 더 찾아볼 필요가 없음을 의미하는 (d)가 정답이다.

(a) 초대장을 받은 사람이 말할 수 있는 반응이므로 어울리지 않는다.

(b) 초대장을 필요로 한 사람은 답변자 자신이므로 대화 상황에 맞지 않는 말이다.

(c) 수량 표현인 thirty-five와 발음이 유사한 시간 표현 5:30를 활용한 오답이다.

invitation 초대(장) **ask for** ~을 요청하다 **envelope** 봉투 **look for** ~을 찾아 보다 **extra** 추가의, 별도의 **amount** 수량, 분량

15.

M: I don't even know where to begin with this essay.

W: But you've taken so many notes in class. It should be a breeze for you.

M: Not at all. Most of the concepts go right over my head.

(a) I'm supposed to hand it in on Friday.

(b) It shouldn't take too long to complete then.

(c) Come on, it can't be that hard.

(d) I've memorized the key points as well.

남: 난 심지어 이 에세이를 어디서부터 시작해야 하는지조차도 모르겠어.

여: 그런데 넌 수업 중에 필기를 많이 했었잖아. 너한테 식은 죽 먹기일 것 같은데.

남: 전혀 그렇지 않아. 대부분의 개념들이 내 머리로는 너무 어려워.

(a) 난 금요일에 그것을 제출할 예정이야.

(b) 그럼 완료하는 데 너무 오래 걸리진 않을 거야.

(c) 무슨 소리야, 그렇게 어려울 리가 없어.

(d) 난 요점들도 암기해 뒀어.

수업에서 다루는 개념들이 너무 어렵다는 말에 대해 그렇게 어려울 리가 없다는 말로 동의할 수 없음을 의미하는 (c)가 정답이다.

(a) 에세이를 쓰고 있는 남자가 할 수 있는 말이므로 오답이다.

(b) 너무 어려워서 에세이를 쓰는 데 문제가 있는 사람에게 해줄 수 있는 조언으로 맞지 않는다.

even 심지어 (~도) **where to do** ~해야 하는 곳, 부분 **take notes** 필기하다 **breeze** 식은 죽 먹기 **Now at all** 전혀 그렇지 않아 **concept** 개념 **go over one's head** ~에게 어렵다 **be supposed to do** ~할 예정이다, ~하기로 되어 있다 **hand A in:** A를 제출하다 **take too long** 너무 오래 걸리다 **complete** ~을 완료하다 **then** 그럼, 그렇다면 **that** ad. 그렇게, 그만큼 **memorize** ~을 암기하다 **key point** 요점 **as well** ~도, 또한

16.

W: Do you think Shanice will win the Best Album award for the third consecutive year?

M: It's likely. Her latest album was one of the year's biggest sellers.

W: But John Kramer's album was also popular.

(a) Yeah, that could be a big seller next year.

(b) Not so much that it would tip the odds in his favor.

(c) But the voting committee will pick a brand new artist.

(d) That's why her win is basically already confirmed.

여: Shanice가 3년 연속으로 최고의 앨범 상을 받을 거라고 생각해?

남: 그럴 것 같아. 그녀의 최신 앨범이 올해 가장 많은 판매량을 기록한 것 중 하나거든.

여: 하지만 John Kramer의 앨범도 인기가 많았어.

(a) 응, 그게 내년에 많은 판매를 기록할 수 있을 거야.

(b) 그게 그에게 유리하게 작용할 공산은 그렇게 크지 않아.

(c) 하지만 투표 위원단에서 신인 아티스트를 선정할 거야.

(d) 그 점이 바로 그녀의 수상이 기본적으로 이미 확정된 이유야.

Shanice가 상을 받을 것으로 확신하는 남자에게 John Kramer의 앨범도 인기가 많았다고 말하는 상황이므로 그 사실을 it으로, 그리고 그 사람을 his로 지칭해 그 인기가 별 영향을 미치지 못할 것이라고 말하는 (b)가 정답이다.

(a) 내년의 예상 판매량과 관련된 대화가 아니므로 오답이다.

(c) 신인 아티스트 선정 방식과 관련된 대화가 아니므로 오답이다.

win (상 등) ~을 받다, 타다 **for the third consecutive year** 3년 연속으로 **likely** 가능성 있는, ~할 것 같은 **big seller** 판매량이 높은 것 **Not so much that** 크게 ~할 것 같지 않다 **tip the odds in one's favor** ~에게 유리할 가능성이 있다 **voting committee**

투표 위원단 **pick** ~을 선정하다, 고르다 **brand new** 완전히 새로운 **basically** 기본적으로 **confirm** ~을 확정하다, 확인해 주다

17.

M: I can't make heads or tails of this.
W: Same here. Sean's presentation handouts are always so confusing.
M: Mr. Bower should speak to him about this.

(a) I understand it fine.
(b) I enjoyed your presentation.
(c) I'll make another handout for him.
(d) I think he already has.

남: 난 이걸 도통 이해할 수가 없어.
여: 나도. Sean의 발표 유인물은 항상 너무 헷갈려.
남: Bower 씨가 이 부분에 관해 그와 얘기해 봐야 해.

(a) 난 잘 이해돼.
(b) 네 발표를 즐겁게 봤어.
(c) 그에게 또 다른 유인물을 만들어 줄 거야.
(d) 그가 이미 그렇게 한 것 같은데.

Sean의 유인물이 헷갈리는 것과 관련해 Bower 씨가 그에게 얘기해야 한다고 주장하는 말에 대해 Bower 씨를 he로 지칭해 이미 그렇게 한 것 같다고 말하는 (d)가 정답이다. has만 쓰인 것은 그 뒤에 동일한 동사가 과거 완료 형태로 반복되는 것을 피하기 위해 생략된 구조이다.

(a) 앞서 두 사람 모두 Sean의 유인물이 헷갈린다는 데 동의했으므로 대화 상황에 맞지 않는 말이다.
(b) 상대방인 남자의 발표에 관한 대화가 아니므로 오답이다.
(c) Sean이 만든 유인물에 관한 대화이므로 답변자 자신이 또 유인물을 만들겠다고 말하는 것은 어울리지 않는다.

can't make heads or tails of ~을 도통 이해하지 못하다 **presentation** 발표 **handout** 유인물 **confusing** 헷갈리는, 혼동되는 **fine** ad. 잘, 괜찮게

18.

W: I've been trying to get through to Leon all day.
M: What's so important?
W: His friend Susan plays in my favorite band, and he said he'd get me on the guest list for her show tonight.

(a) I think her concert starts at 7.
(b) Maybe she's in her office.
(c) Did you leave a message on his voicemail?
(d) I don't know where he put the list.

여: 오늘 하루 종일 Leon 씨에게 연락하기 위해 노력하는 중이에요.
남: 무슨 중요한 일이라도 있나요?
여: 그의 친구인 Susan 씨가 제가 가장 좋아하는 밴드에서 연주를 하시는데, 오늘밤에 있을 그분 공연의 초대 손님 명단에 저를 넣어 주겠다고 그가 말했거든요.

(a) 그녀의 콘서트는 7시에 시작하는 것 같아요.
(b) 아마 그녀는 자신의 사무실에 있을 겁니다.
(c) 그의 음성 사서함에 메시지를 남겨 보셨나요?
(d) 그가 어디에 목록을 두었는지 모르겠어요.

여자가 Leon 씨에게 계속 연락하려는 일과 관련된 이유를 언급하는 말에 대해 추가적인 조치를 제안하는 질문에 해당되는 (c)가 정답이다.

(a) 콘서트가 시작되는 시간 정보와 관련된 대화가 아니므로 핵심에서 벗어난 말이다.
(b) she는 Susan을 지칭하는데, 대화는 Leon 씨에게 연락하는 일과 관련된 것이므로 맞지 않는 답변이다.
(d) 목록을 찾는 일과 관련된 대화가 아니므로 오답이다.

try to do ~하려 노력하다 **get through to** ~에게 연락이 닿다 **favorite** 가장 좋아하는 **get A on a list**: A를 명단에 넣다, 목록에 올리다 **leave a message** 메시지를 남기다 **voicemail** 음성 사서함 **put** ~을 놓다, 두다

19.

M: Are these two hotel rooms basically the same?
W: Well, this one has a queen bed and city view, and that one has a king bed, a hot tub, and a beach view.
M: Oh, nice! I see that the price is a lot higher for that one. Is it worth it?

(a) Yes, they both come with free room service.
(b) I'm not sure I'll be able to lower the price for you.
(c) I own a property overlooking the beach too.
(d) Well, you definitely get what you pay for.

남: 이 두 호텔 객실들은 기본적으로 같은 거죠?

여: 저, 이 방은 퀸 사이즈 침대와 도시 쪽 전망으로 이뤄져 있고, 저 방은 킹 사이즈 침대와 온수 욕조, 그리고 해변 경관으로 되어 있습니다.

남: 아, 좋네요! 저 방에 대한 이용 요금이 훨씬 더 높은 것 같아요. 그럴 만한 가치가 있나요?

(a) 네, 두 곳 모두 무료 룸 서비스가 포함되어 있습니다.

(b) 당신을 위해 가격을 낮춰드릴 수 있을지 모르겠습니다.

(c) 저도 해변이 내려다보이는 건물을 하나 소유하고 있습니다.

(d) 저, 분명 지불하시는 만큼의 값어치를 할 겁니다.

해설
이용 요금이 비싼 방이 그만한 가치가 있는지를 묻는 질문에 대해 분명히 지불하는 만큼의 값어치를 한다는 말로 긍정의 뜻을 나타낸 (d)가 정답이다.

오답 체크

(a) 요금이 높은 방 하나에 대한 서비스가 아닌, 두 방 모두에 해당하는 서비스이므로 오답이다.

(b) 비용을 낮추는 것에 대한 질문이 아니므로 핵심에서 벗어난 답변이다.

(c) 건물 소유 여부와 관련된 대화 내용이 아니므로 어울리지 않는 반응이다.

어휘

basically 기본적으로 **view** 경치, 전망 **hot tub** 온수 욕조 **a lot** (비교급 수식) 훨씬 **worth** ~의 가치가 있는 **come with** ~가 포함되어 있다, 딸려 있다 **free** 무료의 **be able to do** ~할 수 있다 **lower** ~을 낮추다, 내리다 **property** 건물, 부동산 **overlook** (건물 등이) ~을 내려다 보다 **definitely** 분명히, 확실히 **get what you pay for** 지불하는 만큼의 값어치를 하다

20.

W: I'm going to start watching that new sci-fi show on CBS tonight.

M: Oh, yeah? I saw the first episode recently.

W: So, does it live up to the hype?

(a) I wouldn't say I'm hyping it up.

(b) I'm glad you thought it was so good.

(c) Sounds good, but I never watch TV.

(d) To be honest, I found it underwhelming.

여: 난 CBS에서 방영하는 새 공상 과학 프로그램을 오늘밤부터 보기 시작할 거야.

남: 아, 그래? 난 최근에 1회를 봤는데.

여: 그럼, 그게 대대적인 광고만큼 기대를 충족하는 것 같아?

(a) 내가 과장해서 말하고 있다고 생각하지 않아.

(b) 아주 좋다고 생각했다니까 기뻐.

(c) 좋은 것 같긴 한데, 난 TV를 전혀 보지 않아.

(d) 솔직히, 난 아무런 감흥도 없다고 생각했어.

해설

특정 프로그램이 광고만큼 기대를 충족시켜 주는지 묻는 질문에 대해 감흥을 주지 못한 것 같다는 말로 기대를 충족하지 못했음을 나타낸 (d)가 정답이다.

오답 체크

(a) 프로그램의 특성이 아닌 자신이 말을 하는 방식과 관련된 답변이므로 오답이다.

(b) 상대방인 여자는 아무런 의견도 제시하지 않았으므로 어울리지 않는 말이다.

(c) 앞서 남자가 1회를 봤다고 했으므로 TV를 전혀 보지 않는다는 말은 앞뒤가 맞지 않는다.

어휘

sci-fi 공상 과학 **episode** (TV 프로그램 등의) 한 회 **recently** 최근에 **live up to the hype** 대대적인 광고만큼 기대를 충족하다 **hype A up**: A를 과장해서 말하다 **to be honest** 솔직히 **underwhelming** 전혀 감흥을 주지 못하는

Part 1　TEST

본문 p. 80

1. (b)	**2.** (d)	**3.** (d)	**4.** (b)	**5.** (a)	**6.** (d)
7. (c)	**8.** (a)	**9.** (d)	**10.** (b)		

1.

M: Rachel, isn't it a little cold for swimming?

(a) No, I didn't bring a coat.

(b) It's an indoor pool.

(c) A swim will help beat the heat.

(d) That's a good suggestion.

남: Rachel, 수영하기엔 좀 추운 것 같지 않아?

(a) 아니, 난 코트를 가져오지 않았어.

(b) 장소가 실내 수영장이야.

(c) 수영을 하면 더위를 피하는 데 도움이 될 거야.

(d) 좋은 의견이야.

해설

수영을 하기에 춥지 않은지 묻는 질문에 대해 실내 수영장이라는 말로 날씨에 영향을 받지 않는다고 답변하는 (b)가 정답이다.

오답 체크

(a) 부정을 나타내는 No 뒤에 이어지는 말이 수영하기 위한 날씨와 전혀 관련 없는 말이다.

(c) swimming과 일부 발음이 같은 swim을 활용한 오답으로, 추운 날씨에 따른 수영 가능 여부를 묻는 질문에 맞지 않는 답변이다.

어휘
indoor 실내의 beat the heat 더위를 피하다

2.

> W: Pardon me, are you Zachary Kress?
>
> (a) Yes, I just saw him.
> (b) Sorry, I've made a mistake.
> (c) It was a pleasure meeting you.
> **(d) Have we met before?**
>
> ---
>
> 여: 실례합니다, Zachary Kress 씨이시죠?
>
> (a) 네, 방금 그를 봤어요.
> (b) 죄송하지만, 제가 실수를 했습니다.
> (c) 만나 뵈어서 즐거웠습니다.
> **(d) 우리가 전에 만난 적이 있었나요?**

해설
이름과 함께 상대방이 자신이 알고 있는 사람이 맞는지 묻는 질문에 대해 만난 적이 있는지 되묻는 것으로 서로 아는 사이인지를 확인하는 (d)가 정답이다.

오답 체크
(a) 긍정을 나타내는 Yes 뒤로 대상을 알 수 없는 him을 언급하고 있어 오답이다.
(b) 잘못 알아 본 사람이 말할 수 있는 답변이므로 어울리지 않는 반응이다.
(c) 만남을 가진 후에 헤어질 때 인사로 할 수 있는 말이다.

어휘
make a mistake 실수하다 It was a pleasure −ing ~해서 즐거웠습니다, 기뻤습니다

3.

> M: Try to ignore what Chad said. He meant it as a joke.
>
> (a) I get why he's mad, though.
> (b) I don't see any reason to apologize.
> (c) You have a point. He's too sensitive.
> **(d) I can't. What he said was offensive.**
>
> ---
>
> 남: Chad가 한 말은 무시하도록 하세요. 농담으로 한 말이에요.
>
> (a) 하지만 그가 왜 화가 났는지 이해돼요.
> (b) 전 사과해야 하는 이유를 모르겠어요.
> (c) 일리 있는 말이에요. 그는 너무 민감해요.
> **(d) 그럴 수 없어요. 그가 한 말은 모욕적이었어요.**

해설
Chad가 말한 것을 무시하라는 말과 함께 그것이 농담이었다고 위로하는 상황이다. 이에 대해 그렇게 할 수 없음을 밝히면서 그것이 모욕적이었다는 말로 이유를 언급한 (d)가 정답이다.

오답 체크
(a) Chad가 한 말이 화가 나서 그런 것인지는 알 수 없으므로 오답이다.
(b) 답변자가 위로를 받는 상황이므로 사과하는 입장에 있는 사람으로 볼 수 없다.
(c) 쉽게 상처 받는 사람에 대한 의견에 해당되는 말이므로 위로를 받는 입장에 있는 사람이 보일 수 있는 반응으로 맞지 않는다.

어휘
try to do ~하려 하다 ignore ~을 무시하다 though (문장 끝이나 중간에서) 하지만 don't see any reason to do ~해야 할 이유를 모르겠다 apologize 사과하다 You have a point 일리 있는 말이에요 sensitive 민감한 offensive 불쾌한, 모욕적인

4.

> W: I have an extra movie ticket. Want to go?
>
> (a) I know; I should've gone.
> **(b) It depends on what's out.**
> (c) I had a really great time.
> (d) Well, if you change your mind.
>
> ---
>
> 여: 나한테 여분의 영화 티켓이 있어. 같이 갈래?
>
> (a) 그러게, 내가 갔어야 하는 건데.
> **(b) 뭐가 나와 있는지에 따라 다를 것 같아.**
> (c) 정말 즐거운 시간이었어.
> (d) 글쎄, 네가 마음을 바꾼다면 말이야.

해설
같이 영화를 보러 가자는 제안에 대해 무슨 영화가 나와 있는지에 따라 다르다는 말로 같이 가기 위한 조건을 먼저 언급하는 (b)가 정답이다.

오답 체크
(a) 과거의 일에 대한 후회를 나타내는 말이므로 앞으로의 일과 관련한 제안에 대한 반응으로 맞지 않는다.
(c) 마찬가지로, 과거 시제 동사와 함께 과거의 일에 대한 의견을 나타내는 말이므로 제안에 대한 답변으로 어울리지 않는다.

어휘
extra 여분의, 별도의 should have p.p. ~했어야 했다
It depends on ~에 따라 다르다, ~에 달려 있다

5.

> M: It's been unseasonably cold this week.
>
> **(a) I know. Temperatures hit record lows.**
> (b) Maybe the cold season's finally over.
> (c) Right. It's typical for this time of year.
> (d) I guess spring is on the way.
>
> ---
>
> 남: 이번 주에 계절에 맞지 않게 계속 추웠어.
>
> **(a) 그러니까. 기온이 사상 최저 수준을 기록했어.**
> (b) 아마 추운 계절이 드디어 끝난 것 같아.
> (c) 맞아. 연중 이맘때 전형적으로 그래.
> (d) 봄이 오고 있는 것 같아.

계절에 맞지 않게 계속 추웠다는 사실을 언급하는 말에 대해 동의하며 (I know) 어느 정도로 추웠는지를 덧붙이는 (a)가 정답이다.

오답 체크

(c) Right로 계절에 맞지 않게 계속 추웠다는 말에 긍정하는 것으로 말을 시작했지만 그와 반대로 주기적인 상황임을 말하고 있어 맞지 않는 반응이다.

(d) 계절에 맞지 않게 계속 추웠다는 말에 맞지 않는 반응이다.

어휘

unseasonably 계절에 맞지 않게 temperature 기온 hit record lows 사상 최저 수준을 기록하다 over 끝난, 종료된 typical 전형적인 on the way 오고 있는, 가고 있는

6.

W: Are we going straight to the hotel after the game?

(a) How about watching the game first?

(b) Let's compare the room rates.

(c) No, it's being held at Grant Stadium.

(d) I thought we'd do some sightseeing afterwards.

여: 경기가 끝난 다음에 호텔로 곧장 가는 건가요?

(a) 경기를 먼저 보는 건 어때요?

(b) 객실 요금을 비교해 봐요.

(c) 아뇨, Grant Stadium에서 열려요.

(d) 이후에 관광을 좀 할 거라고 알고 있었는데요.

해설

경기가 끝난 다음에 호텔로 곧장 가는지 확인하는 질문인데, 이는 경기 종료 이후의 일정을 묻는 것과 같으므로 일정과 관련된 답변인 (d)가 정답이다.

오답 체크

(a) 경기를 먼저 보고 호텔로 가는 건지 묻는 질문이므로 경기를 먼저 보자고 제안하는 것은 맞지 않는다.

(c) 부정을 나타내는 No 뒤에 이어지는 말이 일정과 관련된 것이 아니므로 오답이다.

어휘

go straight to ~로 곧장 가다 How about -ing? ~하는 건 어때요? compare ~을 비교하다 hold ~을 개최하다, 열다 do sightseeing 관광하다 afterwards 이후에, 그 뒤로

7.

W: Converting that room into a lounge was a stroke of genius.

(a) I hope you come around to the idea.

(b) I thought the renovations had started.

(c) I can't believe nobody thought of it before!

(d) I had no idea the lounge would be converted.

여: 그 방을 라운지로 개조한 건 신의 한 수였어요.

(a) 그 아이디어에 동의하시기를 바랍니다.

(b) 보수 공사가 이미 시작된 줄 알았어요.

(c) 전에 아무도 그런 생각을 하지 못했다는 게 믿기지 않아요!

(d) 라운지가 개조될 거라고는 전혀 생각하지 못했어요.

해설

특정 방을 라운지로 개조한 것에 대해 칭찬하고 있으므로 전에 그렇게 할 생각을 했던 사람이 없었다는 것에 대한 놀라움을 나타낸 (c)가 정답이다.

오답 체크

(a) 방을 개조한 것에 대해 전달하는 감정에 대해 아이디어에 동의하기를 바라는 것은 어울리지 않는 반응이다.

(d) 이미 존재하는 라운지를 개조하는 것을 의미하므로 새롭게 라운지를 만든 것을 언급하는 대화 상황과 맞지 않는다.

어휘

convert A into B: A를 B로 개조하다, 전환하다 stroke of genius 신의 한 수, 대단한 발상 come around to (생각을 바꿔) ~에 동의하다 renovation 보수, 개조

8.

W: Jeff, weren't you a little hard on Nicole for interrupting?

(a) I may have been a bit harsh.

(b) She's already apologized for that.

(c) I'll wait until she's finished.

(d) It's easier than I thought.

여: Jeff, 방해한 것 때문에 Nicole에게 좀 지나치신 것 아니었나요?

(a) 제가 좀 매정했는지도 모르겠네요.

(b) 그녀는 이미 그 일에 대해 사과했어요.

(c) 그녀가 마칠 때까지 기다릴게요.

(d) 제가 생각했던 것보다 더 쉬워요.

해설

Nicole에게 좀 지나치게 대한 것이 아닌지 묻는 질문에 대해 hard와 유사한 의미로 쓰이는 harsh와 함께 그랬을지도 모른다는 말로 일부 동의를 나타내는 (a)가 정답이다.

오답 체크

(b) She가 Nicole을 지칭하는 것으로 볼 수 있는데, 질문 내용을 통해 Nicole이 사과하는 입장에 있는 사람이 아님을 알 수 있으므로 오답이다.

어휘

a little 조금, 약간(= a bit) hard 심한, 냉정한, 난폭한 interrupt 방해하다 harsh 매정한, 가혹한 apologize for ~에 대해 사과하다

9.

M: Brian has been credited for another article that he didn't write.

(a) Wow, he really has been writing a lot lately.
(b) I know. I'm glad he finally gained recognition.
(c) It's one of his job duties.
(d) Again? I think I have to tell the editor.

남: 직접 쓰지도 않은 또 다른 기사에 대해 Brian 씨가 공을 인정 받았어요.

(a) 와우, 그는 최근에 정말 계속해서 많은 글을 쓰고 있네요.
(b) 알아요. 그가 결국 인정을 받게 되어서 기뻐요.
(c) 그게 그의 직무들 중 하나예요.
(d) 또 그랬어요? 편집자에게 얘기해 봐야 할 것 같아요.

해설
쓰지도 않은 기사에 대해 공을 인정 받은 사람을 언급하는 말에 대해 그와 같은 문제에 대한 조치를 언급하는 (d)가 정답이다.

오답 체크
(a) 쓰지도 않은 기사로 공을 인정 받은 사람을 언급하는 것에 대해 글을 많이 썼다는 말로 반응하는 것은 앞뒤가 맞지 않는다.
(b) 인정 받지 말아야 하는 사람을 언급하는 상황이므로 그에 대한 기쁨을 표현하는 것은 어울리지 않는다.

어휘
be credited for ~에 대한 공을 인정 받다 **article** (잡지 등의) 기사 **lately** 최근에 **gain recognition** 인정 받다 **job duty** 직무 **editor** 편집자

10.

W: Is there an international courier in town?

(a) Their shipping rates are expensive.
(b) Other than the post office, no.
(c) It's being sent to Canada.
(d) The package should arrive tomorrow.

여: 시내에 해외 택배 서비스 업체가 있나요?

(a) 그곳의 배송 요금은 비싸요.
(b) 우체국 외에는 없어요.
(c) 캐나다로 보내는 것이에요.
(d) 소포가 내일 도착할 거예요.

해설
해외 택배 서비스 업체가 있는지 확인하는 질문에 대해 우체국이 유일한 선택권임을 언급하는 말에 이어 부정어 no로 답변하는 (b)가 정답이다.

오답 체크
(a) 택배 서비스 업체의 존재 유무를 묻는 질문이므로 요금 수준을 언급하는 말로 답변하는 것은 맞지 않는다.
(c) 마찬가지로, 택배 서비스 업체의 존재 유무를 묻는 질문에 대해 배송지로 답변하는 것은 어울리지 않는다.

어휘
courier 택배 회사 **rate** 요금 **other than** ~ 외에는 **package** 소포, 배송 물품

본문 p. 80

11.

M: Is there anything in particular you're looking for?
W: Oh, I'm just window shopping.
M: Okay, take your time.

(a) Yeah, the jackets are stylish.
(b) I can do that for you.
(c) I like all the different brands.
(d) Actually, how much is this?

남: 특별히 찾으시는 것이 있으신가요?
여: 아, 그냥 둘러보는 중이에요.
남: 알겠습니다, 천천히 둘러 보세요.

(a) 네, 재킷들이 세련되었어요.
(b) 제가 해 드릴 수 있습니다.
(c) 다양한 다른 브랜드들이 마음에 들어요.
(d) 저, 이건 얼마인가요?

해설
매장에서 윈도 쇼핑하는 고객에게 천천히 둘러 보라고 권하는 흐름이므로 특정 제품을 this로 지칭해 그 가격을 문의하는 (d)가 정답이다.

오답 체크
(a) 제품의 특성과 관련해 상대방의 의견에 동의를 나타내는 말이므로 오답이다.
(b) 직원이 고객에게 할 수 있는 말이므로 고객인 여자의 반응으로 맞지 않는다.
(c) 자신이 좋아하는 브랜드와 관련된 의견이므로 천천히 둘러 보라고 권하는 남자에 대한 반응으로 맞지 않는다.

어휘
in particular 특별히 **look for** ~을 찾다 **window shop** (사지 않고) 윈도 쇼핑하다, 둘러 보며 다니다 **take your time** 천천히 하세요 **stylish** 세련된, 멋진 **actually** (주의를 끌거나 잘못된 말을 정정해 줄 때) 저, 실은, 사실은

12.

W: Why weren't you at this morning's meeting?
M: I didn't know it'd been moved up.
W: Didn't you get my email yesterday?

(a) I wish you'd informed me.
(b) You should send it out again.
(c) We'll have to reschedule, then.
(d) I guess I failed to notice it somehow.

여: 왜 오늘 아침 회의 시간에 오시지 않았어요?
남: 시간이 앞당겨진 줄 몰랐어요.
여: 어제 제 이메일 못 받으셨어요?

(a) 저에게 알려 주셨으면 좋았을 거예요.
(b) 다시 보내 보세요.
(c) 그럼 우리는 일정을 재조정해야 할 거예요.
(d) 왠지 모르겠지만 알아차리지 못한 것 같아요.

해설
어제 보낸 이메일을 받지 못했는지 묻고 있으므로 이메일을 it으로 지칭해 이메일이 온 것을 알아차리지 못한 것 같다고 답하는 (d)가 정답이다.

오답 체크
(a) 과거에 알리지 못한 것에 대한 아쉬움을 나타내므로 대화 흐름에 맞지 않는 답변이다.
(b) yesterday라는 과거 시점에 이메일을 받지 못했는지에 대해 질문했으므로 지금 다시 보내보라는 말은 어울리지 않는 답변이다.

어휘
move up (일정 등) ~을 앞당기다 **I wish 주어 had p.p.**: ~가 …했으면 좋았을 거예요 **inform** ~에게 알리다 **send A out**: A를 보내다, 발송하다 **reschedule** ~의 일정을 재조정하다 **fail to do** ~하지 못하다 **notice** ~을 알아차리다, 인식하다 **somehow** 왠지 모르겠지만

13.

M: So, what will you do once your contract ends?
W: I'm thinking about going back for my master's degree.
M: Great, but, aren't you getting too old for that?

(a) I want to finish before my contract is up.
(b) Yeah, I'm lucky I already have it.
(c) That's why I need to start now.
(d) It only took a few years.

남: 그럼, 일단 계약 기간이 끝나고 나면 뭘 하실 건가요?
여: 제 석사 학위를 위해 학교로 돌아갈까 생각 중이에요.
남: 잘됐네요, 하지만 그러시기엔 나이가 너무 많이 들어 가고 계신 것 아닌가요?

(a) 제 계약이 종료되기 전에 끝내고 싶어요.
(b) 네, 제가 이미 갖고 있어서 운이 좋은 것 같아요.
(c) 그게 바로 제가 지금 시작해야 하는 이유입니다.
(d) 몇 년 밖에 걸리지 않았어요.

해설
석사 학위를 받는 일과 관련해 남자가 여자에게 나이가 많은 것이 아닌지 묻고 있으므로 그와 같은 자신의 상황을 That으로 지칭해 지금 아니면 할 수 없음을 나타내는 (c)가 정답이다.

오답 체크
(a) 앞서 계약이 끝난 이후에 하려는 일을 묻고 있으므로 흐름상 맞지 않는 말이다.
(b) it이 학위를 지칭하는 것으로 볼 수 있는데, 학위를 위해 공부를 이어갈 계획을 알리는 상황이므로 이미 갖고 있다는 말은 앞뒤가 맞지 않는다.
(d) 학위 취득과 관련해 과거 시점에 소요된 기간을 밝히는 것으로 볼 수 있지만, 앞서 여자는 앞으로의 취득 계획을 말하고 있으므로 흐름상 맞지 않는다.

어휘
once (일단) ~하고 나면, ~하는 대로 **contract** 계약(서) **master's degree** 석사 학위 **get too old** 너무 많이 나이가 들다 **up** 종료된, 끝난 **take 기간**: ~의 기간이 걸리다

14.

W: Congratulations on getting accepted to Cornell!
M: Thanks. I didn't think I'd get in.
W: Are they offering much financial aid?

(a) I'm still waiting to hear from other schools.
(b) It depends on whether I get accepted.
(c) Enough to cover my tuition.
(d) Yeah, I was offered a place on the course last year.

여: Cornell에 입학 허가를 받았다니 축하해!
남: 고마워. 내가 들어 갈 거라고 생각하지 못했어.
여: 학자금 지원은 많이 해 준대?

(a) 여전히 다른 학교들로부터 연락을 기다리는 중이야.
(b) 내가 입학 허가를 받게 되는 건지에 따라 달라.
(c) 내 학비를 대기에 충분할 정도야.
(d) 응, 작년에 그 코스에 자리를 하나 제안 받았어.

해설
입학 축하를 전하면서 금전적으로 지원을 많이 받는지 묻는 상황이므로 지원 받는 학비의 수준을 언급하는 것으로 답변하는 (c)가 정답이다.

(b) 이미 앞서 특정 학교에 입학 허가를 받는 것에 대해 축하하는 말이 있으므로 흐름상 맞지 않는다.
(d) 앞으로 받게 될 금전적 지원과 관련된 질문에 대해 과거 시제 동사와 함께 과거의 일을 언급하는 것은 맞지 않는 반응이다.

어휘
get accepted to ~에 입학 허가를 받다 **get in** 입학 허가를 받다 **offer** ~을 제공하다, 제안하다 **financial** 재정의, 재무의 **aid** 도움 **It depends on** ~에 따라 다르다, ~에 달려 있다 **whether** ~인지 (아닌지) **enough to do** ~하기에 충분한 **cover** ~에 돈을 대다, ~을 충당하다 **tuition** 학비, 등록금, 수강료

15.

M: Sorry to bug you, but could you do me a favor?
W: That depends on the favor.
M: Could I borrow your chemistry textbook?

(a) You could if I hadn't loaned it to Bartleby.
(b) Chemistry isn't very interesting to me.
(c) I think it might be overdue now.
(d) We can study for the exam later.

남: 방해해서 미안하지만, 부탁 좀 하나 들어 줄 수 있어?
여: 무슨 부탁인지에 따라 다를 것 같아.
남: 네 화학 교재 좀 빌릴 수 있을까?

(a) 내가 Bartleby에게 빌려 주지 않았다면 가능할 텐데.
(b) 화학은 내가 그렇게 관심 있어 하는 게 아냐.
(c) 지금 반납 기한이 지났는지도 몰라.
(d) 나중에 함께 시험 공부할 수 있을 거야.

해설
교재를 빌려 달라고 요청하는 질문에 대해 그 책을 it으로 지칭해 다른 친구에게 빌려 주지 않았다면 가능했을 거라는 말로 빌려 줄 수 없음을 의미하는 (a)가 정답이다.

오답 체크
(b) 화학에 대한 관심 유무와 관련된 말이므로 교재를 빌려 달라고 요청하는 질문에 맞지 않는 반응이다.
(c) 빌린 책을 반납하는 일과 관련된 대화 흐름이 아니므로 어울리지 않는 반응이다.

어휘
do A a favor: A의 부탁을 들어 주다 **depend on** ~에 따라 다르다, ~에 달려 있다 **borrow** ~을 빌리다 **chemistry** 화학 **loan A to B**: A를 B에게 빌려 주다 **interesting to** ~의 관심을 끄는, ~에게 흥미로운 **overdue** (지불, 반납 등의) 기한이 지난, 연체된

16.

W: The customers just won't stop coming!
M: I know. I can't believe how busy the restaurant is today.
W: I can barely keep up with orders. Can you?

(a) No, I didn't order that.
(b) I'm certainly struggling, too.
(c) Check the customer's details.
(d) I'll order something different in that case.

여: 손님들이 멈추지 않고 계속 들어 와요!
남: 그러게요. 오늘 레스토랑이 얼마나 바쁜지 믿기지가 않네요.
여: 저는 주문 속도를 간신히 따라가고 있어요. 당신은요?

(a) 아뇨, 저는 그것을 주문하지 않았어요.
(b) 저도 정말로 아등바등하고 있어요.
(c) 그 고객의 상세 정보를 확인해 보세요.
(d) 그런 경우라면 다른 걸 주문할게요.

해설
주문 속도를 따라 잡기 힘들다는 말과 함께 상대방의 상황을 묻고 있으므로 자신도 그렇다는 말로 힘겨운 상황임을 알리는 (b)가 정답이다.

오답 체크
(a) 손님이 보일 수 있는 반응인데, 대화를 통해 두 사람은 동료 직원임을 알 수 있으므로 오답이다.
(c) the customer에 해당되는 특정 고객이 누구인지 알 수 없으므로 오답이다.
(d) 마찬가지로, 손님이 말할 수 있는 내용이므로 주문 속도와 관련된 질문에 어울리지 않는 반응이다.

어휘
barely 간신히, 가까스로 **keep up with** (속도, 수준 등) ~을 따라 가다, 따라 잡다 **certainly** 정말로, 확실히, 분명히 **struggle** 아등바등하다, 발버둥치다 **details** 상세 정보, 세부 사항 **in that case** 그런 경우라면

17.

M: I have tickets for that new musical tomorrow.
W: Oh, yeah? I saw it last night.
M: Was it as good as all the reviews say?

(a) Thanks for the offer, but I have plans.
(b) Actually, it didn't really live up to the hype.
(c) I want to check the reviews before I see it.
(d) I'm glad that you enjoyed it so much.

남: 저한테 내일 그 새 뮤지컬을 볼 수 있는 티켓이 있어요.

여: 아, 그러세요? 저는 어젯밤에 봤어요.

남: 모든 후기에서 말하는 것만큼 좋으셨나요?

(a) 제안은 감사하지만, 저는 계획이 있어요.

(b) 사실, 광고만큼 기대에 부응하는 건 아니었어요.

(c) 그것을 보기 전에 후기를 확인해 보고 싶어요.

(d) 아주 많이 즐거우셨다니 기뻐요.

해설

새 뮤지컬을 본 사람에게 후기만큼 좋았는지 묻는 상황이므로 실망감을 나타내는 답변에 해당되는 (b)가 정답이다.

오답 체크

(a) 상대방의 제안에 대해 거절의 의사를 나타내는 말인데, 남자의 질문은 함께 가자고 제안하는 것이 아니므로 어울리지 않는 반응이다.

(c) 답변자인 여자는 앞서 이미 봤다고 말하고 있으므로 흐름상 맞지 않는 반응이다.

어휘

as A as B B만큼 A한 **review** 후기, 의견, 평가 **offer** 제안, 제공 (하는 것) **actually** 실은, 사실은 **live up to** ~에 부응하다 **hype** 광고, 선전

18.

W: Do you think the governor will get re-elected?

M: Of course. His party always wins in this state.

W: Those scandals are causing a lot of controversy, though.

(a) Not enough to impact how people vote.

(b) That's why this will be his last term in office.

(c) He'll probably have to resign.

(d) But I'm pretty sure he is the one at fault.

여: 주지사님께서 재선되실 거라고 생각하세요?

남: 물론이죠. 그분의 소속 정당이 우리 주에서는 항상 승리하거든요.

여: 하지만 그 스캔들은 많은 논란을 야기하고 있어요.

(a) 사람들이 어떻게 투표할지에 영향을 미칠 정도는 아니에요.

(b) 그게 바로 지금이 그분의 마지막 재임 기간이 되는 이유예요.

(c) 그분께서는 아마 사임하셔야 할 것 같아요.

(d) 하지만 그분에게 잘못이 있다는 건 아주 분명해요.

해설

주지사가 재선되는 일과 관련해 특정 스캔들이 많은 논란을 야기하고 있다는 말에 대해 그 영향이 크지 않음을 언급하는 (a)가 정답이다.

오답 체크

(b) 해당 스캔들에 대해 그게 마지막 재임 기간이 되는 이유라고 말하는 것은 앞서 남자가 승리를 확신한다고 밝힌 말과 반대되는 입장을 나타내는 것이므로 흐름상 맞지 않는다.

(d) 주지사를 he로 지칭해 잘못이 있다고 비판하는 것은 여자가 주장하는 바에 해당되므로 대화 흐름상 맞지 않는다.

어휘

governor 주지사 **get re-elected** 재선되다 **party** 정당 **state** (행정 구역) 주 **cause** ~을 야기하다, 초래하다 **controversy** 논란 **though** (문장 끝이나 중간에서) 하지만 **impact** ~에 영향을 미치다 **vote** 투표하다 **term in office** 재임 기간 **resign** 사임하다 **at fault** 잘못이 있는

19.

M: Buying a house was a terrible idea.

W: I thought real estate was always a good investment.

M: Not when the housing market is crashing.

(a) I'll negotiate a better price for you.

(b) But renting is a better choice.

(c) I'd wait for a better market if I were you.

(d) Well, that's out of your hands.

남: 주택을 구매한 것은 아주 안좋은 생각이었어요.

여: 저는 부동산이 언제나 좋은 투자라고 생각했어요.

남: 주택 시장이 붕괴되는 경우에는 그렇지 않아요.

(a) 제가 당신을 위해 더 나은 가격을 협의해 볼게요.

(b) 하지만 임대가 더 나은 선택이에요.

(c) 저라면 더 나은 시장을 기다릴 거예요.

(d) 저, 그건 어떻게 할 수 없는 일이잖아요.

해설

부동산이 좋은 투자라는 말에 대해 주택 시장이 붕괴되는 경우에는 그렇지 않다고 답변하는 대화이므로 그 상황을 that으로 지칭해 어떻게 할 수 없는 일이라는 의견을 말하는 (d)가 정답이다.

오답 체크

(a) 여자가 남자를 대신해 일 처리를 하는 입장에 있는 사람이 아니므로 오답이다.

(b) 임대가 지니는 특성과 관련된 대화 내용이 아니므로 흐름상 어울리지 않는다.

(c) 이미 지나간 과거의 일에 대한 후회를 말하는 대화이므로 앞으로 기다리는 상황에 대해 조언하는 말은 맞지 않는 반응이다.

어휘

terrible 끔찍한 **real estate** 부동산 **investment** 투자(금) **crash** (물가, 사업 등이) 붕괴되다, 폭락하다, 도산하다 **negotiate** ~을 협의하다, 협상하다 **renting** 임대, 대여 **if I were you** 나라면, 내가 너라면 **out of one's hands** ~가 어떻게 할 수 없는, ~의 손에서 떠난

20.

W: That song was beautiful. You should have a concert sometime.
M: Oh, no. This is just a hobby.
W: You have a real talent, though.

(a) Let's buy the album, then.
(b) I have a few shows next month.
(c) Well, if you think people would come.
(d) Sure, I'll go with you.

여: 노래가 정말 아름다웠어요. 언제 콘서트를 한 번 하셔야 할 것 같아요.
남: 아, 아니에요. 그저 취미일 뿐이에요.
여: 하지만 진짜 재능이 있으세요.

(a) 그럼 그 앨범을 구입합시다.
(b) 저는 다음 달에 몇몇 공연이 있어요.
(c) 음, 사람들이 올 거라고 생각하신다면요.
(d) 그럼요, 제가 당신과 함께 갈게요.

[해설]
진짜로 재능이 있다는 말은 앞서 언급한 콘서트를 꼭 해야 한다고 강조하기 위한 것이므로 이에 대해 콘서트 개최 가능성에 대한 조건을 언급하는 (c)가 정답이다.

[오답 체크]
(b) 콘서트가 예정되어 있다는 말은 앞서 남자가 거절하는 것과 흐름상 맞지 않는 말이므로 오답이다.
(d) 공연을 보러 가는 것과 관련된 제안에 대한 반응으로 어울리는 말이므로 오답이다.

[어휘]
talent 재능

Part 3

UNIT 11 노트 테이킹과 의미 덩어리 듣기

기출 Check-up Test   본문 p. 93

1. (d)   **2.** (c)   **3.** (b)   **4.** (c)   **5.** (c)   **6.** (a)
7. (b)   **8.** (b)   **9.** (b)   **10.** (c)

1.

Listen to a conversation between two friends.

M: I'm considering buying a new computer.
W: Are you going to buy a brand new one?
M: I'm not sure. A second-hand one would be a lot cheaper.
W: That's true, but if it breaks you won't be guaranteed.
M: You're right. It's probably worth the extra money for a new one.
W: Anyway, shop around before you do anything.

Q: What is mainly being discussed in the conversation?

(a) The reliability of a new computer
(b) How to repair a broken computer
(c) Paying a premium for a guarantee
(d) The choice of a new or used computer

남: 새 컴퓨터 구입을 고려하고 있어.
여: 완전히 새 것을 사려는 거야?
남: 확실치 않아. 중고 제품이 훨씬 더 저렴할 것 같은데.
여: 맞아, 하지만 고장 날 경우에, 품질 보증을 받을 수 없을 거야.
남: 맞는 말이야. 아마 새 제품에 추가 비용을 들일 만한 가치가 있을 것 같아.
여: 어쨌든, 네가 뭘 하든지 그 전에 골고루 둘러봐.

Q: 대화에서 주로 무엇이 논의되고 있는가?

(a) 새로운 컴퓨터에 대한 신뢰도
(b) 고장 난 컴퓨터를 수리하는 방법
(c) 품질 보증 서비스에 대한 추가 요금 지불
(d) 새 컴퓨터 또는 중고 제품에 대한 선택

[해설]
대화 시작 부분에 남자가 컴퓨터 구입 문제를 언급한 후에(I'm considering buying a new computer), 여자가 새 것을 살 생각인

지(Are you going to buy a brand new one?) 묻자 남자가 중고 제품의 장점을 말하고 있다(A second-hand one would be a lot cheaper). 따라서 새 제품과 중고 제품 사이의 선택 문제를 이야기하는 대화임을 알 수 있으므로 (d)가 정답이다.

오답 체크

(b) 고장 난 컴퓨터의 수리 방법과 관련된 대화가 아니므로 오답이다.

(c) 품질 보증 서비스와 관련된 내용은 일부 정보에 해당되므로 대화의 핵심이 아니다.

어휘

consider -ing ~하는 것을 고려하다 brand new 완전히 새로운 second-hand 중고의 a lot (비교급 수식) 훨씬 break 고장 나다 guarantee v. ~에게 보증해 주다 n. 품질 보증(서) worth the 명사: ~할 만한 가치가 있는 shop around 둘러 보다, 돌아다녀 보다 reliability 신뢰(도) how to do ~하는 법 repair ~을 수리하다 pay a premium 추가 비용을 지불하다, 웃돈을 내다 choice 선택(권)

2.

Listen to a conversation between two friends.

W: I'm leaving for Yosemite Park on Sunday.

M: Don't forget to take good hiking boots and bug spray.

W: Of course, I've got them all packed.

M: By the way, are you planning on camping outside?

W: I was planning to. Why?

M: Then make sure you rent a food locker.

W: Oh, is it necessary?

M: Definitely, unless you want to be visited by bears at night.

Q: What is the man mainly doing?

(a) Asking the woman about her hiking trip

(b) Warning the woman about rental prices

(c) Giving the woman advice about visiting Yosemite Park

(d) Informing the woman about the best sights to see

여: 일요일에 Yosemite Park로 떠날 예정이야.
남: 좋은 등산화와 살충 스프레이를 잊지 말고 챙겨 가.
여: 물론이지, 짐을 꾸리면서 모두 챙겨 놨어.
남: 그건 그렇고, 야외에서 캠핑을 할 계획인 거야?
여: 그럴 계획이었어. 왜 그러는데?
남: 그럼, 음식 보관용 라커를 반드시 대여해야 해.
여: 아, 그게 필요해?
남: 당연하지, 밤에 곰들이 찾아오는 걸 원치 않는다면.

Q: 남자는 주로 무엇을 하고 있는가?

(a) 여자의 등산 여행에 관해 묻는 일

(b) 여자에게 대여 요금에 관해 주의를 주는 일

(c) 여자에게 Yosemite Park 방문에 관한 조언을 해 주는 일

(d) 여자에게 가장 경치가 좋은 곳에 관해 알려 주는 일

해설

여자가 대화 시작 부분에 Yosemite Park에 간다고 알리자(I'm leaving for Yosemite Park on Sunday) 남자는 'Don't forget to take good hiking boots ~', 'Then make sure you rent a food locker' 등과 같이 그곳에 갈 때 해야 하는 일들을 알려 주고 있다. 이는 해당 공원 방문과 관련된 조언을 해 주는 것이므로 (c)가 정답이다.

오답 체크

(a) 대화 중반부에 남자가 질문을 하기는 하지만 대화 중에 주로 하는 일로 볼 수 없으므로 오답이다.

(b) 요금과 관련된 정보는 제시되지 않으므로 오답이다.

어휘

leave for ~로 떠나다, 출발하다 forget to do ~하는 것을 잊다 bug spray 살충 스프레이 get A p.p.: A가 ~되게 하다 pack 짐을 꾸리다, 싸다 by the way (화제 전환 시) 그건 그렇고 plan on -ing ~할 계획이다(= plan to do) make sure (that) 반드시 ~하도록 하다 necessary 필요한, 필수의 unless ~가 아니라면 warn A about B: A에게 B에 관해 주의를 주다 rental 대여 inform A about B: A에게 B에 관해 알리다

3.

Listen to a conversation between two friends.

M: How do you get to school every day?

W: By bus. It's my only option, really.

M: Isn't the traffic a nightmare?

W: You would think so, but I leave after rush hour. It only takes about 15 minutes.

M: Oh, I wouldn't have guessed. How do you kill time at the bus stop?

W: I do my homework since I'm usually swamped in the evenings.

M: I'd never be able to focus like that at a bus stop.

W: I've always been good at blocking out distractions.

Q: What is the main topic of the conversation?

(a) The woman's concerns about traffic

(b) The woman's commute to school

(c) The woman's nightly study habits

(d) The comparison of different transportation options

남: 넌 매일 어떻게 학교에 와?

여: 버스로. 그게 유일한 선택권이야, 정말로.

남: 교통 상황이 정말 끔찍하지 않아?

여: 그렇게 생각할 수도 있지만, 난 혼잡 시간대를 지나서 출발해. 고작 15분 정도 밖에 걸리지 않아.

남: 아, 난 짐작도 하지 못했어. 버스 정류장에서 어떻게 시간을 때워?

여: 과제를 하는데, 내가 보통 저녁 시간마다 눈코 뜰새없이 바쁘기 때문이야.

남: 난 버스 정류장에서 그렇게 집중할 수 없을 것 같은데.

여: 내가 방해 요소들을 차단하는 것을 항상 잘하고 있거든.

Q: 대화의 주제는 무엇인가?

(a) 교통 상황에 대한 여자의 우려

(b) 여자의 통학

(c) 여자의 야간 학습 습관

(d) 다른 교통편 선택권들의 비교

해설

남자가 대화를 시작하면서 학교에 어떻게 오는지 묻자(How do you get to school every day?) 여자가 'By bus. It's my only option, really'와 같이 교통 수단을 언급하면서 자신이 버스를 이용하는 방법을 말하는 내용으로 대화가 전개되고 있다. 따라서 여자의 통학이 대화 주제에 해당되므로 (b)가 정답이다.

오답 체크

(a) 교통 상황과 관련해 여자가 우려하는 부분은 대화에 언급되지 않으므로 오답이다.

(d) 다른 교통 수단들과 관련된 장단점이 언급되지 않으므로 비교하는 대화로 볼 수 없다.

어휘

get to ~로 가다 **traffic** 교통 (상황), 차량들 **leave** 출발하다, 떠나다 **rush hour** 혼잡 시간대 **about** 약, 대략, ~ 정도 **would have p.p.** ~했었을 것이다 **kill time** 시간을 때우다 **usually** 보통, 일반적으로 **swamped** 눈코 뜰새없이 바쁜 **focus** 집중하다 **be good at -ing** ~하는 것을 잘 하다 **block out** ~을 차단하다, 막다 **distraction** 방해 요소, 주의를 산만하게 하는 것

4.

Listen to a conversation between two co-workers.

W: What happened to Nolan? He looks terrible.

M: He was suddenly fired this morning.

W: Really? You mean the boss didn't give him any notice?

M: No. And he has four children to support.

W: I know. What happened anyway?

M: Business is slow, so they need to make cutbacks.

W: That's a shame. I feel so bad for Nolan.

Q: What is the conversation mainly about?

(a) A coworker's family problems

(b) The latest company newsletter

(c) A coworker's unexpected job loss

(d) Unfair business practices

여: Nolan 씨에게 무슨 일이라도 있었나요? 너무 안 좋아 보여서요.

남: 오늘 아침에 갑자기 해고됐어요.

여: 정말로요? 사장님께서 그에게 아무런 통보도 하지 않으셨다는 건가요?

남: 하지 않으셨어요. 그리고 그에게는 뒷바라지해야 할 네 명의 아이들이 있어요.

여: 알고 있어요. 도대체 무슨 일인가요?

남: 사업이 부진해서, 인원을 감축해야 한대요.

여: 안타깝네요. Nolan 씨가 정말 안됐어요.

Q: 대화는 주로 무엇에 관한 것인가?

(a) 한 동료 직원의 집안 문제

(b) 회사의 최신 사보

(c) 한 동료 직원의 예기치 못한 실직

(d) 불공정한 사업 관행

해설

대화 시작 부분에 여자가 Nolan 씨에게 무슨 일이 있었는지 묻자(What happened to Nolan?), 남자가 그 사람이 갑자기 해고된 사실을 알린 후에(He was suddenly fired this morning) 그의 개인적인 상황과 관련된 내용으로 대화가 이어지고 있다. 따라서 동료 직원의 예기치 못한 실직을 뜻하는 (c)가 정답이다.

오답 체크

(a) 동료 직원의 집안 문제는 대화 중에 언급되는 일부 정보에 해당되므로 대화 주제로 볼 수 없다.

(d) 관행에 해당되는 사업 방식으로 제시되는 것이 없으므로 오답이다.

어휘

look 형용사: ~한 것처럼 보이다 **terrible** 끔찍한, 아주 좋지 않은, 형편없는 **give A a notice**: A에게 통보하다 **make a cutback** 감축하다, 삭감하다 **That's a shame** 안타깝네요, 안됐네요 **coworker** 동료 직원 **unexpected** 예기치 못한 **job loss** 실직 **unfair** 불공정한, 불공평한 **practice** 관행, 관례

5.

Listen to a conversation at an office.

M: Don't you think Barry did what's best for us all?

W: I am not so sure about that.

M: He didn't have much choice, did he?

W: It depends. If he had been thinking long term he could have been patient.

M: Not in this situation. He had no choice but to sell the division to get cash.

W: Don't you think he was too hasty?

M: We would have gone bankrupt otherwise.
W: I reckon you're being too soft on Barry.

Q: What is being debated here?

(a) What Barry thinks about the sale of the division
(b) Whether Barry will make money from the sale
(c) Whether Barry made the right decision
(d) Why Barry kept the sale of the business secret

남: Barry 씨가 우리 모두를 위해 가장 좋은 일을 했다고 생각하지 않으세요?
여: 저는 잘 모르겠어요.
남: 그에게는 선택권이 많지 않았어요, 그렇지 않았나요?
여: 그건 상황에 따라 달라요. 그가 오랜 시간 동안 고민을 했었더라면, 인내심을 가졌을 수도 있어요.
남: 이번 상황은 그렇지 않아요. 그는 현금 확보를 위해 그 지부를 매각할 수 밖에 없었어요.
여: 그가 너무 서둘렀다고 생각하지 않으세요?
남: 그렇지 않았다면 우리는 파산했을 수도 있어요.
여: 제 생각엔 당신이 Barry 씨에게 너무 관대한 것 같아요.

Q: 대화에서 무엇이 논의되고 있는가?

(a) 지부 매각에 대해 Barry 씨가 생각하는 것
(b) 매각을 통해 Barry 씨가 자금을 확보할 것인지의 여부
(c) Barry 씨가 옳은 결정을 내린 것인지의 여부
(d) Barry 씨가 사업 매각을 비밀로 유지한 이유

해설
대화 초반부에 Barry 씨가 가장 좋은 일을 했다고 생각하지 않느냐고 (Don't you think Barry did what's best for us all?) 남자가 묻자, 그가 인내심을 가졌으면 좋았을 것이라고(If he had been thinking long term he could have been patient) 여자가 말하는 것으로 보아 Barry 씨의 선택이 좋은 일이었는지 의심스러워 하고 있음을 알 수 있다. 따라서 Barry 씨의 결정과 관련해 논의하는 대화임을 알 수 있으므로 (c)가 정답이다.

오답 체크
(a) 매각 조치에 대한 Barry 씨의 의견을 얘기하는 대화가 아니므로 오답이다.
(b) 이미 현금 확보를 위해 매각 과정을 거쳤음을 알 수 있으므로 오답이다.

어휘
have much choice 선택권이 많다 **It depends** 상황에 따라 다르다, 그때그때 다르다 **think long term** 오래 생각하다 **could have p.p.** ~했을 수도 있다 **patient** 인내하는, 참을성 있는 **situation** 상황 **have no choice but to do** ~할 수 밖에 없다 **division** 지부, 부서 **hasty** 서두르는 **would have p.p.** ~했을 것이다 **go bankrupt** 파산하다 **otherwise** 그렇지 않으면 **reckon (that)** ~라고 생각하다, 여기다 **soft** 관대한 **sale** 매각, 판매 **make a decision** 결정을 내리다 **keep A secret**: A를 비밀로 유지하다

6.

Listen to a conversation between a receptionist and a customer.

W: Jude's Hairporium and Salon.
M: Hi, is it possible to make an appointment for today?
W: Well, I have open slots at both 4 o'clock and 5 o'clock.
M: Oh, awesome. I'm badly in need of a trim.
W: Well, I'll be happy to take care of that for you.
M: Great, I'll see you later then.
W: Hold on! What time would you like?
M: Oh, right. I'll come by at 4 o'clock.

Q: What is the man doing?

(a) Setting an appointment for a haircut
(b) Rescheduling a salon appointment
(c) Choosing a new hairstyle
(d) Calling his wife at a beauty salon

여: Jude's Hairporium and Salon입니다.
남: 안녕하세요, 오늘 예약하는 것이 가능한가요?
여: 저, 가능한 시간대가 4시와 5시에 있습니다.
남: 아, 정말 잘됐네요. 제가 머리를 너무 다듬고 싶어서요.
여: 그럼, 제가 기꺼이 해 드리겠습니다.
남: 좋습니다, 그럼 이따가 뵙겠습니다.
여: 잠깐만요! 어느 시간이 좋으신 거죠?
남: 아, 맞네요. 4시에 들르겠습니다.

Q: 남자는 무엇을 하고 있는가?

(a) 머리를 자르기 위해 예약하는 일
(b) 미용실 예약 일정을 재조정하는 일
(c) 새로운 머리 스타일을 선택하는 일
(d) 미용실에 있는 아내에게 전화하는 일

해설
대화 초반부에 남자가 예약이 가능한지 확인한 후에(Hi, is it possible to make an appointment for today?) 머리를 꼭 다듬고 싶다는 말을 하는 것으로 볼 때(Oh, awesome. I'm badly in need of a trim) 머리를 자르기 위해 예약하는 상황임을 알 수 있으므로 (a)가 정답이다.

오답 체크
(b) 대화 초반부에 남자가 오늘 예약하는 것이 가능한지 묻고 있는데, 이는 처음 문의하는 상황임을 뜻하므로 일정 재조정을 하는 것이 아님을 알 수 있다.

어휘
make[set] an appointment 예약하다 **open slot** 가능한 시간대 **badly** (강조) 너무, 몹시 **in need of** ~을 필요로 하는 **trim** (약간 잘라) 다듬기 **take care of** ~을 처리하다, 다루다 **Hold on** (대화 중에) 잠깐만요 **come by** 들르다 **beauty salon** 미용실

7.

Listen to a conversation at a workplace.

M: Why were you unprepared for the meeting?
W: Sorry, I brought the wrong report.
M: But I told you over and over which report to bring.
W: I guess I didn't hear you correctly.
M: Maybe you should start paying closer attention.
W: Yeah, you're right.

Q: Which is correct according to the conversation?

(a) The man asked for the wrong report.
(b) The woman was not ready for the meeting.
(c) The man did not give the woman instructions.
(d) The woman listened to the wrong person.

남: 왜 회의에 대한 준비가 되어 있지 않으셨던 거죠?
여: 죄송합니다, 제가 엉뚱한 보고서를 가져 갔어요.
남: 하지만 제가 어느 보고서를 가져 갔어야 하는지 여러 번 말씀 드렸잖아요.
여: 제가 제대로 알아 듣지 못했던 것 같습니다.
남: 좀 더 세심하게 주의를 기울이셔야 할 것 같아요.
여: 네, 맞는 말씀입니다.

Q: 대화에 따르면, 어느 것이 옳은 내용인가?

(a) 남자가 엉뚱한 보고서를 요청했다.
(b) 여자가 회의 준비가 되어 있지 않았다.
(c) 남자가 여자에게 지시를 하지 않았다.
(d) 여자가 다른 사람의 얘기를 들었다.

해설

대화 시작 부분에 남자가 왜 회의 준비가 되어 있지 않았는지(Why were you unprepared for the meeting?) 물은 후에 여자가 엉뚱한 보고서를 가져 갔다는 말로(Sorry, I brought the wrong report) 자신의 잘못을 인정하고 있다. 따라서 회의 준비가 되어 있지 않았던 여자의 상태를 언급한 (b)가 정답이다.

오답 체크

(a) 남자의 실수에 의해 회의 준비를 제대로 못한 것이 아니므로 오답이다.
(c) 필요한 보고서에 대해 여러 번 얘기를 해 줬다는 내용이 제시되고 있으므로 오답이다.

어휘

be unprepared for ~에 대한 준비가 되어 있지 않다 **wrong** 엉뚱한, 잘못된 **over and over** 여러 번, 반복해서 **correctly** 제대로, 정확히 **pay closer attention** 더 세심하게 주의를 기울이다 **ask for** ~을 요청하다 **give A instructions**: A에게 지시하다, 설명하다

8.

Listen to a conversation between two friends.

W: So, have you heard about the basketball strike that might happen?
M: I have and I really don't care if they do strike.
W: But I thought you liked basketball.
M: I do, but the players are already rich and I'm sick of them complaining about money.
W: Well, the owners make millions and the players just want what they consider a fair cut.
M: I think they should just lower ticket prices for the games.
W: I'm with you on that.
M: Any idea who's playing this weekend? Feel like catching the game?

Q: What can be inferred from the conversation?

(a) The man has never been interested in basketball.
(b) The woman sympathizes with the players.
(c) Ticket sales will increase due to the strike.
(d) Basketball players make more than owners.

여: 그래서, 농구 리그 파업이 일어날 수도 있다는 얘기 들어 본 적 있어?
남: 응, 그리고 파업한다고 해도 난 정말로 상관없어.
여: 하지만 네가 농구를 좋아하는 줄 알았는데.
남: 좋아하긴 하지만, 선수들은 이미 부자들인데다가 돈 때문에 불평하는 게 지겨워.
여: 그게, 구단주들이 정말 많은 돈을 버는 거고, 선수들은 그저 공정한 몫이라고 생각하는 걸 원하는 거야.
남: 난 경기 입장권 가격을 내려야 한다고 생각해.
여: 그 부분에 대해서는 동의해.
남: 이번 주말에 누가 경기하는지 혹시 알아? 경기 보러 갈 생각 있어?

Q: 대화에서 무엇을 유추할 수 있는가?

(a) 남자는 농구에 단 한 번도 관심을 가져 본 적이 없다.
(b) 여자는 선수들에게 공감하고 있다.
(c) 입장권 매출이 파업으로 인해 오를 것이다.
(d) 농구 선수들이 구단주들보다 더 많은 돈을 번다.

해설

대화 중반부에 여자가 많은 돈을 버는 사람들은 구단주들이고 선수들은 공정한 몫을 원하는 것이라고(Well, the owners make millions and the players just want what they consider a fair cut) 말하는 내용으로 보아 선수들의 입장을 대변하고 있음을 알 수 있다. 이는 선수들의 상황에 공감하는 것이므로 (b)가 정답이다.

어휘

strike 파업 don't care if ~한다 해도 상관없다 be sick of ~가 지겹다, 진절머리나다 complain about ~에 대해 불평하다 owner 구단주, 소유주 make millions 아주 많은 돈을 벌다 consider ~을 고려하다, 여기다 fair 공정한 cut 몫 lower v. ~을 내리다, 낮추다 be with A on B: B에 대해 A에게 동의하다 catch (영화, 경기 등) ~을 보러 가다 sympathize with ~에 공감하다 sales 매출, 판매(량) increase 오르다, 증가하다 due to ~로 인해

9.

> Listen to a conversation between two friends.
>
> M: Hi, Maria. Do you know if our game is still on?
> W: Of course. It's scheduled for Saturday at 2 o'clock.
> M: There's heavy rain forecasted. I don't want to go there for nothing.
> W: We'll play in any weather. Well, unless there's lightning.
> M: I see. Let's hope for the best then.
> W: Sure, but be ready for anything.
>
> Q: What can be inferred from the conversation?
>
> (a) The man wants to purchase a ticket.
> **(b) The game will be held outside.**
> (c) The man is worried about the travel distance.
> (d) The game cannot be rescheduled.

남: 안녕, Maria. 우리 경기가 여전히 하는지 혹시 알아?
여: 물론이지. 토요일 오후 2시로 예정되어 있어.
남: 폭우가 예보되어 있거든. 난 아무 이유 없이 그곳에 가고 싶지 않아.
여: 어떤 날씨에서도 경기를 할 거야. 음, 번개만 치지 않는다면.
남: 알겠어. 그럼 상황이 좋기만을 바라자.
여: 당연히 그렇긴 하지만, 어떤 일에 대해서도 준비해야 해.

Q: 대화에서 무엇을 유추할 수 있는가?

(a) 남자가 입장권을 구매하고 싶어 한다.
(b) 경기가 실외에서 개최될 것이다.
(c) 남자가 이동 거리를 걱정하고 있다.
(d) 경기 일정은 어떤 경우라도 재조정될 수 없다.

해설

경기 개최 장소와 관련해, 대화 중반부에 여자가 번개만 치지 않으면 어떤 날씨에서도 경기를 할 것이라고(We'll play in any weather. Well, unless there's lightning) 말하는 부분으로 보아 실외에서 열린다는 점을 유추할 수 있으므로 (b)가 정답이다.

어휘

on 진행되는, 계속되는 be scheduled for 날짜/시간: ~로 예정되어 있다 There's A forecasted: A가 예보되어 있다 heavy rain 폭우 for nothing 아무 이유 없이, 괜히 unless ~가 아니라면 lightning 번개 then 그럼, 그렇다면 be ready for ~에 대해 준비하다 hold ~을 개최하다, 열다 be worried about ~에 대해 걱정하다 travel distance 이동 거리 reschedule ~의 일정을 재조정하다 in any event[case] 어떤 경우라도

10.

> Listen to a conversation between two friends.
>
> W: I've got my application ready to send out.
> M: Just mail it off to them, then. What are you hesitating about?
> W: Do you think they'll be interested in someone like me?
> M: I'm sure any company could use someone with your talents.
> W: I appreciate you saying so. I hope you're right.
> M: Relax. You're such a strong candidate.
> W: Thanks. I'll be keeping my fingers crossed.
>
> Q: What can be inferred from the conversation?
>
> (a) The man thinks he would like to change jobs.
> (b) The woman is incompetent at her job.
> **(c) The woman isn't confident about her job application.**
> (d) The man is anxious about the woman's future.

여: 내 지원서를 보낼 준비가 다 되었어.
남: 그럼 우편으로 발송해. 뭘 망설이고 있는 거야?
여: 그쪽에서 나 같은 사람에게도 관심이 있을 것 같아?
남: 어느 회사든지 분명 너와 같은 능력을 지닌 사람을 고용할 거야.
여: 그렇게 말해 줘서 고마워. 네 말이 맞길 바라.
남: 여유를 좀 가져. 넌 아주 가능성이 큰 후보자야.
여: 고마워. 행운을 빌어 봐야지.

Q: 대화에서 무엇을 유추할 수 있는가?

(a) 남자는 직업을 바꾸고 싶어 한다고 생각한다.
(b) 여자는 자신의 일에 대해 능력이 부족하다.
(c) 여자는 자신의 구직 지원에 대해 자신감이 없다.
(d) 남자는 여자의 앞날을 염려하고 있다.

해설

지원서를 보내는 일과 관련해, 대화 중반부에 여자가 자신 같은 사람

에게도 회사에서 관심을 가질 것 같은지(Do you think they'll be interested in someone like me?) 묻고 있는데, 이는 자신감이 없음을 의미하는 말이므로 (c)가 정답이다.

오답 체크
(a) 남자의 직업 변경이 아닌 여자의 구직 지원과 관련된 대화이므로 오답이다.
(b) 대화 중반부에 남자가 여자와 같은 능력을 지닌 사람을 고용할 것이라고 말하고 있으므로 충분한 능력이 있음을 알 수 있다.

어휘
get A ready: A를 준비하다 **application** 지원(서), 신청(서) **send out** 보내다, 발송하다 **mail A off to B**: A를 B에게 우편으로 발송하다 **hesitate** 망설이다, 주저하다 **use** ~을 고용하다, 기용하다 **appreciate A -ing**: A가 ~한 것에 대해 감사하다 **candidate** 후보자, 지원자 **keep one's fingers crossed** 행운을 빌다 **incompetent** 능력이 부족한, 무능한 **be confident about** ~에 대해 자신이 없다 **be anxious about** ~에 대해 염려하다

UNIT 12 Paraphrasing의 기술

기출 Check-up Test　　　　　　　本文 p. 97

1. (d)　**2.** (d)　**3.** (b)　**4.** (b)　**5.** (c)　**6.** (a)
7. (d)　**8.** (b)　**9.** (c)　**10.** (c)

1.

Listen to two people discussing a car.

M: Something funny is going on with my car. Can you help?
W: Sure, you came to the right place. What's the problem?
M: Most mornings, the engine won't turn over.
W: Let me take a look under the hood.
M: Any ideas?
W: Probably just an old spark plug. No big deal.

Q: What is the main topic of the conversation?

(a) An engineering class
(b) A new car model
(c) An advanced car engine
(d) A mechanical problem

남: 제 차에 뭔가 이상한 일이 생기고 있어요. 좀 도와 주시겠어요?
여: 그럼요, 제대로 찾아오셨습니다. 무엇이 문제인가요?
남: 대부분 아침마다, 엔진이 돌아가지 않아요.
여: 제가 보닛 안을 확인해 보겠습니다.
남: 어떤 것 같으세요?
여: 낡은 점화 플러그 때문인 것 같습니다. 큰 문제는 아닙니다.

Q: 대화의 주제는 무엇인가?

(a) 공학 수업
(b) 신차 모델
(c) 진보된 자동차 엔진
(d) 기계적인 문제

해설
대화 초반부에 차량의 문제를 언급한(Something funny is going on with my car) 남자가 중반부에 엔진이 돌아가지 않는다는 말로 (Most mornings, the engine won't turn over) 상세하게 상태를 알리고 있는데, 이는 기계적인 문제가 발생한 상황에 해당되므로 (d)가 정답이다.

오답 체크
(a) 수업과 관련된 대화가 아니므로 오답이다.
(b) 신차가 아닌 남자가 소유한 차량의 문제와 관련된 대화이므로 오답이다.

어휘
funny 이상한, 괴상한 **turn over** 엔진이 돌아가다 **take a look at** ~을 한 번 보다 **hood** (엔진) 보닛, 후드 **spark plug** 점화 플러그 **big deal** 큰 문제 **advanced** 진보된, 발전된 **mechanical** 기계적인

2.

Listen to two friends discussing a restaurant.

W: Have you discovered any new restaurants lately?
M: Well, my wife and I finally checked out the one you told me about.
W: Really? Wasn't the pesto sauce fantastic?
M: I've never had anything like it. How about you?
W: There's a new Indian place near the bus terminal I've been to a couple of times.
M: Oh, I love it there.

Q: What are the speakers mainly talking about?

(a) Plans for an upcoming dinner
(b) An online review of an Indian restaurant
(c) The best directions to the bus terminal
(d) Good restaurants where they've eaten

여: 최근에 발견하신 새 레스토랑이라도 있으신가요?
남: 저, 제가 아내와 함께 당신이 얘기했던 곳에 드디어 가서 확인해 봤어요.
여: 정말이에요? 페스토 소스가 환상적이지 않으셨나요?
남: 그런 맛은 한 번도 경험해 보지 못했어요. 당신은 어때요?
여: 버스 터미널 근처에 두어 번 가 본 새로운 인도 레스토랑이 하나 있어요.
남: 아, 저도 그곳을 정말 좋아해요.

Q: 화자들은 주로 무엇에 관해 이야기하고 있는가?

(a) 곧 있을 저녁 식사에 대한 계획

(b) 한 인도 레스토랑에 대한 온라인 후기

(c) 버스 터미널로 가는 가장 좋은 길

(d) 각자 식사해 본 뛰어난 레스토랑들

해설

대화 초반부에 여자가 최근에 발견한 레스토랑이 있는지(Have you discovered any new restaurants lately?) 묻자 남자가 자신의 경험을 말하고 있고, 중반부에는 여자가 새 인도 레스토랑에 가 본 것을 (There's a new Indian place near the bus terminal ~) 말하는 것이 주된 내용이다. 따라서 각자 경험한 레스토랑에 대한 의견을 말하는 대화임을 알 수 있으므로 이에 해당되는 (d)가 정답이다.

오답 체크

(a) 앞으로의 계획이 아닌 과거의 경험을 말하는 대화이므로 오답이다.

(b) 다른 사람들의 이용 후기가 아닌 직접 경험한 것을 말하는 대화이므로 오답이다.

어휘

discover ~을 발견하다 lately 최근에 finally 드디어, 마침내 check out ~을 확인해 보다 How about ~? ~는 어때요? near ~ 근처에 have been to ~에 가 본 적이 있다 upcoming 곧 있을, 다가오는 review 후기, 평가, 의견 directions to ~로 가는 길, 방법

3.

Listen to a conversation between two friends.

M: I'll be right back. I'm going to go through the drive-thru at Burger Shack.

W: Oh, wait. I want to come too.

M: Aren't you watching what you eat?

W: They're offering salads now. I'll get one of those.

M: I'm pretty sure they're loaded with calories too.

W: I'll get fat-free dressing. I know what I'm doing.

Q: What is happening in the conversation?

(a) The man and woman are ordering at a restaurant.

(b) The man is planning to get fast food.

(c) The woman is explaining her new diet.

(d) The man and woman are purchasing healthy products.

남: 곧 돌아 올게. Burger Shack의 드라이브 스루에 갔다 올 생각이야.

여: 아, 잠깐만. 나도 가고 싶어.

남: 음식을 조심해서 먹어야 하는 거 아냐?

여: 지금 그곳에서 샐러드를 제공하고 있어. 그 중 하나를 먹으려고.

남: 분명 그것들도 칼로리가 아주 높을 것 같은데.

여: 무지방 드레싱으로 할 거야. 내가 알아서 잘 할게.

Q: 대화에서 무슨 일이 일어나고 있는가?

(a) 두 사람이 레스토랑에서 주문하는 중이다.

(b) 남자가 패스트푸드를 먹을 계획을 세우고 있다.

(c) 여자가 자신의 새로운 다이어트를 설명하고 있다.

(d) 두 사람이 건강에 좋은 제품을 구입하는 중이다.

해설

대화 시작 부분에 남자가 Burger Shack의 드라이브 스루에 갔다 오겠다고(~ I'm going to go through the drive-thru at Burger Shack) 알리고 있는데, 식당 명칭에서 알 수 있듯이 패스트푸드 매장에 가려는 것임을 의미하는 말이므로 (b)가 정답이다.

오답 체크

(a) 대화 초반부에 남자가 Burger Shack에 갔다 오겠다고 알리고 있으므로 식당 내부에서 주문하는 상황이 아님을 알 수 있다.

(c) 여자의 다이어트가 아니라 곧 먹으려는 음식의 종류를 말하고 있으므로 오답이다.

(d) 남자가 여자에게 음식의 성분과 관련해 주의를 주는 내용으로 볼 때, 구입하려는 제품이 건강에 좋은 것은 아님을 알 수 있으므로 오답이다.

어휘

go through ~을 통과하다, 지나가다 drive-thru (차에 탄 채 주문하는) 드라이브 스루 watch ~을 조심하다, 주의하다 offer ~을 제공하다 be loaded with ~가 충분하다, 풍부하다 fat-free 무지방의 plan to do ~할 계획이다 healthy 건강에 좋은

4.

Listen to a conversation between two students.

W: What's the word on your student visa?

M: I don't think it's happening.

W: What? I thought it was all set.

M: They canceled my application because my reference wasn't strong enough.

W: Seriously? You might need to go through an agency.

M: I don't know. Maybe it's a sign.

Q: Which is correct about the man according to the conversation?

(a) His study abroad program will end soon.

(b) His visa application was denied.

(c) He missed an application deadline.

(d) He has not taken the proper classes.

여: 네 학생 비자와 관련된 얘기는 좀 있어?

남: 될 것 같지 않아.

여: 뭐라고? 난 전부 준비가 된 줄 알았는데.

남: 그쪽에서 내 신청서를 취소했는데, 내 추천서가 충분히 좋지
않았기 때문이래.

여: 정말로? 대행업체를 통해서 해 봐야 할 것 같은데.

남: 모르겠어. 아마 그게 어떤 조짐인 것 같아.

Q: 대화 내용에 따르면, 남자와 관련해 어느 것이 옳은 내용인가?

(a) 해외 유학 프로그램이 곧 끝날 것이다.

(b) 비자 신청이 거절되었다.

(c) 신청 마감 시한을 놓쳤다.

(d) 적절한 수업을 듣지 않았다.

해설

대화 시작 부분에 여자가 남자에게 학생 비자 신청 문제가 어떻게 되었
는지(What's the word on your student visa?) 묻자, 남자는 부정
적인 상황임을 언급하면서 중반부에 가서 그것이 취소되었다고(They
canceled my application) 알리고 있다. 즉 비자 신청이 거절된 상황
임을 알 수 있으므로 (b)가 정답이다.

오답 체크

(a) 비자 신청이 취소된 상태임을 알리고 있으므로 유학을 갈 수 없는
상황이다.

어휘

What's the word on ~? ~에 관한 소식은 있나요?, ~는 어떻게 되
었나요? **set** 준비된, 예정된 **cancel** ~을 취소하다 **application**
신청(서), 지원(서) **reference** 추천서, 추천인 **might need
to do** ~해야 할 수도 있다 **agency** 대행업체 **study abroad
program** 해외 유학 프로그램 **deny** ~을 거절하다, 거부하다 **miss**
~을 놓치다, 지나치다 **deadline** 마감 시한 **take a class** 수업을
듣다 **proper** 적절한, 제대로 된

5.

Listen to a conversation between a travel agent and a
customer.

M: Welcome to Toronto. How can I help you?

W: Hi. I need to book a hotel room downtown
for a convention.

M: Where is the convention being held?

W: At the Community Lodge.

M: In that case, I'd suggest the Sheraton. It's
close to the Community Lodge and has
rooms for $95 per night.

W: Okay, can you give me their number? I'll call them.

Q: Which is correct according to the
conversation?

(a) The man's accompanying the woman on the trip.

(b) The woman is staying in Toronto for two
nights.

(c) The Sheraton is near the convention venue.

(d) The Community Lodge is fully booked.

남: Toronto에 오신 것을 환영합니다. 무엇을 도와 드릴까요?

여: 안녕하세요. 컨벤션 때문에 시내에 호텔 객실을 하나 예약해
야 합니다.

남: 컨벤션이 어디에서 개최되는 건가요?

여: Community Lodge에서요.

남: 그러시면, Sheraton을 추천해 드리고 싶습니다. Community
Lodge와 가까운 곳인데다, 95달러에 1박을 하실 수 있는 객
실이 있습니다.

여: 좋아요, 그곳 번호 좀 알려 주시겠어요? 전화해 보려고요.

Q: 대화 내용에 따르면, 무엇이 옳은 내용인가?

(a) 남자가 여자를 동반해 여행하고 있다.

(b) 여자가 Toronto에서 2박을 하면서 머물 것이다.

(c) Sheraton이 컨벤션 장소 근처에 있다.

(d) Community Lodge에 예약이 꽉 차 있다.

해설

대화 후반부에 남자가 Sheraton을 추천하는 이유의 하나로 컨벤션 장
소인 Community Lodge와 가까운 곳에 있다는 사실을(I'd suggest
the Sheraton. It's close to the Community Lodge ~) 언급하고
있으므로, 이에 해당되는 (c)가 정답이다.

오답 체크

(a) 호텔 예약 문의를 하는 대화 내용으로 보아 두 사람이 함께 여행하
는 상황이 아님을 알 수 있으므로 오답이다.

(b) 여자가 얼마나 오래 머물 것인지는 제시되지 않고 있으므로 오답
이다.

어휘

book ~을 예약하다 **downtown** ad. 시내에 **hold** ~을 개최하
다, 열다 **in that case** 그러시면, 그런 경우라면 **close to** ~와 가
까운 **accompany** ~을 동반하다 **near** ~ 근처에 있는 **be fully
booked** 예약이 꽉 차 있다

6.

Listen to a conversation between two acquaintances.

W: So, where's your hometown, Sam?

M: I don't really have one. I grew up here and
there.

W: Oh, yeah? Were you always on the move?

M: My dad was a surgeon in the army, so we
never put down roots.

W: Well, you got to see a lot of the world.

M: True, but it got to be lonely after a while.

Q: Which is correct about the man according to
the conversation?

(a) He has lived in many places.

(b) He has been in the military for a long time.

(c) He is looking for a new house to move in.

(d) He has friends all over the world.

여: 그럼, 고향이 어디시죠, Sam 씨?

남: 딱히 있지 않습니다. 이곳 저곳에서 자랐습니다.

여: 아, 그러세요? 항상 이사를 다니셨나요?

남: 아버지께서 군의관이셨기 때문에, 한 곳에 정착한 적이 없었습니다.

여: 그럼, 세상의 많은 것을 겪어 보셨겠어요.

남: 맞는 말씀이지만, 조금 지나고 보니 외로워지더라고요.

Q: 대화 내용에 따르면, 남자에 관해 무엇이 옳은 내용인가?

(a) 많은 곳에서 살았다.

(b) 오랫동안 군대에 있었다.

(c) 이사 들어갈 새 집을 찾고 있다.

(d) 세계 곳곳에 친구들이 있다.

해설
대화 초반부에 남자가 이곳 저곳에서 자랐다고(I grew up here and there) 말하는 부분과 중반부에 한 곳에 정착한 적이 없다고(we never put down roots) 하는 것으로 볼 때 여러 곳에서 살았음을 알 수 있으므로 (a)가 정답이다.

오답 체크

(b) 군대에서 복무한 사람은 남자의 아버지이므로 오답이다.

(c) 현재 남자가 집을 구하는 일이 아니라 과거의 경험을 얘기하고 있으므로 오답이다.

(d) 여러 곳에서 살았다는 말만 제시될 뿐, 세계 곳곳에 친구들이 있는지는 알 수 없으므로 오답이다.

어휘
grow up 자라다 be on the move 옮겨 다니다 surgeon 외과 의사 put down roots 한 곳에 정착하다, 뿌리를 내리다 get to do ~하게 되다 lonely 외로운 after a while 조금 지나서, 얼마 후에

7.

Listen to a couple discussing their plans.

W: Are we still on for tomorrow?

M: Sure, but can we make it dinner instead of brunch?

W: No problem. Did something come up?

M: It's just that I'll probably get home way past midnight tonight.

W: Are you still working overtime on that project?

M: We actually finished yesterday, so my coworkers and I are celebrating tonight.

Q: Why does the man want to reschedule the date?

(a) He has to work late on a project.

(b) He will be eating dinner with coworkers tomorrow.

(c) He has a work event tomorrow morning.

(d) He will be staying out late the night before.

여: 여전히 내일 만나는 거 맞지?

남: 물론이지, 근데 브런치 대신 저녁 식사로 해도 돼?

여: 괜찮아. 무슨 일이라도 생겼어?

남: 아마 오늘 밤에 자정을 한참 지나서 집에 도착할 것 같아서 그래.

여: 여전히 그 프로젝트 때문에 야근하는 거야?

남: 사실 어제 끝나셔서, 오늘 밤에 동료 직원들과 기념 파티를 하거든.

Q: 남자는 왜 데이트 일정을 재조정하기를 원하는가?

(a) 프로젝트 때문에 늦게까지 일해야 한다.

(b) 내일 동료 직원들과 저녁 식사를 할 예정이다.

(c) 내일 아침에 일과 관련된 행사가 있다.

(d) 전날 밤에 늦게까지 밖에 있을 예정이다.

해설
데이트 일정을 변경하는 것과 관련해, 대화 중반부에 남자가 오늘 밤에 자정을 한참 지나서 집에 도착할 것 같다고(I'll probably get home way past midnight tonight) 알리고 있다. 이는 늦게까지 밖에 있을 예정임을 말하는 것이므로 (d)가 정답이다.

오답 체크

(a) 대화 마지막 부분에 프로젝트 종료 기념 파티를 한다고 했으므로 오답이다.

(b) 내일은 여자와의 약속이 있고, 동료 직원들과 저녁 식사를 하는 것은 오늘 밤이므로 오답이다.

어휘
Are we still on? (약속한 것에 대해) 여전히 만나는 거 맞지?, 여전히 유효하지? make A B: A를 B로 만들다, A를 B가 되게 하다 instead of ~ 대신에 come up 일어나다, 생겨나다 get home 집에 가다 way (뒤에 오는 전치사구나 부사의 의미를 강조하여) 한참, 아주, 훨씬 past ~을 지나 work overtime 야근하다, 초과 근무하다 coworker 동료 (직원) celebrate 기념하다, 축하하다 reschedule 일정을 재조정하다 stay out late 늦게까지 밖에 있다

8.

Listen to a conversation at a clinic.

W: Hi, somebody recommended this clinic to me. Can I see Dr. Heals?

M: Sorry, ma'am, but we're calling it a day in about 15 minutes.

W: Doesn't your clinic hold later hours today until 8 P.M.?

M: We do on Fridays, but it's Thursday, so…

W: Oh, that's my mistake. I'll try again tomorrow, around 6 P.M.

M: Sure, but please make sure to arrive before 6:30 P.M.

Q: What is correct according to the conversation?

(a) The man finishes work at 8 P.M.

(b) The clinic closes later on Fridays.

(c) The woman has an appointment at 6.

(d) The man will refer the woman to another clinic.

여: 안녕하세요, 누가 이 진료소를 제게 추천해 주었어요. Heals 박사님 뵐 수 있나요?

남: 죄송하지만, 저희는 약 15분 후에 문을 닫을 예정입니다.

여: 오늘 오후 8시까지 야간 진료 시간을 운영하지 않나요?

남: 금요일에는 그렇게 하고 있지만, 오늘은 목요일이라서요…

여: 아, 제가 잘못 알았네요. 내일 다시 와보도록 할게요, 오후 6시쯤에요.

남: 좋습니다. 하지만 반드시 6시 30분 전에는 오셔야 합니다.

Q: 대화 내용에 따르면, 무엇이 옳은 내용인가?

(a) 남자는 오후 8시에 일을 마친다.

(b) 진료소가 금요일마다 늦게 문을 닫는다.

(c) 여자가 6시에 예약이 되어 있다.

(d) 남자가 여자를 다른 진료소로 보낼 것이다.

9.

Listen to a conversation between two co-workers.

M: Oh, are you still working on our presentation?

W: Yeah, I'm just making some final touches.

M: But what's wrong? When I last looked everything seemed fine to me.

W: I wanted to make things flow a little smoother.

M: Okay, then, if you think it needs it, keep on going.

W: They're minor changes, I promise.

Q: What can be inferred from the conversation?

(a) The man's presentation is nowhere near completion.

(b) The woman cannot find materials for the presentation.

(c) The man is worried about the work the woman is doing.

(d) The woman will wait for the man to improve the presentation.

남: 아, 여전히 우리 발표 준비를 하고 계신 건가요?

여: 네, 최종적으로 다듬는 일을 하는 중이에요.

남: 그런데, 뭐가 문제인가요? 제가 마지막으로 봤을 때, 모든 것이 좋아 보였는데요.

여: 흐름을 좀 더 부드럽게 만들고 싶어서요.

남: 좋아요, 그럼, 필요하다고 생각하시면, 계속 해 주세요.

여: 사소한 수정이에요, 약속해요.

Q: 대화 내용에서 유추할 수 있는 것은?

(a) 남자의 발표가 전혀 끝날 기미가 보이지 않는다.

(b) 여자가 발표에 필요한 자료를 찾을 수 없다.

(c) 남자는 여자가 하고 있는 일을 걱정하고 있다.

(d) 여자는 남자가 발표 내용을 개선하기를 기다리고 있다.

해설

여자가 운영 시간과 관련해 8시까지 야간 진료를 하지 않는지(Doesn't your clinic hold later hours today until 8 P.M.?) 묻자 남자가 금요일에 그렇게 한다고(We do on Fridays ~) 대답하고 있으므로 이에 해당되는 (b)가 정답이다.

오답 체크

(a) 오후 8시는 야간 진료가 끝나는 시간이므로 오답이다.

(c) 오후 6시는 여자가 내일 오려는 시간이므로 오답이다.

(d) 남자가 다른 진료소를 안내하고 있지 않으므로 오답이다.

어휘

call it a day 하루 일과를 마치다, 그만 하다 **hold later hours** 야간 시간을 운영하다 **try** 해보다, 시도하다 **around** ~쯤에, ~경에 **where to do** ~하는 곳 **appointment** 예약, 약속 **refer A to B**: A를 B에게 보내다, 위탁하다

해설

여자가 최종적으로 발표 내용을 다듬고 있다고 말한 것에 대해, 중반부에 남자가 뭐가 문제인지 물으면서 좋아 보였다고(But what's wrong? When I last looked everything seemed fine to me) 언급하고 있는데, 이는 여자가 괜한 일을 하는 것은 아닌지 걱정하는 말에 해당되므로 (c)가 정답이다.

오답 체크

(a) 대화 내용을 통해 현재 발표 자료를 준비하는 과정임을 알 수 있으므로 오답이다.

(d) 여자가 발표 자료를 다듬고 있다고 말하고 있으므로 남자가 개선하는 상황이 아님을 알 수 있다.

어휘

work on ~에 대한 일을 하다 **presentation** 발표(회) **make final touches** 최종적으로 다듬다 **seem 형용사**: ~한 것처럼 보이

다 **make things flow smoother** 흐름을 더 부드럽게 만들다, 자연스럽게 만들다 **then** 그럼, 그렇다면 **keep on –ing** ~을 계속하다 **minor** 사소한

10.

> Listen to two friends discuss a book.
>
> W: I re-read Gianni Nero's novel *Blazing Suns* last week.
> M: Which translation? Jack Smith's or Sarah Foster's?
> W: I've only read the latter. Her prose is magnificent!
> M: True, she's accepted as the better stylist. Smith shows more fidelity to the original, though.
> W: You mean you've read the novel in Italian? Wow!
> M: Oh, no, I was just referring to the critical consensus.
>
> Q: Which is correct according to the conversation?
> (a) The woman just finished reading *Blazing Suns* for the first time.
> (b) Foster's prose style is generally considered inferior.
> **(c) Smith's translation is more faithful to the original.**
> (d) The man read *Blazing Suns* in the original Italian.

여: 지안니 네로의 소설 <블레이징 선즈>를 지난주에 다시 읽어 봤어.
남: 어느 번역판으로? 잭 스미스의 번역판, 아니면 새라 포스터의 번역판?
여: 난 후자만 읽어 봤어. 문체가 대단히 훌륭하거든!
남: 맞아, 두 사람 중 더 나은 문장가로 인정되고 있지. 하지만, 스미스는 원작에 더 충실한 모습을 보여 주고 있어.
여: 그 말은 이탈리아어로 된 이 소설을 읽어 봤다는 거야? 와우!
남: 아, 아냐, 난 그저 평단의 일치된 의견을 언급하고 있었던 것뿐이야.

Q: 대화에 따르면 어느 것이 옳은 내용인가?
(a) 여자가 이제 막 처음으로 <블레이징 선즈>를 다 읽었다.
(b) 포스터의 문체가 일반적으로 더 좋지 못한 것으로 여겨진다.
(c) 스미스의 번역이 원작에 더 충실하다.
(d) 남자는 <블레이징 선즈>를 이탈리아 원서로 읽었다.

해설
남자가 대화 중반부에 스미스가 원작에 더 충실하다고(Smith shows

more fidelity to the original, though) 말하고 있으므로 (c)가 정답이다.

오답 체크
(a) 대화 초반부에 여자가 다시 읽어 봤다고 말하고 있으므로 오답이다.
(d) 대화 후반부에 이탈리아어 판을 읽은 것이냐고 묻는 여자의 질문에 남자가 아니라고 답했으므로 오답이다.

어휘
translation 번역(본) **the latter** (앞서 언급된 둘 중) 후자 **prose** 산문(체) **magnificent** 대단히 훌륭한, 굉장히 좋은 **be accepted as** ~로 인정되고 있다 **the better** (둘 중) 더 나은 **stylist** 문장가 **fidelity to** ~에 대한 충실함 **original** n. 원작, 원본 a. 원작의, 원본의 **though** (문장 끝이나 중간에서) 하지만, 그러나 **refer to** ~을 언급하다 **critical** 평단의, 비평적인 **consensus** 의견 일치 **be considered A**: A한 것으로 여겨지다 **generally** 일반적으로, 보통 **inferior** 더 좋지 못한, 열등한 **faithful to** ~에 충실한

UNIT 13 대화 주제를 묻는 문제

기출 Check-up Test   본문 p. 103

| **1.** (c) | **2.** (c) | **3.** (c) | **4.** (c) | **5.** (b) | **6.** (c) |
| **7.** (d) | **8.** (a) | **9.** (b) | **10.** (d) | | |

1.

> Listen to a conversation between two co-workers.
>
> M: You look rough. Is everything OK?
> W: No, not at all. Today has been terrible.
> M: Oh, no. What happened?
> W: The boss has been giving me a hard time about the new designs.
> M: But they look great.
> W: Well, he doesn't think so. I have to start from scratch.
> M: But you've spent months on them.
> W: I know. I feel awful.
>
> Q: What are the speakers mainly talking about?
> (a) Why the woman needs extra help
> (b) Why the woman is looking for a new job
> **(c) Why the woman had a bad day**
> (d) Why the woman couldn't meet the deadline

남: 뭔가 안 좋아 보이시네요. 괜찮으세요?

여: 아뇨, 전혀 그렇지 않아요. 오늘은 너무 끔찍한 날이에요.

남: 아, 이런. 무슨 일 있으셨어요?

여: 부장님께서 새로운 디자인과 관련해 저를 계속 힘들게 하고 계세요.

남: 하지만 그 디자인들은 아주 좋아 보이는데요.

여: 저, 부장님께서는 그렇게 생각하지 않으세요. 처음부터 다시 시작해야 해요.

남: 하지만 그 작업을 하시는 데 몇 달을 소비하셨잖아요.

여: 알아요. 저는 끔찍한 기분이에요.

Q: 화자들은 주로 무엇에 관해 이야기하고 있는가?

(a) 여자가 추가적인 도움을 필요로 하는 이유

(b) 여자가 새로운 일자리를 찾고 있는 이유

(c) **여자가 좋지 않은 하루를 보낸 이유**

(d) 여자가 마감일을 맞출 수 없었던 이유

해설
대화 초반부에 여자가 끔찍한 하루라고(Today has been terrible) 말한 뒤로 상사가 자신을 힘들게 한다는(The boss has been giving me a hard time ~) 이유를 말하고 있으므로 여자가 좋지 않은 하루를 보낸 이유를 의미하는 (c)가 정답이다.

오답 체크
(a) 여자가 도움을 필요로 하는지는 알 수 없으므로 오답이다.

(b) 새로운 일자리가 아닌 현재 하고 있는 일과 관련된 고충을 말하고 있으므로 오답이다.

(d) 마감일(deadline)은 언급하지 않았으므로 오답이다.

어휘
look 형용사: ~한 것처럼 보이다 **rough** (기분, 몸 등이) 좋지 않은 **terrible** 끔찍한(= awful) **give A a hard time**: A를 힘들게 만들다, 곤란하게 하다 **start from scratch** 처음부터 다시 시작하다 **extra** 추가의, 별도의 **meet the deadline** 마감일을 맞추다

2.

Listen to a conversation between two co-workers.

W: Can you believe how this merger is being handled?

M: I know. It's a different problem every day.

W: And all the new people we have to train.

M: Wasn't this supposed to make our lives easier?

W: Well, I at least expected to get a raise.

M: Yeah, right. The company only cares that our stockholders are happy.

Q: What is the conversation mainly about?

(a) Upcoming plans for a company's expansion

(b) An itinerary for an employee orientation session

(c) **The effects of a recent merger**

(d) A company's performance in the stock market

여: 이번 합병이 처리되는 방식이 믿어지세요?

남: 그러니까요. 매일 다른 문제가 생기고 있네요.

여: 그리고 모든 새로운 사람들을 우리가 교육해야 해요.

남: 이 일이 우리의 생활을 더 수월하게 만들었어야 하는 것 아닌가요?

여: 저, 저는 최소한 급여가 인상되기를 기대했어요.

남: 네, 맞아요. 회사는 우리 주주들을 기쁘게 하는 것에만 신경 쓰죠.

Q: 대화는 주로 무엇에 관한 것인가?

(a) 회사에서 곧 있을 사업 확장에 대한 계획

(b) 직원 오리엔테이션에 대한 일정

(c) **최근의 합병에 따른 영향**

(d) 주식 시장에서 회사가 거두는 성과

해설
여자가 대화 시작 부분에 합병이 처리되는 방식이 마음에 들지 않는다는 식으로(Can you believe how this merger is being handled?) 물은 후에, 매일 다른 문제가 생긴다는(It's a different problem every day) 것과 모든 새로운 사람들을 교육해야 한다는(all the new people we have to train) 것을 언급하는 것으로 볼 때, 합병에 따른 어려움을 겪는 시기임을 알 수 있다. 따라서 합병의 영향을 뜻하는 (c)가 정답이다.

오답 체크
(a) 앞으로의 계획이 아닌 과거에 발생한 일에 따른 현재의 상황을 말하고 있으므로 오답이다.

(b) 특정 행사 일정을 이야기하는 대화가 아니므로 오답이다.

어휘
merger 합병 **handle** ~을 처리하다, 다루다 **train** ~을 교육하다 **be supposed to do** ~하기로 되어 있다, ~할 예정이다 **at least** 최소한, 적어도 **expect to do** ~할 것으로 기대하다, 예상하다 **get a raise** 급여가 인상되다 **care** ~을 신경 쓰다 **stockholder** 주주 **upcoming** 곧 있을, 다가오는 **itinerary** 일정(표) **effect** 영향, 효과 **recent** 최근의 **performance** 성과, 실적 **stock market** 주식 시장

3.

Listen to a conversation on a college campus.

M: Don't you find it hard to understand Professor Simpson?

W: Yeah, but it's obvious he knows his stuff.

M: Even so, his lecture style is so old-school.

W: Well, he has taught at this university forever.

M: When he answers my questions, I just feel more confused.

W: Let's hope that we don't have him again next semester.

Q: What is the main topic of the conversation?

(a) Concerns about a class assignment
(b) A decision of whether to drop a class or not
(c) The teaching methods of a professor
(d) An evaluation of a new faculty member

남: Simpson 교수님의 말씀을 이해하기가 어렵다고 생각하지 않아?
여: 맞아, 그런데 그분은 분명 유능하신 분이야.
남: 그렇다고 해도, 그분의 강의 스타일은 너무 구식이야.
여: 저, 그분은 우리 대학교에서 아주 오랜 시간 동안 가르쳐 오셨어.
남: 내 질문에 답변해 주실 때, 난 그저 더 헷갈리는 것 같아.
여: 다음 학기에 그분을 다시 만나지 않기를 바라자.

Q: 대화의 주제는 무엇인가?

(a) 수업 과제에 대한 우려
(b) 수강 신청을 취소할 것인지에 대한 결정
(c) 한 교수의 강의 방식
(d) 새로운 교수에 대한 평가

해설
대화 초반부에 남자가 특정 교수의 말을 이해하기 어렵다고(Don't you find it hard to understand Professor Simpson?) 말하는 내용과 그 교수의 강의 스타일이 구식이라고(his lecture style is so old-school) 언급하는 내용으로 볼 때 해당 교수의 강의 방식과 관련된 대화임을 알 수 있으므로 (c)가 정답이다.

오답 체크
(a) 과제물과 관련된 걱정거리는 언급되지 않고 있으므로 오답이다.
(b) 수강 신청을 지금 취소하는 것이 아니라 다음 학기에 만나지 않기를 바라는 내용이 제시되고 있으므로 오답이다.
(d) 아주 오래 강의를 해 온 교수라는 말이 중반부에 제시되고 있으므로 오답이다.

어휘
find A 형용사: A가 ~하다고 생각하다 **obvious** 분명한 **know one's stuff** 유능하다 **even so** (앞서 언급된 말에 대해) 그렇다고 하더라도 **old-school** 구식인, 전통적인 **forever** 아주 오랜 시간 동안 **confused** 헷갈리는, 혼동되는 **semester** 학기 **concern** 우려, 걱정 **class assignment** 수업 과제 **decision** 결정 **whether to do (or not)** ~할 것인지 (아닌지) **drop a class** 수강 신청을 취소하다 **method** 방법, 방식 **evaluation** 평가 **faculty** 교수진

4.

Listen to a conversation at a library.

W: Hi. I have some questions about the available position.
M: For the assistant librarian job?
W: Yes. What would I need to do? I've never worked in a library.
M: Mostly organizing and checking out

materials. Maybe some clerical work.
W: And helping students with research?
M: No, just the basic tasks. The head librarians handle that.

Q: What are the man and woman mainly discussing?

(a) The departments of a library
(b) The woman's available start date
(c) The job responsibilities of a position
(d) The research topic for a project

여: 안녕하세요. 지원 가능한 직책에 관해 질문이 좀 있습니다.
남: 보조 사서 직책에 대한 것인가요?
여: 맞습니다. 제가 뭘 해야 하는 건가요? 제가 도서관에서 일해 본 적이 없어서요.
남: 대부분 물품들을 정리하고 확인하는 일입니다. 아마 사무 업무일 거예요.
여: 그리고 학생들이 조사하는 일도 돕고요?
남: 아뇨, 그저 기본적인 업무들만 하시면 됩니다. 그건 수석 사서들이 담당해요.

Q: 두 사람은 주로 무엇에 관해 이야기하고 있는가?

(a) 도서관의 부서들
(b) 여자의 근무 시작 가능 날짜
(c) 한 직책의 직무
(d) 한 프로젝트에 대한 연구 주제

해설
대화 시작 부분에 여자가 질문이 있음을(I have some questions about the available position) 언급한 후에, 중반부에 남자가 특정 직책에서 하는 일이 물품 정리와 확인(Mostly organizing and checking out materials)이라고 알리고 있다. 따라서 특정 직무와 관련된 대화임을 알 수 있으므로 (c)가 정답이다.

오답 체크
(a) 부서가 아닌 특정 직책의 업무와 관련된 내용이므로 오답이다.
(b) 근무 시작 시점과 관련된 정보가 제시되지 않고 있으므로 오답이다.

어휘
assistant a. 보조의, 조수의 n. 보조, 조수 **librarian** 사서 **mostly** 대부분, 대체로 **organize** ~을 정리하다 **check out** ~을 확인하다 **material** 물품, 자료 **clerical** 사무직의 **help A with B**: A가 B하는 것을 돕다 **research** 연구, 조사 **task** 업무, 일 **department** 부서 **job responsibility** 직무 **handle** ~을 처리하다

5.

Listen to a conversation at an office.

M: I'm fed up with this place. I'm turning in my two weeks' notice tomorrow.

W: Why? What happened?

M: Nothing has happened; that's the problem. I've been here five years without a single raise.

W: Have you brought it up to your boss?

M: Of course, but she's always ready with another excuse. I'm tired of being underappreciated.

W: You're completely right, but you really ought to think this through.

Q: What are the speakers mainly talking about?

(a) Why the man dislikes his boss

(b) Why the man wants to quit

(c) Why the man isn't appreciated

(d) Why the man should get a raise

남: 저는 이곳이 진절머리가 나요. 저는 2주 전에 내는 사직서를 내일 제출할 거예요.

여: 왜요? 무슨 일이세요?

남: 아무 일도 없었어요. 그게 문제예요. 저는 이곳에서 급여 인상 한 번 없이 5년째 일해 왔어요.

여: 그 문제를 상사에게 얘기해 보신 적이 있으세요?

남: 물론이죠, 하지만 항상 다른 변명을 할 준비가 되어 있으신 분이에요. 저는 인정받지 못하는 데 지쳤어요.

여: 전적으로 맞는 말씀이긴 하지만, 이 문제는 정말로 충분히 생각해 보셔야 해요.

Q: 화자들은 무엇에 관해 주로 이야기하고 있는가?

(a) 남자가 자신의 상사를 좋아하지 않는 이유

(b) 남자가 일을 그만 두고 싶어 하는 이유

(c) 남자가 인정받지 못하는 이유

(d) 남자가 급여 인상을 받아야 하는 이유

해설

대화를 시작하면서 남자가 내일 사직서를 내겠다고(I'm turning in my two weeks' notice tomorrow) 말한 뒤로 그 이유와 관련해 급여 인상이 한 번도 없었다고(I've been here five years without a single raise) 하는 것으로 볼 때 남자의 사직 이유가 대화의 주된 내용임을 알 수 있으므로 (b)가 정답이다.

오답 체크

(a) 상사의 좋고 나쁨은 언급되지 않고 있으므로 오답이다.

(c) 인정받지 못한다는 사실만 언급될 뿐 그 이유는 말하지 않고 있으므로 오답이다.

어휘

be fed up with ~에 진절머리가 나다 **turn in** ~을 제출하다 **notice** 사직서, 통보 **raise** 급여 인상 **bring A up to B**: A에 관한 얘기를 B에게 꺼내다 **excuse** 변명 **be tired of** ~에 지치다, ~

가 싫증나다 **underappreciated** 인정받지 못한 **completely** 전적으로, 완전히 **ought to do** ~해야 하다 **think A through**: A를 충분히 생각하다 **quit** 그만 두다 **appreciated** 인정받는

6.

Listen to a conversation between two co-workers.

W: I just found out I'll be working at our London branch next year.

M: That's a great career opportunity. Congratulations.

W: Thanks, but I've never lived abroad, and I don't know what to do.

M: I studied at a university in England, so I can help.

W: Well, my biggest worry is whether to live in the city or to commute from the suburbs.

M: Honestly, you'd really enjoy living in downtown London. And the firm will pay your rent anyways.

W: Yeah, that is nice. I'll try out the city life then.

Q: What is the conversation about?

(a) How to apply for a transfer program

(b) What to take when traveling abroad

(c) Whether to live in a city or the suburbs

(d) How to save money on rent

여: 제가 내년에 우리 London 지사에서 일하게 될 예정이라는 사실을 막 알았어요.

남: 아주 좋은 경력을 쌓을 수 있는 기회예요. 축하합니다.

여: 고마워요, 하지만 저는 한 번도 해외에서 생활해 본 적이 없어서, 뭘 해야 할지 모르겠어요.

남: 제가 England에 있는 대학교에서 공부했었기 때문에, 도와 드릴 수 있어요.

여: 저, 가장 큰 걱정거리는 도시에서 살 것인지 아니면 교외 지역에서 통근할 것인지를 선택하는 거예요.

남: 솔직히, London 시내에서 생활하시는 게 정말로 즐거우실 거예요. 그리고 어쨌든 회사에서 집세를 지불하잖아요.

여: 네, 그건 아주 좋아요. 그럼 도시 생활을 한 번 해 봐야겠어요.

Q: 대화는 무엇에 관한 것인가?

(a) 전근 프로그램에 지원하는 방법

(b) 해외 여행 시에 가져 가야 하는 것

(c) 도시 또는 교외 지역에서의 생활에 대한 선택

(d) 집세에 드는 비용을 절약하는 방법

해설

여자가 대화 초반부에 특정 지역으로의 전근을 언급한 후에, 중반부에 가서 가장 걱정되는 부분이 도시에서 살 것인지 아니면 교외에서 통근을 할 것인지를 선택하는 문제(my biggest worry is whether to live in the city or to commute from the suburbs)라고 말하고

있으므로 이에 대해 언급한 (c)가 정답이다.

오답 체크
(a) 이미 대화 시작 부분에 전근이 확정되었음을 알리고 있으므로 오답이다.
(b) 가져가야 하는 물건에 대한 대화가 아니므로 오답이다.

어휘
find out (that) ~임을 알게 되다 **branch** 지사, 지점 **career opportunity** 경력 기회, 근무 기회 **abroad** 해외에 **whether to do A or to do B**: A를 할 것인지 또는 B를 할 것인지 **commute** 통근하다 **suburbs** 교외 지역 **firm** 회사 **rent** 집세, 방세 **anyways** 어쨌든 **try out** ~을 테스트해 보다 **then** 그럼, 그렇다면 **how to do** ~하는 방법 **apply for** ~에 지원하다, 신청하다 **transfer** 전근

7.

Listen to a conversation between two co-workers.

M: You know, I haven't had a day off in almost three weeks.
W: Same for me. We can't keep going like this.
M: I feel like I've barely seen my family.
W: I had to miss my cousin's wedding. It's too much.
M: Have you mentioned anything to the store manager yet?
W: No, I figured this is just because of the holidays.

Q: What are the man and woman mainly discussing?

(a) Their need for more working hours
(b) Management's denial of personal leave requests
(c) Employees quitting because of work demands
(d) Their frustration with a hectic work schedule

남: 있잖아요, 제가 거의 3주 동안 하루도 쉬지 못했어요.
여: 저도 마찬가지예요. 이런 식으로 계속 일할 수는 없어요.
남: 저는 가족을 거의 보지 못한 기분이에요.
여: 저는 사촌의 결혼식도 지나쳤어야 했어요. 이건 너무한 거죠.
남: 혹시 점장님께 무슨 말이라도 해 보셨어요?
여: 아뇨, 저는 그저 이 상황이 연휴 때문이라고 생각했어요.

Q: 두 사람은 주로 무엇에 관해 이야기하고 있는가?

(a) 추가 근무 시간에 대한 필요성
(b) 개인 휴무 신청에 대한 경영진의 거부
(c) 업무 요구량으로 인해 그만 두는 직원들
(d) 정신없이 바쁜 근무 일정으로 인한 좌절감

해설
대화 맨 처음에 남자가 3주 동안 하루도 쉬지 못했다고(I haven't had a day off in almost three weeks) 말하는 내용과 여자가 이에 대해 동의하면서 계속 이렇게 할 수 없다고(Same for me. We can't keep going like this) 알리는 것으로 볼 때, 바쁘고 힘든 업무로 인한 좌절감을 얘기하는 대화임을 알 수 있으므로 (d)가 정답이다.

오답 체크
(a) 추가 근무와 관련된 의견이 제시되지 않고 있으므로 오답이다.
(b) 휴무 신청 및 그에 대한 거부와 관련된 정보가 언급되지 않으므로 오답이다.
(c) 다른 직원들의 상황을 언급하는 내용은 없으므로 오답이다.

어휘
have a day off 하루 쉬다, 하루 휴무하다 **keep -ing** 계속 ~하다 **barely** 거의 ~ 않다 **miss** ~을 지나치다, 놓치다 **mention** ~을 말하다, 언급하다 **figure (that)** ~라고 생각하다, 판단하다 **need for** ~에 대한 필요(성) **management** 경영(진) **denial** 거부, 거절 **leave request** 휴가 신청 **quit** 그만 두다 **work demand** 업무 요구량 **frustration with** ~에 대한 좌절감, 낙담 **hectic** 정신없이 바쁜

8.

Listen to a conversation at an office.

W: You won't be surprised to hear that Steven was late today.
M: Even after our talk yesterday?
W: Yep. And that makes five times in just two weeks.
M: Keep in mind he has a lot on his hands.
W: I know, but he isn't the first person to work while attending classes.
M: I'll see how he feels about only working weekends.

Q: What is the main topic of the conversation?

(a) Steven's constant tardiness
(b) Why Steven hasn't been at work recently
(c) Steven's difficulty with affording school
(d) How Steven's university schedule can be changed

여: Steven 씨가 오늘 늦었다는 얘기가 놀랍지도 않으실 거예요.
남: 어제 우리가 얘기를 했는데요?
여: 네. 그리고 이번이 2주 동안 5번째가 되는 거예요.
남: 그분은 주체하지 못할 정도로 하는 게 많다는 점을 명심하세요.
여: 저도 알고 있기는 한데, 그분이 수업 들으러 다니면서 일도 하는 첫 번째 직원은 아니잖아요.
남: 오직 주말에만 근무하는 것에 대해 어떻게 생각하시는지 알아봐야겠어요.

Q: 대화의 주제는 무엇인가?

(a) Steven 씨의 지속적인 지각
(b) Steven 씨가 최근에 출근하지 않은 이유
(c) 학교를 다닐 여유가 없는 Steven 씨의 어려움
(d) Steven 씨의 대학교 수업 일정이 변경될 수 있는 방법

해설

대화를 시작하면서 여자가 Steven 씨가 오늘 늦었다고(~ Steven was late today) 언급한 부분이 핵심 내용에 해당되는데, 그와 관련해 2주 동안 5번이나 늦었다고(And that makes five times in just two weeks) 알리고 있으므로 Steven 씨의 지속적인 지각 문제를 언급한 (a)가 정답이다.

오답 체크

(b) 출근을 하지 않은 것은 아니므로 오답이다.
(c) 학교를 다닐 여유가 없다는 어려움은 언급되지 않고 있으므로 오답이다.
(d) 수업 일정이 아닌 근무 일정 변경이 언급되고 있으므로 오답이다.

어휘

be surprised to do ~해서 놀라다 **even** 심지어 (~도) **keep in mind (that)** ~라는 점을 명심하다 **have a lot on one's hands** 주체하지 못할 정도로 하는 일이 많다 **while** ~하면서 **constant** 지속적인 **tardiness** 지각 **afford** ~할 여유가 있다

9.

Listen to a conversation on a college campus.

M: Where's the best place to get the lab equipment for chemistry?
W: I'm guessing the campus supply store will have it all.
M: Yeah, and it will be ridiculously overpriced.
W: Well, they'll do buybacks at the end of the semester.
M: It'd be better to buy it off of someone who already took the class.
W: Maybe, but do you know anyone who has?

Q: What are the man and woman mainly discussing?

(a) Which chemistry class to register for
(b) Where to purchase some class materials
(c) How much to sell used equipment for
(d) Who they can ask to help with an assignment

남: 화학 실험 장비를 구입하기에 가장 좋은 곳이 어디야?
여: 교내 용품 판매점에 전부 있는 것으로 생각하는데.
남: 응, 그리고 터무니없게 비쌀 거야.
여: 저, 그곳에서 학기말에 역구매를 할 거야.
남: 수업을 이미 들었던 사람에게서 구입하는 게 더 나을 거야.
여: 그럴 수도 있긴 하지만, 그런 사람 중에 아는 사람이라도 있어?

Q: 두 사람은 주로 무엇에 관해 이야기하고 있는가?

(a) 수강 신청하려는 화학 수업
(b) 수업용 물품을 구입할 수 있는 곳
(c) 중고 장비 판매 비용
(d) 과제에 대해 도움을 요청할 수 있는 사람

해설

대화 시작 부분에 남자가 화학 실험 장비를 구입할 수 있는 곳을 묻자(Where's the best place to get the lab equipment for chemistry?) 여자가 교내에 있는 판매점(I'm guessing the campus supply store will have it all)을 언급하고 있으므로 수업용 물품 구입 장소와 관련된 대화임을 알 수 있다. 따라서 (b)가 정답이다.

오답 체크

(a) 수강 신청과 관련된 정보가 제시되지 않고 있으므로 오답이다.
(c) 교내에 있는 판매점의 가격 문제만 언급될 뿐 중고 용품 비용과 관련된 정보는 제시되지 않으므로 오답이다.

어휘

lab 실험실 **equipment** 장비 **chemistry** 화학 **supply store** 용품점 **ridiculously** 터무니없이 **overpriced** 가격이 비싸게 매겨진 **buyback** 역구매 **semester** 학기 **buy A off of B**: B에게서 A를 사들이다 **register for** ~에 대해 수강 신청을 하다 **where to do** ~하는 곳 **material** 물품, 재료, 자료 **sell A for B**: A를 B의 값에 팔다 **ask A to do**: A에게 ~하도록 요청하다 **help with**: ~하는 것을 돕다 **assignment** 과제

10.

Listen to a conversation at an office.

W: What are you looking so excited about, Hudson?
M: It turns out Hopper and Harrison want to take me on.
W: Are you going to join them then?
M: Of course. I don't see myself moving up the ladder here.
W: You're probably right. When's your last day?
M: They're ready for me anytime, but I can stay as long as this company needs me.

Q: What is the conversation about?

(a) The woman's worries about her job
(b) The woman's application for a management position
(c) The man's previous work experience
(d) The man's plan to move to a new job

여: Hudson, 뭐 때문에 그렇게 상기되어 있어요?
남: Hopper and Harrison 사가 저를 고용하길 원한다고 하네요.
여: 그럼 그 회사에 입사할 생각이신 건가요?
남: 당연하죠. 이곳에서 저는 승진할 기회가 보이지 않아요.
여: 맞는 말씀일 수도 있어요. 언제가 마지막 출근이세요?
남: 그쪽에서는 언제든지 저를 맞이할 준비가 되어 있지만, 이 회사가 저를 필요로 하는 만큼 오래 있을 수 있어요.

Q: 대화는 무엇에 관한 것인가?

(a) 자신의 직장에 대한 여자의 걱정
(b) 관리 직책에 대한 여자의 지원
(c) 남자의 과거 근무 경력
(d) 새로운 일자리로 이직하려는 남자의 계획

해설
대화 시작 부분에 남자가 특정 회사에서 자신을 고용하려 한다고(It turns out Hopper and Harrison want to take me on) 말한 것에 대해 여자가 그곳으로 갈 것인지(Are you going to join them then?) 묻자, 남자는 'Of course'라고 긍정을 나타내고 있다. 따라서 남자의 이직 계획이 대화 주제에 해당되므로 (d)가 정답이다.

오답 체크
(a) 여자가 자신의 직장에 대한 걱정거리를 말하는 내용이 없으므로 오답이다.
(b) 여자가 특정 직책에 지원하는 일과 관련된 정보가 없으므로 오답이다.
(c) 남자의 과거 경력이 아닌 앞으로의 이직 계획과 관련된 대화이므로 오답이다.

어휘
It turns out (that) ~한 것으로 드러나다, 판명되다 **take A on**: A를 고용하다 **join** ~에 입사하다, 합류하다 **then** 그럼, 그렇다면 **see oneself -ing** ~하는 것을 경험하다 **move up the ladder** 승진하다, 출세하다 **anytime** 언제든지 **as A as B**: B만큼 A하게 **application** 지원(서) **previous** 과거의, 이전의 **move to** ~로 이직하다, 옮기다

UNIT 14 대화 상황/행동을 묻는 문제

기출 Check-up Test   본문 p. 109

1. (d) **2.** (b) **3.** (c) **4.** (b) **5.** (b) **6.** (c)
7. (d) **8.** (b) **9.** (b) **10.** (d)

1.

Listen to a conversation between two students.

M: Could you help me out with something this weekend?
W: Sure, what do you need?
M: Someone to look over my history essay.
W: That's not my area of expertise.
M: That's fine. It's just to address spelling and grammar issues.
W: Oh, then I'd be happy to help.

Q: What is the man mainly asking the woman to do?

(a) Review the content of his essay
(b) Help him choose an essay topic
(c) Offer her expertise in history
(d) Proofread his essay for mistakes

남: 이번 주말에 나 좀 도와줄 수 있어?
여: 응, 필요한 게 뭐야?
남: 내 역사 에세이를 검토해 줄 사람.
여: 그건 내 전문 분야가 아닌데.
남: 괜찮아. 그냥 철자랑 문법과 관련된 문제들만 봐 주면 돼.
여: 아, 그럼 얼마든지 도와줄 수 있어.

Q: 남자는 여자에게 주로 무엇을 하도록 요청하는가?

(a) 자신의 에세이에 담긴 내용을 검토하는 일
(b) 에세이 주제를 선택하는 데 도움을 주는 일
(c) 역사 분야의 전문 지식을 제공해 주는 일
(d) 자신의 에세이에 실수가 있는지 교정보는 일

해설
남자가 철자 및 문법과 관련된 문제들만 봐 주면 된다고 말하는 것이(It's just to address spelling and grammar issues) 구체적인 요청 사항인데, 이는 교정을 보는 일에 해당되므로 (d)가 정답이다.

오답 체크
(a) 남자가 여자에게 에세이의 내용이 아니라 철자와 문법만 봐 달라고 하는 상황이므로 오답이다.
(c) 여자가 역사 분야는 자신의 전문 분야가 아니라고 하자 남자가 역사 분야의 전문 지식이 아니라 에세이의 철자와 문법을 검토해달라고 요청하는 상황이므로 오답이다.

어휘
help A out with B: B에 대해 A를 돕다 **look over** ~을 검토하다, 살펴보다(= review) **expertise** 전문 지식 **address** v. ~을 다루다, 처리하다 **issue** 문제, 사안 **content** 내용(물) **help A do**: A가 ~하는 데 도움을 주다 **choose** ~을 선택하다 **offer** ~을 제공하다 **proofread** ~을 교정 보다 **mistake** 실수

2.

Listen to a conversation between a sales clerk and a customer.

W: Excuse me. I'm looking to buy a desktop computer.
M: Do you have a specific model in mind?
W: No, I just need something for college.
M: Then, I'd recommend this model, which is on sale.
W: Really? What about this one with all the upgrades?
M: That'd work, but it's geared toward gaming or video editing.

Q: What is the man mainly trying to do?

(a) Convince the woman to upgrade her computer

(b) Help the woman find a suitable computer

(c) Advise the woman to get a laptop instead of a desktop

(d) Find out what software program the woman uses

여: 실례합니다. 제가 새 데스크톱 컴퓨터를 구입하려고 하는데요.

남: 생각하고 계신 특정 모델이라도 있으신가요?

여: 아뇨, 대학교 수업용으로 쓸 수 있는 것이면 됩니다.

남: 그러시면, 이 모델을 추천해 드리고 싶습니다, 지금 세일 중인 제품입니다.

여: 그래요? 모든 업그레이드가 된 이 제품은 어떤가요?

남: 괜찮을 수 있지만, 그 제품은 게임이나 동영상 편집 작업에 맞춰진 것입니다.

Q: 남자는 주로 무엇을 하려는 중인가?

(a) 여자를 설득해 그녀의 컴퓨터를 업그레이드하는 일

(b) 여자가 적합한 컴퓨터를 찾도록 돕는 일

(c) 여자에게 데스크톱 대신 노트북을 구입하도록 조언하는 일

(d) 여자가 사용하는 소프트웨어 프로그램이 무엇인지 알아 내는 일

해설

대화 중반부에 여자가 자신이 원하는 컴퓨터의 용도를 말하자 남자가 한 모델을 추천하면서 세일 중이라고(Then, I'd recommend this model, which is on sale) 말하는 것으로 보아 여자가 원하는 제품을 구할 수 있게 돕고 있음을 알 수 있으므로 (b)가 정답이다.

오답 체크

(a) 컴퓨터를 업그레이드하도록 설득하는 상황이 아니므로 오답이다.

(c) 노트북 컴퓨터와 관련된 정보는 제시되지 않고 있으므로 오답이다.

어휘

look to do ~하기를 바라다, ~할 예정이다 have A in mind: A를 마음에 담아 두다, A를 염두에 두다 specific 특정한, 구체적인 on sale 세일 중인 What about ~? ~는 어때요? work 효과가 있다, 먹혀 들다, 알맞다 be geared toward ~에 맞춰져 있다 editing 편집 convince A to do: A를 설득해 ~하게 만들다 help A do: A가 ~하는 것을 돕다 suitable 적합한, 알맞은 advise A to do: A에게 ~하도록 조언하다 instead of ~ 대신에 find out ~을 알아 내다, 확인하다

3.

Listen to a conversation about a car.

M: Does the car have working A/C and power windows?

W: Yes. You'll notice there's a sunroof too.

M: How about the engine?

W: It just had an oil change and new belts installed.

M: And you said it has less than 60,000 miles on it?

W: That's right. The tires are even less than a year old.

Q: What is the man mainly doing in the conversation?

(a) Negotiating the price of a used car

(b) Speaking to a potential customer

(c) Inquiring about a car's condition

(d) Asking about the cost of car repairs

남: 차에 작동되는 에어컨과 전동 창문이 있나요?

여: 네. 선루프도 있다는 것을 확인하실 수 있을 겁니다.

남: 엔진은 어떤가요?

여: 막 오일 교환 작업을 마쳤으며, 새로운 벨트들이 설치되었습니다.

남: 그리고 6만 마일 미만을 주행한 것이라고 하셨죠?

여: 맞습니다. 심지어 타이어들은 1년도 채 되지 않았습니다.

Q: 남자는 대화에서 주로 무엇을 하고 있는가?

(a) 중고 자동차 가격을 협의하는 일

(b) 잠재 고객에게 이야기하는 일

(c) 자동차의 상태에 관해 문의하는 일

(d) 자동차 수리 비용에 관해 묻는 일

해설

남자가 에어컨과 전동 창문 작동 여부(Does the car have working A/C and power windows?)와 엔진의 상태(How about the engine?) 등을 묻는 것으로 볼 때 차량 상태에 관해 문의하는 상황임을 알 수 있으므로 이에 대해 언급한 (c)가 정답이다.

오답 체크

(a) 가격과 관련된 정보는 언급되지 않고 있으므로 오답이다.

(b) 남자의 대화 상대인 여자가 차량 상태를 설명해 주는 것으로 보아 여자는 고객의 입장에 있는 사람이 아니므로 오답이다.

(d) 수리 작업 및 그 비용과 관련된 내용은 제시되지 않고 있으므로 오답이다.

어휘

A/C 에어컨 power window 전동 창문 notice (that) ~임을 알아 차리다, ~임에 주목하다 have A p.p.: A가 ~되게 하다 install ~을 설치하다 less than ~가 채 되지 않는, ~미만의 even 심지어 negotiate ~을 협의하다, 협상하다 potential 잠재적인 inquire about ~에 관해 문의하다

4.

Listen to a conversation between two coworkers.

W: I was offered an overseas position at our London office.

M: Congratulations! How long would you be posted there?

W: Two years. But I'm not sure I'll accept it.

M: It's international experience. You should jump at the chance!

W: Yeah, but my friends and family are here.

M: You can visit them during the holidays.

Q: What is the man mainly advising the woman to do?

(a) To apply for a job abroad

(b) To accept a position overseas

(c) To hire a job applicant from London

(d) To move to London with her family

여: 제가 우리 런던 지사의 해외 직책을 제안 받았어요.

남: 축하합니다! 그곳에 얼마나 오래 파견되시는 건가요?

여: 2년이요. 하지만 수락할지는 잘 모르겠어요.

남: 해외에서의 경험이잖아요. 기회를 잡아야죠!

여: 네, 하지만 제 친구들과 가족이 여기 있어서요.

남: 휴가 중에 방문하시면 되죠.

Q: 남자는 여자에게 주로 무엇을 하도록 권하는가?

(a) 해외 일자리에 지원하는 일

(b) 해외의 직책을 수락하는 일

(c) 런던 출신의 구직 지원자를 고용하는 일

(d) 가족과 함께 런던으로 이사하는 일

해설

대화 시작 부분에서 여자가 해외 직책을 제안 받았음을(I was offered an overseas position ~) 알리며 이를 수락할지 잘 모르겠다고 하자 남자가 기회를 잡으라고(You should jump at the chance!) 강력히 권하고 있으므로 (b)가 정답이다.

오답 체크

(a) 여자가 이미 근무 중인 회사로부터 해외 지사 근무를 제안 받은 상황이므로 오답이다.

(d) 친구들과 가족이 이곳에 있어서 해외 지사 근무 제안에 대해 고민하자 휴가 중에 방문하면 된다고 말하므로 오답이다.

어휘

offer A B: A에게 B를 제안하다, 제공하다 overseas a. 해외의 ad. 해외에서, 해외로 position 직책, 일자리 post v. ~을 파견하다, 전근시키다 accept ~을 수락하다, 수용하다 jump at the chance 기회를 잡다 apply for ~에 지원하다, ~을 신청하다 hire ~을 고용하다 job applicant 구직 지원자

5.

Listen to a conversation on the phone.

M: Hi, Little Boot Italian Restaurant? I need to change my order.

W: Sure. And this must be…?

M: Richard Mullen.

W: OK. You had the two pepperoni pizzas with garlic bread?

M: Yep. But actually, I'd like to add mushrooms to one of them.

W: Sure. They were just about to go in the oven.

Q: What is the man mainly doing in the conversation?

(a) Canceling a restaurant reservation

(b) Modifying an order

(c) Inquiring about a menu selection

(d) Checking on a delivery time

남: 안녕하세요, Little Boot Italian Restaurant이죠? 제 주문 사항을 좀 바꿔야 해서요.

여: 좋습니다. 그리고 성함이…?

남: Richard Mullen입니다.

여: 알겠습니다. 마늘 빵과 함께 페퍼로니 피자 두 판 하셨죠?

남: 네. 그런데 실은, 그 중 하나에 버섯을 추가했으면 합니다.

여: 알겠습니다. 그 피자들은 막 오븐으로 들어 가려는 참이었습니다.

Q: 남자는 대화에서 주로 무엇을 하고 있는가?

(a) 레스토랑 예약을 취소하는 일

(b) 주문 사항을 변경하는 일

(c) 메뉴 선택권에 관해 문의하는 일

(d) 배달 시간을 확인하는 일

해설

남자가 대화 초반부에 주문을 변경해야 한다고(I need to change my order) 한 후에 버섯을 추가해 달라고(I'd like to add mushrooms to one of them) 요청하는 상황이므로 주문 변경을 언급한 (b)가 정답이다.

오답 체크

(a) 레스토랑 예약 취소가 아닌 주문 사항 변경이 목적이므로 오답이다.

(c) 메뉴에서 선택 가능한 것을 문의하는 상황이 아니므로 오답이다.

(d) 배달 관련 정보는 제시되어 있지 않으므로 오답이다.

어휘

order 주문(품) actually 실은, 사실은 add A to B: A를 B에 추가하다 be about to do 막 ~하려는 참이다 reservation 예약 modify ~을 변경하다, 수정하다 selection 선택(할 수 있는 것) check on ~을 확인하다

6.

Listen to a conversation at a store.

W: Hello. I ordered this blender from your online store, but it's smaller than I expected.

M: We have other models here you can look at.

W: And then I can trade this one for one that I like?

M: Well, that's against our store policy. That won't be possible.

W: So instead of taking care of it today, right now, I have to send it all the way back?

M: I'm sorry about that. But it will be taken care of, no problem.

Q: What is the woman doing in the conversation?

(a) Comparing different models of blenders
(b) Returning a faulty appliance to the store
(c) Trying to exchange one product for another
(d) Complaining to the man about poor customer service

여: 안녕하세요. 제가 귀사의 온라인 매장에서 이 믹서기를 주문했는데, 제 예상보다 더 작아서요.
남: 여기 확인해 보실 수 있는 다른 모델들도 있습니다.
여: 그럼 이 제품을 제가 마음에 드는 것과 바꿀 수 있나요?
남: 저, 그건 저희 매장 정책에 어긋나는 일입니다. 그렇게 하시는 건 불가능합니다.
여: 그럼 오늘 당장 이 문제를 처리하는 대신에, 제가 완전히 다시 돌려보내야 한다는 건가요?
남: 그 부분에 대해서는 죄송합니다. 하지만 잘 처리될 겁니다, 아무 문제없이요.

Q: 여자는 대화에서 무엇을 하고 있는가?

(a) 다른 믹서기 모델들을 비교하는 일
(b) 결함이 있는 기기를 매장으로 반품하는 일
(c) 한 제품을 다른 것으로 교환하려 하는 일
(d) 남자에게 형편없는 고객 서비스에 관해 불평하는 일

[해설]
제품과 관련된 문제점을 언급한 여자가 중반부에 다른 것으로 바꿀 수 있는지(And then I can trade this one for one that I like?) 묻고 있으므로 제품 교환이 목적임을 알 수 있다. 따라서 이를 언급한 (c)가 정답이다.

[오답 체크]
(a) 여러 제품들의 장단점을 언급해 비교하는 내용이 아니므로 오답이다.
(b) 결함이 아니라 크기 문제로 교환하려는 상황이므로 오답이다.
(d) 만족스럽지 못한 서비스는 언급되어 있지 않으므로 오답이다.

[어휘]
blender 믹서기 **trade [exchange] A for B**: A를 B로 교환하다
against ~에 어긋나는, 위배되는 **policy** 정책, 방침 **take care**

of ~을 처리하다, 다루다 **send A back**: A를 돌려보내다
all the way 완전히, 내내, 시종 **compare** ~을 비교하다 **return** ~을 반품하다, 반납하다 **faulty** 결함이 있는 **appliance** 기기, 장치 **complain to A about B**: A에게 B에 관해 불평하다, 불만을 말하다

7.

Listen to a conversation between two friends.

M: Mercedes said you need someone to take over your lease for the summer.

W: Yeah, I'd like someone to rent it while I'm studying abroad.

M: Doesn't that worry you?

W: A little, but I'll be careful with who I pick.

M: Doing a background check would be a good idea.

W: I've already thought of that. I'll require a safety deposit too.

Q: What is the woman trying to do?

(a) Apply to a university
(b) Arrange transportation
(c) Find a roommate
(d) Rent out her apartment

남: 메르세데스가 그러는데 여름에 네 임대 계약을 양도 받을 사람이 필요하다던데.
여: 응, 내가 외국에 공부하러 가 있는 동안 누군가가 그걸 임대해 썼으면 해서.
남: 그 문제 때문에 걱정되는 것 아냐?
여: 조금, 하지만 신중하게 사람을 선택해야지.
남: 배경 조사를 좀 해 보는 게 도움이 될 거야.
여: 나도 이미 그렇게 하는 걸 생각해 봤어. 보증금도 요구할 거야.

Q: 여자는 무엇을 하려는 중인가?

(a) 대학교에 지원하는 일
(b) 교통편을 마련하는 일
(c) 룸메이트를 찾는 일
(d) 자신의 아파트를 세 놓는 일

[해설]
남자가 대화 초반부에 여자가 임대 계약을 양도 받을 사람을 찾는다는 사실을 언급하자(you need someone to take over your lease ~) 여자가 누군가가 임대해서 쓰기를 원한다고(I'd like someone to rent it while I'm studying abroad) 말하고 있다. 이는 여자가 방을 세 놓기를 원한다는 것을 의미하는 말이므로 (d)가 정답이다.

[오답 체크]
(a) 대학교 지원과 관련된 정보가 제시되지 않고 있으므로 오답이다.
(c) 여자가 외국에 가 있는 동안 사용할 사람을 찾는다고 했으므로 함께 생활하는 룸메이트를 찾는 상황이 아님을 알 수 있다.

어휘
need A to do: A가 ~하기를 원하다 **take over** ~을 양도 받다, 넘겨 받다, 인수하다 **lease** 임대 계약(서) **rent** ~을 임대하다, 대여하다 **while** ~하는 동안 **abroad** 해외에서 **worry** ~을 걱정하게 만들다 **pick** ~을 선택하다, 고르다 **require** ~을 요구하다, 요청하다 **safety deposit** 보증금 **apply to** ~에 지원하다 **arrange** ~을 마련하다 **transportation** 교통편 **rent out** ~을 세 놓다

8.

> Listen to a conversation between a waiter and a customer.
>
> W: Sir?
> M: Yes, ma'am. What can I do for you?
> W: I think I got the wrong coffee. It's too dark.
> M: Dark? What do you mean?
> W: Well, I ordered a soy latte, but this looks like straight dark roast.
> M: Oh, you're right; there must've been a mistake. I'll be right back with your order.
>
> Q: What is the woman doing in the conversation?
>
> (a) Complaining about a long wait time
> **(b) Notifying the man of a mistake**
> (c) Inquiring about the coffee of the day
> (d) Demanding a refund because of the poor service
>
> ---
>
> 여: 여기요?
> 남: 네, 고객님. 무엇을 도와 드릴까요?
> 여: 제가 엉뚱한 커피를 받은 것 같아요. 색이 너무 짙어요.
> 남: 짙다고요? 무슨 말씀이신지?
> 여: 그게, 저는 소이 라떼를 주문했는데, 이건 아무 것도 넣지 않은 다크 로스트 같아요.
> 남: 아, 맞습니다. 실수가 있었던 것이 틀림없습니다. 주문하신 제품을 갖고 금방 다시 오겠습니다.
>
> Q: 여자는 대화에서 무엇을 하고 있는가?
>
> (a) 오랜 대기 시간에 대해 불평하는 일
> **(b) 남자에게 실수를 알리는 일**
> (c) 오늘의 커피에 관해 문의하는 일
> (d) 형편없는 서비스로 인해 환불을 요구하는 일

해설
여자가 대화 초반부에 엉뚱한 커피를 받은 것 같다고(I think I got the wrong coffee) 알리는 말과 함께 자신이 주문한 것과 달라 보인다는 사실을(I ordered a soy latte, but this looks like straight dark roast) 말하는 것으로 볼 때 주문상의 실수를 알리는 상황임을 알 수 있으므로 (b)가 정답이다.

오답 체크
(a) 대기 시간과 관련된 내용은 제시되어 있지 않으므로 오답이다.
(c) 단순히 특정 커피에 관해 묻는 상황이 아니므로 오답이다.

(d) 환불 요청과 관련된 내용은 제시되어 있지 않으므로 오답이다.

어휘
wrong 엉뚱한 **look like** ~한 것 같다, ~한 것처럼 보이다 **straight** 아무 것도 타지 않은 **must have p.p.** ~한 것이 틀림없다 **order** 주문(품) **complain about** ~에 대해 불평하다 **notify A of B**: A에게 B를 알리다 **demand** ~을 요구하다 **refund** 환불 **poor** 형편없는, 저조한

9.

> Listen to a conversation between two friends.
>
> M: I'm going to buy the new tablet on its launch day.
> W: You just bought one. Is the new version any different?
> M: It is so light, and its camera is fantastic.
> W: But you don't even take that many pictures.
> M: Why do you care? I have the money for it.
> W: It just seems irresponsible. That's all.
>
> Q: What is the woman mainly doing in the conversation?
>
> (a) Comparing different models of tablet computers
> **(b) Trying to convince the man that a purchase is unnecessary**
> (c) Informing the man about her new electronic device
> (d) Instructing the man on how to take quality photos
>
> ---
>
> 남: 난 새 태블릿 제품이 출시되는 날에 구입하러 갈 생각이야.
> 여: 하나 구입한지 얼마 되지 않았잖아. 새로운 버전은 뭔가 다른 게 있어?
> 남: 정말 가벼운데, 카메라가 환상적이야.
> 여: 하지만 넌 사진을 그렇게 많이 찍지도 않잖아.
> 남: 네가 왜 그렇게 신경을 써? 나한테 구입할 만큼 돈이 있어.
> 여: 그냥 대책 없는 것 같아서 그래. 그게 다야.
>
> Q: 여자는 대화에서 주로 무엇을 하고 있는가?
>
> (a) 다른 태블릿 컴퓨터 모델들을 비교해 보는 일
> **(b) 남자에게 제품 구매가 불필요하다는 점을 설득하려 하는 일**
> (c) 남자에게 자신의 새 전자 기기에 관해 알리는 일
> (d) 남자에게 양질의 사진을 찍는 방법을 가르쳐 주는 일

해설
남자가 자신이 구입하려는 제품의 장점을 언급하는 것에 대해 여자는 사진을 많이 찍지 않는다는(But you don't even take that many pictures) 말과 함께 대책 없는 행동 같다고(It just seems irresponsible) 말하는 것으로 볼 때 불필요한 구매임을 알리려는 상황임을 알 수 있다. 따라서 이를 언급한 (b)가 정답이다.

오답 체크
(a) 여러 제품들의 장단점을 언급해 비교하는 상황이 아니므로 오답이다.

(c) 여자가 새로운 제품을 구매한 상황이 아니므로 오답이다.

(d) 사진 촬영 방법과 관련된 정보가 제시되어 있지 않으므로 오답이다

어휘

launch 출시, 공개 **light** 가벼운, 경량의 **even** 심지어 (~도) **Why do you care?** 네가 왜 그렇게 신경을 써?, 네가 무슨 상관인데? **irresponsible** 대책 없는, 무책임한 **compare** ~을 비교하다 **convince A that:** A에게 ~임을 설득하다 **purchase** 구매(품) **unnecessary** 불필요한 **inform A about B:** A에게 B에 관해 알리다 **electronic device** 전자 기기 **instruct A on B:** A에게 B에 관해 가르쳐 주다, 설명해 주다 **how to do** ~하는 법 **quality** a. 질 좋은, 양질의

10.

Listen to a conversation between two soccer team members.

W: I thought that game would be an easy win. What happened?

M: Maybe we were overconfident. We didn't practice much before it.

W: Maybe, but we couldn't even score a goal.

M: Then we need to practice the basics more.

W: You're right. Let's go back to simple passing and shooting drills.

M: I'll talk to the team about changing our practice schedule.

Q: What are the speakers doing?

(a) Comparing different teams' strengths
(b) Training new team members
(c) Creating a tournament schedule
(d) Discussing how to make a team better

여: 경기가 쉽게 이길 수 있을 줄 알았어. 어떻게 된 거야?

남: 아마 우리가 지나치게 자신만만했나 봐. 우리는 경기 전에 연습을 많이 하지 않았어.

여: 그럴 지도 모르지만, 심지어 한 골도 넣을 수 없었어.

남: 그럼 우리는 기초적인 것들을 더 연습해야 해.

여: 맞는 말이야. 간단한 패스와 슛 훈련부터 다시 해 보자.

남: 우리 연습 일정을 변경하는 것에 관해 팀원들에게 얘기할게.

Q: 화자들은 무엇을 하고 있는가?

(a) 다른 팀들의 장점을 비교하는 일
(b) 새로운 팀원들은 훈련시키는 일
(c) 토너먼트 일정표를 만드는 일
(d) 팀을 더 좋게 만드는 방법을 논의하는 일

해설

실망스러운 경기 결과와 관련해, 남자가 대화 중반부에 기초적인 것을

더 연습하자고(Then we need to practice the basics more) 말하자, 여자도 뒤이어 패스와 슛 훈련부터 다시 하자고(Let's go back to simple passing and shooting drills) 제안하고 있다. 이는 팀을 향상시키기 위한 방법들이므로 (d)가 정답이다.

오답 체크

(a) 다른 팀들이 아니라 화자들이 속한 팀의 문제와 해결책을 이야기하는 상황이므로 오답이다.

(b) 새로운 팀원이 아닌 현재의 팀원들을 향상시키는 방법을 이야기하고 있으므로 오답이다.

어휘

overconfident 지나치게 자신만만한 **practice** 연습하다 **even** 심지어 (~도) **score goal** 골을 넣다 **basics** 기초, 기본 **go back to** ~로 되돌아 가다, ~부터 다시 하다 **drill** 훈련, 연습 **strength** 장점, 강점 **create** ~을 만들어 내다

UNIT 15 Correct(진위 확인) 문제

기출 Check-up Test 본문 p. 115

1. (c) **2.** (a) **3.** (b) **4.** (b) **5.** (c) **6.** (a)
7. (d) **8.** (d) **9.** (c) **10.** (d)

1.

Listen to a conversation between two colleagues.

W: Have you accepted the job at the new overseas office?

M: I'm holding out for better terms.

W: Have they offered to provide accommodations?

M: Yes, plus a pair of round-trip flights annually.

W: So what's the sticking point?

M: I want subsidized education for my children.

Q: Which is correct about the man?

(a) He took the company's offer to work overseas.
(b) He will have to cover his own accommodations.
(c) His benefits include two round-trip flights per year.
(d) He was offered an education allowance for his children.

여: 새 해외 지사 일자리를 받아들이셨어요?

남: 더 나은 조건을 요구하는 중이에요.

여: 회사 측에서 숙소를 제공해 주겠다고 제안했나요?

남: 네, 그리고 해마다 2장의 왕복 항공권도요.

여: 그럼 뭐가 걸림돌인 거죠?

남: 저는 아이들을 위한 교육 보조금 지급을 원해요.

Q: 남자와 관련해 무엇이 옳은 내용인가?

(a) 회사의 해외 근무 제안을 받아들였다.

(b) 자신의 숙소 비용을 충당해야 할 것이다.

(c) 혜택으로 연간 2장의 왕복 항공권이 포함되어 있다.

(d) 아이들을 위한 교육 수당을 제안 받았다.

해설

남자가 새 일자리에 대해 숙소와 함께 해마다 2장의 왕복 항공권도 포함되어 있다는(plus a pair of round-trip flights annually) 사실을 밝히고 있으므로 (c)가 정답이다.

오답 체크

(a) 새 일자리를 받아들였냐고 묻는 여자의 질문에 남자는 더 나은 조건을 요구하는 중이라고 말하면서 아직 받아들이지 않았음을 말하므로 오답이다.

(b) 회사 측에서 숙소를 제공해 주겠다는 제안을 받았는지에 대한 여자의 질문에 남자가 Yes로 긍정하고 있으므로 오답이다.

(d) 대화 후반부에서 아이들을 위한 교육 보조금 지급을 원한다는 점을 말할 뿐, 그러한 혜택을 제안 받았는지는 알 수 없으므로 오답이다.

어휘

accept ~을 수용하다, 받아들이다 overseas a. 해외의 ad. 해외로, 해외에서 hold out for (합의를 지연하면서) ~을 요구하다 term 조건, 조항 offer (A B) (A에게 B를) 제안하다, 제공하다 provide ~을 제공하다 accommodations 숙소 round-trip 왕복 여행의 annually 해마다, 연례적으로 sticking point 걸림돌, 난제 subsidized education 교육 수당, 교육 보조금 cf. subsidize ~에게 보조금을 지급하다 cover (비용 등) ~을 충당하다, 포함하다 benefit 혜택, 이득 include ~을 포함하다 allowance 수당

2.

Listen to a conversation between a receptionist and a patient.

W: Hello, this is Dr. Abron's Orthopedic Office.

M: Hi, I need an appointment, ASAP. I think I've thrown my back out again.

W: We're completely booked today and tomorrow, and then it's the weekend.

M: So I can't get one until Monday? I'm in a lot of pain here.

W: I'm sorry, sir, but Monday at 9 a.m. is the soonest available time.

M: I guess I don't have a choice. I'll see you then.

Q: Which is correct according to the conversation?

(a) The man has injured his back.

(b) The man is not available on Friday.

(c) The office holds weekend hours.

(d) The man will contact another chiropractor.

여: 안녕하세요, Abron 박사의 정형외과입니다.

남: 안녕하세요, 제가 가능한 한 빨리 예약을 해야 합니다. 제 허리에 다시 문제가 생겼어요.

여: 저희가 오늘과 내일은 예약이 완전히 차 있는 상태이고, 그 다음엔 주말입니다.

남: 그럼 월요일이나 되어야 예약할 수 있는 건가요? 이 부분에 통증이 심하다고요.

여: 손님, 죄송하지만 월요일 오전 9시가 가장 빨리 이용 가능하신 시간입니다.

남: 선택권이 없는 것 같네요. 그럼 그때 뵙겠습니다.

Q: 대화에 따르면 무엇이 옳은 내용인가?

(a) 남자가 허리를 다쳤다.

(b) 남자가 금요일에 시간이 나지 않는다.

(c) 진료소가 주말 시간을 운영하고 있다.

(d) 남자가 다른 척추 지압사에게 연락할 것이다.

해설

대화 시작 부분에 남자가 허리에 문제가 있음을(I think I've thrown my back out again) 언급한 후에 중반부에 가서 통증이 심한 상황임을(I'm in a lot of pain here) 알리고 있으므로 (a)가 정답임을 알 수 있다.

오답 체크

(b) 주말 전의 시점인 오늘과 내일 예약이 꽉 차 있는 상황이므로 남자가 시간이 없는 것은 아니다.

(c) 주말 전의 시점인 오늘과 내일 이후로 월요일이나 되어야 예약된다는 말은 주말에 운영되지 않음을 뜻하므로 오답이다.

(d) 월요일로 예약하는 데 동의하고 있으므로 다른 곳에 연락하지 않는다는 점을 알 수 있다.

어휘

orthopedic 정형외과의 appointment 예약, 약속 ASAP 가능한 한 빨리(= as soon as possible) throw A out: A를 잘못되게 만들다 completely 완전히, 전적으로 booked 예약된 then 그 다음에, 그러고는, 그때 not A until B: B나 되어야 A하다 in a lot of pain 통증이 심한 soonest 가장 빠른, 가장 이른 available 이용 가능한, (사람이) 시간이 나는 injure ~을 다치게 하다, 부상을 입히다 hold weekend hours 주말 시간을 운영하다 contact ~에게 연락하다 chiropractor 척추 지압사

3.

> Listen to a conversation at a dry cleaner's.
>
> M: I need to have these slacks dry-cleaned. Can I get an express service?
> W: Sure. When do you need them by?
> M: I need to pick them up the day after tomorrow.
> W: We can actually have them done by tonight.
> M: I didn't know you could do it so fast.
> W: For an extra charge, we have a same-day service.
> M: That sounds great. I'll go for that.
>
> Q: Which is correct according to the conversation?
> (a) The dry-cleaning will be finished by the day after tomorrow.
> **(b) The man will pay more for same-day service.**
> (c) The woman can't clean the slacks in time.
> (d) There is no extra charge for an express service.

남: 이 슬랙스를 드라이클리닝 해야 합니다. 신속 서비스를 받을 수 있나요?
여: 물론입니다. 언제까지 필요하신가요?
남: 모레 찾아 가야 합니다.
여: 실은 오늘밤까지 완료해 드릴 수 있습니다.
남: 그렇게 빨리 하실 수 있는지 몰랐어요.
여: 추가 비용을 내시면, 당일 서비스를 제공해 드립니다.
남: 아주 좋은 것 같아요. 그걸로 할게요.

Q: 대화에 따르면 무엇이 옳은 내용인가?
(a) 드라이클리닝이 모레 완료될 것이다.
(b) 남자가 당일 서비스를 위해 돈을 더 지불할 것이다.
(c) 여자가 슬랙스를 제때 세탁할 수 없다.
(d) 신속 서비스에 추가 비용이 없다.

[해설]
대화 후반부에 여자가 추가 비용을 내면 당일 서비스를 이용할 수 있다고(For an extra charge, we have a same-day service) 알리자 남자가 좋다는 말과 함께 그렇게 하겠다고(That sounds great. I'll go for that) 동의하고 있다. 이는 당일 서비스에 드는 추가 비용을 내겠다는 의미이므로 (b)가 정답이다.

[오답 체크]
(a) '모레'라는 시점은 남자가 원하는 작업 완료 기한이므로 오답이다.
(d) 추가 비용을 내야 당일 서비스를 이용할 수 있다고 알리고 있으므로 오답이다.

[어휘]
have A p.p.: A가 ~되게 하다 **slacks** (바지의 종류) 슬랙스 **dry-clean** ~을 드라이 클리닝하다 **express** a. 특급의 **pick A up**: A를 찾아 가다, 가져 가다 **actually** 실은, 사실은 **extra** 추가의, 별도

4.

> Listen to a conversation between two friends.
>
> W: Mason, our flight to Seattle has been canceled.
> M: No problem. We'll catch the next flight.
> W: That's the thing. It doesn't leave until 9:30 P.M.
> M: Then we can head home and just come back later.
> W: You're really keeping your cool about this.
> M: Worrying won't get us there any faster.
>
> Q: Which is correct about the man according to the conversation?
> (a) He wants to reschedule the trip.
> **(b) He is not bothered by the delay.**
> (c) He'll leave for Seattle tomorrow night.
> (d) He thinks the woman should complain to someone.

여: Mason, Seattle로 가는 우리 비행기가 취소되었어요.
남: 괜찮아요. 다음 비행기를 탈 거예요.
여: 그게 문제예요. 그 비행기가 오후 9시 30분이나 되어야 떠나요.
남: 그럼 집으로 갔다가 나중에 다시 오면 되죠.
여: 이 문제에 대해서 정말로 차분하게 대처하시네요.
남: 걱정한다고 우리가 더 빨리 가는 건 아니니까요.

Q: 대화에 따르면 남자에 관해 무엇이 옳은 내용인가?
(a) 여행 일정을 재조정하고 싶어 한다.
(b) 지연 문제에 신경 쓰지 않는다.
(c) 내일 밤 Seattle로 떠날 것이다.
(d) 여자가 누군가에게 불만을 제기해야 한다고 생각한다.

[해설]
비행기 취소와 관련해, 여자가 다음 비행기가 9시 30분이나 되어야 간다고(It doesn't leave until 9:30 P.M.) 알리자 남자는 집에 갔다 오면 된다는 말로(Then we can head home and ~) 답변하고 있으며, 여자가 남자에게 차분하게 대처한다고(You're really keeping your cool ~) 말하고 있다. 이 말들로 보아 남자는 비행기 지연 문제를 대수롭지 않게 생각하고 있음을 알 수 있으므로 (b)가 정답이다.

[오답 체크]
(a) 남자의 말에서 일정 재조정과 관련된 내용이 언급되고 있지 않으므로 오답이다.
(c) 이용 가능한 비행기가 오늘 저녁 시간에 있다고 했으므로 오답이다.

[어휘]
catch (교통편) ~을 타다, 이용하다 **That's the thing** 그게 문제예요 **not A until B**: B나 되어야 A하다 **head** v. 가다, 향하다 **keep one's cool** 차분하게 대처하다, 냉정함을 유지하다 **get A**

there: A를 그곳으로 데려다 주다 **reschedule** ~의 일정을 재조정하다 **bother** ~을 귀찮게 하다, 당황하게 하다 **delay** 지연, 지체 **complain to** ~에게 불만을 제기하다

움푹 패인 곳 **add up** 추가되다, 늘어나다 **body shop** 차체 수리소 **fault** 잘못, 실수 **insurance** 보험 **cover** (비용) ~을 충당하다 **in person** 직접 **injured** 부상당한 **repair** 수리 **slightly** 약간, 조금

5.

Listen to a conversation between two friends.

M: I saw your post about your car accident today. Are you OK?

W: Yeah, I'm fine. It was just a fender bender.

M: So there wasn't much damage?

W: A few scratches and a good-sized dent.

M: Still, that could add up at the body shop.

W: It was the other person's fault, so the insurance will cover it.

Q: Which is correct according to the conversation?

(a) The man saw the accident in person.

(b) The woman was injured in the accident.

(c) The woman's car was only slightly damaged.

(d) The woman will pay for the repairs.

남: 오늘 네 자동차 사고에 관한 게시글을 봤어. 괜찮은 거야?

여: 응, 난 괜찮아. 그냥 가벼운 접촉 사고였을 뿐이야.

남: 그럼 큰 손상은 없나 봐?

여: 몇 군데 긁힌 자국이랑 큼직하게 움푹 들어간 자국이 하나 생겼어.

남: 그렇다고 해도, 그것 때문에 차체 수리소에서 비용이 늘어날 텐데.

여: 상대편 과실이었기 때문에 보험으로 그 비용이 충당될 거야.

Q: 대화에 따르면 무엇이 옳은 내용인가?

(a) 남자가 직접 사고를 목격했다.

(b) 여자가 사고에서 부상을 입었다.

(c) 여자의 자동차가 약간 손상되었을 뿐이다.

(d) 여자가 수리 비용을 지불할 것이다.

6.

Listen to a conversation at an office.

W: Matthew, I finally finished the article.

M: I needed it by last night, Martha.

W: I know, but my source just got back to me this morning.

M: There's no time to edit it now.

W: Can we fit it into the weekend edition, then?

M: It's already been planned; there's no space for it.

Q: Which is correct according to the conversation?

(a) The woman could not meet a deadline.

(b) The woman spoke with her source last night.

(c) The man has revised the article.

(d) The article will be printed in the Sunday paper.

여: Matthew, 제가 드디어 기사를 완료했어요.

남: 그건 어젯밤까지 필요했던 거였어요, Martha.

여: 알아요, 하지만 제 소식통으로부터 오늘 아침에 막 다시 연락을 받았어요.

남: 지금은 그것을 편집할 시간이 없어요.

여: 그럼 주말 판에 맞춰 넣을 수 있나요?

남: 이미 구성 계획이 완료된 상태라서 넣을 공간이 없습니다.

Q: 대화에 따르면 무엇이 옳은 내용인가?

(a) 여자가 마감시한을 충족할 수 없었다.

(b) 여자가 어젯밤에 자신의 소식통과 이야기했다.

(c) 남자가 해당 기사를 수정했다.

(d) 해당 기사가 일요일 신문에 실릴 것이다.

해설

자동차 사고로 인한 손상과 관련해, 여자가 가벼운 접촉 사고였다는(It was just a fender bender) 말과 함께 긁힌 자국과 움푹 들어간 곳이 생겼다고(A few scratches and a good-sized dent) 말하고 있으므로 이에 해당되는 (c)가 정답이다.

오답 체크

(a) 남자가 봤다고 말하는 것은 사고가 아니라 사고와 관련해 게시된 글이므로 오답이다.

(b) 여자의 부상 여부나 정도는 언급되지 않고 있으므로 오답이다.

(d) 대화 마지막에 보험으로 통해 비용을 충당할 것이라고 말하고 있으므로 오답이다.

어휘

post 게시글 **accident** 사고 **fender bender** 가벼운 접촉 사고 **damage** 손상, 손해 **scratch** 긁힌 자국 **good-sized** 큼직한 **dent**

해설

대화 초반부에 여자가 기사를 완료한 사실을 말하자(Matthew, I finally finished the article) 남자가 어제까지 필요했던 것이었다(I needed it by last night, Martha)고 답변하고 있다. 이는 여자가 기한을 맞추지 못했음을 의미하는 말이므로 (a)가 정답이다.

오답 체크

(b) 여자가 소식통으로부터 연락을 받은 시점을 오늘 아침이라고 했으므로 오답이다.

(d) 대화 마지막에 주말 판에 넣을 공간이 없다고 하므로 오답이다.

어휘

article (신문 등의) 기사 **source** 소식통, 정보원 **get back to** ~에게 다시 연락하다 **edit** ~을 편집하다 **fit A into B** A를 B에 맞춰 넣다 **edition** (출판물 등의) 판, 호 **meet** ~을 충족하다, ~에 맞추다 **deadline** 마감 시한 **revise** ~을 수정하다

7.

Listen to a conversation between two co-workers.

M: I just remembered Stan's flight arrives at 11:00 A.M. tomorrow!

W: Oh, don't worry. It's already taken care of.

M: Really? But we told our clients we'd have a lunch meeting with them.

W: I know. That's why I've hired a driver to pick him up.

M: Does he know who to look for when he lands?

W: Yep, it's all set. The driver will hold a sign at the gate.

Q: Which is correct according to the conversation?

(a) The woman forgot that Stan will be arriving tomorrow.

(b) The speakers will reschedule a lunch meeting.

(c) The man will be holding a sign for Stan.

(d) The woman has already made the arrangements.

남: Stan 씨의 비행기가 내일 오전 11시에 도착하는 게 막 기억났어요!

여: 아, 걱정하지 말아요. 그 부분은 이미 처리되었어요.

남: 그래요? 하지만 우리는 고객들에게 함께 점심 회의를 할 거라고 얘기 했잖아요.

여: 알아요. 그게 바로 제가 그를 차로 데려 오기 위해 기사를 고용한 이유에요.

남: 그가 비행기에서 내리면 누구를 찾아야 하는지 알고 있나요?

여: 네, 전부 준비되어 있어요. 그 기사가 출구에서 표지판을 들고 있을 거예요.

Q: 대화에 따르면 무엇이 옳은 내용인가?

(a) 여자는 Stan이 내일 도착한다는 것을 잊었다.

(b) 화자들이 점심 회의 일정을 재조정할 것이다.

(c) 남자가 Stan 씨를 위해 표지판을 들고 있을 것이다.

(d) 여자가 이미 모든 조치를 취해 두었다.

해설

Stan 씨의 도착과 관련해, 대화 초반부와 중반부에 여자가 이미 처리해 두었다는(It's already taken care of) 말과 함께 그를 위해 기사를 고용한 사실을(That's why I've hired a driver to pick him up) 언급하고 있고, 대화 마지막에서 준비가 다 되어 있음을(it's all set) 알리고 있다. 따라서 여자가 이미 필요한 조치를 완료한 상황임을 알 수 있으므로 이를 언급한 (d)가 정답이다.

오답 체크

(a) Stan이 내일 도착한다는 사실을 잊었다가 기억해 낸 사람은 남자이다.

(b) 대화에서 언급되는 점심 회의와 관련해 일정 조정을 말하는 내용은 제시되지 않고 있으므로 오답이다.

(c) 대화 마지막에 기사가 표지판을 들고 있을 것이라고 하므로 오답이다.

어휘

take care of ~을 처리하다, 조치하다 **hire** ~을 고용하다 **pick A up**: A를 차로 데려오다, 데리러 가다 **land** v. 착륙하다 **set** 준비된, 마련된 **reschedule** ~의 일정을 재조정하다 **hold** ~을 들고 있다 **make an arrangement** 조치하다, 준비하다

8.

Listen to a conversation between two friends.

W: What's the best way to drive to the Sky Dome Stadium?

M: Olympic Way usually moves quickly. Are you going tonight?

W: No, on Saturday afternoon. I have tickets for a game.

M: Oh, Saturday? There's a parade on Olympic Way that day.

W: Then how about 7th Street?

M: There's construction work. But, it'll be OK if you give yourself enough time.

Q: Which is correct according to the conversation?

(a) The man often gets stuck on Olympic Way.

(b) The woman's game is on Sunday afternoon.

(c) There will be a parade on 7th Street.

(d) The man suggests leaving early.

여: Sky Dome Stadium에 차를 몰고 가는 가장 좋은 방법이 뭐지?

남: Olympic Way에 보통 차량 이동이 빨라. 오늘밤에 가?

여: 아니, 토요일 오후에. 내게 경기 입장권이 있거든.

남: 아, 토요일? 그날 Olympic Way에 퍼레이드가 있어.

여: 그럼 7th Street은 어때?

남: 공사 작업이 진행되고 있어요. 하지만 충분히 시간을 갖고 가면 괜찮을 거야.

Q: 대화에 따르면 무엇이 옳은 내용인가?

(a) 남자가 Olympic Way에서 자주 교통 체증에 갇힌다.

(b) 여자가 보려는 경기가 일요일 오후에 있다.

(c) 7th Street에서 퍼레이드가 있을 것이다.

(d) 남자가 일찍 출발하도록 권하고 있다.

해설

대화 마지막에 남자가 공사가 진행되고 있다는 말과 함께 충분히 시간을 갖고 가면 문제없을 것이라고(There's construction work. But, it'll be OK if you give yourself enough time) 권하는 내용을 언급한 (d)가 정답이다.

(a) 남자가 Olympic Way에 차량 통행이 빠르다고 말하고 있으므로 오답이다.

(b) 여자가 토요일 오후 경기 입장권을 갖고 있다고 말하고 있으므로 오답이다.

(c) 남자가 Olympic Way에서 퍼레이드가 열린다고 말하고 있으므로 오답이다.

어휘

usually 보통, 일반적으로 move quickly 빨리 이동하다 then 그럼, 그렇다면 give oneself enough time 충분한 시간을 갖다 get stuck 교통 체증에 갇히다 suggest -ing ~하도록 권하다, 제 안하다 leave 출발하다, 떠나다

9.

Listen to a conversation between two co-workers.

M: How busy are the advertising interns this week?

W: Their hands are full. Do you need help with something?

M: Well, the Simmons account is proving more difficult than I thought.

W: You never had trouble with them in the past.

M: They haven't liked any of the work I've shown them, and I'm out of ideas.

W: I'll see if I can move one to your team.

Q: What is correct about the man according to the conversation?

(a) He recently hired some interns for the firm.

(b) He finished an assignment ahead of schedule.

(c) He has worked on the Simmons account before.

(d) He is not satisfied with the woman's ideas.

남: 광고 담당 인턴들이 이번 주에 얼마나 바쁜가요?

여: 아주 바쁩니다. 도움이 필요하신 일이라도 있으신가요?

남: 저, Simmons 고객사가 제 생각보다 더 힘든 것으로 드러나고 있어요.

여: 과거에는 그쪽과 전혀 문제가 없으셨잖아요.

남: 제가 보여 드린 어떤 작업물도 그쪽에서 마음에 들어 하지 않아서, 아이디어가 바닥 났어요.

여: 당신 팀에 한 명 보낼 수 있는지 확인해 볼게요.

Q: 대화에 따르면 남자와 관련해 무엇이 옳은 내용인가?

(a) 최근에 회사를 위해 몇몇 인턴을 고용했다.

(b) 일정보다 앞서 할당된 일을 완료했다.

(c) 전에 Simmons 고객사를 맡아 일해 본 적이 있다.

(d) 여자의 아이디어에 만족하지 못하고 있다.

해설

대화 중반부에 남자가 Simmons 사가 생각보다 더 힘들다고(the Simmons account is proving more difficult than I thought) 하자 바로 뒤이어 여자가 그곳과는 과거에 문제가 생긴 적이 없었다는(You never had trouble with them in the past) 점을 언급하고 있다. 이는 과거에도 함께 일해 본 적이 있음을 뜻하는 것이므로 이에 대해 말한 (c)가 정답이다.

오답 체크

(a) 인턴 고용 시점은 언급되어 있지 않아 알 수 없으므로 오답이다.

(b) 고객사에서 작업물을 마음에 들어 하지 않아 다시 해야 하는 상황임을 언급하고 있으므로 완료되지 않은 상태이다.

어휘

advertising 광고 (작업) one's hands are full 아주 바쁘다 account 고객(사), 거래처 prove 형용사: ~한 것으로 드러나다, 판명되다 have trouble with ~에 문제가 있다, 어려움을 겪다 in the past 과거에 out of ~가 다 떨어진, ~을 다 쓴 recently 최근에 firm 회사 assignment 할당된 일, 업무 ahead of schedule 일정보다 앞서 be satisfied with ~에 만족하다

10.

Listen to a conversation on the phone.

W: Hi, Deli Catering? How much is your Party Sub Platter?

M: Around $70, depending on the sides you choose.

W: Really? That's a lot cheaper than I was guessing.

M: Well, you can't change what's on the sandwich, but bulk orders do cost less.

W: I might be too late though. Can it be ready for pick-up an hour from now?

M: We aren't busy this morning, so it's no problem.

Q: Which is correct according to the conversation?

(a) The woman thought the food would be cheaper.

(b) The sandwich toppings can be personalized.

(c) The woman will have the food delivered.

(d) The man can have the order ready in one hour.

여: 안녕하세요, Deli Catering이죠? Party Sub Platter가 얼마인가요?

남: 약 70달러인데요, 선택하시는 사이드 메뉴에 따라 다릅니다.

여: 그래요? 제가 짐작했던 것보다 훨씬 더 저렴하네요.

남: 저, 샌드위치에 들어가는 것을 바꾸실 수는 없지만, 대량 주문은 확실히 더 저렴합니다.

여: 그런데 제가 너무 늦게 말씀드리는 건지도 모르겠어요. 지금부터 한 시간 후에 가져 갈 수 있게 준비해 주실 수 있나요?

남: 오늘 아침에는 저희가 바쁘지 않기 때문에, 문제 없습니다.

Q: 대화에 따르면 무엇이 옳은 내용인가?

(a) 여자는 해당 음식이 더 저렴할 것으로 생각했다.

(b) 해당 샌드위치 토핑이 맞춤 제공될 수 있다.

(c) 여자가 음식을 배달 받을 것이다.

(d) 남자는 한 시간 후에 주문품이 준비되게 할 수 있다.

[해설]

대화 후반부에 여자가 한 시간 후에 가져 갈 수 있게 준비해 줄 수 있는지(Can it be ready for pick-up an hour from now?) 묻는 것에 대해 남자가 바쁘지 않아서 문제 없다고(We aren't busy this morning, so it's no problem) 하는 내용을 언급한 (d)가 정답이다.

[오답 체크]

(a) 대화에서 여자는 제시 금액이 자신의 생각보다 저렴하다고 말하고 있는데, 이 선택지는 생각보다 비싼 경우를 나타내는 것이므로 오답이다.

(b) 샌드위치 내용물을 바꿀 수 없다고 했으므로 맞춤 제공될 수 없음을 알 수 있다.

(c) 대화 후반부에 여자는 한 시간 후에 가져 갈 수 있게 준비해 달라고 요청하고 있으므로 오답이다.

[어휘]

around 약, 대략 **depending on** ~에 따라 다른, ~에 달려 있는 **a lot** (비교급 수식) 훨씬 **bulk order** 대량 주문 **cost less** 비용이 덜 들다 **though** (문장 끝이나 중간에서) 그런데, 하지만 **be ready for** ~에 대한 준비가 되다 **pick-up** 가져 가기, 찾아 오기 **personalize** ~을 맞춤 제공하다 **have A p.p.**: A가 ~되도록 하다 **have A ready**: A를 준비하다 **in one hour** 한 시간 후에

UNIT 16 기타 세부사항 문제(Wh-)

기출 Check-up Test   본문 p. 121

1. (b)	**2.** (c)	**3.** (c)	**4.** (c)	**5.** (b)	**6.** (a)
7. (a)	**8.** (c)	**9.** (c)	**10.** (a)		

1.

Listen to a conversation between two friends.

M: How are you enjoying Future War 3?

W: I'm done with it. Now I remember why I gave up playing online shooters.

M: Oh, yeah? Why was that?

W: I always end up being too upset after every single match.

M: It's just a game. Relax, and don't worry about the other players.

W: Yeah, I know. It's really not worth me getting so angry.

Q: What is the main reason the woman does not like online games?

(a) They cost a lot of money.

(b) They make her mad.

(c) They require too much work.

(d) There are too many players.

남: Future War 3는 재미있게 하고 있는 거야?

여: 다 했어. 이제 내가 왜 온라인 슈팅 게임을 포기했는지 기억났어.

남: 아, 그래? 왜 그랬는데?

여: 일대일 경기를 매번 하고 나면 항상 너무 화가 난 상태가 되어버려.

남: 그냥 게임이잖아. 마음 좀 풀고, 다른 플레이어들은 신경쓰지 말아.

여: 응, 알아. 내가 그렇게 화가 날 만한 가치는 정말로 없지.

Q: 여자가 온라인 게임을 좋아하지 않는 주 원인은 무엇인가?

(a) 돈이 많이 든다.

(b) 자신을 화 나게 만든다.

(c) 너무 많은 노력을 필요로 한다.

(d) 너무 많은 플레이어들이 있다.

[해설]

온라인 슈팅 게임을 포기한 이유와 관련해, 대화 중반부에 여자가 항상 화가 많이 난 상태가 된다고(I always end up being too upset after every single match) 말하고 있으므로 이를 언급한 (b)가 정답이다.

[오답 체크]

(a) 비용 관련 정보는 제시되고 있지 않으므로 오답이다.

(d) 플레이어 숫자와 관련된 불만은 언급되고 있지 않으므로 오답이다.

[어휘]

How are you enjoying ~? ~는 재미 있게 하고 있나요? **be done with** ~을 끝내다 **give up -ing** ~하는 것을 포기하다 **shooter** 슈팅 게임 **end up -ing** 결국 ~하게 되다 **upset** 화가 난 **single match** 일대일 경기 **worry about** ~을 걱정하다, 신경쓰다 **worth A -ing**: A가 ~할 만한 가치가 있는 **cost** ~의 비용이 들다 **require** ~을 필요로 하다

2.

Listen to a conversation between two friends.

W: Let's go grab a bite to eat. There's a great dinner special tonight at Benny's.

M: Tempting, but I'll have to pass.

W: Why's that? You love going to Benny's.

M: My favorite show is coming on soon.

W: That's it? Just record it and watch it when we get back.

M: Sorry, but I'm already comfortable on the couch. We can go tomorrow.

Q: What does the woman want the man to do?

(a) Record a program for her
(b) Visit Benny's apartment
(c) Go out for dinner
(d) Watch a show together

여: 뭐 좀 간단히 먹으러 가자. 오늘 저녁에 Benny's에 아주 좋은 특별 저녁 식사가 있어.
남: 솔깃하긴 한데, 건너 뛰어야 할 것 같아.
여: 왜 그런 건데? 너 Benny's 가는 것 좋아하잖아.
남: 내가 가장 좋아하는 프로그램이 곧 시작될 예정이거든.
여: 그게 다야? 그냥 녹화하고 돌아와서 봐.
남: 미안하지만, 난 이미 소파에 편하게 있어. 내일 갈 수 있잖아.

Q: 여자는 남자에게 무엇을 하기를 원하는가?

(a) 자신을 위해 프로그램을 녹화하는 일
(b) Benny의 아파트를 방문하는 일
(c) 저녁 식사하러 나가는 일
(d) 함께 프로그램을 시청하는 일

[해설]
대화 시작 부분에 여자가 같이 먹으러 가자는 제안과 함께 Benny's에서 저녁에 제공하는 식사를 언급하고(Let's go grab a bite to eat. There's a great dinner special tonight at Benny's) 있으므로 (c)가 정답임을 알 수 있다.

[오답 체크]
(a) 여자가 프로그램 녹화를 하라고 말하는 것은 자신을 위해 그렇게 하라는 것이 아니므로 오답이다.

[어휘]
grab a bite to eat 간단히 먹다 **tempting** 솔깃하게 만드는, 구미가 당기는 **pass** 건너 뛰다 **favorite** 가장 좋아하는 **come on soon** (프로그램 등이) 곧 시작되다 **comfortable** 편안한 **couch** 소파 **want A to do**: A에게 ~하기를 원하다

3.

Listen to a conversation at a repair shop.

M: So, what do you think is wrong with my car?

W: Well, it doesn't look too good with all those black exhaust fumes.

M: I know. And I've been adding more oil, but it's worse now.

W: Are you just adding oil when it runs low?

M: No, more like every month or so.

W: But have you had an oil change? You can't just add more oil. It might make your engine full of sludge.

M: Oh, I thought it was the same.

Q: What did the man do wrong according to the conversation?

(a) He forgot to fill up the oil tank.
(b) He bought a car that does not look good.
(c) He did not change the oil in the car.
(d) He spilled sludge onto the engine.

남: 그래서, 제 자동차에 뭐가 문제라고 생각하세요?
여: 저, 저 시커먼 배기 가스로 볼 때 그렇게 좋아 보이진 않습니다.
남: 저도 알아요. 그리고 계속 오일을 더 추가해 왔지만, 지금 더 악화된 상태예요.
여: 오일 수준이 낮아질 때만 추가하시나요?
남: 아뇨, 거의 매달 한 번 정도 하는 것 같아요.
여: 그런데 오일 교환은 하신 적이 있으신가요? 오일을 더 추가하기만 하시면 안돼요. 엔진이 불순물로 가득해 질 수도 있어요.
남: 아, 저는 똑같다고 생각했어요.

Q: 대화에 따르면 남자는 무엇을 잘못했는가?

(a) 연료 탱크를 가득 채우는 것을 잊었다.
(b) 좋아 보이지 않는 자동차를 구입했다.
(c) 자동차의 오일을 교환하지 않았다.
(d) 엔진에 불순물을 엎질렀다.

[해설]
대화 후반부에 여자가 오일 교환을 한 적이 있는지 물으면서 단순히 추가하기만 하면 안 된다는(But have you had an oil change? You can't just add more oil) 말과 함께 그로 인한 문제점을 언급하고 있으므로(It might make your engine full of sludge) 오일 교환을 하지 않은 점을 말한 (c)가 정답이다.

[오답 체크]
(a) 연료 관련 문제를 얘기하는 대화가 아니므로 오답이다.
(b) 구입 당시의 자동차 상태와 관련된 대화가 아니므로 오답이다.

[어휘]
be wrong with ~에 문제가 있다 **exhaust fumes** 배기 가스 **add** ~을 추가하다 **worse** 악화된, 더 나쁜 **run low** 모자라게 되다, 고갈되다 **more like** (수, 양이) ~에 가까운 **or so** (숫자 표현

뒤에서) ~ 정도 **make A 형용사**: A를 ~한 상태로 만들다 **full of** ~로 가득한 **sludge** 불순물, 침전물 **forget to do** ~하는 것을 잊다 **fill up** ~을 가득 채우다 **look 형용사**: ~한 것처럼 보이다 **spill A onto B**: A를 B에 엎지르다, 쏟다

4.

Listen to a conversation between two friends.

W: Hey, you're a Colts baseball fan. Have you heard about the season pass?

M: Yeah, I read about it. Seems like quite the investment.

W: It's more than I usually spend on tickets, but I got one.

M: What was the main selling point for you?

W: It comes with a cool jersey and other gear.

M: Oh, and you get a discount at the concession stands, right?

W: Well, I hate the food at the stadium, but that is a perk.

Q: Why did the woman purchase a season pass?

(a) To get discounted snacks

(b) To save money on tickets

(c) To receive free merchandise

(d) To play more baseball

여: 저기, 너도 Colts 야구팀 팬이잖아. 시즌권에 관한 얘기 들어 본 적 있어?

남: 응, 기사에서 읽었어. 돈이 꽤 많이 드는 것 같아.

여: 보통 내가 입장권 구매에 소비하는 것보다 더 비싸긴 한데, 하나 구했어.

남: 네가 얻는 주된 혜택이 뭔데?

여: 끝내주는 유니폼이랑 기타 장비가 포함되어 있어.

남: 아, 그리고 구내 매점에서 할인도 받고, 맞지?

여: 그게, 난 경기장에서 파는 음식은 싫은데, 그것도 혜택이야.

Q: 여자는 왜 시즌권을 구입했는가?

(a) 할인된 간식을 구입하기 위해

(b) 입장권 비용을 절약하기 위해

(c) 무료 상품을 받기 위해

(d) 야구를 더 많이 하기 위해

해설

대화 중반부에 남자가 시즌권 구입에 따라 얻게 되는 장점을 묻자 (What was the main selling point for you?) 여자가 유니폼과 장비가 포함되어 있다고(It comes with a cool jersey and other gear) 말하고 있다. 이는 시즌권 구매에 포함된 무료 제품을 말하는 것이므로 (c)가 정답임을 알 수 있다.

오답 체크

(a) 음식 할인과 관련해, 대화 마지막에 여자는 매점 음식을 싫어한다

고 말하고 있으므로 오답이다.

(b) 시즌권이 일반 입장권보다 더 비싸다고 말하고 있으므로 오답이다.

어휘

season pass 시즌권 **usually** 보통, 일반적으로 **selling point** 장점, 이점 **come with** ~가 포함되어 있다, 딸려 있다 **cool** 아주 멋진 **gear** 장비 **concession stand** 구내 매점 **perk** 특혜, 특전 **free** 무료의 **merchandise** 상품

5.

Listen to a conversation between a couple.

M: This is the third time the refrigerator has broken down.

W: I know. I think it's about time that we bought a new one instead of paying for repairs.

M: Well, don't forget that our new apartment comes with a fridge.

W: Oh, I totally forgot about that. But how can we store our food until we move out?

M: There's a place that hires out appliances by the month.

W: That could work. Let's check the rate for a 2-month rental.

Q: Why is the couple considering renting a refrigerator?

(a) They cannot afford to purchase a new one.

(b) They are moving to a place that already has one.

(c) They want to try out a model before buying it.

(d) They are tired of having food delivered.

남: 냉장고가 고장 난 게 이번이 세 번째야.

여: 그러게. 이제 수리비를 내느니 하나 새로 살 때인 것 같아.

남: 저, 우리 새 아파트에 냉장고가 딸려 있다는 것 잊지 마.

여: 아, 그걸 완전히 깜빡 했네. 하지만 우리가 이사 나갈 때까지 음식을 어떻게 저장하지?

남: 월별로 가전제품을 빌려주는 곳이 있어.

여: 거기면 되겠다. 2개월 대여료가 얼마인지 알아보자.

Q: 두 사람은 왜 냉장고를 임대하려고 하는가?

(a) 새 것을 살 여유가 없다.

(b) 이미 냉장고가 있는 곳으로 이사할 것이다.

(c) 사기 전에 시험 이용을 해 보고자 한다.

(d) 음식을 시켜 먹는 것에 질렸다.

해설

냉장고가 고장 난 상황에서 여자가 새 것을 사야 겠다고 하자 남자가 새로 들어갈 아파트에 냉장고가 딸려 나온다고 상기시켜 주고, 이에 여자가 음식 보관을 걱정하자 남자는 월 단위로 기기를 빌려주는 곳이 있다고 제안하고 있다. 이로부터 이들이 냉장고를 새로 사지 않고

임대하려는 이유는 이미 냉장고가 있는 곳으로 이사하기 때문임을 알 수 있으므로 (b)가 정답이다. our new apartment comes with a fridge를 They are moving to a place that already has one이라고 바꾸어 말한 것에 유의해야 한다.

(a) 새 것을 살 여유가 없다는 언급은 없었으므로 오답이다.
(c) 구매하지 않고 임대하기로 결정한 대화이므로 오답이다.
(d) 대화에서 언급된 바 없지만 냉장고가 고장난 상황에서 연상 가능한 내용의 오답이다.

어휘
refrigerator 냉장고(=fridge) break down 고장나다
it's about time that 주어 + 과거동사: ~을 해야 할 때이다
come with ~가 포함되어 있다, 딸려 있다 totally 완전히 store
v. ~을 보관하다 move out 이사 나가다 hire out ~을 빌려주다,
임대해주다 appliance 기기, 가전제품 by the month 월 단위로
work (원하는) 효과가 있다 rate 요금 rental 렌탈, 대여

6.

Listen to a conversation between two friends.

M: Somebody turned in my missing wallet!
W: Was that the one you got from your wife?
M: No. Another one containing some old family photos.
W: How lucky! Did you lose any cash?
M: Yes, although I canceled my credit cards in time. Still, it's just money.
W: Right. Sentimental items are more valuable.
M: Exactly!

Q: Why was the man relieved that his wallet was returned?
(a) It had precious photos inside.
(b) It contained cash.
(c) He had received it as a gift.
(d) He did not have to cancel his credit cards.

남: 누군가가 분실한 내 지갑을 돌려줬어!
여: 그게 아내가 사 줬다는 그 지갑이었나?
남: 아니, 다른 건데, 옛날 가족 사진이 몇 장 들어 있었어.
여: 다행이다! 현금은 잃어버렸어?
남: 응, 신용카드들은 제때 취소했지만. 그렇지만, 돈은 그냥 돈일 뿐이고.
여: 맞아. 애착이 있는 물건들이 더 소중하지.
남: 맞아!

Q: 남자는 왜 지갑을 돌려받고 안심했는가?
(a) 귀중한 사진들이 안에 있었다.
(b) 현금이 들어 있었다.
(c) 선물로 받은 것이었다.
(d) 신용카드를 취소할 필요가 없었다.

대화 중반부에서 남자가 옛날 가족 사진들이 들어 있었던 지갑이라고 (containing some old family photos) 밝힌 뒤로 돈을 분실한 것보다 더 중요한 부분이라는 점에 서로 동의하고 있으므로 (a)가 정답이다.

(b) 현금을 잃어버렸는지 묻는 여자의 질문에 남자가 Yes로 긍정하고 있고, 지갑을 돌려받고 안심한 이유에도 맞지 않으므로 오답이다.
(c) 아내가 사준 지갑인지 묻는 여자의 질문에 남자가 No로 부정하며 다른 것이라고 설명을 덧붙이고 있고, 해당 사항 역시 지갑을 돌려받고 안심한 이유에 맞지 않으므로 오답이다.

어휘
turn in ~을 돌려주다 missing 분실한, 없는, 빠진 contain ~을 담고 있다, 포함하다 although ~이기는 하지만 in time 제때, 때맞춰 still 그렇지만, 그런데도 sentimental 정서적인, 감상적인 valuable 소중한, 가치 있는 relieved 안심한, 안도한 return ~을 돌려주다 precious 귀중한

7.

Listen to a conversation between two friends.

M: Have you checked out the new record shop on Union Street?
W: I did yesterday. I was surprised by everything they had.
M: I was too, but it was pretty cramped with all those shelves.
W: I guess, but they do have to show off a lot of records.
M: I can't complain, especially after browsing through the Japanese jazz section.
W: Right, and I was glad to see they carry a lot of new releases, too.

Q: What do the speakers think of the new record store?
(a) It has an impressive selection of records.
(b) It has a spacious location for browsing.
(c) It boasts a large American jazz section.
(d) It needs to sell more recent releases.

남: Union Street에 새로 생긴 음반 매장에 가 봤어?
여: 어제 가 봤어. 그곳에 있는 모든 것들이 놀라웠어.
남: 나도 그러긴 했는데, 그 선반들 때문에 꽤 비좁았어.
여: 나도 그렇게 생각하긴 하는데, 그곳은 분명 많은 음반이 있다는 걸 내세워야 하니까.
남: 그 부분에 대해선 나도 불만 없어, 특히 일본 재즈 섹션을 전부 둘러보고 나니까.
여: 맞아, 그리고 많은 신보들도 취급하는 걸 보니까 기뻤어.

Q: 화자들은 새 음반 매장에 대해 어떻게 생각하는가?

(a) 인상적일 정도로 다양한 음반이 있다.

(b) 둘러보기에 공간이 넓은 장소를 보유하고 있다.

(c) 큰 규모의 미국 재즈 섹션을 자랑한다.

(d) 최근 신보를 더 많이 판매해야 한다.

[해설]

대화 중반부에 여자가 새 음반 매장은 음반이 많다는 걸 자랑해야 한다고(they do have to show off a lot of records) 언급하자 남자도 그 말에 동의하고 있으며(I can't complain, ~), 대화 마지막에 신보가 많은 것도 좋았다고 말하고 있으므로 음반의 다양성을 마음에 들어 한다는 것을 알 수 있다. 따라서 (a)가 정답이다.

[오답 체크]

(b) 선반들 때문에 비좁았다는 사실이 언급되고 있으므로 오답이다.

(c) 미국 재즈 섹션은 언급되고 있지 않으므로 오답이다.

[어휘]

check out ~을 확인해 보다 **pretty** 꽤, 상당히 **cramped with** ~로 비좁은 **show off** ~을 자랑하다, 과시하다 **complain** 불평하다 **especially** 특히 **browse through** ~을 전부 둘러 보다 **carry** (매장 등이) ~을 취급하다 **new release** 신보, 신제품 **an impressive selection of** 인상적일 정도로 다양한 **spacious** 공간이 넓은 **boast** ~을 자랑하다, 포함하다

8.

Listen to a conversation at a store.

W: I'm interested in selling some of my old DVDs. How much can I expect?

M: If the disc isn't scratched and it's a decent movie, then a couple of bucks each.

W: OK. Well, I have about forty of them in this box.

M: Let me see what you have.

W: Any chance you still buy CDs too?

M: Sure. There might be a few hidden gems.

Q: Why did the woman come to the store?

(a) To purchase some used DVDs

(b) To repair her CD player

(c) To sell some secondhand items

(d) To return an overdue material

여: 오래된 제 DVD 일부를 판매하는 데 관심이 있습니다. 얼마를 예상할 수 있을까요?

남: 디스크에 흠집이 나 있지 않고 준수한 영화라면, 개당 2달러입니다.

여: 좋아요. 그럼, 이 상자에 약 40개가 들어 있습니다.

남: 가지고 계신 것을 한 번 보겠습니다.

여: 혹시 CD도 매입하실 가능성이 있을까요?

남: 그럼요. 몇몇 숨은 보석들이 있을 수도 있죠.

Q: 여자는 왜 매장에 왔는가?

(a) 몇몇 중고 DVD를 구입하기 위해

(b) 자신의 CD 플레이어를 수리하기 위해

(c) 일부 중고 물품들을 판매하기 위해

(d) 기한이 지난 자료를 반납하기 위해

[해설]

대화를 시작하면서 여자가 오래된 자신의 DVD들을 팔고 싶어서 왔다고 알리면서 예상 가격을 묻고 있으므로(I'm interested in selling some of my old DVDs. How much can I expect?) 중고 물품 판매를 언급한 (c)가 정답이다.

[오답 체크]

(a) DVD를 구입하려는 것이 아니라 자신이 갖고 있던 것을 팔려는 것이므로 오답이다.

(d) 빌린 것을 반납하는 상황이 아니므로 오답이다.

[어휘]

scratched 흠집이 난 **decent** 준수한, 꽤 괜찮은 **buck** 달러 **Any chance 주어 동사?**: ~할 가능성이 있나요? **a few** 몇몇의 **hidden** 숨겨진 **gem** 보석 **repair** ~을 수리하다 **secondhand** 중고의(= used) **return** ~을 반납하다, 반환하다 **overdue** 기한이 지난 **material** 자료

9.

Listen to a conversation between two friends.

M: This invitation came in the mail for you, Irene. What's it for?

W: Oh, my family's having a reunion next month.

M: Oh, no. Family get-togethers like that never end well. If I were you, I wouldn't bother going.

W: You know, I'm actually excited to see my relatives. It's been a while. It will be fun to catch up with them.

M: Well, I guess that's nice. But I'm sure there will still be some drama.

W: For sure, but I have a knack for staying out of it.

Q: Why does Irene want to go to her reunion?

(a) She is hosting it at her home.

(b) She promised her relatives she would be there.

(c) She has not seen her relatives recently.

(d) She wants to catch up with her old school friends.

남: 우편함에 이 초대장이 네 앞으로 왔어, Irene. 무슨 초대장이야?
여: 아, 다음 달에 가족 모임이 있거든.
남: 아, 이런. 그런 가족 모임은 절대 좋게 끝나지 않잖아. 나라면 굳이 가지 않을 거야.
여: 그런데, 난 사실 친척들을 보게 되어서 너무 신나. 오랜만이거든. 밀린 얘기하는 거 재미있을 거야.
남: 그건 좋은 것 같아. 하지만 분명 그래도 드라마 같은 일이 있을 걸.
여: 분명 그렇겠지만, 나한텐 그런 일을 피하는 요령이 있지.

Q: Irene은 왜 가족 모임에 가고 싶어 하는가?

(a) 자신의 집에서 그 행사를 연다.
(b) 친척들에게 가겠다고 약속했다.
(c) 최근에 친척들을 본 적이 없다.
(d) 옛날 학교 친구들과 회포를 풀고 싶어 한다.

해설
대화 중반부에 여자는 모임이 기대되는 이유로 친척들을 오랜만에 보게 되어서 들뜬다고 말하고 있으므로(I'm actually excited to see my relatives. It's been a while ~) 최근에 친척들을 본 적이 없음을 뜻하는 (c)가 정답이다.

오답 체크
(a) 대화 초반부에 여자 앞으로 초대장이 왔다는 말이 있는데, 이는 여자가 행사를 여는 사람이 아님을 뜻하는 것이므로 오답이다.
(b) 친척들을 만나는 일이 언급되기는 하지만 약속을 했는지는 알 수 없으므로 오답이다.
(d) 회포를 풀고 싶다(catch up with them)고 한 대상은 친척들이므로 오답이다.

어휘
invitation 초대(장) **have a reunion** 모임 행사를 갖다 **get-together** 모임, 친목회 **bother -ing** 귀찮게 굳이 ~하다 **actually** 실은, 사실은 **be excited to do** ~해서 들뜨다, 흥분되다 **relative** 친척 **It's been a while** 오랜만이에요 **catch up with** ~와 회포를 풀다, 밀린 이야기를 하다 **for sure** 분명히 **have a knack for** ~하는 재주가 있다 **stay out of** ~을 피하다, 멀리 하다 **host** ~을 열다, 주최하다 **promise A (that):** A에게 ~라고 약속하다 **recently** 최근에

10.

Listen to a conversation at a phone store.

W: Excuse me. I'd like to know more about your family data plans.
M: Sure. What are you curious about?
W: Well, mostly if it would help a family of four save money.
M: Of course. How much data would you need?
W: We have two teenagers, so probably a lot.
M: Well, rates are listed on this poster, but I'm guessing you'll need unlimited.

Q: What does the woman want to know about?

(a) Economical data plans for families
(b) Products advertised on a poster
(c) Inexpensive phones for children
(d) Data usage rates of teenagers

여: 실례합니다. 가족 데이터 정액제에 관해 좀 더 알고 싶습니다.
남: 네. 무엇이 궁금하신가요?
여: 저, 대체로 네 명으로 된 가족이 돈을 절약하는 데 도움이 되는지가 궁금해요.
남: 좋습니다. 얼마나 많은 데이터가 필요하시죠?
여: 저희에게 십대 아이들이 두 명 있으니까, 많이 필요할 거예요.
남: 저, 요금은 이 포스터에 기재되어 있지만, 무제한 서비스가 필요하실 것 같아요.

Q: 여자는 무엇을 알고 싶어 하는가?

(a) 가족을 위한 경제적인 데이터 정액제
(b) 포스터에 광고된 제품들
(c) 아이들을 위한 비싸지 않은 전화기들
(d) 십대들의 데이터 사용 비율

해설
대화를 시작하면서 여자는 가족 데이터 정액제에 관해 알고 싶다고 (I'd like to know more about your family data plans) 언급한 후에 그것이 비용 절약에 도움이 되는지(mostly if it would help a family of four save money) 궁금하다고 말하고 있다. 따라서 경제적인 데이터 정액제를 언급한 (a)가 정답이다.

오답 체크
(b) 포스터는 대화 마지막에 남자가 요금 확인용 자료로 언급하는 것이므로 오답이다.
(c) 전화기 자체가 아닌 데이터 이용 요금제에 관해 문의하는 상황이므로 오답이다.

어휘
data plan 데이터 정액제 **be curious about** ~에 대해 궁금해하다 **mostly** 대체로, 대부분 **help A do:** A가 ~하는 데 도움이 되다 **rate** 요금, 비율 **be listed on** ~에 기재되어 있다, 목록으로 나열되어 있다 **unlimited** 무제한의 **economical** 경제적인 **advertise** ~을 광고하다 **inexpensive** 비싸지 않은

기출 Check-up Test   본문 p. 127

1. (d)   **2.** (a)   **3.** (d)   **4.** (d)   **5.** (b)   **6.** (c)
7. (a)   **8.** (d)   **9.** (a)   **10.** (b)

1.

Listen to a conversation between two friends.

M: Chloe, who do you get your car insurance through?

W: Why would I have car insurance? I only drive every once in a while.

M: You're really throwing caution to the wind. You should be careful.

W: Do you sell car insurance now or something? I'm not buying.

M: Of course not. It's just common sense, not to mention legally required.

W: I commute on foot and walk everywhere, so I think it would be a huge waste of money.

Q: What can be inferred from the conversation?

(a) The man thinks the woman is a bad driver.
(b) The man works for an insurance company.
(c) The woman doesn't use public transportation.
(d) The woman's workplace is quite close to her home.

남: Chloe, 누구를 통해서 당신의 자동차 보험에 들으시나요?
여: 제가 왜 자동차 보험이 필요하겠어요? 저는 그저 간혹 한 번씩 운전할 뿐인데요.
남: 정말 대담하게 행동하시네요. 조심하셔야 해요.
여: 지금 자동차 보험 상품 같은 거라도 팔려고 하시는 건가요? 저는 구입하지 않을 거예요.
남: 당연히 아니죠. 그건 상식이잖아요, 법적으로 필수라는 것은 언급할 필요도 없고요.
여: 저는 걸어서 통근하고 어디든지 걸어서 다니기 때문에, 그게 엄청난 비용 낭비라고 생각해요.

Q: 대화를 통해 무엇을 유추할 수 있는가?
(a) 남자는 여자가 미숙한 운전자라고 생각한다.
(b) 남자는 보험사에서 근무하고 있다.
(c) 여자는 대중 교통을 이용하지 않는다.
(d) 여자의 직장이 집에서 꽤 가깝다.

해설
대화 마지막에 여자가 통근도 걸어서 하고 다른 곳도 걸어 다닌다고(I commute on foot and walk everywhere) 말하고 있는데, 이를 통해 직장까지의 거리가 가깝다는 것을 유추할 수 있으므로 (d)가 정답이다.

오답 체크
(a) 여자의 운전 실력과 관련된 의견이 제시되는 부분이 없으므로 오답이다.
(b) 대화에서 언급되는 자동차 보험과 관련해 남자가 보험사의 직원인지는 알 수 없으므로 오답이다.
(c) 대화 마지막에 여자가 걸어서 잘 다닌다고만 했을 뿐 대중 교통을 이용하지 않는지는 알 수 없으므로 오답이다.

어휘
insurance 보험 through ~을 통해 every once in a while 간혹, 때때로, 이따금씩 throw caution to the wind 대담하게 행동하다, 무모하게 행동하다 careful 조심하는, 신중한 or something (문장 끝에 덧붙여) ~ 같은 것 common sense 상식 not to mention ~은 언급할 필요도 없이 legally 법적으로 required 필수인, 필요한 commute 통근하다 on foot 걸어서 work for ~에서 근무하다 public transportation 대중 교통 quite 꽤, 상당히 close to ~와 가까운

2.

Listen to a conversation between two friends.

W: Did the tests come back on your mole?
M: It was harmless, so that's a relief.
W: Are you still glad you had it removed?
M: I think so, but I'm worried about scarring.
W: It will be fine. Just keep using the cream.
M: I have been. I'll need to avoid too much sunlight, too.

Q: What can be inferred about the man according to the conversation?

(a) He was concerned about a possible health risk.
(b) He recently had a medical emergency.
(c) He does not believe the cream will be effective.
(d) He thinks too much sun was the cause of his problem.

여: 네 피부 사마귀의 검사 결과가 나왔어?
남: 해로운 게 아니어서 안심이야.
여: 그걸 제거한 게 여전히 마음에 들어?
남: 그렇게 생각이 들긴 하는데, 흉터가 걱정돼.
여: 아무 문제 없을 거야. 계속 크림을 사용하기만 해.
남: 그렇게 하고 있어. 햇빛이 너무 많은 곳도 피해야 할 거야.

Q: 대화에 따르면 남자에 관해 무엇을 유추할 수 있는가?
(a) 건강상의 위험 가능성을 우려했다.
(b) 최근에 응급 치료 상황을 겪었다.
(c) 크림이 효과가 있을 것이라고 생각하지 않는다.
(d) 너무 많은 햇빛을 쬔 것이 문제의 원인이었다고 생각한다.

여자가 사마귀 검사 결과에 대해 묻자 남자가 해롭지 않다고 나와 다행이라고(It was harmless, so that's a relief) 말하는 것에서 사마귀가 해롭다고 나올까 봐 걱정했음을 알 수 있으므로 이를 언급한 (a)가 정답이다.

(c) 크림을 계속 사용하라는 여자의 말에 대해 남자가 그렇게 하고 있다고 대답하는 것은 그 효과를 믿고 있다는 뜻이므로 오답이다.

(d) 햇빛을 많이 쬐는 것이 과거에 발생한 원인이 아니라 앞으로 피해야 하는 것으로 언급되고 있으므로 오답이다.

mole (피부에 생기는) 사마귀, 점 harmless 해롭지 않은, 무해한 That's a relief. 정말 다행이야 cf. relief 안심, 안도 have A p.p.: A가 ~되게 하다 remove ~을 제거하다, 없애다 be worried about ~을 걱정하다(= be concerned about) scarring 흉터 avoid ~을 피하다 health risk 건강상의 위험 recently 최근에 medical emergency 응급 치료 상황 effective 효과가 있는 cause 원인, 이유

3.

Listen to a conversation between two friends.

M: Apparently, Yaksu is the new trendy area in the city.

W: I know. We should've started our café there.

M: We would definitely have more customers now if we had.

W: Oh, well. We couldn't have known.

M: We'll just have to make do here.

W: You never know; this area could bounce back too.

Q: What can be inferred from the conversation?

(a) The speakers moved their business out of Yaksu.

(b) The speakers are spending too much on rent.

(c) The speakers are planning to relocate their business.

(d) The speakers' business is not performing well.

남: 듣기로는 Yaksu가 우리 도시에서 새롭게 뜨는 지역인 것 같아.
여: 알아. 그곳에서 우리 카페를 개업했어야 하는 건데.
남: 그랬다면 지금 분명 고객들이 더 많았을 텐데.
여: 아, 저. 우린 알 수가 없었던 거지.
남: 우린 그저 이곳에서 만족해야 할 것 같아.
여: 혹시 알아, 이 지역도 다시 좋아질 수도 있잖아.

Q: 대화를 통해 무엇을 유추할 수 있는가?

(a) 화자들은 사업체를 Yaksu에서 다른 지역으로 옮겼다.
(b) 화자들은 임대료로 너무 많은 돈을 소비하고 있다.
(c) 화자들은 사업체를 이전할 계획이다.
(d) 화자들의 사업체가 좋은 성과를 내고 있지 않다.

남자가 언급하는 특정 지역과 관련해 그곳에서 카페를 시작했어야 했다고(We should've started our café there) 말한 것에 대해 남자가 그랬으면 고객이 더 많았을 거라고(We would definitely have more customers now if we had) 말하는 부분을 통해 매출이 좋지 않음을 유추할 수 있다. 따라서 이에 해당되는 (d)가 정답이다.

(a) 여자가 초반부에 Yaksu에서 카페를 열었어야 했다고 말하는 것은 그곳에서 개업한 적이 없음을 뜻하므로 오답이다.

(b) 임대료와 관련된 정보는 제시되어 있지 않으므로 오답이다.

(c) 대화 후반부에 남자가 현재 있는 곳에서 만족해야 한다고 말하는 것으로 볼 때 이전할 계획이 없음을 알 수 있으므로 오답이다.

apparently 듣자 하니, 보아 하니 trendy 유행하는 should have p.p. ~했어야 했다 definitely 분명히, 확실히 if we had 우리가 그랬다면 could have p.p. ~했을 수도 있었다 make do 만족하다, 견디다 bounce back 회복되다, 재기하다 move A out of B: A를 B에서 다른 곳으로 옮기다 business 사업체, 회사, 매장 rent 임대료, 집세, 방세 plan to do ~할 계획이다 relocate ~을 이전하다 perform well 좋은 성과를 내다, 실적이 좋다

4.

Listen to a conversation between an airline's staff and a customer.

W: What are the time limits for your airline's cancellation policy?

M: May I ask when your flight is?

W: It's in three months, from Dallas to Detroit.

M: For domestic flights, you can cancel one month prior.

W: And I see I don't need to pay the extra $100.

M: Right, flight insurance removes the cancellation fee.

Q: What can be inferred from the conversation?

(a) The airline already canceled the woman's flight.

(b) The man will help the woman find another flight.

(c) Flights must be canceled three months in advance.

(d) The woman purchased flight insurance.

여: 귀하의 항공사 취소 정책에 대한 기간 제한이 어떻게 되나요?
남: 항공편이 언제인지 여쭤 봐도 될까요?
여: 3개월 후에 있어요, Dallas에서 Detroit로 가는 거예요.
남: 국내 항공편에 대해서는, 1개월 전에 취소하실 수 있습니다.
여: 그리고 제가 추가로 100달러를 지불하지 않아도 되는 것으로 알고 있어요.
남: 맞습니다. 항공 여행 보험이 있으면 취소 수수료가 없습니다.

Q: 대화를 통해 무엇을 유추할 수 있는가?

(a) 해당 항공사는 이미 여자의 항공편을 취소했다.

(b) 남자는 여자가 다른 항공편을 찾도록 도울 것이다.

(c) 항공편은 반드시 3개월 전에 미리 취소되어야 한다.

(d) 여자는 항공 여행 보험 상품을 구입했다.

해설

대화 마지막에 여자가 추가로 100달러를 지불하지 않아도 된다는 점을 언급한 것에 대해(I see I don't need to pay the extra $100) 남자가 동의를 나타내면서 항공 여행 보험에서 취소 수수료가 빠진다고(Right, flight insurance removes the cancellation fee) 알리고 있으므로 여자가 해당 보험 구매자임을 알 수 있다. 따라서 이를 언급한 (d)가 정답이다.

오답 체크

(a) 여자가 취소 관련 정책에 관해 문의하는 상황이므로 아직 취소되지 않은 시점임을 알 수 있다.

(b) 다른 항공편을 구하는 일과 관련된 내용은 제시되고 있지 않으므로 오답이다.

(c) 3개월이라는 기간은 여자의 항공편 출발 날짜와 관련된 것이므로 오답이다.

어휘

time limit 기간 제한, 시간 제한 **cancellation** 취소 **policy** 정책 **domestic** 국내의 **one month prior** 1개월 전에 **extra** 추가의, 별도의 **insurance** 보험 **remove** ~을 제거하다, 없애다 **fee** 수수료, 요금 **in advance** 미리, 사전에

5.

Listen to two colleagues discuss stocks.

M: Actibrand's stocks skyrocketed last week.

W: I know. And to think we were contemplating investing.

M: Yeah, talk about a missed opportunity.

W: Well, there's nothing we can do about it now.

M: Maybe Actibrand's success will have an effect on our stocks.

W: If it does, I hope it's a positive one.

Q: What can be inferred from the conversation?

(a) The speakers bought their Actibrand stocks.

(b) Now is not a good time to purchase Actibrand stocks.

(c) Actibrand is a recently-formed company.

(d) Actibrand has positively affected the speakers' investments.

남: Actibrand의 주가가 지난 주에 급등했어요.

여: 알고 있어요. 그리고 생각해 보면 우리도 투자를 생각하고 있었어요.

남: 네, 우리가 놓친 기회를 얘기하시는군요.

여: 저, 지금은 우리가 할 수 있는 게 아무 것도 없어요.

남: 아마 Actibrand의 성공이 우리 주식에 영향을 미칠 수도 있어요.

여: 만일 그렇다면, 그것이 긍정적인 영향이기를 바라요.

Q: 대화를 통해 무엇을 유추할 수 있는가?

(a) 화자들은 각자의 Actibrand 주식을 매수했다.

(b) 지금은 Actibrand의 주식을 매입하기에 좋지 않은 시기이다.

(c) Actibrand는 최근에 설립된 회사이다.

(d) Actibrand는 화자들의 투자에 좋은 영향을 미쳤다.

해설

대화 초반부에 남자가 Actibrand의 주가 급등 사실을 알리자(Actibrand's stocks skyrocketed last week) 여자가 자신들도 그 투자를 생각했었다고(we were contemplating investing) 말하고 있고, 뒤이어 다시 지금 할 수 있는 것이 없다고(there's nothing we can do about it now) 밝히고 있다. 이는 지금 해당 주식 매입 투자를 하지 않는 것이 좋다는 의미이므로 (b)가 정답이다.

오답 체크

(a) 화자들이 해당 주식을 매수한 사실은 대화 내용과 반대이므로 오답이다.

(c) Actibrand의 설립 시기와 관련된 정보는 제시되어 있지 않으므로 오답이다.

(d) 대화 중에는 앞으로 미칠 가능성이 있는 영향을 언급하고 있으므로 과거에 영향을 미쳤는지는 알 수 없다.

어휘

stock 주식 **skyrocket** 급등하다, 치솟다 **contemplate -ing** ~하는 것을 생각하다, 고려하다 **invest** 투자하다 **missed** 놓친, 지나친 **opportunity** 기회 **success** 성공 **have an effect on** ~에 영향을 미치다 **positive** 긍정적인 **recently-formed** 최근에 설립된, 최근에 형성된 **positively** 긍정적으로 **affect** ~에 영향을 미치다 **investment** 투자(금)

6.

Listen to a conversation between two friends.

W: I heard you moved into a new apartment. How is it?

M: Great. It's in an older building, but it was renovated recently.

W: Are you still in the same neighborhood?

M: No, I'm downtown, so it's much more convenient.

W: Really? You must be spending a fortune on rent.

M: It's worth it, especially with the time I save on commuting.

Q: What can be inferred about the man?

(a) He had a shorter commute before moving.

(b) He prioritized price when choosing where to live.

(c) His workplace is located in the downtown area.

(d) His new apartment costs less than his old one.

여: 새 아파트로 이사했다고 하던데. 어때?

남: 아주 좋아. 건물이 더 오래되긴 했는데, 최근에 개조되었어.

여: 여전히 같은 지역에 있는 거야?

남: 아니, 시내라서, 훨씬 더 편리해.

여: 그래? 틀림없이 임대료로 돈을 많이 내겠네.

남: 그럴 만해, 특히 통근하는 데 절약되는 시간을 생각하면.

Q: 남자와 관련해 무엇을 유추할 수 있는가?

(a) 이사하기 전에 통근 거리가 더 짧았다.

(b) 살 곳을 선택할 때 가격을 우선시했다.

(c) 직장이 시내 지역에 위치해 있다.

(d) 새 아파트가 기존의 것보다 돈이 덜 든다.

해설

대화 중반부에 시내에 있기 때문에(I'm downtown) 훨씬 더 편리하다는 장점을 언급하고 있고, 후반부에는 통근 시간이 절약된다는 (especially with the time I save on commuting) 사실을 말하고 있다. 시내로 이사 와서 통근 시간이 절약된다는 내용으로부터 회사 역시 시내에 위치하고 있음을 유추할 수 있으므로 (c)가 정답이다.

오답 체크

(a) 시내로 이사한 현재가 통근 시간이 절약된다고 한 내용과 반대되므로 오답이다.

(b) 임대료로 돈을 많이 내겠다는 여자의 말에 남자가 It's worth it이라는 말로 긍정하며 설명을 덧붙이고 있으므로 오답이다.

어휘

renovate ~을 개조하다, 보수하다 **recently** 최근에 **neighborhood** 지역, 인근 **much** (비교급 수식) 훨씬 **convenient** 편리한 **must** 틀림없이 ~하다, 분명 ~하다 **spend a fortune on** ~에 많은 돈을 소비하다 **rent** 임대(료), 대여(료) **worth + 명사**: ~할 만한 가치가 있는 **especially** 특히 **save** ~을 절약하다 **commute** v. 통근하다 n. 통근 **prioritize** ~을 우선시하다 **choose** ~을 선택하다 **be located in** ~에 위치해 있다 **cost less** 돈이 덜 들다

7.

Listen to a conversation between a customer service representative and a customer.

M: This is customer service. How may I help you?

W: Yeah, I'm calling about my most recent phone bill.

M: Okay, what seems to be the problem?

W: Well, it's twice as much as last month's bill. I think I've been double-billed.

M: Our records show that you didn't pay for last month's bill, so that's why it's double.

W: But I remember paying it on your Web site.

M: Sorry, it doesn't seem that we received it.

Q: What can be inferred from the conversation?

(a) The man thinks the bill is correct.

(b) The man will correct the bill.

(c) The woman will pay the bill online.

(d) The woman will change phone companies.

남: 고객 서비스입니다. 무엇을 도와 드릴까요?

여: 네, 제가 가장 최근에 받은 전화 요금 고지서 때문에 전화 드렸습니다.

남: 알겠습니다, 무엇이 문제인 것 같으신가요?

여: 저, 지난 달 고지서보다 두 배나 많이 요금이 나왔어요. 제 생각에 이중으로 청구된 것 같아요.

남: 저희 기록을 보면 지난 달 청구 요금을 납부하지 않으신 것으로 나오기 때문에, 그게 두 배가 된 이유입니다.

여: 하지만 귀사의 웹 사이트에서 지불한 기억이 있어요.

남: 죄송하지만, 저희는 수납한 것 같지 않습니다.

Q: 대화를 통해 무엇을 유추할 수 있는가?

(a) 남자는 해당 고지서가 정확하다고 생각한다.

(b) 남자가 해당 고지서 문제를 바로잡을 것이다.

(c) 여자는 온라인으로 고지서 요금을 납부할 것이다.

(d) 여자가 통신사를 바꿀 것이다.

해설

여자의 의견과 관련해 대화 후반부에 남자가 회사 기록을 근거로 언급하면서 요금을 납부하지 않았음을 알리고 있다(Our records show that you didn't pay for last month's bill, ~). 이는 여자가 받은 고지서의 내용이 정확하다는 사실을 입증하기 위한 것이므로 (a)가 정답임을 알 수 있다.

오답 체크

(b) 대화 후반부에 남자는 회사의 기록을 바탕으로 고지서 정보가 정확함을 주장하고 있으므로 오답이다.

(c) 여자가 미래에 어떻게 비용을 납부할 것인지는 제시되어 있지 않으므로 오답이다.

recent 최근의 **bill** n. 고지서, 청구서 v. ~에게 고지서를 보내다, 청구서를 보내다 **seem to do** ~한 것 같다 **twice as much as A:** A의 두 배나 많이 **it seems that** ~한 것 같다 **correct** a. 정확한, 맞는 v. ~을 바로잡다, 고치다

8.

Listen to a conversation at a computer repair shop.

W: I'm no computer whiz, but... I think something's very wrong.
M: OK. What seems to be the problem?
W: My computer keeps getting extremely hot and then crashing.
M: It must be a hardware issue. Let me take a look inside.
W: Hardware? That sounds like it will be an expensive fix.
M: Actually, I checked, and it's still under warranty.

Q: What can be inferred from the conversation?

(a) The woman has good knowledge of computers.
(b) The woman has been keeping her computer in a hot area.
(c) The man has never seen this type of malfunction.
(d) The woman will not need to pay for the service.

여: 제가 컴퓨터 박사는 아니지만... 뭔가 아주 잘못된 것 같아요.
남: 알겠습니다. 뭐가 문제인 것 같은데요?
여: 컴퓨터가 계속 엄청 뜨거워지다가, 그 다음에는 갑자기 작동이 되지 않아요.
남: 그럼 하드웨어 문제가 틀림 없습니다. 제가 안을 한 번 확인해 볼게요.
여: 하드웨어? 비용이 많이 드는 수리 작업일 것 같이 들리네요.
남: 실은, 확인해 보니까 아직 품질 보증 기간에 해당되는군요.

Q: 대화를 통해 무엇을 유추할 수 있는가?
(a) 여자는 컴퓨터에 관해 뛰어난 지식을 지니고 있다.
(b) 여자는 계속 컴퓨터를 더운 공간에 두고 있었다.
(c) 남자는 해당 유형의 오작동 문제를 겪어 본 적이 없다.
(d) 여자는 서비스 비용을 지불하지 않아도 된다.

대화 중에 여자가 언급하는 문제점과 관련해 마지막에 남자가 품질 보증 기간에 해당된다는 사실을 확인했음을(Actually, I checked, and it's still under warranty) 언급하고 있으므로 여자는 수리 서비스 비용을 지불하지 않아도 된다는 점을 유추할 수 있다. 따라서 이에 해당되는 (d)가 정답이다.

(a) 대화 시작 부분에 컴퓨터 박사가 아니라고 스스로 말하고 있으므로 오답이다.
(b) 컴퓨터가 뜨거워지는 상태만 언급되고 있을 뿐 더운 곳에 놓아 두고 있는지는 알 수 없으므로 오답이다.

whiz 전문가, 달인 **seem to do** ~한 것 같다 **keep -ing** 계속 ~하다 **get 형용사:** ~한 상태가 되다 **extremely** 대단히, 매우, 극히 **then** 그런 다음 **crash** 갑자기 작동이 되지 않다 **take a look** 한 번 보다 **inside** 안에, 내부에 **fix** 수리, 해결 **malfunction** 오작동

9.

Listen to a conversation between a cable company staff and a customer.

M: Good morning. Is this Ms. Wilkes' residence?
W: That's right. I'm glad they've finally sent someone.
M: I'm sorry about that. But you said your cable and internet are both out?
W: For a whole week now, though they've been working poorly for a month.
M: I'll probably have to install a new cable box for you.
W: Just make it quick, please.

Q: What can be inferred from the conversation?

(a) The cable company did not respond quickly to the problem.
(b) The cable company shut off the woman's service.
(c) The cable company is promoting an upgraded service.
(d) The cable company will refund the woman's monthly payment.

남: 안녕하세요. 이곳이 Wilkes 씨의 자택인가요?
여: 맞습니다. 드디어 사람을 보내 주시다니 기쁘네요.
남: 죄송합니다. 그런데 케이블 서비스와 인터넷이 모두 나갔다고 하셨나요?
여: 지금 일주일 내내 그랬어요, 한달 동안 형편 없이 작동되어 오긴 했지만요.
남: 아마 새로운 케이블 박스를 설치해 드려야 할 것 같습니다.
여: 빨리 좀 해 주세요.

Q: 대화를 통해 무엇을 유추할 수 있는가?
(a) 케이블 회사가 문제점에 대해 신속히 대처하지 않았다.
(b) 케이블 회사가 여자의 서비스를 차단했다.
(c) 케이블 회사가 업그레이드된 서비스를 홍보하고 있다.
(d) 케이블 회사가 여자의 월간 지불 금액을 환불해 줄 것이다.

해설

대화 초반부에 여자가 드디어 사람을 보내 준 것에 대해 기쁘다고(I'm glad they've finally sent someone) 말하는 것으로 볼 때 해당 업체가 여자의 문제점에 대해 느리게 처신하고 있었음을 알 수 있다. 따라서 이를 언급한 (a)가 정답이다.

오답 체크

(c) 업그레이드된 서비스의 홍보와 관련된 정보는 제시되어 있지 않으므로 오답이다.

(d) 비용 환불과 관련된 내용도 언급되어 있지 않으므로 오답이다.

어휘

residence 자택, 주거지 **finally** 드디어, 마침내 **out** 끊긴, 나간 **whole** 전체의, 모든 **though** ~이기는 하지만 **work** 작동하다, 가동되다 **poorly** 형편없이, 저조하게 **install** ~을 설치하다 **make it quick** 빨리 하다 **respond to** ~에 대처하다, 응답하다 **shut off** ~을 차단하다 **promote** ~을 홍보하다 **refund** ~을 환불해주다

10.

Listen to two friends discuss politics.

W: The presidential election results were quite a surprise.

M: I know. Who expected voter turnout to be so high among liberals?

W: They really came out to support Paula Baxter.

M: Yeah, she'd better follow through on all her big promises now.

W: I think she will. It'll be a relief to have someone reform-minded in office for a change.

M: Yeah, change is long overdue.

Q: What can be inferred from the conversation?

(a) The current government is liberal.

(b) Paula Baxter has pledged major reforms.

(c) The woman supported Paula Baxter's opponent.

(d) Paula Baxter was expected to win the election.

여: 대선 결과가 꽤 놀라웠어.

남: 그러니까. 진보 세력 사이에서 유권자 투표수가 그렇게 높을 줄 누가 예상이나 했겠어?

여: 사람들이 정말로 폴라 백스터를 지지하고 나섰어.

남: 응, 이제 그 모든 엄청난 공약들을 완수해 내는 게 좋을 거야.

여: 그럴 것 같아. 변화를 위해 개혁 의지가 있는 사람이 재임하니까 안심이 될 거야.

남: 응, 변화를 너무 오랫동안 기다렸으니까.

Q: 대화에서 무엇을 유추할 수 있는가?

(a) 현 정부가 진보적이다.

(b) 폴라 백스터가 대대적인 개혁을 약속했다.

(c) 여자는 폴라 백스터의 상대를 지지했다.

(d) 폴라 백스터가 대선에서 승리할 것으로 예상됐었다.

해설

대화 중반부에 남자는 당선된 폴라 백스터가 공약을 지켜야 한다는 점을(she'd better follow through on all her big promises now), 여자는 백스터가 변화를 위한 개혁 의지가 있는 사람임을(to have someone reform-minded in office for a change) 언급하며 변화에 대한 기대감을 나타내고 있다. 이로부터 백스터가 많은 개혁을 공약으로 내걸었을 것이라는 점을 유추할 수 있으므로 이에 해당되는 (b)가 정답이다.

오답 체크

(a) 변화를 너무 오랫동안 기다렸다는 남자의 말을 바탕으로 현 정부는 진보적이지 않을 것이라는 점을 알 수 있으므로 오답이다.

(d) 여자가 사람들이 폴라 백스터를 지지하여 대선 결과가 놀랍다고 말한 것을 바탕으로 폴라 백스터가 당선될 것을 예상하지 않았을 것이라는 점을 알 수 있으므로 오답이다.

어휘

presidential election 대선 **result** 결과(물) **quite a(n) + 명사**: 꽤 ~한 것 **expect** ~을 예상하다, 기대하다 **voter turnout** 유권자 투표수 **among** ~ 사이에서 **liberal** n. 진보주의자, 자유주의자 a. 진보적인, 자유민주적인 **come out to do** ~하고 나서다 **support** ~을 지지하다 **had better do** ~하는 게 좋다 **follow through on** ~을 완수하다, 지키다 **promise** 약속 **relief** 안심(이 되는 것) **reform-minded** 개혁 의지가 있는 **in office** 재임 중인, 재직 중인 **long overdue** 너무 오래 기다려 온, 오래 전에 있었어야 할 **current** 현재의 **pledge** ~을 맹세하다, 약속하다 **opponent** 상대, 반대자 **be expected to do** ~할 것으로 예상되다

UNIT 18 오답을 피하는 법

기출 Check-up Test　　　　본문 p. 133

1. (d)　**2**. (d)　**3**. (d)　**4**. (c)　**5**. (c)　**6**. (b)
7. (d)　**8**. (d)　**9**. (d)　**10**. (b)

1.

Listen to a conversation between two co-workers.

M: It's insane how long it takes to drive to the office now.

W: I can't believe it. The roads are fender-to-fender with tourists.

M: Does this happen every summer?

W: I'm afraid so. Driving anywhere is just a bad idea during this season.

M: Do you have any tips for coping with it?

W: I leave my house half an hour earlier so I can clock in on time.

Q: What is mainly being discussed in the conversation?

(a) One of the most popular tourist destinations

(b) Traffic jams caused by a construction project

(c) Increased work demands caused by the summer season

(d) Difficulties with driving during summer

남: 지금 사무실로 차를 운전해서 가는 데 이렇게 오랜 시간이 걸리다니 정상이 아니에요.

여: 믿을 수가 없어요. 도로에 여행객들 때문에 차들이 꼬리에 꼬리를 물고 있어요.

남: 해마다 여름에 이런가요?

여: 그런 것 같아요. 이 시기에는 어디서든 운전하는 게 좋은 생각이 아니에요.

남: 이 문제에 대처할 만한 좋은 팁이라도 있으세요?

여: 제시간에 출근 카드를 찍을 수 있도록 집에서 30분 더 일찍 나와요.

Q: 대화에서 주로 무엇이 이야기되고 있는가?

(a) 가장 인기 있는 여행지들 중의 하나

(b) 공사 프로젝트로 인해 야기된 교통 체증

(c) 여름철로 인해 초래된 늘어난 업무 요구량

(d) 여름철 차량 운전의 어려움

어휘

insane 정상이 아닌, 제정신이 아닌 fender-to-fender 차량이 꼬리에 꼬리를 물고 있는 cope with ~에 대처하다 leave ~에서 나오다, 떠나다, 출발하다 clock in 출근 카드를 찍다 on time 제시간에, 제때 popular 인기 있는 destination 목적지 traffic jam 교통 체증 caused by ~로 인해 야기된, 초래된 work demand 업무 요구량 difficulty with ~에 대한 어려움

2.

Listen to a conversation between two friends.

W: Paul, what do you think? Should I just quit?

M: Your job is tough, but at least you have one.

W: Right. The job market is in bad shape these days.

M: There are people who would do anything for your job.

W: I know that. But, I'm miserable there.

M: Just make sure you consider all your options.

Q: What is the conversation mainly about?

(a) Reliable jobs for the current market

(b) The advantages of changing jobs

(c) Effective methods for finding jobs

(d) Whether or not to quit a job

여: Paul, 어떻게 생각해? 내가 그냥 일을 그만 둬야 할까?

남: 네가 하는 일이 까다롭긴 하지만, 적어도 너에게 직장은 있잖아.

여: 맞아. 취업 시장이 요즘은 불황이니까.

남: 네 일자리를 위해 무엇이든 하려는 사람들도 있어.

여: 나도 알아. 하지만 그곳에서 비참한 기분이 들어.

남: 모든 선택권을 꼭 고려해 보도록 해 봐.

Q: 대화는 주로 무엇에 관한 것인가?

(a) 현 시장에 대해 신뢰할 만한 일자리들

(b) 이직하는 것의 장점

(c) 일자리를 찾는 효과적인 방법

(d) 일자리를 그만 둘 것인지의 여부

해설

대화 초반부에 여자가 도로에 차량이 너무 많다고(The roads are fender-to-fender with tourists) 말하자 남자가 여름에 항상 이런 식인지(Does this happen every summer?) 묻고 있고, 이에 대해 여자가 이 시기에 운전하는 게 좋지 않다고(Driving anywhere is just a bad idea during this season) 말하고 있다. 따라서 여름철에 운전하는 것의 어려움이 대화의 주된 내용임을 알 수 있으므로 (d)가 정답이다.

오답 체크

(a) 여행지 관련 정보는 언급되고 있지 않으므로 오답이다.

(b) 교통 체증의 원인으로 언급되는 것이 공사 프로젝트가 아니므로 오답이다.

해설

대화 초반부에 여자가 언급하는 그만 두는 일(Should I just quit?), 중반부에 여자가 말하는 취업 시장의 불황(The job market is in bad shape ~), 그리고 마지막에 그만 두는 것과 관련해 남자가 모든 선택권을 고려해 보라고 말하는(Just make sure you consider all your options) 내용들로 보아 일자리를 그만 둘 것인지의 여부와 관련된 대화임을 알 수 있으므로 (d)가 정답이다.

오답 체크

(a) 신뢰할 만한 일자리와 관련된 정보가 언급되고 있지 않으므로 오답이다.

(b) 이직의 장점으로 언급되는 내용이 없으므로 오답이다.

(c) 일자리를 찾는 방법과 관련된 정보도 대화에 나타나 있지 않으므로 오답이다.

quit 그만 두다 **tough** 까다로운, 어려운, 힘든 **at least** 적어도, 최소한 **job market** 취업 시장 **in bad shape** 불황인 **miserable** 비참한 **make sure (that)** 반드시 ~하도록 하다, 꼭 ~하도록 하다 **consider** ~을 고려하다 **reliable** 신뢰할 만한, 믿을 만한 **current** 현재의 **advantage** 장점 **effective** 효과적인 **method** 방법 **whether or not to do** ~할 것인지 아닌지의 여부

3.

Listen to a conversation on a college campus.

M: Good morning. I need to make a change to my class schedule.

W: OK, we can do that. Which class needs to be switched around?

M: Could I have my physics class moved to sixth period, after lunch?

W: Oh, that won't be possible. That class is full.

M: Already? Well, what are my other options?

W: There are still openings in the seventh period class.

M: OK, that will have to do.

Q: What is the man trying to do?

(a) Conduct research for a physics assignment
(b) Change the topic of his physics project
(c) Take a physics test at a different time
(d) Rearrange his itinerary for his physics class

남: 안녕하세요. 제 수업 일정을 좀 변경해야 해서요.
여: 알겠습니다, 저희가 해 드릴 수 있습니다. 어느 수업이 바뀌어야 하는 거죠?
남: 제 물리학 수업을 점심 시간 이후인 6교시로 옮길 수 있나요?
여: 아, 그건 불가능해요. 그 시간은 꽉 찼어요.
남: 벌써요? 그럼, 다른 선택권은 뭐가 있죠?
여: 7교시 수업에 여전히 빈 자리가 있어요.
남: 좋아요, 그렇게 해야 할 것 같네요.

Q: 남자는 무엇을 하려 하는가?

(a) 물리학 수업 과제를 위해 조사를 실시하는 일
(b) 물리학 프로젝트 주제를 변경하는 일
(c) 다른 시간대에 물리학 시험을 치르는 일
(d) 물리학 수업 일정을 재조정하는 일

대화 시작 부분에 남자가 수업 일정을 변경해야 한다고 말하고 있고 (I need to make a change to my class schedule) 바로 뒤에 물리학 수업을 옮기는 것과 관련된 요청 사항을(Could I have my physics class moved ~) 말하고 있으므로 (d)가 정답임을 알 수 있다.

(a) 과제를 위한 조사와 관련된 내용은 언급되어 있지 않으므로 오답이다.
(b) 물리학 프로젝트 주제가 아닌 수업 일정 변경을 원하고 있으므로 오답이다.
(c) 물리학 시험을 치르는 일과 관련된 내용도 제시되어 있지 않으므로 오답이다.

make a change to ~을 변경하다 **switch around** ~을 뒤바꾸다 **have A p.p.:** A가 ~되게 하다 **physics** 물리학 **move A to B:** A를 B로 옮기다 **period** 수업 시간, 교시 **opening** 빈 자리 **that will do** 그거면 된다 **conduct** ~을 실시하다, 수행하다 **research** 조사, 연구 **assignment** 과제 **rearrange** ~을 재조정하다, 재편성하다 **itinerary** 일정(표)

4.

Listen to a conversation between two friends.

W: Hey, do you have anything going on Friday?

M: Nope. Probably just taking it easy at home. Why?

W: I have an extra ticket for the Rihanna concert. Interested?

M: Whoa, for sure. When does it start?

W: The doors open at nine, so we have plenty of time to eat before.

M: Perfect, and I'll take care of dinner. I know a great Korean place.

W: Sure, let's do it. We can leave from work at six.

Q: Which is correct according to the conversation?

(a) The man will cancel his plans for Friday night.
(b) The Korean restaurant opens at six.
(c) The man will pay for the woman's dinner.
(d) The woman will make Korean food for the man.

여: 저기, 금요일에 무슨 다른 일이라도 있어요?
남: 아뇨. 아마 그냥 집에서 쉴 것 같아요. 왜 그러시죠?
여: 저한테 Rihanna 콘서트 티켓 남는 게 있어요. 관심 있으세요?
남: 와, 당연하죠. 언제 시작하는데요?
여: 출입구가 9시에 개방되기 때문에, 그전에 뭐 좀 먹을 시간이 충분할 거예요.
남: 아주 좋아요, 그럼 제가 저녁을 책임질게요. 훌륭한 한국 식당을 알고 있거든요.
여: 그래요, 그렇게 해요. 6시에 퇴근해서 가면 될 거예요

Q: 대화 내용에 다르면 무엇이 옳은 내용인가?

(a) 남자가 자신의 금요일 저녁 계획을 취소할 것이다.

(b) 한국 음식점이 6시에 문을 연다.

(c) 남자가 여자의 저녁 식사 비용을 지불할 것이다.

(d) 여자가 남자를 위해 한국 음식을 만들 것이다.

해설

대화 후반부에 남자가 자신이 저녁을 책임지겠다는 말과 함께 좋은 식당을 알고 있다고 언급하고 있으므로(I'll take care of dinner. I know a great Korean place) 남자가 비용을 지불하려 한다는 것을 알 수 있다. 따라서 이를 언급한 (c)가 정답이다.

오답 체크

(a) 대화 초반부에 남자는 금요일에 별다른 일이 없다고 말하므로 오답이다.

(b) '6시'라는 시점은 대화 마지막에 퇴근 시간으로 언급되고 있으므로 오답이다.

(d) 대화 후반부에 특정 식당에 가서 먹자고 제안하고 있으므로 오답이다.

어휘

take it easy at home 집에서 편히 쉬다 **extra** 여분의, 별도의 **for sure** 분명하다, 확실하다 **have plenty of time to do** ~할 시간이 충분하다, 많다 **take care of** ~을 처리하다, 해결하다 **leave from work** 퇴근하다

5.

Listen to a conversation between a theater employee and a customer.

M: New Classics Theater. How can I help you?

W: Hello, are you currently playing a movie called *365 Days*?

M: It should still be here. Yes. It's running on two of our screens.

W: And do you know if children would like this film?

M: Definitely not. *365 Days* is a dark comedy full of mature themes.

W: Oh, I didn't know. I guess we'll find another movie, then.

Q: Which is correct about the woman?

(a) She needs directions to the theater.

(b) She thinks the movie has been overrated.

(c) She needs a movie suitable for children.

(d) She prefers action film to comedies.

남: New Classics Theater입니다. 무엇을 도와 드릴까요?

여: 안녕하세요, 지금 365 Days라는 제목의 영화를 상영하고 있나요?

남: 아직 하고 있을 겁니다. 네. 두 개의 상영관에서 상영 중입니다.

여: 그리고 아이들이 이 영화를 좋아할까요?

남: 전혀 그렇지 않습니다. 365 Days는 성인 주제로 가득한 블랙 코미디 영화입니다.

여: 아, 그런 줄은 몰랐어요. 그럼 저희는 다른 영화를 찾아 봐야겠네요.

Q: 여자와 관련해 무엇이 옳은 내용인가?

(a) 극장으로 가는 길을 알고 싶어 한다.

(b) 해당 영화가 과대평가되었다고 생각한다.

(c) 아이들에게 적합한 영화를 보고 싶어 한다.

(d) 코미디 영화보다 액션 영화를 좋아한다.

해설

대화 중반부에 여자가 아이들이 좋아할 영화인지 물은 후에(And do you know if children would like this film?) 남자의 부정적인 대답을 듣고 나서 다른 영화를 찾아 봐야겠다고(I guess we'll find another movie, then) 말하는 것으로 볼 때 아이들을 위한 영화를 보고 싶어 한다는 것을 알 수 있으므로 (c)가 정답이다.

오답 체크

(a) 극장으로 가는 길이 아니라 특정 영화의 상영 관련 정보를 문의하는 상황이므로 오답이다.

(b) 대화에 영화의 평가 수준과 관련된 정보는 언급되어 있지 않으므로 오답이다.

어휘

currently 현재 **run** 상영되다, 진행되다 **Definitely not** 전혀 그렇지 않다, 절대 아니다 **full of** ~로 가득한 **theme** 주제, 테마 **then** 그럼, 그렇다면 **directions to** ~로 가는 길, 방법 **overrated** 과대평가된 **suitable for** ~에게 적합한, 알맞은 **prefer A to B** : B보다 A를 좋아하다

6.

Listen to a conversation between a couple.

W: Oh, no! I just realized we haven't paid this month's rent yet!

M: I thought you handled it last Friday.

W: It was due then, but we had to take your sister to the ER that day.

M: Oh, yeah. That day was too hectic.

W: Tell me about it. Paying the rent totally slipped my mind because of it.

M: I'll call the landlord now and let him know it's coming.

Q: Which is correct about the man and woman according to the conversation?

(a) Their rent increased last Friday.

(b) Their rent was supposed to be paid last Friday.

(c) The woman's sister was taken to the emergency room.

(d) They cannot pay the landlord this month.

여: 아, 이런! 우리가 이번 달 집세를 아직 내지 않았다는 걸 막 알았어요!

남: 지난 주 금요일에 당신이 처리한 줄 알았는데요.

여: 그때가 기한이었는데, 그날 당신 여동생을 응급실에 데려갔어야 했어요.

남: 아, 맞아요. 그날은 너무 정신이 없었죠.

여: 제 말이 그거예요. 그 일 때문에 집세를 내는 걸 완전히 까먹고 있었어요.

남: 지금 집주인에게 전화해서 내겠다고 알릴게요.

Q: 대화 내용에 따르면 두 사람과 관련해 무엇이 옳은 내용인가?

(a) 집세가 지난 금요일에 올랐다.

(b) 지난 금요일에 집세를 내기로 되어 있었다.

(c) 여자의 여동생이 응급실로 실려 갔다.

(d) 이번 달에 집주인에게 돈을 낼 수 없다.

해설

대화 시작 부분에 여자가 집세를 내지 않은 사실을(I just realized we haven't paid this month's rent yet!) 언급한 후에 금요일에 낸 줄 알았다고(I thought you handled it last Friday) 남자가 말하자 여자가 그때가 기한이었다고(It was due then) 알리고 있다. 따라서 지난 금요일이 지불 기한이었다는 사실과 관련된 내용인 (b)가 정답이다.

오답 체크

(a) 집세의 인상과 관련된 정보는 언급되어 있지 않으므로 오답이다.

(c) 대화 중반부에 여자가 남자에게 '당신의 여동생'을 응급실로 데려 갔다고 말하고 있으므로 오답이다.

어휘

realize (that) ~임을 알게 되다, 깨닫다 **rent** 집세, 방세 **handle** ~을 처리하다, 다루다 **due A**: A가 기한인 **then** 그때, 그 당시 **ER** 응급실(= emergency room) **hectic** 정신 없이 바쁜 **Tell me about it** 내 말이 그거다, 무슨 말인지 안다 **totally** 완전히, 전적으로 **slip one's mind** 깜빡 잊다 **landlord** 집주인, 건물주 **let A know**: A에게 알리다 **increase** 오르다, 증가하다 **be supposed to do** ~하기로 되어 있다, ~할 예정이다

7.

Listen to a conversation between two friends.

M: Have you accepted the job at the company you interviewed with?

W: I'm waiting for some final details, but they've offered me a lot.

M: Is it in the neighborhood of $80,000?

W: I really can't say.

M: Come on, just give me a ballpark figure.

W: Nope, you're not getting it out of me.

Q: Which is correct according to the conversation?

(a) The woman has signed with the company for $80,000 a year.

(b) The woman will work in the man's neighborhood.

(c) The man needs to borrow some money from the woman.

(d) The man wants to know how much the woman was offered.

남: 면접 본 회사의 일자리를 수락하기로 한 거야?

여: 몇몇 최종적인 세부 사항을 기다리고 있는데, 그쪽에서 나한테 정말 많은 돈을 제안했어.

남: 한 8만 달러쯤 되니?

여: 딱히 뭐라고 말할 수 없어.

남: 그러지 말고, 대략만 말해줘.

여: 아냐, 나한테서 알아낼 수 없을 거야.

Q: 대화 내용에 따르면 무엇이 옳은 내용인가?

(a) 여자는 연봉 8만 달러에 해당 회사와 계약했다.

(b) 여자는 남자가 사는 지역에서 일할 것이다.

(c) 남자는 여자에게서 돈을 좀 빌려야 한다.

(d) 남자는 여자가 얼마를 제안 받았는지 알고 싶어 한다.

해설

대화 초반부에 여자가 일자리 수락과 관련해 회사 측에서 많은 것을 제안했다고(they've offered me a lot) 말하자 남자가 액수를 예상해 묻고, 대략적인 금액(ballpark figure)을 알려 달라고 재차 묻고 있으므로 여자가 제안받은 급여 수준을 궁금해 한다는 것을 알 수 있다. 따라서 이를 언급한 (d)가 정답이다.

오답 체크

(a) 대화 초반부에 수락 조건과 관련해 최종 세부 사항을 기다리고 있다고 말하고 있으므로 아직 계약하지 않았음을 알 수 있다.

(b) 여자의 근무지 관련 정보는 제시되어 있지 않으므로 오답이다.

어휘

accept ~을 수락하다, 받아들이다 **details** 세부 사항 **offer A B**: A에게 B를 제안하다, 제공하다 **in the neighborhood of** 약, 대략, ~쯤 **ballpark figure** 어림잡은 수치 **get A out of B**: B에게서 A를 알아내다 **sign with** ~와 계약하다 **neighborhood** 지역,

인근 borrow ~을 빌리다

8.

Listen to a conversation at a work place.

W: Oh, hello. Today is your first day, isn't it?

M: It is. I'm Harold Bloom. I'm training in Marketing.

W: Welcome to the company, Harold. I'm Zadie Smith. Nice to meet you.

M: Nice to meet you, too. Which department do you work in?

W: I'm in Research and Development.

M: Oh, interesting. What are you working on?

Q: Which is correct about the speakers?

(a) The woman has just started a new job.

(b) The woman is training the man.

(c) The man has met the woman before.

(d) The man and woman are in different departments.

여: 아, 안녕하세요. 오늘이 첫날이신 게 맞죠?

남: 그렇습니다. 저는 Harold Bloom이라고 합니다. 마케팅부에서 교육받고 있어요.

여: 회사에 오신 것을 환영합니다, Harold 씨. 저는 Zadie Smith예요. 만나서 반갑습니다.

남: 저도 뵙게 되어 반갑습니다. 어느 부서에서 근무하고 계시죠?

여: 저는 연구개발부에 있습니다.

남: 아, 흥미롭네요. 무슨 일을 하고 계신가요?

Q: 화자들에 관해 무엇이 옳은 내용인가?

(a) 여자는 막 새로운 직장에 출근하기 시작했다.

(b) 여자가 남자를 교육하고 있다.

(c) 남자가 전에 여자를 만난 적이 있다.

(d) 두 사람이 다른 부서에 속해 있다.

[해설]

대화 초반부에 남자는 마케팅부의 직원임을 언급하고 있고(I'm training in Marketing) 여자는 대화 후반부에 연구개발부 소속임을 알리고 있으므로(I'm in Research and Development) 이를 통해 알 수 있는 내용인 (d)가 정답이다.

[오답 체크]

(a) 대화 시작 부분에 여자가 남자에게 첫날인지 묻고 있으므로 남자가 처음 출근했음을 알 수 있다.

(b) 대화 초반부에 남자가 단순히 마케팅부에서 교육 받고 있다는 점만 언급되었을 뿐 여자가 교육 담당자인지는 알 수 없으므로 오답이다.

[어휘]

train v. 교육 받다, ~을 교육하다 **department** 부서 **Research and Development** 연구개발(부) **work on** ~에 대한 일을 하다, ~을 맡아 일하다

9.

Listen to a conversation at a tourist center.

M: Hello, and welcome to the St. Louis Tourist Center. What can I do for you today?

W: Hi. I just arrived from Munich, and I have yet to reserve any accommodation.

M: OK, let's get that taken care of, then. Any preference for location and cost?

W: The wedding I'm attending is downtown, so somewhere within walking distance from the venue. And I'd prefer a five-star hotel.

M: Sure. My recommendation would be for the Hilltop or the McCarthy.

W: I read good reviews about the Hilltop. I'll stay there, and for three nights please.

Q: What can be inferred from the conversation?

(a) The woman's flight was rerouted.

(b) The Hilltop is hosting the wedding.

(c) The McCarthy got favorable reviews.

(d) Both hotels are in the downtown area.

남: 안녕하세요, 그리고 St. Louis Tourist Center에 오신 것을 환영합니다. 오늘 무엇을 도와 드릴까요?

여: 안녕하세요. 제가 뮌헨에서 출발해서 막 도착했는데, 아직 숙박 시설을 예약하지 못했어요.

남: 알겠습니다, 그럼 그 문제를 처리해 드리겠습니다. 위치와 비용에 대해 선호하는 점이 있으신가요?

여: 제가 참석하는 결혼식이 시내에서 있기 때문에 거기서 걸어갈 수 있는 거리에 있으면 해요. 그리고 5성급 호텔로 하고 싶어요.

남: 네. 제가 추천해 드리고 싶은 곳은 Hilltop 또는 McCarthy입니다.

여: 제가 Hilltop에 관련된 좋은 후기를 읽은 적이 있어요. 그곳에서 머물게요, 그리고 3박으로 부탁합니다.

Q: 대화를 통해 무엇을 유추할 수 있는가?

(a) 여자의 항공편 경로가 변경되었다.

(b) Hilltop이 결혼식을 주최한다.

(c) McCarthy는 평이 좋다.

(d) 두 호텔 모두 시내 지역에 있다.

[해설]

대화 중반부에 여자가 자신이 원하는 호텔의 조건으로 시내에 있는 곳(The wedding I'm attending is downtown, so somewhere within walking distance from the venue)과 5성급 호텔(And I'd prefer a five-star hotel)을 말하자 남자가 두 곳의 호텔을 추천해 주고 있다(My recommendation would be for the Hilltop or the McCarthy). 따라서 두 호텔 모두 시내 지역에 있음을 유추할 수 있으므로 이를 언급한 (d)가 정답이다.

오답 체크

(a) 여자의 항공편 관련 정보는 제시되어 있지 않으므로 오답이다.

(b) Hilltop은 남자가 여자에게 추천해 주는 호텔 중의 하나로 언급되고 있으므로 오답이다.

어휘

have yet to do 아직 ~하지 못하다 **reserve** ~을 예약하다 **accommodation** 숙박 시설, 숙소 **get A p.p.**: A가 ~되게 하다 **take care of** ~을 처리하다 **preference** 선호(하는 것) **within walking distance** 도보 거리 **venue** (행사) 장소 **prefer** ~을 선호하다 **recommendation** 추천 **review** 후기, 의견, 평가 **reroute** ~의 경로를 변경하다 **host** ~을 주최하다 **favorable** 호의적인

10.

Listen to a conversation between two friends.

W: That hat looks so stylish on you. Where did you get it?

M: I got a great deal on it at a store called Mad Hatter. It's holding a sales event now.

W: Oh, I've driven by there before. It's on Murdoch Avenue, right?

M: Yep, on the right side. I've never seen so many cool hats.

W: I'll stop by sometime and pick up something for myself.

M: You should go this weekend. That's when the sale ends.

Q: Which is correct according to the conversation?

(a) The man has worked at Mad Hatter before.

(b) The man bought a new hat at a discounted price.

(c) The woman was impressed with Mad Hatter's collection.

(d) The woman isn't interested in shopping for hats.

여: 네가 그 모자를 쓰니까 정말 세련되어 보여. 어디서 산 거야?

남: Mad Hatter라는 매장에서 아주 좋은 가격에 구입했어. 지금 할인 행사를 열고 있거든.

여: 아, 전에 그쪽으로 차를 타고 가 본 적이 있어. Murdoch Avenue에 있는 것 맞지?

남: 응, 오른편에. 난 멋진 모자들이 그렇게 많은 걸 한 번도 본 적이 없어.

여: 나도 언제 한 번 들러서 뭔가 사야겠다.

남: 이번 주말에 가 봐. 그때 세일 행사가 끝나거든.

Q: 대화에 따르면 무엇이 옳은 내용인가?

(a) 남자는 전에 Mad Hatter에서 일해 본 적이 있다.

(b) 남자는 할인된 가격으로 새 모자를 샀다.

(c) 여자는 Mad Hatter의 보유 제품에 대해 깊은 인상을 받았다.

(d) 여자는 모자 쇼핑을 하는 데 관심이 없다.

해설

대화 초반부에 여자가 남자에게 언급하는 모자와 관련해 남자가 좋은 가격에 구입했다며 할인 행사 중이라고(I got a great deal on it at a store called Mad Hatter. It's holding a sales event now) 말하고 있으므로 (b)가 정답임을 알 수 있다.

오답 체크

(a) 남자의 근무 경험과 관련된 내용은 제시되어 있지 않으므로 오답이다.

(c) 대화 후반부에 여자가 한 번 들러 봐야겠다고 말하는 것으로 보아 아직 해당 매장에 가 보지 않았음을 알 수 있으므로 오답이다.

어휘

get a great deal on ~를 아주 좋은 가격에 구입하다, 아주 좋은 조건으로 사다 **hold** ~을 열다, 개최하다 **drive by** ~쪽으로 차를 운전해 가다 **on the right side** 오른편에 **stop by** 들르다 **pick up** ~을 구입하다, 가져 오다, 고르다 **at a discounted price** 할인된 가격에 **be impressed with** ~에 깊은 인상을 받다 **collection** 제품들, 제품 종류

UNIT 19 직청직해 연습

기출 Check-up Test
본문 p. 137

1. (b) **2.** (d) **3.** (c) **4.** (a) **5.** (c) **6.** (b)
7. (b) **8.** (d) **9.** (d) **10.** (c)

1.

Listen to a conversation at an office.

M: How many applications do we have for the Web developer position we posted?

W: Actually, there have only been a few so far.

M: But it's been up since last Wednesday, more than a week ago.

W: Right, but there have still been only five applicants.

M: Well, that's OK; no need to worry. This is why we put it up so early.

W: Right, there's plenty of time. We'll see more interest next week.

Q: What is mainly being discussed in the conversation?

(a) The benefits package at a company

(b) The amount of responses to a job posting

(c) The difficulties of finding a good job

(d) The deadline for a position to be filled

남: 우리가 게시한 웹 개발자 직책에 대해 얼마나 많은 지원서를 받았나요?

여: 실은, 지금까지 몇 개 밖에 없었습니다.

남: 하지만 지난 수요일 이후로 계속 올려져 있었잖아요, 일주일도 넘게요.

여: 맞습니다, 하지만 그럼에도 불구하고 겨우 5명의 지원자 밖에 없었어요.

남: 그래도 괜찮아요. 걱정할 필요 없습니다. 이게 바로 우리가 공고를 그렇게 일찍 낸 이유예요.

여: 맞아요, 시간이 많이 있으니까요. 다음 주에 더 많은 관심을 받게 될 거예요.

Q: 대화에서 주로 무엇이 이야기되고 있는가?

(a) 회사의 복지 혜택
(b) 구인 공고에 대한 반응 정도
(c) 좋은 일자리를 찾는 것의 어려움
(d) 인원 충원에 대한 마감 시한

[해설]

대화 시작 부분에 남자가 구인 공고와 관련해 받은 지원서의 숫자를 묻자(How many applications do we have ~) 여자가 몇 개 밖에 없다고(there have only been a few so far) 알리고 있고, 이어서 중반부에 다시 지원자가 5명뿐이라고(there have still been only five applicants) 말하고 있다. 따라서 해당 구인 공고에 대한 사람들의 반응과 관련된 대화임을 알 수 있으므로 이를 언급한 (b)가 정답이다.

[오답 체크]

(c) 좋은 일자리가 아닌 화자들이 일하는 곳의 구인 공고와 관련된 대화이므로 오답이다.
(d) 인원 충원을 완료해야 하는 시점과 관련된 내용은 제시되어 있지 않으므로 오답이다.

[어휘]

application 지원(서) **developer** 개발자 **post** ~을 게시하다, 공고하다 **actually** 실은, 사실은 **a few** 몇몇, 몇 개 **so far** 지금까지 **be up** 올려져 있다 **since** ~ 이후로 **more than** ~가 넘는 **applicant** 지원자 **put A up**: A를 게시하다, 부착하다 **plenty of** 많은, 충분한 **interest** 관심 **benefits package** 복지 혜택 **amount of responses** 반응 정도, 반응 수준 **job posting** 구인 공고 **deadline** 마감 시한 **fill** ~을 충원하다, 채우다

2.

Listen to a conversation between two acquaintances.

W: Hey, Paul! Long time no see!
M: Wow! Hi, Claire! It's been a while!
W: Definitely. What are you getting up to these days?
M: I just opened my own barber shop downtown.
W: Oh, great! That sounds cool.
M: Well, it won't make me rich, but it's my passion. What about you?
W: Me? I'm still down at Westfront Shipping.

Q: What is the woman doing according to the conversation?

(a) Meeting with a new friend
(b) Organizing an outing with a friend
(c) Inquiring about a new business
(d) Running into an old acquaintance

여: 안녕, Paul! 정말 오랜만이야!
남: 와우, 안녕, Claire! 오랜만이다!
여: 정말 그래. 요즘 어떻게 지내고 있는 거야?
남: 시내에 내 미용실을 막 개장했어.
여: 아, 잘됐다! 멋진데.
남: 음, 그게 부자로 만들어 주진 않겠지만, 내가 가장 열정적으로 하는 일이니까. 넌 어때?
여: 나? 난 Westfront Shipping에 아직 다니고 있지.

Q: 대화 내용에 따르면 여자는 무엇을 하고 있는가?

(a) 새로운 친구와 만나는 일
(b) 친구와 소풍을 준비하는 일
(c) 새로운 사업에 관해 문의하는 일
(d) 오랜 지인과 우연히 만나는 일

[해설]

대화 시작 부분에 두 사람이 서로 오랜만이라는 인사를 주고받은 후에 (Hey, Paul! Long time no see!와 Wow, hi, Claire! It's been a while!) 그 동안의 안부를 묻는 것으로 대화가 진행되고 있으므로 오랜 지인과의 우연한 만남을 의미하는 (d)가 정답이다.

[오답 체크]

(a) 두 사람이 서로 오랜만이라고 인사를 하는 것은 처음 만난 사이가 아님을 뜻하므로 오답이다.
(c) 서로 오랜만에 만나 안부를 묻는 상황이며 사업 문의와 관련된 내용은 제시되어 있지 않으므로 오답이다.

[어휘]

Long time no see 정말 오랜만이야 **It's been a while** 오랜만이야 **What are you getting up to?** 어떻게 지내고 있어? **barber shop** 미용실, 이발소 **downtown** 시내에 **cool** 멋진, 끝내 주는 **make A 형용사**: A를 ~한 상태로 만들다 **passion** 열정(적으로 하

는 일) **What about ~?** ~는 어때? **be still down at** ~에 아직 계속 있다 **organize** ~을 준비하다, 조직하다 **outing** 소풍, 야유회 **inquire about** ~에 관해 문의하다 **run into** ~와 우연히 만나다, 마주치다 **acquaintance** 지인, 아는 사람

3.

Listen to a conversation between two friends.

M: Are you watching that action movie again?

W: No, this is a documentary called *The Future is Wired*.

M: What's it about?

W: The near future when robots will be in every house.

M: What kind of robots?

W: Ones that will help with chores, perhaps even A.I. systems that can oversee everything in our home.

M: Well, we're already dependent enough on machines.

Q: What are the speakers discussing?

(a) Their worries about people losing jobs to robots

(b) The kind of technology they're looking forward to

(c) The upcoming role of robots in households

(d) The importance of advanced robotics in the workplace

남: 그 액션 영화를 또 보고 있는 거야?

여: 아냐, 이건 The Future is Wired라는 제목의 다큐멘터리야.

남: 뭐에 관한 건데?

여: 모든 집에 로봇이 존재하는 가까운 미래 시대.

남: 무슨 로봇?

여: 집안일을 돕는 로봇인데, 아마 집안의 모든 일을 관리하는 인공 지능 시스템도 있는 것 같아.

남: 음, 우린 이미 기계에 충분히 많이 의존하고 있는 것 같은데.

Q: 화자들은 무엇에 관해 이야기하고 있는가?

(a) 로봇 때문에 실직하는 사람들에 대한 걱정

(b) 앞으로 나오길 기대하고 있는 기술의 종류

(c) 가정에서 로봇이 곧 하게 될 역할

(d) 진보된 로봇 공학이 직장에서 차지하는 중요성

해설

여자가 자신이 보고 있는 다큐멘터리가 미래의 가정용 로봇과(The near future when robots will be in every house) 관련된 것이라고 말한 후에 그 로봇들이 하게 되는 일들을(Ones that will help with chores, ~) 언급하는 것으로 대화가 전개되고 있으므로 가정에서 로봇이 하게 될 역할을 의미하는 (c)가 정답이다.

오답 체크

(a) 로봇으로 인한 실직에 관련된 정보는 제시되어 있지 않으므로 오답이다.

(b) 앞으로의 기술 종류가 아닌 가정용 로봇이 하게 될 일을 말하는 대화이므로 오답이다.

어휘

help with ~하는 것을 돕다 **chores** 집안일, 허드렛일 **A.I.** 인공 지능 **oversee** ~을 관리하다, 감독하다 **be dependent on** ~에 의존하다 **worry about** ~에 대한 걱정 **look forward to** ~을 고대하다 **upcoming** 곧 있을, 다가오는 **role** 역할 **household** 가정 **advanced** 진보한, 발전된 **robotics** 로봇 공학

4.

Listen to a conversation between two friends.

W: I need to sell my road bike, but it hasn't been easy.

M: What's your asking price? I bet you're not giving it away.

W: I paid top dollar for it, so I'm starting at 1,500 dollars.

M: Well, mystery solved. That's way too steep.

W: It's a top-end model. This price is a steal.

M: It might be on the market for a while, then.

Q: Which is correct according to the conversation?

(a) The woman is struggling to sell her bike.

(b) The man is willing to purchase the woman's bike.

(c) The woman bought the bike for $1,500.

(d) The man thinks the woman's price is fair.

여: 내 도로용 자전거를 팔아야 하는데, 쉽지 않네.

남: 제시 가격이 얼만데? 거저 주지는 않을 거 아냐.

여: 큰 돈을 주고 구입한 거라서 1,500달러에서 시작하는 거야.

남: 그럼, 수수께끼가 풀렸네. 그건 너무 많이 비싸.

여: 최고급 모델이란 말이야. 이 가격이면 거저지.

남: 그럼 한동안 판매 시장에 계속 나와 있겠네.

Q: 대화에 따르면 무엇이 옳은 내용인가?

(a) 여자가 자전거를 파는 데 큰 어려움을 겪고 있다.

(b) 남자가 여자의 자전거를 구입할 의향이 있다.

(c) 여자가 1,500달러에 해당 자전거를 구입했다.

(d) 남자는 여자의 가격이 타당하다고 생각한다.

해설

대화를 시작하면서 여자가 자신의 도로용 자전거를 팔아야 하지만 쉽지 않은 상황이라고(I need to sell my road bike, but it hasn't been easy) 말한 후에 판매가 쉽지 않은 원인과 관련된 내용으로 대화가 전개되고 있으므로 이와 같은 어려움을 언급한 (a)가 정답이다.

(b) 남자의 구입 의사와 관련된 내용은 제시되어 있지 않으므로 오답이다.

(c) '1,500달러'라는 금액은 여자가 자신의 자전거를 팔 때 받고 싶어 하는 금액이므로 오답이다.

(d) 대화 중반부에 남자는 여자가 원하는 금액이 너무 비싸다고 말하고 있으므로 오답이다.

asking price (파는 사람이 원하는) 제시 가격 **give A away**: A를 거저 주다 **pay top dollar for** ~에 대해 많은 돈을 지불하다 **solve** ~을 해결하다, 풀다 **way** (강조) 너무 **steep** (터무니없이) 비싼 **top-end** 최고급의, 가장 비싼 **on the market** 시장에 나와 있는 **for a while** 한동안 **then** 그럼, 그렇다면 **struggle to do** ~하는 데 큰 어려움을 겪다 **be willing to do** ~할 의향이 있다, 기꺼이 ~하다 **fair** 타당한, 공정한, 공평한

5.

Listen to a conversation at a work place.

M: I need you to work overtime for the next month.
W: Without overtime pay, I won't do it.
M: We need someone here who can oversee the project, though.
W: Well, how about giving me a promotion?
M: You know that would be up to the branch manager.
W: I'll talk to him then. It's only fair.

Q: What is the woman mainly doing during the conversation?
(a) Claiming she is unprepared to manage a project
(b) Convincing the man to work overtime
(c) Arguing against working overtime hours
(d) Requesting a change to her working hours

남: 다음 달에 야근을 좀 해 주셨으면 해요.
여: 야근 수당 없이는 하지 않을 겁니다.
남: 하지만 프로젝트를 관리할 수 있는 누군가가 이곳에 필요해요.
여: 그럼, 저를 승진시켜 주시는 건 어때세요?
남: 그건 지사장님에게 달린 문제라는 걸 아시잖아요.
여: 그럼 그분께 얘기해 볼게요. 그래야 공평하죠.

Q: 여자는 대화 중에 주로 무엇을 하고 있는가?
(a) 프로젝트를 관리하기에 준비가 되어 있지 않음을 주장하는 일
(b) 남자를 설득해 초과 근무를 하게 만드는 일
(c) 초과 근무 시간에 대해 반대 의견을 말하는 일
(d) 자신의 근무 시간에 대한 변경을 요청하는 일

대화 시작 부분에 남자가 언급하는 야근 요청과 관련해 여자는 야근 수당을 받아야 할 것이라는(Without overtime pay, I won't do it) 말과 승진을 시켜 달라는(Well, how about giving me a promotion?) 요청을 하는 것으로 조건을 언급하고 있다. 이는 야근

을 반대하는 일로 생각할 수 있으므로 (c)가 정답이다.

(b) 대화 시작 부분에 남자가 여자에게 야근을 하도록 요청하고 있으므로 오답이다.

(d) 여자의 근무 시간 변경과 관련된 요청 사항은 언급되고 있지 않으므로 오답이다.

work overtime 야근하다, 초과 근무하다 **overtime pay** 초과 근무 수당 **oversee** ~을 관리하다, 감독하다 **though** (문장 끝이나 중간에서) 하지만, 그런데 **how about ~?** ~는 어때요? **give A a promotion**: A를 승진시키다 **be up to** ~에게 달려 있다 **branch** 지사, 지점 **then** 그럼, 그렇다면 **fair** 공평한, 타당한 **claim (that)** ~라고 주장하다 **unprepared** 준비가 되어 있지 않은 **convince A to do**: A를 설득해 ~하게 만들다 **argue against** ~에 반대하다, 반론하다 **request** ~을 요청하다

6.

Listen to a conversation talking about a speech.

W: Walter gave his big speech this evening. Did you catch it?
M: Yeah. The audience was really into it.
W: I had hoped he'd avoid mentioning the data leaks.
M: It's a touchy topic right now.
W: I'm sure we'll hear about it Monday morning.
M: I know what you mean.

Q: Which is correct about Walter?
(a) He didn't bring up the data leaks issue.
(b) He talked about a sensitive subject.
(c) He repeated ideas from another speech.
(d) He calmed the listeners' worries about a problem.

여: Walter 씨가 오늘 저녁에 아주 중요한 연설을 하셨어요. 보러 가셨어요?
남: 네 청중들이 정말로 깊이 빠져 들었어요.
여: 저는 그가 데이터 유출 문제에 대한 언급을 피하기를 바랐었어요.
남: 그건 지금 민감한 주제죠.
여: 분명 월요일 아침에 그 일에 관한 얘기를 듣게 될 거예요.
남: 무슨 말씀이신지 알아요.

Q: Walter 씨에 관해 무엇이 옳은 내용인가?
(a) 데이터 유출 문제 얘기를 꺼내지 않았다.
(b) 민감한 주제에 관해 이야기했다.
(c) 다른 연설에서 얘기한 아이디어들을 반복했다.
(d) 한 문제에 대한 청중들의 우려를 진정시켰다.

여자가 대화 초반부에 Walter 씨가 연설한 사실과 함께(Walter

gave his big speech ~) 그가 데이터 유출 문제를 언급하지 않기를 바랐다고(I had hoped he'd avoid mentioning the data leaks) 밝히고 있는데, 이는 그 바람과 달리 실제로 언급했음을 의미하는 말이다. 이에 남자가 민감한 주제(touchy topic)라고 동조하고 있다. 따라서 민감한 얘기를 한 사실을 말한 (b)가 정답이다.

(a) 여자가 대화 중반부에 Walter 씨가 실제로 데이터 유출 문제를 얘기했음을 말하고 있으므로 오답이다.
(d) 대화 내용으로 볼 때 데이터 유출 문제를 언급하지 않는 것이 청중들을 진정시키는 방법이었던 것으로 생각할 수 있으므로 오답이다.

give a speech 연설하다 **catch** ~을 보다, 듣다 **audience** 청중, 관객 **into** ~에 빠져 든, 열중한 **avoid -ing** ~하는 것을 피하다 **mention** ~을 언급하다 **leak** 유출, 누출 **touchy** 민감한 **bring up** (말 등) ~을 꺼내다 **issue** 문제, 사안 **sensitive** 민감한 **repeat** ~을 반복하다 **calm** v. ~을 진정시키다 **worry** 우려, 걱정

7.

Listen to a conversation at an airport.

M: Could you just step this way and open your bag, ma'am?
W: But, I have nothing to declare.
M: I understand that, but we'd like to check your bag.
W: Okay, then, here it is.
M: Did you bring this MP3 player for resale?
W: It's for my own personal use.
M: How about these digital watches?
W: They're presents for my family.

Q: What can be inferred from the conversation?

(a) The man will be warned by customs.
(b) The man is suspicious of the woman's belongings.
(c) The woman is smuggling some products.
(d) The woman will have to pay a fine.

남: 이쪽으로 나오셔서 가방을 좀 열어 주시겠습니까?
여: 하지만 저는 신고할 게 없어요.
남: 알고 있습니다만, 들고 계신 가방을 확인해 보고자 합니다.
여: 알겠어요, 그럼, 여기 있어요.
남: 이 MP3 플레이어는 재판매를 위해 가져 오신 건가요?
여: 제 개인용으로 사용하는 거예요.
남: 이 디지털 시계들은요?
여: 가족에게 줄 선물이에요.

Q: 대화를 통해 무엇을 유추할 수 있는가?
(a) 남자가 세관으로부터 주의를 받을 것이다.
(b) 남자가 여자의 소지품을 의심하고 있다.
(c) 여자가 일부 제품을 밀반입하고 있다.
(d) 여자가 벌금을 내야 할 것이다.

대화 초반부에 여자가 신고할 것이 없다고(I have nothing to declare) 말한 것에 대해 남자가 가방을 확인해야 한다고(we'd like to check your bag) 말하면서 몇 가지 물품의 용도를 묻는 것으로 대화가 진행되고 있다. 이를 통해 남자가 여자의 물품들을 의심하고 있음을 알 수 있으므로 (b)가 정답이다.

(a) 대화 내용으로 보아 남자가 세관 직원임을 알 수 있으므로 오답이다.
(c) 남자가 여자의 물품을 확인하면서 용도를 묻는 질문을 하는 상황인데, 이것만으로는 밀반입 여부를 알 수 없으므로 오답이다.
(d) 마찬가지로, 대화 속 상황만으로는 여자가 벌금 납부 대상자인지 알 수 없으므로 오답이다.

this way 이쪽으로 **declare** (세관에서) ~을 신고하다 **resale** 재판매, 전매 **How about ~?** ~는 어때요? **present** n. 선물 **warn** ~에게 주의를 주다, 경고하다 **customs** 세관 **be suspicious of ~** 을 의심하다 **belongings** 소지품 **smuggle** ~을 밀반입하다, 밀수하다 **pay a fine** 벌금을 내다

8.

Listen to a conversation at a pharmacy.

W: Hello, I'm here to refill my prescription for my allergy medicine, Teracil.
M: OK. We also have the generic brand available if you're interested.
W: I haven't tried it. Is there any difference?
M: Not at all, except for the lower price.
W: I'll try it, then. Here's my prescription.
M: Oh, I'm sorry, but you're out of refills.
W: What? I didn't know they were limited.
M: You need to call your doctor's office and schedule an appointment.

Q: Which of the following can be inferred from the talk?

(a) The man needs to contact his doctor.
(b) The generic brand is less effective than Teracil.
(c) The woman's doctor expected her condition to clear up.
(d) The woman will not get her prescription now.

여: 안녕하세요, 제 알레르기 약인 Teracil을 처방전대로 조제 받으러 왔어요.

남: 알겠습니다. 관심 있으시면 상표 없는 약품도 구매 가능합니다.

여: 먹어 본 적이 없어요. 뭐가 다른가요?

남: 전혀 그렇지 않습니다, 가격이 더 낮다는 점만 제외하면요.

여: 그럼 한 번 먹어 볼게요. 여기 제 처방전입니다.

남: 아, 죄송하지만, 다시 조제하는 횟수가 다 되었네요.

여: 뭐라고요? 제한이 있는지 몰랐어요.

남: 병원에 전화하셔서 예약 일정을 잡으셔야 합니다.

Q: 대화를 통해 다음 중 무엇을 유추할 수 있는가?

(a) 남자가 자신의 담당 의사에게 연락해야 한다.

(b) 상표 없는 제품이 Teracil보다 효과가 덜 하다.

(c) 여자의 의사는 여자의 상태가 아주 좋아질 것으로 예상했다.

(d) 여자는 지금 처방약을 받지 못할 것이다.

해설
대화 시작 부분에 여자가 처방약 조제를 하려 한다고 말한 후에, 중반부에 가서 남자가 조제 횟수가 다 되었다고(you're out of refills) 알리면서 병원에 전화해서 예약을 하라고(You need to call your doctor's office and schedule an appointment) 말하고 있다. 이는 여자가 가져온 처방전대로 약을 조제할 수 없음을 의미하는 것이므로 (d)가 정답이다.

오답 체크
(a) 대화 마지막에 남자가 여자에게 처방전을 받을 수 있도록 의사에게 전화하라고 하므로 오답이다.

(b) 상표 없는 제품과 관련해 남자가 전혀 다르지 않다고 알려주고 있으므로 오답이다.

어휘
refill one's prescription 처방전대로 약을 다시 조제 받다
have A available: 구매 가능한 A가 있다, 이용 가능한 A가 있다
generic brand 상표 없는 제품 **try** 한 번 먹어 보다, 시도해 보다
Not at all 전혀 아니다 **except for** ~을 제외하면 **then** 그럼, 그렇다면 **out of** ~가 다 떨어진, 다 된, 다 쓴 **limited** 제한된, 한정된 **schedule** ~의 일정을 잡다 **appointment** 예약, 약속 **contact** ~에게 연락하다 **effective** 효과가 있는 **expect A to do**: A가 ~할 것으로 예상하다, 기대하다 **clear up** (몸 상태가) 아주 좋아지다, 병이 없어지다

9.

Listen to a conversation between two friends.

M: I hear you got a new job at Wellspring Financial.

W: Yeah. I'm in the loan counseling department.

M: Still not a management position then?

W: No. Even with all my experience, I'm still only offered entry-level positions.

M: I'm sure you can easily get promoted there.

W: Well, I certainly hope so. I'll work hard for it.

Q: What can be inferred about the woman?

(a) She was laid off from her previous job.

(b) She is content with having fewer job responsibilities.

(c) She doubts the benefits of accepting a promotion.

(d) She could not find work suitable to her experience.

남: 내가 듣기로는 Wellspring Financial 사에 새 일자리를 얻었다면서.

여: 응. 대출 상담 부서에 있어.

남: 그럼 아직도 관리자 직책은 아닌거야?

여: 아니야. 내 모든 경력에도 불구하고, 아직도 말단 직책 밖에 제안받지 못해.

남: 분명 그곳에서는 쉽게 승진되실 수 있을 거야.

여: 꼭 그렇게 되길 바라고 있어. 열심히 노력해야지.

Q: 여자에 관해 무엇을 유추할 수 있는가?

(a) 이전 직장에서 해고되었다.

(b) 직무가 더 적은 것에 대해 만족하고 있다.

(c) 승진 수락에 대한 혜택에 의문을 갖고 있다.

(d) 경력에 어울리는 일자리를 찾을 수 없었다.

해설
여자의 일자리와 관련해 남자가 대화 중반부에 관리자 직책이 아니냐고 묻는 것에 대해(Still not a management position then?) 여자가 자신의 경력에도 불구하고 아직도 말단 직책에서만 일한다고(Even with all my experience, I'm still only offered entry-level positions) 말하는 부분을 통해 경력에 맞는 일자리를 찾지 못했음을 알 수 있다. 따라서 이에 해당되는 내용인 (d)가 정답이다.

오답 체크
(a) 여자의 해고 경험과 관련된 정보는 제시되어 있지 않으므로 오답이다.

(b) 업무량과 관련된 만족도는 언급되어 있지 않으므로 오답이다.

(c) 승진에 대한 혜택과 관련된 정보는 제시되어 있지 않으므로 오답이다.

어휘
loan 대출, 융자 **counseling** 상담 **management position** 관리자 직책 **then** 그럼, 그렇다면 **even with** ~가 있다 하더라도, ~에도 불구하고 **offer A B**: A에게 B를 제안하다, 제공하다 **entry-level position** 말단 직책, 신입 일자리 **get promoted** 승진되다 **certainly** 꼭, 분명히 **lay off** ~을 해고하다 **previous** 이전의, 과거의 **be content with** ~에 만족하다 **job responsibility** 직무 책임 **doubt** ~에 의문을 갖다, 확신하지 못하다 **benefit** 혜택, 이득 **accept** ~을 수락하다, 받아 들이다 **promotion** 승진 **suitable to** ~에 어울리는, 적합한

10.

Listen to a conversation between two friends.

W: Word on the street is that your brother is having money problems.

M: Yeah, he's been in a rough spot lately.

W: What happened? I thought he had a bright future ahead of him.

M: Well, he got talked into a pyramid scheme by some shady acquaintances, not once but twice!

W: No wonder he's broke. What's he going to do?

M: He's moved back home, but it'll be a long road.

W: He's always been smart. I'm sure he'll be OK.

Q: Which can be inferred about the man's brother from the talk?

(a) The poor economy caused his financial problems.

(b) He is not happy with his new home.

(c) He easily gives in to peer pressure.

(d) He is receiving monetary help from his family.

여: 밖에 들리는 소문에는 네 남동생이 돈 문제를 겪고 있다던데.

남: 응, 최근에 계속 곤란한 입장에 있었어.

여: 무슨 일인데? 네 동생에게는 밝은 앞날이 있을 거라고 생각했는데.

남: 그게, 좀 수상쩍은 지인들이 하는 말에 넘어 가서 다단계 회사 일을 하게 됐는데, 한 번도 아니고 두 번이나!

여: 네 동생이 돈이 없는 게 이상한 일도 아니네. 그래서 어떻게 한대?

남: 집으로 다시 들어왔는데, 갈 길이 멀어.

여: 그는 항상 똑똑했잖아. 분명 괜찮아질 거야.

Q: 대화를 통해 남자의 남동생에 관해 무엇을 유추할 수 있는가?

(a) 침체된 경기 때문에 그의 재정 문제가 초래됐다.

(b) 그는 새 집을 마음에 들어 하지 않는다.

(c) 동료 집단에게서 받는 압력에 쉽게 넘어 간다.

(d) 가족으로부터 금전적인 도움을 받고 있다.

해설

남자가 대화 중반부에 동생의 일과 관련해 지인들의 말에 넘어 가서 좋지 않은 일을 두 번이나 겪었음을 말한 것으로(he got talked into a pyramid scheme by some shady acquaintances, not once but twice!) 볼 때 주변 사람들의 말에 쉽게 흔들리는 성향임을 알 수 있다. 따라서 이와 같은 의미에 해당되는 (c)가 정답이다.

오답 체크

(a) 문제의 원인으로 언급되는 것이 침체된 경기가 아니므로 오답이다.

(d) 가족으로부터 금전적인 도움을 받는지는 언급되어 있지 않으므로 오답이다.

어휘

Word on the street is that 밖에서 ~라는 소문이 들리다 **rough**

곤란한, 힘든, 골치 아픈 **spot** 입장, 처지 **lately** 최근에 **ahead of ~** 앞에 **get talked into A by B**: B의 말에 넘어 가서 A하게 되다 **shady** 수상쩍은 **acquaintance** 지인, 아는 사람 **No wonder 주어 동사**: ~한 게 이상하지도 않다 **broke** 돈이 없는, 파산한 **long road** 머나먼 길, 시간이 오래 걸리는 일 **poor economy** 침체된 경기 **cause** ~을 초래하다, 야기하다 **financial** 재정의, 재무의 **give in to** ~에 쉽게 넘어 가다, 쉽게 응하다 **peer pressure** 동료 집단에 의한 압력 **monetary** 금전적인

본문 p. 138

Part 3 TEST

21. (a) **22.** (c) **23.** (a) **24.** (b) **25.** (a) **26.** (d)
27. (c) **28.** (b) **29.** (a) **30.** (b)

21.

Listen to a conversation between two co-workers.

M: So, are you going to take that big promotion?

W: I can't pass it up, but I'm a little hesitant.

M: Why? It will be a great career move.

W: Yeah, but it comes with a lot of extra responsibilities.

M: Well, you'll adjust to them. You're a dedicated worker.

W: I know, but I'm not even sure I want to stay at this company.

Q: What is the main topic of the conversation?

(a) The woman's doubts about a career opportunity

(b) The woman's reasons for applying for a job

(c) The woman's struggles to obtain a job

(d) The woman's future work plans

남: 그래서, 그 엄청난 승진을 받아 들이실 건가요?

여: 거절할 수는 없지만, 조금 망설여져요.

남: 왜요? 경력상에서 아주 좋은 변화가 될 거예요.

여: 네, 하지만 많은 추가적인 책임들이 딸려 있어요.

남: 저, 적응하시게 될 거예요. 헌신적인 직원이시잖아요.

여: 알아요, 하지만 전 심지어 이 회사에 계속 다니고 싶은 건지조차 모르겠어요.

Q: 대화의 주제는 무엇인가?

(a) 경력상의 기회에 대한 여자의 의문

(b) 여자가 한 일자리에 지원하려는 이유

(c) 일자리를 얻기 위한 여자의 치열한 노력

(d) 여자의 향후 업무 계획

여자가 승진과 관련해 대화 중반부에는 망설여진다는(I'm a little hesitant) 말을, 마지막에는 현재 회사에 계속 다녀야 하는지 모르겠다는(I'm not even sure I want to stay at this company) 생각을 밝히고 있으므로 이와 같은 여자의 마음을 doubts으로 표현한 (a)가 정답이다.

오답 체크
(b) 이미 근무 중인 회사에서 승진되는 것과 관련된 대화이므로 오답이다.
(c) 마찬가지로, 현재 한 회사에서 이미 근무 중인 상황이므로 오답이다.
(d) 업무 관련 계획과 관련된 대화가 아니므로 오답이다.

어휘
promotion 승진, 진급 **pass up** (기회 등을) 거절하다, 포기하다 **hesitant** 망설이는, 주저하는 **move** 변화, 움직임, 조치 **come with** ~가 딸려 있다, ~을 포함하다 **extra** 추가의, 별도의 **responsibility** 책임, 책무 **adjust to** ~에 적응하다 **dedicated** 헌신적인 **even** 심지어 **doubt** 의구심, 의문, 의혹 **opportunity** 기회 **apply for** ~에 지원하다 **struggle** n. 치열한 노력, 몸부림 **obtain** ~을 얻다

22.

Listen to a conversation at a computer store.

W: Do you know which software package you would like, sir?
M: Oh, the basic one will be fine.
W: Well, you'll be able to do a lot with that, but the premium package has so much more.
M: I know, but the price is rather steep.
W: The included editing software alone makes it worth it.
M: Hmm… Maybe I'll buy some add-ons later.

Q: What is the woman mainly trying to do?

(a) Explain why the basic package is insufficient
(b) Help the man save money on computer software
(c) Convince the man to purchase a more extensive package
(d) Demonstrate how to use two different software packages

여: 어느 소프트웨어 패키지를 원하시는지 알고 계신가요, 고객님?
남: 아, 기본 패키지가 괜찮을 것 같아요.
여: 저, 그것으로 많은 것을 하실 수 있기는 하지만, 프리미엄 패키지에 훨씬 더 많은 혜택이 있습니다.
남: 저도 알고 있긴 한데, 가격이 좀 많이 비싸네요.
여: 포함되어 있는 편집용 소프트웨어 자체만으로도 그만한 가치가 있습니다.
남: 흠… 아마 나중에 부가 제품을 구입해야 할 것 같아요.

Q: 여자는 주로 무엇을 하기 위해 노력하는 중인가?

(a) 기본 패키지가 왜 불충분한지 설명하는 일
(b) 남자가 컴퓨터 소프트웨어 들이는 돈을 절약하도록 돕는 일
(c) 남자를 설득해 더 폭넓은 패키지를 구입하게 만드는 일
(d) 두 가지 다른 소프트웨어 패키지 사용법을 시연하는 일

해설
기본 패키지를 원하는 남자에게 여자가 프리미엄 패키지에 훨씬 더 많은 혜택이 있다고(but the premium package has so much more) 알리면서 그 예시로 편집용 소프트웨어의 가치를(The included editing software alone makes it worth it) 말하는 상황이므로 더 나은 패키지 구매 권유를 의미하는 (c)가 정답이다.

오답 체크
(a) 여자는 기본 패키지도 좋다고 말하고, 그에 더해 프리미엄 패키지를 소개하고 있으므로 오답이다.
(d) 여자는 더 좋은 패키지를 구입하도록 권유만 하고 있으며, 시연을 하는 상황은 아니므로 오답이다.

어휘
would like ~을 원하다, ~을 마음에 들어 하다 **rather** 좀, 다소, 약간 **steep** 너무 비싼, 가격이 터무니 없는 **add-on** 부가 제품 **insufficient** 불충분한 **help A do**: A가 ~하는 것을 돕다 **convince A to do**: A를 설득해 ~하게 하다 **extensive** 폭넓은 **demonstrate** ~을 시연하다, 시범을 보이다 **how to do** ~하는 법

23.

Listen to two friends discuss a new movie.

W: Have you seen *Spiderdogs 2*? It's way better than I expected!
M: Yeah, I can't believe the critics are calling it a disaster!
W: They're not judging it on its own terms.
M: Right. It's unfair to compare it with the first film.
W: Exactly. A sequel's never going to be as fresh as the original.
M: Let's hope the negativity doesn't spell the end for the series.

Q: What are the man and woman mainly saying about the movie *Spiderdogs 2*?

(a) It has received overly harsh criticism.
(b) It is likely to be the final film in the series.
(c) It has been unfairly compared with classic films.
(d) It is less successful than its predecessor.

여: <스파이더독스 2> 봤어? 내 예상보다 훨씬 더 좋았어!
남: 응, 평론가들이 실패작이라고 부르는 게 믿기지 않을 정도야!
여: 그 사람들은 작품을 있는 그대로 평가하지 않고 있어.
남: 맞아. 1편과 비교하는 건 공평하지 못해.
여: 그러니까. 속편은 절대로 전편만큼 신선할 수 없잖아.
남: 부정적인 평가 때문에 이 시리즈가 종말을 맞지 않기를 빌어 보자.

Q: 남자와 여자는 영화 <스파이더독스 2>과 관련해 주로 무슨 말을 하는가?

(a) **지나치게 가혹한 비판을 받았다.**
(b) 그 시리즈의 최종편이 될 가능성이 있다.
(c) 고전 영화들과 불공평하게 비교되어 왔다.
(d) 전작보다 덜 성공적이다.

해설

영화가 좋았다는 여자에게 남자 역시 평론가들이 실패작이라고 하는 것에(the critics are calling it a disaster) 동의하지 못하고 있고, 영화를 있는 그대로 평가하지 않고 1편과 비교하는 것이 부당하다는 의견을(It's unfair to compare it with the first film) 나누고 있다. 이는 평론가들이 영화를 너무 비판적으로 평가한 것에 대한 반응으로 볼 수 있으므로 (a)가 정답이다.

오답 체크

(c) 영화의 전작과 비교되었다는 말이 언급돼 있긴 하지만, 고전 영화들과 비교되었다는 말은 언급하지 않았으므로 오답이다.
(d) 평론가들이 영화에 대해 실패작이라고 평했다는 것에 대한 언급이 있으나 실제로도 전작보다 덜 성공적이라는 사실은 알 수 없으며, 대화에서 주로 언급되는 것 또한 아니므로 오답이다.

어휘

way (비교급 수식) 훨씬 expect ~을 예상하다, 기대하다 critic 평론가, 비평가 disaster 실패작, 재앙, 재난 judge ~을 평가하다, 판단하다 on one's own terms ~의 있는 그대로, ~의 방식대로 unfair 불공평한, 부당한 compare A with B: A를 B와 비교하다 sequel 속편 original 원작 negativity 부정적임 spell the end for ~에 종말을 고하다 overly 지나치게 harsh 가혹한 criticism 비판, 비난 be likely to do ~할 가능성이 있다 successful 성공적인 predecessor 앞서 나온 것, 전임자

24.

Listen to a conversation between two friends.

W: Your father mentioned you're leaving for London to present some research at a conference.
M: That's right. I'll be able to catch up with a few old colleagues, too.
W: I'm jealous. I've always wanted to see London. When do you depart?
M: I have a red-eye flight leaving on Friday.
W: I hope you'll have time to rest then. When are you coming back?

M: Well, I might take the chance to do some more traveling.

Q: Why is the man going to visit London?

(a) To finish some research
(b) **To attend an event**
(c) To assist some colleagues
(d) To start a European tour

여: 네가 한 컨퍼런스에서 연구 내용을 발표하기 위해 런던으로 떠난다고 네 아버지께서 말씀하셨어.
남: 맞아. 몇몇 과거의 동료들과 만나 못다한 얘기도 할 수 있을 거야.
여: 네가 부러워. 난 항상 런던이 보고 싶었거든. 언제 출발해?
남: 금요일에 출발하는 야간 항공편을 탈 거야.
여: 그럼 좀 쉴 수 있는 시간이 있었으면 좋겠다. 언제 돌아 올 예정이야?
남: 음, 이번 기회에 여행을 좀 더 할 지도 몰라.

Q: 남자는 왜 런던을 방문할 예정인가?

(a) 일부 연구를 끝내기 위해
(b) **한 행사에 참석하기 위해**
(c) 몇몇 동료들을 돕기 위해
(d) 유럽 여행을 시작하기 위해

해설

대화 시작 부분에 여자가 남자를 you로 지칭해 한 컨퍼런스에서 연구 내용을 발표하기 위해 런던으로 떠나는 일정을(you're leaving for London to present some research at a conference) 언급하고 있으므로 행사 참석을 의미하는 (b)가 정답이다.

오답 체크

(c) 과거의 동료들과 만나는 것만 언급될 뿐, 그들을 돕는지는 알 수 없으므로 오답이다.
(d) 여행은 컨퍼런스 참석 후에 발생될 가능성이 있는 일로 언급되고 있으므로 런던 방문 목적에 해당되지 않는다.

어휘

mention (that) ~라고 말하다, 언급하다 leave for ~을 향해 떠나다, 출발하다 present ~을 발표하다, 제시하다 research 연구(물) catch up with ~와 못다한 얘기를 하다 colleague 동료 직원 depart 출발하다, 떠나다 red-eye flight 야간 항공편 rest 쉬다, 휴식하다 then 그럼, 그렇다면 take the chance to do ~할 기회를 갖다 attend ~에 참석하다 assist ~을 돕다

25.

Listen to a telephone conversation.

W: Thank you for calling the National Museum Information Center.
M: Hi. How can I get to the museum from city hall?

W: You can take bus 11, or the subway from Central Station.

M: Which is faster?

W: Both take about 30 minutes, but you'd have to transfer at Westbridge Station on the subway.

M: That's OK. I'd rather do that than take the bus.

W: Then you can get off at National Museum Station and take exit 5.

Q: Which is correct according to the conversation?

(a) The subway to the museum takes as long as the bus.

(b) The man can board the subway at City Hall Station.

(c) The man prefers to take the bus.

(d) The museum is located at exit 5 of Westbridge Station.

여: 국립 박물관 안내 센터에 전화 주셔서 감사합니다.

남: 안녕하세요. 시청에서 박물관으로 어떻게 가면 되나요?

여: 11번 버스를 타시거나, 중앙역에서 지하철을 타시면 됩니다.

남: 어느 게 더 빠르죠?

여: 둘 모두 30분 정도 걸리는데, 지하철을 타시면 웨스트브리지 역에서 환승하셔야 할 겁니다.

남: 그건 괜찮아요. 버스를 타기보다는 그렇게 하는 게 좋겠어요.

여: 그러시면, 국립박물관 역에서 하차하셔서 5번 출구로 나오시면 됩니다.

Q: 대화에 따르면 어느 것이 옳은 내용인가?

(a) 박물관으로 가는 지하철이 버스만큼 시간이 걸린다.

(b) 남자는 시청 역에서 지하철에 탑승하면 된다.

(c) 남자는 버스를 타는 것을 선호한다.

(d) 박물관이 웨스트브리지 역 5번 출구 앞에 위치해 있다.

해설

대화 중반부에 여자가 버스를 타는 방법과 지하철을 타는 방법을 언급하면서(You can take bus 11, or the subway from Central Station), 둘 다 30분 정도 걸린다고(Both take about 30 minutes) 알리고 있다. 따라서 버스와 지하철이 동일하게 시간이 걸린다는 의미에 해당되는 (a)가 정답이다.

오답 체크

(a) 여자가 남자의 길을 찾는 질문에 답하면서 지하철은 중앙역에서 탑승해야 한다고 말했으므로 오답이다.

(c) 대화 후반부에서 여자가 버스와 지하철 모두 소요되는 시간은 30분으로 비슷한 수준이지만 지하철을 이용할 경우 환승해야 한다고 말하자 남자가 괜찮다며 버스보다는 지하철을 이용해야겠다고 말하므로 오답이다.

어휘

get to ~로 가다, 오다 **take** (교통편, 길 등) ~을 타다, 이용하다, (시간이) ~의 시간이 걸리다 **transfer** 환승하다, 갈아타다 **would rather do** ~하고 싶다 **then** 그럼, 그렇다면 **get off** 하차하다, 내리다 **as 형용사/부사 as A**: A만큼 ~하게 **board** ~에 탑승하다 **prefer to do** ~하는 것을 선호하다 **be located at** ~에 위치해 있다

26.

Listen to a conversation between co-workers.

W: I heard that management is planning to hire a new office assistant in Accounting.

M: That's right. We need to find a replacement for Grant once he retires.

W: Oh, he's leaving? When will he finish?

M: Not until the end of the year, but we want him to train the recruit.

W: Well, it's graduation season. There will be a lot of new workers in the field.

M: True, but we want to hire someone who already has some experience.

Q: Which is correct according to the conversation?

(a) The opening is for a management position.

(b) Grant will retire before the replacement is hired.

(c) The woman is expecting to hire several new employees.

(d) The man does not plan to hire a recent graduate.

여: 경영진에서 회계부에 근무할 새로운 사무 보조 직원을 고용할 계획이라고 들었어요.

남: 맞아요. Grant 씨가 그만두는 대로 대체할 사람을 찾아야 하거든요.

여: 아, 그분이 그만두시는 건가요? 언제 끝나는 거죠?

남: 연말이나 되어야 하기는 하지만, 우리는 그분이 새로 채용되는 분을 교육해 주기를 원해요.

여: 저, 그때쯤이면 졸업 시즌이네요. 업계에 새로운 일손들이 많이 있을 겁니다.

남: 맞아요, 하지만 우리는 경력이 이미 있는 사람을 고용하기를 원해요.

Q: 대화에 따르면 어느 것이 옳은 내용인가?

(a) 해당 공석은 관리자 직책을 위한 것이다.

(b) Grant 씨는 대체할 사람이 고용되기 전에 그만 둘 것이다.

(c) 여자는 여러 신입 사원들을 고용할 것으로 예상하고 있다.

(d) 남자는 최근의 졸업생을 고용할 계획이 없다.

대화 후반부에 여자가 졸업 시즌에 새로운 인력이 많다고(it's graduation season. There will be a lot of new workers ~) 말하는 것에 대해 남자가 경력이 있는 사람을 고용하고 싶다고(we want to hire someone who already has some experience) 말하고 있으므로 이와 같은 방향에 해당되는 (d)가 정답이다.

오답 체크

(b) 대화 중반부에 남자가 새로 고용하는 사람을 Grant 씨가 교육해주기를 바란다는 말이 있는데, 이는 대체할 사람을 고용한 이후에 발생 가능한 일이다.

(c) Grant 씨를 대체할 사람 한 명(a replacement / the recruit)만 고용하려는 상황이므로 오답이다.

어휘

management 경영(진) **plan to do** ~할 계획이다 **hire** ~을 고용하다 **office assistant** 사무 보조 직원 **Accounting** 회계부 **replacement** 대체할 사람, 후임자 **once** ~하는 대로, ~하자마자 **retire** 그만 두다, 사임하다 **leave** 그만 두다, 떠나다 **not until A**: A나 되어야 한다 **want A to do**: A에게 ~하기를 원하다 **train** ~을 교육하다 **recruit** 신입 사원 **graduation** 졸업(식) **field** 업계, 분야 **opening** 공석, 빈 자리 **expect to do** ~할 것으로 예상하다, 기대하다 **several** 여럿의, 몇몇의 **graduate** n. 졸업생

27.

Listen to a conversation between two co-workers.

M: Good afternoon, Ms. Cole. I was told there's a problem with your computer.

W: Well, it's my laptop. It's been running really slowly.

M: When would you say it started?

W: Oh, maybe a couple days ago, on Monday.

M: Have you downloaded any new programs?

W: I installed an anti-virus program last week.

Q: Which is correct about the woman according to the conversation?

(a) Her problem has recently become less severe.

(b) Her problem began at the end of the previous week.

(c) Her laptop has been operating poorly.

(d) She has recently deleted an anti-virus program.

남: 안녕하세요, Cole 씨. 컴퓨터에 문제가 있으시다고 들었습니다.

여: 저, 제 노트북 컴퓨터 때문에요. 계속 너무 느리게 작동되고 있어요.

남: 그게 언제 그러기 시작한 것 같나요?

여: 아, 아마 며칠 전인 월요일부터 그랬던 것 같아요.

남: 어떤 새로운 프로그램이든 다운로드하신 것이 있나요?

여: 지난주에 바이러스 방지용 프로그램을 하나 설치했어요.

Q: 대화에 따르면 여자에 관해 옳은 내용은 무엇인가?

(a) 문제점이 최근 덜 심각해졌다.

(b) 문제점이 지난 주말에 시작되었다.

(c) 노트북 컴퓨터가 계속 좋지 못한 상태로 작동되고 있다.

(d) 최근 바이러스 방지용 프로그램 하나를 삭제했다.

해설

여자가 대화 초반부에 자신의 노트북 컴퓨터가 너무 느리게 작동되고 있다는(it's my laptop. It's been running really slowly) 문제점을 알리고 있으므로 이를 좋지 못한 상태로 작동되고 있다고 표현한 (c)가 정답이다.

오답 체크

(b) 컴퓨터가 느려진 문제가 Monday부터 시작되었다고 하므로 end of the previous week(지난주 금요일)에 시작되었다는 것은 오답이다.

(d) 지난주에 바이러스 퇴치 프로그램을 설치했다고(installed) 하므로 오답이다.

어휘

run (기계 등이) 작동되다, 가동되다(= operate) **When would you say 주어 동사?**: 언제 ~한 것 같은가요? **install** ~을 설치하다 **anti-virus** 바이러스 방지용의 **recently** 최근에 **less** 덜 ~한 **severe** 심각한, 극심한 **previous** 이전의, 과거의 **poorly** 좋지 못한 상태로, 형편 없이 **delete** ~을 삭제하다

28.

Listen to a conversation between two students.

W: How's your psychology experiment shaping up?

M: Well, I've planned each stage, but it will be a lot of work.

W: Have you started interviewing volunteers?

M: Not yet. I only just finished fine-tuning my hypothesis.

W: This preparation will help it run smoothly, at least.

M: Yeah, but I still need to read several of the latest articles on the topic.

Q: Which is correct about the man?

(a) He is still figuring out the structure of the experiment.

(b) He has not yet met with any volunteers.

(c) He is still re-working his hypothesis.

(d) He has read all the required material.

여: 네 심리학 실험은 어떻게 되어 가고 있는 거야?

남: 음, 각 단계를 계획해 두기는 했는데, 할 일이 많을 것 같아.

여: 자원한 사람들을 인터뷰하는 일은 시작했어?

남: 아직. 내 가설 내용을 세심하게 다듬는 일만 막 끝냈어.

여: 이 준비 작업이 적어도 네 일이 순조롭게 진행되는 데 도움이 될 거야.

남: 응, 하지만 여전히 주제와 관련해서 최근의 여러 기사들을 읽어 봐야 해.

Q: 남자에 관해 어느 것이 옳은 내용인가?

(a) 여전히 실험 체계를 파악하는 중이다.

(b) 자원한 어떤 사람들과도 아직 만나지 않았다.

(c) 여전히 자신의 가설에 대해 다시 작업하는 중이다.

(d) 필요한 모든 자료를 읽었다.

[해설]

대화 중반부에 여자가 자원한 사람들과 인터뷰를 했는지 남자에게 묻자(Have you started interviewing volunteers?) 남자가 Not yet이라는 말로 부정하고 있는데, 이는 아직 그 사람들을 만나지 않았다는 뜻이므로 이에 해당되는 (b)가 정답이다.

[오답 체크]

(a) 대화 초반부에 남자가 각 단계를 계획해 뒀다는 말이 있으므로 실험 체계가 이미 파악되었음을 알 수 있다.

(c) 대화 중반부에 남자가 가설을 세심하게 다듬는 일을 끝냈다고 했으므로 오답이다.

(d) 대화 후반부에 여전히 기사들을 읽어 봐야 한다고 밝히고 있으므로 오답이다.

[어휘]

psychology 심리학 experiment 실험 shape up 되어 가다, 전개되다 plan ~을 계획하다 volunteer 자원 봉사자 Not yet 아직 아니다 fine-tune ~을 세심하게 다듬다, 미세 조정하다 hypothesis 가설 preparation 준비 help A do: A가 ~하는 데 도움이 되다 run smoothly 순조롭게 진행되다 at least 적어도, 최소한 several 여러 가지 latest 최근의 article (신문 등의) 기사 figure out ~을 알아내다 structure 체계, 구조 required 필요한 material 자료, 재료

29.

Listen to a conversation at a real estate agency.

M: Fiona, you're not going to want to hear this, but…

W: You're canceling the apartment showing again?

M: I have to. Please break the news to the Prescotts.

W: All right, but after last time, don't be surprised if they find a new realtor.

M: I'm aware of that. Oh, and inform the landlord at Skytop Apartments, too.

W: It's too bad. It was so hard arranging this schedule with him.

Q: What can be inferred from the conversation?

(a) The man canceled a previous showing with the Prescotts.

(b) The man and woman live in Skytop Apartments.

(c) The landlord is trying to find a new realtor.

(d) The woman will close the deal by herself.

남: Fiona, 이 얘기를 듣고 싶지 않으시겠지만…

여: 아파트 소개 일정을 또 취소하시는 건가요?

남: 그래야 해요. Prescotts 측에 연락 좀 해 주세요.

여: 알겠어요, 하지만 지난 번 일도 있었기 때문에, 그쪽에서 새 부동산 중개인을 찾는다고 해도 놀라지 마세요.

남: 알고 있어요. 아, 그리고 Skytop Apartments의 건물주에게도 알려 주세요.

여: 너무 아쉽네요. 그분과 이번 일정을 잡기가 정말 힘들었거든요.

Q: 대화를 통해 유추할 수 있는 것은 무엇인가?

(a) 남자가 이전에 Prescotts와 잡았던 소개 일정을 취소했다.

(b) 남자와 여자는 Skytop Apartments에 살고 있다.

(c) 건물주가 새 부동산 중개인을 찾으려 하고 있다.

(d) 여자가 직접 거래 계약을 성사시킬 것이다.

[해설]

여자가 대화 중반부에 아파트 소개 일정을 또 취소하려는 건지(You're canceling the apartment showing again?) 묻는 말과 함께 지난 번의 일에 따른 영향을(after last time, don't be surprised if they find a new realtor) 언급하는 것으로 볼 때 남자가 이미 일정을 취소한 전력이 있음을 알 수 있으므로 이를 언급한 (a)가 정답이다.

[오답 체크]

(c) 건물주는 일정 취소 통보를 받는 사람으로만 언급될 뿐, 그 사람의 계획은 알 수 없으므로 오답이다.

(d) 대화에서 여자는 남자의 지시 사항만 따르고 있으며, 계약을 직접 주도하는 입장에 있는 사람은 아니므로 오답이다.

[어휘]

showing 소개, 공개, 보여 줌 break the news to ~에게 소식을 전하다 realtor 부동산 중개인 be aware of ~을 알고 있다, 인식하다 inform ~에게 알리다 landlord 건물주, 집주인 arrange ~을 준비하다, 마련하다, 조정하다 previous 이전의, 과거의 close a deal 거래 계약을 성사시키다 by oneself 직접, 스스로

30.

Listen to a conversation between two co-workers.

W: I can't believe it! I've been given three more projects to prepare this month.

M: That's a great sign. The boss must trust you to do a good job.

W: If that were the case, I would've been given a promotion by now.

M: Just be patient. All this hard work will pay off.

W: If nothing else, it will stand out on my updated résumé.

M: Don't think about that just yet. You have a good future here.

Q: What can be inferred about the woman?

(a) She has a good working relationship with her boss.

(b) She feels that her work is not appreciated.

(c) She will soon receive a promotion.

(d) She has been offered a job at another company.

여: 믿을 수가 없어요! 이번 달에 준비해야 하는 프로젝트가 세 개나 더 주어졌어요.

남: 좋은 징조예요. 부장님께서 당신에게 일을 잘 처리하도록 믿고 맡기시는 게 분명해요.

여: 만일 그런 경우라면, 지금쯤 저는 승진되었어야 할 거예요.

남: 참고 기다려 보세요. 힘든 이 모든 일이 결실을 맺게 될 겁니다.

여: 적어도, 업데이트된 제 이력서에서 두드러져 보이는 부분이 되기는 할 거예요.

남: 지금 당장은 그 부분에 대해 생각하지 마세요. 이곳에서도 좋은 앞날이 기다리고 있잖아요.

Q: 여자에 관해 유추할 수 있는 것은 무엇인가?

(a) 자신의 상사와 좋은 업무 관계를 유지하고 있다.

(b) 자신의 일이 인정 받지 못한다고 생각한다.

(c) 곧 승진될 것이다.

(d) 다른 회사의 일자리를 제안 받았다.

해설

상사의 신뢰를(The boss must trust you to do a good job) 언급하는 남자의 말에 대해 여자가 만일 그렇다면 지금쯤 승진했어야 한다고(If that were the case, I would've been given a promotion by now) 말하는 것으로 보아 제대로 인정 받지 못한다고 생각하고 있음을 알 수 있으므로 이를 언급한 (b)가 정답이다.

오답 체크

(a) 업무와 관련해 상사와의 관계를 알 수 있는 정보가 제시되어 있지 않으므로 오답이다.

(c) 여자는 자신의 노력에 따른 보상으로 이미 승진되었어야 한다고 가정하는 말만 할 뿐, 곧 승진되는지는 알 수 없으므로 오답이다.

어휘

prepare ~을 준비하다 sign 징조, 조짐 If that were the case 만일 그런 경우라면 give A a promotion: A를 승진시키다 by now 지금쯤 patient 참는, 인내하는 pay off 결실을 맺다, 성과를 내다 if nothing else 적어도, 최소한 stand out 두드러지다, 눈에 띄다 résumé 이력서 just yet 지금 당장은 relationship 관계 appreciate ~을 인정하다, ~의 진가를 알아 보다 receive a promotion 승진되다 offer A B: A에게 B를 제공하다

Part 4&5

UNIT 20 노트 테이킹과 의미 덩어리 듣기

1. 명사절 예제 본문 p. 148

어휘

fossil 화석 possibly 아마, 어쩌면 ancestor 조상 recently 최근에 It's suspected that ~일 것으로 추정되다, 여겨지다 missing link (인류 진화 과정상의) 잃어버린 연결 고리 help A do: A가 ~하는 데 도움이 되다 furthermore 더욱이 unexpected 예기치 못한 possession 소유, 보유 advanced 진보된, 발전된 primitive 원시의 property 특징 suggest that ~임을 암시하다 ape 유인원 ancient 아주 오래된, 고대의 relative 동족, 친척 findings (연구 등의) 결과(물) revolutionize ~에 혁신을 일으키다 evolutionary 진화의 evolution 진화 common 공통된, 흔한 trait 특색 species (동식물의) 종 date back + 기간: ~만큼 거슬러 올라가다 millions of 수백 만의 crucial 매우 중요한

2. 형용사절 예제

어휘

tune in to ~에 채널을 맞추다 catch (프로그램, 영화 등) 시청하다 premiere 첫 방송, 개봉, 초연 biographical film 전기 영화 composer 작곡가 songwriter 작사가, 작곡가 classic 최고 수준의 interest 관심(사) shape v. ~을 형성하다 inspire ~에 영감을 주다 work (글, 음악, 그림 등의) 작품 for instance 예를 들어 open with ~로 시작되다 muse (음악적 영감을 주는) 뮤즈 piece 작품 influence 영향 childhood 어린 시절 personal 개인적인 professional 직업의 songwriting 작사, 작곡

3. 부사절 예제

어휘

intimidating 겁을 주는, 겁나게 하는 public speaking 공개석상에서 말하기, 사람들 앞에서 말하기 oftentimes 종종(= often) unavoidable 불가피한 give a formal presentation of ~을 정식으로 발표하다 work 작업(물), 작품 convince A to do: A를 설득해 ~하게 만들다 peer 동료, 또래 trust ~을 신뢰하다 value 가치 even when 심지어 ~할 때조차 attend ~에 참석하다 relative n. 친척 graduation 졸업(식) handy 유용한 wish A the best of luck: A에게 행운을 빌어 주다 how to do ~하는 법 persuade A to do: A를 설득해 ~하게 만들다 accept ~을 받아들이다, 수용하다 opinion 의견 be able to do ~할 수 있다 in public 사람들이 있는 데서 improve ~을 향상시키다

기출 Check-up Test | 본문 p. 151

1. (b) **2.** (c) **3.** (c) **4.** (d) **5.** (a) **6.** (b)
7. (d) **8.** (d) **9.** (d) **10.** (d)

1.

Even though many people believe that the words "ape" and "monkey" refer to the same animal, this is a false assumption. While they are both primates, there are numerous differences between monkeys and apes, such as the presence of a tail: monkeys have tails, while apes do not. Apes compensate for this loss, though. Their strong shoulders allow them to swing through the branches of the canopy, but monkeys lack the strength to propel themselves in such a manner.

Q: What is the main topic of the talk?

(a) The physical traits of different monkeys
(b) How two primates are different
(c) The ways monkeys can use their tails
(d) Why apes have to live in the forest

많은 사람들이 "유인원"과 "원숭이"라는 단어가 동일한 동물을 가리킨다고 생각하고 있지만, 이는 잘못된 생각입니다. 둘 모두 영장류이기는 하지만, 원숭이와 유인원 사이에는 꼬리의 존재 여부와 같은 수많은 차이점이 있는데, 원숭이는 꼬리가 있는 반면에 유인원은 없습니다. 하지만, 유인원에게는 이와 같은 부족함을 보완하는 부분이 있습니다. 그들은 강한 어깨로 인해 숲의 우거진 윗부분에 있는 나뭇가지들 사이로 매달려 이동할 수 있지만, 원숭이들은 그와 같은 방식으로 스스로를 밀어낼 수 있는 힘이 부족합니다.

Q: 담화의 주제는 무엇인가?

(a) 서로 다른 원숭이들의 신체적 특색
(b) 두 영장류가 어떻게 서로 다른가
(c) 원숭이들이 꼬리를 사용하는 방식
(d) 유인원들은 왜 숲에서 살아야 하는가

해설
담화를 시작하면서 유인원과 원숭이가 동일하다는 생각이 잘못되었음을 언급한 후에(Even though many people believe that the words "ape" and "monkey" refer to the same animal, this is a false assumption) 서로 다른 특징을 알리는 것으로 담화가 진행되고 있으므로 두 영장류 동물의 차이를 의미하는 (b)가 정답이다.

오답 체크
(a) 유인원과 원숭이의 신체적 특징들이 모두 언급되는 담화이므로 오답이다.
(c) 원숭이의 특징만 제시되는 담화가 아니므로 오답이다.

어휘
even though (비록) ~이기는 하지만 ape 유인원 refer to ~을 가리키다 false 잘못된, 틀린 assumption (사실로 믿는) 생각, 추정 while ~이기는 하지만, ~인 반면 primate 영장류 numerous 수많은, 다수의 presence 존재, 있음 tail 꼬리 compensate for ~을 보완하다, 보충하다 loss 손실, 분실 though (문장 끝이나 중간에서) 하지만 allow A to do: A가 ~할 수 있게 해 주다 swing 매달리다, 흔들리다 through ~ 사이로, ~을 통과해 branch 나뭇가지 canopy 숲의 우거진 윗부분 lack A: A가 부족하다 strength 힘, 강력함, 장점 propel ~을 밀어내다, 몰고 가다 in such a manner 그와 같은 방법으로 physical 신체적인 trait 특색 forest 숲

2.

New research provides evidence of a connection between a lack of sunlight and a higher risk of lung cancer. The data shows that countries located the furthest from the equator also have the highest rates of lung cancer. Likewise, tropical countries, such as those in northern Africa and Latin America, consistently report the fewest cases. A possible explanation is that without sufficient sunlight, the body cannot produce vitamin D, which lowers the risk of tumors. The findings have led medical professionals to begin recommending vitamin D supplements to at-risk patients.

Q: What is the main idea of the talk?

(a) People living near the equator have higher rates of lung cancer.
(b) Taking vitamin D supplements is not as effective as expected.
(c) Exposure to sunlight can reduce the risk of lung cancer.
(d) The leading cause of lung cancer is still unknown.

새로운 연구 결과에 햇빛의 부족과 더 높은 폐암 발생 위험성 사이의 연관성을 보여 주는 증거가 제시되어 있습니다. 이 연구 데이터를 보면 적도에서 가장 먼 곳에 위치해 있는 국가들이 가장 높은 폐암 발생률을 보인다는 점도 나타납니다. 또한, 북아프리카나 남아메리카 지역과 같은 곳에 속한 열대 국가들은 지속적으로 가장 적은 발생 사례를 알리고 있습니다. 이를 설명할 수 있는 한 가지 가능성 있는 사실은, 햇빛을 충분히 받지 못하면 신체는 종양 발생 위험성을 낮춰 주는 비타민 D를 만들어 낼 수 없다는 것입니다. 이 연구 결과로 인해 의료 전문가들이 위험에 처한 환자들에게 비타민 D 보충제를 추천하는 일을 시작하게 되었습니다.

Q: 담화의 주제는 무엇인가?

(a) 적도 근처에 사는 사람들은 폐암 발생률이 더 높다.
(b) 비타민 D 보충제를 섭취하는 것이 기대만큼 효과적이지 않다.
(c) 햇빛에 대한 노출이 폐암 발생 위험성을 감소시켜 줄 수 있다.
(d) 폐암의 주된 원인은 여전히 알려져 있지 않다.

[해설]

담화 시작 부분에 햇빛과 폐암 사이의 연관성을 언급한 이후에, 후반부에 가서 햇빛을 충분히 받지 못하면 종양 발생 위험성을 낮춰 주는 비타민 D를 만들어 낼 수 없다는 점을(without sufficient sunlight, the body cannot produce vitamin D, which lowers the risk of tumors) 알리고 있다. 따라서 햇빛에 대한 노출이 폐암 발생률을 감소시킨다는 것을 알 수 있으므로 (c)가 정답이다.

[오답 체크]

(a) 적도에서 먼 지역에 위치한 국가들이 높은 폐암률을 보인다고 했으므로 오답이다.

(b) 마지막에 비타민 D 보충제를 추천한다는 말이 있는데, 이는 효과가 있음을 의미하는 것이므로 오답이다.

(d) 폐암의 원인과 관련된 담화 내용이 아니므로 오답이다.

[어휘]

evidence 증거 connection between A and B: A와 B 사이의 연관성 lack of ~의 부족 risk 위험(성) lung cancer 폐암 located the furthest from ~에서 가장 멀리 위치한 equator 적도 likewise 또한, 마찬가지로 tropical 열대의 consistently 지속적으로 fewest 가장 적은 (수의) case 사례, 경우 explanation 설명 sufficient 충분한 lower v. ~을 낮추다 tumor 종양 findings 결과(물) A lead B to do: A로 인해 B가 ~하게 되다 professional n. 전문가 supplement 보충(제) at-risk 위험에 처한 patient 환자 as A as expected: 기대만큼 A한 effective 효과적인 exposure to ~에 대한 노출 reduce ~을 감소시키다 leading cause 주된 원인

3.

It is true that alligators inhabit the swamps and waterways of Louisiana. But recently, they have been spotted sneaking onto lawns and golf courses, leaving a telltale streak from their wet bellies. Some people are saying it is absolutely necessary that security fences be built, but others say alligators owned the land in the first place and should be able to roam about wherever they please. Now, let's talk about the reasons why alligators are suddenly leaving their habitat.

Q: Which is correct about the alligators according to the talk?

(a) They are a danger to local residents.

(b) They are difficult to capture on land.

(c) They leave evidence of their presence behind.

(d) They cause damage to security fences.

악어들이 루이지애나 지역의 습지와 수로에 서식하고 있다는 점은 사실입니다. 하지만 최근, 잔디밭이나 골프 코스에 슬그머니 들어가 물에 젖은 배로 인해 숨길래야 숨길 수 없는 기다란 흔적을 남기는 모습이 목격되었습니다. 일부 사람들은 안전 울타리를 만드는 것이 절대적으로 필요하다고 말하고 있지만, 다른 이들은 애초에 악어들이 그 땅을 소유하고 있었기 때문에 어디든 원하는 곳으로 돌아 다닐 수 있어야 한다고 말합니다. 이제, 왜 악어들이 갑자기 서식지를 떠나고 있는지 그 이유에 관해 얘기해 보겠습니다.

Q: 담화에 따르면 악어에 관해 무엇이 옳은 내용인가?

(a) 지역 주민들에게 위험한 존재이다.

(b) 육지에서 생포하기 어렵다.

(c) 존재를 나타내는 증거를 남기고 다닌다.

(d) 안전 울타리에 손상을 초래한다.

[해설]

담화 초반부에 악어들이 잔디밭이나 골프 코스에 나타나 흔적을 남기고 지나간 것이 목격되었다고(they have been spotted sneaking ~ leaving a telltale streak from their wet bellies) 알리는 내용이 있으므로 이 사실을 언급한 (c)가 정답이다.

[오답 체크]

(a) 사람들에게 위험한 존재인지와 관련된 정보는 제시되어 있지 않으므로 오답이다.

(b) 악어를 잡는 일과 관련된 내용도 나타나 있지 않으므로 오답이다.

[어휘]

alligator 악어 inhabit ~에 살다, 서식하다 swamp 습지 waterway 수로 recently 최근에 be spotted -ing ~하는 것이 목격되다 sneak onto ~로 슬그머니 올라 가다 leave ~을 남기다, ~에서 떠나다 telltale (숨길래야) 숨길 수 없는 streak 기다란 흔적 belly 배 absolutely necessary 절대적으로 필요한 security fence 안전 울타리 in the first place 애초에 roam about ~를 돌아 다니다, 배회하다 wherever A please: A가 원하는 어디든 suddenly 갑자기 habitat 서식지 local 지역의, 현지의 resident 주민 capture ~을 생포하다, 포획하다 presence 존재(감), 있음 behind 뒤에 cause ~을 초래하다 damage 손상, 피해

4.

English writer Nick Hornby's novels have been labeled as "pop literature." Yet this classification does not imply that his novels are widely-read or critical successes. Rather, it means that there is a quality that is deeply moving and universal in his writing that expresses a commonly felt experience. To explain, consider his first novel, *Fever Pitch*. In it, Hornby explores the obsessions of Arsenal football fans. This feeling also exists in the United States, so *Fever Pitch* was developed into an American film featuring the same phenomenon, but this time through the Boston Red Sox rather than Arsenal.

Q: Which is correct about the genre of "pop literature"?

(a) It normally focuses on sports-related themes.
(b) It appeals to the young and the old alike.
(c) It shows that books of that genre are selling well.
(d) It depicts a peculiar mood shared among people.

영국 작가 Nick Hornby의 소설들은 '팝 문학'이라고 불려 왔습니다. 하지만 이와 같은 분류 방식이 그의 소설이 널리 읽히고 있다거나 평단의 극찬을 받는 작품임을 의미하는 것은 아닙니다. 오히려, 흔히 느낄 수 있는 경험을 표현해 내는 그의 작품이 깊은 감동을 주면서 보편적인 특성이 있다는 것을 의미합니다. 설명하자면, 그의 첫 번째 소설인 Fever Pitch를 한 번 생각해 보십시오. 그 작품에서, Hornby는 아스널 축구 팀의 팬이 지닌 강박 관념을 탐구합니다. 이와 같은 감정은 또한 미국에도 존재하는 것이기 때문에, Fever Pitch는 동일한 현상을 특징으로 하는 미국 영화로 각색되어 제작되었지만, 이 영화에는 아스널 축구 팀이 아니라 보스턴 레드삭스 야구 팀이 등장합니다.

Q: '팝 문학'이라는 장르에 관해 어느 것이 옳은 내용인가?

(a) 일반적으로 스포츠와 관련된 주제에 초점을 맞춘다.
(b) 젊은이들과 노인들이 똑같이 마음에 들어 한다.
(c) 그 장르의 책들이 잘 판매되고 있음을 나타낸다.
(d) 사람들 사이에서 공감되는 특이한 감정을 묘사한다.

[해설]
담화 중반부에 해당 장르의 작품이 흔히 느낄 수 있는 경험을 표현하기 때문에 보편적이라는 특성이(~ deeply moving and universal in his writing that expresses a commonly felt experience) 제시되고 있으므로 이와 같은 의미에 해당되는 (d)가 정답이다.

[오답 체크]
(a) 스포츠와 관련된 주제가 일반적이라는 말은 없으므로 오답이다.
(b) 해당 장르를 즐기는 대상과 관련된 정보는 제시되어 있지 않으므로 오답이다.
(c) 초반부에 널리 읽히는 것은 아니라는 말이 있으므로 오답이다.

[어휘]
be labeled as ~로 불리다, 분류되다 **yet** 하지만, 그럼에도 불구하고 **classification** 분류 **imply that** ~임을 암시하다, 나타내다 **widely-read** 널리 읽히는 **critical success** 평단의 극찬을 받은 작품 **rather** 오히려 **quality** 특성 **deeply moving** 깊은 감동을 주는 **universal** 보편적인 **express** ~을 표현하다 **commonly felt** 흔히 느끼는 **to explain** 설명하자면 **consider** ~을 고려하다 **explore** ~을 탐구하다 **obsession** 강박 관념 **exist** 존재하다 **be developed into** ~로 전개되다, 발전되다 **feature** v. ~을 특징으로 하다, 포함하다 **phenomenon** 현상 **through** ~을 통해 **rather than** ~ 대신, ~가 아니라

5.

Horror fans are over the moon this week for the upcoming release of Michael Mark's latest book. If you enjoy blood-chilling mysteries with unpredictable twists, then this collection will surely be to your taste. Don't go into it expecting to be impressed by skillful prose or sharp dialogue, as the writing itself has never been Mark's strong point. But, if you want a few good frights and a reason to keep the lights on at night, then look no further.

Q: Which is correct about the Michael Mark's book according to the review?

(a) It is likely to be enjoyed by enthusiasts of the genre.
(b) It is written in an elaborate and skillful manner.
(c) It has been delayed indefinitely by the publisher.
(d) It is not as scary as the author's previous releases.

호러 팬들이 곧 출시될 예정인 Michael Mark의 신작으로 인해 이번 주를 황홀하게 보내고 있습니다. 예측할 수 없는 전개로 등골을 오싹하게 하는 미스터리를 즐기는 분이시라면, 이번 신작은 분명 마음에 꼭 드는 작품이 될 것입니다. 기교 있는 산문이나 날카로운 대화에 감탄하기를 기대하면서 읽지는 마셔야 하는데, 글 자체가 절대로 Mark 씨의 장점이었던 적이 없었기 때문입니다. 하지만, 몇몇 아주 섬뜩한 부분들과 함께 밤에 계속 불을 켜 둬야 할 이유를 원하신다면, 더 확인해 보실 필요도 없습니다.

Q: 후기에 따르면 Michael Mark의 책에 관해 어느 것이 옳은 내용인가?

(a) 해당 장르의 열성 팬들이 즐거워할 가능성이 있다.
(b) 정교하면서 기교 섞인 방식으로 쓰여 있다.
(c) 출판사에 의해 출시가 무기한 연기되었다.
(d) 그 작가의 이전 작품들만큼 무섭지 않다.

[해설]
담화를 시작하면서 호러 팬들이 기다리는 책이라고(Horror fans are over the moon this week for the upcoming release ~) 알리고 있고, 마지막에는 책의 특성과 관련해 더 확인해 볼 필요도 없다는(then look no further) 말로 추천하는 내용이 있으므로 팬들이 즐거워할 것이라는 의미로 쓰인 (a)가 정답이다.

[오답 체크]
(b) 중반부에 기교 있는 산문이나 날카로운 대화는 기대하지 말라고 되어 있으므로 오답이다.
(d) 이전 작품과의 비교를 언급하는 내용은 제시되어 있지 않으므로 오답이다.

어휘

over the moon 황홀한, 매우 행복한 **upcoming** 곧 있을, 다가오는 **release** 출시(작) **blood-chilling** 등골을 오싹하게 하는 **unpredictable** 예측할 수 없는 **twist** (이야기) 전개 **collection** 소장(품), 수집(품) **surely** 분명 **to one's taste** ~의 마음에 꼭 드는, ~의 취향에 맞는 **go into** ~을 시작하다 **expect to do** ~할 것으로 기대하다 **be impressed by** ~에 깊은 인상을 받다 **skillful** 기교 있는 **prose** 산문 **sharp** 날카로운 **dialogue** 대화 **itself** (사물 명사 뒤에서) ~ 자체로 **strong point** 장점, 강점 **fright** 섬뜩함 **keep A on:** A를 켜 놓다 **look no further** 더 알아 볼 필요가 없다 **be likely to do** ~할 가능성이 있다 **enthusiast** 열성 팬 **elaborate** 정교한 **manner** 방식 **delayed** 지연된 **indefinitely** 무기한으로 **publisher** 출판사 **as A as B:** B만큼 A한 **author** 작가 **previous** 이전의

6.

> Thank you for calling Winston's automated banking service. If you are a registered user, please enter your 10-digit bank account number and the four-digit PIN code included in your mailed monthly statements. If this is your first time using the service, please remain on the line to be transferred to a customer service representative. Due to a high volume of calls at this time, you may have a short wait.
>
> Q: Which is correct according to the message?
>
> (a) New members must apply for a pass code.
> **(b) Customer representatives assist first-time users.**
> (c) Telephone banking was recently made available.
> (d) The bank is hiring more customer representatives.

Winston의 자동 금융 서비스에 전화 주셔서 감사합니다. 등록된 이용자이실 경우, 우편으로 받으시는 월간 내역서에 포함된 10자리 은행 계좌 번호와 함께 4자리 비밀 번호를 입력해 주십시오. 서비스를 처음 이용하시는 분이실 경우, 끊지 말고 기다리시면 고객 서비스 담당 직원과 연결됩니다. 현재 많은 통화량으로 인해, 잠시 대기하셔야 할 수도 있습니다.

Q: 메시지에 따르면 어느 것이 옳은 내용인가?

(a) 신규 회원은 반드시 비밀 번호를 신청해야 한다.
(b) 고객 서비스 직원이 처음 이용하는 고객을 도와 준다.
(c) 전화 금융 서비스가 최근에 이용 가능하게 되었다.
(d) 해당 은행이 추가 고객 서비스 직원을 모집하고 있다.

해설

담화 중반부에 처음 이용하는 고객일 경우에 끊지 말고 기다리면 고객 서비스 담당 직원과 연결된다고(If this is your first time ~ to be transferred to a customer service representative) 알리고 있는데, 이는 해당 직원이 도움을 줄 수 있다는 말이므로 (b)가 정답이다.

오답 체크

(a) 비밀 번호는 기존의 이용자가 입력해야 하는 정보로만 언급되고 있으므로 오답이다.
(d) 직원 모집과 관련된 담화가 아니므로 오답이다.

어휘

automated banking service 자동 금융 서비스 **registered** 등록된 **enter** ~을 입력하다 **10-digit** 10자리의 **account** 계좌 **PIN code** 비밀 번호 **included in** ~에 포함된 **monthly** 월간의, 달마다의 **statement** 내역서, 명세서 **remain on the line** (전화상에서) 끊지 않고 기다리다 **be transferred to** (전화상에서) ~로 연결되다, 넘어 가다 **representative** n. 직원 **due to** ~로 인해 **a high volume of** ~의 많은 양 **short wait** 잠시 동안의 대기 **apply for** ~을 신청하다 **assist** ~을 돕다 **recently** 최근에 **be made available** 이용 가능하게 되다 **hire** ~을 고용하다

7.

> This spring, we will be hosting the twenty-fifth annual Athens Valley Film Festival. When we had our first film festival twenty-five years ago, it was just a small gathering at the theater, where local film enthusiasts got together to discuss their passion. We couldn't have expected that we would someday be inviting famous actors, directors, and producers to our quiet little town, where they would share their upcoming projects with fans from all over the world.
>
> Q: What can be inferred about the festival?
>
> (a) It has only recently become an annual event.
> (b) It is put together by volunteers.
> (c) It aimed to include films from around the world.
> **(d) It has grown since its initial event.**

올 봄에, 저희는 제25회 연례 Athens Valley Film Festival을 주최할 예정입니다. 저희가 25년 전에 이 영화제를 처음 주최했을 당시에는, 극장에서 열리는 소규모 모임 행사에 불과했으며, 그곳에 지역 영화 팬들이 모여 각자의 열정을 이야기했습니다. 저희가 언젠가 유명 배우와 영화 감독, 그리고 제작자들을 작고 조용한 우리 도시로 초청해 전 세계의 모든 영화 팬들과 함께 앞으로 곧 있을 프로젝트에 관한 정보를 공유하게 되리라고는 예상조차 할 수 없었습니다.

Q: 해당 축제에 관해 유추할 수 있는 것은 무엇인가?

(a) 불과 최근에야 연례 행사가 되었다.
(b) 자원 봉사자들에 의해 만들어졌다.
(c) 전 세계의 영화들을 포함하는 것이 목표였다.
(d) 최초에 열린 행사 이후로 계속 성장해 왔다.

담화 초반부에는 25년 전에 처음 시작되었을 때는 아주 작은 모임이었다고(~ twenty-five years ago, it was just a small gathering at the theater) 알리는 말이 있고, 후반부에는 전 세계의 팬들과 정보를 공유할 수 있는 행사라고(~ share their upcoming projects with fans from all over the world) 언급하고 있으므로 계속 성장을 거듭해 온 행사임을 알 수 있다. 따라서 이 부분을 언급한 (d)가 정답이다.

(a) 25년 전부터 이어져 온 행사라고 알리고 있으므로 오답이다.
(b) 자원 봉사자와 관련된 정보는 전혀 언급되어 있지 않으므로 오답이다.
(c) 처음에는 지역 영화 팬들이 모여 이야기를 나눈 행사라고 했으므로 오답이다.

host ~을 주최하다 annual 연례의, 해마다의 gathering 모임 local 지역의, 현지의 enthusiast 열성 팬 get together 모이다 passion 열정 could have p.p. ~했을 수 있다 expect that ~라고 예상하다, 기대하다 invite ~을 초청하다 director 영화 감독 share ~을 공유하다, 함께 나누다 upcoming 곧 있을, 다가오는 only recently 불과 최근에야 put together ~을 만들다, 준비하다, 구성하다 volunteer 자원 봉사자 aim to do ~하는 것을 목표로 하다 include ~을 포함하다 grow 성장하다 since ~ 이후로 initial 최초의

8.

Did you know that 12 percent of all lung cancer deaths are linked to radon? Radon is a colorless and odorless radioactive gas. Exposure to radon is the second leading cause of lung cancer deaths in the United States, after smoking. New York is not immune to this issue, as several of its subway stations were recently found with higher levels of radon than the recommended level. Yet very few people are aware of the dangers of this invisible gas. Increasing public awareness surrounding this issue will hopefully force environmental bodies to address the situation.

Q: What can be inferred from the announcement?

(a) New York is working hard to educate its citizens about radon.
(b) Radon is steadily becoming the leading cause of lung cancer.
(c) Lung cancer deaths are quickly increasing because of smoking.
(d) Extended stays in some New York subways increase the risk of lung cancer.

모든 폐암 사망자들 중 12퍼센트가 라돈과 연관되어 있다는 사실을 알고 계셨나요? 라돈은 무색 무취의 방사성 가스입니다. 라돈에 대한 노출이 미국에서 폐암으로 인한 사망의 두 번째 주된 원

인이며, 이는 흡연 다음에 해당되는 것입니다. 뉴욕은 이 문제와 관련해 무방비 상태인데, 그곳에 있는 여러 지하철 역에 권장 수준보다 더 높은 수준의 라돈이 있는 것으로 최근에 밝혀졌기 때문입니다. 하지만 이 보이지 않는 가스의 위험성을 알고 있는 사람들은 극히 적습니다. 이 문제를 둘러싼 일반 대중의 인식을 드높여 이 상황을 해결하도록 여러 환경 기관에 강력히 촉구하게 되기를 바랍니다.

Q: 발표를 통해 유추할 수 있는 것은 무엇인가?

(a) 뉴욕이 라돈에 관해 시민들을 교육하기 위해 열심히 노력하고 있다.
(b) 라돈이 지속적으로 폐암의 주된 원인이 되고 있다.
(c) 흡연으로 인해 폐암 사망자들이 빠르게 증가하고 있다.
(d) 뉴욕의 일부 지하철 역에 오래 머물러 있으면 폐암 발생 위험성이 높아진다.

담화 초반부에 폐암의 일부 원인으로 라돈이 언급되고 있고, 중반부에는 뉴욕의 여러 지하철 역에 권장 수준보다 더 높은 수준의 라돈이 있다는(New York is ~ several of its subway stations were recently found with higher levels of radon ~) 말이 있으므로 그 역에 오래 있으면 폐암 발생 위험성이 높아진다는 것을 유추할 수 있다. 따라서 이를 언급한 (d)가 정답이다.

(a) 뉴욕이 취하고 있는 조치와 관련된 정보는 없으므로 오답이다.
(b) 폐암 사망자들 중 12퍼센트만 라돈과 연관되어 있다고 했으므로 주된 원인으로 볼 수 없다.
(c) 흡연과 폐암 사망자 사이의 연관성을 나타내는 정보는 제시되어 있지 않으므로 오답이다.

lung cancer 폐암 be linked to ~와 연관되어 있다 colorless 무색의 odorless 무취의 radioactive 방사성의 exposure to ~에 대한 노출 leading cause 주된 원인 be immune to A: A에 영향을 받지 않다, ~에 면역이 되어 있다 recently 최근에 be found with ~가 있는 것으로 밝혀지다 high levels of 높은 수준의 recommended 권장되는 yet 하지만 very few 극히 적은 (수의) be aware of ~을 알고 있다, 인식하다 invisible 보이지 않는 increase public awareness 일반 대중의 인식을 높이다 surrounding ~을 둘러싼 issue 문제, 사안 hopefully 희망하여, 바라건대 force A to do: A에게 ~하도록 강력히 촉구하다, 강제로 ~하게 하다 body 기관, 단체 address v. ~을 해결하다, 처리하다 situation 상황 educate ~을 교육하다 steadily 지속적으로, 꾸준히 extended (기간 등이) 오랜, 늘어난

9.

The waning influence of the British Empire after World War II led to the removal of the British from the Persian Gulf. After the British left, the separate Arab emirates came together as the United Arab Emirates, though in 1971, Qatar separated from the group and declared itself independent. It went on to be of great

significance during Gulf conflicts, as it was a key location for battles during both the Gulf War and the US-occupation of Iraq in 2003. King Emir Hamad ruled the country from 1995 to 2013, and in that time, Qatar progressed both its social and political liberties while also becoming the wealthiest nation in the world.

Q: Which is correct about Qatar according to the lecture?

(a) It played a major role in the decline of the British Empire.
(b) It was the site of important battles during World War II.
(c) It is a key member of the United Arab Emirates.
(d) It has experienced sociopolitical developments since 1995.

2차 세계 대전 이후로 시들해진 대영제국의 영향력은 페르시아 만에서 영국군의 철수로 이어졌습니다. 영국군이 떠난 후, 분리되어 있던 아랍 에미리트 국가들은 아랍 에미리트 연합국으로 하나가 되었지만, 1971년에 카타르가 이 연합에서 다시 분리되어 나와 독립을 선언했습니다. 이 국가는 걸프 지역 갈등 당시에 크게 중요한 역할을 하기 시작했는데, 그곳이 걸프 전쟁 기간과 2003년에 있었던 미국의 이라크 점령 중에 모두 전투의 열쇠가 되는 위치였기 때문이었습니다. Emir Hamad 국왕이 1995년부터 2013년까지 카타르를 통치했는데, 그 당시에, 카타르는 사회적, 정치적 자유를 모두 이루면서 세계에서 가장 부유한 나라가 되기도 했습니다.

Q: 강의에 따르면 카타르에 관해 어느 것이 옳은 내용인가?

(a) 대영제국의 쇠퇴에 중대한 역할을 했다.
(b) 2차 세계 대전 중에 중요한 전투 지역이었다.
(c) 아랍 에미리트 연합의 주축이다.
(d) 1995년 이후로 사회 정치적인 발전을 겪어 왔다.

담화 후반부에 Emir Hamad 국왕이 1995년부터 2013년까지 카타르를 통치하면서 사회적, 정치적 자유를 통해 가장 부유한 나라가 되었다는(King Emir Hamad ruled the country from 1995 to 2013, ~ while also becoming the wealthiest nation in the world) 사실이 언급되어 있으므로 (d)가 정답이다.

(b) 걸프 지역에 갈등이 있었을 때 중요한 위치였다고 했으므로 오답이다.
(c) 아랍 에미리트 연합에서 분리되어 나왔다고 했으므로 오답이다.

waning 시들어가는 **influence** 영향(력) **lead to** ~로 이어지다
removal n. 철수, 이전, 제거 **separate** a. 분리된 v. 분리되다

come together 합치다 **though** ~이기는 하지만 **declare oneself independent** 독립을 선언하다 **go on to do** ~하기 시작하다 **of great significance** 크게 중요한 **conflict** 갈등, 충돌 **occupation** 점령 **rule** ~을 통치하다 **progress** ~을 진척시키다 **political** 정치적인 **liberty** 자유 **while** ~하면서, ~하는 동안 **play a major role in** ~에서 중요한 역할을 하다 **decline** 쇠퇴, 몰락 **site** 장소, 위치 **experience** ~을 겪다 **sociopolitical** 사회정치적인 **development** 발전, 개발

10.

My presentation today will describe a new method being developed to diagnose sleep disorders. The first step is observing a patient's breathing patterns during sleep using sensors. Then, the doctor will monitor both the patient's heartbeat and breathing to make sure they match throughout different cycles of sleep. Since heart rate and breathing rhythms synchronize during specific stages of sleep, it is easy to figure out when exactly any deviations occur.

Q: What can be inferred about sleeping disorders from the lecture?

(a) They may be the result of issues with breathing.
(b) They can be detected through 24-hour monitoring.
(c) They are only observable during the last sleep cycle.
(d) They also affect one's heart rate while sleeping.

오늘 제 발표가 수면 장애를 진단하기 위해 개발 중인 새로운 방법을 설명해 드릴 것입니다. 첫 번째 단계는 센서를 사용해 수면 중인 환자의 호흡 패턴을 관찰하는 것입니다. 그런 다음, 의사가 환자의 심장 박동과 호흡 상태를 모두 관찰해 서로 다른 수면 주기 전체에 걸쳐 이 두 가지가 어울리는지 확인할 것입니다. 심장 박동수와 호흡 리듬은 특정 수면 단계에서 동시에 발생되기 때문에, 어떠한 편차든 정확하게 발생되는 시점을 손쉽게 알아 낼 수 있습니다.

Q: 강연을 통해 수면 장애와 관련해 유추할 수 있는 것은 무엇인가?

(a) 호흡과 관련된 문제에 따른 결과일 수 있다.
(b) 24시간 관찰 과정을 통해 감지할 수 있다.
(c) 마지막 수면 주기 중에만 관찰될 수 있다.
(d) 수면 중의 심장 박동수에도 영향을 미칠 수 있다.

담화 마지막에 심장 박동수와 호흡 리듬이 특정 수면 단계에서 동시에 이뤄진다는 말과 함께 그 편차를 알아 내는 것이 수면 장애 진단 방법이라고(heart rate and breathing rhythms synchronize during specific stages ~ to figure out when exactly any deviations

occur) 말하고 있는데, 편차가 생긴다는 말은 심장 박동수에도 영향을 미칠 수 있다는 것을 의미하므로 (d)가 정답이다.

오답 체크
(a) 수면 장애를 진단하는 방법으로 호흡 패턴을 관찰하는 일이 언급되어 있으므로 호흡은 원인으로 볼 수 없다.
(b) 관찰 시간이 24시간인지는 언급되지 않고 있으므로 오답이다.
(c) 여러 수면 주기 전체에 걸쳐 발생 여부를 확인한다는 말이 있으므로 오답이다.

어휘
presentation 발표 describe ~을 설명하다, 묘사하다 method 방법 develop ~을 개발하다 diagnose ~을 진단하다 sleep disorder 수면 장애 observe ~을 관찰하다 patient 환자 breathing 호흡, 숨쉬기 monitor ~을 관찰하다, 감시하다 make sure (that) ~인지 확인하다, 반드시 ~하도록 하다 match 어울리다, 일치하다 throughout ~ 동안 내내 cycles of sleep 수면 주기 heart rate 심장 박동수 synchronize 동시에 일어나다 specific 특정한, 구체적인 stage 단계 figure out ~을 알아내다 exactly 정확히 deviation 편차 occur 발생되다 result 결과(물) issue 문제, 사안 detect ~을 감지하다, 발견하다 observable 관찰할 수 있는 affect ~에 영향을 미치다

UNIT 21 Paraphrasing의 기술

1. [난이도 하] 예제
본문 p. 152

어휘
significant 중요한, 상당한 milestone 이정표, 중요한 일 so much so that 매우 그러하기 때문에 ~하다 celebrate ~을 기념하다, 축하하다 Coming of Age Day 성년의 날 take place (일, 행사 등이) 개최되다, 발생되다 regarded as ~로 여겨지는 entry point 진입 시점, 진입 지점 adulthood 성년기 ability to do ~할 수 있는 자격, 능력 vote 투표하다 legally 합법적으로 celebration 기념 행사, 축하 행사 across ~ 전역에 걸쳐 turn 숫자: ~살이 되다 in style 거창하게, 멋지게 either A or B: A 또는 B 둘 중의 하나 traditional 전통적인 formal 격식을 갖춘, 정식의 participant 참가자 outfit 의복, 복장

2. [난이도 중] 예제

어휘
rare 희귀한, 드문 imagine A to be B: A를 B라고 생각하다 creature 동물, 생물(체) gentle 온순한 giant 거대 동물 still 그럼에도 불구하고, 여전히 quite 상당히, 꽤 fearsome 무시무시한 cautious 조심하는 until not too long ago 불과 얼마 전까지만 해도 reservation (자연) 보호 구역 observe ~을 관찰하다 fascinating 매력적인 forests 산림 inhabit 서식하다, 거주하다 restricted 제한된 unique 특별한, 독특한 have the opportunity to do ~할 기회를 갖다 catch a glimpse of ~을 얼핏 보다 natural habitat 자연 서식지 common 흔한 in the

---

wild 야생에서 frequently 자주, 빈번하게 reside in ~에 서식하다, 거주하다 in captivity 사로 잡혀 있는, 감금된

3. [난이도 상] 예제

어휘
stand as ~의 위치에 있다, ~로서 나서다 watershed 전환점, 분수령 author 작가 look back on ~을 되돌아 보다 glowingly 강렬하게 under the leadership of ~의 통치 하에 있는, 지휘 하에 있는 conversely 반대로 dwell on ~을 깊이 있게 곱씹어 보다 stifle ~을 억압하다 suggest that ~임을 시사하다, 암시하다 thrive 번영하다 since ~ 때문에 avid 열렬한 supporter 추종자, 지지자 confront (증거 등) ~을 들이대다, 보여 주다 relationship with ~와의 관계 within ~ 안에서, ~ 이내에 debut 데뷔 focus on ~에 초점을 맞추다 growing 성장하는, 자라는 point of view 관점 compared to ~에 비해 previous 이전의 celebrate ~을 찬양하다, 칭송하다 faith 신념, 믿음

기출 Check-up Test 본문 p. 156

1. (d)	2. (b)	3. (c)	4. (a)	5. (b)	6. (a)
7. (b)	8. (a)	9. (b)	10. (a)		

1.

The United Kingdom's National Health Service(NHS) was introduced after World War II as part of sweeping welfare reforms that aimed to improve the lives of all citizens. Now, NHS covers over 60 million people. Unlike the private healthcare system in the United States, the NHS is a public, government-funded healthcare service afforded to citizens of the United Kingdom. Most medical expenses are covered by it, but dentistry, eye exams, and nonessential prescriptions may not be included.

Q: Which is correct about the NHS?
(a) It provides all medical services.
(b) It does not cover eye surgeries.
(c) It is modeled after the United States' system.
(d) It is financed by the government.

영국의 국민 건강 보험(NHS)은 2차 세계 대전 이후에 전 국민의 삶을 개선하는 것을 목표로 했던 전면적인 복지 개혁의 일환으로 도입되었습니다. 현재, NHS는 6천만 명이 넘는 사람들을 대상으로 하고 있습니다. 미국의 개인 의료 보험 제도와 달리, NHS는 영국 국민들이 누릴 수 있도록 정부가 비용을 부담하는 대중적인 건강 보험입니다. 대부분의 의료 비용이 이 의료 보험에 의해 충당되지만, 치과 치료와 안과 검사, 그리고 중요하지 않은 처방약은 포함되지 않을 수 있습니다.

Q: NHS에 관해 어느 것이 옳은 내용인가?

(a) 모든 의료 서비스를 제공한다.
(b) 안과 수술은 포함하지 않는다.
(c) 미국의 시스템을 본떠서 만들었다.
(d) 정부에 의해 재정 지원이 된다.

해설
담화 중반부에 NHS는 정부가 비용을 부담하는 것이라고(the NHS is a public, government-funded healthcare service ~) 언급되어 있으므로 (d)가 정답이다.

오답 체크
(a) 담화 마지막에 포함되지 않는 의료 서비스가 언급되고 있으므로 오답이다.
(b) 눈과 관련된 수술(surgeries)이 포함 대상인지는 언급되어 있지 않으므로 오답이다.
(c) 미국의 시스템과 다른 점만 언급될 뿐, 그것을 본떠서 만든 것인지는 알 수 없다.

어휘
National Health Service 국민 건강 보험 **introduce** ~을 도입하다, 소개하다 **as part of** ~의 일환으로 **sweeping** 전면적인 **welfare** 복지 **reform** 개혁 **aim to do** ~하는 것을 목표로 하다 **improve** ~을 개선하다 **cover** (범위) ~을 포함하다, (비용) ~을 충당하다 **unlike** ~와 달리 **private** 개인의, 사적인 **public** 대중적인 **government-funded** 정부가 자금을 제공하는 **afforded to A:** A가 누릴 수 있는 **medical expenses** 의료 지출 비용 **dentistry** 치과 치료 **nonessential** 중요하지 않은 **prescription** 처방약, 처방전 **include** ~을 포함하다 **surgery** 수술 **be modeled after** ~을 본떠서 만들다 **finance** n. ~에 자금을 제공하다

2.

The film genre known as film noir did not originate in France, even though noir is the French word for 'black' or 'dark.' The film style is also frequently mistaken for surrealism, a product of the French literary movement. The term was, however, first employed by French critic Nino Frank to classify the visually and tonally dark American crime and detective films of the 1940s. Nowadays, its scope has been widened to include various film genres that follow the same aesthetic approach. Renowned directors such as Alfred Hitchcock and Jules Dassin created famous films that showcase this iconic style.

Q: Which is correct about film noir according to the lecture?

(a) It was influenced by modern French literature.
(b) It started with movies from the 1940s.
(c) It features surrealist plots and scenarios.
(d) American directors struggled to maintain its tone.

느와르 영화라고 알려진 영화 장르는 noir가 '검은' 또는 '어두운'을 의미하는 프랑스어의 단어이기는 하지만 프랑스에서 유래된 것이 아닙니다. 또한 이 영화 양식은 흔히 프랑스의 문학 운동의 산물인 초현실주의와 혼동되기도 합니다. 하지만 이 용어는 프랑스의 평론가 Nino Frank에 의해 시각적으로 어두운 색조를 지녔던 1940년대 미국 범죄 영화와 형사 영화를 분류하는 데 처음 사용되었습니다. 현재, 그 범위는 더욱 확대되어 동일한 미학적 접근법을 따르는 다양한 영화 장르를 포함하기에 이르렀습니다. Alfred Hitchcock이나 Jules Dassin과 같은 유명 영화 감독들은 이 상징적인 양식을 선보이는 유명 영화들을 만들었습니다.

Q: 강연에 따르면 느와르 영화에 관해 어느 것이 옳은 내용인가?

(a) 프랑스 현대 문학의 영향을 받았다.
(b) 1940년대에 나온 영화에서 시작되었다.
(c) 초현실적인 줄거리와 각본을 특징으로 한다.
(d) 미국 영화 감독들이 그 분위기 유지를 위해 힘겨운 노력을 했다.

해설
담화 중반부에 한 평론가가 시각적으로 어두운 색조를 지녔던 1940년대 미국 범죄 영화와 형사 영화를 분류하기 위해 처음 사용했다고(~ to classify the visually and tonally dark American crime and detective films of the 1940s) 알리고 있으므로 (b)가 정답임을 알 수 있다.

오답 체크
(a) 무엇으로부터 영향을 받았는지는 제시된 바가 없으므로 오답이다.
(c) 초현실주의와 혼동된다는 말만 있을 뿐, 초현실적인 내용인지는 알 수 없다.
(d) 미국 영화 감독들이 한 일로 언급된 것이 없으므로 오답이다.

어휘
genre 장르 **known as** ~라고 알려진 **originate** 유래되다, 비롯되다 **even though** ~이기는 하지만 **style** 양식, 방식 **frequently** 자주, 흔히 **be mistaken for** ~와 혼동되다 **surrealism** 초현실주의 **product** 산물 **literary movement** 문학 운동 **term** 용어 **employ** ~을 사용하다 **critic** 평론가 **classify** ~을 분류하다 **visually** 시각적으로 **tonally dark** 색조가 어두운 **detective** 형사 **scope** 범위 **be widened to do** 확대되어 ~하기에 이르다 **include** ~을 포함하다 **various** 다양한 **follow** ~을 따르다 **aesthetic** 미학적인, 심미적인 **approach** 접근법 **renowned** 유명한 **director** 영화 감독 **create** ~을 만들어내다 **showcase** ~을 선보이다 **iconic** 상징적인 **influence** ~에 영향을 미치다 **feature** ~을 특징으로 하다 **plot** 줄거리 **struggle to do** ~하기 위해 힘겹게 노력하다 **maintain** ~을 유지하다

3.

As the number of avian flu victims rises, people should take special precautions to avoid exposure to the virus. Such practices include carefully handling raw poultry and washing the utensils that are used to make poultry dishes with detergent and hot water. As always,

maintain normal hygiene standards by washing your hands regularly, even after touching eggs. In addition, travelers should also take care while visiting Southeast Asia or other locations where infection is common by staying away from farms and traditional, outdoor markets.

Q: Which is correct according to the instructions?

(a) Cases of avian flu infections have been decreasing.
(b) Southeast Asian countries export poultry products to the US.
(c) Equipment used to prepare poultry should be washed with caution.
(d) Eggs purchased at farms or traditional markets are the safest.

조류 독감 피해자의 숫자가 늘어남에 따라, 사람들은 그 바이러스에 대한 노출을 피하기 위해 특별 예방 조치를 취해야 합니다. 이를 실천할 수 있는 일에는 가금류의 날고기를 신중히 다루는 것과 가금류 요리를 만드는 데 사용된 주방 도구를 세제와 뜨거운 물로 세척하는 것이 포함됩니다. 늘 그렇듯이, 심지어 계란을 만진 후에도 손을 주기적으로 씻음으로써 일반적인 위생 기준을 유지하셔야 합니다. 추가로, 여행객들은 농장과 전통적인 야외 시장을 멀리함으로써 동남아시아나 감염이 흔히 발생되는 기타 지역을 방문하시는 중에도 주의를 기울이셔야 합니다.

Q: 지침에 따르면 어느 것이 옳은 내용인가?

(a) 조류 독감 감염 사례가 계속 감소되는 중이다.
(b) 동남아시아 국가들은 미국에 가금류 제품을 수출한다.
(c) 가금류를 조리하는 데 사용되는 장비는 신중히 세척되어야 한다.
(d) 농장이나 전통 시장에서 구입하는 계란이 가장 안전하다.

해설
담화 중반부에 조류 독감에 대한 예방 조치로서 가금류 요리를 만드는 데 사용된 주방 도구를 세제와 뜨거운 물로 세척하라고(Such practices include ~ washing the utensils that are used to make poultry dishes) 알리고 있으므로 이와 같은 장비 세척을 언급한 (c)가 정답이다.

오답 체크
(a) 조류 독감 감염 사례의 감소와 관련된 정보는 나타나 있지 않으므로 오답이다.
(d) 농장이나 전통 시장은 멀리해야 하는 대상으로 언급되고 있으므로 오답이다.

어휘
the number of ~의 수, 숫자 **avian flu** 조류 독감 **victim** 피해자 **rise** 늘어나다, 증가하다 **take precautions** 예방 조치를 취하다 **avoid** ~을 피하다 **exposure to** ~에 대한 노출 **practice** 실천, 실행 **include** ~을 포함하다 **carefully** 신중히, 조심스럽게(=

with caution) **handle** ~을 다루다, 처리하다 **raw poultry** 가금류의 날고기 **utensils** 주방 도구 **detergent** 세제 **as always** 늘 그렇듯이, 평소와 마찬가지로 **maintain** ~을 유지하다 **hygiene** 위생 **standard** 기준, 표준 **by** (방법) ~함으로써 **regularly** 주기적으로 **even after** 심지어 ~한 후에도 **in addition** 추가로 **take care** 주의를 기울이다, 조심하다 **while** ~하는 동안 **location** 곳, 장소 **infection** 감염 **common** 흔한 **stay away from** ~을 멀리하다 **traditional** 전통적인 **case** 사례, 경우 **decrease** 감소하다 **export A to B**: A를 B에 수출하다 **equipment** 장비 **purchase** ~을 구입하다

4.

Coffee, as a staple of so many people's diets, is frequently accused of causing an array of health problems. However, new research is suggesting the opposite, finding that regular consumption of coffee can reduce the risk of developing gallstones. One study in particular discovered that males who drink two to three cups a day lessen their chance of developing gallstones by over 30% when compared to non-drinkers. It's suspected that chemicals found in caffeinated coffee that reduce cholesterol build-up could be behind this beneficial health effect.

Q: What is the main idea of the talk?

(a) Gallstone formation can be prevented by drinking coffee.
(b) Scientists continue to find negative effects of drinking coffee.
(c) Coffee has long been an effective treatment for gallstones.
(d) Caffeine can slow down one's metabolism.

커피는 많은 사람들의 식단에 포함되는 주요 식품으로서 흔히 다양한 건강 문제를 초래하는 것으로 비난을 받습니다. 하지만, 새로운 연구에 따르면 그 반대임을 시사하고 있는데, 커피의 주기적인 소비가 담석증 발병 위험성을 줄일 수 있는 것으로 나타나 있기 때문입니다. 특히 한 연구에는 하루에 커피를 두세 잔 마시는 남성이 마시지 않는 사람에 비해 30퍼센트 넘게 담석증 발병 가능성을 줄일 수 있음을 밝혀 냈습니다. 카페인이 함유된 커피에 들어 있는 것으로서 콜레스테롤의 축적을 감소시켜 주는 화학 물질이 이처럼 건강에 이로운 영향의 이면에 존재할 수 있는 것으로 추정되고 있습니다.

Q: 담화의 주제는 무엇인가?

(a) 담석증 형성은 커피를 마시는 것으로 방지할 수 있다.
(b) 과학자들은 커피를 마시는 것의 부정적인 영향을 계속 찾고 있다.
(c) 커피는 오랫동안 담석증에 효과가 있는 치료제였다.
(d) 카페인은 사람의 신진 대사를 둔화시킬 수 있다.

해설

담화 중반부에 하루에 커피를 두세 잔 마시는 것으로 30퍼센트 넘게 담석증 발병 가능성을 줄일 수 있다는(~ males who drink two to three cups a day lessen their chance of developing gallstones ~) 말이 있으므로 이와 같은 담석증 방지 효과를 언급한 (a)가 정답이다.

오답 체크

(b) 커피의 부정적인 측면을 계속 찾고 있다는 말은 제시되지 않고 있으므로 오답이다.

(c) 커피가 담석증 치료제로 오래 사용되었다는 말도 나타나 있지 않으므로 오답이다.

(d) 카페인과 신진 대사의 관계에 관한 담화가 아니므로 오답이다.

어휘

staple 주요 식품 frequently 흔히 be accused of ~로 인해 비난 받다 cause ~을 초래하다 an array of 다양한 suggest ~을 시사하다, 암시하다 opposite 반대(의 것) find that (연구 등이) ~임을 발견하다, 나타내다(= discover that) regular 주기적인 consumption (음식 등의) 소비 reduce ~을 감소시키다 risk 위험(성) develop (병 등) ~을 발생시키다 gallstones 담석증 in particular 특히 lessen ~을 줄이다 by (차이) ~만큼, (방법) ~함으로써 over ~가 넘는 when compared to ~에 비해, ~와 비교했을 때 It's suspected that ~인 것으로 추정되다 chemical n. 화학 물질 caffeinated 카페인이 함유된 cholesterol 콜레스테롤 build-up 축적, 누적 behind ~의 이면에, ~ 뒤에 beneficial 이로운, 유익한 effect 영향, 효과 formation 형성 prevent ~을 방지하다 continue to do 계속 ~하다 negative 부정적인 effective 효과가 있는 treatment 치료(제) slow down ~을 둔화시키다, 늦추다 metabolism 신진 대사

5.

It was nearly 200 years ago that John Mitchell, a geologist, came up with the idea of black holes, objects with so much mass that their gravitational forces trapped everything, even light. Astronomers were hesitant to believe black holes existed, though, since such phenomena would be unobservable. Eventually, advanced mathematics that used astronomical data from gravitational lensing and gamma ray bursts helped prove the existence of black holes. So, even though black holes are invisible, astronomers can detect and measure them through their effect on nearby stars and gases.

Q: Which is correct about black holes according to the talk?

(a) They led to advances in geometry.

(b) Mathematics was required to prove their existence.

(c) Scientists can only view them by using a special lens.

(d) Invisible gases led to their formations.

지질학자인 John Mitchell이 거대 질량으로 되어 있어 자체 중력으로 심지어 빛을 비롯한 모든 것을 빨아들이는 물체인 블랙홀의 개념을 제시한 것이 거의 200년 전의 일이었습니다. 하지만 천문학자들은 블랙홀이 존재한다는 사실을 믿기를 주저했는데, 그와 같은 현상이 관찰할 수 없는 것이었기 때문이었습니다. 결국, 중력 렌즈와 감마선 폭발을 통해 얻은 천문학 데이터를 활용한 고등 수학이 블랙홀의 존재를 증명하는 데 도움을 주었습니다. 따라서, 블랙홀이 눈에 보이지는 않지만, 천문학자들은 근처의 별과 기체에 미치는 영향을 통해 블랙홀을 감지하고 측정할 수 있습니다.

Q: 담화에 따르면 블랙홀에 관해 어느 것이 옳은 내용인가?

(a) 기하학 분야의 발전으로 이어졌다.

(b) 그 존재를 증명하는 데 수학이 필요했다.

(c) 과학자들이 오직 특수 렌즈만을 사용해 그것을 볼 수 있다.

(d) 보이지 않는 기체가 그것의 형성으로 이어졌다.

해설

담화 중반부에 고등 수학이 블랙홀의 존재를 증명하는 데 도움을 주었다는(advanced mathematics ~ helped prove the existence of black holes) 말이 있으므로 이 사실을 언급한 (b)가 정답이다.

오답 체크

(a) 기하학 분야의 발전과 관련된 담화가 아니므로 오답이다.

(c) 블랙홀이 눈으로 볼 수 없는 존재로 언급되고 있으므로 오답이다.

(d) 블랙홀이 주변의 기체에 영향을 미친다는 점만 언급되고 있으므로 오답이다.

어휘

nearly 거의 geologist 지질학자 come up with ~을 제시하다, 생각해 내다 object 물체 mass 질량 gravitational force 중력 trap ~을 끌어 모으다, 몰아넣다 astronomer 천문학자 be hesitant to do ~하기를 주저하다 exist 존재하다 phenomena 현상 unobservable 관찰할 수 없는 eventually 결국, 마침내 advanced mathematics 고등 수학 astronomical 천문학적인 gravitational lensing 중력 렌즈 gamma ray bursts 감마선 폭발 help do ~하는 데 도움이 되다 prove ~을 증명하다 existence 존재 invisible 보이지 않는 detect ~을 감지하다, 발견하다 measure ~을 측정하다 through ~을 통해 effect on ~에 대한 영향 nearby 근처의 gas 기체 lead to ~로 이어지다 advances 발전, 진보 geometry 기하학 required 필요한, 필수의 view ~을 보다 formation 형성

6.

In entertainment news, baseball legend Martin Crenshaw is preparing to sue video game company Omni Games. Crenshaw claims the front cover of the company's recently released game *Big League Baseball* features a digitized baseball player based on his likeness. Crenshaw's lawyer told reporters that it was unacceptable that his client's appearance had been appropriated by the company without

permission. Omni Games has yet to respond to the allegations.

Q: Why is Martin Crenshaw taking legal action?

(a) To combat unauthorized use of his image by Omni Games
(b) To sue Omni Games for depicting him negatively
(c) To prevent Omni Games from breaking a contract
(d) To stop Omni Games from using his name for advertising

연예 소식입니다. 야구계의 전설 마틴 크렌쇼가 비디오 게임 회사 옴니 게임즈를 고소할 준비를 하고 있습니다. 크렌쇼는 이 회사가 최근 출시한 게임 <빅 리그 베이스볼>의 앞표지가 디지털 기술로 자신과 닮아 보이게 만든 인물을 바탕으로 한 야구 선수를 특징으로 한다고 주장하고 있습니다. 크렌쇼의 변호사가 기자들에게 말하기를, 의뢰인의 외모가 허락 없이 이 회사에 의해 도용된 것은 용납할 수 없는 일이라고 했습니다. 옴니 게임즈는 이러한 혐의에 대해 아직 대응하지 않고 있습니다.

Q: 마틴 크렌쇼는 왜 법적 조치를 취하고 있는가?

(a) 자신의 이미지에 대한 옴니 게임즈의 무단 사용을 방지하기 위해
(b) 자신을 부정적으로 묘사한 것에 대해 옴니 게임즈를 고소하기 위해
(c) 옴니 게임즈가 계약을 파기하는 것을 막기 위해
(d) 옴니 게임즈가 광고에 자신의 이름을 활용하는 것을 막기 위해

해설

크렌쇼의 외모가 허락 없이 도용된 것이 용납할 수 없는 일이라고(it was unacceptable that his client's appearance had been appropriated by the company without permission) 언급하는 부분을 통해 이미지의 무단 사용을 막기 위해 법적 조치를 취한다는 것을 알 수 있으므로 (a)가 정답이다.

오답 체크

(c) 계약 파기에 대한 언급은 없으므로 오답이다.
(d) 담화 후반부에 크렌쇼의 변호사가 의뢰인, 즉 크렌쇼의 외모가 도용된 것은 용납할 수 없는 일이라고 말하는 부분을 통해 마틴 크렌쇼가 법적 조치를 취하려고 하는 이유가 이름을 활용하는 것을 막기 위해서가 아님을 알 수 있다.

어휘

prepare to do ~할 준비를 하다 **sue** ~을 고소하다 **claim (that)** ~라고 주장하다 **front cover** 앞표지 **recently** 최근에 **release** ~을 출시하다 **feature** ~을 특징으로 하다 **digitized** 디지털로 만든 **based on** ~을 바탕으로 하는 **likeness** 유사성, 닮음 **unacceptable** 용납할 수 없는 **client** 의뢰인 **appearance** 외모, 모습 **appropriate** v. ~을 도용하다 **permission** 허락 **have yet to do** 아직 ~하지 않았다 **respond**

to ~에 대응하다, 반응하다 **allegation** 혐의 **combat** ~을 방지하다 **unauthorized use** 무단 사용 **depict** ~을 묘사하다 **negatively** 부정적으로 **prevent A from -ing**: A가 ~하는 것을 막다(= stop A from -ing) **break a contract** 계약을 파기하다 **advertising** 광고 (활동)

7.

Divers in Indonesia have stumbled upon a new fish that lives in the coral reef around Indonesia. After discovering the odd fish, the divers sent photos to marine biologists, who all concluded that it was a new species. A type of frogfish, the new animal is truly peculiar looking with its flat face, scowling mouth, and arm-like fins. A scientist who first studied the fish used the name of the islands where it was found to call it the Maluku frogfish. Perhaps the fish's most remarkable feature is the location of its eyes: they're both on the front of its face, rather than on the side of the head like most fish.

Q: Which is correct about the Maluku frogfish according to the report?

(a) It was discovered by marine biologists in the Indonesian coral reef.
(b) It's named after the islands where it was discovered.
(c) It has big eyes on the side of its head.
(d) It has an unusual appearance that facilitates camouflage.

인도네시아의 다이버들이 인도네시아 주변의 산호초에 서식하는 새로운 물고기 하나를 우연히 발견한 적이 있습니다. 이 특이한 물고기를 발견한 후에, 다이버들이 사진을 찍어 해양 생물학자들에게 보냈는데, 그 학자들은 모두 이것이 새로운 종이라고 결론을 내렸습니다. 씬벵이과의 한 종류인 이 새로운 물고기는 납작한 얼굴과 잔뜩 찌푸린 입, 그리고 팔처럼 생긴 지느러미로 인해 정말로 괴상한 모습을 지니고 있습니다. 이 물고기를 처음 연구한 한 과학자는 이 물고기가 발견된 섬의 이름을 사용해 Maluku frogfish라고 불렀습니다. 아마 이 물고기의 가장 주목할 만한 특징은 눈의 위치일 텐데, 두 눈이 대부분의 물고기들처럼 머리의 측면에 있는 것이 아니라 모두 얼굴 앞쪽에 모여 있습니다.

Q: 보도에 따르면 Maluku frogfish에 관해 어느 것이 옳은 내용인가?

(a) 인도네시아의 산호초에서 해양 생물학자들에 의해 발견되었다.
(b) 그것이 발견된 섬의 이름을 따서 불리고 있다.
(c) 머리 측면에 큰 눈을 지니고 있다.
(d) 위장을 용이하게 하는 특이한 모습을 지니고 있다.

담화 중반부에 그 물고기를 처음 연구한 과학자가 그 물고기가 발견된 섬의 이름을 사용해 Maluku frogfish라고 불렀다는(A scientist who first studied the fish used the name of the islands where it was found to call it the Maluku frogfish) 사실이 언급되고 있으므로 (b)가 정답이다.

(a) 다이버들이 처음 발견했다고 나타나 있으므로 오답이다.
(c) 눈이 일반적인 물고기들과 달리 얼굴 앞쪽에 모여 있다고 했으므로 오답이다.

stumble upon ~을 우연히 발견하다 **coral reef** 산호초 **discover** ~을 발견하다 **odd** 특이한, 이상한 **marine biologist** 해양 생물학자 **conclude that** ~라고 결론 내리다 **species** (동식물의) 종 **frogfish** 씬벵이과(의 물고기) **peculiar looking** 괴상한 모습을 한 **flat** 납작한 **scowling** 잔뜩 찌푸린 **arm-like** 팔처럼 생긴 **fin** 지느러미 **remarkable** 주목할 만한 **feature** 특징 **location** 위치 **on the front of** ~의 앞면에 **rather than** ~가 아니라, ~ 대신 **be named after** ~의 이름을 따서 불리다 **unusual** 특이한 **appearance** 모습, 외관 **facilitate** ~을 용이하게 하다 **camouflage** 위장

8.

Spring flowers should be popping up soon, but we aren't done with winter just yet. Snow flurries are expected throughout the early hours of the morning, with temperatures hanging right around freezing. By afternoon, though, the sun will come out and bring along some warmer temperatures that will stick around for the rest of the day. Then at night, temperatures will plummet once again to zero, so anyone on the roads should watch out for ice and poor driving conditions.

Q: Which is correct according to the weather report?

(a) The skies will clear up in the afternoon.
(b) Sleet and rain are expected after sunset.
(c) Snow will fall throughout the day.
(d) The temperature will stay above freezing.

봄꽃들이 곧 피어 오르기 시작하겠지만, 겨울은 아직 끝나지 않았습니다. 아침 이른 시간 내내 눈발이 날릴 것으로 예상되며, 기온은 0도 수준에 바로 머물러 있겠습니다. 하지만 오후 무렵이 되면, 해가 모습을 드러내 조금 더 따뜻한 기온을 몰고 와 남은 오후 시간 동안 유지되겠습니다. 그 후로 이어지는 밤 시간에는, 기온이 다시 0도로 곤두박질칠 것이므로, 도로에 계신 모든 분들께서는 빙판과 열악한 주행 환경에 주의하시기 바랍니다.

Q: 일기 예보에 따르면 어느 것이 옳은 내용인가?

(a) 오후에 하늘이 갤 것이다.
(b) 일몰 후에 진눈깨비와 비가 예상된다.
(c) 눈이 하루 종일 내릴 것이다.
(d) 기온이 영상에 머물러 있을 것이다.

담화 중반부에 오후 무렵에 햇살이 비추고 기온이 더 따뜻해진다고(By afternoon, though, the sun will come out and bring along some warmer temperatures ~) 알리고 있으므로 (a)가 정답이다.

(b) 밤 시간에 진눈깨비와 비가 예상된다는 말은 없으므로 오답이다.
(c) 오후에 햇살이 비춘다고 했으므로 오답이다.
(d) 아침과 저녁 시간에 0도 수준의 기온을 보일 것이라고 했으므로 오답이다.

pop up 툭 튀어 나오다, 불쑥 나타나다 **be done with** ~을 끝내다, 완료하다 **snow flurries** 눈발 **expect** ~을 예상하다 **throughout** ~ 동안 내내 **temperature** 기온 **hang around** ~ 주변에 머무르다 **freezing** 0도, 빙점 **by** ~ 무렵, ~ 쯤에 **though** (문장 중간이나 뒤에서) 하지만 **bring along** ~을 불러 오다, 데려 오다 **stick around** (바뀌지 않고) ~에 머물러 있다 **the rest of** ~의 나머지 **plummet** 곤두박질치다, 급락하다 **watch out for** ~에 주의하다, ~을 조심하다 **poor** 열악한, 형편 없는 **driving conditions** 주행 환경 **clear up** (맑게) 개다 **sleet** 진눈깨비 **above** ~보다 위에, ~을 넘는

9.

A new website is helping more Australians find employment. Appealing to both job providers and seekers, MyResume.com has a variety of features that help connect individuals to their next position. The one tool that sets it above other job-posting websites is its easy-to-use benefits-pay calculator. When site members provide information about past compensation and benefits packages, the program will estimate a reasonable asking price for their next salary, simplifying the most difficult and awkward part of the hiring process.

Q: Which is correct about MyResume.com according to the news report?

(a) Its membership fee is paid monthly.
(b) It boasts a user-friendly feature.
(c) It is better tailored for small businesses.
(d) It can also be used for promotions.

새로운 웹 사이트가 더 많은 호주인들이 일자리를 찾는 데 도움을 주고 있습니다. 고용주와 구직자들 모두에게 매력적으로 여겨지고 있는 MyResume.com이 사람들과 미래의 일자리를 연결시켜 주는 데 도움이 되는 다양한 기능을 제공하고 있습니다. 다른 구직 웹 사이트들과 차별화되는 한 가지 기능이 바로 간편하게 사용할 수 있는 복리 후생 비용 계산기입니다. 사이트 회원이 과거에 받았던 보수와 복리 후생에 관한 정보를 제공하면, 이 프로그램이 다음 번 연봉에 대해 합리적인 제시 금액으로 견적을 내 드리며, 이는 채용 과정에서 가장 어렵고 곤란한 부분을 간소화시켜 드리는 것입니다.

Q: 뉴스 보도에 따르면 MyResume.com에 관해 어느 것이 옳은 내용인가?

(a) 회비를 매달 지불한다.
(b) 사용자 친화적인 특징을 자랑한다.
(c) 소기업들에게 더욱 적합하다.
(d) 홍보용으로 사용될 수도 있다.

해설

담화 초반부에 고용주와 구직자들 모두에게 매력적으로 여겨지고 있는 사이트라고(Appealing to both job providers and seekers ~) 알린 후에 구직자들이 편리하게 이용할 수 있는 기능을 설명하고 있는데, 이는 사용자 친화적인 특징을 지니고 있다는 뜻이므로 (b)가 정답이다.

오답 체크

(a) 회비와 관련된 정보는 제시되고 있지 않으므로 오답이다.
(c) 소기업에게 더 좋은 것인지는 알 수 없으므로 오답이다.

어휘

help A do: A가 ~하는 데 도움이 되다 find employment 일자리를 찾다 appeal to ~에게 매력적이다, ~의 마음을 끌다 job providers and seekers 고용주와 구직자 a variety of 다양한 feature 특징, 기능 connect A to B: A를 B와 연결하다 individual n. 사람, 개인 tool 도구, 수단 set A above B: A를 B와 차별화시키다 job-posting website 구직 웹 사이트 easy-to-use 간편하게 사용할 수 있는 benefits-pay 복리 후생 비용 calculator 계산기 compensation 보수 benefits package 복리 후생 제도 estimate ~의 견적을 내다, ~을 추산하다 reasonable 합리적인 asking price (받고자 원하는) 제시 금액 simplify ~을 간소화하다 awkward 곤란한, 불편한 hiring process 채용 과정 membership fee 회비 boast ~을 자랑하다, 포함하다 user-friendly 사용자 친화적인 be tailored for ~에 적합하다, ~에 맞게 만들어지다 small business 소기업 promotion 홍보, 판촉

10.

Thank you for attending today's lecture. Astronomers are constantly searching for distant planets. But it's difficult to determine whether any of these planets are capable of supporting life. One problem is that most stars are so bright that we can't get a detailed picture of the planets orbiting them. So astronomers have begun examining planetary systems surrounding ultracool dwarf stars. These stars were once thought to be too small to have shaped nearby matter into planets. However, this assumption has proven false. They are sometimes orbited by planets, and because they're exceptionally faint, the planets orbiting them can be seen relatively clearly using telescopes.

Q: According to the speaker, why are most planets hard to study for signs of life?

(a) They are obscured by the brightness of stars.
(b) They are located too far from stars.
(c) They receive too little light from stars.
(d) They orbit extremely cool stars.

오늘 강의에 참석해 주셔서 감사합니다. 천문학자들은 지속적으로 멀리 떨어진 행성을 찾고 있습니다. 하지만 이 행성들 중 어느 하나라도 생명을 지탱할 수 있는지 밝혀내는 것은 어려운 일입니다. 한 가지 문제는 대부분의 항성들이 너무 밝아서 그 궤도를 도는 행성들의 상세 사진을 얻을 수 없다는 점입니다. 따라서 천문학자들은 초저온 왜성 주변의 행성계를 조사하기 시작했습니다. 이 별들은 한때 너무 작아서 근처의 물체로 행성을 형성시키지 못했을 것이라고 여겨졌습니다. 하지만, 이러한 추정은 잘못된 것으로 드러났습니다. 이들에게는 때때로 그 궤도를 도는 행성들이 존재하며, 유난히 희미하기 때문에 망원경을 이용해서 볼 때 그 궤도를 도는 행성들이 상대적으로 명확하게 보일 수 있습니다.

Q: 화자에 따르면, 왜 대부분의 행성들이 생명의 징후가 있는지 연구하기 어려운가?

(a) 항성의 밝기에 가려져 있다.
(b) 항성에서 너무 멀리 떨어져 있다.
(c) 항성으로부터 빛을 너무 적게 받는다.
(d) 대단히 차가운 항성의 궤도를 돈다.

해설

담화 초반부에 행성들에 생명이 사는 게 가능한지 밝히기가 어렵다고 언급한 뒤, 그 이유로 대부분의 항성들이 너무 밝아서 그 궤도를 도는 행성들을 상세하게 찍은 사진을 얻지 못한다는(most stars are so bright that we can't get a detailed picture of the planets orbiting them) 점을 들고 있다. 즉, 항성의 빛 때문에 주변 행성들이

잘 보이지 않는다는 뜻이므로 이러한 의미에 해당되는 (a)가 정답이다.

오답 체크

(b) 천문학자들이 지속적으로 멀리 떨어진 행성을 찾고 있다는 언급이 있으나 생명의 징후 여부를 연구하기 어려운 이유로 언급되고 있지 않으므로 오답이다.

(c) 대부분의 항성들이 너무 밝아서 그 궤도를 도는 행성들의 상세 사진을 얻을 수 없다는 것을 언급하고 있으므로 오답이다.

어휘

attend ~에 참석하다 **astronomer** 천문학자 **constantly** 지속적으로, 한결같이 **search for** ~을 찾다 **distant** 멀리 있는 **planet** 행성 **determine** ~을 밝혀내다, 결정하다 **whether** ~인지 (아닌지) **be capable of -ing** ~할 수 있다 **support** ~을 지탱하다, 지속하다 **star** 항성, 별 **so 형용사/부사 that:** 너무 ~해서 …하다 **detailed** 상세한 **orbit** v. ~의 궤도를 돌다, 공전하다 **examine** ~을 조사하다 **planetary system** 행성계 **surrounding** ~ 주변의 **ultracool** 초저온의 **dwarf star** 왜성 **be though to do** ~하는 것으로 여겨지다 **shape A into B:** A로 B를 형성시키다 **nearby** 가까운, 근처의 **matter** 물체, 물질 **assumption** 추정 **prove + 형용사:** ~인 것으로 드러나다, 판명되다 **exceptionally** 유난히, 예외적으로 **faint** 희미한 **relatively** 상대적으로, 비교적 **telescope** 망원경 **obscure** v. ~을 가리다 **be located** 위치해 있다 **receive** ~을 받다 **extremely** 대단히, 매우

UNIT 22 담화 주제/목적을 묻는 문제

문제 푸는 순서와 요령
본문 p. 158

어휘

bandage 붕대 **standard** 표준, 기준 **well-prepared** 잘 준비된 **medical care kit** 의료 용품 세트 **designed to do** ~하도록 고안된 **seconds after** ~한 후 몇 초 만에 **application** 적용, 바르기, 도포 **difference between A and B:** A와 B 사이의 차이(점) **deal with** ~을 다루다, 처리하다 **traumatic injury** 외상, 외상성 손상 **complex carbohydrate** 복합 탄수화물 **algae** 해조류 **speed up** ~의 속도를 높이다 **blood clotting process** 혈액 응고 과정 **cut** ~을 줄이다, 단축시키다 **drastically** 급격히 **reserved** 제한된, 제정된 **emergency** 응급 상황 **behind** ~ 이면의, 뒤의 **widely** 널리, 폭넓게 **apply A to B:** A를 B에 적용하다 **a variety of** 다양한 **advance in** ~의 발전 **blood transfusion** 수혈

Practice
본문 p. 160

어휘

1. **brief** 간단한, 짧은 **overuse** 남용, 과다 사용 **supplies** 용품, 물품 **private** 사적인, 개인의(= personal) **purpose** 용도, 목적 **print out** ~을 인쇄하다, 출력하다 **flyer** 전단(지) **upcoming** 곧 있을, 다가오는 **add** ~을 더하다, 추가하다 **additional** 추가적인

2. **strongly** 굳게, 강력히 **believe that** ~라고 믿다, 생각하다

make A 형용사: A를 ~하게 만들다 **illegal** 불법의 **public place** 공공 장소 **including** ~을 포함해 **sidewalk** 보도 **up** (시간 등이) 끝난, 다 된 **tolerate** ~을 용인하다 **No matter how 형용사:** 아무리 ~하더라도 **huge** 엄청난, 막대한 **tobacco industry** 담배 산업 **public health** 공중 보건 **priority** 우선 사항 **necessity** 필요(성) **ban** ~을 금지하다 **in public** 공공 장소에서 **result** 결과 **anti-smoking** 흡연에 반대하는

3. **lack A:** A가 결핍되다, 부족하다 **ability to do** ~할 수 있는 능력 **control** ~을 조절하다, 제어하다 **anger** 분노, 화 **make A 형용사:** A를 ~하게 만들다 **miserable** 불행한 **bottle up** ~을 억누르다, 억제하다 **lead to** ~로 이어지다 **violent** 폭력적인 **thought** n. 생각 **exacerbate** ~을 악화시키다 **existing** 기존의 **mental** 마음의, 정신의 **depression** 우울(증) **fuel** v. ~을 부추기다, 부채질하다 **addiction** 중독 **phobia** 공포(증) **prejudice** 편견 **appropriate** 적절한 **way to do** ~하는 법

4. **organize** ~을 마련하다, 조직하다 **charity** 자선 활동, 자선 단체 **donate** ~을 기부하다 **gently** 조심스럽게, 살살, 부드럽게 **garment** 의류, 옷 **top priority** 최우선 사항 **donation** 기부(품) (= contribution) **gladly** 기쁘게 **accept** ~을 받아 들이다 **ask for** ~을 요청하다 **clothing** 의류 **promote** ~을 홍보하다

전략 적용 연습
본문 p. 161

어휘

concerning ~와 관련해 **pollution** 오염, 공해 **classify A into B:** A를 B로 분류하다 **based on** ~을 바탕으로, ~에 기반해서 **source** 원인, 근원 **come from** ~에서 비롯되다 **anthropogenic** 인공적인, 인간 활동의 **fossil fuel** 화석 연료 **combustion** 연소 **oil refinery** 정유 **industrial emissions** 산업 배기 가스 **cause** 원인, 요인 **desert storm** 사막 폭풍 **volcanic eruptions** 화산 분출 **methane** 메탄 **animal waste** 동물 배설물 **There is little we can do about** ~에 대해 할 수 있는 것이 거의 없다 **limit** ~을 제한하다 **prevent** ~을 방지하다, 막다 **priority** 우선 사항 **way to do** ~하는 방법 **decrease** ~을 감소시키다 **artificial** 인공적인 **classification** 분류 **affect** ~에 영향을 미치다 **disaster** 재해

빈출 담화 유형 흐름 알기_뉴스
본문 p. 162

어휘

city council 시 의회 **share** ~을 공유하다 **completely** 완전히 **renovate** ~을 개조하다, 보수하다 **currently** 현재 **graffiti** 공공장소에 하는 낙서 **hot spot** 활기 넘치는 곳, 신나는 곳 **drug deal** 마약 거래 **gang violence** 조직 폭력 **include** ~을 포함하다 **lighting** 조명 **security camera** 방범 카메라 **station** v. ~을 배치시키다 **illegal** 불법의 **common** 흔한 **further** 더 **re-build one's image** ~의 이미지를 제고하다 **attract** ~을 끌어들이다

1. (d)　**2.** (c)　**3.** (d)　**4.** (c)　**5.** (a)　**6.** (c)
7. (b)　**8.** (d)　**9.** (d)　**10.** (b)

1.

In today's gardening class, I'll be addressing root rot. Root rot causes plants to wilt and develop yellow leaves. But it doesn't have to spell the end for your plants. If you suspect root rot, remove your plant from the soil and check for black and squishy roots. These must be trimmed. If the rot is significant, you should also prune the plant's leaves to lessen the burden as its roots regrow. Wash the remaining roots with water to get rid of potentially infected soil, and repot your plant with fresh soil.

Q: What is the main topic of the talk?

(a) Why root rot affects plants
(b) Why root rot is hard to detect
(c) How to spot signs of root rot
(d) How to deal with root rot

오늘 원예 수업 시간에는, 뿌리가 썩는 병을 다뤄 보겠습니다. 뿌리가 썩는 병은 식물을 시들게 하고 잎이 황색으로 변하도록 초래합니다. 그렇다고 여러분이 기르는 식물에 종말을 고할 필요는 없습니다. 뿌리가 썩는 병이 의심되면, 흙에서 식물을 뽑아 뿌리가 검고 흐물흐물한지 확인해 보십시오. 이 부분은 반드시 손질되어야 합니다. 썩은 부위가 상당히 많을 경우, 뿌리가 다시 자랄 때 부담감을 줄일 수 있도록 식물의 잎도 쳐내야 합니다. 남은 뿌리를 물로 씻어내 잠재적으로 감염되었을 수 있는 흙을 제거하고, 깨끗한 흙으로 식물에 분갈이를 해 주십시오.

Q: 담화의 주제는 무엇인가?

(a) 뿌리가 썩는 병이 식물에 영향을 미치는 이유
(b) 뿌리가 썩는 병이 발견하기 어려운 이유
(c) 뿌리가 썩는 병의 징조를 알아차리는 방법
(d) 뿌리가 썩는 병에 대처하는 방법

해설
담화 시작 부분에 뿌리가 썩는 병을 다루겠다고(I'll be addressing root rot) 언급한 뒤로, 병의 증상을 비롯해 썩은 부분의 손질 방법(These must be trimmed) 등을 설명하고 있다. 이는 뿌리가 썩는 병에 대처하는 방법을 알리는 것이므로 (d)가 정답이다.

오답 체크
(a) 뿌리가 썩는 병이 식물에게 어떤 영향을 주는지에 대해서는 언급하였지만, 영향을 주는 이유에 대한 언급은 없으므로 오답이다.
(c) 뿌리가 썩는 병의 증상이 잠깐 언급되었을 뿐이므로 지문 전체를 아우르는 주제가 될 수 없다.

어휘
gardening 원예　**address** v. (문제 등) ~을 다루다, 처리하다　**root rot** 뿌리가 썩는 병　**cause A to do**: A가 ~하도록 초래하다, 야기하다　**wilt** 시들다　**develop** (상태 등) ~을 변화시키다, (병 등) ~에 걸리게 하다　**spell the end** 종말을 고하다　**suspect** ~을 의심하다　**remove A from B**: B에서 A를 제거하다, 꺼내다　**soil** 흙, 토양　**check for** ~가 있는지 확인하다　**squishy** 흐물흐물한　**trim** ~을 손질하다, 다듬다　**significant** 상당히 많은　**prune** (가지를) 쳐내다　**lessen** ~을 줄이다　**burden** 부담(감)　**regrow** 다시 자라다　**get rid of** ~을 없애다, 제거하다　**potentially** 잠재적으로　**infected** 감염된　**repot** ~을 분갈이하다　**affect** ~에 영향을 미치다　**detect** ~을 발견하다　**how to do** ~하는 법　**spot** v. ~을 알아차리다, 찾아내다　**sign** 징조, 신호　**deal with** ~에 대처하다, ~을 처리하다

2.

And now for an update on the critical situation in the South Sea Islands. Days of fear and grief have followed Monday's tsunami as rescue workers continue to dig through the wreckage in the hopes of finding survivors. The official count of fatalities, currently at 89, rises every few hours, with the total casualties well over 1,000. The tsunami was the largest to strike the region in 30 years, and the lasting impact of its damages is yet to be seen.

Q: What is the news report mainly about?

(a) A tsunami warning for a city
(b) Minor damage caused by a storm
(c) A natural disaster that devastated an area
(d) Successful rescue efforts after a tragedy

이제 태평양제도의 중대 상황에 관한 소식을 전해 드리겠습니다. 월요일에 쓰나미가 발생된 이후로 두려움과 슬픔으로 가득한 날들이 이어져 온 가운데, 구조 인력들이 생존자를 찾겠다는 희망으로 잔해를 계속 파헤쳐 나가고 있습니다. 공식 집계된 사망자 수는 현재 89명이지만, 시시각각 증가하고 있어 총 사상자 수가 1,000명을 훌쩍 뛰어 넘을 것으로 보입니다. 이번 쓰나미는 30년 만에 가장 크게 이 지역을 강타한 것이었으며, 그 피해의 지속적인 영향은 여전히 지켜 봐야 합니다.

Q: 뉴스 보도는 주로 무엇에 관한 것인가?

(a) 한 도시에 대한 쓰나미 경보
(b) 폭풍우로 인해 초래된 미미한 피해
(c) 한 지역을 초토화시킨 자연 재해
(d) 비극 후에 이어진 성공적인 구조 활동

해설
담화 초반부에 태평양제도의 중대 상황에 관한 소식임을 언급하면서 (the critical situation in the South Sea Islands) 월요일에 발생

된 쓰나미(Monday's tsunami) 이후로 진행 중인 구조 활동과 인명 피해 상황을 설명하고 있으므로 (c)가 정답이다.

(a) 이미 쓰나미가 발생한 이후의 상황에 관한 담화이므로 오답이다.
(d) 피해의 지속적인 영향을 여전히 지켜 봐야 한다고 했으므로 구조 활동이 성공적인지 알 수 없다.

어휘
And now for (방송 등에서) 이제 ~을 전해 드리겠습니다, ~가 이어지겠습니다 **critical situation** 중대 상황, 위기 상황 **South Sea Islands** 태평양제도 **grief** 슬픔, 비탄 **follow** ~을 뒤따르다 **rescue** 구조 **continue to do** 지속적으로 ~하다 **dig through** ~ 사이를 파헤치며 다니다 **wreckage** 잔해 **in the hopes of** ~에 대한 희망으로 **survivor** 생존자 **official count of** ~의 공식 집계 **fatalities** 사망자 수 **casualties** 사상자 수 **well over** ~을 훌쩍 넘는 **strike** ~을 강타하다 **region** 지역 **lasting impact of** ~의 지속적인 영향 **damage** 피해, 손해 **be yet to be seen** 지켜봐야 한다 , 더 두고 봐야 한다

3.

On this episode of Everyday Science, we'll be looking at how digital pets can improve the lives of the elderly. Since caring for a real, living pet is out of the question for so many senior citizens, caring for a digital pet - perhaps on a tablet computer or smart phone - could help combat loneliness and isolation among the elderly.
A team of psychologists at Cambridge are conducting a long-term study on these digital pets' effects on depression, energy, morale and overall quality of life.

Q: What is mainly being introduced here?

(a) Advantages of digital pets over real ones
(b) Different options for elderly care
(c) Benefits of senior citizens taking care of animals
(d) Research on digital pets' impact on the elderly

이번 Everyday Science 방영분을 통해, 디지털 반려 동물이 어떻게 노인들의 삶을 향상시킬 수 있는지를 살펴 볼 예정입니다. 많은 노인들에게 있어 실제 살아 있는 반려 동물을 보살피는 것이 불가능한 일이기 때문에, 아마 태블릿 컴퓨터나 스마트폰을 통해 디지털 반려 동물을 돌보는 일은 노인들 사이에서 발생되는 외로움이나 고립 문제를 방지하는 데 도움이 될 수 있을 것입니다. Cambridge의 심리학자들로 구성된 한 팀이 우울증과 에너지, 의욕, 그리고 전반적인 삶의 질에 이와 같은 디지털 반려 동물이 미치는 영향에 관해 장기간의 연구를 수행하고 있습니다.

Q: 지문에서 주로 소개되는 내용은 무엇인가?

(a) 실제 반려 동물에 비해 디지털 반려 동물이 지니는 장점
(b) 노인을 보살피는 데 대한 여러 선택권들
(c) 동물을 돌보는 노인들이 지니는 이점
(d) 디지털 반려 동물이 노인들에게 미치는 영향에 대한 연구

해설
담화 첫 부분에 디지털 반려 동물이 노인들의 삶을 향상시키는 방법에 대해(how digital pets can improve the lives of the elderly) 살펴 보겠다고 알린 후에, 그와 관련된 구체적인 설명과 함께 Cambridge의 심리학자들로 구성된 팀이 연구를 수행하고 있는 상황을 언급하고 있으므로 이와 같은 연구를 언급한 (d)가 정답이다.

(a) 실제 반려 동물과 디지털 반려 동물 사이의 비교를 말하는 내용은 없으므로 오답이다.
(b) 노인을 돌보는 방법과 관련된 담화가 아니므로 오답이다.

어휘
episode (방송의) 1회분, 방영분 **the elderly** 노인들 **care for** ~을 보살피다, 돌보다 **out of the question** 불가능한 **help do** ~하는 데 도움이 되다 **combat** ~을 방지하다 **loneliness** 외로움 **isolation** 고립, 격리 **among** ~ 사이에서 **psychologist** 심리학자 **conduct** ~을 수행하다 **long-term** 장기간의 **study** 연구, 조사 **effect on** ~에 대한 영향 **depression** 우울증 **morale** 의욕, 사기 **overall** 전반적인 **quality** 질, 수준 **advantage** 장점 **over** (비교) ~에 비해 **benefit** 이점, 혜택 **take care of** ~을 보살피다, 돌보다 **impact on** ~에 미치는 영향

4.

Over the past month, police and hospital staff in Mumbai have been dealing with an increased frequency of attacks by packs of monkeys. Nobody knows if only one tribe is responsible for the violence or if it's widespread among the simian population. But the consequences of this violence cannot be ignored. Numerous reports show that monkeys have been biting and hitting pedestrians, affecting businesses and traffic flow. Monkeys have even broken into offices and destroyed important paperwork and equipment.

Q: What is the main topic of the news report?

(a) The effects of urban development on monkeys
(b) An infection caused by monkey bites
(c) Issues caused by animal attacks
(d) The wildlife around Mumbai

지난 한 달 동안에 걸쳐, 뭄바이의 경찰과 병원 직원들이 원숭이 떼의 공격 빈도 증가 문제를 처리해 왔습니다. 오직 한 집단만이 이 폭력 문제에 대한 원인인지, 또는 원숭이 사회에서 만연해 있는 일인지는 아무도 알지 못합니다. 하지만 이 폭력 문제에 따른 결과는 무시될 수 없습니다. 다수의 보도에 따르면 원숭이들이 계속해서 행인들을 물거나 때리면서 업체들과 교통 흐름에 영향을 미치는 것으로 나타납니다. 원숭이들은 심지어 사무실에 침입해 중요 문서와 장비를 부수기까지 했습니다.

Q: 뉴스 보도의 주제는 무엇인가?

(a) 도시 개발이 원숭이들에게 미치는 영향
(b) 원숭이의 무는 행위로 인해 초래된 감염 문제
(c) 동물의 공격에 의해 야기된 문제
(d) 뭄바이 지역 내의 야생 동물

해설
담화 시작 부분에 뭄바이의 경찰과 병원 직원들이 원숭이 떼의 공격 빈도 증가 문제를 처리해 왔다고(~ police and hospital staff in Mumbai have been dealing with an increased frequency of attacks by packs of monkeys) 언급한 이후로 그 피해 상황과 관련된 내용이 제시되고 있으므로 (c)가 정답이다.

오답 체크
(a) 도시 개발에 따른 영향으로 언급되는 내용이 없으므로 오답이다.
(b) 감염 문제와 관련된 정보가 제시되는 것이 없으므로 오답이다.

어휘
deal with ~을 처리하다, 다루다 **increased** 증가된, 늘어난 **frequency** 빈도 **packs of** ~ 떼, 무리 **tribe** 집단, 무리 **be responsible for** ~에 대한 원인이다, ~에 대한 책임이 있다 **violence** 폭력 **widespread** 만연한, 널리 퍼진 **among** ~ 사이에서 **simian** 원숭이의 **population** (동물의) 전 개체군, 개체수 **consequence** 결과 **ignore** ~을 무시하다 **numerous** 다수의 **bite** v. ~을 물다 n. 무는 행위 **pedestrian** 행인, 보행자 **affect** ~에 영향을 미치다 **business** 업체, 회사 **traffic flow** 교통 흐름 **break into** ~에 침입하다 **destroy** ~을 부수다, 파괴하다 **paperwork** 문서, 서류 **equipment** 장비 **effect** 영향 **urban development** 도시 개발 **infection** 감염 **caused by** ~에 의해 초래된, 야기된 **wildlife** 야생 동물

5.

In today's health news, a new method for treating brain cancer is causing some excitement in the healthcare industry. Researchers at the Stanford School of Medicine have been working on a new vaccine that can effectively stop the growth of brain tumors. Even in its early stages of testing, the vaccine has shown much promise. After having surgery to remove tumors, patients can still harbor microscopic cancer cells that stay in the brain and can be nearly impossible to remove via other treatments. This new vaccine counters this problem by targeting these cells, thus greatly reducing any risk of relapse.

Q: What is the news report mainly about?

(a) A vaccine for effectively eliminating brain cancer
(b) A new program at the Stanford School of Medicine
(c) Advances in microscopic surgical techniques
(d) Research regarding the frequency of brain cancer relapses

오늘의 건강 뉴스입니다, 뇌종양을 치료하는 새로운 방법이 의료 업계를 들뜨게 만들고 있습니다. Stanford School of Medicine 소속 연구원들이 뇌종양의 성장을 효과적으로 멈추게 할 수 있는 새로운 백신 개발 작업을 해 왔습니다. 심지어 그 초기 테스트 단계에서조차, 이 백신은 큰 가능성을 보여 주었습니다. 종양 제거 수술을 받은 후에도, 환자들은 뇌에 남아 있거나 다른 치료제를 통해 제거하는 것이 거의 불가능한 아주 미세한 암 세포를 여전히 갖고 있을 수 있습니다. 이 새로운 백신은 그 세포들을 목표로 삼아 이와 같은 문제에 대항할 수 있으며, 그에 따라 어떠한 재발 위험성도 크게 감소시킬 수 있습니다.

Q: 뉴스 보도는 주로 무엇에 관한 것인가?

(a) 뇌종양을 효과적으로 제거해 주는 백신
(b) Stanford School of Medicine의 새로운 프로그램
(c) 현미경을 이용한 수술 기법의 발전
(d) 뇌종양 재발 빈도에 관한 연구

해설
담화 초반부에 뇌종양을 치료하는 새로운 방법(a new method for treating brain cancer)을 언급한 이후로 새로운 백신(a new vaccine)이 개발되었다는 말과 그 효과를 알리는 것으로 담화가 전개되고 있으므로 (a)가 정답이다.

오답 체크
(b) 한 학교의 새로운 프로그램과 관련된 담화가 아니므로 오답이다.
(c) 수술 기법의 발전상에 관한 담화가 아니므로 오답이다.

어휘
method 방법 **treat** ~을 치료하다 **brain cancer** 뇌종양 **cause excitement** 들뜨게 만들다, 흥분시키다 **healthcare industry** 의료 업계 **effectively** 효과적으로 **growth** 성장 **tumor** 종양 **early stage** 초기 단계 **show much promise** 큰 가능성을 보여 주다 **surgery** 수술 **remove** ~을 제거하다(= eliminate) **patient** 환자 **harbor** ~에게 살 곳을 제공하다 **microscopic** 아주 미세한, 현미경을 이용한 **cell** 세포 **nearly** 거의 **via** ~을 통해 **treatment** 치료(제) **counter** ~에 대항하다 **by** (방법) ~함으로써 **target** ~을 목표로 하다 **thus** 따라서, 그러므로 **greatly** 크게, 대단히 **reduce** ~을 감소시키다 **risk** 위험(성) **relapse** 재발 **effectively** 효과적으로 **advances** 발전, 진보 **surgical technique** 수술 기법 **regarding** ~에 관한 **frequency** 빈도

6.

Even with federal regulations, the labeling of organic foods and products can be complicated. In general, a product can claim to be organic if it contains 95% or more organic ingredients and bears the USDA organic seal. However, some certification programs have fewer regulations for different products: organic spinach, for instance, is highly regulated, while organic soap has relatively light requirements.

Q: What is the main purpose of the talk?

(a) To promote the wider use of organic products

(b) To disapprove of federal regulatory processes

(c) To highlight the difficulty of labeling organic products

(d) To give examples of popular organic products

연방 정부의 규제가 있다 하더라도, 유기농 음식과 제품에 대한 표시 제도는 복잡한 문제일 수 있습니다. 일반적으로, 한 제품에 95퍼센트 이상의 유기농 성분이 포함되어 있고 USDA 유기농 제품 마크를 지니고 있을 경우에 유기농 제품이라 할 수 있습니다. 하지만, 일부 인증 프로그램에는 서로 다른 제품에 대한 규제가 더 적은데, 예를 들어 유기농 시금치는 크게 규제되고 있는 반면에, 유기농 비누에는 비교적 가벼운 자격 요건이 적용되고 있습니다.

Q: 담화의 목적은 무엇인가?

(a) 유기농 제품의 더욱 폭넓은 이용을 홍보하는 것

(b) 연방 정부의 규제 과정에 반대하는 것

(c) 유기농 제품 표시 문제의 어려움을 집중 조명하는 것

(d) 인기 있는 유기농 제품의 예시를 보여 주는 것

해설

담화를 시작하면서 유기농 음식과 제품에 대한 표시 제도는 복잡한 문제일 수 있다고(the labeling of organic foods and products can be complicated) 알린 후에 성분 함유와 관련된 문제점들을 예시와 함께 알리고 있으므로 그와 같은 표시 방법의 어려움에 대한 집중 조명을 뜻하는 (c)가 정답이다.

오답 체크

(a) 유기농 제품을 더 많이 이용하도록 홍보하는 내용이 아니므로 오답이다.

(b) 규제에 대한 반대와 관련된 정보로 제시되는 것이 없으므로 오답이다.

어휘

even with ~가 있다 하더라도 federal 연방 정부의 regulation 규제, 규정 labeling 표시, 표기 organic 유기농의 complicated 복잡한 in general 일반적으로 claim to be A: A라고 주장하다 contain ~을 포함하다, 담고 있다 ingredient (음식) 성분, 재료 bear ~을 지니고 있다 however 하지만 certification 인

증(서), 공인 spinach 시금치 highly regulated 크게 규제되는 relatively 비교적, 상대적으로 light 가벼운 requirements 자격 요건 promote ~을 홍보하다, 판촉하다 disapprove of ~에 반대하다 regulatory 규제의, 규제력을 지닌 process 과정 highlight ~을 집중 조명하다, 강조하다

7.

As a holiday special, travelers who fly with Indigo Airways will also receive a complimentary stay at a participating hotel, courtesy of us. By booking a flight in any class with Indigo, you'll be able to select a free night at any Brady, Tropico, or Berkley Hotel location in the continental U.S. Just fill out the special offer page when booking your flight online, or a customer representative will help you if you book your flight by phone. In addition, each traveler can take advantage of this deal up to three times. There's never been a better time to fly Indigo!

Q: What is the Indigo Airlines advertisement mainly about?

(a) Seat upgrades with hotel reservations

(b) A free stay at a hotel for booking a flight

(c) Exchanging frequent flyer miles for services

(d) Saving money by reserving flight tickets online

연휴 스페셜의 하나로, 저희 Indigo Airways를 이용하시는 여행객들께서는 프로그램 참여 호텔에서 무료로 숙박하실 수 있는 서비스도 받으시게 될 것이며, 비용은 저희가 부담해 드립니다. 저희 Indigo에서 어떤 좌석 등급이든 항공편을 예약하시면, 미국 대륙 내에 있는 Brady, Tropico, 또는 Berkley Hotel 중의 어느 곳이든 무료 하루 숙박 서비스를 선택하실 수 있습니다. 온라인으로 항공편을 예약하실 때 특별 제공 서비스 페이지의 양식을 작성하기만 하시면 되며, 그렇지 않고 전화로 항공편을 예약하실 경우에는 고객 서비스 직원이 도와 드릴 것입니다. 추가로, 각 여행객들께서는 이 거래 상품을 최대 3회까지 이용하실 수 있습니다. 지금이야 말로 저희 Indigo 항공편을 이용하실 수 있는 절호의 기회입니다!

Q: Indigo Airlines 광고는 주로 무엇에 관한 것인가?

(a) 호텔 예약과 함께 하는 좌석 업그레이드

(b) 항공편 예약에 대한 무료 호텔 숙박 서비스

(c) 단골 이용 고객 마일리지를 서비스로 교환해 사용하는 것

(d) 온라인에서 항공권을 예약함으로써 비용을 절약하는 것

해설

담화 시작 부분에 Indigo Airways를 이용하는 여행객이 호텔에서 무료로 숙박할 수 있는 서비스를 언급한 후에(~ travelers who fly with Indigo Airways will also receive a complimentary stay at a participating hotel, courtesy of us) 그 서비스의 이용 방법을 설명하고 있으므로 (b)가 정답이다.

(a) 좌석 업그레이드와 관련된 정보는 제시되고 있지 않으므로 오답이다.

(c) 고객 마일리지 이용과 관련된 담화가 아니므로 오답이다.

(d) 비용 절약 방법을 소개하는 내용이 아니므로 오답이다.

어휘

fly 비행기를 타고 가다 **complimentary** 무료의(= free) **participating** (프로그램 등에 함께) 참여하는 **courtesy of** ~가 무료로 제공하는 **by** (방법) ~함으로써 **book** ~을 예약하다 **be able to do** ~할 수 있다 **select** ~을 선택하다 **continental U.S.** 미국 대륙 **fill out** ~을 작성하다 **special offer** 특별 제공 서비스 **representative** 직원 **in addition** 추가로 **take advantage of** ~을 이용하다 **deal** 거래 상품, 거래 조건 **up to** 최대 ~까지 **There's never been a better time to do** 지금이 바로 ~할 수 있는 더 좋은 때이다(더 좋은 때가 없었다) **reservation** 예약 **exchange A for B**: A를 B로 교환하다 **frequent flyer** (항공사의) 단골 이용 고객

8.

Are you a person who's always seeking the next adventure? Do you love immersing yourself in new cultures and exotic locations? If so, then you might just be the right person to write for the Endless Road travel site. Being a part of our team will let you fly all over the world without spending a dime of your own money. Furthermore, we boast a huge audience, and several of our writers have gone on to publish their own travel memoirs. So, seize the moment and live the life of your dreams.

Q: What is the announcement about?

(a) A multi-country travel package
(b) An airline travel program
(c) A travel site's contest award
(d) A travel journalism opportunity

여러분은 항상 또 다른 모험을 찾는 분이신가요? 새로운 문화와 이국적인 장소에 빠져드는 것을 아주 좋아하는 분이신가요? 그러시다면, 여러분께서는 Endless Road 여행 사이트를 위해 글을 쓰시기에 적합한 분이실 수 있습니다. 저희 팀의 일원이 되시면 돈 한 푼 들이지 않고 전 세계를 돌아 다닐 수 있게 해 드립니다. 더욱이, 저희는 아주 폭넓은 독자층을 자랑하며, 몇몇 저희 작가들은 직접 쓴 여행 회고록을 출간하기 시작하셨습니다. 자, 지금 기회를 잡으셔서 꿈에 그리시던 삶을 한 번 살아 보십시오.

Q: 공지는 무엇에 관한 것인가?

(a) 여러 국가를 여행하는 패키지
(b) 항공사 여행 프로그램
(c) 여행 사이트의 경연대회 시상
(d) 여행 기사 집필 기회

해설

담화 초반부에 한 여행 사이트를 위해 글을 쓰는 일(~ you might just be the right person to write for the Endless Road travel site)을 언급하고 있고, 이후에는 그렇게 일하는 것에 따른 장점을 소개하고 있으므로 여행 기사 집필 기회를 의미하는 (d)가 정답이다.

(a) 여행 패키지 서비스를 광고하는 내용이 아니므로 오답이다.

(b) 마찬가지로, 여행 프로그램이 담화의 핵심 사항이 아니므로 오답이다.

어휘

seek ~을 찾다, 구하다 **adventure** 모험 **immerse oneself in** ~에 빠져 들다, 몰두하다 **exotic** 이국적인 **location** 장소, 지점, 위치 **let A do**: A에게 ~하게 하다 **fly** 비행기를 타고 가다 **without** ~하지 않고 **dime** 10센트 동전 **furthermore** 더욱이, 게다가 **boast** ~을 자랑하다, 포함하다 **huge** 엄청난, 막대한 **audience** 독자, 청중, 관객 **several** 몇 명, 여러 명 **go on to do** ~하기 시작하다 **publish** ~을 출간하다 **memoir** 회고록 **seize the moment** 기회를 잡다 **multi-country** 다양한 국가의 **journalism** 기사 집필, 언론 기자 활동 **opportunity** 기회

9.

These days, it's a common practice that parents place children with short attention spans on prescriptions; however, medication is not the only solution, and the proper remedy is usually related to the cause. For instance, if the child struggles to focus only at school, it may be a problem with the teacher. The parents should then work with the teacher to benefit the child. If the behavior happens at home, it could be caused by stressful factors in the family, so the burden is on the parents to create a better environment. Furthermore, some attention-deficit cases may involve hearing-related problems, which can be improved through proper medical care.

Q: What is the main topic of the talk?

(a) Different medications to help students focus at school
(b) Some social therapy techniques to treat children's stress
(c) The effects of family-related issues on children
(d) Approaches to children's attention problems

요즘, 주의 집중 시간이 짧은 아이들에게 부모들이 처방약을 지어 주는 것을 흔히 볼 수 있지만, 약물이 유일한 해결책은 아니며 적절한 처리 방안은 그 원인과 관련되어 있습니다. 예를 들어, 아이가 학교에서만 집중하는 것을 힘겨워 할 경우, 이는 교사와 관련된 문제일 수 있습니다. 그때 아이에게 도움이 될 수 있도록 부모가 교사와 함께 노력해야 합니다. 그 행동이 집에서 발생된다면, 가정 내에서 스트레스가 되는 요소에 의해 야기된 것일 수 있으므로 부모가 책임지고 더 좋은 환경을 만들어 주어야 합니다. 게다가, 일부 집중력 부족 사례들은 청력과 관련된 문제를 포함할 수 있으며, 이는 적절한 의료 서비스를 통해 개선될 수 있습니다.

Q: 담화의 주제는 무엇인가?

(a) 학생들이 학교에서 집중하는 데 도움이 되는 여러 약품
(b) 아이들의 스트레스를 치료하는 몇몇 사회적 치료 요법들
(c) 가족과 관련된 문제가 아이들에게 미치는 영향
(d) 아이들의 집중력 문제에 대한 접근법

[해설]
담화 시작 부분에 주의 집중 시간이 짧은 아이들(children with short attention spans)을 언급하면서 학교와 가정 내에서 각각 주의력이 부족한 아이들을 위한 해결 방법을 제시하고 있으므로 이와 같은 접근법들을 의미하는 (d)가 정답이다.

[오답 체크]
(b) 아이들의 스트레스가 주된 내용이 아니므로 오답이다.
(c) 가족 문제가 일반적으로 아이들에게 미치는 영향과 관련된 담화가 아니므로 오답이다.

[어휘]
it's a common practice that ~하는 것이 흔한 일이다 **place A on B**: A를 B에 처하게 하다 **attention spans** 주의 집중 시간 **prescription** 처방약, 처방전 **however** 하지만 **medication** 약물 **solution** 해결책 **proper** 적절한, 제대로 된 **remedy** 처리 방안, 해결책 **be related to** ~와 관련되어 있다 **cause** n. 원인 v. ~을 야기하다, 초래하다 **struggle to do** ~하는 것을 힘겨워 하다, ~하기 위해 발버둥치다 **focus** 집중하다 **work with** ~와 함께 노력하다, 합심하다 **benefit** v. ~에게 이득이 되다 **behavior** 행동 **factor** 요소 **the burden is on A to do**: ~하는 것이 A의 책임이다 **environment** 환경 **furthermore** 게다가, 더욱이 **attention-deficit** 집중력 부족의 **case** 사례, 경우 **involve** ~을 포함하다, 수반하다 **hearing-related** 청력과 관련된 **improve** ~을 개선하다, 향상시키다 **through** ~을 통해 **medical care** 의료 서비스, 병원 치료 **help A do**: A가 ~하도록 돕다 **social therapy techniques** 사회적 치료 요법 **treat** ~을 치료하다 **effect** 영향 **approach** 접근법

10.

Japanese car manufacturer Yuki Motors has confirmed much speculation by announcing its plans to construct a new factory in the U.S. state of Washington. Sales of its cars in the U.S. have risen in recent years thanks to Yuki's reputation for producing fuel-efficient vehicles, and opening a plant in the United States will help answer that new demand. The market expects the price of Yuki Motors cars to drop since those manufactured in the United States will avoid steep import taxes on vehicles. As another benefit, the new facility will create over 3,000 jobs in Washington.

Q: What is mainly being reported?

(a) The struggles of a Japanese car company
(b) Plans for the construction of a manufacturing plant
(c) The merger of two international auto companies
(d) A new import tax on foreign-made vehicles

일본의 자동차 제조사인 Yuki Motors 사가 미국의 워싱턴 주에 새로운 공장을 짓는 계획을 발표함으로써 그간의 많은 추측을 확인해 주었습니다. 연비가 좋은 차량을 생산하는 것에 대한 Yuki 사의 명성으로 인해 최근 몇 년 사이에 미국 내에서 이 회사의 자동차 판매량이 증가되어 왔으며, 미국에 공장을 여는 것이 그와 같은 새로운 수요에 응답하는 데 도움이 될 것입니다. 시장에서는 Yuki Motors 사의 차량 가격이 떨어질 것으로 예상하고 있는데, 미국에서 제조되는 제품들이 차량에 대해 터무니 없이 높게 적용되는 수입세를 피하게 될 것이기 때문입니다. 또 다른 혜택으로, 새로운 시설이 워싱턴 지역에 3,000개가 넘는 일자리를 창출하게 될 것입니다.

Q: 무엇이 주로 보도되고 있는가?

(a) 한 일본 자동차 회사의 고군분투
(b) 한 제조 공장의 건설에 대한 계획
(c) 국제적인 두 자동차 회사의 합병
(d) 해외 제조 차량에 부과되는 새로운 수입세

[해설]
담화 시작 부분에 일본의 자동차 제조사인 Yuki Motors 사가 미국 워싱턴 주에 새로운 공장을 짓는 계획을 발표했다는(Japanese car manufacturer Yuki Motors has confirmed much speculation by announcing its plans to construct a new factory ~) 말과 함께 그에 따른 긍정적 영향 등을 알리는 것으로 담화가 전개되고 있으므로 제조 공장 건설 계획을 의미하는 (b)가 정답이다.

[오답 체크]
(a) 한 일본 자동차 회사가 겪는 어려움과 관련된 담화가 아니므로 오

답이다.

(c) 기업들 간의 합병과 관련된 내용이 아니므로 오답이다.

어휘

manufacturer 제조사 confirm ~을 확인해 주다 speculation 추측 by (방법) ~함으로써 announce ~을 발표하다 plan to do ~하려는 계획 construct ~을 짓다, 건설하다 sales 판매(량), 매출 rise 증가하다, 오르다 thanks to ~로 인해, ~ 덕분에 reputation for ~에 대한 명성 fuel-efficient 연비가 좋은 vehicle 차량 plant 공장 help do ~하는 데 도움이 되다 demand 수요 expect A to do: A가 ~할 것으로 예상하다 drop 떨어지다, 하락하다 since ~하기 때문에 avoid ~을 피하다 steep (가격 등이) 터무니 없이 높은, 아주 비싼 import tax 수입세 benefit 혜택, 이점 facility 시설(물) create ~을 만들어 내다 over ~가 넘는 struggles 고군분투, 안간힘 merger 합병, 통합 foreign-made 해외에서 제조된

UNIT 23 담화의 요지를 묻는 문제

문제 푸는 순서와 요령
본문 p. 164

어휘

mayor 시장 announcement 발표, 공지 resignation 사임, 사퇴 take A by surprise: A를 충격에 빠트리다 concrete 구체적인 details 세부 정보, 상세 사항 emerge 나타나다, 드러나다 assistant 비서 tell A that: A에게 ~라고 말하다 the press 언론 resign 사임하다 elaborate 더 자세히 말하다 suspect (that) ~라고 의심스러워 하다 have connection to ~와 관련되어 있다 ongoing 계속 진행중인 investigation 조사 suspected 의혹을 받는 acceptance 받음, 수수 bribe 뇌물 land development 토지 개발 prove ~을 입증하다 be implicated in ~에 연루되어 있다 scandal 스캔들, 추문 leave office 직위에서 물러나다 be accused of ~에 대한 혐의를 받다, ~로 기소되다 corruption 부패, 부정 leave A 형용사: A를 ~한 상태로 만들다 worried 걱정하는

Practice
본문 p. 166

어휘

1. while ~이지만, ~인 반면 claim to do ~하다고 하다, ~하다고 주장하다 be made with ~로 만들어지다 processed 가공 처리된 refined 정제된 even with ~가 있다고 해도 reduced 줄어든, 감소된 content 내용(물) be high in ~가 많이 들어 있다, ~ 성분이 높다 carbohydrate 탄수화물 therefore 따라서, 그러므로 as A as B: B만큼 A한 in the long run 장기적으로 whether ~인지 (아닌지)

2. have yet to do 아직 ~하지 못했다 cure 치료(법) avian flu 조류 독감 with A in mind: A를 감안해, A를 염두에 둔 채 prevention 예방 defense 방어 수단 against ~에 맞서, ~을 상대로 pandemic 유행병 disease 질병 properly 제대로, 적절히 control ~을 통제하다, 제어하다 within ~ 이내에 thus 따라

서 give priorities to ~을 최우선시하다 ought to do ~해야 하다 spread 확산 be unlikely to do ~할 가능성이 낮다 as A as B: B만큼 A하게

3. strongly believe that ~라고 굳게 믿다 while drunk 술에 취한 채로 have A p.p.: A가 ~되게 하다 take away ~을 박탈하다, 빼앗다 endanger ~을 위험에 처하게 하다 intoxicated 술에 취한 threat 위협(적인 것) have zero tolerance for ~에 대해 관용을 베풀지 않다 selfish 이기적인 reckless 무모한 warn about ~에 대해 경고하다 face v. ~와 마주하다, ~에 직면하다 harsh 가혹한, 혹독한 punishment 처벌

4. incredibly 놀랄 만큼 be adept at ~에 능숙하다 sentiment 감정, 정서 harsh 냉혹한, 가혹한 have a way of -ing ~하는 방법을 알다 make A do: A가 ~하게 만들다 not only A but also B: A뿐만 아니라 B도 suppose (that) ~라고 생각하다 it is A that B: B하게 만든 것이 바로 A다 keen 예리한 sensitivity 감성 A win B C: A로 인해 B가 C를 얻다, 받다 ability to do ~하는 능력 convey ~을 전달하다 likely 가능성 있는, ~할 것 같은 based on ~을 바탕으로 하는, 기반으로 하는

전략 적용 연습
본문 p. 167

어휘

global warming 지구 온난화 cause ~을 초래하다, 야기하다 loss 손실, 손해 opportunity 기회 recent 최근의 economic 경제의 factor 요인 extreme weather 기상 이변 linked to ~와 관련된 rising 증가하는 cost A B: A에게 B의 비용을 들이게 하다 more than ~가 넘는 look to do ~하기를 바라다 benefit from ~로부터 혜택을 보다, 이득을 얻다 ill effect 악영향, 부작용 coverage plan 보장 보험 상품 in addition 게다가, 더욱이 investor 투자자 increasingly 점점 더 be interested in ~에 관심이 있다 renewable energy 재생 가능 에너지 gas emission 가스 배출(량) cut ~을 감축시키다 analyst 분석가 expect ~을 예상하다 annual 해마다의, 연례의 growth 성장 both A and B: A와 B 둘 모두 no longer 더 이상 ~가 아니다 issue 문제, 사안 create ~을 만들어 내다

빈출 담화 유형 흐름 알기_주장/비판
본문 p. 168

어휘

global 세계적인, 지구의 fossil fuel 화석 연료 depletion 고갈 oil resources 석유 자원 run low 고갈되다, 떨어져 가다 relatively 비교적 coal 석탄 natural gas 천연 가스 deposit 매장층 continue to do 계속해서 ~하다 use up 다 써버리다 remaining 남아 있는 power v. ~에 전력을 공급하다 comfort 안락 grow accustomed to ~에 익숙해지다 furthermore 더욱이, 게다가 entire 전체의 industry 산업 either A or B: A이거나 B하다 be forced to do 강제로 ~하게 되다 cease to exist 사라지다 implement ~을 도입하다 alternative energy 대체 에너지 wind power 풍력 reserves 비축물 dependence on ~에의 의존 challenging 도전적인, 어려운

기출 Check-up Test 　　　　　　　　본문 p. 169

1. (b)　　**2**. (c)　　**3**. (d)　　**4**. (d)　　**5**. (a)　　**6**. (c)

7. (b)　　**8**. (d)　　**9**. (b)　　**10**. (b)

1.

> Class, can you guess why turtles evolved to have shells? For protection, right? Well, not exactly, at least not initially. If you study the fossils of early proto-turtles, you'll notice the broadening and partial fusing of the ribs. This was one of the first major changes toward a shell. But such changes would have compromised the turtles' ability to breathe and move. In other words, they would actually have made turtles more vulnerable to predators.
>
> Q: What is the speaker mainly saying about turtles' shells?
>
> (a) They explain the slow movement of turtles.
> **(b) They did not develop as a means of protection.**
> (c) They limited the rate at which turtles evolved.
> (d) They hinder some of the turtles' basic functions.

학생 여러분, 거북이가 등껍질을 갖도록 진화하게 된 이유가 무엇인지 추측이 되시나요? 자기 방어용일까요? 음, 꼭 그렇진 않은데, 적어도 처음에는 안 그랬습니다. 초기 거북이 조상들의 화석을 연구해 보면, 갈비뼈의 확장 및 부분적인 결합 상태를 알아보게 될 것입니다. 이것이 처음에 등껍질로 바뀌는 주요 변화들 중의 한 가지였습니다. 하지만 이러한 변화들은 거북이의 호흡 및 이동 능력을 떨어뜨렸을 것입니다. 다시 말해서, 실제로는 거북이를 포식자들에게 더 취약한 상태로 만들었을 것입니다.

Q: 화자는 거북이의 등껍질에 관해 주로 무슨 말을 하는가?

(a) 거북이가 느린 움직임을 보이는 이유이다.
(b) 보호 수단으로 발달하지 않았다.
(c) 거북이가 진화한 속도를 제한했다.
(d) 거북이의 몇몇 기본적인 기능을 저해한다.

[해설]
거북이가 등껍질을 갖게 된 변화와 관련해, 이 변화가 '보호'를 위한 것이라고 추측하기 쉽지만, 실은 등껍질이 거북이의 호흡 및 이동 능력을 떨어뜨려 포식자들에게 더 취약한 상태로 만들었을 것이라고(such changes would have compromised the turtles' ability to breathe and move. ~ have made turtles more vulnerable to predators) 언급하고 있다. 이는 등껍질이 보호 수단으로 발달한 것이 아니라는 뜻이므로 (b)가 정답이다.

[오답 체크]
(c) 진화 속도에 대한 언급은 없으므로 오답이다.

(d) 거북이의 등껍질이 저해하는 기능에 대한 언급은 없으므로 오답이다.

[어휘]
evolve 진화하다, 발전하다　**shell** 껍질　**protection** 보호　**not exactly** 꼭 그런 것은 아닌　**at least** 적어도, 최소한　**initially** 처음에　**fossil** 화석　**proto** 조상의, 원행의, 최초의　**notice** ~을 알아차리다, 인식하다　**broadening** 확장, 확대　**partial** 부분적인　**fusing** 결합, 융합　**would have p.p.** ~했을 것이다　**compromise** (능력, 가치 등) ~을 떨어뜨리다, 위태롭게 하다　**ability to do** ~할 수 있는 능력　**breathe** 호흡하다　**in other words** 다시 말해서　**actually** 실제로는, 사실은　**make A 형용사**: A를 ~한 상태로 만들다　**vulnerable to** ~에 취약한　**predator** 포식자　**explain** ~에 대한 이유가 되다, ~을 설명하다　**develop** 발달하다　**means** n. 수단　**limit** ~을 제한하다　**rate** 속도, 비율, 등급, 요금　**hinder** ~을 저해하다　**function** 기능, 역할

2.

> In my opinion, our modern information-driven society requires a new approach to our dated intellectual property policies. Originally proposed as a way to guarantee property rights to artists, scientists, and inventors, intellectual property policies have now grown beyond their scope. Anything under such protection has become less accessible to the public because current policies afford the copyright holders a complete monopoly over the product's use and availability. Thus, market prices rise at the will of the copyright holder.
>
> Q: What is the main point of the speaker?
>
> (a) Current property rights do not do enough to protect copyright holders.
> (b) Copyright laws help spread new ideas and products to the public.
> **(c) Intellectual property policies need to be updated to fit current practices.**
> (d) The Internet has altered the application of intellectual property rights.

제 생각에, 정보 중심의 현대 사회는 구식 지적 재산 정책에 대한 새로운 접근법을 필요로 합니다. 애초에 예술가나 과학자, 그리고 발명가들을 위한 재산권을 보장하는 방법의 하나로 제안되었던, 지적 재산 정책은 계속 확대되어 현재 그 범위를 뛰어 넘은 상태입니다. 이와 같은 보호를 받고 있는 어떤 것도 일반 대중이 이용하기 더 쉽지 않게 되었는데, 그 이유는 현 정책이 제품의 이용과 구매 가능성에 대해 저작권 소유자들에게 완전 독점권을 제공해 주기 때문입니다. 따라서, 시장 가격이 저작권 소유자의 의지에 따라 증가하고 있습니다.

Q: 화자가 말하는 요점은 무엇인가?

(a) 현재의 재산권은 저작권 소유자들을 충분히 보호해 주지 못한다.

(b) 저작권법이 새로운 아이디어와 제품을 일반 대중에게 확산시키는 데 도움이 된다.

(c) 지적 재산 정책이 현재의 관행에 어울릴 수 있도록 업데이트되어야 한다.

(d) 인터넷이 지적 재산권의 적용 방식을 변경시켰다.

해설

담화를 시작하면서 정보 중심의 현대 사회가 구식 지적 재산 정책에 대한 새로운 접근법을 필요로 한다고(our modern information-driven society requires a new approach to our dated intellectual property policies) 언급한 후에, 과거의 정책이 지닌 부정적인 면을 말하고 있다. 즉 현재의 상황에 맞게 변화가 필요하다는 것을 주장하는 내용이므로 (c)가 정답이다.

오답 체크

(a) 저작권 소유자를 보호하는 일이 담화의 핵심이 아니므로 오답이다.

(b) 저작권법이 일반적으로 지니는 긍정적인 측면을 말하는 담화가 아니므로 오답이다.

(d) 인터넷이 지적 재산권에 미친 영향을 말하는 담화가 아니므로 오답이다.

어휘

information-driven 정보 중심의 require ~을 필요로 하다 approach 접근법 dated 구식의, 낡은 intellectual property 지적 재산 policy 정책 originally 애초에, 처음에 proposed 제안된 as a way to do ~할 수 있는 방법의 하나로 guarantee ~을 보장하다 property rights 재산권 inventor 발명가 beyond one's scope ~의 범위를 뛰어 넘은 under (영향 등) ~ 하에 있는 protection 보호 accessible to A: A가 이용 가능한, 접근 가능한 the public 일반 대중 current 현재의 afford A B: A에게 B를 제공하다 copyright 저작권 holder 소유자, 소지자 complete monopoly 완전 독점(권) over (대상) ~에 대해 availability 구매 가능성, 이용 가능성 thus 따라서, 그에 따라 rise 증가하다, 오르다 at the will of ~의 의지에 따라, ~의 뜻에 따라 help do ~하는 데 도움이 되다 spread ~을 확산시키다, 퍼뜨리다 fit ~에 어울리다, 적합하다 practice 관행, 관례 alter ~을 변경하다, 바꾸다 application 적용, 응용

3.

Nowadays, cholesterol has a nasty reputation among most people, but it's important to know the difference between bad cholesterol and good cholesterol. The bad one we're familiar with is low-density lipoprotein cholesterol, which builds up on the inner walls of arteries. This causes them to harden and restrict blood flow. There is also high-density lipoprotein cholesterol, though. It helps guard against heart attacks by transporting extra cholesterol away from the heart and toward the liver for removal and re-processing.

Q: What is the speaker mainly saying about high-density lipoprotein cholesterol?

(a) It promotes restricted blood flow.

(b) It is the cause of major heart attacks.

(c) It is common in meat and dairy products.

(d) It removes cholesterol build-up.

요즘, 대부분의 사람들 사이에서 콜레스테롤이 끔찍한 평판을 얻고 있지만, 나쁜 콜레스테롤과 좋은 콜레스테롤 사이의 차이점을 아는 것은 중요합니다. 우리에게 익숙한 나쁜 콜레스테롤은 저밀도 리포단백질 콜레스테롤인데, 이는 동맥 내부의 벽에 쌓이는 것입니다. 이는 동맥을 경화시켜 혈액의 순환을 제한하게 만듭니다. 하지만 고밀도 리포단백질 콜레스테롤도 있습니다. 이 콜레스테롤은 제거 및 재처리를 위해 여분의 콜레스테롤을 심장에서 떨어져 있는 간으로 옮김으로써 심장 마비가 생기지 않도록 보호하는 데 도움을 줍니다.

Q: 화자는 고밀도 리포단백질 콜레스테롤에 관해 주로 무슨 말을 하는가?

(a) 제한된 혈액 순환을 촉진시킨다.

(b) 주요 심장 마비의 원인이다.

(c) 고기와 유제품에 흔히 들어 있다.

(d) 축적된 콜레스테롤을 제거해 준다.

해설

고밀도 리포단백질 콜레스테롤의 특징이 언급된 후반부에, 여분의 콜레스테롤을 간으로 보내 심장 마비가 생기지 않도록 도움을 준다고(~ high-density lipoprotein cholesterol, though. It helps guard against heart attacks ~ for removal and re-processing) 알리고 있으므로 콜레스테롤의 제거를 언급한 (d)가 정답이다.

오답 체크

(a) 혈액 순환의 촉진과 관련된 정보로 제시되는 것이 없으므로 오답이다.

(b) 심장 마비의 원인이 될 수 있는 것은 저밀도 리포단백질 콜레스테롤이므로 오답이다.

어휘

nasty 끔찍한, 형편 없는 reputation 평판, 명성 among ~ 사이에서 difference 차이(점), 다름 between A and B: A와 B 사이의 be familiar with ~에 익숙하다, 친숙하다 low-density 저밀도의 lipoprotein 리포단백질 build up 쌓이다, 축적되다 inner 내부의, 안쪽의 arteries 동맥 cause A to do: A가 ~하게 만들다, ~하도록 초래하다 harden 경화되다 restrict ~을 제한하다 blood flow 혈액 순환 though (문장 끝이나 중간에서) 하지만 help do ~하는 데 도움이 되다 guard against ~가 생기지 않도록 지키다 heart attack 심장 마비 by (방법) ~함으로써 transport ~을 옮기다, 이동시키다 extra 여분의, 별도의 away from ~에서 떨어져 있는 toward ~ 쪽으로, ~을 향해 liver 간 removal n. 제거, 없앰 re-processing 재처리 promote ~을 촉진시키다

4.

When investing your money in the stock market, be prudent and avoid hasty decisions. Become familiar with a corporation before purchasing their stock, and don't hesitate to seek advice from experts. Know that all stock prices fluctuate, but most will eventually increase in value if you leave them for an extended length of time. Therefore, pursue long-term investments. The most successful investors are those who endure the constant ebb and flow of the stock market. On the other hand, those who chase get-rich-quick stocks are the most likely to walk away with less than when they started.

Q: What is the main point of the announcement?

(a) Investing in the stock market is a smart financial move.
(b) Information from stock market experts should be disregarded.
(c) The majority of people lose their savings in the stock market.
(d) The best investment plans require a lot of time.

주식 시장에 투자하실 때, 신중함을 유지하셔서 성급한 결정을 내리는 일을 피하시기 바랍니다. 주식을 매입하시기 전에 그 기업에 익숙해지셔야 하며, 전문가들로부터 조언을 구하는 일을 주저하지 마십시오. 모든 주가가 등락을 거듭한다는 점을 알고 계셔야 하지만, 대부분은 오랜 시간 동안 남겨 놓으시면 결국 그 가치가 오를 것입니다. 따라서, 장기 투자를 하시기 바랍니다. 대부분의 성공적인 투자자들은 주식 시장의 지속적인 일진일퇴를 견뎌 내는 사람들입니다. 반면에, 일확천금을 위해 주식을 쫓는 사람들은 처음 시작했을 때보다 얻는 것 없이 물러날 가능성이 가장 큽니다.

Q: 공지의 요점은 무엇인가?

(a) 주식 시장에 대한 투자가 재정적으로 현명한 조치이다.
(b) 주식 시장 전문가들의 정보는 무시되어야 한다.
(c) 대다수의 사람들이 저축한 돈을 주식 시장에서 잃는다.
(d) 최고의 투자 계획은 오랜 시간을 필요로 한다.

담화 중반부에, 주가가 장기간에 걸쳐 증가하게 된다는(~ increase in value if you leave them for an extended length of time) 말과 함께 장기 투자를 하라고(Therefore, pursue long-term investments) 권하고 있으므로 이에 해당되는 (d)가 정답이다.

오답 체크
(a) 단순히 주식 시장에 투자하는 것이 현명한 방법인지는 언급되고 있지 않으므로 오답이다.
(b) 주식 시장 전문가들의 조언을 구하라고 권하는 내용이 있으므로 오답이다.

어휘
invest A in B: A를 B에 투자하다 **stock market** 주식 시장 **prudent** 신중한 **avoid** ~을 피하다 **hasty** 성급한 **decision** 결정 **familiar with** ~에 익숙한, 친숙한 **corporation** 기업 **hesitate to do** ~하기를 주저하다, 망설이다 **seek** ~을 구하다, 찾다 **stock prices** 주가 **fluctuate** 등락을 거듭하다, 오르락내리락 하다 **eventually** 결국, 마침내 **value** 가치 **leave** ~을 놓아 두다 **for an extended length of time** 오랜 시간 동안 **pursue** ~을 계속하다, 추구하다 **long-term** 장기간의 **investment** 투자(액) **investor** 투자자 **endure** ~을 견디다 **constant** 지속적인 **ebb and flow** 일진일퇴, 밀려 왔다 밀려 가는 것 **on the other hand** 반면에, 한편 **chase** ~을 쫓다 **get-rich-quick** 일확천금의 **be the most likely to do** ~할 가능성이 가장 크다 **financial** 재정의, 재무의 **move** 조치, 움직임 **disregard** ~을 무시하다 **the majority of** 대다수의, 대부분의 **savings** 저축(한 돈) **require** ~을 필요로 하다

5.

The next topic I want to discuss is nutrition. If you are serious about vegetarianism, then you have to know how to replace the nutrients you would normally get from animal products. Vegetarians who simply stop eating meat often become ill due to Vitamin D and calcium deficiencies. These nutrients are scarce outside of animal products but are vital for your health. So, I want to share with you several alternatives you can add to your diet to make sure your body still gets everything it needs.

Q: What is the main idea of the talk?

(a) Uninformed vegetarians often suffer from nutritional deficiencies.
(b) A vegetarian receives additional vitamins through plant products.
(c) Vegetarianism is less healthy than a meat-based diet.
(d) Meat products are the only source of calcium and Vitamin D.

다음으로 얘기하고자 하는 주제는 영양입니다. 만약 여러분이 채식주의를 진지하게 여기고 계신다면, 평소 동물성 식품을 통해 섭취하던 영양소를 대체할 방법을 알고 계셔야 합니다. 단순히 육류 섭취를 중단해 버리는 채식주의자들은 흔히 비타민 D와 칼슘 부족으로 몸이 아프기 시작합니다. 이 영양소들은 동물성 식품 외에는 드물게 찾아볼 수 있지만 건강에는 필수적인 것입니다. 따라서, 저는 여전히 여러분의 몸이 필요로 하는 모든 것을 반드시 얻기 위해 식단에 추가할 수 있는 몇 가지 대안들을 공유해 드리고자 합니다.

Q: 담화의 요점은 무엇인가?

(a) **정보가 부족한 채식주의자들이 흔히 영양 부족으로 고생한다.**
(b) 채식주의자는 식물성 식품을 통해 추가적인 비타민을 얻는다.
(c) 채식은 육류 기반의 식단보다 건강에 덜 좋다.
(d) 육류 제품이 칼슘과 비타민 D에 대한 유일한 공급원이다.

해설

담화 중반부에 단순히 육류 섭취를 중단하는 채식주의자들이 흔히 비타민 D와 칼슘 부족으로 몸이 아플 수 있다고(Vegetarians who simply stop eating meat often become ill due to Vitamin D and calcium deficiencies) 알리고 있는데, 이는 충분한 정보 없이 무턱대고 채식을 할 경우에 겪는 어려움에 해당되므로 이와 같은 어려움을 언급한 (a)가 정답이다.

오답 체크

(b) 채식주의자가 추가 비타민을 어디에서 얻는지는 언급되지 않았으므로 오답이다.
(c) 대안 없이 육류 섭취를 끊는 경우에 대한 우려만 언급될 뿐, 채식 자체가 육류 식단보다 건강에 좋지 않다는 말은 없으므로 오답이다.
(d) 육류 제품이 칼슘과 비타민 D에 대한 유일한 공급원이라는 정보는 제시되지 않고 있으므로 오답이다.

어휘

nutrition 영양 vegetarianism 채식(주의) how to do ~하는 법 replace ~을 대체하다 nutrient 영양소 normally 보통, 평소에 animal products 육류 제품 vegetarian 채식주의자 become ill 아프다, 병에 걸리다 due to ~로 인해 deficiency 결핍 scarce 드문, 희소한 outside of ~ 외에 vital 필수적인 share ~을 공유하다 alternative 대안 add ~을 추가하다 diet 식단 make sure (that) 반드시 ~하도록 하다 uninformed 정보가 부족한 suffer from ~로 고생하다 receive ~을 얻다, 받다 additional 추가적인 meat-based 육류 기반의 source 공급원, 원천

6.

Built in the late 19th century for the 1889 World's Fair by Gustave Eiffel, the Eiffel Tower is now a beloved cultural icon of France that attracts millions of visitors from around the world every year. However, it was initially controversial and unpopular with France's leading artists and intellectuals. A petition known as "Artists Against the Eiffel Tower" expressed worries that the tower would detract from other treasured Parisian landmarks, such as Notre Dame. Furthermore, numerous objections were raised regarding the aesthetics of merging architecture and engineering.

Q: What is the speaker's main point about the Eiffel Tower?

(a) It served an important role in the 1889 World's Fair.
(b) Its design required the collaboration of several French intellectuals.
(c) **It originally provoked disagreement from among the French elite.**
(d) Its construction was a great feat of engineering and architecture.

1889년의 World's Fair를 위해 19세기 말에 Gustave Eiffel에 의해 지어진 에펠 탑은 현재 프랑스의 문화적 상징으로서 사람들의 사랑을 받고 있으며, 매년 전 세계에서 수백 만 명의 방문객들을 끌어들이고 있습니다. 하지만, 이 탑은 처음에 많은 논란을 일으켰고, 프랑스의 선도적인 예술가들과 지성인들에게 인기가 없었습니다. '에펠 탑에 반대하는 예술가들'이라고 알려진 탄원서에는 그 탑이 노트르담 성당과 같이 파리에서 매우 소중한 다른 명소들의 가치를 손상시킬 것이라는 우려가 나타나 있었습니다. 게다가, 건축학과 공학의 융합이라는 미학과 관련된 수많은 반대가 제기되었습니다.

Q: 에펠 탑에 관한 화자의 요점은 무엇인가?

(a) 1889년의 World's Fair에서 중요한 역할을 했다.
(b) 그 디자인은 프랑스 내 여러 지성인들의 공동 작업을 필요로 했다.
(c) **처음에는 프랑스 엘리트 계층 사이에서 의견 차이를 유발했다.**
(d) 그 건설 공사는 공학과 건축학이 조화된 위업이었다.

해설

담화 중반부에 에펠 탑이 프랑스의 예술가들과 지성인들에게 인기가 없었다는(it was initially controversial and unpopular with France's leading artists and intellectuals) 말과 함께 그 사람들은 파리의 다른 명소가 지닌 가치를 손상시킬 것으로 생각했다는 내용이 제시되고 있으므로 이와 같은 의견 차이를 언급한 (c)가 정답이다.

오답 체크

(a) 1889년의 World's Fair에서 에펠 탑이 한 역할과 관련된 정보는 없으므로 오답이다.
(b) 공동 작업을 통해 만들어진 건축물인지와 관련된 정보는 없으므로 오답이다.
(d) 건축학과 공학의 융합이라는 측면에 대해 반대가 많았다고 했으므로 오답이다.

어휘

beloved 사람들의 사랑을 받는 icon 상징 attract ~을 끌어 들이다 millions of 수백 만 명의, 수백 만 개의 however 하지만 initially 처음에 controversial 논란이 많은 unpopular with ~에게 인기 없는 leading 선도적인, 앞서 가는 intellectual n. 지성인 petition 탄원서 known as ~라고 알려진 against ~에 반대해 express ~을 나타내다, 표현하다 worry 우려, 걱정

detract from A: A의 가치를 손상시키다 **treasured** 매우 소중한 **Parisian** 파리의 **landmark** 명소 **furthermore** 게다가, 더욱이 **numerous** 수많은 **objection** 반대 **raise** (문제 등) ~을 제기하다 **regarding** ~에 관해 **aesthetics** 미학 **merge** ~을 통합하다, 합병하다 **architecture** 건축학 **engineering** 공학 **serve an important role in** ~에서 중요한 역할을 하다 **require** ~을 필요로 하다 **collaboration** 공동 작업, 합작 **originally** 처음에, 애초에 **provoke** ~을 유발하다 **disagreement** 의견 차이 **feat** 위업

7.

When you decide to commit to an exercise program, take it easy at first. The body needs time to adjust to new stresses, and it takes your muscles, bones, and joints about a week to get used to these physical demands. So, it's best to exercise only three times a week at first to avoid soreness or injuries. Also, maintain a balance of strength, cardio, and flexibility training in your program. Then, after about a month, your body will be fully accustomed to the motions of your exercises. At this point, you can add in new exercises, increase the intensity of the workout, or simply change the order of your sets.

Q: What is the main idea of the talk?

(a) A fitness program should focus on flexibility over strength.

(b) Fitness routines should factor in time for your body to adjust.

(c) A variety of exercises will keep you interested in your fitness plan.

(d) An effective fitness plan requires an expert's guidance.

새로운 운동 프로그램을 시작하기로 결정하실 때 처음엔 쉬엄쉬엄 하세요. 신체는 새로운 스트레스에 적응하는 데 시간이 필요하며, 여러분의 근육과 뼈, 그리고 관절이 이러한 신체적인 요구에 적응하는 데는 약 일주일이 걸립니다. 따라서, 처음에는 통증이나 부상을 피하기 위해 일주일에 세 번만 운동하세요. 또한, 운동 프로그램에 근력 운동, 심장 강화 운동, 그리고 유연성 훈련을 균형 있게 유지하세요. 그러면 약 한 달 뒤에, 여러분의 몸은 운동에 따른 움직임에 완전히 적응할 것입니다. 이 시점에서, 여러분은 새로운 운동을 추가하거나 운동 강도를 높이실 수 있으며, 또는 단순히 운동 세트의 순서를 바꿔 보실 수 있습니다.

Q: 담화의 요점은 무엇인가?

(a) 피트니스 프로그램은 근력보다 유연성에 초점을 맞춰야 한다.
(b) 피트니스 루틴은 신체가 적응할 시간을 고려해야 한다.
(c) 다양한 운동이 피트니스 계획에 지속적으로 흥미를 느끼게 만들어 준다.
(d) 효과적인 피트니스 계획은 전문가의 지도를 필요로 한다.

해설
담화를 시작하면서 처음 새로운 피트니스 프로그램을 시작할 때 쉬엄쉬엄 하라고(When you decide to commit to an exercise program, take it easy at first) 말하면서 몸이 필요로 하는 적응 기간과 관련된 정보를 전달하고 있으므로 이와 같은 신체 적응 시간을 언급한 (b)가 정답이다.

오답 체크
(a) 유연성을 강조하는 내용이 아니므로 오답이다.
(c) 여러 운동을 균형 있게 해야 한다고 언급하는 내용은 있지만, 다양한 운동과 지속적으로 흥미를 유지하는 것 사이의 관계를 나타내는 말은 없으므로 오답이다.

어휘
commit to ~에 전념하다 **take it easy** 쉬엄쉬엄 하다 **at first** 처음에 **adjust to** ~에 적응하다 **it takes A + 시간 to do**: A가 ~하는 데 ~의 시간이 걸리다 **joint** 관절 **get used to** ~에 익숙해지다 **physical** 신체의, 신체적인 **demands** 요구 **avoid** ~을 피하다 **soreness** 통증 **injury** 부상 **maintain** ~을 유지하다 **cardio** 심장 강화 운동 **flexibility** 유연성 **be fully accustomed to** ~에 완전히 적응하다 **motion** 움직임 **add** ~을 추가하다 **intensity** 강도 **workout** 운동 **order** n. 순서 **focus on** ~에 초점을 맞추다 **routine** 루틴, 규칙적으로 하는 일 **factor in** ~을 고려하다 **a variety of** 다양한 **expert** 전문가

8.

Skin cancer experts are sounding the alarm over the growing popularity of tanning beds among young people. The purchase of tanning beds, electronic boxes that help people achieve bronze skin by assaulting them with strong ultraviolet B rays, has doubled in the last five years. This is likely because young people are being swayed by false advertisements claiming that tanning beds are a safer way to get tan. Closer investigation reveals that these claims aren't backed up by any actual research. In fact, using a tanning bed regularly prior to the age of the 35 raises the chance of skin cancer by an astounding 75%.

Q: What is the main idea of the talk?

(a) It's been proved that tanning beds are safer than other tanning methods.

(b) Both ultraviolet A and B rays can cause long-term skin damage.

(c) Tanning bed commercials should be banned by the government.

(d) The advertisements about tanning beds have been dishonest.

피부암 전문가들은 젊은 사람들 사이에서 태닝 베드의 인기가 점점 증가하고 있는 것에 대해 경고의 목소리를 내고 있습니다. 태닝 베드는 강력한 자외선 B로 피부를 자극함으로써 구릿빛 피부를 완성하는 데 도움을 주는 전자식 침대로서, 지난 5년간 구매 수가 두 배로 늘었습니다. 이는 젊은 사람들이 태닝 베드가 피부를 그을리는 더 안전한 방법이라고 내세우는 거짓 광고에 마음이 휘둘리고 있기 때문일 가능성이 있습니다. 면밀한 조사 끝에 이와 같은 광고 내용은 어떠한 실제 연구에 의해서도 뒷받침되지 못하고 있다는 사실이 밝혀졌습니다. 사실, 35세 이전에 주기적으로 태닝 베드를 사용하는 것은 믿기 어려운 수준인 75퍼센트만큼이나 피부암 발생 가능성을 높입니다.

Q: 담화의 주제는 무엇인가?

(a) 태닝 베드가 다른 태닝 방법들보다 안전하다는 점이 입증되었다.
(b) 자외선 A와 자외선 B 둘 다 장기간의 피부 손상을 초래할 수 있다.
(c) 태닝 베드 광고가 정부에 의해 금지되어야 한다.
(d) 태닝 베드에 관한 광고가 정직하지 못한 내용을 담고 있었다.

해설
담화 중반부에 젊은 사람들이 태닝 베드가 좋다고 내세우는 거짓 광고에 속고 있다는(young people are being swayed by false advertisements claiming that tanning beds are a safer way to get tan) 말과 함께 그 내용이 입증되지 않은 것이라고 알리고 있으므로 이와 같은 광고의 문제점을 언급한 (d)가 정답이다.

오답 체크
(a) 태닝 베드의 부정적인 측면을 알리는 담화로서 그 안전성을 신뢰할 수 없음을 알리고 있으므로 오답이다.
(b) 자외선 A와 자외선 B의 부정적인 측면을 말하는 담화가 아니므로 오답이다.

어휘
skin cancer 피부암 sound the alarm 경고의 목소리를 내다 over (대상) ~에 대해 growing 점점 증가하는 popularity 인기 tanning bed 태닝 베드(피부를 인공적으로 그을리는 기구) help A do: A가 ~하는 데 도움이 되다 achieve ~을 달성하다, 이루다 bronze skin 구릿빛 피부 assault (빛, 소리 등이) ~을 자극하다, 괴롭히다 ultraviolet 자외선 double v. 두 배가 되다 likely 가능성 있는, ~할 것 같은 be swayed by ~에 휘둘리다, 흔들리다 false 거짓의 claim that ~라고 주장하다 way to do ~하는 방법 get tan 피부를 그을리다 close 면밀한 investigation 조사 reveal that ~임이 밝혀지다 back up ~을 뒷받침하다 actual 실제의 research 연구, 조사 in fact 사실, 실제로 regularly 주기적으로 prior to ~ 이전에, ~에 앞서 raise ~을 증가시키다 by (차이) ~만큼 astounding 믿기 어려운 be proved that ~라는 점이 입증되다 cause ~을 초래하다 long-term 장기간의 damage 손상, 피해 commercial n. 광고 (방송) ban ~을 금지하다 advertisement 광고 dishonest 정직하지 못한

9.

Since children spend an average of five hours a day in front of a television screen, the content they watch has a major impact on both their behavior and values. One does not then need to imagine the effect violent and mature viewing has on developing minds; just watch the news one night to see what's happening to the youth. Every major network airs gun-obsessed, blood-filled dramas since they attract the most viewers, and any regulatory attempt to curtail this trend has failed. Therefore, it's time for parents to take the matter into our own hands and demand change.

Q: What is the speaker's main point about violence on television?

(a) Government regulations let the networks do whatever they please.
(b) Change to the status quo must come from the parents.
(c) New laws have been effective in censoring content.
(d) Parents must limit the amount of TV their children watch.

아이들이 텔레비전 화면 앞에서 하루에 평균 5시간을 보내고 있으므로, 아이들이 시청하는 내용이 행동과 가치관 두 가지 모두에 중요한 영향을 미칩니다. 따라서 폭력적이고 성인용으로 제작된 프로그램의 시청이 심성을 키우는 데 미치는 영향은 생각해 보실 필요도 없으며, 뉴스를 하룻밤만 시청해 보시면 청소년들에게 무슨 일이 일어나고 있는지 확인해 보실 수 있습니다. 모든 주요 방송사들은 무기에 집착하고 피로 물들인 드라마들을 방송하고 있는데, 그 프로그램들이 대부분의 시청자들을 끌어 들이기 때문이며, 이와 같은 경향을 억제하기 위해 어떠한 규제 기관의 노력도 이뤄지지 않았습니다. 그러므로, 이제 부모인 우리가 이 문제를 스스로 해결하고 변화를 요구할 때가 되었습니다.

Q: 텔레비전의 폭력 문제에 관한 화자의 요점은 무엇인가?

(a) 정부의 규제가 방송사들이 원하는 무엇이든 하게 놔두고 있다.
(b) 현재의 상황에 대한 변화가 반드시 부모로부터 시작되어야 한다.
(c) 새로운 법규가 콘텐츠를 검열하는 데 효과가 있었다.
(d) 부모들은 반드시 아이들이 TV를 시청하는 시간을 제한해야 한다.

해설
담화 중반부에 텔레비전 프로그램의 폭력성과 함께 그것을 규제하기 위한 조치가 제대로 이뤄지지 않고 있음을 언급한 후에, 마지막에 가서 부모들이 스스로 문제를 해결하고 변화를 요구해야 한다고(it's time for parents to take the matter into our own hands

and demand change) 말하고 있으므로 이 방법에 해당되는 (b)가 정답이다.

오답 체크
(c) 새로운 법규가 콘텐츠 검열에 미치는 효과로 언급된 내용이 없으므로 오답이다.
(d) 아이들의 TV 시청 시간 제한과 관련된 정보는 제시되지 않고 있으므로 오답이다.

어휘
average 평균 **in front of** ~ 앞에 **content** 내용(물) **have a major impact on** ~에 중요한 영향을 미치다 **behavior** 행동 **values** 가치관 **effect** 영향, 효과 **violent** 폭력적인 **mature** 성인용의 **viewing** 시청 **develop minds** 심성을 키우다 **network** 방송사 **air** v. ~을 방송하다 **gun-obsessed** 총에 집착하는 **blood-filled** 피로 가득한 **attract** ~을 끌어 들이다 **viewer** 시청자 **regulatory** 규제 기관의, 규제의 **attempt to do** ~하려는 노력, 시도 **curtail** ~을 억제하다, 축소하다 **trend** 경향, 추세 **fail** 하지 않다, 하지 못하다 **therefore** 그러므로, 따라서 **take the matter into one's own hands** 문제를 스스로 해결하다 **demand** ~을 요구하다 **regulation** 규제, 규정 **let A do**: A가 ~ 하게 놔두다 **whatever A please**: A가 원하는 무엇이든 **status quo** 현재의 상황 **effective** 효과적인 **censor** ~을 검열하다 **limit** ~을 제한하다 **amount** 양, 수량

10.

In political news, Congress is considering a new law to limit the amount of unverified news content distributed across social media sites. Recent investigations conducted by a bipartisan committee concluded that social media sites have been taken advantage of by third parties to sway public opinion. It is likely that new restrictions will be introduced that will make it more difficult to share such misinformation across these web sites. Changes could take effect within the next few months.

Q: What is mainly being reported about the law?

(a) It would restrict political content from being shared over social media.
(b) It would create stricter requirements for checking the authenticity of sources.
(c) It would enhance the influence of social media on elections.
(d) It would allow the government to have access to certain user accounts.

정치 뉴스입니다. 국회가 소셜 미디어 사이트마다 배포되고 있는 확인되지 않은 뉴스 콘텐츠의 양을 제한하기 위해 새로운 법률을 고려하고 있습니다. 양당 위원회에 의해 실시된 최근의 조사에 따르면, 소셜 미디어 사이트들이 여론을 흔들어 놓기 위해 제3당에 의해 이용되어 온 것으로 결론이 내려졌습니다. 이 웹 사이트들 사이에서 그와 같은 허위 정보가 공유되는 것을 더욱 어렵게 만드는 새로운 규제가 도입될 가능성이 있습니다. 그 변화는 향후 몇 달 내로 적용될 수도 있습니다.

Q: 법률에 관해 무엇이 주로 보도되고 있는가?

(a) 소셜 미디어에서 정치적인 콘텐츠가 공유되는 것을 제한할 것이다.
(b) 출처의 진위 확인에 필요한 더욱 엄격한 요건이 만들어질 것이다.
(c) 선거에 미치는 소셜 미디어의 영향력을 높여 줄 것이다.
(d) 정부가 특정 사용자 계정에 접근할 수 있게 해 줄 것이다.

해설
담화 후반부에 웹 사이트들 사이에서 허위 정보가 공유되는 것을 더욱 어렵게 만드는 새로운 규제가 도입될 것 같다고(~ new restrictions will be introduced that will make it more difficult to share such misinformation ~) 알리는 말이 있으므로 이와 같이 더욱 엄격한 요건이 언급된 (b)가 정답이다.

오답 체크
(a) 정치적인 콘텐츠의 공유 제한과 관련된 정보로 언급되는 것이 없으므로 오답이다.
(c) 소셜 미디어가 선거에 미치는 영향으로 언급되는 내용이 없으므로 오답이다.

어휘
political 정치의 **Congress** 국회 **consider** ~을 고려하다 **limit** ~을 제한하다 **amount** 양, 수량 **unverified** 확인되지 않은, 입증되지 않은 **content** 내용(물) **distribute** ~을 배포하다 **across** ~ 전체에 걸쳐 **investigation** 조사 **conduct** ~을 실시하다, 수행하다 **bipartisan** 양당의 **committee** 위원회 **conclude that** ~라고 결론 내리다 **take advantage of** ~을 이용하다 **third party** 제3당, 제3자 **sway** ~을 흔들다 **public opinion** 여론 **It is likely that** ~할 가능성이 있다 **restriction** 규제, 제한 **introduce** ~을 도입하다 **share** ~을 공유하다 **misinformation** 허위 정보 **take effect** 적용되다, 시행되다 **within** ~ 이내에 **restrict A from -ing**: A가 ~하는 것을 제한하다 **create** ~을 만들어 내다 **strict** 엄격한 **requirements** 요건, 필요 조건 **authenticity** 진위 **source** 출처, 근원 **enhance** ~을 높이다, 강화하다 **influence** 영향 **election** 선거 **allow A to do**: A가 ~할 수 있게 해 주다 **have access to** ~에 접근하다, ~을 이용하다 **certain** 특정한, 일정한 **account** 계정

UNIT 24 Correct(진위 확인) 문제

문제 푸는 순서와 요령
본문 p. 170

[어휘]

biannual 반년마다의, 연 2회의 **inspection** 점검, 조사 **occur** 발생되다, 일어나다 **fire marshal** 소방국장 **up to code** 규정을 준수하는 **reminder** (메시지 등) 상기시키는 것 **make sure that** 반드시 ~하도록 하다 **fire extinguisher** 소화기 **department** 부서 **accessible** 이용 가능한, 접근 가능한 **likewise** 마찬가지로 **double-check that** ~인지 다시 한 번 확인하다 **escape** 탈출, 대피 **block** ~을 막다 **stairwell** 비상 계단(이 있는 공간) **clear of** ~ 없이 깨끗이 치워진 **unnecessary** 불필요한 **equipment** 장비 **clutter** 잡동사니 **carry out** ~을 실시하다(= conduct) **ensure** ~을 보장하다 **official** 관계자, 당국자 **take place** (일, 행사 등이) 열리다, 발생되다 **through** ~을 통해

Practice
본문 p. 172

[어휘]

1. function 기능 **be equipped with** ~을 갖추고 있다 **a variety of** 다양한 **setting** (기기 등의) 세팅, 설정 **adjust** ~을 조절하다, 조정하다 **relax** 긴장을 풀다, 쉬다 **soothe** ~을 진정시키다, 완화시키다 **warm up** ~을 따뜻하게 하다 **water bill** 수도세 고지서 **purify** ~을 정화하다 **reduce** ~을 줄이다, 감소시키다

2. trade 무역 **development** 개발, 발전 **theme** 주제, 테마 **inclusive** 포괄적인 **whereby** 그에 따라 **keynote speaker** 기조 연설자 **organization** 기관, 단체 **include** ~을 포함하다 **current** 현재의 **economic growth** 경제 성장 **following** ~ 후에 **host** ~을 주최하다 **symposium** 학술 토론회 **be encouraged to do** ~하시기 바랍니다, ~하도록 권합니다 **attend** 참석하다 **hold** ~을 개최하다 **be renowned for** ~로 잘 알려져 있다 **achievement** 업적, 성취

3. appeal to ~의 흥미를 끌다, ~에게 매력적이다 **excessive** 과도한 **violence** 폭력 **see A do**: A가 ~하는 것을 보다 **against** ~와 맞서, ~을 상대로 **odds** 역경, 곤란 **expect** ~을 기대하다 **production value** 작품성 **acting** 연기 **deplorable** 비참한, 개탄스러운 **effect** 효과 **consist of** ~로 구성되다 **excuse** 핑계, 구실 **stage** v. ~을 극화하다, 연출하다 **contain** ~을 포함하다 **feature** ~을 특징으로 하다 **follow** ~을 따르다 **historical** 역사적인 **fact** 사실

4. mandatory 의무적인 **evacuation** 대피 **give orders** 명령을 내리다 **resident** 주민 **blow** ~을 불다, 불어 날리다 **flame** 불길, 불꽃 **toward** ~ 쪽으로, ~을 향해 **community** 지역 사회 **more than** ~가 넘는 **along with** ~와 함께 **water-dropping** 살수하는 **battle** v. ~와 싸우다 **blaze** 화재 **mostly** 대부분 **contain** ~을 저지하다, 억제하다 **by** ~ 무렵에, ~ 쯤에 **under control** 진압된, 통제된 **evacuate** ~에서 대피하다

전략 적용 연습
본문 p. 173

[어휘]

safeguard ~을 보호하다 **explicit content** 유해성 콘텐츠 **political** 정치적인 **issue** 사안, 문제 **introduce** ~을 도입하다 **as a way for A to do**: A가 ~하기 위한 방법의 하나로 **block** ~을 차단하다 **mature** 성인용의, 성숙한 **be required to do** ~해야 하다 **have A p.p.**: A 가 ~되게 하다 **device** 장치, 기기 **install** ~을 설치하다 **detect** ~을 감지하다 **rating** 등급 **via** ~을 통해 **encoded** 암호화된 **broadcast** 방송 **conflict with** ~와 상충하다, 충돌하다 **user-defined** 사용자 정의의 **setting** 설정, 세팅 **view** ~을 보다 **control** 통제(력), 제어 **over** ~을 대상으로 **prevent A from -ing**: A가 ~하지 못하게 막다, ~하는 것을 방지하다 **censor** ~을 검열하다 **distribution** 분포, 유통, 배부 **customize** ~을 맞춤 설정하다, 맞춤 제작하다 **feature** ~을 포함하다, 특징으로 하다

빈출 담화 유형 흐름 알기_안내/공지
본문 p. 174

[어휘]

reach 전화로 ~에 연락하다 **facility** 시설 **currently** 현재 **weight room** 역기실, 체력단련실 **outdoor** 야외의 **business hours** 영업 시간 **resume** 재개하다 **regarding** ~에 관한, ~에 관하여 **along with** ~와 함께 **get back to** ~에게 답신 연락을 하다 **apologize for** ~에 대해 사과하다 **interruption** 중단 **break** 휴가 **cause** ~을 야기하다 **exercise routine** 운동 루틴

기출 Check-up Test				본문 p. 175	
1. (b)	**2**. (c)	**3**. (b)	**4**. (c)	**5**. (a)	**6**. (d)
7. (b)	**8**. (b)	**9**. (c)	**10**. (d)		

1.

Now, let's examine the creation of a successful educational TV program in the United States. Despite opposition from her supervisors, celebrated TV producer Joan Cooney pushed to create a program for preschoolers in the mid-1960s. Appealing to major philanthropic organizations such as the Ford Foundation, she raised $8 million to get her plan off the ground. Then, she assembled a talented team of entertainers, educators, and child psychologists. Together, they created the renowned children's show *Sesame Street*.

Q: Which is correct about Joan Cooney?

(a) She received initial support from her supervisors.

(b) Her show was funded by donations from charitable organizations.

(c) She raised more than $80 million to start *Sesame Street*.

(d) Her team excluded entertainers in favor of child psychologists.

이제, 미국에서 성공을 거둔 한 교육 TV 프로그램의 탄생을 살펴보겠습니다. 상사들의 반대에도 불구하고, 유명 TV 프로듀서였던 조앤 쿠니는 1960년대 중반에 취학 전 아동들을 위한 프로그램 탄생시키기를 밀어붙였습니다. 포드 재단 같은 대규모 자선 단체들에 호소하여, 조앤은 자신의 계획을 실행에 옮기는 데 필요한 8백만 달러를 모금했습니다. 그런 다음, 연예인과 교육자, 그리고 아동 심리학자들로 구성된 능력 있는 팀을 꾸렸습니다. 함께, 이들은 유명 아동 프로그램인 <세서미 스트리트>를 탄생시켰습니다.

Q: 조앤 쿠니와 관련해 어느 것이 옳은 내용인가?

(a) 처음부터 상사들의 지원을 받았다.

(b) 그녀의 프로그램이 여러 자선 단체의 기부로 자금을 제공받았다.

(c) <세서미 스트리트>를 시작하기 위해 8천만 달러 넘게 모금했다.

(d) 그녀의 팀이 아동 심리학자들을 선호해 연예인들을 제외했다.

해설

담화 중반부에 포드 재단 같은 주요 자선 단체들에 호소하여 조앤이 자신의 계획을 실행에 옮길 수 있는 8백만 달러를 모금했다고 (Appealing to major philanthropic organizations such as the Ford Foundation, she raised $8 million to get her plan off the ground) 언급하고 있다. 이는 자선 단체가 기부하는 돈을 제공받은 것을 나타내는 말이므로 (b)가 정답이다.

오답 체크

(a) 상사들의 반대에도 밀어붙였다는 내용이 제시되고 있으므로 오답이다.

(c) 8백만 달러($8 million)를 모금했다고 알리고 있으므로 오답이다.

어휘

examine ~을 살펴보다, 점검하다 **creation** 탄생, 창조, 창작
successful 성공적인 **educational** 교육적인 **despite** ~에도
불구하고 **opposition** 반대 **supervisor** 상사, 책임자, 부서장
celebrated 유명한(= renowned) **create** ~을 탄생시키다, 만들어 내다 **preschooler** 취학 전 아동 **appeal to** ~에 호소하다
philanthropic organization 자선 단체(= charitable organization) **raise** ~을 모금하다 **get A off the ground**: A를 실행에 옮기다 **assemble** ~을 모으다, 집합시키다 **psychologist** 심리학자 **initial** 최초의, 처음의 **fund** v. ~에 자금을 제공하다 **donation** 기부(금) **exclude** ~을 제외하다 **in favor of** ~을 선호해, ~에 찬성해

2.

You've reached Harrison and Sons Dentistry, located on Murdoch Avenue, right off the Memorial Bridge. Our office hours are Monday through Friday from 9:00 a.m. until 6 p.m. and Saturdays from 10:00 a.m. to 4:00 p.m. We are closed on Sundays and national holidays. To schedule an appointment, please leave your name and contact number, and we'll call you back. If you are in need of emergency dental care, call Valley Healthcare at 555-0401 to request their on-call dental specialist. Thank you for calling, and we hope to see you soon.

Q: Which is correct according to the message?

(a) Emergencies cannot be treated on Saturdays.

(b) The office is open until 6:00 p.m. on Saturdays.

(c) The office is located near the Memorial Bridge.

(d) Appointments can be scheduled via a mobile app.

Memorial Bridge의 바로 근처에 있는 Murdoch Avenue에 위치한 Harrison and Sons Dentistry에 전화 주셔서 감사합니다. 저희 진료 시간은 월요일부터 금요일까지 오전 9시부터 오후 6시까지이며, 매주 토요일은 오전 10시부터 오후 4시까지입니다. 매주 일요일과 공휴일에는 문을 닫습니다. 예약 일정을 잡기를 원하시는 분은, 성함과 연락처를 남겨 주시면, 저희가 다시 전화 드리겠습니다. 응급 치아 치료를 필요로 하시는 경우, Valley Healthcare에 555-0401로 전화하셔서 대기 중인 치과 전문의를 찾으시기 바랍니다. 전화 주셔서 감사 드리며, 곧 뵐 수 있기를 바랍니다.

Q: 메시지에 따르면 어느 것이 옳은 내용인가?

(a) 매주 토요일에는 응급 환자를 치료할 수 없다.

(b) 매주 토요일에는 오후 6시까지 문을 연다.

(c) 진료소는 Memorial Bridge 인근에 위치해 있다.

(d) 모바일 앱을 통해 예약 일정을 잡을 수 있다.

해설

담화 시작 부분에 Memorial Bridge의 바로 근처에 떨어져 있다고 (right off the Memorial Bridge) 알리고 있으므로 이와 같은 위치 정보를 언급한 (c)가 정답이다.

오답 체크

(b) 매주 토요일에 오전 10시부터 오후 4시까지 문을 연다고 했으므로 오답이다.

(d) 모바일 앱과 관련된 내용은 언급되지 않고 있으므로 오답이다.

어휘

reach (전화 등으로) ~에게 연락하다 **located on** ~에 위치한
right off ~에서 바로 떨어져 있는 **schedule** v. ~의 일정을 잡다
appointment 예약, 약속 **leave** ~을 남기다 **contact number** 연락처 **call A back**: A에게 다시 전화하다 **in need of** ~을 필요

로 하는 **emergency** 응급 상황, 긴급 상황 **dental care** 치아 치료 **request** ~을 요청하다 **on-call** 대기 중인 **specialist** 전문의 **treat** ~을 치료하다 **near** ~ 근처에 **via** ~을 통해

3.

There needs to be a change to our publishing policy from this point moving forward. I've been far too lenient granting deadlines if an article isn't ready. But, this has led to a delay of work for other departments. So, from now on, article extensions will only be granted if a source has yet to be confirmed. Editorials will still have a more open schedule, but if they're consistently late, you'll see a change in your work assignments. You've all worked hard to get to this agency, so don't mess it up by missing your deadlines.

Q: What is correct according to the talk?

(a) Publishing policies will be less strict than before.

(b) The speaker will be less understanding about missed deadlines.

(c) Deadline extensions will not be given for any reasons.

(d) Editorials turned in late will be unpublished.

현 시점 이후로 우리의 출간 정책에 변화가 필요합니다. 저는 그 동안 기사가 준비되어 있지 않은 경우에 마감시한을 승인하는 데 있어 너무 많이 관대했습니다. 하지만, 이는 다른 부서에 대한 업무 지연으로 이어져 왔습니다. 따라서, 지금부터는, 출처가 확인되지 않은 경우에만 기사에 대한 기한 연장이 승인될 것입니다. 사설은 여전히 좀 더 개방적인 일정이겠지만, 지속적으로 늦을 경우에는 업무 배정에 있어 변화를 겪게 될 것입니다. 여러분께서는 모두 우리 회사에 입사하기 위해 열심히 노력하셨기 때문에, 마감시한을 놓침으로써 스스로 회사 생활을 망치지 않도록 하시기 바랍니다.

Q: 담화에 따르면 무엇이 옳은 내용인가?

(a) 출간 정책이 이전보다 덜 엄격해질 것이다.

(b) 마감시한을 놓치는 것에 대해 화자가 이해심을 덜 발휘할 것이다.

(c) 어떠한 사유에 대해서도 마감시한 연장이 허용되지 않을 것이다.

(d) 늦게 제출되는 사설은 실리지 않을 것이다.

해설
화자는 자신이 마감 시한에 대해 너무 너그러워 일의 지연이 발생했다면서 이제부터는(from now on) 마감 시한 연장은 특수한 경우에만 하겠다고 선언하고 있다. 따라서 화자가 앞으로는 마감시한을 놓친 것에 대해 이해를 덜 해줄 것이라는 것을 알 수 있으므로 (b)가 정답이다.

오답 체크
(c) 담화 중반부에 기한 연장이 허용될 수 있는 경우가 언급되고 있으

므로 오답이다.

(d) 늦게 제출되는 사설이 출간되는 것과 관련된 정보로 제시되는 내용이 없으므로 오답이다.

어휘
There needs to be A: A가 있어야 한다 **publishing** 출간, 출판 **policy** 정책, 방침 **from this point moving forward** 현 시점 이후로 **far too** 너무 많이 **lenient** 관대한 **grant** ~을 승인하다 **deadline** 마감시한 **article** (잡지 등의) 기사 **lead to** ~로 이어지다 **delay** 지연, 지체 **department** 부서 **from now on** 지금부터 **extension** (기한의) 연장 **source** 출처, 근원 **have yet to do** 아직 ~하지 못하다 **confirm** ~을 확인해 주다 **editorial** 사설 **consistently** 지속적으로 **assignment** 배정, 할당 **get to** ~에 들어 가다, ~로 가다 **agency** 회사, 대행사 **mess up** ~을 망치다 **by** (방법) ~함으로써 **miss** ~을 놓치다, 지나치다 **strict** 엄격한 **understanding** 이해심 있는 **editorial** n. (신문 등의) 사설 **turn in** ~을 제출하다

4.

Attention, everyone. Due to the popularity of our latest line of headphones, demand has risen, and we have been unable to sufficiently supply our distributors. Therefore, management has decided to keep the assembly line running for an additional two hours each day – one hour before the normal morning shift, and one after the evening shift. So, if you would like to work additional hours, let your supervisor know by the end of this shift. Please keep in mind, those who are on part-time schedules will be given priority over full-time staff. Thank you.

Q: What is correct according to the announcement?

(a) A new product has not been selling well.

(b) The product is being carried by additional distributors.

(c) Part-time workers are more likely to receive extra hours.

(d) Employees may work two extra hours in the evening.

모든 분께 알립니다. 우리 최신 헤드폰 제품 라인의 인기로 인해, 수요가 증가되어 우리 유통업체에 물량을 충분히 공급할 수 없었습니다. 그러므로, 경영진에서는 매일 추가로 2시간 더 조립 라인이 운영되도록 유지하기로 결정했으며, 정상적인 오전 교대 근무 전에 1시간, 그리고 저녁 교대 근무 후에 1시간씩 늘어날 것입니다. 따라서, 추가 시간 근무를 원하시는 분들께서는, 현 교대 근무 종료 시점까지 소속 책임자에게 알려 주시기 바랍니다. 명심하셔야 할 점은, 정규직 직원들보다 시간제 근무 일정으로 일하시는 분들께 우선권이 주어진다는 것입니다. 감사합니다.

Q: 공지에 따르면 무엇이 옳은 내용인가?

(a) 신제품이 잘 판매되지 않고 있다.
(b) 추가 유통업체에 의해 제품이 옮겨질 것이다.
(c) 시간제 근무자들이 추가 근무 시간을 받을 가능성이 더 높다.
(d) 직원들이 저녁에 추가로 2시간 근무할 수 있다.

해설
담화 전체적으로 언급되는 추가 근무 일정과 관련해, 마지막 부분에 가서 정규직 직원들보다 시간제 근무 일정으로 일하는 사람들에게 우선권이 주어질 것이라고(those who are on part-time schedules will be given priority over full-time staff) 알리고 있으므로 (c)가 정답이다.

오답 체크
(a) 최신 제품의 인기에 따른 물량 부족 문제를 해결할 방안을 말하는 내용이므로 오답이다.
(d) 추가 근무 시간 중에 1시간은 오전에, 1시간은 저녁에 배정된다고 했으므로 오답이다.

어휘
due to ~로 인해 **popularity** 인기 **line** 제품 라인, 제품군 **demand** 수요 **rise** 증가하다, 늘어나다 **be unable to do** ~할 수 없다 **sufficiently** 충분히 **supply** ~에게 공급하다 **distributor** 유통업체 **therefore** 그러므로, 따라서 **management** 경영진 **decide to do** ~하기로 결정하다 **keep A -ing**: A를 계속 ~하게 유지하다 **assembly** 조립 **run** 운영되다, 가동되다 **additional** 추가의 **shift** 교대 근무(조) **would like to do** ~하고자 하다 **let A know**: A에게 알리다 **supervisor** 책임자, 상사, 감독관 **by** (기한) ~까지 **keep in mind** 명심하다 **be given priority** 우선권이 주어지다 **over** (비교) ~에 비해, ~보다 **carry** ~을 옮기다, 나르다 **be more likely to do** ~할 가능성이 더 크다 **receive** ~을 받다 **extra** 추가의, 별도의

5.

And now for your weather forecast. Expect cloudy skies over Chicago this evening with a thunderstorm around 11 p.m. The temperature will fall through the night to a low of 49°F. There will be a few hours of sunshine in the morning, but by the afternoon, the rain will start again and then stick around for the rest of the work week. So, even if all you see is blue sky tomorrow morning, take an umbrella with you to the office.

Q: What is correct according to the weather report?

(a) Rain is likely tomorrow afternoon.
(b) The sky over Chicago will be clear in the evening.
(c) Temperatures will drop below 49°F at night.
(d) Several days of sunny weather are expected.

일기 예보를 전해 드릴 시간입니다. 오늘 저녁 시카고 상공에 흐린 하늘과 함께 오후 11시경에는 뇌우가 예상됩니다. 기온은 밤새 하락해 최저 기온 화씨 49도를 기록하겠습니다. 오전에는 몇 시간 동안 햇빛이 비치겠지만, 오후 무렵에는, 비가 다시 시작되어 이후 남은 주중 기간에 계속되겠습니다 따라서, 내일 오전에 푸른 하늘만 보인다 하더라도, 우산을 챙겨 출근하시기 바랍니다.

Q: 일기 예보에 따르면 무엇이 옳은 내용인가?

(a) 내일 오후에 비가 내릴 가능성이 있다.
(b) 시카고 상공의 하늘이 저녁에 맑게 갤 것이다.
(c) 기온이 밤에 화씨 49도 밑으로 떨어질 것이다.
(d) 며칠 동안 화창한 날씨가 예상된다.

해설
담화 초반부에는 오늘 저녁(this evening)에 대한 일기 예보를 말하고 있고, 이어서 내일 오전과 오후의 일기 예보를 전하고 있는데, 오후에 비가 다시 시작된다고(by the afternoon, the rain will start again) 알리고 있으므로 (a)가 정답이다.

오답 체크
(b) 오전 시간에 햇빛이 비춰질 것이라고 했으므로 오답이다.
(c) 최저 기온이 화씨 49도라고 했으므로 오답이다.

어휘
weather forecast 일기 예보 **expect** ~을 예상하다 **thunderstorm** 뇌우 **around** ~ 쯤에, ~ 경에 **temperature** 기온, 온도 **fall** 떨어지다, 하락하다(= drop) **through** ~ 동안에 걸쳐 **a low of** 최저 기온 ~도의 **by** ~ 무렵, ~ 쯤에 **then** 그 후에, 그런 다음 **stick around** (어디 가지 않고) 머물러 있다 **the rest of** ~의 나머지 **even if** 설사 ~라 하더라도 **take** ~을 가져 가다 **likely** 가능성 있는, ~할 것 같은 **below** ~ 밑으로, 아래로 **several** 몇몇의, 여럿의

6.

Ever since the discovery and synthesis of testosterone in the 1930s, anabolic steroid drugs have been used medically to repair body tissues and spur muscle growth. However, these synthetic hormones have also been the source of much controversy outside of medicine, as they are often used illicitly by athletes for their performance enhancing effects. Aside from ethical issues of cheating, anabolic steroid use can also cause serious health problems, such as unsafe cholesterol levels, high blood pressure, and severe liver damage. Due to these long-term effects, non-medical use of anabolic steroids is strictly prohibited.

Q: Which is correct about anabolic steroids?

(a) They are created through a natural process in the body.

(b) They are an important part of an athlete's training.

(c) They may cause some minor side effects.

(d) They were originally made to help sick people.

1930년대에 테스토스테론의 발견과 합성이 이뤄진 이후로 줄곧, 합성대사 스테로이드 약물이 체내 조직을 회복시키고 근육 증가를 촉진시키는 데 의학적으로 사용되어 왔습니다. 하지만, 이 합성 호르몬은 또한 의약의 범주를 넘어 많은 논란의 근원이 되었는데, 운동 능력 향상 효과를 위해 흔히 운동 선수들에 의해 불법적으로 사용되어 왔기 때문입니다. 부정 행위에 대한 윤리 문제 외에도, 합성대사 스테로이드 사용은 또한 위험한 콜레스테롤 수준이나 고혈압, 그리고 극심한 간 손상 등과 같은 심각한 건강 문제를 야기할 수 있습니다. 이와 같은 장기적인 영향으로 인해, 합성대사 스테로이드에 대한 비의료용 사용이 엄격하게 금지되어 있습니다.

Q: 합성대사 스테로이드에 관해 어느 것이 옳은 내용인가?

(a) 체내의 자연적인 과정을 통해 만들어진다.

(b) 운동 선수의 훈련에 있어 중요한 일부이다.

(c) 일부 사소한 부작용을 야기할 수 있다.

(d) 처음에 환자들을 돕기 위해 만들어졌다.

해설
담화 초반부에 해당 약물이 1930년대 이후로 의학적으로 사용되어 왔다고(anabolic steroid drugs have been used medically) 알리고 있는데, 이는 환자 치료용으로 사용되었음을 의미하는 말이므로 (d)가 정답이다.

오답 체크
(b) 운동 선수들이 부당하게 사용하고 있는 문제점을 언급하고 있으므로 오답이다.
(c) 담화 후반부에 심각한 신체적 부작용을 알리고 있으므로 오답이다.

어휘
ever since ~ 이후로 줄곧 **discovery** 발견 **synthesis** 합성 **testosterone** 테스토스테론(남성 호르몬) **anabolic steroid** 합성대사 스테로이드 **medically** 의학적으로 **repair** ~을 회복시키다 **body tissues** 체내 조직 **spur** ~을 촉진시키다, 자극하다 **growth** 증가, 성장 **source** 근원, 원천 **controversy** 논란 **outside of** ~의 범위를 넘어서, ~ 외에 **illicitly** 불법적으로 **athlete** 운동 선수 **performance enhancing** 운동 능력 향상 **effect** 효과, 영향 **aside from** ~ 외에도 **ethical** 윤리적인 **cheating** 부정 행위 **cause** ~을 야기하다, 초래하다 **high blood pressure** 고혈압 **severe** 극심한 **liver damage** 간 손상 **due to** ~로 인해 **long-term** 장기간의 **non-medical** 비의료용의 **strictly** 엄격히 **prohibit** ~을 금지하다 **create** ~을 만들어 내다 **through** ~을 통해 **process** 과정 **side effect** 부작용 **originally** 처음에, 애초에

7.

During the company orientation, it is my duty to inform you of important policies and procedures. Every year, you will have a performance evaluation to determine personal achievement and potential for a raise. Pay increases are not guaranteed and depend on the individual's progress and commitment to the company. In addition, the company always tries to promote from within to offer employees as many opportunities for advancement as possible. Please note that promotions are based solely on the employee's performance, recommendations from supervisors, and the need for growth in the company.

Q: Which is correct about the company's policies and procedures?

(a) Pay increases depend on the recommendation of the supervisor.

(b) The company prefers promoting internally rather than hiring externally.

(c) An employee cannot be promoted if there's no need for business expansion.

(d) Not an individual's but a team's performance influences promotion.

회사 오리엔테이션 시간 중에, 중요한 정책과 절차를 여러분께 알려 드리는 것이 제가 맡은 일입니다. 매년, 급여 인상을 위해 개인 업적과 잠재성을 밝혀 낼 수 있도록 실적 평가를 실시합니다. 급여 인상은 보장되어 있는 것이 아니며, 개인의 발전과 회사에 대한 기여도에 달려 있습니다. 추가로, 우리 회사는 항상 직원들에게 가능한 한 많은 진급 기회를 제공할 수 있도록 내부 인력을 승진시키기 위해 노력하고 있습니다. 승진은 오직 직원의 성과와 책임자의 추천, 그리고 회사 내에서의 성장에 대한 필요성을 바탕으로 한다는 점에 유의해 주시기 바랍니다.

Q: 회사의 정책과 절차에 관해 어느 것이 옳은 내용인가?

(a) 급여 인상은 책임자의 추천에 달려 있다.

(b) 회사가 외부 채용 대신 내부 직원의 승진을 선호한다.

(c) 사업 확장에 대한 필요성이 없을 경우에 직원이 승진될 수 없다.

(d) 개인이 아닌 팀의 성과가 승진에 영향을 미친다.

해설
담화 중반부에 직원들에게 가능한 한 많은 진급 기회를 제공할 수 있도록 내부 인력을 승진시키기 위해 노력하고 있다고(the company always tries to promote from within to offer employees as many opportunities for advancement as possible) 알리는 내용이 있으므로 이에 해당되는 (b)가 정답이다.

(a) 담화 중반부에 직원의 발전과 회사에 대한 기여도에 달려 있다고 했으므로 오답이다.

(c) 승진을 결정하는 요소로 사업 확장과 관련된 정보가 언급되어 있지 않으므로 오답이다.

(d) 팀의 성과와 관련된 정보로 제시되는 것이 없으므로 오답이다.

inform A of B: A에게 B를 알리다 **policy** 정책 **procedure** 절차 **performance** 성과, 실적, 능력 **evaluation** 평가 **determine** ~을 밝혀 내다, 알아 내다 **achievement** 업적, 달성 **potential** 잠재성 **raise** 급여 인상(= pay increase) **guarantee** ~을 보장하다 **depend on** ~에 달려 있다, ~에 따라 다르다 **individual** 개인, 사람 **progress** 발전, 진보 **commitment to** ~에 대한 기여, 공헌 **in addition** 추가로 **promote from within** 내부에서 승진시키다 **as many A as possible**: 가능한 한 많은 A **opportunity** 기회 **advancement** 진급, 승진(= promotion) **note that** ~라는 점에 유의하다, 주목하다 **solely** 오직 **be based on** ~을 바탕으로 하다, 기반으로 하다 **recommendation** 추천 **supervisor** 책임자, 상사 **the need for** ~에 대한 필요성 **growth** 성장 **internally** 내부적으로 **rather than** ~ 대신, ~하지 않고 **externally** 외부적으로 **business expansion** 사업 확장 **influence** ~에 영향을 미치다

8.

Attention Blue Lane Airlines passengers: Flight 880 to Mexico City via Houston has been delayed due to mechanical issues. Since the flight cannot depart until 8 P.M., all affected passengers will be able to use the Blue Lane Lounge free of charge. New tickets will also need to be obtained due to changing vessels, and this can be done at any of our gates. If you wish to instead leave the airport, speak with an airport services agent about city-tour day passes.

Q: Which is correct according to the announcement?

(a) Flight 880 will depart from Mexico City for Houston.

(b) Blue Lane Airlines is granting free access to its lounge.

(c) The delayed flight will use the same plane after the repairs are finished.

(d) Passengers may speak to an airport services agent about altering their flights.

Blue Lane Airlines 탑승객 여러분께 알립니다. 휴스턴을 경유해 멕시코 시티로 향하는 880 항공편이 기계 문제로 인해 지연되었습니다. 이 항공편은 오후 8시나 되어야 출발할 수 있기 때문에, 이에 영향을 받으시는 모든 탑승객께서는 무료로 Blue Lane Lounge를 이용하실 수 있습니다. 또한 항공기 변경으로 인해 새로운 항공권도 받으셔야 하며, 이는 저희 탑승구 어느 곳에서도 가능합니다. 그 대신 공항에서 벗어나기를 원하시는 분은, 공항 서비스 직원에게 도심 투어 일일 이용권에 관해 말씀하시기 바랍니다.

Q: 공지에 따르면 어느 것이 옳은 내용인가?

(a) 880 항공편이 멕시코 시티에서 휴스턴으로 떠날 것이다.

(b) Blue Lane Airlines가 자사의 라운지 무료 이용을 승인하고 있다.

(c) 지연된 항공편이 수리 작업 완료 후에 동일한 비행기를 사용할 것이다.

(d) 탑승객들은 항공편 변경에 관해 공항 서비스 직원과 이야기할 수 있다.

특정 항공편 지연 상황을 알린 후에, 중반부에 가서 영향을 받는 모든 탑승객들이 무료로 Blue Lane Lounge를 이용할 수 있다고 (all affected passengers will be able to use the Blue Lane Lounge free of charge) 알리고 있으므로 (b)가 정답이다.

(c) 담화 중반부에 항공기를 변경한다고 알리는 내용이 있으므로 오답이다.

(d) 공항 서비스 직원에게 이야기하는 목적으로 도심 투어 이용권이 언급되고 있으므로 오답이다.

via ~을 거쳐, ~을 통해 **delayed** 지연된 **due to** ~로 인해 **mechanical** 기계적인 **issue** 문제 **depart** 떠나다, 출발하다 **affected** 영향을 받는 **be able to do** ~할 수 있다 **free of charge** 무료로 **obtain** ~을 얻다, 획득하다 **vessel** 비행기 **instead** 그 대신에 **leave** ~에서 나가다, 떠나다 **agent** 직원, 대리인 **day pass** 일일 이용권 **grant** ~을 승인하다 **free** 무료의 **access** 이용, 접근 **repair** 수리 **alter** ~을 변경하다, 바꾸다

9.

You have reached the Chicago Museum of Natural History. We are open Monday through Saturday from 9:30 a.m. to 4:30 p.m., and on Sundays from noon until 5 p.m. The museum is open every day except Thanksgiving and Christmas. The admission price is $12 for adults, and $8 for seniors and children under 12. Guided tours are included at no additional charge, and are available in English and Spanish. They begin every hour at the main entrance. However, the tours don't include our special exhibitions, which change frequently.

Q: Which of the following is correct according to the telephone message?

(a) The museum is closed on Sundays.

(b) Children are admitted for free.

(c) Tours are available in two languages.

(d) Different special exhibitions are held every week.

Chicago Museum of Natural History에 전화 주셔서 감사합니다. 저희는 월요일부터 토요일까지 오전 9시 30분부터 오후 4시 30분까지, 매주 일요일은 정오부터 오후 5시까지 문을 엽니다. 저희 박물관은 추수 감사절과 크리스마스를 제외하고 매일 개장합니다. 입장료는 성인 12달러, 노인과 12세 이하 어린이는 8달러입니다. 가이드 동반 투어가 추가 비용 없이 포함되어 있으며, 영어와 스페인어로 이용하실 수 있습니다. 이 투어는 중앙 출입구에서 한 시간마다 시작됩니다. 하지만, 자주 변경되는 저희 특별 전시회는 이 투어에 포함되지 않습니다.

Q: 전화 메시지에 따르면 다음 중 어느 것이 옳은 내용인가?

(a) 박물관이 매주 일요일에 문을 닫는다.

(b) 아이들은 무료로 입장된다.

(c) 투어를 두 가지 언어로 이용할 수 있다.

(d) 매주 다른 특별 전시회가 개최된다.

해설

담화 중반부에 가이드 동반 투어가 추가 비용 없이 포함되어 있다는 점과 영어와 스페인어로 이용할 수 있다는 사실을(Guided tours are included at no additional charge, and are available in English and Spanish) 알리고 있으며, 이 두 가지 사실 중의 하나를 말한 (c)가 정답이다.

오답 체크

(a) 일요일에 문을 여는 시간도 알려 주고 있으므로 오답이다.

(b) 12세 이하 어린이는 입장료가 8달러라고 알리고 있으므로 오답이다.

(d) 특별 전시회가 매주 변경된다는 말은 없으므로 오답이다.

어휘

reach (전화로) ~에 연락하다 **except** ~을 제외하고 **admission price** 입장료 **guided** 가이드를 동반한 **include** ~을 포함하다 **at no additional charge** 추가 비용 없이 **available** 이용 가능한 **however** 하지만 **exhibition** 전시회 **frequently** 자주, 흔히 **admit** ~을 입장시키다 **for free** 무료로 **hold** ~을 개최하다, 열다

10.

Our next topic is bankruptcy. When you cannot repay debts to creditors, you may choose to file for the legal status of bankruptcy. In the past, bankruptcy involved highly punitive measures. For instance, some ancient societies permitted "debt slavery." However, modern bankruptcy legislation focuses on helping the debtor, thus encouraging the continuation of healthy financial conditions. As such, the dismissal of debts is only one element of bankruptcy. To minimize the risk of future credit problems on the part of the bankruptee, strict financial instruction and supervised budgeting may also be required.

Q: Which is correct about bankruptcy?

(a) It is a legal status imposed on a creditor.

(b) It often involves a form of forced labor.

(c) It does not include the discharge of certain debts.

(d) It works to rehabilitate the indebted party.

다음 주제는 파산입니다. 채권자에게 부채를 상환할 수 없을 때, 법적 파산 상태를 신청하도록 결정하실 수 있습니다. 과거에는, 파산에 매우 가혹한 조치가 수반되었습니다. 예를 들면, 일부 고대 사회에서는 '부채 노예'라는 것이 허용되었습니다. 하지만, 현대의 파산 관련 법률은 채무자를 돕는 데 초점을 맞추고 있으며, 그로 인해 정상적인 재정 상태를 지속하도록 장려하고 있습니다. 이러한 이유로, 채무 면제가 파산에 있어 유일한 한 가지 요소입니다. 파산 신청자 측에서 향후에 발생될 수 있는 신용 문제의 위험성을 최소화하기 위해, 엄격한 재무 관련 교육과 예산 관리를 받는 것 또한 필수일 수 있습니다.

Q: 파산에 관해 어느 것이 옳은 내용인가?

(a) 채권자에게 부여되는 법적 상태이다.

(b) 흔히 강제 노동의 형태를 수반한다.

(c) 특정 부채에 대한 면책을 포함하지 않는다.

(d) 부채가 있는 사람을 회복시키는 작용을 한다.

해설

담화 중반부에 파산과 관련된 법률이 하는 역할로 채무자를 도와 정상적인 재정 상태를 지속하도록 하는 것이라고(~ helping the debtor, thus encouraging the continuation of healthy financial conditions) 알리고 있는데, 이는 부채가 있는 사람을 회복시키는 일에 해당되므로 (d)가 정답이다.

오답 체크

(b) 강제 노동은 부채 노예가 허용된 고대 사회에서 있었던 일로 볼 수 있으므로 오답이다.

(c) 담화 중반부에 채무 면제가 핵심 요소로 언급되고 있으므로 오답이다.

bankruptcy 파산 repay ~을 상환하다 debt 부채, 빚 creditor 채권자 choose to do ~하도록 결정하다 file for ~을 신청하다 legal status 법적 상태 involve ~을 수반하다 highly 매우, 대단히 punitive 가혹한, 처벌의 measures 조치 ancient 고대의 permit ~을 허용하다 slavery 노예(제) legislation 법률 focus on ~에 초점을 맞추다 debtor 채무자 thus 그로 인해, 따라서 encourage ~을 장려하다 continuation 지속 financial conditions 재정 상태 as such 이러한 이유로 dismissal 면제, 해제 element 요소 minimize ~을 최소화하다 risk 위험(성) credit 신용 on the part of ~의 측에서 bankruptee 파산 신청자 strict 엄격한 instruction 교육 supervised 관리된, 감독을 받는 budgeting 예산 required 필수인, 필요한 impose A on B: A를 B에 부여하다, 부과하다 form 형태, 유형 forced 강제된 labor 노동(력) discharge 면책 certain 특정한, 일정한 work 효과가 있다, 작용하다 rehabilitate ~을 회복시키다 indebted 부채가 있는 party 사람, 당사자

affordable (금전적으로) 감당할 수 있는 solution 해결책 loved 사랑하는 take care of ~을 보살피다, 처리하다 payment plans 비용 납입 약정 life insurance 생명 보험 not only ~일 뿐만 아니라 protection 보호 (수단) in case (that) ~의 경우에 (대비해) pass away 사망하다 offer ~을 제공하다 competitive 경쟁력 있는 those who ~하는 사람들 qualify 자격을 얻다

4. cartoon 만화 back in (과거의) ~ 당시에 bored 지루한 back then 그때 당시에 by ~ 옆에 draw ~을 그리다 laugh 웃다 hysterically 미친듯이 share A with B: B와 A를 공유하다 make a living -ing ~하면서 생계를 꾸리다, 돈을 벌다 impress ~을 감동시키다, ~에게 깊은 인상을 남기다 entertain ~을 즐겁게 하다

UNIT 25 기타 세부사항 문제(Wh-)

문제 푸는 순서와 요령   본문 p. 176

lie awake 뜬눈으로 누워 있다, 잠을 이루지 못하고 누워 있다 fall asleep 잠에 들다 at work 직장에서, 회사에서 If so 그렇다면 then 그때, 그러면 amazing 놀라운 be proven to do ~하는 것으로 입증되다 improve ~을 개선하다, 향상시키다 quality 질, 품질 supplement 보충(물) promote ~을 촉진시키다 production 생성, 생산 required for ~에 필수인 restful sleep 숙면 be able to do ~할 수 있다 rest 수면, 휴식 deserve ~을 누릴 만하다, ~에 대한 자격이 있다 effective 효과적인 help A do: A가 ~하는 것을 돕다 stay 형용사: ~한 상태로 유지되다, 계속 ~한 상태로 있다 take (약, 음식물 등) ~을 먹다, 섭취하다 be made with ~로 만들어지다 ingredient (음식 등의) 재료, 성분 affect ~에 영향을 미치다

Practice   본문 p. 178

1. finalize ~을 최종 확정하다 budget 예산 R&D Department 연구개발부 recall (결함 제품의) 리콜, 회수 issue v. ~을 공표하다, 발표하다 risk v. ~을 위태롭게 만들다 integrity 온전함 hire ~을 고용하다 researcher 연구자, 조사자 help A do: A가 ~하는 데 도움이 되다 be confident in ~을 확신하다 quality 질, 품질

2. passenger 탑승객 board 탑승하다 commence 시작되다 in 시간: ~ 후에 require ~을 필요로 하다 assistance 도움 be allowed to do ~하도록 허용되다 following ~ 후에 those with ~인 사람들 be asked to do ~하도록 요청 받다

3. worry about ~에 대해 걱정하다 financial 재정적인

전략 적용 연습   본문 p. 179

Zero Tolerance policy 무관용 방침 concerning ~에 관하여 sexual harassment (보통 직장 내의) 성희롱 inception 시작, 시초 be committed to -ing ~하는 것에 전념하다 comfortable 안락한 harassment-free 괴롭힘 없는 expand ~을 확대하다, 확장하다 include ~을 포함하다 same-sex 동성간의 incident 사건, 사례 additionally 추가적으로 establish ~을 설립하다 hotline 직통전화 report A to B: A를 B에게 보고하다 respondent 응답자, 상담원 rather than ~보다는 directly to ~에게 직접 superior 상사 middle manager 중간 관리자 claim 주장, 요구 over the phone 전화로, 유선으로 no longer 더 이상 ~않다 allow ~을 허용하다 among ~중에서

빈출 담화 유형 흐름 알기_광고   본문 p. 180

suffer from ~로 고통 받다 hearing loss 난청, 청력 손실 cf. hearing 청력 solution 해결책 natural development 자연 발달 age v. 나이를 먹다 maintain ~을 유지하다 quality a. 양질의 advanced 진보된 hearing aid 보청기 place v. ~을 두다, 놓다 device 장치 custom-made 주문제작한 maximum 최고의, 최대의 comfort 안락, 편안함 durability 내구성, 내구력 Best of all 무엇보다도 rechargeable 재충전되는 last v. 지속되다 up to ~까지 long periods of time 장기간, 오랫동안 charging 충전

기출 Check-up Test				본문 p. 181	
1. (d)	**2.** (d)	**3.** (b)	**4.** (b)	**5.** (d)	**6.** (c)
7. (d)	**8.** (d)	**9.** (c)	**10.** (b)		

1.

Did you know that a trillion plastic shopping bags get used worldwide each year? And because they're made of a resilient plastic called polyethylene, they take decades to break down. This means they accumulate in landfills, placing a huge burden on the environment. But scientists may have found an interesting solution, and it involves a wax worm known to be a pest for beekeepers. Scientists have discovered that this particular wax worm can digest polyethylene and do so relatively quickly. If we can figure out the chemical processes involved in the wax worm's digestion, they could potentially be harnessed to help degrade the plastic waste piling up in landfills.

Q: What do scientists hope the wax worm will help them do?

(a) Protect beehives from being infested by pests
(b) Increase the recycling rate of plastic products
(c) Develop easily degradable alternatives to plastic
(d) Reduce polyethylene waste in the environment

매년 전 세계적으로 1조 개의 비닐 쇼핑백이 사용되고 있다는 사실을 알고 계셨나요? 그리고 이 쇼핑백들은 폴리에틸렌이라고 불리는 탄성 플라스틱으로 만들어지기 때문에, 분해되는 데 수십 년이 걸립니다. 이 말은 이 쇼핑백들이 쓰레기 매립지에 쌓여 환경에 엄청난 부담을 준다는 뜻입니다. 하지만 과학자들이 흥미로운 해결책을 발견했을 수도 있는데, 이는 양봉업자들에게 해충으로 알려져 있는 벌집 나방과 관련되어 있습니다. 과학자들은 이 특정 벌집 나방이 폴리에틸렌을 소화할 수 있으며 그것도 비교적 빨리 할 수 있다는 사실을 발견했습니다. 우리가 벌집 나방의 소화 방식과 관련된 화학적 과정을 알아낼 수 있다면, 매립지마다 높게 쌓이고 있는 플라스틱 쓰레기를 분해하는 데 잠재적으로 도움이 되도록 활용할 수 있을 것입니다.

Q: 과학자들은 무엇을 하는 데 벌집 나방이 도움을 주기를 바라는가?

(a) 벌집이 해충으로 들끓는 것을 방지하는 일
(b) 플라스틱 제품의 재활용 비율을 높이는 일
(c) 쉽게 분해되는 플라스틱 대체제를 개발하는 일
(d) 환경 속에 존재하는 폴리에틸렌 쓰레기를 줄이는 일

해설
담화 후반부에 벌집 나방이 폴리에틸렌을 빠르게 소화할 수 있다는 사실을 발견한 점과(this particular wax worm can digest polyethylene and do so relatively quickly) 매립지마다 높게 쌓이고 있는 플라스틱 쓰레기를 분해하는 데 잠재적으로 도움이 되도록 활용할 수 있다는 점을(they could potentially be harnessed to help degrade the plastic waste piling up in landfills) 언급하고 있다. 이는 결국 폴리에틸렌 쓰레기를 줄이는 일을 말하는 것이므로 (d)가 정답이다.

오답 체크
(b) 과학자들은 벌집 나방을 플라스틱 쓰레기를 분해하는 데 잠재적으로 도움이 되게 활용하고자 한다는 내용이 제시되고 있으므로 오답이다.
(c) 쉽게 분해되는 플라스틱 대체제 자체를 개발하는 것이 아니라 플라스틱 쓰레기를 분해하는 데 활용하려는 것이므로 오답이다.

어휘
trillion 1조의 **get p.p.** ~하게 되다 **worldwide** 전 세계적으로 **be made of** ~로 만들어지다 **resilient** 탄성이 있는 **decade** 10년 **break down** 분해되다(= degrade) **accumulate** 쌓이다, 축적되다 **landfill** 쓰레기 매립지 **place a burden on** ~에 부담을 주다 **huge** 엄청난 **solution** 해결책 **involve** ~와 관련되다, ~을 포함하다 **wax worm** 벌집 나방 **known to be A**: A인 것으로 알려진 **pest** 해충 **beekeeper** 양봉업자 **discover that** ~임을 발견하다 **particular** 특정한 **digest** ~을 소화하다 **relatively** 비교적, 상대적으로 **figure out** ~을 알아내다, 파악하다 **chemical** 화학적인 **process** 과정 **digestion** 소화 **potentially** 잠재적으로 **harness** ~을 활용하다, 이용하다 **help do** ~하는 데 도움을 주다 **pile up** 쌓이다 **protect A from -ing**: A가 ~하는 것을 방지하다, 막다 **infested by** ~로 들끓는 **rate** 비율, 속도, 등급, 요금 **develop** ~을 개발하다 **degradable** 분해될 수 있는 **alternative to** ~을 대체하는 것, ~에 대한 대안 **reduce** ~을 줄이다, 감소시키다

2.

Dreaming of the mouthwatering taste of Mario's Pizza? Then try our new smartphone app! On March 1, all takeout orders placed through the app are half off. Prefer delivery? We've still got you covered. Delivery orders on the 1st qualify for a 30% discount. And if you miss these deals, download the app any time this month to receive coupon codes for 20% off takeout orders and 10% off delivery orders. Just search for "Mario's Pizza" in your app store!

Q: How much can customers save on takeout orders placed through the app on March 1?

(a) 10%
(b) 20%
(c) 30%
(d) 50%

군침 도는 마리오스 피자의 맛을 꿈 꾸고 계신가요? 그러시면, 새로운 저희 스마트폰 앱을 한번 사용해 보세요! 3월 1일에, 저희 앱을 통한 모든 포장 주문이 반값에 판매됩니다. 배달을 선호하시나요? 여전히 준비되어 있습니다. 3월 1일 배달 주문은 30퍼센트의 할인을 받으실 수 있습니다. 그리고 이 특가 서비스를 놓치시더라도, 이번 달에 언제든지 앱을 다운로드하시면 20퍼센트의 포장 주문 할인 및 10퍼센트의 배달 주문 할인 쿠폰 코드를 받으실 수 있습니다. 앱스토어에서 "마리오스 피자"를 검색하시기만 하면 됩니다!

Q: 고객들이 3월 1일에 앱을 통해 주문하는 포장 음식에 대해 얼마나 할인 받을 수 있는가?

(a) 10%
(b) 20%
(c) 30%
(d) 50%

해설
담화 초반부에 3월 1일에 앱을 통한 포장 주문이 반값이라고(On March 1, all takeout orders placed through the app are half off) 알리고 있으므로 (d)가 정답이다.

오답 체크
(b) 3월 1일 포장 주문이 아닌 이번 달에 언제든지 앱을 다운로드하면 받을 수 있는 포장 주문 할인 비율에 해당하므로 오답이다.
(c) 3월 1일 주문에 해당되지만 포장이 아닌 배달 주문에 해당하는 비율에 해당하지 않으므로 오답이다.

어휘
mouthwatering 군침 도는 **then** 그럼, 그렇다면 **try** ~을 한번 해 보다 **takeout** 포장(해서 가져가는 음식) **place an order** 주문하다 **prefer** ~을 선호하다 **We've got you covered** 여러분을 위해 준비해 두었습니다, 처리해 두었습니다 **qualify for** ~할 수 있다, ~에 대한 자격이 있다 **miss** ~을 놓치다, 지나치다 **deal** 거래 서비스, 거래 제품 **search for** ~을 검색하다, 찾다 **save A on B**: B에 대해 A만큼 할인 받다, 절약하다

3.

Dentists across the country recommend the new Zenith toothpaste, which is a product of Graff Hygienics and available in all major grocery stores. Zenith works faster than any other toothpaste to whiten your teeth and remove embarrassing yellow stains, so you can expect a brighter smile within just six weeks of use. Even the most stubborn coffee, tobacco, and food stains will disappear. It's no question why Zenith is the most common toothpaste found in the homes of dental health professionals.

Q: According to the advertisements, what is the best quality of the product?

(a) It is less expensive than other toothpastes.
(b) It helps restore teeth to their original color.
(c) It is available in any local grocery store.
(d) It has been clinically proven to prevent gum problems.

전국의 많은 치과 의사들이 새로 나온 Zenith 치약을 추천하고 있으며, 이는 Graff Hygienics의 제품으로서 모든 주요 식료품점에서 구매 가능합니다. Zenith는 다른 어떤 치약들보다 더 빠르게 치아를 하얗게 만들고 창피하게 보이는 누런 착색 부분을 제거해 주는 효과가 있기 때문에, 사용 후 불과 6주 만에 더욱 밝은 미소를 기대하실 수 있습니다. 심지어 가장 없애기 힘든 커피, 담배, 음식으로 인한 착색도 사라질 것입니다. 왜 Zenith가 치아 건강 전문가들의 집에서 가장 흔히 찾아 볼 수 있는 치약인지는 의심의 여지가 없습니다.

Q: 광고에 따르면, 해당 제품의 가장 뛰어난 특징은 무엇인가?

(a) 다른 치약들보다 덜 비싸다.
(b) 치아를 원래의 색으로 회복시키는 데 도움이 된다.
(c) 어떤 식료품점에서도 구매할 수 있다.
(d) 잇몸 질환을 방지한다는 것이 임상적으로 증명되었다.

해설
담화 중반부에 해당 제품의 효과로 치아를 하얗게 만들고 누런 착색 부분을 제거해 준다고(whiten your teeth and remove embarrassing yellow stains) 알리면서 잘 없어지지 않는 착색 부분도 사라질 것이라고(Even the most stubborn coffee, tobacco, and food stains will disappear) 언급하고 있다. 따라서 이와 같은 변화에 해당되는 (b)가 정답이다.

오답 체크
(a) 다른 제품과의 가격 차이와 관련된 정보는 제시되고 있지 않으므로 오답이다.
(c) 어느 식료품점에서도 구매할 수 있다는 점은 가장 뛰어난 특징으로 제시되는 정보가 아니므로 오답이다.

어휘
across ~ 전역에서 **toothpaste** 치약 **grocery store** 식료품점 **work** 효과가 있다, 작용하다 **whiten** ~을 하얗게 만들다 **remove** ~을 제거하다 **embarrassing** 창피하게 만드는, 당황스럽게 만드는 **stain** 착색, 얼룩 **expect** ~을 기대하다 **bright** 밝은 **within** ~ 이내에 **stubborn** 없애기 힘든, 고질적인 **disappear** 사라지다 **It's no question why** 왜 ~인지 의심의 여지가 없다 **common** 흔한 **dental** 치과의, 치아의 **professional** n. 전문가 **help do** ~하는 데 도움이 되다 **restore** ~을 회복시키다, 복구하다 **nearby** 근처의 **clinically** 임상적으로 **prove** ~을 증명하다 **prevent** ~을 방지하다 **gum** 잇몸

4.

Do you love the experience of going to the movies but are shocked by how much it costs just to take your family to the theater? If so, then come check out the Athena Cinema. Though smaller than a megaplex, we still have four screens that show a variety of recent blockbusters that are fun for the whole family. Plus, we have the most fairly-priced snack bar of any theater – no price-gouging here! So, if you aren't impressed with superficial theater technology and don't mind waiting a few weeks to watch new releases, then the Athena is perfect for you!

Q: Why is the Athena Cinema good for families?

(a) It has early releases for children's movies.
(b) It is more inexpensive than other theaters.
(c) It sells a wide variety of concession snacks.
(d) It features the latest in theater technology.

극장에 가는 경험을 아주 좋아하기는 하지만 가족과 함께 극장에 가시는 것만으로도 얼마나 많은 돈이 드는지에 대해 충격을 받고 계신 가요? 그러시다면, 저희 Athena Cinema에 한 번 와 보시기 바랍니다. 복합 상영관보다 작기는 하지만, 그럼에도 불구하고 모든 가족이 함께 즐길 수 있는 다양한 최신 블록버스터를 상영하는 네 개의 상영관이 있습니다. 게다가, 저희는 다른 어떤 극장들보다 공정하게 가격을 책정한 매점이 있어 바가지 요금이 존재하지 않습니다! 따라서, 피상적인 극장 기술력에 별다른 인상을 받지 않는 분이시면서 몇 주를 기다려 개봉 영화를 관람하는 것을 상관하지 않는 분이시라면, 저희 Athena가 안성맞춤입니다!

Q: Athena Cinema가 왜 가족들에게 좋은가?

(a) 아이들을 위한 영화를 조기 개봉한다.
(b) 다른 극장들보다 더 저렴하다.
(c) 아주 다양한 매점 간식을 판매한다.
(d) 최신 극장 기술을 특징으로 한다.

[해설]
담화 중반부에 공정하게 가격을 책정한 매점이 있고 바가지 요금이 없다는(we have the most fairly-priced snack bar of any theater – no price-gouging here!) 말이 있으므로 이와 같은 장점에 해당되는 (b)가 정답이다.

[오답 체크]
(c) 매점에서 파는 간식의 종류와 관련된 정보는 언급되지 않고 있으므로 오답이다.

[어휘]
be shocked by ~에 충격을 받다 **come check out** 와서 확인해 보다 **though** ~이기는 하지만 **megaplex** 복합 상영관 **still** 그럼에도 불구하고 **a (wide) variety of** (아주) 다양한 **recent** 최신의 **whole** 전체

의 **plus** 게다가, 또한 **fairly-priced** 공정하게 가격이 책정된 **price-gouging** 바가지 요금 **be impressed with** ~에 깊은 인상을 받다 **superficial** 피상적인, 얄팍한 **new release** 개봉작 **inexpensive** 값싼 **concession** 매점 **feature** ~을 특징으로 하다, 포함하다

5.

Penny's Dance Studio, which trains students in such diverse styles as tap, ballet, and hip hop, is now launching a program meant to inspire a new generation of young dancers. This program is available for students aged 13 to 18 and will be completely free. Dance lessons will be after school hours three days a week, and special lectures on contemporary dance and important choreographers will be offered on weekends. Sign-ups will begin on April 20, and the initial class size will be limited to only fifteen openings.

Q: What kind of program is the dance studio launching?

(a) Advanced tutorials for professional dancers
(b) An amateur dance performance demonstrating diverse styles
(c) A lecture series given by well-known choreographers
(d) Free introductory dance classes for adolescents

탭 댄스와 발레, 그리고 힙합 등과 같은 다양한 스타일을 학생들에게 가르치는 Penny's Dance Studio가 이제 새로운 세대의 젊은 댄서들에게 영감을 주는 것을 목표로 하는 프로그램을 시작합니다. 이 프로그램은 13세에서 18세 사이의 학생들이 이용 가능하며, 완전히 무료로 제공될 것입니다. 댄스 레슨은 일주일에 3일씩 방과 후에 진행될 예정이며, 현대 무용과 중요 안무가들에 관한 특별 강연도 주말마다 제공될 것입니다. 신청은 4월 20일에 시작되며, 첫 수업의 규모는 오직 15명만을 위한 자리로 제한될 것입니다.

Q: 해당 댄스 스튜디오는 무슨 종류의 프로그램을 시작하는가?

(a) 전문 댄서들을 위한 고급 개별 지도
(b) 다양한 스타일을 시범 보이는 아마추어 댄스 공연
(c) 유명한 안무가들이 제공하는 강연 시리즈
(d) 청소년들을 위한 무료 입문 댄스 강좌

[해설]
담화 초반부에 젊은 댄서들에게 영감을 주기 위한 프로그램이라는(a program meant to inspire a new generation of young dancers) 말과 함께 그 대상이 13세에서 18세(This program is available for students aged 13 to 18)이며 무료라고(will be completely free) 알리고 있으므로 이 정보를 모두 아우르는 (d)가 정답이다.

(b) 댄스 공연과 관련된 담화가 아니므로 오답이다.

(c) 안무가들이 수업을 진행하는 것이 아니므로 오답이다.

train ~을 교육하다 **diverse** 다양한 **launch** ~을 시작하다, ~에 착수하다 **meant to do** ~하는 것이 목표인 **inspire** ~에게 영감을 주다 **generation** 세대 **available** 이용 가능한 **completely** 완전히, 전적으로 **free** 무료의 **after school hours** 방과 후 시간 **contemporary dance** 현대 무용 **choreographer** 안무가 **offer** ~을 제공하다 **sign-up** 신청, 등록 **initial** 처음의, 초기의 **be limited to** ~로 제한되다 **opening** 빈 자리 **advanced** 고급의 **tutorial** 개별 지도 **performance** 공연 **demonstrate** ~을 시범 보이다, 시연하다 **well-known** 유명한 **introductory** 입문의 **adolescent** 청소년

6.

If we truly want our company to stand out in the global market, we need to hire not only the most skilled individuals, but also those who are capable leaders and teammates. Positive chemistry among coworkers produces better results than any combination of experts who simply cannot work together. Therefore, I suggest adding a thorough method of evaluating potential employees' personalities to make sure they possess the qualities that will synergize with our current staff and goals. The HR Department is already reviewing strategies we can try.

Q: Whom does the speaker want to recruit according to the talk?

(a) HR managers with broad experience in hiring

(b) Highly educated experts in specific fields

(c) Workers who fit well with the company's culture

(d) Employees with years of hands-on experience

진정으로 우리 회사가 세계 시장에서 두드러지길 원하신다면, 가장 뛰어난 능력을 지닌 사람뿐만 아니라 유능한 리더와 팀원들도 고용해야 합니다. 동료 직원들 간의 긍정적인 상호 작용은 그야말로 함께 할 수 없는 그 어떤 전문가들의 조합보다 더 나은 결과를 만들어 냅니다. 따라서, 저는 잠재 직원들의 성격을 평가해 그들이 현재 우리 회사의 직원과 목표에 어울리는 시너지 효과를 낼 자질을 소유하고 있는지 확실히 해 둘 수 있는 철저한 방법을 추가하도록 제안합니다. 인사부에서는 이미 우리가 시도해 볼 수 있는 전략들을 검토하는 중입니다.

Q: 담화에 따르면 화자는 누구를 모집하고 싶어 하는가?

(a) 직원 채용 업무에 폭넓은 경험이 있는 인사 책임자들

(b) 특정 분야에서 고학력을 지닌 전문가들

(c) 회사의 문화에 잘 어울리는 직원들

(d) 수년 간의 실무 경험이 있는 직원들

직원을 채용하는 방법과 관련해, 담화 후반부에 회사의 직원 및 목표에 어울릴 수 있는 사람인지 확실히 해 둘 방법이 있어야 한다고(to make sure they possess the qualities that will synergize with our current staff and goals) 알리고 있는데, 이는 회사의 문화에 잘 어울리는 사람을 의미하는 것이므로 (c)가 정답이다.

(a) 직원 채용 업무에 경험이 많은 사람이 언급되고 있지 않으므로 오답이다.

(b) 고학력을 지닌 전문가들도 언급되고 있지 않으므로 오답이다.

want A to do: A가 ~하기를 원하다 **stand out** 두드러지다, 눈에 띄다 **hire** ~을 고용하다 **not only A but also B**: A뿐만 아니라 B도 **skilled** 능력이 뛰어난, 숙련된 **individual** 사람, 개인 **those who** ~하는 사람들 **capable** 유능한 **positive** 긍정적인 **chemistry** (사람들 사이의) 상호 작용, 공감대 **among** ~ 사이의 **coworker** 동료 직원 **result** 결과(물) **combination** 조합 **expert** 전문가 **therefore** 그러므로, 따라서 **suggest -ing** ~하도록 권하다, 제안하다 **thorough** 철저한 **method** 방법 **evaluate** ~을 평가하다 **potential** 잠재적인 **personality** 성격 **make sure (that)** 반드시 ~하도록 하다 **possess** ~을 소유하다 **quality** 자질, 특징 **synergize with** ~와 시너지 효과를 내다 **current** 현재의 **HR Department** 인사부 **review** ~을 검토하다 **strategy** 전략 **try** ~을 시도해 보다 **broad** 폭넓은 **hiring** 채용, 고용 **highly educated** 고학력의 **specific** 특정한, 구체적인 **field** 분야 **fit well with** ~와 잘 어울리다 **hands-on experience** 실무 경험

7.

In a variety of diets today, the objective is to remove a certain type of food in order to lose a desired amount of weight. However, this is usually the reason that many diets don't work for overall weight loss. Rather than removing a certain type of food from a diet, it should be eaten in controlled amounts. If a diet eliminates a food to lose weight, then once that weight is lost, the person will resume their normal eating habits and end up gaining back their weight.

Q: According to the talk, what should dieters avoid doing in a diet?

(a) Eating certain foods in controlled amounts
(b) Resuming their normal eating habits
(c) Consuming excess calories
(d) Eliminating specific types of foods

오늘날 다양한 다이어트에 있어, 그 목표는 원하는 양의 몸무게를 줄이기 위해 특정 유형의 음식을 없애는 것입니다. 하지만, 이것이 바로 일반적으로 많은 다이어트 방법들이 전반적인 체중 감량에 효과가 없는 이유입니다. 특정 유형의 음식을 다이어트에서 없애는 대신, 양을 조절해 드셔야 합니다. 체중을 감량하기 위해 한 가지 음식을 다이어트에서 없앤다면, 일단 그 체중이 감량되자마자, 그 사람은 평소의 식사 습관을 재개해 결국 원래의 몸무게로 다시 살이 찌게 될 것입니다.

Q: 담화에 따르면, 다이어트를 하는 사람들은 다이어트 중에 무엇을 하는 것을 피해야 하는가?

(a) 특정 음식의 양을 조절해 먹는 것
(b) 평소의 식사 습관을 재개하는 것
(c) 과도하게 칼로리를 소비하는 것
(d) 특정 유형의 음식을 없애는 것

해설
다이어트에 있어 특정 유형의 음식을 없애기보다는 양을 조절해 먹어야 한다고 주장하고(Rather than removing a certain type of food from a diet, ~) 있으므로, (d)가 정답이다.

오답 체크
(a) 음식의 양을 조절하는 것은 권장되는 일로 언급되고 있으므로 오답이다.
(c) 과도하게 칼로리를 소비하는 일과 관련된 정보를 제시되지 않고 있으므로 오답이다.

어휘
a variety of 다양한 objective 목표 remove ~을 제거하다, 없애다(= eliminate) certain 특정한, 일정한 in order to do ~하기 위해 lose weight 체중을 감량하다 desired 원하는 amount 양, 수량 usually 일반적으로, 보통 work for ~에 효과가 있다 overall 전반적인 weight loss 체중 감량 rather than ~하는 대신, ~하지 않고 controlled 조절된, 제어된 once 일단 ~하자마자, ~하는 대로 resume ~을 재개하다 normal 평소의, 보통의 eating habits 식사 습관 end up –ing 결국 ~하게 되다 gain ~을 얻다 consume ~을 소비하다 excess 과도한 specific 특정한, 구체적인

8.

The effects of music on intelligence are a source of constant curiosity for those in educational psychology. It was believed that listening to a Bach concerto would bolster the listener's IQ, but a recent study found that listening to one prior to a spatial reasoning test had no discernible benefit. While listening to music may have no effect, another study showed that learning to play an instrument led to higher IQ levels.

Q: What is called into question by the speaker?

(a) The psychological benefits of taking music lessons
(b) A Bach concerto as a model to learn an instrument
(c) The link between musical talent and education levels
(d) The effect listening to music has on intelligence

음악이 지능에 미치는 영향은 교육 심리학 분야에 몸담고 있는 사람들에게 끊임 없는 호기심의 원천입니다. 바흐의 콘체르토를 듣는 것이 그 음악을 듣는 사람의 IQ를 개선할 수 있는 것으로 여겨졌지만, 최근의 연구에 따르면 공간 추론 테스트에 앞서 음악을 듣는다고 해서 뚜렷한 이점이 있지는 않다는 사실이 밝혀졌습니다. 음악을 듣는 것이 효과가 없을 수는 있지만, 또 다른 연구에 따르면 악기 연주법을 배우는 일이 더 높은 IQ 수준으로 이어진 것으로 나타났습니다.

Q: 화자에 의해 무엇에 대한 의문이 제기되었는가?

(a) 음악 수업을 듣는 것의 심리학적 이점
(b) 악기를 배우기 위한 모델로서의 바흐 콘체르토
(c) 음악적 재능과 교육 수준 사이의 연관성
(d) 음악을 듣는 것이 지능에 미치는 영향

해설
담화 시작 부분에 음악이 지능에 미치는 영향(The effects of music on intelligence)을 언급한 뒤로, 특정 음악을 듣는 것이 IQ를 개선해준다고 여겨졌던 사실이 연구를 통해 그렇지 않은 것으로 드러난 사실을(listening to one prior to a spatial reasoning test had no discernible benefit) 말하고 있으므로 이와 같은 음악과 지능 사이의 관계를 말한 (d)가 정답이다.

오답 체크
(a) 음악 수업을 듣는 것의 이점으로 언급되는 정보가 없으므로 오답이다.
(c) 음악적 재능과 교육 사이의 관계를 나타내는 정보도 제시되고 있지 않으므로 오답이다.

어휘
effect 영향, 효과 intelligence 지능 source 근원, 원천

constant 지속적인 **curiosity** 호기심 **those** (수식어구와 함께) ~하는 사람들 **educational psychology** 교육 심리학 **It is believed that** ~라고 여겨지다 **bolster** ~을 개선하다, 강화하다 **find that** ~임을 밝혀 내다 **prior to** ~에 앞서, ~ 전에 **spatial reasoning** 공간 추론 **discernible** 뚜렷한 **benefit** 이점, 혜택 **while** ~이기는 하지만, ~인 반면 **instrument** 악기 **lead to** ~로 이어지다 **call A into question**: A에 의문을 제기하다 **psychological** 심리학적인 **link between A and B**: A와 B 사이의 연관성

9.

> Instead of a final exam, you'll write a literature review on one of the key topics we discussed during this linguistics course. Use the research skills you've learned to find sources such as books, peer-reviewed articles, and lectures that are relevant to our discussions. Summarize how each source contributes new knowledge to your chosen topic and provide a critical analysis of its findings. Keep in mind that the deadline is May 26, and I don't allow extensions.
>
> Q: What is the assignment according to the professor?
>
> (a) To respond to a peer's literature review
> (b) To write a critical analysis of the professor's study
> **(c) To review the work published on a topic**
> (d) To research a topic not covered in class

기말 시험 대신, 여러분은 이 언어학 강의 중에 우리가 이야기했던 핵심 주제들 중의 하나에 관한 문헌 조사서를 작성하게 될 것입니다. 우리가 이야기했던 것들과 관련 있는 도서, 동료의 평가를 받은 기사, 그리고 강연 등과 같은 자료를 찾기 위해 배워 둔 조사 방법들을 활용하십시오. 각 자료의 새로운 지식이 여러분이 선택한 주제에 어떻게 도움이 되는지를 요약하고 그 결과물에 대한 비판적인 분석을 제공해 주십시오. 마감시한이 5월 26일이라는 점을 명심하시기 바라며, 기한 연장은 허용해 드리지 않습니다.

Q: 교수에 따르면 무엇이 과제인가?

(a) 동료의 문헌 조사에 응하는 것
(b) 해당 교수의 연구에 대한 비판적 분석을 작성하는 것
(c) 한 주제에 관해 출간된 저작물을 조사하는 것
(d) 수업 시간에 다뤄지지 않은 주제를 조사하는 것

해설
담화 시작 부분에 문헌 조사서를 작성할 것이라고(you'll write a literature review) 알린 후에, 그 방법으로 도서와 동료의 평가를 받은 기사, 그리고 강연 등과 같은 자료를 찾는 일을(find sources such as books, peer-reviewed articles, and lectures) 언급하고 있으므로 출간된 저작물에 대한 조사를 의미하는 (c)가 정답이다.

어휘
instead of ~ 대신에 **literature review** 문헌 조사 **linguistics** 언어학 **research** n. 조사, 연구 v. ~을 조사하다 **source** 자료 **peer-reviewed** 동료의 평가를 받은 **be relevant to** ~에 관련되어 있다 **discussion** 논의, 토론 **summarize** ~을 요약하다 **contribute A to B**: A를 B에게 주다, 도움이 되다 **chosen** 선택된 **provide** ~을 제공하다 **critical** 비판적인 **analysis** 분석 **finding** 결과(물) **keep in mind that** ~임을 명심하다 **deadline** 마감시한 **allow** ~을 허용하다 **extension** (기한) 연장 **respond to** ~에 응하다 **review** n. 조사, 검토, 평가 v. ~을 조사하다, 검토하다 **work** 저작물, 작품 **publish** ~을 출간하다 **cover** (주제 등) ~을 다루다

10.

> A weather alert has been put into effect across the Eastern seaboard states as a winter storm continues to dump heavy snow across the region. There have already been five motor vehicle deaths due to slippery roads and low visibility. With severe weather conditions expected to last into the week, the National Weather Service has posted the warning from Maine to Ohio, and law enforcement officials throughout the area are recommending that civilians stay off the roads at this time.
>
> Q: What do the police recommend doing?
>
> (a) Equipping your vehicle with snow tires
> **(b) Avoiding driving during the storm**
> (c) Using your headlights during day and night driving
> (d) Driving slower than the posted speed limit

겨울 폭풍이 지역 전체에 걸쳐 지속적으로 폭설을 쏟아 내면서 동부 해안에 위치한 모든 주의 전역에 기상 경보가 발효되었습니다. 미끄러운 도로와 좋지 못한 시야로 인해 이미 5명의 차량 사고 사망자가 발생되었습니다. 주중까지 극심한 기상 상태가 지속될 것으로 예상되는 가운데, National Weather Service는 메인 주에서 오하이오 주에 걸쳐 경고문을 게시했으며, 해당 지역 전체의 경찰관들이 시민들에게 현재 도로에서 벗어나 있도록 권고하고 있습니다.

Q: 경찰이 무엇을 하도록 권하는가?

(a) 차량에 스노우 타이어를 장착할 것
(b) 폭풍 발생 중에 운전을 피할 것
(c) 운전 중에 밤낮으로 전조등을 사용할 것
(d) 게시된 속도 제한보다 천천히 운전할 것

폭설로 인한 교통 사고를 언급한 뒤로, 담화 마지막에 가서 경찰관들이 시민들에게 현재 도로에서 벗어나 있도록 권하고 있다는(law enforcement officials throughout the area are recommending that civilians stay off the roads at this time) 말이 있는데, 이는 운전을 피하도록 권고하는 것이므로 (b)가 정답이다.

오답 체크

(a) 스노우 타이어 장착과 관련된 내용이 언급되지 않고 있으므로 오답이다.

(c) 전조등과 관련된 내용도 언급되지 않고 있으므로 오답이다.

(d) 천천히 운전하도록 권하는 내용도 없으므로 오답이다.

어휘

weather alert 기상 경보 **be put into effect** 발효되다 **across** ~ 전체에 걸쳐 **seaboard** 해안 지방의 **winter storm** 겨울 폭풍 **continue to do** 지속적으로 ~하다 **dump** ~을 쏟아 버리다 **due to** ~로 인해 **slippery** 미끄러운 **visibility** 시야 **severe** 극심한, 심각한 **with A p.p.:** A 가 ~되면서, A가 ~된 채로 **expected to do** ~할 것으로 예상되는 **last** v. 지속되다 **post** v. ~을 게시하다 **warning** 경고(문) **law enforcement official** 경찰관 **throughout** ~ 전역에서 **recommend that** ~하도록 권하다, 추천하다 **civilian** 민간인 **stay off** ~에서 벗어나 있다, 떨어져 있다 **at this time** 현재 **equip A with B:** A에 B를 장착하다, 갖춰 놓다 **avoid –ing** ~하는 것을 피하다 **during day and night** 밤낮으로 **speed limit** 속도 제한

UNIT 26 Infer(추론) 문제

문제 푸는 순서와 요령   본문 p. 182

어휘

cover (주제, 문제 등) ~을 다루다 **increase in** ~의 증가 **complaint** 불만 **quality** 질, 품질 **purchase** 구매(품) **recently** 최근에 **defect** 결함, 흠 **odd** 이상한 **since** ~ 때문에 **check A for B:** B가 있는지 A를 확인하다 **quality control inspection** 품질 관리 점검 **therefore** 따라서, 그러므로 **prevent** ~을 방지하다, 막다 **further** 추가의, 더 이상의 **incident** 일, 사건 **permanent staff** 정규직 직원 **result** 결과 **submit** ~을 제출하다 **extra** 추가의, 별도의 **burden** 부담, 짐 **no longer** 더 이상 ~가 아니다 **be entrusted with** ~가 맡겨지다, 위탁되다 **responsibility** 책임, 책무 **cancel** ~을 취소하다 **order** 주문(품) **turn in** ~을 제출하다 **inaccurate** 부정확한 **management** 경영(진), 운영(진) **poorly** 형편 없이 **organize** ~을 조직하다 **fix** ~을 고치다, 바로 잡다 **returned** 반품된, 반납된

Practice   본문 p. 184

어휘

1. **national report** 국내 보고서 **show that** ~한 것으로 나타나다,

~임을 보여 주다 **among** ~ 사이에서 **enroll in** ~에 등록하다 **drop out** 중퇴하다 **within** ~ 이내에 **cited** 언급된 **leave** 떠나다 **lack of** ~의 부족 **scholarship** 장학금 **assistance** 지원, 도움 (= aid) **provide** ~을 제공하다 **spend A on B:** (돈, 시간 등) A를 B에 소비하다, 쓰다 **on-campus** 교내의 **housing** 거주 시설, 주택

2. **push for** ~을 요구하다 **illegalization** ~을 법으로 금지 **gambling** 도박 **state** (행정 구역) 주 **addictive** 중독적인 **nature** 특성 **potential** n. 가능성, 잠재력 **ruin** ~을 망치다 **opponent** 반대론자 **assert that** ~라고 주장하다 **addiction** 중독 **as A as B:** B만큼 A한 **illegal** 불법의 **lead to** ~로 이어지다 **fall into** ~에 빠져 들다 **harmful** 해로운, 유해한

3. **resident** 주민 **be on full alert** 만반의 준비를 하다 **approach** 다가 오다 **be forecast to do** ~할 것으로 예보되다 **hit land** 상륙하다 **in** 시간: ~ 후에 **low lying area** 저지대 지역 **be advised to do** ~하시기 바랍니다, ~하도록 권해 드립니다(= be encouraged to do) **evacuate** 대피하다 **immediately** 즉시 **secure** v. ~을 안전하게 보호하다 **stock up on** ~을 비축하다 **essential** 필수의 **supplies** 용품, 물품 **first aid** 구급약 **evacuate** 대피하다 **be expected to do** ~할 것으로 예상되다 **last** v. 지속되다

4. **instead of** ~하는 대신, ~하지 않고 **progress** 진도를 나가다, 진척되다 **through** ~을 통해 **consist of** ~로 구성되다 **discussion** 토론, 논의 **lecture** 강의, 강연 **though** (문장 중간이나 끝에서) 하지만 **want A to do:** A가 ~하기를 원하다 **reproduce** ~을 재현하다, 복제하다 **share** ~을 공유하다 **one's own** 자신만의 **thought** n. 생각 **material** 자료, 재료 **support** ~을 뒷받침하다 **article** 글 **cover** (주제 등) ~을 다루다 **weekly** 매주의, 주마다의 **attend** ~에 참석하다, 출석하다

전략 적용 연습   본문 p. 185

어휘

industry 업계 **try to do** ~하기 위해 노력하다 **avoid** ~을 피하다 **dependence on** ~에 대한 의존 **petroleum-based** 석유를 원료로 하는 **expert** 전문가 **predict that** ~라고 예측하다 **on the rise** 증가세에 있는, 증가하는 **over** ~에 걸쳐 **decade** 10년 **currently** 현재 **less than** ~ 미만의, ~가 채 되지 않는 **quarter** 4분의 1 **rarity** 희귀(성) **production** 생산, 제조 **however** 하지만 **a series of** 일련의 **advancement** 발전, 진보 **help do** ~하는 데 도움이 되다 **spur** ~에 박차를 가하다, ~에 자극이 되다 **trend** 추세, 경향 **toward** ~을 향한, ~ 쪽으로 **claim that** ~라고 주장하다 **genetically-engineered** 유전자가 변형된 **develop** ~을 개발하다 **open the door to** ~을 향한 새로운 길을 열어 주다 **possibility** 가능성 **be predicted to do** ~할 것으로 예상되다 **cut** ~을 절감하다, 단축하다 **by** (차이, 정도) ~만큼 **instead of** ~ 대신에 **strengthen** ~을 강화하다 **invent** ~을 발명하다

빈출 담화 유형 흐름 알기_학술 강연   본문 p. 186

어휘

[담화 1] **theorize** 이론을 제시하다 **species** (동식물의) 종 **classify** ~을 분류하다 **physical** 신체적인 **property** 특징

foundation 근거 reasoning 추리, 추론 rounded 둥근 straight 곧게 뻗은 tusk 상아 curve 곡선을 이루다 upwards 위쪽으로 nonetheless 그럼에도 불구하고 distinction 차이, 구별 disagreement 불일치 reveal that절: ~임을 밝히다, 드러내다 diverge from ~에서 나뉘다 common 공통의 ancestor 조상

[담화 2] the Civil War 미국 남북전쟁 run for ~에 출마하다 party 당 end v. ~을 끝내다, 종식하다 slavery 노예제 be elected president 대통령으로 선출되다 election 선거 secede 분리독립하다 form v. ~을 구성하다 In response 이에 대응하여 assert that절: ~라고 주장하다 illegal 불법의 union 연합 command (군대를) 통솔하다, 지휘하다 troop 병력, 군대 solidarity 연대 thus 그래서 last v. 지속되다

기출 Check-up Test					본문 p. 187
1. (c)	**2.** (a)	**3.** (d)	**4.** (d)	**5.** (c)	**6.** (d)
7. (d)	**8.** (b)	**9.** (c)	**10.** (b)		

1.

As highway congestion worsens across America, transportation officials are trying to find new ways to counter the problem. One idea is to implement congestion pricing to increase toll costs during peak hours. Those funds would then be used to pursue further methods of reducing the number of cars on the road. But, this just delays any actual improvement to public transit, such as creating an efficient rail system in and between metropolitan areas. The government is just trying to solve new problems with old ideas.

Q: What can be inferred about the government according to the talk?

(a) It prioritizes traffic issues.

(b) It hopes to revolutionize a rail system.

(c) It is not attempting new solutions.

(d) It wants to support the vehicle market.

미국 전역에서 고속도로 교통 혼잡이 악화됨에 따라, 교통 당국자들이 이 문제를 해결하기 위한 새로운 방법을 찾기 위해 노력하고 있습니다. 한 가지 아이디어는 최대 혼잡 시간대에 혼잡 통행료를 시행해 통행료를 올리는 것입니다. 그 후에 그 자금은 도로상의 차량 숫자를 줄이는 추가 방법을 수행하는 데 사용될 수 있습니다. 하지만, 이는 대도시권을 서로 연결하는 효율적인 철도 시스템을 만드는 것과 같이 대중 교통에 대한 실질적인 개선 방안을 미루는 것에 불과합니다. 정부는 그저 구식 아이디어로 새로운 문제를 해결하려 하고 있을 뿐입니다.

Q: 담화에 따르면 정부에 관해 무엇을 유추할 수 있는가?

(a) 교통 문제를 우선시하고 있다.

(b) 철도 시스템을 개혁하기를 바라고 있다.

(c) 새로운 해결책을 시도하지 않고 있다.

(d) 자동차 시장을 지원하고 싶어 한다.

[해설]
정부의 정책을 비난하는 말과 함께, 담화 맨 마지막에 구식 아이디어로 새로운 문제를 해결하려 한다고(The government is just trying to solve new problems with old ideas) 주장하고 있는데, 이는 새로운 해결책을 찾지 않는다는 뜻이므로 (c)가 정답이다.

[오답 체크]
(a) 담화 내용만으로는 교통 문제를 우선시하는지 알 수 없으므로 오답이다.
(b) 교통 혼잡 문제에 대한 해결책으로 철도 시스템을 만드는 일이 언급되고 있으므로 오답이다.

[어휘]
congestion (교통) 혼잡, 정체 worsen 악화되다 across ~ 전역에 걸쳐 transportation 교통 officials 당국자들, 관계자들 try to do ~하려 노력하다 way to do ~하는 방법 counter ~을 해결하다 implement ~을 시행하다 congestion pricing 혼잡 통행료 increase ~을 증가시키다 toll costs 통행료 peak hours 가장 혼잡한 시간대 fund 자금 pursue ~을 수행하다, 추구하다 further 추가의, 한층 더 한 method 방법 reduce ~을 감소시키다 the number of ~의 수, 숫자 delay ~을 늦추다, 지연시키다 actual 실질적인, 실제의 improvement 개선, 향상 public transit 대중 교통 create ~을 만들어 내다 efficient 효율적인 in and between ~ 사이를 연결하는, 오가는 metropolitan area 대도시권 solve ~을 해결하다 prioritize ~을 우선시하다 traffic 교통, 차량들 revolutionize ~을 개혁하다, 혁신하다 attempt ~을 시도하다 solution 해결책 support ~을 지원하다 vehicle 차량, 자동차

2.

Net neutrality is the concept that all data on the Internet must be treated equally by governments and Internet service providers. Nowadays, some policymakers are trying to do away with net neutrality, asserting that it limits innovation and competition. However, this argument conceals their true intention of allowing a few corporations to act as "gatekeepers" to the limitless information on the Internet. Free access to information is a democratic necessity and cannot be lost to the greed of the few.

Q: Which statement would the speaker most likely agree with?

(a) Internet access should be categorized as a public utility.

(b) Web sites that demand the most bandwidth should require an extra fee to view.

(c) Internet service providers should have the right to block certain sites.

(d) Governments should provide Internet services to its citizens, free of charge.

망 중립성은 인터넷상의 모든 데이터가 정부와 인터넷 서비스 공급 업체들에 의해 반드시 동일하게 다뤄져야 한다는 개념입니다. 요즘, 일부 정책 입안자들은 혁신성과 경쟁을 제한한다고 주장하면서 망 중립성을 없애기 위해 노력하고 있습니다. 하지만, 이와 같은 주장에는 몇몇 기업들에게 인터넷상의 무한한 정보에 대한 문지기 역할을 하게 해 주려는 그들의 진정한 의도가 숨어 있습니다. 정보에 대한 자유로운 접근은 민주주의의 필수 요소이며, 몇몇 사람의 탐욕으로 잃어버릴 수 없는 부분입니다.

Q: 화자는 어느 내용에 동의할 것 같은가?

(a) 인터넷 이용은 공공 서비스로 분류되어야 한다.

(b) 가장 큰 대역폭이 필요한 웹 사이트를 보려면 추가 요금을 내야 한다.

(c) 인터넷 서비스 제공 업체들은 특정 사이트를 막을 권리를 지녀야 한다.

(d) 각국 정부는 시민들에게 무료로 인터넷 서비스를 제공해야 한다.

해설

담화 초반부에 인터넷상의 데이터가 정부와 인터넷 서비스 업체들에 의해 동일하게 다뤄져야(all data on the Internet must be treated equally by governments and Internet service providers) 한다고 언급한 개념에 맞게 정보에 대한 자유로운 접근(Free access to information)이 필요하다고 주장하는 내용이 핵심이다. 따라서 이에 어울리는 방향으로서 인터넷 이용을 공공 서비스로 분류하는 일을 의미하는 (a)가 정답이다.

오답 체크

(c) 인터넷 서비스 제공 업체들의 특정 권리와 관련된 담화가 아니므로 오답이다.

(d) 인터넷 서비스가 무료로 제공되어야 한다는 주장은 나타나 있지 않으므로 오답이다.

어휘

net neutrality 망 중립성 treat ~을 다루다 equally 동일하게 policymaker 정책 입안자 do away with ~을 없애다, 폐지하다 assert that ~라고 주장하다 limit ~을 제한하다 innovation 혁신(성) competition 경쟁 argument 주장, 논쟁 conceal ~을 숨기다 intention 의도 allow A to do: A에게 ~하게 해 주다 corporation 기업 act as ~의 역할을 하다 gatekeeper 문지기 limitless 무한한 free 무료의 access to ~에 대한 접근, 이용 democratic 민주주의의 necessity 필요, 필수(품) be lost to

~에게 빼앗기다, 잃다 greed 탐욕 be categorized as ~로 분류되다 public utility (수도, 전기 등의) 공공 서비스 demand ~을 필요로 하다, 요구하다 bandwidth 대역폭(주파수의 범위) require ~을 필요로 하다, 요구하다 extra 추가의, 별도의 fee 요금, 수수료 view v. 보다 have the right to do ~할 권리가 있다 block ~을 막다 certain 특정한, 일정한 free of charge 무료로

3.

Before we can discuss the English Civil War, we need to understand the situation that led to it. The impetus behind the conflict between the English Parliament and King Charles I was the question of who would hold religious and political power. Charles I, believing that he had already been chosen by God to be king, claimed that he had absolute divine power - political and spiritual - over all of England. Parliament rejected this claim, and the resulting clash triggered the start of the civil war in 1642.

Q: What can be inferred from the lecture?

(a) Religious leaders believed Charles I was chosen by God.

(b) Charles I was threatened by the power of the English church.

(c) The English Civil War was a conflict between different religions.

(d) Parliament wanted to limit the king's power.

영국 내전에 관해 이야기하기에 앞서, 그 전쟁으로 이어지게 된 상황을 이해할 필요가 있습니다. 영국 의회와 찰스 1세 사이의 갈등 이면에 존재했던 자극제는 누가 종교적, 정치적 권력을 차지할 것인가에 대한 문제였습니다. 찰스 1세는 자신이 이미 신에 의해 왕으로 선택되었다고 생각했기 때문에, 잉글랜드 전역에서 신성한 절대 권력(정치적이고 종교적인)을 지녀야 한다고 주장했습니다. 의회는 이와 같은 주장을 거부했으며, 그 결과로 초래된 충돌이 1642년에 내전의 시작을 촉발시켰습니다.

Q: 강의를 통해 유추할 수 있는 것은 무엇인가?

(a) 종교 지도자들은 찰스 1세가 신에 의해 선택되었다고 생각했다.

(b) 찰스 1세는 영국 교회의 힘에 의해 위협 받았다.

(c) 영국 내전은 서로 다른 종교들 사이의 충돌이었다.

(d) 의회는 왕의 권력을 제한하고 싶어 했다.

해설

담화 후반부에, 찰스 1세가 절대적인 권력을 지녀야 한다고 주장한 것에 대해(claimed that he had absolute divine power – political and spiritual – over all of England) 의회가 그 주장을 거부했다고 (Parliament rejected this claim) 말하고 있는데, 이는 왕의 권력을 제한하기 위한 것이므로 (d)가 정답이다.

(a) 신에 의해 선택된 존재라는 내용은 찰스 1세가 스스로 생각한 부분으로 언급되어 있으므로 오답이다.

(b) 영국 교회로부터의 위협과 관련된 내용은 제시되어 있지 않으므로 오답이다.

어휘

civil war 내전 **situation** 상황 **lead to** ~로 이어지다 **impetus** 자극제 **behind** ~의 이면에 **conflict** 갈등, 충돌 **parliament** 의회 **the question of** ~에 대한 문제 **hold** ~을 갖다, 보유하다 **religious** 종교적인(= spiritual) **political** 정치적인 **choose** ~을 선택하다 **claim that** ~라고 주장하다 **absolute** 절대적인 **divine** 신성한 **over** (장소 등) ~에 걸쳐 **reject** ~을 거부하다, 거절하다 **resulting** 결과로 생긴 **clash** 충돌 **trigger** ~을 촉발시키다 **threaten** ~을 위협하다 **religion** 종교 **limit** ~을 제한하다

4.

Traditional Chinese Medicine, also known as TCM and Eastern Medicine, is often overlooked in favor of Western medicinal practices. With techniques such as acupuncture and herbal treatments, TCM's focus on the co-dependence of the patient's physical, spiritual, and emotional states appears to lack a solid scientific foundation. Many people disregard it and stick solely to the objectivity of Western medicine. This, I believe, is a detriment to our understanding of health. With over 2,000 years of practice and development, TCM has a lot to offer those seeking a healthier life – both physically and mentally.

Q: Which statement would the speaker most likely agree with?

(a) Western societies are adopting more and more TCM practices.

(b) TCM treatments are inadequate to modern ones.

(c) Spiritual studies require a scientific approach.

(d) A person's overall health depends on several different factors.

TCM 또는 동양 의학으로도 알려져 있는 전통 중국 의학은 서양 의술에 대한 선호로 인해 종종 간과되고 있습니다. 침술이나 약초 치료 등과 같은 기술로 인해, 환자의 신체적, 정신적, 그리고 감정적 상태의 상호 의존성에 초점을 맞추는 TCM에는 견고한 과학적 토대가 부족한 것처럼 보입니다. 많은 사람들은 이 의학을 무시하고 오직 서양 의학의 객관성만 고집합니다. 저는 이것이 우리의 건강에 대한 이해에 해가 된다고 생각합니다. 2,000년 넘게 행해지고 발전되어 왔기 때문에, TCM은 신체적으로 그리고 정신적으로 모두 더욱 건강한 삶을 찾는 사람들에게 많은 것을 제공해 줍니다.

Q: 화자는 어느 내용에 동의할 것 같은가?

(a) 서양 사회가 점점 더 많이 TCM을 행하도록 택하고 있다.

(b) TCM 치료는 현대적인 치료에 맞지 않는다.

(c) 정신에 대한 연구에는 과학적인 접근법이 필요하다.

(d) 사람의 전반적인 건강은 여러 다른 요소에 달려 있다.

해설

담화 초반부에 TCM이 환자의 신체적, 정신적, 그리고 감정적 상태의 상호 의존성에 초점을 맞춘다고(TCM's focus on the co-dependence of the patient's physical, spiritual, and emotional states) 언급하고 있고, 후반부에는 신체적으로 그리고 정신적으로 더 건강한 삶을 찾는 사람들에게 많은 것을 제공해 준다고(has a lot to offer those seeking a healthier life – both physically and mentally) 알리고 있다. 따라서 여러 요소들이 건강 유지와 관련된 것으로 주장하고 있음을 알 수 있으므로 (d)가 정답이다.

(b) 화자는 TCM의 장점을 언급해 그것이 더 좋다고 주장하는 입장이므로 오답이다.

(c) 정신에 대한 연구와 관련된 담화가 아니므로 오답이다.

어휘

Traditional Chinese Medicine 전통 중국 의학 **also known as** ~라고도 알려진 **Eastern Medicine** 동양 의학 **overlook** ~을 간과하다 **in favor of** ~을 지지하여, 찬성하여 **Western medicinal practices** 서양 의술 **acupuncture** 침술 **herbal treatments** 약초 치료 **focus on** ~에 대한 초점, 중점 **co-dependence** 상호 의존성 **patient** 환자 **physical** 신체적인 **spiritual** 정신적인 **emotional** 감정적인 **state** 상태 **appear to do** ~하는 것처럼 보이다 **lack A:** A가 부족하다 **solid** 견고한, 튼튼한 **foundation** 토대, 근간 **disregard** ~을 무시하다 **stick to** ~을 고수하다 **solely** 오직, 오로지 **objectivity** 객관성 **detriment to** ~에 해로운 **over** ~가 넘는 **practice** 행함, 실행, 실천, 관례 **development** 발전 **those** (수식어구와 함께) ~하는 사람들 **seek** ~을 찾다 **physically** 신체적으로 **mentally** 정신적으로 **adopt** ~을 채택하다 **inadequate to** ~에 맞지 않는 **approach** 접근법 **overall** 전반적인 **depend on** ~에 달려 있다 **several** 여럿의, 몇몇의 **factor** 요소

5.

Health food advocates generally advise people to avoid cheap processed foods in favor of organic whole foods. However, it's important to remember that many people find it difficult to transition away from processed foods to healthier ones. Some consumers may be turned off by the steep prices of nutritious health foods. Others may simply find them unpalatable. It's fine to espouse the health benefits of certain foods, but health experts should consider whether this alone will motivate people to change their diets.

Q: Which statement about health food advocates would the speaker most likely agree with?

(a) They should target more health-conscious consumers.

(b) They should focus on easy-to-prepare foods.

(c) They overlook practical factors.

(d) They overestimate the benefits of organic foods.

건강 식품 옹호자들은 일반적으로 사람들에게 가공 처리된 저렴한 식품을 피해 유기농 자연 식품을 택할 것을 권합니다. 하지만, 많은 사람들이 가공 처리 식품에서 벗어나 건강에 더 좋은 식품으로 바꾸는 것을 어려워한다는 점을 기억하는 것이 중요합니다. 일부 소비자들은 영양이 높은 건강 식품의 터무니없는 가격으로 인해 흥미를 잃게 될 수도 있습니다. 또 어떤 이들은 단순히 입맛에 맞지 않는다고 생각할지도 모릅니다. 특정 식품이 지닌 건강상의 이점을 옹호하는 것은 괜찮지만, 건강 전문가들은 그러한 옹호 하나만으로 사람들에게 식단을 변경하도록 동기 부여를 할 수 있을지를 고려해 봐야 합니다.

Q: 화자는 건강 식품 옹호자들과 관련해 어느 내용에 동의할 것 같은가?

(a) 건강을 더 많이 의식하는 소비자들을 대상으로 해야 한다.

(b) 간편하게 조리할 수 있는 식품에 초점을 맞춰야 한다.

(c) 현실적인 요인들을 간과하고 있다.

(d) 유기농 식품의 이점을 과대평가하고 있다.

해설

많은 사람들이 가공 처리 식품에서 벗어나 건강에 더 좋은 식품으로 바꾸는 것을 어려워한다는 사실을(many people find it difficult to transition away from processed foods to healthier ones) 강조하며 건강 식품의 높은 가격과 입맛에 맞지 않는 점 등의 어려움 등을 언급하고 있다. 그러면서 단순히 건강상의 이점을 옹호하는 것만으로 건강 식단으로 바꿀 만한 동기부여가 될지 고려해야 한다고 끝맺고 있는데, 이 말은 건강상의 이점 외에 가격이나 맛과 같은 현실적인 요소들도 고려해야 한다는 의미이므로 (c)가 정답이다.

오답 체크

(a) 건강을 더 많이 의식하는 소비자에 대한 언급이 없으므로 오답이다.

(d) 가격과 맛이라는 요인 때문에 건강상의 이점만으로는 사람들을 설득하는 데 한계가 있다고 말하고 있으므로 오답이다.

어휘

advocate 옹호자, 지지자 generally 일반적으로, 보통 advise A to do: A에게 ~하도록 권하다, 조언하다 avoid ~을 피하다 processed 가공 처리된 in favor of ~을 위해, ~을 지지해 organic 유기농의 whole foods 자연 식품 find it 형용사 to do: ~하는 것을 …하다고 생각하다 transition away from A to B: A에서 벗어나 B로 바꾸다, 전환하다 consumer 소비자 turn A off: A의 흥미를 잃게 하다, 관심을 끊게 만들다 steep (가격 등이) 터무니없는 nutritious 영양이 높은 unpalatable 입맛에 맞지 않는 espouse ~을 옹호하다 benefit 이점, 혜택 certain 특정한, 일정

한 expert 전문가 consider ~을 고려하다 whether ~인지 (아닌지) alone (명사 또는 대명사 뒤에서) ~ 하나만으로 motivate ~에게 동기를 부여하다 target v. ~을 대상으로 하다, 목표로 삼다 A-conscious: A를 의식하는 focus on ~에 초점을 맞추다, 집중하다 easy-to-prepare 간편하게 조리할 수 있는 overlook ~을 간과하다 practical 현실적인 factor 요인 overestimate ~을 과대평가하다 v. ~을 치료하다 method 방법 therapy 요법 develop ~을 개발하다 help A do: A가 ~하는 데 도움을 주다 autistic 자폐증의 cause 원인 case 사례, 경우 frequent 흔한, 빈번한 skillful 잘 만들어진

6.

The future of Reznor Industries looks bright. Over the past year, our company achieved its highest profits yet, and every branch of our operations grew. This is due to the drop in raw material costs and the boom in the Asian market. Thanks to these unexpected developments, our profits were 25% higher than our original projections. And, our success in the energy and home appliance divisions has empowered our brand overall: our industrial chemicals sector changed little over the year, but it also experienced a significant increase in profits.

Q: What can be inferred about Reznor Industries?

(a) It raised the price on its raw materials.

(b) It recently opened a new branch in Asia.

(c) It expected more profits than last year.

(d) It is involved in several different industries.

우리 Reznor Industries의 미래는 밝아 보입니다. 지난 한 해 동안에 걸쳐, 우리 회사는 지금까지 중에서 가장 높은 수익을 달성했으며, 우리가 운영하는 모든 지점이 성장했습니다. 이는 원자재 비용의 하락과 아시아 시장의 활성화로 인한 것입니다. 이렇게 뜻밖에 발생된 일들로 인해, 우리의 수익은 애초의 예상보다 25퍼센트가 높았습니다. 그리고, 에너지와 가전 기기 부문의 성공이 우리 브랜드에 전반적으로 힘을 실어 주었으며, 우리의 공업용 화학 약품 분야는 지난 한 해 동안에 걸쳐 거의 변화가 없었지만, 수익의 상당한 증가를 경험하기도 했습니다.

Q: Reznor Industries에 관해 유추할 수 있는 것은 무엇인가?

(a) 자사의 원자재에 대한 가격을 인상했다.

(b) 최근 아시아 지역에 새 지점을 열었다.

(c) 작년보다 더 높은 수익을 예상했다.

(d) 여러 다른 산업 분야에 관련되어 있다.

해설

담화 후반부에 회사가 사업을 하는 분야로 에너지와 가전 기기 부문(our success in the energy and home appliance divisions), 그리고 공업용 화학 약품 분야(our industrial chemicals sector)

가 언급되고 있으므로 이와 같은 다양한 사업 분야를 말한 (d)가 정답이다.

오답 체크

(b) 최근에 문을 연 지점과 관련된 정보는 언급되고 있지 않으므로 오답이다.

(c) 중반부에 뜻밖의 일들로 인해 수익이 예상보다 많이 올랐음을 알리는 내용이 있으므로 오답이다.

어휘

look 형용사: ~하게 보이다 over (기간) ~ 동안에 걸쳐 achieve ~을 달성하다 profit 수익 yet (최상급과 함께) 지금까지 중에서 branch 지점, 지사 of one's operations ~가 운영하는 grow 성장하다 due to ~로 인해 drop in ~의 하락, 감소 raw materials 원자재 boom 활성화 thanks to ~로 인해, ~ 덕분에 unexpected 뜻밖의, 예기치 못한 developments 새로 전개된 일, 사건 original 애초의, 처음의 projection 예상, 예측 success in ~의 성공 home appliance 가전 기기 division 부문 empower ~에 힘을 실어 주다 overall 전반적으로 industrial chemicals 공업용 화학 약품 sector 부문, 분야 significant 상당한, 많은 increase in ~의 증가 raise ~을 인상하다, 올리다 recently 최근에 expect ~을 예상하다 be involved in ~에 관련되어 있다 several 여럿의, 몇몇의 industry 산업, 업계

7.

The grand jewel of our museum's Edward Hopper collection is his most famous work, *Nighthawks*. Completed in 1942, *Nighthawks* evokes a feeling of isolation as it depicts three depressed customers sitting in a diner late at night while the attendant in white works behind the bar. The gloomy, yellow glare of the diner's light is in stark contrast to the enveloping dark of the night outside, where the streets are empty and lifeless. The overall mood of detachment and loneliness is typical in Modern art, making this piece an ideal representative of the era.

Q: What can be inferred from the talk?

(a) Hopper's *Nighthawks* was unknown until recently.

(b) Hopper typically features restaurants in his paintings.

(c) Hopper's realism went against the art trends of his time.

(d) Solitude is a common theme in Modern art.

저희 박물관의 Edward Hopper 컬렉션에서 가장 뛰어난 보석 같은 존재는 그의 가장 유명한 작품인 Nighthawks입니다. 1942년에 완성된 Nighthawks는 고립이라는 감정을 자아내는데, 이 작품이 늦은 밤에 한 식당에서 흰 옷을 입은 종업원이 바 뒤편에서 일하는 동안 세 명의 손님들이 우울하게 앉아 있는 모습을 묘사하고 있기 때문입니다. 음울한 황색 빛의 식당 조명은 텅 비어 있고 생기 없는 외부의 밤 거리를 감싸고 있는 어둠과 황량한 대비를 이루고 있습니다. 단절과 외로움이 담긴 전체적인 분위기는 현대 미술의 전형이며, 이는 이 작품을 시대의 이상적인 대표작으로 만들어 줍니다.

Q: 담화를 통해 유추할 수 있는 것은 무엇인가?

(a) Hopper의 Nighthawks는 최근까지 잘 알려져 있지 않았다.

(b) Hopper는 보통 자신의 그림에서 레스토랑을 특징으로 삼는다.

(c) Hopper의 사실주의는 당시 미술의 경향에 반하는 것이었다.

(d) 고독은 현대 미술의 일반적인 주제이다.

해설

담화 마지막에 단절과 외로움이 담긴 전체적인 분위기가 현대 미술의 전형이라는 말과 함께 그러한 특징으로 인해 해당 작품이 시대를 대표하는 이상적인 작품이라고(The overall mood of detachment and loneliness is typical in Modern art, making this piece an ideal representative of the era) 말하고 있으므로 이에 해당되는 내용인 (d)가 정답이다.

오답 체크

(b) Hopper가 일반적으로 작품에 레스토랑을 특징적으로 활용하는지는 알 수 없으므로 오답이다.

어휘

jewel 보석 (같은 것), 아주 소중한 것 collection 소장(품) work 작품(= piece) complete ~을 완성하다 evoke (감정 등) ~을 자아내다 isolation 고립 depict ~을 묘사하다 depressed 우울한 diner 식당 while ~하는 동안 attendant 종업원 in white 흰 옷을 입은 behind ~ 뒤쪽에서 gloomy 음울한 glare 빛 in contrast to ~와 대비되는 stark 황량한 enveloping 감싸는 lifeless 생기 없는 overall 전반적인 detachment 단절, 분리 loneliness 외로움 typical 전형적인 make A 형용사: A를 ~하게 만들다 ideal 이상적인 representative 대표하는 era 시대 until recently 최근까지도 typically 보통, 일반적으로 feature ~을 특징으로 삼다 painting 그림 realism 현실주의 go against ~에 반대되다 trend 경향, 추세 solitude 고독 common 일반적인, 흔한

8.

Author Jack Fowler's newest thriller, *Hiding Places*, is a welcome re-imagining of his typical murder mystery. Instead of once again faithfully following clichéd plot twists of the genre, Fowler injects his story with sympathetic heroes and villains who build the story toward

an unforgettable climax. These characters, who represent many different walks of life, also have depth and color that were missing from Fowler's earlier protagonists of good-hearted detectives. *Hiding Places* may just be Fowler's first step toward greater, more literary ambitions.

Q: What can we infer from the book review?

(a) *Hiding Places* is Fowler's first attempt at writing a thriller.

(b) Fowler avoided recycling genre stereotypes in his novel.

(c) Fowler's earlier novels were praised for their diverse characters.

(d) Critics predicted that *Hiding Places* would be more experimental.

작가 Jack Fowler의 최신 스릴러인 Hiding Places는 그의 전형적인 살인 미스터리를 재해석한 반가운 작품입니다. 이 장르의 상투적인 줄거리 전개를 다시 한 번 충실히 따르는 대신, Fowler는 동정심을 갖게 하는 영웅과 악당을 이야기에 포함시켜 잊을 수 없는 클라이맥스를 향해 치닫게 만듭니다. 이 등장 인물들은 사회 각계 각층의 사람들을 대표하는 것으로, Fowler의 이전 작품에 주인공으로 등장했던 선량한 형사들에게서 볼 수 없었던 깊이와 특색도 지니고 있습니다. Hiding Places는 더욱 원대한 문학적 야망을 위해 Fowler가 내딛는 바로 첫 걸음일 수도 있습니다.

Q: 서평에서 유추할 수 있는 것은 무엇인가?

(a) Hiding Places는 Fowler가 처음 집필을 시도한 스릴러 작품이다.

(b) Fowler는 소설에서 장르의 정형화된 요소들에 대한 재활용을 피했다.

(c) Fowler의 이전 소설들은 다양한 등장 인물들로 인해 극찬을 받았다.

(d) 평론가들은 Hiding Places가 더 실험적일 것으로 예상했다.

해설

담화 초반부에는 상투적인 줄거리 전개를 다시 한 번 충실히 따르지 않았다는(Instead of once again faithfully following clichéd plot twists of the genre ~) 말이, 후반부에는 이전 작품의 주인공들에게서 볼 수 없었던 부분이(depth and color that were missing from Fowler's earlier protagonists ~) 언급되고 있으므로 장르의 전형적인 요소에서 탈피하려 했음을 알 수 있다. 따라서 이와 같은 특징을 언급한 (b)가 정답이다.

오답 체크

(a) 담화 중반부에 이전 작품들과 비교되는 점들이 언급되어 있으므로 첫 작품이 아니라는 것을 알 수 있다.

(c) 담화에 언급되는 작품에 다양한 인물들이 등장한다는 특징을 소개하고 있으므로 오답이다.

(d) 평론가들의 예상과 관련된 정보로 제시되는 것이 없으므로 오답이다.

어휘

author 작가 **welcome** 반가운 **re-imagining** 재해석 **typical** 전형적인, 일반적인 **instead of** ~하는 대신 **faithfully** 충실히 **follow** ~을 따르다 **clichéd** 상투적인 **plot twists** 줄거리 전개 **inject A with B:** A에 B를 넣다, 주입하다 **sympathetic** 동정적인 **villain** 악당 **build** ~을 만들어 가다, 구축하다 **toward** ~을 향해 **unforgettable** 잊을 수 없는 **climax** 클라이맥스 **represent** ~을 대표하다 **many different walks of life** 사회 각계 각층의 사람들 **missing** 없는, 빠진 **protagonist** 주인공 **good-hearted** 선량한, 마음씨 좋은 **detective** n. 형사 **literary** 문학의 **ambition** 야망 **attempt** 시도 **avoid -ing** ~하는 것을 피하다 **recycle** ~을 재활용하다 **stereotype** 정형화된 것 **praise A for B:** B에 대해 A를 칭찬하다 **diverse** 다양한 **predict that** ~임을 예상하다 **experimental** 실험적인

9.

First, I'd like to thank everyone for being here. The topic of my talk today is the future of electric vehicles. With the world's oil supply dwindling, more people are expected to switch to electric vehicles. However, the adoption of these vehicles is currently being hindered by a lack of investment in relevant infrastructure. Yes, new models can travel ever greater distances on a single charge, and charging times are decreasing. But recharging stations available to the public are still few and far between. As long as consumers are worried that they could end up stranded with a dead battery, they'll continue to opt for easily refueled gas-powered vehicles.

Q: Which statement about electric cars would the speaker most likely agree with?

(a) Their main drawback is their long charging times.

(b) Their batteries need to be replaced far too often.

(c) Their appeal is limited by the lack of charging stations.

(d) Their travel range is the main attraction for most consumers.

우선, 이 자리에 설 수 있게 되어 모든 분께 감사드리고자 합니다. 오늘 제 강연의 주제는 전기 자동차의 미래입니다. 전 세계의 석유 공급이 줄어들면서, 더 많은 사람들이 전기 자동차로 넘어갈 것으로 예상되고 있습니다. 하지만, 현재 이러한 차량들에 대한 선택이 관련 사회 기반 시설에 대한 투자 부족으로 인해 지장을 받고 있습니다. 네, 새로운 모델들은 단 1회 충전으로 그 어느 때보다 더 먼 거리를 이동할 수 있으며, 충전 시간은 감소하고 있습니다. 그러나 일반 대중이 이용 가능한 충전소는 여전히 극히 드문 상태입니다. 소비자들이 배터리 방전으로 인해 결국 오도가도 못하는 상태가 될 수도 있다고 우려하는 한, 쉽게 주유할 수 있는 휘발유 구동 차량을 계속해서 선택하게 될 것입니다.

Q: 화자는 전기 자동차와 관련된 어느 내용에 동의할 것 같은가?

(a) 그 차량들의 주된 단점은 오랜 충전 시간이다.

(b) 그 차량들의 배터리가 너무 자주 교체되어야 한다.

(c) **그 차량들의 매력이 충전소의 부족으로 인해 제한되어 있다.**

(d) 그 차량들의 이동 거리가 대부분의 소비자들에게 주된 인기 요인이다.

해설
담화 후반부에 일반 대중이 이용 가능한 충전소가 여전히 드물어 배터리 방전으로 인해 오도가도 못하는 상태가 되는 것에 대해 소비자들이 우려하고 있다는(recharging stations available to the public are still few and far between. As long as consumers are worried that they could end up stranded ~) 사실을 알리고 있다. 이는 전기 자동차의 장점이 충전소 부족 문제로 인해 제대로 발휘되지 못한다는 뜻이므로 (c)가 정답이다.

오답 체크
(a) 충전 시간이 오래 걸리는 것에 대한 언급은 없으므로 오답이다.

(b) 충전소가 극히 드물어 배터리가 자주 방전되는 것에 대해 언급했지만 배터리 교체에 대한 정보는 제시되지 않고 있으므로 오답이다.

어휘
electric vehicle 전기 자동차 **with A −ing**: A가 ~하면서, A가 ~하는 채로 **supply** 공급 **dwindle** 줄어들다 **be expected to do** ~할 것으로 예상되다 **switch to** ~로 넘어가다, 바꾸다 **adoption** 선택, 채택 **currently** 현재 **hinder** ~에 지장을 주다, ~을 방해하다 **lack** 부족 **investment** 투자(금) **relevant** 관련된 **infrastructure** 사회 기반 시설 **ever** 그 어느 때보다 **charge** n. 충전 v. 충전되다 **decrease** 감소하다 **recharging station** 충전소 **available to** ~가 이용 가능한 **the public** 일반 대중 **few and far between** 극히 드문 **as long as** ~하는 한 **consumer** 소비자 **be worried that** ~임을 우려하다, 걱정하다 **end up** 결국 ~하게 되다 **stranded** 오도가도 못하는, 발이 묶인 **continue to do** 계속 ~하다 **opt for** ~을 선택하다 **refueled** 주유되는 **gas-powered** 휘발유로 움직이는 **drawback** 단점, 결점 **replace** ~을 교체하다 **far too often** 너무 자주 **appeal** n. 매력, 흥미를 끄는 요소 **limited** 제한된, 한정된 **travel range** 이동 거리 **attraction** 매력, 인기 요인

10.

Have you ever wondered how politicians gather the support of particular regions? In the United States, and other countries, politicians have used a ploy known as "pork-barrelling." Pork-barrelling refers to the act of directing government spending towards projects that benefit a certain political party's constituents, thus swaying votes in the politicians' favor. While the origin of the term is unclear, it appears that "pork" was a slang term for money in the 19th century, and "barrelling" suggests a greed or lust for something, in this case, the money.

Q. What can be inferred from the talk?

(a) Public funds are used to benefit the majority rather than minorities.

(b) **There is a danger of taxes being spent just to buy votes.**

(c) Some political parties refrain from pork-barrelling strategies.

(d) Pork-barrelling has become more difficult now that voters are more educated.

정치인들이 어떻게 특정 지역에서 지지를 얻어 내는지 궁금해 하신 적이 있으신가요? 미국을 비롯한 다른 국가에서는, 정치인들이 '선심 공세'라고 알려진 전략을 사용해 왔습니다. 선심 공세란 특정 정당의 유권자들에게 혜택이 되는 프로젝트로 정부의 비용 지출을 유도해 해당 정치인에게 유리한 방향으로 표심을 흔드는 행위를 가리킵니다. 이 용어의 유래가 명확하지는 않지만, 'pork'가 19세기에 돈을 뜻하는 속어였던 것으로 보여지며, 'barrelling'은 어떤 것에 대한 탐욕이나 욕망을 암시하는데, 이 경우에는 돈에 해당됩니다.

Q: 담화를 통해 유추할 수 있는 것은 무엇인가?

(a) 공공 자금이 소수가 아닌 다수에게 이득이 되도록 사용되고 있다.

(b) **단지 돈으로 표를 얻기 위해 세금이 사용될 위험성이 있다.**

(c) 일부 정당들은 선심 공세 전략을 자제하고 있다.

(d) 유권자들의 교육 수준이 높아졌으므로 선심 공세는 더욱 사용하기 어려워졌다.

해설
담화 중반부에, 선심 공세가 특정 정당의 유권자들에게 혜택이 되도록 정부의 지출을 유도해 해당 정치인에게 유리한 방향으로 표심을 흔드는 방법이라고(the act of directing government spending towards projects that benefit a certain political party's ~) 설명하고 있는데, 이는 정부의 자금이 악용될 여지가 있다는 말과 같으므로 이와 같은 의미로 쓰인 (b)가 정답이다.

오답 체크
(c) 일부 정당들의 전략과 관련된 정보로 제시된 내용이 없으므로 오

답이다.

(d) 선심 공세를 사용하기 어려워진 상황과 관련된 내용도 제시되지 않고 있으므로 오답이다.

어휘

wonder ~을 궁금해 하다 politician 정치인 gather ~을 얻다, 모으다 support 지지 particular 특정한 region 지역 ploy 전략, 계책 known as ~라고 알려진 pork-barrelling 선심 공세 refer to ~을 가리키다 direct A towards B: A를 B 쪽으로 유도하다 spending (비용) 지출 benefit v. ~에게 혜택이 되다, 이득이 되다 certain 특정한, 일정한 political party 정당 constituent 유권자 thus 그에 따라 sway ~을 흔들다 vote 표, 투표 (수) in the one's favor ~에게 유리하게 while ~이지만, ~인 반면 origin 유래, 기원 term 용어 it appears that ~인 것으로 보이다, ~인 것 같다 slang term 속어 suggest ~을 암시하다 greed 탐욕 lust 욕망 case 경우, 사례 public funds 공공 자금 the majority 다수 rather than ~가 아니라, ~ 대신에 minorities 소수(자들) refrain from ~을 삼가다, 자제하다 strategy 전략 now that (이제) ~이므로 educate ~을 교육하다

UNIT 27 Part 5_Lectures

문제 푸는 순서와 요령   본문 p. 188

어휘

diverse 여럿의, 다양한 millions of 수백 만 명의 be drafted 징집되다 replace ~을 대신하다 a variety of 다양한 aid ~을 돕다 war effort 전쟁 활동 by (방법) ~하는 것으로, ~함으로써 munitions 군수품 hangar 격납고 capability 능력 the way 주어 동사: ~가 …하는 방식 view ~을 보다 pay 임금, 급여 inequality 불평등 diminish 약해지다, 줄어들다 a greater number of 더 많은 (수의) support 지원, 뒷받침 be permitted to do ~하도록 허용되다 armed conflict 군사 충돌, 무력 충돌 invaluable 매우 소중한 contribution 공헌, 기여 be stationed in ~에 주둔하다 combat zone 교전 지역 air traffic controller 항공 교통 관제사 it is not until A that B: A가 되어서야 비로소 B하다 formally 공식적으로, 정식으로 frontline 전선의 personnel 인력 involved in ~에 포함된, 관여된 participate in ~에 참여하다 expanding 확대되는 lead to ~로 이어지다, ~의 결과를 낳다 decrease in ~의 감소 gender pay gap 급여 성차별 the majority of 대부분의 be prohibited from -ing ~하는 것이 금지되다 serve in A roles: A의 역할을 하다 societal view 사회적 관점 significantly 상당히

기출 Check-up Test   본문 p. 193

1. (d)   **2**. (b)   **3**. (a)   **4**. (c)   **5**. (a)   **6**. (d)

Questions 1-2

In these busy modern times, subway systems have become invaluable to millions of people. But, the subway systems that you use today barely resemble the first ever underground train network, which was built more than 150 years ago in London. Shortly after the opening of the Thames Tunnel for pedestrians in 1843, a lawyer named Charles Parson submitted a proposal for the first subway system. After more than ten years of discussion, Parliament authorized the construction of the underground Metropolitan Railway in 1854, but due to financial constraints, construction work did not begin until 1860. **1** On the official opening day in January, 1863, approximately 38,000 people rode on the gas-lit wooden carriages hauled by steam locomotives. Despite the cramped and uncomfortable conditions, **2** commuters hailed the project as a success, and plans for expansion were immediately put into effect.

1. When did the Metropolitan Railway become operational?

(a) In 1843
(b) In 1854
(c) In 1860
(d) In 1863

2. Which is correct about the Metropolitan Railway?

(a) Its construction ran over budget.
(b) It was praised by its first passengers.
(c) Its first trains were powered by coal.
(d) Its expansion was delayed for several years.

요즘 같이 바쁜 현대 시대에, 지하철 시스템은 수백 만 명의 사람들에게 매우 소중한 존재가 되었습니다. 하지만, 오늘날 여러분께서 이용하시는 지하철 시스템은 150년도 더 이전에 런던에서 지어졌던 역사상 최초의 지하철 망과는 거의 닮은 부분이 없습니다. 1843년에 보행자들을 위해 템즈 터널이 개통된 직후에, Charles Parson이라는 이름의 한 변호사가 첫 지하철 시스템을 위한 제안서를 제출했습니다. 10년도 넘게 지속된 논의 끝에, 의회는 1854년에 런던 지하철의 공사를 승인했지만, 재정상의 제약으로 인해, 공사 작업이 1860년이나 되어서야 시작되었습니다. 1863년 1월에 있었던 공식 개통일에, 약 38,000명의 사람들이 가스로 불을 밝히고 증기 기관차에 의해 이끌려 운행된 목재 객차를 탔습니다. 비좁고 불편한 탑승 환경에도 불구하고, 통근자들은 이 프로젝트를 성공작이라고 일컬었으며, 확장 계획이 즉시 실행되었습니다.

1. 런던 지하철은 언제 운행되기 시작했는가?

(a) 1843년에
(b) 1854년에
(c) 1860년에
(d) **1863년에**

2. 런던 지하철에 관해 무엇이 옳은 내용인가?

(a) 공사가 예산을 초과했다.
(b) **처음 이용한 승객들에 의해 찬사를 받았다.**
(c) 처음 운행된 열차는 석탄으로 동력을 얻었다.
(d) 확장 공사가 여러 해 동안 지연되었다.

어휘

invaluable 매우 소중한 **millions of** 수백 만의 **barely** 거의 ~ 않다 **resemble** ~와 닮다 **first ever** 사상 최초의 **more than** ~가 넘는 **shortly after** ~ 직후에 **pedestrian** 보행자 **named A**: A라는 이름의 **submit** ~을 제출하다 **proposal** 제안 (서) **authorize** ~을 승인하다 **Metropolitan Railway** 런던 지하철 **due to** ~로 인해 **financial** 재정의 **constraint** 제약 **not A until B**: B나 되어서야 A하다 **official** 공식적인 **approximately** 약, 대략 **ride on** ~을 타고 가다 **gas-lit** 가스로 불을 밝힌 **carriage** 객차 **haul** ~을 끌다, 간신히 움직이다 **steam locomotive** 증기 기관차 **despite** ~에도 불구하고 **cramped** 비좁은 **uncomfortable** 불편한 **conditions** 환경, 상황 **commuter** 통근자 **hail A as B**: A를 B라고 일컫다 **success** 성공 **expansion** 확장, 확대 **immediately** 즉시 **be put into effect** 실행되다 **runover** ~을 초과하다 **budget** 예산 **praise** ~에 찬사를 보내다, ~을 칭찬하다 **passenger** 탑승객 **be powered by** ~로 동력을 얻다 **coal** 석탄 **delayed** 지연된, 지체된 **several** 여럿의, 몇몇의

Question 1 해설

담화 후반부에 런던 지하철이 개통된 시점을 On the official opening day in January, 1863와 같이 언급하고 있으므로 (d)가 정답이다.

오답 체크

(a) 1843년은 보행자들을 위해 템즈 터널이 개통된 시점으로 언급되어 있다.
(b) 1854년은 런던 지하철 공사가 승인된 시점으로 제시되어 있다.
(c) 1860년은 런던 지하철 공사가 시작된 시점으로 나타나 있다.

Question 2 해설

담화 마지막 부분에 런던 지하철을 처음 이용한 사람들이 불편한 탑승 환경에도 불구하고 성공작으로 여겼다고(commuters hailed the project as a success) 알리는 부분이 있으므로 이와 같은 긍정적인 반응을 찬사를 받았다는 말로 표현한 (b)가 정답이다.

오답 체크

(a) 재정상의 제약으로 인해 공사가 한참 늦게 시작된 사실은 언급되고 있지만, 예산을 초과했다는 말은 나타나 있지 않다.
(c) 담화 후반부에 증기 기관을 이용한 열차라고 했으므로 오답이다.
(d) 담화 중반부에 첫 공사가 여러 해 동안 지연되었다고 했으므로 오답이다.

Questions 3-4

Good morning, class. Today I'll be discussing sleep in the animal kingdom. Mounting evidence suggests that sleep is a fundamental state. Simple creatures from fruit flies to worms have been shown to experience sleep. More recently, scientists showed that the Cassiopea, a jellyfish that lies on the ocean floor with its tentacles stretching toward the water's surface, also slumbers. Why is this finding important? Well, **3** jellyfish are among the oldest animal life forms. They've been around for 600 million years - since far before the birth of the dinosaurs. **4** They're also among the simplest animals, as they have neurons, or nerve cells, but lack a central nervous system. **4** Through various tests, scientists have shown that the Cassiopea exhibits the three criteria of sleep: they have regular periods of decreased activity, lowered response to stimuli, and heightened sleep drive after sleep deprivation. Some wonder if even non-animals sleep, but testing this question would be very difficult.

3. Which is correct according to the talk?

(a) **Jellyfish came into existence far earlier than the dinosaurs.**
(b) Jellyfish have neither nerve cells nor a central nervous system.
(c) The Cassiopea rests with its tentacles against the ocean floor.
(d) The Cassiopea exhibits two of the three sleep criteria.

4. What can be inferred about the Cassiopea from the talk?

(a) It remains highly alert even during sleep.
(b) It does not have a normal day-night sleeping pattern.
(c) **It proves that relatively simple animal life forms can sleep.**
(d) It evolved sleep patterns within the past hundred million years.

안녕하세요, 학생 여러분. 오늘은, 동물 세계의 수면 이야기를 해 보겠습니다. 수면이 필수적인 상태라는 사실이 점점 더 많은 증거를 통해 나타나고 있습니다. 초파리에서 벌레에 이르는 단순한 생물체들도 수면을 경험하는 것으로 밝혀졌습니다. 더 최근에는, 과학자들이 해수면 방향으로 촉수를 뻗은 상태로 해저에 놓여 있는 해파리인 카시오페아도 잠을 잔다는 사실을 밝혀냈습니다. 이 조사 결과가 왜 중요할까요? 음, 해파리는 가장 오래된 동물 유형에 속합니다. 이들은 약 6억년 동안 생존해 오고 있는데, 공룡의 탄생보다 훨씬 더 오래 전부터 있어 왔습니다. 또한 뉴런, 즉 신경 세포는 있지만 중추 신경계는 없기 때문에 가장 단순한 동물에 속합니다. 다양한 실험을 통해, 과학자들은 카시오페아가 수면의 세 가지 기준을 보여준다는 사실을 밝혀냈는데, 주기적인 활동 감소 기간이 있고, 자극에 대한 반응이 낮아지며, 수면 박탈 후에 수면 욕구가 고조되는 것이었습니다. 일각에서는 동물이 아닌 생물체도 잠을 자는지 궁금해하고 있지만, 이러한 의문에 대해 실험하는 것은 매우 어려울 겁니다.

3. 담화에 따르면 어느 것이 옳은 내용인가?

(a) 해파리가 공룡보다 훨씬 더 오래 전에 존재했다.
(b) 해파리는 신경 세포와 중추 신경계 둘 모두 없다.
(c) 카시오페아는 촉수를 해저에 맞댄 채로 쉰다.
(d) 카시오페아는 세 가지 수면 기준 중 두 가지를 보여준다.

4. 담화에서 카시오페아와 관련해 무엇을 유추할 수 있는가?

(a) 심지어 수면 중에도 매우 경계하는 상태를 유지한다.
(b) 일반적인 밤낮 수면 패턴을 지니고 있지 않다.
(c) 상대적으로 단순한 동물 유형도 수면할 수 있음을 증명해 준다.
(d) 지난 수억 년 사이에 수면 패턴을 발달시켰다.

어휘

mounting 점점 늘어나는, 증가하는 **evidence** 증거 **suggest that** ~임을 나타내다 **fundamental** 필수적인, 근본적인 **state** 상태 **creature** 생물체 **have been shown to do** ~하는 것으로 밝혀졌다 **experience** ~을 경험하다, 겪다 **recently** 최근에 **jellyfish** 해파리 **lie** 놓여 있다 **with A –ing**: A가 ~하는 채로, A가 ~하면서 **tentacle** 촉수 **stretch** (팔다리 등을) 뻗다, 펴다 **surface** 표면 **slumber** 잠을 자다, 수면하다 **finding** (조사·연구 등의) 결과 **form** 유형, 형태 **be around** 있다, 존재하다 **dinosaur** 공룡 **neuron** 뉴런, 신경 세포(= nerve cell) **lack** v. ~가 없다 **central nervous system** 중추 신경계 **exhibit** ~을 나타내다, 보여 주다 **criteria** 기준 **decreased** 감소된 **lower** v. ~을 낮추다, 내리다 **response to** ~에 대한 반응 **stimuli** 자극 **heighten** ~을 고조시키다 **drive** n. 욕구, 추진력 **deprivation** 박탈 **wonder if** ~인지 의아해하다, 궁금하다 **come into existence** 존재하게 되다 **far** (비교급 수식) 훨씬 **neither A nor B**: A와 B 둘 모두 아니다 **rest** 쉬다, 휴식하다 **against** ~에 맞대고, 붙여 놓고 **remain + 형용사**: ~한 상태를 유지하다, 계속 ~한 상태이다 **alert** 경계하는, 기민한 **prove that** ~임을 증명하다, 입증하다 **relatively** 상대적으로, 비교적 **evolve** ~을 발달시키다, 진화시키다

Question 3 해설

담화 중반부에 해파리를 언급하면서 약 6억년 동안 생존해 오고 있다는 점과 공룡의 탄생보다 훨씬 더 오래 전부터 있었다는(jellyfish are among the oldest animal life forms. They've been around for 600 million years – since far before the birth of the dinosaurs) 사실을 언급하고 있다. 따라서 이를 언급한 (a)가 정답이다.

오답 체크

(c) 담화 중반부에 해수면 방향으로 촉수를 뻗은 채로(with its tentacles stretching toward the water's surface) 잔다고 했으므로 오답이다.
(d) 담화 후반부에 과학자들이 카시오페아가 수면의 세 가지 기준을 보여준다는 사실을 밝혀냈다(scientists have shown that the Cassiopea exhibits the three criteria of sleep)고 했으므로 오답이다.

Question 4 해설

담화 중반부부터 카시오페아라는 해파리에 관해 이야기하면서 가장 단순한 동물이라는(They're also among the simplest animals) 점과, 카시오페아가 수면의 세 가지 기준을 보여 준다는 사실을 밝혀낸(Through various tests, scientists have shown that the Cassiopea exhibits the three criteria of sleep) 것을 언급하고 있다. 이는 카시오페아 같은 단순한 생물도 수면한다는 점을 증명하는 사례를 말하는 것이므로 (c)가 정답이다.

오답 체크

(a) 카시오페아가 해수면 방향으로 촉수를 뻗은 채로 잔다는 내용은 있지만, 수면 중에 어떤 상태를 유지하는지에 대한 언급은 없으므로 오답이다.
(b) 카시오페아의 수면 패턴에 대한 내용은 제시되어 있지 않으므로 오답이다.

Questions 5-6

What we now recognize as a masterpiece of modern poetry in T.S. Eliot's *The Waste Land* may have never been without 5 the skillful editing done by friend and fellow poet Ezra Pound. Indeed, Eliot dedicated the 1925 edition of the poem to Pound, referring to him as "the better craftsman," and 6 Pound even humorously referred to himself as the poem's midwife. The original drafts of *The Waste Land* reveal that it contained almost twice as much material as the final published version, and marginal notes left by Pound indicate the extent of his alterations. For example, Pound suggested the deletion of entire sections, most notably an introductory monologue that delayed the now-famous opening line until the third page of the manuscript. Through his skillful editing, Pound was able to mold *The Waste Land* into a fractured and allusion-filled Modernist style that

most accurately reflected the complexities of contemporary society.

5. What is the main topic of the talk?

(a) The influence of Pound's editing on *The Waste Land*

(b) Pound and Eliot's conflicting views while editing *The Waste Land*

(c) The changes between different versions of *The Waste Land*

(d) Eliot's reluctance to cut large sections of *The Waste Land*

6. What can be inferred about Ezra Pound?

(a) He attempted to minimize his changes to the original poem.

(b) He was jealous of Eliot's success with *The Waste Land*.

(c) His aim was to make *The Waste Land* easier to understand.

(d) He felt some creative ownership over the published version.

우리가 현재 현대시의 걸작으로 인식하고 있는 T.S. Eliot의 The Waste Land는 친구이자 동료 시인인 Ezra Pound에 의한 능숙한 편집 작업이 아니었다면 존재하지 않았을지도 모릅니다. 실제로, Eliot은 Pound를 '더 나은 장인'이라고 일컬으며 그 시의 1925년 판을 헌정했으며, Pound는 심지어 스스로를 그 시의 산파라고 익살맞게 부르기도 했습니다. The Waste Land의 초안 원본을 보면 최종 출간 버전보다 거의 2배나 많은 내용이 담겨 있다는 사실이 드러나며, Pound가 남긴 방주에 그가 변경 작업을 한 정도가 나타나 있습니다. 예를 들어, Pound는 전체 섹션들에 걸쳐 삭제 작업을 제안했는데, 가장 주목할 만한 부분은 현재 유명해진 첫 문장을 원고의 세 번째 페이지까지 밀려 나게 한 독백 형식의 도입부입니다. 숙련된 편집 작업을 통해, Pound는 The Waste Land를 동시대 사회의 복잡함을 가장 정확하게 반영시켜 분열되고 암시로 가득한 모더니즘 작품 양식으로 빚어낼 수 있었습니다.

5. 담화의 주제는 무엇인가?

(a) Pound의 편집 작업이 The Waste Land에 미친 영향

(b) The Waste Land 편집 중에 드러난 Pound와 Eliot의 상반된 관점

(c) 서로 다른 The Waste Land 버전들 사이의 변화

(d) The Waste Land의 많은 부분을 줄이기를 꺼려했던 Eliot

6. Ezra Pound에 관해 유추할 수 있는 것은 무엇인가?

(a) 원본 시에 대한 변경을 최소화하려 시도했다.

(b) Eliot이 The Waste Land로 거둔 성공을 질투했다.

(c) 그의 목표는 The Waste Land를 더 이해하기 쉽게 만드는 것이었다.

(d) 출간된 버전에 대해 창의적 소유권자로서의 자격을 느꼈다.

어휘
recognize A as B: A를 B로 인식하다 **masterpiece** 걸작 **modern poetry** 현대시 **may have p.p.** ~했었을지도 모른다 **without** ~가 아니었다면, 없었다면 **skillful** 능숙한, 숙련된 **editing** 편집 **fellow** 동료의 **dedicate A to B**: A를 B에게 헌정하다, 바치다 **refer to A as B**: A를 B라고 일컫다 **craftsman** 장인 **humorously** 익살맞게 **midwife** 산파, 조산사 **original** 원본의 **draft** 초안 **reveal that** ~라는 것이 드러나다 **contain** ~을 포함하다 **twice as much A as B**: B보다 2배만큼 많은 A **published** 출간된 **marginal notes** 방주(본문 옆이나 아래 등에 써넣는 본문에 대한 주석) **left by** ~가 남긴 **indicate** ~을 나타내다, 보여 주다 **the extent of** ~의 정도, 범위 **alteration** 변경, 수정 **suggest** ~을 제안하다 **deletion** 삭제 **entire** 전체의 **most notably** 가장 주목할 만한 것은 **introductory** 도입부의 **monologue** 독백 (형식의 시) **delay** ~을 지연시키다 **now-famous** 현재 유명한 **opening line** 첫 문장 **manuscript** 원고 **through** ~을 통해 **be able to do** ~할 수 있다 **mold A into B**: A를 B로 만들다 **fractured** 분열된 **allusion-filled** 암시로 가득한 **accurately** 정확히 **reflect** ~을 반영하다 **complexity** 복잡함 **contemporary** 동시대의 **influence** 영향 **conflicting** 상반된, 모순된 **view** 관점, 시각 **reluctance to do** ~하기 꺼려함 **attempt to do** ~하려 시도하다 **minimize** ~을 최소화하다 **be jealous of** ~을 질투하다 **aim** 목표 **creative** 창의적인 **ownership** 소유권(자로서의 자격) **over** (대상) ~에 대해

Question 5 해설
담화 초반부에 친구이자 동료 시인인 Ezra Pound에 의한 능숙한 편집 작업이(the skillful editing done by friend and fellow poet Ezra Pound) 아니었다면 T.S. Eliot의 걸작이 나오지 않았을지도 모른다고 언급한 후에, 해당 작업의 과정과 중요성을 말하는 것으로 담화가 진행되고 있으므로 Pound의 편집 작업이 The Waste Land에 미친 영향을 뜻하는 (a)가 정답이다.

오답 체크
(c) 서로 다른 버전들의 차이점으로 언급되는 내용이 없으므로 오답이다.

(d) Pound가 삭제 작업을 제안해 더 나은 작품이 된 사실이 제시되고 있으므로 Eliot은 그것을 꺼려하지 않았음을 알 수 있다.

Question 6 해설
담화 중반부에 Pound가 심지어 스스로를 그 시의 산파라고 익살맞게 부르기도 했다는(Pound even humorously referred to himself as the poem's midwife) 말과 함께 얼마나 능숙하게 편집 작업을 했는지를 설명하고 있으므로 이에 대해 Pound를 창의적 소유권자로서의 자격을 느꼈을 것이라고 표현한 (d)가 정답이다.

오답 체크
(a) 담화 후반부에 작품 전체적으로 삭제 작업을 제안한 사실이 언급되고 있으므로 오답이다.

(c) 편집을 통해 암시로 가득한 훌륭한 작품이 된 사실이 후반부에 제시되고 있으므로 더 이해하기 쉽게 만드는 것이 목표가 아니었음을 알 수 있다.

문제 푸는 순서와 요령

본문 p. 198

어휘

come on by ~에 가서 들르다　**bayou** (늪처럼 된) 강　**celebrate** ~을 기념하다, 축하하다　**anniversary** (해마다 돌아 오는) 기념일　**grace** v. (참석해) ~을 빛내다, 장식하다　**play through** ~을 끝까지 연주하다　**timeless** 영원한　**follow** (순서상) 뒤를 잇다　**headlining** 주인공 역할을 하는　**support** ~을 지원하다, 뒷받침하다　**transition to** ~로 전환하다　**smooth** 감미로운, 부드러운　**arrangement** 편곡 (한 곡)　**cook up a storm** 한 번에 많은 음식을 만들다　**signature** 대표하는, 고유의　**be busy -ing** ~하느라 바쁘다　**uncork** ~의 병 마개를 따다　**available** 이용 가능한　**black-tie event** 정장 차림의 행사　**help do** ~하는 데 도움이 되다　**make A 형용사:** A를 ~하게 만들다　**by** (방법) ~함으로써　**accordingly** 그에 따라, 그에 맞게　**introduction** 소개　**encore** 앙코르의　**sold-out** 매진된　**mark** ~을 기념하다　**decade** 10년　**in business** 영업 중인, 운영 중인　**call for** ~에 대한 요청　**venue** 행사장　**tip** v. ~에게 팁을 주다　**specific** 특정한, 구체적인　**formal attire** 정장

기출 Check-up Test　　　　　본문 p. 203
1. (d)　**2.** (b)　**3.** (c)　**4.** (d)　**5.** (a)　**6.** (c)

Questions 1-2

Good morning, everyone. I wanted to continue our discussion about flexible work schedules. One of our main goals when starting this company was to stand out as an innovative company that is in tune with the latest developments in corporate culture. So, we have a trendy, modern workplace, and our logo was designed by a popular graphic artist. However, using an outdated, **1** 9-to-5 work schedule isn't in line with this philosophy at all. Plus, flex-schedules have benefits for both employees and employers. Urgent family matters can easily be attended to, and a later starting time helps everyone to avoid the stress of rush hour commutes. **2** Most importantly, our employees would also feel more control over their work. They'd come to the office with a clear objective in mind rather than to just fulfill some time requirement.

1. What is the main problem with the current work schedule?

(a) It allows for too much idle time among employees.

(b) It is not attractive to the new generation of recruits.

(c) It is difficult to commute to the office in the morning.

(d) It does not match the company's desired image.

2. According to the speaker, which is correct under a flexible work schedule?

(a) Employees can bring their children to work in the morning.

(b) Workers are more self-motivated to accomplish their goals.

(c) Managers are still required to maintain a normal work schedule.

(d) Staff members work each day until an objective is met.

안녕하세요, 여러분. 저는 유연한 근무 일정에 관한 우리의 논의를 지속하고자 합니다. 이 회사가 시작되었을 당시에 우리의 주요 목표들 중 하나는 기업 문화에 있어 최근의 발전상과 조화를 이루는 혁신적인 회사로서 두드러지는 것이었습니다. 따라서, 우리는 최근 추세에 맞는 현대적인 업무 공간을 보유하고 있으며, 회사의 로고는 인기 있는 그래픽 아티스트에 의해 디자인되었습니다. 하지만, 9시부터 5시까지 근무하는 구식 업무 일정은 이와 같은 철학과 전혀 어울리지 않습니다. 게다가, 유연한 일정은 직원과 고용주 모두에게 여러 이점이 있습니다. 급한 집안 일도 쉽게 처리될 수 있고, 더 늦은 출근 시간은 모든 분들이 혼잡 시간대의 통근으로 인한 스트레스를 피할 수 있게 도움을 줍니다. 가장 중요한 점으로, 우리 직원들이 각자의 업무에 대해 더 큰 통제력도 느낄 수 있을 것입니다. 직원들이 그저 시간 요건이나 좀 충족하려는 생각 대신에 명확한 목표를 마음속에 새기고 사무실로 오게 될 것입니다.

1. 현재의 근무 일정에 있어 무엇이 주요 문제점인가?

(a) 직원들 사이에서 너무 많은 유휴 시간을 허용한다.

(b) 새로운 세대의 신입사원들에게는 매력적이지 않다.

(c) 아침에 회사로 통근하기가 어렵다.

(d) 회사에서 바라는 이미지에 어울리지 않는다.

2. 화자에 따르면, 유연한 근무 일정 하에 있을 경우에 무엇이 옳은 내용인가?

(a) 직원들이 오전에 각자의 아이들을 회사로 데려 올 수 있다.

(b) 직원들이 각자의 목표를 달성하기 위해 더욱 스스로 동기 부여가 된다.

(c) 책임자들은 여전히 일반적인 근무 일정을 유지해야 한다.

(d) 직원들이 한 가지 목표가 충족될 때까지 날마다 일한다.

어휘

continue ~을 지속하다 discussion 논의 flexible 유연한
stand out 두드러지다, 눈에 띄다 innovative 혁신적인 in tune
with ~와 조화되어 development 발전(상) corporate 기업의
trendy 최신 유행의 popular 인기 있는 outdated 구식의, 낡은
not ~ at all 전혀 ~ 않다 philosophy 철학 plus 게다가, 더욱
이 benefit 이점, 혜택 urgent 긴급한 attend to ~을 처리하다,
돌보다 avoid ~을 피하다 rush hour (출퇴근 시의) 혼잡 시간대
commute n. 통근 v. 통근하다 control 통제(력), 제어, 조절 over
(대상) ~에 대해 objective 목표 rather than ~ 대신, ~가 아니
라 fulfill ~을 충족하다, 이행하다, 완수하다 time requirement
시간 요건 allow for ~을 허용하다, 가능하게 하다 idle time
유휴 시간 among ~ 사이에서 attractive to ~에게 매력적인,
~의 마음을 끄는 generation 세대 recruit 신입 사원 match
~에 어울리다, 맞다 desired 바라는, 원하는 self-motivated
스스로 동기 부여가 된 accomplish ~을 달성하다, 이루다
be required to do ~해야 하다 maintain ~을 유지하다
meet ~을 충족하다

Question 1 해설

담화 중반부에 9시부터 5시까지 일하는 흔한 업무 방식이 회사가 추
구하는 철학과 전혀 어울리지 않는다고(9-to-5 work schedule
isn't in line with this philosophy at all) 알리는 부분이 있으므로
이를 언급한 (d)가 정답이다.

오답 체크

(b) 신입 사원들의 성향으로 언급되는 내용이 없으므로 오답이다.
(c) 통근과 관련된 문제는 부차적인 것으로 언급되고 있으므로 주요
    문제점으로 볼 수 없다.

Question 2 해설

담화 후반부에 유연한 근무 일정이 도입될 경우에 가장 중요한 점으
로 직원들이 각자의 업무에 대해 더 큰 통제력을 느낄 것이라고(Most
importantly, our employees would also feel more control
over their work) 알리고 있는데, 이는 업무 관리 능력의 향상과 관
련된 부분에 해당되므로 유사한 의미로서 목표 달성을 위한 동기 부여
를 뜻하는 (b)가 정답이다.

오답 체크

(c) 일반적인 근무 일정을 유지하는 일은 유연한 근무 일정에 따른 효
    과에 해당되지 않으므로 오답이다.

Questions 3-4

Attention bookworms! Starting on Monday,
November 9, and lasting until Friday, Hocking
University's Alden Library will be running its
fifth annual Library Friends Book Sale. The sale
will be held on the library's fourth floor, and its
hours will be from 9 a.m. to 6 p.m. each day.
3 As in previous years, all books on sale have
been collected from the local area, but this year,
Boundaries Bookstore has also generously
offered to sell its clearance stock as part of the
event. **4** All proceeds from the Library Friends

Book Sale will be donated to the Athens City
School's literacy program. And remember, if you
make a purchase, be sure to stop by Bobcat
Café on the library's first floor. You can show
your receipt to get half off the price of your
coffee.

3. Which is correct according to the
   announcement?

(a) The Library Friends Book Sale will be held
    over the weekend.
(b) The sale is located on Alden Library's first floor.
**(c) Boundaries Bookstore is participating for
    the first time.**
(d) The Bobcat Café is offering free coffee
    during the event.

4. According to the speaker, who will receive the
   proceeds from the sale?

(a) Hocking University
(b) Alden Library
(c) Boundaries Bookstore
(d) Athens City Schools

독서광 여러분께 알립니다! 11월 9일 월요일부터 금요일까지 지
속해서, Hocking University의 Alden Library가 제5회 연례
Library Friends Book Sale 행사를 진행합니다. 이 세일 행사는
도서관 4층에서 개최되며, 행사 시간은 매일 오전 9시부터 오후 6
시까지입니다. 과거에 매년 하던 것과 마찬가지로, 판매되는 모든
책들은 우리 지역 내에서 수집된 것이지만, 올해는, Boundaries
Bookstore도 행사의 일환으로 그곳의 정리 대상 재고품을 판매하
겠다고 흔쾌히 제안해 주었습니다. Library Friends Book Sale
행사를 통해 거둬 들인 모든 수익금은 Athens City School의 어학
능력 향상 프로그램에 기부될 것입니다. 그리고 기억하셔야 할 점은,
제품을 구매하실 경우, 도서관 1층에 있는 Bobcat Café에 꼭 들러
보십시오. 구매 영수증을 제시하시면 커피를 반값으로 할인 받으실
수 있습니다.

3. 공지에 따르면 어느 것이 옳은 내용인가?

(a) Library Friends Book Sale이 주말 동안에 걸쳐 개최될 것
    이다.
(b) 세일 행사 장소가 Alden Library의 1층에 위치해 있다.
(c) Boundaries Bookstore가 처음으로 참가한다.
(d) Bobcat Café가 행사 기간 중에 무료 커피를 제공한다.

4. 화자의 말에 따르면, 세일 행사를 통해 얻는 수익금을 누가 받
   을 것인가?

(a) Hocking University
(b) Alden Library
(c) Boundaries Bookstore
(d) Athens City Schools

Question 3 해설

담화 중반부에 과거와 달리 올해는 Boundaries Bookstore도 책을 판매하겠다고 제안한 사실을(As in previous years, all books on sale have been collected ~ this year, Boundaries Bookstore has also generously offered ~) 알리고 있는데, 이는 과거와 달리 Boundaries Bookstore가 처음 참가한다는 뜻이므로 (c)가 정답이다.

오답 체크

(a) 담화 초반부에 월요일부터 금요일까지 지속된다고 했으므로 오답이다.
(b) 담화 초반부에 도서관 4층에서 개최된다고 알리고 있으므로 오답이다.
(d) 커피를 반값으로 할인 받는 방법만 알리고 있을 뿐, 무료로 제공하는 것은 아니므로 오답이다.

Question 4 해설

수익금이 언급된 담화 후반부에, 모든 수익금은 Athens City School의 한 프로그램에 사용될 것이라고(All proceeds from the Library Friends Book Sale will be donated to the Athens City School's literacy program) 알리고 있으므로 (d)가 정답이다.

오답 체크

(a) Hocking University는 담화 초반부에 행사 주최측으로 언급되고 있으므로 오답이다.
(b) Alden Library는 행사 장소로 알리고 있으므로 오답이다.
(c) Boundaries Bookstore는 담화 중반부에 행사 참가 업체로 소개되고 있으므로 오답이다.

Questions 5-6

Staff, you're all aware of the recent computer system issues. I'd like to thank everyone for your patience with the extended downtime from related maintenance work. The IT department has informed me that the repairs they made last week should have resolved all the technical issues. However, 5 we'll need to bear with them for another day as they'll be making some more modifications to the computer system this week. I've been told that these changes will help ensure improved stability. 6 The upgrades to our computer system will happen on Wednesday morning. The work will begin at 8 a.m. and will take about two hours. During that time, you'll still be able to log in to the system but 6 may experience long loading times. Thanks for your understanding.

5. What is mainly being announced?

(a) **Additional changes to the computer system**
(b) Emergency maintenance to resolve technical issues
(c) The temporary unavailability of the IT department
(d) The cause of the recent computer system problem

6. According to the announcement, what can staff expect on Wednesday morning?

(a) Downtime for maintenance
(b) Delayed responses from the IT team
(c) **Slow loading times**
(d) Limited system access

직원 여러분, 최근에 있었던 컴퓨터 시스템 문제를 모두 알고 계실 겁니다. 저는 관련 유지 보수 작업에 따라 늘어난 작동 중단 시간에 대한 여러분 모두의 인내심에 감사드리고자 합니다. IT 담당 부서에서 제게 알려주기를, 지난주에 직접 실시한 수리 작업이 모든 기술적인 문제들을 해결했을 것이라고 했습니다. 하지만, 우리는 하루 더 이 문제들을 감내해야 하는데, 이 부서에서 이번 주에 컴퓨터 시스템에 일부 추가 조정 작업을 할 예정이기 때문입니다. 저는 이 변경 작업이 안정성 개선을 보장하는 데 도움이 될 것이라고 전달 받았습니다. 우리 컴퓨터 시스템에 대한 이 업그레이드 작업은 수요일 오전에 진행될 것입니다. 오전 8시에 작업이 시작되어 약 2시간 소요될 것입니다. 이 시간 중에, 여전히 시스템에 로그인하실 수는 있겠지만, 긴 로딩 시간을 겪으실 수 있습니다. 여러분의 양해에 감사드립니다.

5. 주로 무엇이 공지되고 있는가?

(a) **컴퓨터 시스템에 대한 추가 변경 작업**
(b) 기술적인 문제들을 해결하기 위한 긴급 유지 보수 작업
(c) IT 부서의 일시적인 업무 중단 가능성
(d) 최근에 발생된 컴퓨터 시스템 문제의 원인

6. 공지에 따르면, 직원들은 수요일 오전에 무엇을 예상할 수 있는가?

(a) 유지 보수를 위한 작동 중단 시간
(b) IT팀의 대응 지연
(c) **느린 로딩 시간**
(d) 시스템 접속 제한

어휘

be aware of ~을 알고 있다 **recent** 최근의 **issue** 문제, 사안 **patience** 인내(심) **extended** 늘어난, 연장된 **downtime** 작동 중단 시간 **related** 관련된 **maintenance** 유지 보수, 시설 관리 **department** 부서 **inform A that:** A에게 ~라고 알리다 **repair** 수리 **should have p.p.** (기대, 가능성 등) ~했을 것이다 **resolve** ~을 해결하다 **bear with** ~을 감내하다 **make modifications to** ~을 조정하다, 수정하다 **be told that** ~라는 말을 듣다 **ensure** ~을 보장하다 **improved** 개선된, 향상된 **stability** 안정(성) **take** ~의 시간이 걸리다 **be able to do** ~할 수 있다 **experience** v. ~을 겪다, 경험하다 **additional** 추가적인 **emergency** 긴급, 비상 **temporary** 일시적인, 임시의 **unavailability** 시간이 나지 않음, 이용할 수 없음 **cause** 원인, 이유 **expect** ~을 예상하다, 기대하다 **delayed** 지연된, 지체된 **response** 대응, 응답 **limited** 제한된 **access** 접속, 이용

Question 5 해설

지난주에 있었던 기술 문제 보수 작업에 이어 컴퓨터 시스템에 대한 추가 작업으로 인해 하루 더 견뎌야 한다고(we'll need to bear with them for another day as they'll be making some more modifications to the computer system this week) 알리고 있으므로 (a)가 정답이다.

오답 체크

(b) 기술 문제 보수 작업은 이미 지난주에 끝났고, 현재 공지되고 있는 작업이 긴급 작업이라는 정황은 나타나 있지 않으므로 오답이다.

(d) 최근에 컴퓨터 시스템 문제가 발생했지만, 대화 전반에 걸쳐 그에 대한 조치 및 추가 조정 작업을 중심으로 담화가 구성되어 있을 뿐, 문제의 원인은 언급되지 않으므로 오답이다.

Question 6 해설

담화 후반부에 추가 작업이 수요일 오전에 있을 것이라고(The upgrades to our computer system will happen on Wednesday morning) 알리면서 그에 따른 문제로 긴 로딩 시간을 (may experience long loading times) 언급하고 있으므로 (c)가 정답이다.

오답 체크

(a) 유지 보수를 위한 작동 중단 시간은 이미 완료된 일이며, 수요일 오전에 예상할 수 있는 일이 아니므로 오답이다.

(d) 여전히 시스템에 로그인하는 것은 가능하다고 언급되고 있으며, 수요일 오전에 예상할 수 있는 일이 아니므로 오답이다.

UNIT 29 오답을 피하는 법

소리함정

본문 p. 208

어휘

organized by ~가 주최한, 조직한 **present** ~을 발표하다, 제시하다 **genetically-modified** 유전적으로 조작된 **discover** ~을 발견하다 **evidence** 증거 **toxic** 유독한, 독성의 **properties** 성

분, 특성, 속성 **in response to** ~에 대응해 **review** ~을 검토하다 **legislation** 법률 제정 **strengthen** ~을 강화하다 **regulation** 규제, 규정 **total ban** 전면적인 금지 **seek** ~을 찾다, 구하다(sought 는 과거형) **advice** 조언 **introduce** ~을 도입하다 **strict** 엄격한 **outlaw** ~을 비합법화하다 **illegal** 불법적인 **trade** 거래, 교역 **pass** ~을 통과시키다 **measures** 정책, 조치 **reduce** ~을 감소시키다 **free of** ~가 없는 **against** ~에 반대해 **disprove** ~가 잘못되었음을 입증하다 **findings** (연구) 결과물

연관 어휘 오답

어휘

It is A that B: B한 것은 A이다 **council** 의회 **decision** 결정 **be allowed to do** ~하도록 허용되다 **perform** 공연하다 **venue** 장소, 행사장 **city limits** 시 경계 **take liability for** ~에 대한 부담을 지다 **legal department** 법무처, 법무팀 **strongly** 강력히 **suggest that** ~하도록 권하다, 제안하다 **adhere to** ~을 고수하다 **position** 입장 **avoid -ing** ~하는 것을 피하다 **set a precedent** 전례를 남기다 **adversely** 부정적으로, 불리하게 **affect** ~에 영향을 미치다 **popular** 많은 사람이 공감하는 **judging by** ~로 미루어 볼 때 **support** n. 지지, 지원 v. ~을 지지하다 **legal** 법적인 **put on** ~을 무대에 올리다, 공연하다 **controversial** 논란이 있는 **be prevented from -ing** ~하는 것이 금지되다, ~하지 못하게 되다

시제 오답

어휘

allow ~을 허용하다 **cannabis** 대마초 **be to do** ~할 예정이다 **give A a trial run:** A를 시험 운영하다 **selected** 지정된, 선정된 **lawmaker** 국회의원 **slam** ~을 맹비난하다 **decision to do** ~하려는 결정 **approve** ~을 승인하다 **provide** ~을 제공하다 **clear** 명확한 **benefit** 혜택, 이점 **claim that** ~라고 주장하다 **both A and B:** A와 B 둘 모두 **recreational** 기분 전환의 **remain** 형용사: ~한 상태로 유지되다, 남아 있다 **illegal** 불법의 **pioneer** v. ~에 앞장서다, ~을 개척하다 n. 개척자, 선구자 **treatment** 치료제 **certain** 특정한, 일정한 **illness** 질병 **since** ~ 이후로 **numerous** 수많은 **widespread** 폭넓은, 광범위한 **controlled** 통제된, 제어된 **involving** ~와 관련된, ~을 포함한 **largely** 대체로 **support** ~을 지지하다 **previously** 과거에, 이전에 **until recently** 최근까지도 **consider -ing** ~하는 것을 고려하다 **be considered A:** A로 여겨지다 **cure** ~을 치료하다 **ailment** 질병

부분 내용 오답

어휘

die from ~로 사망하다 **diabetes** 당뇨병 **disease** 질병 **cause** ~을 초래하다, 야기하다 **complication** 합병증 **regulation** 조절, 통제 **glucose** 포도당 **sugar** 당 **contained in** ~에 포함된, 들어 있는 **biological** 생물학적인 **conversion** 전환 **assume** ~라고 여기다, 가정하다 **predominantly** 대개 **be dealt with** 다뤄지다, 처리되다 **pancreas** 췌장 **liver** 간 **fat** 지방 **assumption** 생각, 추정 **be cast into doubt** 의혹에 빠지다 **available** 이용 가능한 **findings** (연구) 결과 **suggest that**

~임을 시사하다 **released from** ~에서 분비된, 나온 **skeleton** 뼈대 **immune system** 면역 체계 **gut** 내장 **play a critical role in** ~에 있어 매우 중요한 역할을 하다 **control** ~을 통제하다, 제어하다 **discovery** 발견(된 것) **the previously thought** 이전에 생각했던 것 **make way for** ~을 위해 길을 열어 주다 **approach** 접근법 **toward** ~을 위한, ~을 향한 **stage** 단계 **investigation** 조사

반대 내용 오답

post ~을 게시하다 **celebrity** 유명인, 연예인 **gossip** 가십거리, 가십 기사 **provoke** ~을 자극하다 **anger** 화, 분노 **generally** 대체로, 일반적으로 **mild-mannered** 온화한, 온순한 **usually** 보통, 일반적으로 **publish** (기사 등) ~을 싣다, 출판하다 **lighthearted** 가벼운 내용의 **piece** 글, 기사 **cross a line** 선을 넘다 **allege that** ~라고 전하다, 주장하다 **claim that** ~라고 주장하다 **attempt to do** ~하려는 시도 **gain publicity** 언론의 관심을 얻다 **via** ~을 통해 **deny** ~을 부인하다 **demand to do** ~하도록 요구하다 **refuse to do** ~하기를 거절하다 **source** 출처, 진원지 **remove** ~을 없애다, 제거하다 **reach out to** ~에게 접근하다 **direct** 직접적인 **statement** 말, 진술(서) **share** ~을 공유하다 **details** 상세 정보 **recent** 최근의 **engagement** 약혼 **respond to** ~에 대응하다 **through** ~을 통해 **reveal** ~을 밝히다, 드러내다

기출 Check-up Test   본문 p. 213

1. (d)   **2.** (d)   **3.** (d)   **4.** (b)   **5.** (b)   **6.** (b)
7. (c)   **8.** (a)   **9.** (c)   **10.** (d)

[Part 4]

1.

Now for sports news. In last Saturday's game, college football star Thomas Lynch suffered a massive concussion after taking a hard hit. It was immediately assumed that Lynch would be sidelined for the rest of the season. However, the injury may put the quarterback out of the game permanently, as any future injury to his head could cause irreparable brain damage. This news is devastating for Lynch, who was the first-round pick to play professionally for the Pittsburgh Eagles after his graduation.

Q: What is the speaker mainly saying about Thomas Lynch?

(a) He will play in his next game despite his injury.
(b) He has received multiple concussions.
(c) He has decided not to play for the Eagles.
(d) He may never play football professionally.

스포츠 소식을 전해 드리겠습니다. 지난 토요일에 열린 경기에서, 대학 미식축구 스타 Thomas Lynch가 크게 부딪히면서 매우 심각한 뇌진탕을 겪었습니다. 그 즉시 Lynch가 남은 시즌 동안 경기 출전에서 제외될 것이라고 여겨졌습니다. 하지만, 이번 부상으로 인해 이 쿼터백은 영원히 경기에서 빠질 수도 있는데, 향후 그의 머리에 어떠한 부상이라도 발생될 경우에 회복될 수 없는 뇌 손상을 초래할 수도 있기 때문입니다. 이는 신인 드래프트 1라운드 지명자로서 대학 졸업 후 Pittsburgh Eagles에서 프로 선수 생활을 할 예정이었던 Lynch에게 대단히 충격적인 소식입니다.

Q: 화자는 Thomas Lynch에 관해 주로 무슨 말을 하는가?

(a) 부상에도 불구하고 다음 경기에 출전할 것이다.
(b) 여러 차례 뇌진탕을 겪은 바 있다.
(c) Eagles에서 선수 생활을 하지 않기로 결정했다.
(d) 프로 미식축구 선수 생활을 전혀 하지 못할 수 있다.

담화 중반부에, 부상으로 인해 Thomas Lynch가 영원히 경기에서 빠질 수도 있다는 말과 함께 다시 부상을 당할 경우에 회복될 수 없는 뇌 손상이 초래될 수도 있다고(the injury may put the quarterback out of the game permanently, as any future injury to his head could cause ~) 알리고 있다. 이는 선수 생활이 중단될 위기임을 의미하는 말과 같으므로 (d)가 정답이다.

(a) 담화 초반부에 부상으로 인해 남은 시즌 동안 경기 출전에서 제외될 것이라고 했으므로 오답이다.
(c) Eagles에서 선수 생활을 하지 못하는 것은 선수 자신의 결정이 아니므로 오답이다.

suffer (고통 등) ~을 겪다, 당하다 **massive** 매우 심각한, 엄청나게 큰 **concussion** 뇌진탕 **take a hit** 부딪히다, 타격을 입다 **It is assumed that** ~라고 여겨지다 **immediately** 즉시 **sideline** (경기 출전에서) ~을 제외하다 **the rest of** ~의 나머지 **injury** 부상 **put A out of B**: A를 B에서 빼내다 **quarterback** 쿼터백 (미식축구 포지션 중 하나) **permanently** 영원히 **cause** ~을 초래하다 **irreparable** 회복될 수 없는 **brain damage** 뇌 손상 **devastating** 대단히 충격적인 **first-round pick** 신인 드래프트 1라운드 지명자 **professionally** 전문적으로 **graduation** 졸업 **despite** ~에도 불구하고 **multiple** 여럿의, 많은, 다수의 **decide (not) to do** ~하기로(하지 않기로) 결정하다

2.

Today's lecture will cover Neptune's largest moon, Triton. While it is not the biggest moon in the solar system, Triton is still larger than the ex-planet Pluto. It has a close orbit with Neptune and its orbit travels in the opposite direction as the planet's. Both the size and the unique orbit of Triton suggest that it was once a dwarf planet

in the Kuiper belt, a disk of asteroids and debris in the outer solar system. Triton was likely captured by Neptune and forced into the planet's orbit eons ago.

Q: What is the main topic of the talk?

(a) The different orbits of Neptune's moons
(b) The influence of Neptune on the Kuiper belt
(c) The similarities between Triton and Pluto
(d) The origin of Neptune's largest moon

오늘 강의에서는 해왕성의 가장 큰 위성인 트리톤을 다룰 것입니다. 이것이 태양계에서 가장 큰 위성은 아니지만, 트리톤은 한때 행성이었던 명왕성보다도 여전히 더 큽니다. 이 위성은 해왕성에 가까운 궤도를 지니고 있으며, 이 궤도는 그 행성의 궤도와 반대 방향으로 돕니다. 그 크기와 독특한 궤도 모두가 트리톤이 태양계 외부에 소행성과 잔해로 구성된 원반형 영역인 카이퍼 대에 한때 속했던 왜행성이었음을 암시하는 것입니다. 트리톤은 아주 먼 옛 날에 해왕성에 의해 포획되어 이 행성의 궤도로 강제 편입되었을 가능성이 있습니다.

Q: 담화의 주제는 무엇인가?

(a) 해왕성 주변 위성들의 서로 다른 궤도
(b) 해왕성이 카이퍼 대에 미치는 영향
(c) 트리톤과 명왕성 사이의 유사점들
(d) 해왕성의 가장 큰 위성의 기원

해설

담화 초반부에 해왕성의 가장 큰 위성인 트리톤의 크기와 궤도를 언급하면서 그 두 가지 특성이 한때 카이퍼 대에 속했던 왜행성이었음을 암시하는 것이라고(Both the size and the unique orbit of Triton suggest that it was once a dwarf planet in the Kuiper belt ~) 알리고 있는데, 이는 해당 위성의 기원을 언급하는 말이므로 (d)가 정답이다.

오답 체크

(a) 다른 여러 위성과 관련된 내용으로 제시되는 것이 없으므로 오답이다.
(c) 트리톤과 명왕성 사이에 비슷하게 나타나는 특성으로 언급되는 것이 없으므로 오답이다.

어휘

cover (주제 등) ~을 다루다 **Neptune** 해왕성 **moon** 위성, 달 **while** ~이기는 하지만, ~인 반면 **solar system** 태양계 **ex-planet** 이전에 행성이었던 **Pluto** 명왕성 **close** 가까운 **orbit** 궤도 **travel** 이동하다 **in the opposite direction** 반대 방향으로 **unique** 독특한 **suggest that** ~임을 암시하다 **once** (과거에) 한때 **dwarf planet** 왜행성 **Kuiper belt** 카이퍼 대 **asteroid** 소행성 **debris** 잔해 **outer** 외부의, 바깥의 **likely** 가능성 있는, ~할 것 같은 **be captured by** ~에 의해 포획되다 **be forced into** ~로 강제로 들여 보내지다 **eons ago** 아주 먼 옛날에 **influence** 영향 **similarity** 유사함 **origin** 기원, 유래

3.

Yesterday, comedian-turned-actor Ryan Vern shared that he will not return next season for *Three Buddies*, the light-hearted sitcom in which he co-stars. Instead, he will play the lead in a new show called *The Valley*. His departure was expected, given the poor ratings of *Three Buddies*. What is surprising, however, is his participation in *The Valley*, which is a serious drama about a poor family in rural America. Even though Vern says he is making the move to develop artistically, he will reportedly triple his earnings under his new contract.

Q: Which is correct according to the news report?

(a) Vern will appear in the final season of *Three Buddies*.
(b) *Three Buddies* has recently become more popular among TV critics.
(c) *Three Buddies* and *The Valley* are similar thematically.
(d) *Three Buddies* pays Vern a third of what he'll make on *The Valley*.

어제, 코미디언에서 연기자로 변신한 Ryan Vern이 공동 주연을 맡고 있는 가볍고 유쾌한 시트콤 Three Buddies의 다음 시즌에 돌아 오지 않는다는 사실을 전했습니다. 대신, The Valley라는 새로운 프로그램에서 주연을 맡을 것입니다. 그의 이탈은 Three Buddies의 저조한 시청률을 감안할 때 예견된 일이었습니다. 하지만 놀라운 점은, 미국 시골 지역의 가난한 가족에 관한 진지한 드라마인 The Valley에 그가 참여한다는 사실입니다. 예술적으로 발전할 수 있는 움직임을 보일 것이라고 Vern이 말하기는 하지만, 그는 새로운 계약 하에서 세 배의 수익을 올릴 것으로 전해지고 있습니다.

Q: 뉴스 보도에 따르면 어느 것이 옳은 내용인가?

(a) Vern이 Three Buddies의 마지막 시즌에 출연할 것이다.
(b) Three Buddies는 최근 TV 평론가들 사이에서 더 인기가 많아졌다.
(c) Three Buddies와 The Valley는 주제 면에서 유사하다.
(d) Three Buddies는 Vern이 The Valley를 통해 벌어 들일 금액의 3분의 1을 지급한다.

해설

담화 초반부에 Three Buddies의 다음 시즌에 나오지 않는다는(he will not return next season for Three Buddies) 말과 함께 The Valley라는 새 프로그램에서 주연을 맡는다고(he will play the lead in a new show called The Valley) 알리고 있고, 마지막에는 이 프로그램을 위한 새 계약을 통해 세 배의 돈을 벌 것이라고(he will reportedly triple his earnings under his new contract) 언급하고 있다. 따라서 이와 같은 소득의 차이를 말한 (d)가 정답이다.

(a) Three Buddies의 마지막 시즌과 관련된 정보로 제시되는 것이 없으므로 오답이다.
(b) Three Buddies에 대한 평론가들의 의견으로 언급되는 내용이 없으므로 오답이다.
(c) 담화 초반부에 Three Buddies는 유쾌한 시트콤이라고 했고, 후반부에 The Valley는 진지한 가족 드라마라고 했으므로 서로 상반된 성격을 지닌 프로그램임을 알 수 있다.

어휘

comedian-turned-actor 코미디언에서 연기자로 변신한 **share that** ~임을 공유하다, 사람들에게 전하다 **light-hearted** 가볍고 유쾌한 **co-star** 공동 주연을 맡다 **play the lead in** ~에서 주연을 맡다 **departure** 이탈 **expected** 예상된 **given** ~을 감안하면, 고려하면 **rating** 시청률 **however** 하지만 **participation in** ~에의 참여 **rural** 시골의 **even though** ~이기는 하지만 **make the move to do** ~하기 위한 행동에 들어 가다, ~하기 위한 조치를 하다 **develop** 발전되다 **artistically** 예술적으로 **reportedly** 전하는 바에 의하면 **triple** v. ~을 세 배로 만들다 **earning** 수익 **under** (영향 등) ~ 하에서 **contract** 계약(서) **appear** 출연하다, 나타나다 **among** ~ 사이에서 **critic** 평론가 **similar** 유사한 **thematically** 주제 면에서 **make** (돈을) 벌다

4.

Traditionally, the main tool of the painter has been the brush. However, Vincent van Gogh had his own unique method for creating his oil paintings: he used a palette knife more often than a brush. The palette knife, in general, is only used to mix paint colors. But van Gogh developed a technique that used the knife to layer dense background textures, allowing him to produce stunning contrast of colors. Applying the paint directly onto the canvas from the tube, he would then spread the paint thickly to enhance aspects of light, color, and texture.

Q: Which of the following is correct about Vincent van Gogh?

(a) He developed a different method for mixing paint colors.
(b) He added texture to his oil paintings by using a knife.
(c) His paintings exemplify the qualities of different brush types.
(d) He left backgrounds unpainted to emphasize the canvas texture.

전통적으로, 화가의 주 도구는 붓이었습니다. 하지만, Vincent van Gogh는 자신만의 독특한 유화를 만드는 방법을 지니고 있었는데, 붓보다 팔레트 나이프를 더 자주 사용했습니다. 팔레트 나이프는 일반적으로 물감을 섞는 데만 사용됩니다. 하지만 Gogh는 이 나이프를 사용한 기법을 개발해 배경 질감을 빽빽하게 겹겹이 칠하면서 색상의 뛰어난 대비를 만들어 낼 수 있게 되었습니다. 튜브에서 짠 물감을 캔버스에 곧바로 묻힌 다음, 빛과 색, 그리고 질감의 측면들을 향상시키기 위해 두껍게 물감을 펴 바르곤 했습니다.

Q: Vincent van Gogh에 관해 다음 중 어느 것이 옳은 내용인가?

(a) 물감 색상을 섞는 다른 방법을 개발했다.
(b) 나이프를 사용해 자신의 유화에 질감을 더했다.
(c) 그의 그림은 서로 다른 붓 유형의 특성을 전형적으로 보여 준다.
(d) 캔버스 질감을 강조하기 위해 배경을 칠하지 않은 채로 두었다.

해설

담화 초반부에는 Gogh가 팔레트 나이프를 더 자주 사용했다고(he used a palette knife more often than a brush) 언급하고 있고, 이어서 그 나이프를 이용해 그림 배경에 특유의 질감을 만들어 낸 사실을(used the knife to layer dense background textures) 소개하고 있으므로 이와 같은 특징을 말한 (b)가 정답이다.

(a) 물감 색상끼리 섞는 방법으로 개발된 것이 언급되어 있지 않으므로 오답이다.
(c) 붓이 아닌 팔레트 나이프를 주로 사용한 방식을 설명하고 있으므로 오답이다.
(d) 팔레트 나이프를 사용해 배경 질감을 위한 작업을 한 사실이 제시되고 있으므로 오답이다.

어휘

traditionally 전통적으로 **tool** 도구, 공구 **one's own** 자신만의 **unique** 독특한, 특별한 **method** 방법 **create** ~을 만들어 내다 **oil painting** 유화 **palette knife** 팔레트 나이프 **more often** 더 흔히, 더 자주 **in general** 일반적으로 **develop** ~을 개발하다 **technique** 기법, 기술 **layer** v. ~을 겹겹이 만들다 **dense** 빽빽한, 밀집된 **texture** 질감 **allow A to do**: A가 ~할 수 있게 해 주다 **stunning** 매우 뛰어난, 아주 멋진 **contrast** 대비 **apply** ~을 바르다, 적용하다 **directly** 곧장 **then** 그런 다음, 그 후에 **spread** ~을 펴 바르다 **thickly** 두껍게 **enhance** ~을 향상시키다 **aspect** 측면 **add A to B**: A를 B에 추가하다 **exemplify** ~을 전형적으로 보여 주다 **quality** 특성 **leave A 형용사**: A를 ~한 상태로 놔두다 **emphasize** ~을 강조하다

5.

The Humboldt Film Festival is the longest running student film festival in the world. Student-run since 1967, the festival has given undergraduate students at Humboldt State University the chance to showcase short films across various genres that they produced

themselves. Prizes are awarded in four categories: experimental, animation, documentary and narrative. There will also be some audience choice awards. This year, at the 41st Annual Humboldt Film Festival, students will receive free admission.

Q: Which of the following is correct about the film festival?

(a) The number of prizes increased this year.

(b) Some of the prize winners will be selected by the audience.

(c) The Humboldt State government has held the event since 1967.

(d) Students will pay a reduced price for festival tickets.

Humboldt Film Festival은 전 세계에서 가장 오래 유지되고 있는 학생 영화제입니다. 1967년 이후로 학생들에 의해 운영되어 온 이 축제는 Humboldt State University에 재학 중인 학부생들에게 직접 제작한 다양한 장르의 단편 영화들을 선보일 수 있는 기회를 제공해 왔습니다. 상은 네 가지 부문에 대해 시상되었는데, 실험 영화와 애니메이션, 다큐멘터리, 그리고 서사 부문입니다. 또한 관객들이 선정하는 상들도 있을 것입니다. 올해, 제41회 연례 Humboldt Film Festival에서는, 학생들이 무료로 입장하게 될 것입니다.

Q: 해당 영화제에 관해 다음 중 어느 것이 옳은 내용인가?

(a) 올해 상의 개수가 늘어났다.

(b) 일부 수상자들이 관객에 의해 선정될 것이다.

(c) Humboldt 주 정부가 1967년 이후로 해당 행사를 개최해 왔다.

(d) 학생들은 축제 티켓에 대해 할인된 가격을 지불할 것이다.

해설

담화 후반부에 관객들이 선정하는 상들도 있을 것이라고(There will also be some audience choice awards) 알리는 부분이 있으므로 이를 언급한 (b)가 정답이다.

오답 체크

(a) 시상 부문들이 소개되고 있기는 하지만, 그것이 올해 더 늘어난 것인지는 알 수 없으므로 오답이다.

(c) 담화 초반부에 1967년 이후로 학생들에 의해 운영되어 온 행사로 언급되고 있으므로 오답이다.

어휘

the longest running 가장 오래 지속된, 가장 오래 운영된 student-run 학생들이 운영하는 since ~ 이후로 undergraduate student 학부생 give A the chance to do: A에게 ~할 기회를 주다 showcase ~을 선보이다 short film 단편 영화 across ~에 걸쳐 various 다양한 genre 장르 oneself (부사적으로) 직접 prize 상, 상품 award ~을 수여하다, 주다 category 부문, 항목 experimental 실험적인 narrative

서사의 audience 관객, 청중 choice 선택 admission 입장 (허가) increase 늘어나다, 증가하다 select ~을 선정하다 hold ~을 개최하다 reduced price 할인된 가격

6.

Green's Fitness is currently in the process of adding new fitness classes and we need your opinions. For four weeks in a row, classes will be held once a week. The number of participants is restricted to 15 people and the classes will all take place in the group exercise studio. It costs $70 to attend all four sessions of each specific new class type. After enough surveys have been collected and it has been decided which classes are most desirable, we will post the fixed schedules for classes. If you desire to be informed as soon as possible about classes and times, feel free to fill out the contact information section on the survey form.

Q: What can be inferred from the talk?

(a) Contact information must be included for a survey to be valid.

(b) Participants should indicate their preference for classes on the survey.

(c) The fee to attend all new gym classes is $70.

(d) The least desired classes will take place less frequently.

저희 Green's Fitness에서는 현재 새로운 피트니스 강좌들을 추가하는 과정에 있으며, 여러분의 의견이 필요합니다. 4주 연속으로, 강좌들이 일주일에 한 번씩 열릴 것입니다. 참가자들의 숫자는 15명으로 제한되며, 이 강좌들은 모두 그룹 운동용 스튜디오에서 진행됩니다. 각각 특정 새 강좌 유형으로 구성된 4번의 시간에 모두 참가하는 비용은 70달러입니다. 설문지가 충분히 모이고 어느 강좌들이 가장 적절한지 결정되고 나면, 저희가 강좌에 대해 확정된 일정표를 게시할 것입니다. 강좌와 진행 시간에 관해 가능한 한 빨리 통보 받기를 원하실 경우, 언제든지 설문 양식의 연락처 항목을 작성해 주시기 바랍니다.

Q: 담화를 통해 유추할 수 있는 것은 무엇인가?

(a) 설문지가 유효 상태가 되려면 연락처가 반드시 포함되어야 한다.

(b) 참가자들은 설문지에 선호하는 강좌를 표기해야 한다.

(c) 체육관의 모든 새 강좌에 참석하는 수강료는 70달러이다.

(d) 사람들이 가장 덜 원하는 강좌가 덜 자주 열릴 것이다.

해설

담화 중반부에 설문지를 모아 어느 강좌들이 가장 적절한지 결정한다는(After enough surveys have been collected and it has been decided which classes are most desirable ~) 말이 있는

데, 이는 설문 조사 참가자들의 의견에 따라 결정한다는 뜻이다. 따라서 의견 제시 방법에 해당되는 것으로서 선호하는 강좌에 대한 표기를 언급한 (b)가 정답이다.

(c) 70달러라는 비용은 설문 조사를 위해 일주일에 하나씩 4번에 걸쳐 열리는 시간에 참가하는 비용으로 언급되고 있으므로 오답이다.
(d) 가장 적절한 강좌를 파악해 그것에 대한 일정표를 게시한다고만 했을 뿐, 덜 원하는 강좌에 대한 정보로 제시되는 것은 없으므로 오답이다.

currently 현재 **in the process of** ~하는 과정에 있는 **add** ~을 추가하다 **opinion** 의견 **in a row** 연속으로 **hold** ~을 개최하다, 열다 **participant** 참가자 **be restricted to** ~로 제한되다 **take place** (일, 행사 등이) 개최되다, 발생되다 **fee** 요금 **survey** 설문(지) **collect** ~을 모으다, 수거하다 **decide** ~을 결정하다 **desirable** 적절한, 바람직한 **post** ~을 게시하다 **fixed** 확정된, 고정된 **desire to do** ~하기를 바라다 **be informed** 통보 받다 **as soon as possible** 가능한 한 빨리 **feel free to do** 언제든지 ~하세요, 마음껏 ~하세요 **fill out** ~을 작성하다 **contact information** 연락처 **section** 부분, 부문, 항목 **form** 양식, 서식 **valid** 유효한 **indicate** ~을 표기하다, 나타내다 **preference** 선호(도) **least** 가장 덜 **frequently** 자주, 빈번히

[Part 5]

Questions 7-8

Good afternoon, everyone. I have a few announcements to make. As you're all aware, 8 last year we put an end to promotions based on merit, adopting instead an objective seniority system. The hope was to offer employees a clear incentive to stay at our firm long-term. However, as hiring managers have found, 7 this policy has had the opposite effect: talented recruits keep leaving. As such, we'll once again be changing our approach. Performance will be the main consideration for promotions, but all staff will also receive job titles with corresponding pay increases as they continue working here. So, experienced and talented employees stand to earn a strong salary. In addition, our vacation policy will also be altered to increase retention. Whereas each employee currently has a standard 20-days per year, we'll now be offering an extra two days per every three years of employment within our company.

7. What did managers find problematic with the current method for promotions?
(a) It encouraged older employees to delay retirement.
(b) It permitted inexperienced staff to enter management positions.
(c) It gave new employees little reason to stay at the company.
(d) It was based on favoritism rather than employees' performance.

8. Which is correct according to the announcement?
(a) An objective promotion system has been used since last year.
(b) Pay raises due to company experience will no longer be given.
(c) Annual vacation time will be increased to 20 days.
(d) Promotions will be awarded after three years of employment.

안녕하세요, 여러분. 몇 가지 전달 사항들이 있습니다. 모두 아시다시피, 작년에 우리는 실적 기반의 승진 제도를 그만 두고, 그 대신 객관적인 연공 서열 기반의 시스템을 채택했습니다. 우리의 바람은 회사에 장기간 머무르도록 하기 위해 직원들에게 명확한 인센티브를 제공하자는 것이었습니다. 하지만, 채용 관리 책임자들은 이 정책이 반대의 효과를 냈다는 사실을 확인했는데, 능력 있는 신입 사원들이 계속 떠나고 있기 때문입니다. 이에 따라, 우리는 다시 한 번 접근 방식을 변경할 예정입니다. 실적이 승진에 대한 주요 고려 대상이 되겠지만, 모든 직원들은 또한 우리 회사에서 지속적으로 근무함에 따라 직위와 그에 상응하는 급여 인상을 누리게 될 것입니다. 따라서, 경험 많고 유능한 직원들은 더 높은 연봉을 받게 될 것입니다. 추가로, 직원 유지 비율을 늘리기 위해 휴가 정책도 변경될 것입니다. 현재 각 직원들이 매년 표준 20일의 휴가를 받고 있지만, 이제 회사 내에서 고용 기간 기준으로 3년마다 한 번씩 추가로 2일을 제공할 예정입니다.

7. 책임자들은 현재의 승진 방식에 대해 무엇이 문제가 된다고 생각했는가?
(a) 나이가 더 많은 직원들의 은퇴를 지연시키게 만들었다.
(b) 경험이 부족한 직원들이 관리자 직책으로 올라서게 했다.
(c) 새로운 직원들에게 회사에 머무를 이유를 거의 제공하지 못했다.
(d) 직원들의 실적 대신 편파성에 기반하고 있었다.

8. 공지에 따르면 어느 것이 옳은 내용인가?
(a) 작년 이후로 객관적인 승진 시스템이 이용되어 왔다.
(b) 회사 경험으로 인한 급여 인상이 더 이상 제공되지 않을 것이다.
(c) 연간 휴가 기간이 20일로 늘어날 것이다.
(d) 3년간의 고용 기간 후에 승진이 주어질 것이다.

어휘

make an announcement 알리다, 공지하다 **aware** 알고 있는
put an end to ~을 끝내다, 그만 두다 **promotion** 승진 **based on** ~을 기반으로, 바탕으로 **merit** 실적, 공로 **adopt** ~을 채택하다 **instead** 대신 **objective** 객관적인 **seniority system** 연공 서열 기반의 시스템 **offer A B**: A에게 B를 제공하다 **incentive** 인센티브, 장려책 **firm** 회사 **long-term** 장기간 **hiring manager** 고용 책임자 **opposite** 반대의 **effect** 효과, 영향 **recruit** n. 신입 사원 **keep -ing** 계속 ~하다 **leave** 떠나다, 그만 두다 **as such** 그러한 이유로 **approach** 접근법 **performance** 실적, 성과 **consideration** 고려 **corresponding** 상응하는, 해당되는 **pay increase** 급여 인상 **continue -ing** 계속 ~하다 **experienced** 경험 많은 **stand to do** ~할 것 같다 **earn** ~을 받다, 벌다 **in addition** 추가로 **vacation policy** 휴가 정책 **alter** ~을 변경하다 **retention** 유지(율) **whereas** ~인 반면 **currently** 현재 **standard** 표준의, 기준의 **extra** 추가의, 별도의 **per every three years** 3년마다 한 번씩 **employment** 고용 **find A 형용사**: A를 ~하다고 생각하다 **problematic** 문제가 있는 **encourage A to do**: A가 ~하게 만들다, ~하도록 장려하다 **delay** ~을 지연시키다, 미루다 **retirement** 은퇴 **permit A to do**: A가 ~하게 해 주다 **management position** 관리자 직책 **favoritism** 편파(성) **rather than** ~ 대신, ~가 아니라 **due to** ~로 인해 **no longer** 더 이상 ~ 않다 **annual** 연간의, 해마다의 **award** ~을 주다, 수여하다

Question 7 해설

담화 중반부에 현재의 승진 방식이 미친 부정적인 영향으로서 능력 있는 신입 사원들이 계속 떠나고 있다는(this policy has had the opposite effect: talented recruits keep leaving) 사실을 언급하고 있으므로 이에 해당되는 (c)가 정답이다.

오답 체크

(a) 나이가 많은 직원들의 은퇴에 미치는 영향으로 언급되는 내용은 없으므로 오답이다.
(b) 경험이 부족한 직원들이 얻는 승진 기회로 제시되는 정보는 없으므로 오답이다.
(d) 현재의 방식이 편파적인 성격이라고 말하는 내용은 없으므로 오답이다.

Question 8 해설

담화 초반부에 작년에 실적 기반의 승진 제도를 그만 두고, 그 대신 객관적인 연공 서열 기반의 시스템을 택했다고(last year we put an end to promotions based on merit, adopting instead an objective seniority system) 알리고 있으므로 이와 같은 시스템의 이용을 언급한 (a)가 정답이다.

오답 체크

(c) 담화 마지막에 현재 20일의 휴가를 받고 있고, 여기에 기간이 더 추가된다는 혜택을 알리고 있으므로 오답이다.
(d) 담화에서 3년이라는 기간은 마지막 부분에 휴가가 추가되는 기준으로 제시되고 있으므로 오답이다.

Questions 9-10

Have you heard someone say "bury the hatchet" when they wish to settle their differences with another person? You know, a hatchet is a small axe that you can hold in one hand. **9** Have you ever wondered about the roots of this phrase? Well, it derives from American Indian culture, and its first recorded use in written English documents came in 1680. While attempting to negotiate a peace treaty with American Indian chiefs in 1644, **10** the English Army Major John Pynchon claimed that the chiefs buried their hatchets in the ground to signify that an agreement had been made and would not be broken. Major Pynchon's experience was written about by Justice Samuel Sewall, who originally referenced the burying of two "axes", and this evolved over the next few centuries into the more familiar "burying of the hatchet".

9. What is the main topic of the talk?

(a) The different meanings of an idiom
(b) The use of gestures to communicate
(c) The origin of a spoken expression
(d) The translation of American Indian documents

10. What can be inferred about Major John Pynchon?

(a) He wrote extensively about his experiences.
(b) He lived among native tribespeople.
(c) He was presented with a hatchet.
(d) He successfully settled a dispute.

누군가가 다른 사람과의 불화를 해결하기를 원할 때 'bury the hatchet'이라고 말하는 것을 들어 보신 적이 있으신가요? 저, hatchet은 한 손으로 들 수 있는 작은 도끼입니다. 이 표현의 어원에 관해 궁금해 하신 적이 있으신가요? 자, 이 표현은 미국 인디언 문화에서 비롯된 것이며, 1680년에 글로 쓰여진 영어 문서에 처음 기록된 용례가 나타나 있습니다. 미국의 인디언 추장들이 1644년에 평화 조약을 협의하려 시도하던 중에, 영국군 소령 John Pynchon이 그 추장들에게 합의가 이뤄졌다는 점과 그것이 깨지지 않을 것임을 의미하기 위해 각자의 도끼를 땅에 묻어야 한다고 주장했습니다. Pynchon 소령의 경험에 관한 이야기가 판사 Samuel Sewall에 의해 기록되었는데, Samuel Sewall은 처음에 'burying of two axes'로 인용 표기했고, 이것이 그 이후 수 세기 동안에 걸쳐 더 친숙한 'burying of the hatchet'으로 변경되었습니다.

9. 담화의 주제는 무엇인가?

(a) 한 숙어가 지니는 다른 의미들

(b) 의사 소통을 위한 몸짓의 사용
(c) 한 구어 표현의 유래
(d) 미국 인디언 문서의 번역

10. John Pynchon 소령에 관해 유추할 수 있는 것은 무엇인가?

(a) 자신의 경험에 관해 폭넓게 글을 썼다.
(b) 원주민 부족 사람들 사이에서 생활했다.
(c) 도끼를 제공 받았다.
(d) 성공적으로 분쟁을 해결했다.

어휘

settle ~을 해결하다 **difference** 불화, 차이 **axe** 도끼 **wonder about** ~에 관해 궁금해 하다 **root** 기원, 근원 **phrase** 표현, 문구 **derive from** ~에서 비롯되다, 나오다 **recorded** 기록된 **while** ~하는 동안 **attempt to do** ~하기 위해 시도하다 **negotiate** 협의하다, 협상하다 **treaty** 조약, 협약 **chief** 추장 **Major** 소령 **claim that** ~라고 주장하다 **bury** ~을 묻다, 매장하다 **signify that** ~임을 의미하다, 뜻하다 **make an agreement** 합의하다 **break** ~을 깨다, 위반하다 **Justice** 판사 **originally** 처음에, 애초에 **reference** v. ~을 인용 표기하다 **evolve into** ~로 변화되다, 발전되다 **over** (기간) ~ 동안에 걸쳐 **familiar** 친숙한, 익숙한 **meaning** 의미 **communicate** 의사 소통하다 **origin** 기원, 유래 **spoken expression** 구어체 표현 **translation** 번역, 통역 **extensively** 폭넓게, 광범위하게 **among** ~ 사이에서 **native tribe** 원주민 부족 **be presented with** ~을 제공 받다, 수여 받다 **successfully** 성공적으로 **dispute** 분쟁, 논쟁

Question 9 해설

담화 초반부에 'bury the hatchet'이라는 표현을 언급하면서 그 어원에 관해 궁금해 한 적이 있는지 묻고 미국 인디언 문화에서 비롯되었다고(Have you ever wondered about the roots of this phrase? Well, it derives from American Indian culture ~) 알리고 있다. 이어서 그 유래를 소개하는 것으로 담화가 진행되고 있으므로 구어 표현의 유래를 의미하는 (c)가 정답이다.

오답 체크

(a) 특정 표현이 역사적으로 만들어지게 된 계기만 소개될 뿐, 그 표현이 지니는 다양한 의미가 제시되는 것은 아니므로 오답이다.
(b) 의사 소통의 수단으로서 몸짓이 사용되는 것과 관련된 정보는 없으므로 오답이다.

Question 10 해설

담화 후반부에 영국군 소령 John Pynchon이 추장들에게 합의의 의미로서 도끼를 땅에 묻어야 한다고 주장한 일화와 그에 관한 이야기가 한 판사에 의해 기록된 사실이(English Army Major John Pynchon claimed that the chiefs buried their hatchets in the ground ~Major Pynchon's experience was written about by Justice Samuel Sewall) 소개되고 있다. 이를 통해 John Pynchon 소령이 양측간의 갈등을 해결한 것으로 판단할 수 있으므로 (d)가 정답이다.

오답 체크

(b) 원주민 추장들과 만난 일화가 소개되고 있기는 하지만, 함께 생활했는지는 알 수 없으므로 오답이다.

UNIT 30 직청직해 연습

담화의 맥락과 흐름 잡기 + 오답 소거하기   본문 p. 214

어휘

[담화 1] senior n. 노인, 연장자 **enable A to do**: A가 ~할 수 있게 하다 **stay 형용사**: ~한 상태를 유지하다 **independent** 독립적인 **grow older** 더 나이가 들어 가다 **section** (사회 등의) 계층, 부분, 부문 **call for** ~을 요청하다 **mandatory** 의무적인 **reexamination** 재시험, 재검사 **following** ~ 후에 **a series of** 일련의 **involving** ~와 관련된, ~가 포함된 **over** ~ 동안에 걸쳐 **suggestion** 제안, 의견 **in order to do** ~하기 위해 **have A p.p.**: A가 ~되게 하다 **renew** ~을 갱신하다 **propose** ~을 제안하다 **evaluate** ~을 평가하다 **vision** 시력 **hearing** 청력 **reaction** 반응 **laboratory** 실험실 **setting** 환경, 배경 **alongside** ~와 함께 **evaluator** 평가 담당자 **be encouraged to do** ~하도록 장려되다, 권고되다 **frequently** 자주 **benefit** ~에 유익하다 **caused by** ~에 의해 야기된 **increase** 증가하다 **regard A as B**: A를 B로 여기다, 간주하다 **independence** 독립(성) **reassess** ~을 재평가하다 **regularly** 정기적으로 **ensure** ~을 보장하다

[담화 2] once (과거에) 한때 **value** ~을 가치 있게 여기다 **not only A but also B**: A뿐만 아니라 B도 **culinary** 요리의 **medicinal** 약효가 있는 **properties** 특성, 속성 **Great Plague** 대역병 **sweep through** ~을 휩쓸다 **wealthy** 부유한 **large quantities of** 대량의 **theriac** 만병통치약 **ointment** 연고 **thought to do** ~하는 것으로 여겨진 **serve as** ~의 역할을 하다 **effective** 효과가 있는 **cure** 치료제 **on the other hand** 한편 **struggle to do** ~하기 위해 크게 애쓰다 **acquire** ~을 얻다 **traditional** 전통적인 **remedy** 치료약 **less mobile** 거동이 덜 자유로운 **unable to do** ~할 수 없는 **costly** 돈이 많이 드는 **as a result** 결과적으로 **turn one's attention to** ~로 관심을 돌리다, 주의를 돌리다 **apparent** 분명한 **healing** 치료, 치유 **benefit** 이득, 혜택 **draw out** ~을 제거해 주다 **toxin** 독소 **apply** ~을 바르다, 적용하다 **directly** 직접 **sore** 상처 **similarly** 마찬가지로, 유사하게 **resident** 주민 **cannot afford to do** ~할 여유가 없다 **leave A in B**: A를 B에 놓아 두다 **chopped** 잘게 썰린 **grow in popularity** 인기가 높아지다 **alternative to** ~에 대한 대안 **contribute to** ~의 원인이 되다 **outbreak** 발발, 발생 **potential** 잠재적인 **discover** ~을 발견하다 **contain** ~을 포함하다, ~가 들어 있다 **ingredient** 성분, 재료 **prevent** ~을 방지하다, 막다 **create** ~을 만들어내다 **primarily** 주로 **the rich** 부유한 사람들

직청직해 연습   본문 p. 217

어휘

several thousand 수천 명의, 수천 개의 **crypto** 비밀의 **Jews** 유대인들, 유대교도들 **immigrate from A to B**: A에서 B로 이주하다 **ethnically** 민족적으로 **Jewish** 유대인의, 유대교인인 **be forced to do** ~하도록 강요 받다 **convert to** ~로 개종하다 **practice one's religion** 종교를 믿다 **in secret** 비밀리에 **offer A B**: A에게 B를 제공하다 **improvement** 개선, 향상

material circumstances 물리적 환경 abandon ~을 버리다, 떠나다 traditional 전통적인 suffer 시달리다, 고통 받다 under (영향) ~하에서 conditions 환경, 상황, 조건 eventually 결국, 마침내 majority 주류, 대다수, 대부분

기출 Check-up Test | 본문 p. 218
1. (d) **2.** (d) **3.** (d) **4.** (b) **5.** (b) **6.** (d)
7. (b) **8.** (a) **9.** (c) **10.** (b)

[Part 4]

1.

Now, continuing on with cognitive dissonance, let's examine how holding conflicting beliefs can lead to irrational behavior. As we all know, a situation involving conflict leads to feelings of discomfort and confusion. However, in extreme situations, an individual's worldview and behavior change to resolve dissonance. For example, a smoker who knows that smoking causes lung cancer might find a way around this cognitive dissonance by asserting, illogically, that it is not unhealthy, or by believing that the immediate pleasures outweigh the long-term risks.

Q: What is the speaker's main point about cognitive dissonance?

(a) It is a decision-making process that relies on experience.
(b) False beliefs will eventually be corrected by cognitive dissonance.
(c) Cognitive dissonance can help people quit their bad habits.
(d) Irrational beliefs may be adopted in order to avoid inconsistencies.

자, 인지적 부조화에 관한 이야기를 계속 이어가자면, 모순되는 생각들을 갖는 것이 어떻게 불합리한 행동으로 이어질 수 있는지 알아보겠습니다. 모두 아시다시피, 갈등과 관련된 상황은 불편함과 혼란스러움의 감정으로 이어집니다. 하지만, 극단적인 상황에서, 한 개인의 세계관과 행동은 부조화를 해결하기 위해 바뀝니다. 예를 들어, 폐암을 야기한다는 사실을 알고 있는 흡연자가 흡연은 건강에 좋지 않은 것이 아니라고 비논리적으로 주장하거나 지금 당장의 즐거움이 장기적인 위험보다 더 중요하다고 믿는 것으로 이 인지적 부조화를 피하는 방법을 찾을 수도 있습니다.

Q: 인지적 부조화에 관한 화자의 요점은 무엇인가?

(a) 경험에 의존해 결정을 내리는 과정이다.
(b) 잘못된 생각은 결국 인지적 부조화에 의해 바로 잡힐 수 있다.
(c) 인지적 부조화가 나쁜 습관을 버릴 수 있도록 사람들을 돕는다.
(d) 모순을 피하기 위해 불합리한 생각들이 채택될 수 있다.

해설
인지적 부조화와 관련해, 담화 후반부에 흡연자의 경우를 예로 들어 흡연이 건강에 좋지 않은 것이 아니라는 생각이나 당장의 즐거움이 더 중요하다는 믿음으로(~ by asserting, illogically, that smoking is not unhealthy, or by believing that the immediate pleasures outweigh the long-term risks) 흡연을 합리화한다고 말하고 있다. 즉 불합리한 생각들을 통해 모순을 회피하는 과정을 말하는 것이므로 이에 해당되는 의미로 쓰인 (d)가 정답이다.

오답 체크
(a) 인지적 부조화의 긍정적인 효과와 관련된 담화가 아니므로 오답이다.
(c) 마찬가지로, 인지적 부조화가 나쁜 습관과 관련해 도움이 되는 부분을 알리는 담화가 아니므로 오답이다.

어휘
continue on with ~을 계속 이어가다 cognitive dissonance 인지적 부조화 examine 조사하다, 검토하다 conflicting 모순된, 상반된 belief 생각, 믿음 lead to ~로 이어지다 irrational behavior 불합리한 행동 situation 상황 involving ~와 관련된 conflict 갈등, 충돌 discomfort 불편함 confusion 혼란 extreme 극단적인 individual 개인, 사람 worldview 세계관 resolve ~을 해결하다 cause ~을 야기하다, 초래하다 lung cancer 폐암 find a way around ~을 피할 방법을 찾다 by (방법) ~함으로써 assert that ~라고 주장하다 illogically 비논리적으로 unhealthy 건강에 좋지 않은 immediate 당장의, 즉각적인 pleasure 즐거움, 기쁨 outweigh ~보다 더 중요하다 long-term 장기적인 risk 위험 decision-making 결정을 내리는 process 과정 rely on ~에 의존하다 false 잘못된, 거짓의 eventually 결국, 마침내 correct ~을 바로 잡다, 고치다 help A do: A가 ~하도록 돕다 quit one's bad habits 나쁜 습관을 버리다 adopt ~을 채택하다 in order to do ~하기 위해 avoid ~을 피하다 inconsistencies 모순, 불일치

2.

There was no shortage of great thinkers in Ancient Greece, yet when we study the philosophy of this period, our discussions usually deal with two key figures: Plato and Aristotle. Why is that? They both put forth foundational ideas in the field, but they also presented opposing views on some of our key issues. For instance, Plato believed "reality," to be a construction of objective truths; conversely, Aristotle asserted that reality was dependent on a person's perception of it.

Q: How was the term "reality" used by Plato?

(a) As a way to criticize Ancient Greece's politics ✓

(b) To describe the world through human imagination

(c) As a singular interpretation of one's experience

(d) To express any idea that is a universal truth

고대 그리스에는 위대한 사상가들이 부족하지 않았지만, 우리가 이 시기의 철학을 공부할 때, 우리가 논의하는 내용은 보통 두 명의 주요 인물인 플라톤과 아리스토텔레스를 다룹니다. 왜 그럴까요? 이 두 사람은 모두 해당 분야에서 근간을 이루는 아이디어를 제시했지만, 그들은 또한 일부 우리의 주요 문제들에 관해 상반되는 관점을 내놓기도 했습니다. 예를 들어, 플라톤은 '현실'이 객관적인 사실들의 구성이라고 믿었지만, 반대로, 아리스토텔레스는 현실은 그것에 대한 한 사람의 인식에 의존한다고 주장했습니다.

Q: '현실'이라는 말은 플라톤에 의해 어떻게 사용되었는가?

(a) 고대 그리스의 정치를 비난하기 위한 방법으로써

(b) 인간의 상상력을 통해 세계를 묘사하기 위해

(c) 한 사람의 경험에 대한 남다른 해석으로써

(d) 어떤 생각이든 보편적인 사실인 것을 표현하기 위해

[해설]

담화 후반부에 플라톤은 '현실'이 객관적인 사실들의 구성이라고 믿었다는 사실을(Plato believed "reality," to be a construction of objective truths) 언급하고 있는데, 객관적 사실과 의미가 통하는 것으로서 보편적인 사실인 생각의 표현을 언급한 (d)가 정답이다.

[오답 체크]

(b) 인간의 상상력은 오히려 아리스토텔레스가 한 사람의 의식에 의존한다고 주장한 부분과 연관성이 있는 것이므로 오답이다.

(c) 마찬가지로, 한 사람의 경험은 아리스토텔레스가 주장한 한 사람의 의식에 대한 의존과 유사성을 지닌 것이므로 오답이다.

[어휘]

shortage 부족 **thinker** 사상가 **ancient** 고대의 **philosophy** 철학 **discussion** 논의, 토론 **usually** 보통, 일반적으로 **deal with** ~을 다루다 **put forth** ~을 제시하다(= present) **foundational** 근간을 이루는, 토대가 되는 **field** 분야 **opposing** 상반되는 **view** 관점, 시각 **issue** 문제, 사안 **construction** 구성, 구조 **objective** 객관적인 **truth** 사실, 진리 **conversely** 반대로 **assert that** ~라고 주장하다 **dependent on** ~에 의존하는 **perception** 인식, 자각 **a way to do** ~하는 방법 **criticize** ~을 비난하다 **politics** 정치 **describe** ~을 묘사하다, 설명하다 **through** ~을 통해 **imagination** 상상(력) **singular** 남다른, 특이한 **interpretation** 해석, 이해 **express** ~을 표현하다 **universal** 보편적인

3.

In today's class, I'll tell you about the methods used for measuring hurricanes. By and large, weather agencies employ the Saffir-Simpson scale to classify storms into five categories distinguished by the intensities of their sustained winds. However, this method has been criticized for failing to indicate the total threat of a hurricane to human life and property. Therefore, professionals in the insurance industry are promoting a new scale, the Cyclone Damage Potential. It measures storm size, duration, and direction, as well as wind speed.

Q: Which is correct according to the talk?

(a) The Saffir-Simpson scale focuses on the damage caused by storms.

(b) The Saffir-Simpson scale is rarely used by weather agencies.

(c) The Cyclone Damage Potential scale only measures one factor.

(d) The Cyclone Damage Potential scale is popular among insurance companies.

오늘 수업에서는, 허리케인의 크기를 측정하는 데 사용되는 방법에 관해 이야기하겠습니다. 대체로, 기상청들은 폭풍우의 지속된 바람이 지니는 강도에 따라 구별되는 다섯 가지 범주로 분류하기 위해 Saffir-Simpson 등급을 이용합니다. 하지만, 이 방법은 허리케인이 사람의 생명과 재산에 미치는 전체적인 위협 수준을 나타내지 못한다는 점에 대해 비난을 받아 왔습니다. 따라서, 보험 업계의 전문가들은 새로운 측정 등급인 Cyclone Damage Potential을 홍보하고 있습니다. 이 방법은 폭풍우의 크기와 지속 시간, 그리고 방향뿐만 아니라 바람의 속도까지 측정합니다.

Q: 담화에 따르면 어느 것이 옳은 내용인가?

(a) Saffir-Simpson 등급은 폭풍우에 의한 피해에 초점을 맞춘다.

(b) Saffir-Simpson 등급은 좀처럼 기상청에 의해 사용되지 않는다.

(c) Cyclone Damage Potential 등급은 오직 한 가지 요소만 측정한다.

(d) Cyclone Damage Potential 등급이 보험 회사들 사이에서 인기가 있다.

[해설]

담화 후반부에 보험 업계의 전문가들은 새로운 측정 기준인 Cyclone Damage Potential을 홍보하고 있다고(professionals in the insurance industry are promoting a new scale, the Cyclone Damage Potential) 언급하는 부분이 있는데, 이는 보험 회사들이 Cyclone Damage Potential을 마음에 들어 한다는 말과 같으므로 (d)가 정답이다.

(a) 담화 초반부에 Saffir-Simpson 등급은 바람의 강도가 기준이라고 언급하고 있으므로 오답이다.

(b) 담화 초반부에 기상청들이 대체로 사용하는 것이 Saffir-Simpson 등급이라고 했으므로 오답이다.

(c) 담화 후반부에 Cyclone Damage Potential 등급의 폭풍의 다양한 측면을 측정한다고 알리고 있으므로 오답이다.

method 방법 **measure** ~을 측정하다 **by and large** 대체로 **weather agency** 기상청 **employ** ~을 이용하다 **scale** 등급, 규모, 범위 **classify** ~을 분류하다 **category** 범주, 항목 **distinguish** ~을 구별하다 **intensity** 강도 **sustained** 지속된 **be criticized for** ~으로 비난 받다 **fail to do** ~하지 못하다 **indicate** ~을 나타내다, 가리키다 **threat** 위협 **property** 재산, 자산 **therefore** 따라서, 그러므로 **professional** 전문가 **insurance** 보험 **industry** 업계 **promote** ~을 홍보하다 **scale** (측정용) 등급 **duration** 지속 시간 **direction** 방향 **as well as** ~뿐만 아니라 **focus on** ~에 초점을 맞추다 **rarely** 좀처럼 ~ 않다 **factor** 요소 **among** ~ 사이에서

4.

Even though expiration dates are clearly printed on most dairy goods, you should keep in mind how long it takes for them to spoil under different conditions. Butter can last about 4 months in the fridge compared to about 10 days for unrefrigerated butter. Most types of cheese can stay in the fridge three to four weeks after the packaging has been opened, but yogurts only last for one week, opened or not. Yogurts and cheeses may also be frozen for preservation. This will allow them to be usable for up to two months.

Q: According to the guidelines, which product spoils the quickest?

(a) Unrefrigerated butter
(b) Refrigerated Greek yogurt
(c) Refrigerated cheddar cheese
(d) Frozen drinkable yogurt

대부분의 유제품에 유통 기한이 명확히 인쇄되어 있기는 하지만, 서로 다른 조건 하에서 그 식품이 상하는 데 얼마나 오래 걸리는지를 명심하셔야 합니다. 버터는 냉장 보관되지 않은 것이 약 10일 동안 지속되는 것에 비해 냉장고에서 약 4개월 동안 지속될 수 있습니다. 대부분의 치즈들은 포장재가 개봉된 후에 냉장고에서 3~4주 동안 지속될 수 있지만, 요거트는 개봉 여부에 상관 없이 일주일 동안만 지속됩니다. 요거트와 치즈는 또한 보존을 위해 냉동될 수 있습니다. 이를 통해 요거트와 치즈를 최대 2개월까지 사용 가능한 상태로 만들 수 있습니다.

Q: 가이드라인에 따르면, 어느 제품이 가장 빨리 상하는가?

(a) 냉장 보관되지 않은 버터
(b) 냉장 보관된 그릭 요거트
(c) 냉장 보관된 체다 치즈
(d) 냉동된 마시는 요거트

담화 후반부에 대부분의 치즈가 냉장고에서 3~4주 지속되는 것과 달리, 요거트는 개봉 여부와 상관 없이 겨우 일주일만 지속 가능하다고 (Most types of cheese can stay in the fridge three to four weeks ~ but yogurts only last for one week, opened or not) 언급하고 있는데, 이는 다른 유제품들이 각각 10일, 4개월, 3~4주 동안 지속되는 것에 비해 가장 짧은 기간에 해당되므로 (b)가 정답이다.

(a) 담화 초반부에 냉장 보관되지 않은 버터가 10일 동안 지속된다고 했으므로 일주일만 지속 가능한 요거트보다 오래 유지된다.

(c) 담화 중반부에 대부분의 치즈가 냉장고에서 3~4주 동안 지속된다고 했으므로 일주일만 지속 가능한 요거트보다 오래 유지된다.

(d) 담화 후반부에 냉동된 요거트가 최대 2개월까지 지속될 수 있다고 했으므로 일주일만 지속 가능한 요거트보다 오래 유지된다.

even though (비록) ~이기는 하지만 **expiration date** 유통 기한, 만료일 **clearly** 명확히 **dairy goods** 유제품 **keep in mind** ~을 명심하다 **spoil** 상하다 **under** (영향) ~하에서 **conditions** 조건, 상태, 환경 **last** v. 지속되다 **about** 약, 대략 **fridge** 냉장고 **compared to** ~에 비해, ~와 비교해 **unrefrigerated** 냉장 보관된 **packaging** 포장(재) **opened or not** 개봉 여부에 상관 없이 **frozen** 냉동된, 얼은 **preservation** 보존 **allow A to do**: A가 ~할 수 있게 해 주다 **usable** 사용 가능한 **up to** 최대 ~까지 **drinkable** 마실 수 있는, 마셔도 되

5.

Before automatically cheering for the Upton Police Department's new armored vehicle at this weekend's homecoming parade, we need to consider just how absurd this purchase was. The mayor argued that our police force needs military-grade equipment to effectively combat crime, but I don't see how a miniature tank aids against small thefts and Saturday night bar fights. Towns similar in size to ours across the nation have returned such equipment after finding it unnecessary. The truth is that this vehicle, while impressive, is an insult to the city's taxpayers.

Q: Which statement about the Upton Police Department would the speaker most likely agree with?

(a) It must take advantage of the latest advances in technology.

(b) It does not normally deal with a high level of violent crime.

(c) Its officers should have proper training before using military equipment.

(d) It needs increased funding to reduce criminal activity.

이번 주말에 있을 귀국 환영 퍼레이드에서 선보일 Upton Police Department의 새 장갑차에 대해 무의식적으로 환호를 보내기 전에, 우리는 이 구매품이 얼마나 터무니 없는 것인지를 고려해 봐야 합니다. 시장님께서는 우리의 경찰이 효과적으로 범죄를 방지하기 위해 군대 수준의 장비를 필요로 한다고 주장하고 계시지만, 저는 소형 탱크가 사소한 절도나 토요일 밤에 바에서 흔히 일어나는 다툼에 맞서 얼마나 도움이 될지 잘 모르겠습니다. 전국에 있는 우리와 비슷한 크기의 도시들은 불필요하다고 생각한 끝에 이와 같은 장비를 반납해 왔습니다. 이 차량이 인상적인 면은 있지만 우리 도시의 납세자들에게 있어 모욕감을 주는 존재라는 것이 사실입니다.

Q: Upton Police Department에 관한 어느 내용에 화자가 동의할 것 같은가?

(a) 반드시 가장 최근에 발전된 기술력을 이용해야 한다.

(b) 일반적으로 심각한 수준의 폭력 범죄를 다루지 않는다.

(c) 그곳의 경관들은 군사 장비를 사용하기 전에 적절한 교육을 받아야 한다.

(d) 범죄 활동을 감소시키기 위해 더 많은 자금을 필요로 한다.

해설

담화 중반부에 소형 탱크가 사소한 절도나 토요일 밤에 바에서 흔히 일어나는 다툼에 맞서 얼마나 도움이 될지 잘 모르겠다고(I don't see how a miniature tank aids against small thefts and Saturday night bar fights) 말하는 내용으로 보아 심각한 폭력 범죄가 일반적으로 거의 일어나지 않는 것으로 판단할 수 있으므로 이를 언급한 (b)가 정답이다.

오답 체크

(a) 최근의 기술력과 관련된 정보로 제시되는 것이 없으므로 오답이다.

(c) 경관들의 교육과 관련된 내용은 언급되지 않고 있으므로 오답이다.

(d) 범죄 활동을 줄이기 위한 방법과 금전적인 지원 사이의 관계에 해당되는 내용이 없으므로 오답이다.

어휘

automatically 무의식적으로, 자동으로 cheer for ~에 환호를 보내다 armored vehicle 장갑차 homecoming 귀국, 귀향 consider ~을 고려하다 absurd 터무니 없는 purchase 구매(품) mayor 시장 argue that ~라고 주장하다 police force 경찰(력) military-grade 군대 수준의 equipment 장비 effectively 효과적으로 combat ~을 방지하다 crime 범죄 miniature 소형의 aid 도움이 되다 against ~에 맞서 theft 절도 similar in size to ~와 크기가 비슷한 across ~ 전역에서 return ~을 반납하다, 반환하다 find A 형용사: A가 ~하다고 생각하다 unnecessary 불필요한 The truth is that ~라는 것이 사실이다 while ~이기는 하지만,

---

~인 반면 impressive 인상적인 insult 모욕(을 주는 것) taxpayer 납세자 take advantage of ~을 이용하다 advance 발전, 진보 normally 일반적으로, 보통 deal with ~을 다루다 high level of 높은 수준의 violent 폭력적인 proper 적절한, 제대로 된 training 교육 funding 자금 reduce ~을 감소시키다 criminal activity 범죄 활동

6.

As we discussed earlier, psychologist William Marston invented the controversial lie detector in the early 20th century. Since then, there has been a strong dispute over its admissibility in court. Marston himself argued that the results of a lie detector test should stand as evidence in murder cases. However, the courts disagreed, doubting the test's consistency. Then, in 2002, the National Research Committee conducted an official study on the validity of lie detectors, eventually finding them too subjective to be reliable. Yet, oddly enough, the federal government continues to buy thousands of them.

Q: What can be inferred from the talk?

(a) The federal government strictly forbids the use of lie detector tests.

(b) Lie detector test results are now accepted in federal court trials.

(c) The National Research Committee strengthened the validity of lie detectors.

(d) The federal government still uses lie detectors outside of court.

우리가 앞서 논의한 바와 같이, 심리학자 William Marston이 논란이 많았던 거짓말 탐지기를 20세기 초에 발명했습니다. 그 이후로, 이 기기의 법정 내 활용 가능성을 두고 큰 논쟁이 있어 왔습니다. Marston은 스스로 거짓말 탐지기를 이용한 테스트의 결과물이 살인 사건의 증거로 내세워져야 한다고 주장했습니다. 하지만, 법정은 이 테스트의 일관성에 의구심을 가지면서 동의하지 않았습니다. 그 후, 2002년에, National Research Committee는 거짓말 탐지기의 실효성에 대한 공식 연구를 수행했으며, 결국 이 기기가 사람들이 신뢰하기에는 너무 주관적이라고 판단했습니다. 하지만, 아주 묘하게도, 연방 정부는 지속적으로 이 기기를 수천 개씩 사들이고 있습니다.

Q: 담화를 통해 유추할 수 있는 것은 무엇인가?

(a) 연방 정부가 거짓말 탐지기를 이용한 테스트를 엄격히 금하고 있다.

(b) 거짓말 탐지기를 이용한 테스트의 결과가 현재 연방 법원 재판에서 수용되고 있다.

(c) National Research Committee가 거짓말 탐지기의 실효성을 강화했다.

(d) 연방 정부는 여전히 법정 밖에서 거짓말 탐지기를 사용하고 있다.

담화 중반부에 법정이 거짓말 탐지기의 사용을 거부한 사실과 연구를 통해 그 기기를 신뢰할 수 없었다는 점을 알린 후에, 마지막에 가서 연방 정부가 그 기기를 수천 개씩 구입하고 있다는(the federal government continues to buy thousands of them) 말을 하고 있으므로 연방 정부가 법정이 아닌 곳에서 해당 기기들을 사용하고 있는 것으로 판단할 수 있다. 따라서 이와 같은 의미를 나타내는 (d)가 정답이다.

(a) 담화 마지막에 연방 정부가 해당 기기를 지속적으로 구입하고 있다는 사실이 언급되고 있으므로 오답이다.
(b) 법정은 해당 기기를 이용하는 것에 반대하는 입장이므로 오답이다.

psychologist 심리학자 **invent** ~을 발명하다 **controversial** 논란이 많은 **lie detector** 거짓말 탐지기 **since then** 그 이후로 **dispute** 논쟁, 분쟁 **over** (대상) ~을 두고, ~에 대해 **admissibility** 용인 가능성 **argue that** ~라고 주장하다 **result** 결과(물) **stand as evidence** 증거로 내세워지다 **murder case** 살인 사건 **disagree** 동의하지 않다 **doubt** ~에 의구심을 갖다 **consistency** 일관성 **conduct** ~을 수행하다 **official** 공식적인, 정식의 **study** 연구, 조사 **validity** 실효성, 유효성 **eventually** 마침내, 결국 **too A to do:** ~하기에는 너무 A한 **subjective** 주관적인 **reliable** 신뢰할 수 있는 **oddly enough** 아주 묘하게도 **federal government** 연방 정부 **continue to do** 지속적으로 ~하다 **thousands of** 수천 개의 **strictly** 엄격히 **forbid** ~을 금지하다 **accept** ~을 수용하다, 받아 들이다 **trial** 재판 **strengthen** ~을 강화하다

[Part 5]

Questions 7-8

Plastic surgery is very common these days, with men and women opting to alter their looks through a variety of cosmetic procedures. But **7 8** did you know that modern plastic surgery started during World War I? This was because new weaponry led to a dramatic rise in the number of facial injuries suffered by soldiers. These wounds were difficult to treat on the front line, and even after healing, the severe scarring could cause further medical issues. In response, New Zealand surgeon Harold Gillies established The Queen's Hospital in 1917, which was dedicated to the treatment of facial injuries. Gillies' goal was to reconstruct wounded men's faces as fully as possible in the hopes of returning them to a normal life. He successfully developed several techniques that not only helped wounded veterans but also set the foundation for modern plastic surgery.

7. What is the main topic of the talk?

(a) How wounded soldiers in World War I received medical treatment

(b) How World War I led to the pioneering of plastic surgery

(c) Why plastic surgery has become popular in New Zealand

(d) Why Harold Gillies decided to start The Queen's Hospital

8. What can be inferred from the lecture?

(a) Facial injuries from combat were less severe prior to World War I.

(b) Harold Gillies provided cosmetic surgery for civilians as well.

(c) Some wounded soldiers chose not to undergo an operation.

(d) The Queen's Hospital was located near the front lines.

성형 수술은 남성과 여성들이 모두 미용을 위한 다양한 시술 과정을 거쳐 각자의 모습을 바꾸기로 선택하면서 매우 흔한 일이 되었습니다. 하지만 현대의 성형 수술이 1차 세계 대전 기간 중에 시작되었다는 사실을 알고 계셨나요? 그 이유는 새로 개발된 무기로 인해 얼굴에 부상을 입은 병사들의 수가 급증하는 결과로 이어졌기 때문입니다. 이와 같은 부상은 전선에서 치료하기에 어려운 일이었으며, 심지어 치료 이후에도 심각한 흉터가 추가적인 의료 문제를 초래할 수 있었습니다. 이에 대한 대응으로, 뉴질랜드의 의사 Harold Gillies가 1917년에 Queen's Hospital을 설립해, 얼굴 부상자들의 치료에 전념했습니다. Gillies의 목표는 부상을 입은 남자들을 정상적인 삶으로 되돌려 놓겠다는 희망으로 가능한 한 최대로 그들의 얼굴을 되살려 놓는 것이었습니다. 그는 성공적으로 여러 기법들을 개발했는데, 이 기법들은 부상을 입은 참전 용사들에게 도움이 되었을 뿐만 아니라 현대 성형 수술의 근간을 마련하기도 했습니다.

7. 담화의 주제는 무엇인가?
(a) 1차 세계 대전에서 부상을 입은 병사들이 어떻게 의학 치료를 받았는가
(b) 1차 세계 대전이 어떻게 성형 수술의 선구적인 역할을 하게 되었는가
(c) 성형 수술이 왜 뉴질랜드에서 성행하게 되었는가
(d) Harold Gillies가 왜 Queen's Hospital을 개원하기로 결정했는가

8. 강연을 통해 유추할 수 있는 것은 무엇인가?
(a) 전투에서 생긴 얼굴 부상이 1차 세계 대전 이전에는 덜 심각했다.
(b) Harold Gillies는 민간인들에게도 성형 수술을 제공했다.
(c) 일부 부상을 입은 병사들이 수술을 받지 않기로 결정했다.
(d) Queen's Hospital은 전선에서 가까운 곳에 위치해 있었다.

(d) Queen's Hospital의 위치와 관련된 정보로 언급되는 것이 없으므로 오답이다.

Questions 9-10

9 Here are traffic updates for those heading to the office for the daily grind. Road work continues along Exeter Boulevard, closing two of the four westbound lanes. Expect traffic to bottleneck, and watch out for unaware drivers making a last-second merge. Ocean Drive is still packed with seasonal tourist traffic, so make sure to avoid that road. For those coming into the city, exit 74B to the business district is clear this morning, so use it to avoid the usual congestion at the State Street exit. Finally, **10** remember that the toll for the Franklin Bridge will increase from 50 cents to $1 at the start of next month. If you use the bridge daily, purchase $2 toll-ticket books in bulk before then, as they will also double in price with the change.

9. Who most likely is the intended audience?

(a) Tourists traveling in the area
(b) Construction workers planning a project
(c) Motorists commuting to work
(d) Local residents listening from home

10. How much will the bridge toll be next month?

(a) $0.50
(b) $1.00
(c) $2.00
(d) $4.00

일상 업무를 위해 회사로 향하시는 분들께 교통 소식을 전해 드리겠습니다. 도로 공사가 Exeter Boulevard를 따라 지속되는 가운데, 서쪽 방면의 차로 네 개 중 두 개가 차단되어 있습니다. 차량들이 병목 현상을 보일 것으로 예상하셔서 마지막 순간에 합류하는 부주의한 운전자들을 주의하시기 바랍니다. Ocean Drive는 여전히 계절적인 여행객들로 인한 차량들로 가득 차 있으므로 반드시 이 도로를 피하시기 바랍니다. 도심으로 이동하시는 분들께서는, 상업 지구로 향하는 74B 출구가 오늘 아침에 소통이 원활하기 때문에, 이곳을 이용하셔서 State Street 출구에서 흔히 발생하는 혼잡을 피하시기 바랍니다. 마지막으로, 다음 달 1일부터 Franklin Bridge 통행료가 50센트에서 1달러로 인상된다는 점을 기억해 두십시오. 매일 이 다리를 이용하시는 분이시라면, 그때가 되기 전에 2달러짜리 묶음 통행권을 대량으로 구입하셔야 하는데, 이 통행권 또한 함께 변동되어 가격이 두 배가 될 것이기 때문입니다.

9. 누가 이 담화의 대상이 되는 청자일 것 같은가?

(a) 지역 내를 여행하는 관광객들

어휘

plastic surgery 성형 수술 **common** 흔한 **opt to do** ~하기로 선택하다 **alter** ~을 바꾸다, 변경하다 **look** n. 모습, 외양 **through** ~을 통해 **a variety of** 다양한 **cosmetic procedure** 미용 시술 **weaponry** 무기류 **lead to** ~로 이어지다 **dramatic rise in** ~의 급증 **the number of** ~의 수, 숫자 **facial** 얼굴의 **injury** 부상 **suffer** ~을 겪다, 당하다 **wound** 부상, 상처 **treat** ~을 치료하다 **front line** 전선 **healing** 치료, 치유 **severe** 심각한, 극심한 **scarring** 흉터 **cause** ~을 초래하다, 야기하다 **further** 추가의, 한층 더 한 **medical** 의학의, 의료의 **issue** 문제 **in response** 대응으로, 반응하여 **surgeon** 의사 **establish** ~을 설립하다, 확립하다 **be dedicated to** ~에 전념하다 **treatment** 치료 **reconstruct** ~을 되살리다, 복원하다 **wounded** 부상을 입은, 상처 입은 **as fully as possible** 가능한 한 최대로 **in the hopes of** ~하겠다는 희망으로 **successfully** 성공적으로 **several** 여럿의, 몇몇의 **technique** 기법, 기술 **not only A but also B**: A뿐만 아니라 B도 **veteran** 참전 용사 **set the foundation** 근간을 마련하다, 토대를 만들다 **pioneering** 선구자, 선구적인 것 **decide to do** ~하기로 결정하다 **combat** 전투 **less** 덜 ~한 **prior to** ~에 앞서, ~ 전에 **civilian** 민간인 **as well** ~도, 또한 **choose (not) to do** ~하기로(하지 않기로) 결정하다 **undergo** ~을 거치다, 겪다 **operation** 수술 **be located near** ~ 근처에 위치해 있다

Question 7 해설

담화 초반부에 현대의 성형 수술이 1차 세계 대전 기간 중에 시작되었다는 사실을 알고 있었는지(did you know that modern plastic surgery started during World War I?) 물으면서 그 시작과 관련된 이야기를 하고 있으므로 1차 세계 대전이 성형 수술에 있어 어떤 의미를 지니는지를 말한 (b)가 정답이다.

오답 체크

(a) 단순히 일반적으로 병사들이 의학 치료를 받은 방법을 설명하는 담화가 아니므로 오답이다.
(c) 뉴질랜드는 얼굴 부상자들의 치료법을 개발한 의사의 출신 국가로만 언급되고 있으므로 오답이다.
(d) Harold Gillies가 Queen's Hospital을 개원하기로 결정한 이유는 성형 수술의 기원을 설명하기 위한 일부 정보에 불과하므로 오답이다.

Question 8 해설

담화 초반부에 현대의 성형 수술이 1차 세계 대전 기간 중에 시작되었다는 사실을 질문을 통해 언급한 뒤로, 새로 개발된 무기로 인해 얼굴에 부상을 입은 병사들의 수가 급증했다고(This was because new weaponry led to a dramatic rise in the number of facial injuries suffered by soldiers) 알리고 있다. 따라서 1차 세계 대전 이전에는 부상 정도가 덜 했던 것으로 판단할 수 있으므로 이를 언급한 (a)가 정답이다.

오답 체크

(b) Harold Gillies가 민간인들에게도 성형 수술을 제공한 일과 관련된 정보로 제시되는 것이 없으므로 오답이다.
(c) 수술을 받지 않기로 결정한 병사들이 있었는지는 전혀 알 수 없으므로 오답이다.

(b) 프로젝트를 계획 중인 공사 작업자들

(c) 출근하는 차량 운전자들

(d) 집에서 듣는 지역 주민들

10. 다리 통행료가 다음 달에 얼마가 될 것인가?

(a) 50센트

(b) 1달러

(c) 2달러

(d) 4달러

본문 p. 219

31. (c)   **32.** (d)   **33.** (b)   **34.** (d)   **35.** (b)   **36.** (d)

어휘

traffic 차량들, 교통 **those** (수식어구와 함께) ~하는 사람들 **head to** ~로 향하다, 가다 **daily grind** 일상 업무 **continue** 계속되다 **along** (길 등) ~을 따라 **westbound** 서쪽 방면의 **lane** 차선 **expect A to do**: A가 ~할 것으로 예상하다 **bottleneck** 병목 현상을 보이다 **watch out for** ~을 주의하다, 조심하다 **unaware** 부주의한, 알지 못하는 **make a merge** 합류하다, 끼어들다 **last-second** 마지막 순간에 **be packed with** ~로 가득차다 **make sure to do** 반드시 ~하도록 하다 **avoid** ~을 피하다 **exit** 출구 **business district** 상업 지구 **clear** 교통 흐름이 좋은, 막히지 않는 **usual** 흔한, 평소의 **congestion** 혼잡 **toll** 통행료 **toll-ticket book** 통행권 묶음 **in bulk** 대량으로 **double** v. 두 배가 되다 **commute** 통근하다, 통학하다 **local** 지역의, 현지의 **resident** 주민

Question 9 해설

담화를 시작하면서 일상 업무를 위해 회사로 향하는 사람들에게 전하는 교통 소식이라고(Here are traffic updates for those heading to the office for the daily grind) 알리고 있으므로 출근하는 운전자들을 뜻하는 (c)가 정답이다.

오답 체크

(a) 관광객들과 관련된 정보는 담화 중반부에 한 도로가 혼잡한 이유로만 언급될 뿐, 이 담화를 듣는 대상에 해당되지 않으므로 오답이다.

Question 10 해설

담화 후반부에 다음 달 1일부터 Franklin Bridge 통행료가 50센트에서 1달러로 인상된다고(remember that the toll for the Franklin Bridge will increase from 50 cents to $1 at the start of next month) 알리는 내용이 있으므로 (b)가 정답이다.

오답 체크

(a) 50센트는 담화 후반부에 해당 다리의 현재 통행료로 언급되고 있으므로 오답이다.

(c) 2달러는 묶음으로 판매하는 통행권의 구입 비용으로 제시되고 있으므로 오답이다.

31.

Are you wasting your sunny Saturday afternoons washing your car? Are you stuck once again in a long line at the automatic car wash on the other side of town? If these scenarios sound familiar to you, then you may want to try our new mobile car washing service. Just let us know where you park your car during the day, and we'll come and give it a professional wash while you work. It's the best deal you can get, and our service takes less than 30 minutes.

Q: What is the advertisement about?

(a) A new soap for cars

(b) A valet parking service

(c) A car washing business

(d) A technique for washing cars

자동차 세차를 하시면서 매주 맑은 토요일 오후 시간을 허비하고 계신가요? 도시 맞은편에 위치한 자동 세차 기기에서 긴 줄을 기다리느라 또 다시 꼼짝 못하고 계신가요? 이 이야기들이 익숙한 분이시라면, 저희의 새로운 이동 세차 서비스를 한 번 이용해 보기를 원하실 수도 있습니다. 낮 시간 중에 차량을 주차해 두신 곳을 알려 주기만 하시면, 근무하고 계시는 동안 저희가 가서 전문 세차 서비스를 제공해 드립니다. 여러분께서 받아 보실 수 있는 최고의 거래 조건이며, 저희 서비스는 30분이 채 걸리지 않습니다.

Q: 광고는 무엇에 관한 것인가?

(a) 새로 나온 차량용 세제

(b) 대리 주차 서비스

(c) 세차 전문 업체

(d) 세차에 필요한 기술

해설

제공 서비스의 종류가 언급되는 중반부에, 새로운 이동 세차 서비스를 이용해 보도록 권하는(~ you may want to try our new mobile car washing service) 말이 있으므로 (c)가 정답이다.

오답 체크

(a) 세제가 아닌 간편하게 이용 가능한 세차 서비스를 설명하고 있으므로 오답이다.

(b) 주차 서비스가 아닌 직접 찾아 가는 이동 세차 서비스를 소개하고 있으므로 오답이다.

어휘

waste ~을 허비하다, 소비하다 stuck 꼼짝 못하는, 갇혀 있는 automatic car wash 자동 세차 기기, 자동 세차장 on the other side of ~의 맞은편에, 반대편에 sound 형용사: ~하게 들리다, ~한 것 같다 familiar to ~에게 익숙한, 친숙한 try ~을 한 번 시도해 보다 mobile 이동식의 deal 거래 조건, 거래 상품 less than ~가 채 되지 않는, ~ 미만의 valet parking 대리 주차 business 업체, 회사

32.

The unique traits of the platypus seem to provide researchers with insights about mammalian evolution. Laying eggs, rather than giving live birth, sets the platypus apart from other mammals, and the platypus's genome reveals that this trait has been retained from a reptilian ancestor. Furthermore, the platypus's ability to produce venom indicates genetic similarities with snakes, especially since their venoms are composed in part of common compounds.

Q: What is mainly being said about platypuses?

(a) They are increasingly being classified as reptiles by scientists.

(b) Their adaptation of laying eggs gave them an advantage over reptiles.

(c) Their venom is an evolutionary tool for hunting prey.

(d) Their genetic information suggests an ancestral link between mammals and reptiles.

오리너구리가 지닌 독특한 특색들은 연구가들에게 포유류의 진화에 대한 이해를 제공합니다. 살아 있는 생명체를 출산하는 것 대신 알을 낳는 것이 오리너구리가 다른 포유류와 차별화되는 점이며, 오리너구리의 게놈에 따르면 이와 같은 특색은 파충류 조상으로부터 이어져 온 것으로 나타납니다. 게다가, 오리너구리가 지닌 독액 생산 능력은 뱀과 유전적 유사성이 있음을 나타내는데, 특히 그 독액은 일부분 공통성이 있는 혼합물로 구성되어 있기 때문입니다.

Q: 오리너구리와 관련해 주로 언급되는 내용은 무엇인가?

(a) 과학자들에 의해 점점 더 파충류로 분류되고 있다.

(b) 알을 낳는 일에 적응하면서 파충류에 비해 장점이 생겼다.

(c) 그들이 지닌 독액은 먹이 사냥을 위해 진화된 수단이다.

(d) 그들의 유전 정보가 포유류와 파충류 사이에서 그 조상과 관련된 연결 고리를 암시한다.

해설

오리너구리가 지닌 독특한 점들이 포유류의 진화에 대한 이해를 제공

한다고 말한 뒤 오리너구리의 유전적 특징 중에서 파충류와 공통된 점들을 나열하고 있다. 따라서 이 담화의 주요 내용은 오리너구리의 유전 정보가 말해주는 파충류의 조상들 사이의 연관성이라고 볼 수 있다.

오답 체크

(a) 오리너구리가 지닌 파충류의 특징을 소개하고 있긴 하지만 파충류로 분류되고 있다는 말은 제시되지 않고 있으므로 오답이다.

(b) 알을 낳는 것은 다른 포유류와 구별되는 특징으로만 제시될 뿐이다.

어휘

unique 독특한, 특별한 trait 특색 platypus 오리너구리 insight 이해, 통찰 mammalian 포유류의 evolution 진화 ancestral 조상의 link 연결 고리, 연관(성) mammal 포유류 reptile 파충류 lay eggs 알을 낳다 rather than ~하는 대신, ~하지 않고 give birth 출산하다 set A apart from B: A를 B와 차별화시키다, 구별 짓게 하다 genome 게놈(생명체의 유전자 총체) reveal that ~임을 나타내다 retain ~을 유지하다, 보유하다 reptilian 파충류의 ancestor 조상 furthermore 게다가, 더욱이 ability to do ~하는 능력 venom 독액 indicate ~을 나타내다, 가리키다 genetic 유전의 similarity with ~와의 유사성 be composed of ~로 구성되다 in part 일부분 common 공통적인 compound 혼합물, 화합물, 복합체 increasingly 점점 더 be classified as ~로 분류되다 adaptation of ~에 대한 적응 advantage 이점 over (비교) ~보다, ~에 비해 evolutionary 진화의 tool 수단, 도구 prey 먹이

33.

Last night, Texas News Wide aired its exclusive interview with Governor Adam Cartwright. Throughout the hour-long feature, the governor hinted at his own possible 2020 presidential run as he commented on the country's foreign policy shortcomings and increasing domestic issues. He also criticized several of his own party's leaders, further indicating he would bring a much-needed new perspective to the upcoming race. However, when questioned, Governor Cartwright said he was committed to finishing his term and fulfilling his promises to his state.

Q: What is mainly being reported about Governor Adam Cartwright?

(a) He announced his resignation from the governor's office.

(b) He is a likely candidate in the upcoming presidential election.

(c) He is well-liked within his party and supports its leaders.

(d) He lacks sufficient knowledge about critical domestic issues.

어젯밤, Texas News Wide는 Adam Cartwright 주지사와의 독점 인터뷰를 대대적으로 방송했습니다. 한 시간 길이의 이 특집 방송 내내, 주지사는 국가의 외교 정책이 지닌 단점과 증가하는 국내 문제들에 관한 의견을 밝히면서 자신의 2020년 대선 출마 가능성을 암시했습니다. 또한 소속 정당의 여러 지도자들을 비판하면서 크게 필요로 했던 새로운 시각을 다가오는 선거전에 도입할 뜻을 더욱 크게 내비쳤습니다. 하지만, 질문을 받았을 때, Cartwright 주지사는 자신의 임기를 끝마치는 것뿐만 아니라 주를 위해 내건 공약을 이행하는 데 전념했다고 밝혔습니다.

Q: Adam Cartwright 주지사에 관해 주로 보도되는 것은 무엇인가?

(a) 주지사의 지위에서 사임한다는 것을 발표했다.
(b) 다가오는 대선에서 후보자가 될 가능성이 있다.
(c) 소속 정당 내에서 인기가 많으며, 그곳의 지도자들을 지지하고 있다.
(d) 중대한 국내 문제들에 관한 지식을 충분히 갖추고 있지 않다.

해설
담화 초반부에, 주지사가 방송에서 2020년 대선 출마 가능성을 암시한 사실(the governor hinted at his own possible 2020 presidential run ~) 언급되고 있으므로 대선 후보 가능성을 말한 (b)가 정답이다.

오답 체크
(a) 해당 주지사의 사임과 관련된 정보로 제시되는 것이 없으므로 오답이다.
(c) 담화 중반부에 소속 정당의 여러 지도자를 비판한 사실이 언급되고 있는데, 이는 그들을 지지하지 않는다는 뜻이므로 오답이다.

어휘
air ~을 방송하다 exclusive 독점의, 단독의 governor 주지사 throughout ~ 동안 내내 feature 특집 방송 hint at ~을 암시하다, 내비치다 presidential run 대선 comment on ~에 관한 의견을 말하다 foreign policy 외교 정책 shortcoming 단점 domestic 국내의 criticize ~을 비판하다 several 여러 명, 여러 가지 party 정당 further 더욱, 한층 더 indicate (that) ~임을 나타내다, 보여 주다 bring A to B: A를 B에 도입하다, 불러 오다 much-needed 크게 필요로 하는 perspective 시각, 관점 upcoming 다가오는, 곧 있을 race 선거전 question ~에게 질문하다 be committed to -ing ~하는 데 전념하다 term 임기 fulfill ~을 이행하다 promise 공약 state (행정 구역) 주 resignation 사임, 사퇴 likely 가능성 있는, ~할 것 같은 candidate 후보자 election 선거 well-liked 인기가 많은, 많은 사람의 받는 within ~ 내에서 support ~을 지지하다, 지원하다 lack A: A가 부족하다 sufficient 충분한 critical 중대한

34.

Take the first step toward a better life at Washington State Community College. We've helped over 20,000 graduates start their careers, and we currently have over 2,000 young men and women working toward their bachelor's degrees. Our college offers programs in a variety of fields, including childhood education, nursing, and law. And our support for our students doesn't stop after graduation. We help our graduates pursue further education and provide top-quality job placement assistance. To learn more, visit our website. Your future is waiting.

Q: Which is correct about Washington State Community College?

(a) It will introduce journalism programs soon.
(b) It had 2,000 graduates last year.
(c) It offers financial aid to half of the students.
(d) It awards bachelor's degrees.

Washington State Community College에서 더 나은 삶을 향한 첫 걸음을 내디뎌 보십시오. 저희는 2만 명이 넘는 졸업생들이 직업 경력을 시작하는 데 도움을 주어 왔으며, 현재 학사 학위를 받기 위해 노력하고 있는 2,000명이 넘는 남녀 학생들을 보유하고 있습니다. 저희 대학교는 아동 교육, 간호학, 그리고 법학을 포함해 다양한 분야에 대한 프로그램을 제공하고 있습니다. 그리고 학생들에 대한 지원은 졸업 후에도 멈추지 않습니다. 저희는 졸업생들이 추가 교육을 받을 수 있도록 돕고 있으며, 취업 알선 관련해 최고 수준의 도움을 제공하고 있습니다. 더 많은 정보를 확인해 보시려면, 저희 웹 사이트를 방문해 보십시오. 여러분의 미래가 기다리고 있습니다.

Q: Washington State Community College와 관련해 어느 것이 옳은 내용인가?

(a) 곧 저널리즘 프로그램을 도입할 것이다.
(b) 작년에 2,000명의 졸업생을 배출했다.
(c) 학생 중 절반에게 학자금 지원을 제공한다.
(d) 학사 학위를 수여한다.

해설
담화 중반부에 학사 학위를 받기 위해 2,000명이 넘는 남녀 학생들이 노력하고 있다는(~ we currently have over 2,000 young men and women working toward their bachelor's degrees) 말이 있는데, 이는 학사 학위를 수여할 수 있는 학교라는 뜻이므로 (d)가 정답이다.

오답 체크
(b) 2,000명이라는 수치는 현재 재학 중인 학생들의 숫자로 제시되고 있으므로 오답이다.
(c) 학자금이 지원되는 학생들의 규모와 관련된 정보는 찾아볼 수 없으므로 오답이다.

take the first step toward ~을 향한 첫 걸음을 내딛다 **help A do**: A가 ~하는 것을 돕다 **graduate** n. 졸업생 **currently** 현재 **work toward** ~을 위해 노력하다 **bachelor's degree** 학사 학위 **offer** ~을 제공하다 **a variety of** 다양한 **field** 분야 **including** ~을 포함해 **nursing** 간호학 **support** 지원, 후원 **graduation** 졸업(식) **pursue** ~을 하다, 추구하다 **further** 추가의, 한층 더 한 **top-quality** 최고 수준의 **job placement** 취업 알선 **assistance** 도움 **introduce** ~을 도입하다 **financial** 재정의, 재무의 **aid** 도움 **award** ~을 수여하다, 주다

35.

Let's discuss the history of artificial eyes. They were used in Egypt as early as the 5th century BC. Early versions were made of clay or metal, until 15th century Venetian artisans began experimenting with glass. As Italy, France, and Germany became, by turns, the primary producers of artificial eyes, the materials used in their production improved. Eventually, they were made with cryolite glass. But when German imports, including cryolite, were banned in America during World War II, a different material was required. Plastic has since become the most common material for artificial eyes.

Q: Which is correct about artificial eyes?

(a) They were first created by Venetian artisans.

(b) They were made of metal before being made of glass.

(c) Germany was the center for their manufacturing before France.

(d) Cryolite glass is now the most common material for them.

의안의 역사를 이야기해 보겠습니다. 의안은 일찍이 기원전 5세기부터 이용되었습니다. 초기의 버전은 점토 또는 금속으로 만들어졌으며, 이후 15세기에 이르러 베니스의 장인들이 유리로 실험을 하기 시작했습니다. 이탈리아와 프랑스, 그리고 독일이 차례로 주요 의안 생산국이 되면서, 이 국가들의 생산 과정에 사용된 소재도 개선되었습니다. 마침내, 의안이 빙정석 유리로 만들어지게 되었습니다. 하지만 2차 세계 대전 중에 빙정석을 포함한 독일의 수입이 미국에서 금지되었을 때, 다른 소재가 필요했습니다. 그 이후로 플라스틱이 의안에 쓰이는 가장 일반적인 소재가 되었습니다.

Q: 의안과 관련해 어느 것이 옳은 내용인가?

(a) 베니스의 장인들에 의해 처음 만들어졌다.

(b) 유리로 만들어지기 전에 금속으로 만들어졌다.

(c) 독일이 프랑스보다 앞서 의안 제조의 중심이었다.

(d) 빙정석 유리가 현재 가장 일반적인 의안 소재이다.

담화 초반부에는 초기에 점토 또는 금속으로 만들어진(Early versions were made of clay or metal) 사실이 언급되고 있고, 중반부에는 이후에 빙정석 유리로 만들어지게 되었다고(they were made with cryolite glass) 알리고 있다. 따라서 이러한 소재의 변화 순서를 언급한 (b)가 정답이다.

(c) 이탈리아와 프랑스, 그리고 독일이 차례로 주요 의안 생산국이 되었다고 언급되고 있으므로 오답이다.

(d) 의안이 빙정석 유리로 만들어졌지만 수입 금지 문제로 다른 소재의 필요성이 증가하면서 플라스틱이 의안에 쓰이는 가장 일반적인 소재가 되었다고 언급되고 있으므로 오답이다.

artificial eyes 의안(인공 눈알) **be made of** (재료의 성분) ~로 만들어지다 **clay** 점토 **artisan** 장인, 숙련공 **experiment** 실험하다 **by turns** 차례로 **primary** 주요한, 주된 **material** 소재, 재료 **improve** 개선되다, 향상되다 **eventually** 마침내, 드디어 **be made with** (여러 가지 중 하나를 택해) ~로 만들어지다 **cryolite** 빙정석 **import** 수입(품) **including** ~을 포함해 **required** 필요한, 필수의 **since** ad. 그 이후로 **common** 일반적인, 흔한 **create** ~을 만들어 내다 **manufacturing** 제조

36.

Could I have your attention, please? We've had a slight change in plans for the evening. I'm sorry to say that tonight's Artist of the Year recipient, Rachel Jones, is unable to attend due to unforeseen circumstances. However, accepting on her behalf will be Patrick Lee, a fellow artist who has been a frequent collaborator with Ms. Jones on numerous gallery exhibits and mixed-media pieces. He has prepared some words about Rachel Jones to share with us, so let's welcome Mr. Lee to the stage.

Q: What can be inferred from the announcement?

(a) Jones' award was supposed to be a surprise.

(b) Jones' absence is the result of a conflict with Lee.

(c) Jones and Lee often attend award ceremonies together.

(d) Jones and Lee have similar interests in the arts.

잠시 주목해 주시겠습니까? 저녁 일정에 약간의 변동이 있습니다. 오늘밤 '올해의 미술가' 수상자이신 Rachel Jones 씨께서 예기치 못한 사정으로 인해 참석하실 수 없다는 점을 말씀드리게 되어 유감스럽게 생각합니다. 하지만, Patrick Lee 씨께서 대리 수상하실 예정이며, 이분은 동료 미술가로서 Jones 씨와 함께 자주 수많은 미술관 전시품과 혼합 매체 작품을 공동 작업을 해 오신 분이십니다. Rachel Jones 씨에 관해 우리에게 전해 주실 이야기를 준비해 오셨으므로, Lee 씨를 무대로 환영해 주시기 바랍니다.

Q: 공지를 통해 유추할 수 있는 것은 무엇인가?

(a) Jones 씨의 수상은 깜짝 발표가 될 예정이었다.
(b) Jones 씨의 불참은 Lee 씨와의 마찰에 따른 결과이다.
(c) Jones 씨와 Lee 씨는 흔히 함께 시상식에 참석한다.
(d) Jones 씨와 Lee 씨는 미술에 대한 관심사가 유사하다.

해설
Lee 씨에 관한 설명이 제시되는 중반부에, Lee 씨가 Jones 씨와 자주 여러 작품에 대해 공동 작업을 해 왔다고(~ Patrick Lee, a fellow artist who has been a frequent collaborator with Ms. Jones ~) 언급되는 부분을 통해 두 사람의 성향이 비슷하다는 것을 알 수 있으므로 이에 해당되는 (d)가 정답이다.

오답 체크
(b) Jones 씨가 불참함에 따라 Lee 씨가 대리로 수상한다고 알리는 것으로 볼 때, 두 사람 사이에 마찰이 있는 것으로 볼 수 없으므로 오답이다.
(c) 자주 공동 작업해 온 사실만 언급될 뿐, 함께 시상식에도 자주 가는지는 알 수 없으므로 오답이다.

어휘
attention 주목, 주의, 관심 slight 약간의, 조금의 recipient 수상자, 받는 사람 be unable to do ~할 수 없다 attend 참석하다 due to ~로 인해 unforeseen 예기치 못한 circumstance 사정, 상황, 환경 accept 받다, 받아 들이다 on one's behalf ~을 대신해, 대표해 fellow 동료의, 같은 처지의 frequent 빈번한, 자주 하는 collaborator 공동 작업자 numerous 수많은, 다수의 exhibit 전시(품) mixed-media 혼합 매체의 piece 작품 prepare ~을 준비하다 share A with B: A를 B와 공유하다 be supposed to do ~할 예정이다, ~하기로 되어 있다 surprise 놀라움, 뜻밖의 일 absence 불참, 부재 result of ~에 따른 결과 conflict 마찰, 충돌, 갈등 award ceremony 시상식 similar 유사한, 비슷한 interests 관심사

Part 5   TEST

본문 p. 219

37. (c)   **38.** (b)   **39.** (c)   **40.** (d)

Questions 37-38

Good morning, staff. Some of you may have heard rumors that we here at Lifetech are currently discussing a potential merger with Dynacorp. I can confirm that this is true, and I'd like to address some concerns about what it would mean for you if the deal goes through.

First and foremost, I want to say that neither side is considering downsizing their staff. Also, while the merger would most likely mean moving our company under Dynacorp's umbrella, it wouldn't result in any major changes to your benefits or to the terms of your contracts. Of course, **38** we'll have to adapt as we share tasks and responsibilities with our new partner and do some restructuring. But I'm confident these changes will be for the better. **37** I hope this information eases any concerns and that you'll see this as a huge opportunity for mutual growth.

37. What is the main purpose of the announcement?

(a) To deny rumors of Lifetech's acquisition of Dynacorp
(b) To address complaints about recent administrative changes
(c) To alleviate employees' fears about a potential merger
(d) To explain the reason for delays in negotiations with Dynacorp

38. What is stated as a likely result of the agreement with Dynacorp?

(a) Limited staff layoffs
(b) Organizational restructuring
(c) Revisions to employment contracts
(d) Cuts to employee benefits

안녕하세요, 직원 여러분. 여러분 중 일부는 우리 회사인 이곳 라이프테크가 현재 다이나코프와의 잠재적 합병 문제를 논의하고 있다는 소문을 들어 보셨을 수도 있습니다. 저는 이것이 사실임을 확인해 드릴 수 있으며, 이 계약이 성사되는 경우에 여러분에게 어떤 의미가 있을 수 있는지와 관련된 몇몇 우려 사항들을 다뤄 보고자 합니다. 먼저 가장 중요한 것으로, 양측 어느 쪽도 직원 인원 감축을 고려하고 있지 않다는 점을 말씀 드리고 싶습니다. 또한, 이 합병이 우리 회사가 다이나코프의 영향하에 놓이게 된다는 것을 의미할 가능성이 클 수는 있지만, 여러분의 혜택 또는 계약서상의 조건에 대한 어떤 대대적인 변화도 초래하지는 않을 것입니다. 물론, 우리는 새로운 제휴 업체와 업무 및 책임을 공유하고 일부 구조 개편을 진행함에 따라 적응해야 할 것

입니다. 하지만 이러한 변화들이 더 나은 미래를 위한 일이 될 것이라고 확신합니다. 저는 이 정보가 어떤 우려 사항이든 누그러뜨리기를, 그리고 여러분이 이를 상호 발전을 위한 아주 좋은 기회로 여겨주기를 바랍니다.

37. 공지의 주된 목적은 무엇인가?
(a) 라이프테크의 다이나코프 인수에 대한 소문을 부인하는 것
(b) 최근 있었던 행정상의 변화와 관련된 불만을 처리하는 것
(c) 잠재적 합병에 대해 직원들이 지니고 있는 두려움을 완화시키는 것
(d) 다이나코프와의 협상 지연에 대한 이유를 설명하는 것

38. 다이나코프와의 합의에 따라 발생 가능한 결과로 무엇이 언급되는가?
(a) 제한적인 직원 해고
(b) 조직 개편
(c) 고용 계약서 수정
(d) 직원 혜택 규모 축소

어휘

may have p.p. ~했을 수도 있다 **currently** 현재 **potential** 잠재적인 **merger** 합병, 통합 **confirm that** ~임을 확인해 주다 **address** v. (문제 등) ~을 다루다, 처리하다 **concern** 우려, 걱정 **deal** 계약, 거래 **go through** 성사되다 **neither** 어느 ~도 아니다 **consider -ing** ~하는 것을 고려하다 **downsize** ~을 축소하다, (인원을) 감축하다 **most likely** ~할 가능성이 큰 **under A's umbrella** A의 영향력 아래에 있는 **result in** ~을 초래하다, ~라는 결과를 낳다 **benefit** 혜택, 이득 **term** 조건, 조항 **contract** 계약(서) **adapt** 적응하다 **share** ~을 공유하다 **task** 업무, 일 **responsibility** 책임, 책무 **restructuring** 구조 조정, 개편 **be confident (that)** ~임을 확신하다 **ease** v. ~을 누그러뜨리다, 완화시키다 **opportunity** 기회 **mutual** 상호의, 서로 간의 **growth** 발전, 성장 **deny** ~을 부인하다 **acquisition** 인수, 매입 **complaint** 불만, 불평 **recent** 최근의 **administrative** 행정의 **alleviate** ~을 완화시키다(= ease) **delay in** ~의 지연, 지체 **negotiation** 협상, 협의 **likely** 가능성 있는 **result** 결과(물) **limited** 제한된 **layoff** 해고 **organizational** 조직의, 구조적인 **revision** 수정, 개정, 개편

Question 37 해설
합병 사실을 확인해 줌과 동시에 긍정적인 방향으로의 변화를 언급한 뒤로, 마지막에 가서 어떤 우려 사항이든 누그러뜨리고 상호 발전을 위한 좋은 기회로 여겨 주기를 바란다고(I hope this information eases any concerns and that you'll see this as a huge opportunity for mutual growth) 알리고 있다. 이는 합병에 대한 직원들의 두려움을 완화하고자 하는 것으로 볼 수 있으므로 (c)가 정답이다.

오답 체크
(a) 담화 초반부에 인수에 대한 소문이 사실이라고(Some of you may have heard rumors that we here at Lifetech are currently discussing a potential merger with Dynacorp. I can confirm that this is true,) 알리고 있으므로 오답이다.

(b) 최근에 발생한 행정상의 변화는 언급되지 않으므로 오답이다.

Question 38 해설
담화 후반부에 합병 후에 적응해야 하는 일로 업무 및 책임 공유와 일부 구조 개편을 언급하고(we'll have to adapt as we share tasks and responsibilities with our new partner and do some restructuring) 있다. 따라서 이 중 하나에 해당하는 구조 개편을 다른 말로 표현한 (b)가 정답이다.

오답 체크
(a) 양측 어느 쪽도 직원 인원 감축을 고려하고 있지 않다(neither side is considering downsizing their staff)는 것을 언급하고 있으므로 오답이다.
(c) 계약서상의 조건에 대한 어떤 대대적인 변화도 초래하지는 않을 것이라고(it wouldn't result in any major changes to your benefits or to the terms of your contracts) 언급하고 있으므로 오답이다.

Questions 39-40

Returning to our topic of the medicinal origins of popular foods, I would like to share with you one familiar example – chocolate. Originating in Central America, the cocoa bean was used by the native Mayan and Incan peoples to create a bitter health drink believed to be a powerful medicine that could cure a variety of ailments. After being brought back to Europe by Spanish conquerors, cocoa became popular as a sweetened drink favored by the European elite for its supposed nutritional and medicinal properties, though at this point its flavor was far from what we're used to today. It didn't start becoming more like its modern version until **39** the 19th century when a chemist in the Netherlands created cocoa powder and the first chocolate bar. Then, several decades later, the Swiss introduced the world to milk chocolate. Still, chocolate continued to be recognized for some of its other curative effects. For example, **40** chocolate became a staple in U.S. Army rations during World War II, granting its soldiers abroad both a quick calorie boost and a familiar comfort from home.

39. Where was the first chocolate bar invented?

(a) Central America
(b) Spain
(c) The Netherlands
(d) Switzerland

40. What can be inferred from the talk?

(a) The Mayans taught the Spaniards how to use cocoa.
(b) European aristocrats enjoyed cocoa for its sweet flavor.
(c) The Swiss discovered additional medicinal benefits of chocolate.
(d) Chocolate was used to improve the morale of American troops.

인기 있는 음식의 약효와 관련된 기원이라는 주제로 되돌아 가서, 한 가지 친숙한 예시에 관한 얘기를 해 드릴까 합니다. 바로 초콜릿입니다. 중앙 아메리카에서 유래된 카카오 열매는 마야와 잉카 원주민들에 의해 다양한 질병을 치유할 수 있는 강력한 약물로 여겨졌던 씁쓸한 맛의 건강 음료를 만드는 데 사용되었습니다. 스페인 정복자들이 유럽으로 들어온 후, 카카오는 이른바 영양적이고 약효가 있다는 특성으로 인해 단맛이 첨가된 음료로서 인기를 얻게 되었고 유럽 엘리트 계층이 이를 선호하기는 했지만, 당시에 그 맛은 오늘날 우리에게 익숙한 것과 전혀 달랐습니다. 19세기에 네덜란드의 한 화학자가 카카오 가루와 최초의 초콜릿 바를 만들었던 19세기가 되어서야 비로소 현대의 초콜릿과 더욱 유사한 모습으로 변하기 시작했습니다. 그 후, 수십 년이 지나, 스위스 사람들이 전 세계에 밀크 초콜릿을 내놓았습니다. 여전히, 초콜릿은 그것이 지닌 일부 다른 치료 효과로 인해 지속적으로 인정받았습니다. 예를 들어, 초콜릿은 2차 세계 대전 중에 미군 배급 식량의 주요 식품이 되어, 해외에 있는 병사들에게 신속히 보충되는 칼로리와 고향의 친숙한 편안함 두 가지 모두를 제공해 주었습니다.

39. 최초의 초콜릿 바가 발명된 곳은 어디인가?

(a) 중앙 아메리카
(b) 스페인
(c) 네덜란드
(d) 스위스

40. 담화를 통해 유추할 수 있는 것은 무엇인가?

(a) 마야인들이 스페인 사람들에게 카카오 사용법을 가르쳐 주었다.
(b) 유럽의 귀족들이 달콤한 맛 때문에 카카오를 즐겼다.
(c) 스위스 사람들이 초콜릿의 약효와 관련된 추가적인 이점을 발견했다.
(d) 초콜릿이 미군 부대의 사기를 향상시키는 데 사용되었다.

return to ~로 되돌아 가다 **medicinal** 약효가 있는 **origin** 기원, 유래, 근원 **familiar** 친숙한, 익숙한 **originate** 유래되다, 비롯되다 **native** 원주민의 **create** ~을 만들어 내다 **bitter** 쓴,

씁쓸한 **believed to be A**: A인 것으로 여겨진 **cure** ~을 치유하다 **a variety of** 다양한 **ailment** 질병 **conqueror** 정복자 **sweeten** ~을 달게 만들다 **favored by** ~가 좋아하는 **supposed** 이른바 ~라는, 소위 ~라는 **nutritional** 영양적인, 영양상의 **medicinal** 약효가 있는 **property** 특성, 속성 **at this point** 당시에 **flavor** 맛, 풍미 **far from** ~와 전혀 다른 **not A until B**: B나 되어서야 비로소 A하다 **more like** ~에 더 가까운, 더 ~ 같은 **chemist** 화학자 **then** 그 후에, 그런 다음 **several decades** 수십 년 **introduce A to B**: A에게 B를 소개하다, 전하다 **continue to do** 지속적으로 ~하다 **be recognized for** ~로 인해 인정 받다 **curative effect** 치유 효과 **staple** 주요 식품 **ration** 배급 식량 **grant A B**: A에게 B를 주다 **abroad** 해외에서 **boost** 증대, 촉진 **comfort** 편안함 **invent** ~을 발명하다 **how to do** ~하는 법 **aristocrat** 귀족 **discover** ~을 발견하다 **additional** 추가적인 **benefit** 이점, 혜택 **morale** 사기 **troop** 부대, 병력

초콜릿 바가 처음 만들어진 시점이 언급되는 중반부에, 19세기에 네덜란드의 한 화학자가 처음 초콜릿 바를 만들었다고(~ the 19th century when a chemist in the Netherlands created cocoa powder and the first chocolate bar) 알리고 있으므로 (c)가 정답이다.

(a) 중앙 아메리카는 담화 초반부에 카카오 열매가 유래된 곳으로 언급되고 있다.
(b) 담화 중반부에 스페인 정복자들이 유럽으로 카카오를 들여온 사실만 제시되고 있으므로 오답이다.
(d) 담화 후반부에 스위스 사람들이 밀크 초콜릿을 만들었다는 내용이 있으므로 오답이다.

담화 마지막에 초콜릿이 미군의 배급 식량이 되어 해외에 있는 병사들에게 칼로리 공급원이었을 뿐만 아니라 고향의 편안함을 제공해 주었다는(chocolate became a staple in U.S. Army ~ granting its soldiers abroad both a quick calorie boost and a familiar comfort from home) 말이 있는데, 이는 병사들의 사기 증진과 관련된 것으로 생각할 수 있으므로 (d)가 정답이다.

(a) 마야인과 스페인 사람들이 언급되는 초반부에 둘 사이의 관계와 관련된 정보는 제시되지 않고 있으므로 오답이다.
(b) 담화 중반부에 단맛이 첨가된 음료(sweetened drink)로서 인기를 얻었다고 제시되고 있으며, 이를 유럽 엘리트 계층이 선호했던 것으로 나타나 있으므로 오답이다.